존재 위백규와
　　다산 정약용의
생애와 사상연구

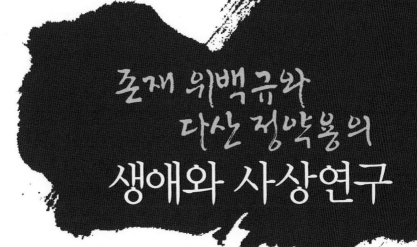

존재 위백규와
다산 정약용의
생애와 사상연구

위정철 지음

한국학술정보(주)

들어가는 말

　　장흥에서 존재(存齋) 위백규(魏伯珪)는 특별하다. 그 특별함은 그의 동상(銅像)이 서 있다는 것으로도 짐작할 수 있다. 장흥이 배출한 역사의 인물이 어찌 존재 선생뿐이겠는가. 고려시대는 국사를 다스리는 주인공들이었으며, 조선시대에도 이름을 떨친 인물들이 적지 않았다. 가령 기봉(岐峯) 백광홍(白光弘)과 옥봉(玉峯) 백광훈(白光勳) 형제는 8문장과 3당 시인이다. 기봉은 기행가사 '관서별곡'을 남겼으며, 옥봉은 중국의 사신도 그의 시재(詩才)를 평가한 인물이다.

　　그런데 벼슬이라야 고작 옥과현감에 그친 존재 선생을 왜 장흥의 대표적 인물로 여겨 동상을 세웠을까. 벼슬로만 보면 그는 동상을 세울 정도의 인물이 아닐 수 있다. 그러나 존재 선생의 동상을 세운 이유는 그가 박학적(博學的) 유학자로 90여 권의 저술을 남긴 사상가이기 때문이다. 곧 경학인 「사서차의(四書箚義)」를 비롯해 「봉사(封事)」와 「만언봉사(萬言封事)」 그리고 「정현신보(政絃新譜)」 등 경세학, 세계지도 「환영지(寰瀛誌)」 등 지리(地理), 「명사평(明史評)」 등 역사서가 그것이다.

　　이웃 강진(康津)에도 다산(茶山) 정약용(丁若鏞)과 김영랑(金永郞)의 동상이 있다. 다산은 경기도 마현 출신이지만 18년간 이곳에서 적거하며 무려 500여 권의 책을 저술했다. 감히 누구도 흉내 내기 어려운 위대한 업적이라 할 수 있다. 그래서 비록 다른 지역 출신이지만 동상을 세워 기리고자 한 것이다. 강진 출신 김영랑은 일제의 창씨개명 반대와 항일운동을 하면서 옥고를 치르기도 했다. 그는 시인으로 「모란이 피기까지는」 등의 주옥같은 서정시를 남긴 주인공이다.

두 지역의 사례에서 보듯 동상의 주인공을 선택한 대체적인 기준을 알 수 있다. 곧 선인들 가운데 지역민들의 정신적 표상(表象)으로 삼을 만한 인물을 선택한 것이다. 그러나 동상을 세운 이후 그 주인공의 저술 등의 후속조치는 현격하게 다르다. 강진의 경우 다산의 유적을 찾아 성역화하는 등의 지속적인 사업을 병행하고 있다. 김영랑에 대한 기념사업도 꾸준히 벌이고 있다. 이로 인해 다산의 적거처와 유물전시관 그리고 김영랑의 고택이 관광지로 각광을 받고 있다.

이에 비해 존재 선생에 대한 장흥군의 후속조치는 거의 전무하다. 물론 선생의 생가가 문화재로 지정되고 장흥군이 『지제지』와 「정현신보」를 국역출판하기도 했다. 이런 정도의 후속조치를 했으니 놀지는 않았다고 여길 수도 있다. 아쉬운 것은 강진에 비하면 실속이 없다고 볼 수 있다. 따지고 보면 생가의 국가유형문화재 지정은 자치단체의 몫이 아니고 정부의 소관이었다. 그러므로 장흥군이 한 일은 고작 2권의 저서를 번역해서 출판한 것을 제외하면 아무것도 없다.

문제의 본질은 아직도 존재 선생은 삼벽(三僻)의 한계를 넘지 못하고 있다. 그는 18세기를 살면서 늘 지벽(地僻)·성벽(姓僻)·인벽(人僻)의 한(恨)을 곱씹었다. 그러나 그가 타계한 지 200여 년이 지난 지금은 그 삼벽이 없는가. 아니다. 1960년대부터 2000년대 초까지 학계의 조명을 받았지만 지속되지 못했다. 그 원인이 어디에 있을까. 그의 생애와 사상을 지속적으로 천착하는 사람이 없다는 데 있다. 지금까지의 연구들은 어찌 보면 모두 단편적이고 일회성에 불과한 것이다.

이 같은 결과는 어느 누구도 원망할 수 없다. 사람은 자기가 필요한 만큼만 노력한다. 학자들도 석사나 박사학위를 받기 위해서 필요한 만큼만 연구하는 것은 아주 당연하다. 그 이상을 연구해야 할 절박한 이유가 없다. 그게 자연스러운 인간의 사는 방법이다. 그러나 존재 선생의 생애와 사상을 제대로 밝히고 알기 위해서는 보다 치열한 천착이 없이는 목적지에 도달할 수 없다는 사실이다. 그런데도 그 목적지를 가려면 금전적 이득과는 아무런 상관이 없는 사람의 몫이다.

김석회(金碩會) 교수는 갈파했다. 2003년 6월 12일 장흥문화원이 주최하는 심포지엄 「존재 위백규의 스펙트럼」 제하의 논문에서 "우리가 18세기 향촌사회·향촌문화를 제대로 알기 위해서는 존재 선생에게 묻지 않을 수 없다. 존재 선생의 삶과 문학은 보는 자가 보고자 하는 만큼만 그 실체를 드러내는 저 千古名勝 天冠山과도 같은 신비한 존재다. 존재 선생의 삶과 문학은 '종합에의 의지'를 가지고 전체를 섭렵해 나갈 끈질긴 연구자를 기다리고 있다"라고 밝힌 바 있다.

　　김 교수의 진단은 참으로 예리하다. 과연 '종합에의 의지'를 가진 연구자가 언제쯤 나올까. 기다리면 올까. 하지만 그가 말한 지 꽤 오랜 시간이 지나도 연구자는 모습을 보이지 않고 있다. 어쩔 수 없이 천학비재한 문외한이 당돌하게 천착한 것이다. 어느 한 분야도 감히 명함을 내놓을 수 없는 한계를 너무도 잘 알고 있다. 단지 지금까지 학계의 연구 자료를 모아 보자는 의도로 덤빈 것이다. 그렇게 해놓으면 누군가가 연구하는 데 조금은 도움이 되겠다 싶어서 저지른 일이다.

2010년 庚寅 元旦

빛고을 숲 마을에서 무등산 서설을 바라보며

위 정 철

contents

contents

Ⅱ ㅣ 다산의 생애와 사상

contents

I

존재의 생애와 사상

1 | 존재의 출생과 성장배경

존재의 행장은 두 건이 있다. 하나는 강재(剛齋) 송치규(宋穉圭, 1759~1838)가 찬했다. 강재는 헌종 때 잠깐 형조판서에 취임한 바 있다. 그는 율곡(栗谷)·사계(沙溪)의 학문을 계승, 이기일도설(理氣一途說)을 지지하고, 이기일원론을 주장했다. 강재가 찬한 행장은 너무 소략(疏略)해서 별로 인용할 게 없다. 다른 하나는 넷째 동생 서계(書溪) 백순(伯純, 1737~1815)이 찬한 것으로 비교적 자상하다. 그러므로 여기서는 그가 찬한 행장을 토대로 기술하나 지나치게 과장된 부분과 선후가 엇갈린 대목은 가려 정리하고자 한다. 다만 국역을 했다 하나 의미가 애매한 부분이 많아 진실을 가리기엔 문제가 많다.

존재는 분명 범상치 않았으나 평범한 사람처럼 세상을 떠났다. 비범한 머리를 가졌지만 궁벽한 바닷가 한사층(寒士層)의 한계를 벗어나지 못했다. 모든 가치의 척도가 과거의 합격과 벼슬의 높낮이로 평가되던 그 시대에 복사(覆試)라는 관문을 통과하지 못한 것은 그가 아무리 비범해도 범인으로 치부되기 마련이었다. 그러나 그가 남긴 글은 결코 평범하지 않았음을 알려 주기에 충분했다. 인하대 김석회(金碩會) 교수의 「존재 위백규 문학의 스펙트럼」[1]과 위흥환(魏洪煥)의 「존재 위백규의 시문학 연구」[2]를 중심으로 존재의 생애와 문학사상을 짚어 본다. 다만 잘못 알려진 대목과 보충할 부분은 부연한다.

한편 존재의 학문적 위치와 비중은 매산(梅山) 홍직필(洪直弼, 1776~1852)의 「存齋魏公墓誌銘」에 나타난다. 그는 공을 가리켜 "호남의 학문은 하서(河西) 김인후(金麟厚), 고봉(高峯) 기대승(奇大升)으로부터 시작하여 손재(遜齋) 박광일(朴光日), 목산(木山) 이기경(李基敬)에 이르렀는데, 존재 공이 두 현인 뒤에 태어나 학문을 뿌리고 문장을 지어 명성과 칭송이 한 도(道)에 가득했다"고 말했다.[3] 여기에서는 안동교 교수(전남대)의 성리학을 중심으로 한 경세론(經世論)을 보고자 한다. 그리고 사회개선을 위한 시폐와 구폐는 이해준 교수(공주대)의 「정현신보」와 「봉사」의 내용을 다듬은 논문을 인용한다(編者 註).

---

1) 「조선후기 향촌문화와 존재 위백규」(제15회 향토문화연구 심포지엄, 장흥문화원 2003년 6월 12일), 33쪽.

존재는 1727년(영조 3) 5월 15일 영이재 공(詠而齋公)과 평해(平海) 오씨(吳氏)의 5남 3녀 가운데 장남으로 태어났다. 파조 안항 공(顏巷公)은 5대조, 웅천(熊川) 현감을 지낸 정열(廷烈)은 고조, 동식(東寔)은 증조, 세보(世寶)는 조부이다. 자(字)는 자화(子華), 호(號)는 존재(存齋) 또는 계항(桂巷), 옥과(玉果)이다. 스승 병계(屛溪)가 서재를 '存存齋'라 해서 부른 호이며, 계항은 태생지, 옥과는 현감으로 재직한 지명이다.

그가 태어나던 날 밤 아버지는 꿈을 꾸었다. 백룡이 뜰아래 우물로 내려오는 꿈을 꾸었는데 그날 밤에 태어난 것이다. 그래서 처음에는 이름과 자(字)를 '용(龍)' 자나 '규(虯)' 자를 넣어서 불렀다. 공의 넷째 동생 백순(伯純)이 지은 행장을 보면 어릴 때부터 보통 아이들과는 달랐다. "선생이 출생 때부터 체상이 준수하고 엄연(儼然)하며 알고 깨달음이 침민(沈敏)하여 덕성이 혼후(渾厚)했다"고 표현하고 있다.

존재의 모습은 이렇다. "머리가 크고 정수리가 편편하며 이마가 눈썹 위로는 넓고 아래로는 모가 나고 광대뼈는 위의(威儀)가 있어 보였다. 눈썹은 성글고 얼굴이 준수하며 수염이 가늘고 아름다우며 성글성글했다. 얼굴색은 검붉고 살짝 얽은 듯했다. 키는 8척이고 몸집은 비대하여 우람하게 보였다. 어릴 때 관상쟁이가 이 아이는 '봉'의 눈과 '용'의 음성이라 장래 백세의 스승이 될 것이라고 했다"라고 전한다.

돌이 지나자 말을 이해하고 작은할아버지 춘담 공(春潭公)이 무릎에 앉혀 놓고 가르쳐 준 것은 잊지 않았다. 언문, 천자문, 구구법, 육갑(六甲)과 구구법을 외우고, 적용할 줄 알았다. 길흉을 가려 택일(擇日)할 줄 알았다. 4세 때는 어린 아우(伯昊)가 마루 난간에 매달려 떨어질 위기의 순간이 있었다. 그러자 마당에 있는 짚뭇을 끌어다 낙상을 방지할 수 있게 임기응변의 기지를 발휘해 아우를 다치지 않게 구하기도 했다.

이 외에도 일화가 많다. 어느 날 손님이 옛날 학자는 종일 꿇고 앉아 있었다고

---

2) 조선대 박사논문.

3) 『매산집 Ⅱ』 권41, 墓誌銘, 332면.

들려주었다. 그러자 공은 때가 여름이라 몹시 더운데 옷을 벗고 종일토록 꿇고 앉은 단정한 자세를 평생 동안 지켰다. 어느 날 노복이 땔나무를 도둑질하는 것을 보고 어른들에게 들키지 않게 해주었다. 이웃이 소를 행랑채에 매어 두면서 자기 집 소를 다친 것을 조부 춘담 공에게 말씀드려 다치지 않게 했다. 가난한 이웃을 배려하는 마음이 지극했다.

공은 잡기(雜技)를 싫어했다. 4세 때의 일이다. 옛날에는 잡귀를 땅에 묻는다는 의미로 매귀(埋鬼) 즉 농악놀이를 자주 했는데 그것을 좋지 않게 여겼다. 배우들의 희극(戲劇)이나 기생들의 풍악(風樂)도 즐기지 않았다. 이웃집에서 부모와 자식이 싸우는 것을 목격했다. 공은 이 모습을 목격한 후 탄식하며 "착하지 못하면 사람이 아니고, 불효한 사람은 자식이 아니다(不善非人 不孝非人子)"라고 종이에 써서 스스로를 경계했다.

어려서도 물리(物理)를 이해하기도 했다. 어느 날 한 방에 있었다. 방 아랫목의 벽에 빛이 반사됐다. 그것을 보고 어른이 그 빛을 가리키면서 "저것이 왜 그러느냐"고 물었다. 그때 4세의 공은 헌당(軒堂)을 지나 뜰 가운데 팬 곳에 물이 고여 있는 곳을 방석으로 가려 빛을 덮어 없애고 제자리로 돌아왔다. 그날 낮에 잠깐 비가 내렸는데 팬 소의 발자국에 물이 고여 햇빛이 반사되어 일어난 현상임을 터득했던 것이다.

5세에 진초(眞草)를 보고 해석했다. "가을날 서재에서 홀로 자면서 읊다(秋齋獨宿韻)"란 소시(小詩)를 보고는 잘못된 곳을 지적했다. 즉 "山月皎如燭 산달이 촛불과 같이 밝은데/ 牕間人獨宿 창 안에 사람이 홀로 자고 있네/ 夜半鳥驚棲 밤중에 새가 둥지에서 놀라니/ 霜風時動竹 서리 찬 바람 때로 대나무를 움직이네"라고 고치는 것이 좋다고 했다. 그러나 글귀의 잘못된 대목과 고친 부분을 구체적으로 적시하지 않아 아쉽게 한다.

그뿐 아니다. 수첩에 '孔顔曾思孟' 등 5자를 써서 오른쪽에 놓고 글을 읽었다. 그들처럼 되겠다는 결의이다. 그리고는 공자상(孔子像)을 벽에 붙여 놓고 항상 절하고 그 아래 꿇어앉아 독서했다. 또 승전(勝戰)의 상징인 관왕(關王)과 국안(國安)이란 목패(木牌)를 깎아 사당(家廟)의 동편에 안치하고 수시로 조용히 기도하기도 했다. 이런 것은 미신적(迷信的)인 행위로 보일 수 있으나 어릴 때부터 나라의 안위를 위한 마음의 표현이다.

6세부터 『소학(小學)』을 공부했다. 『소학』은 중국 송(宋)나라 시대에 유자징(劉子澄)이 주자(朱子)의 가르침을 받아 아이들에게 가르치고자 엮은 책이다. 내편(內篇)은 서경, 의례, 주례, 예기, 효경, 좌전, 논어, 맹자, 전국책, 설원(說苑) 등을 참고로 입교(立敎), 명륜(明倫), 경신(敬身), 계고(稽古), 가언(嘉言), 선행(善行)은 경서강독(經書講讀)과 문장(文章)을 짓고, 몸을 닦아 참으로 실천하고자 하는 학문이기 때문이다.

한훤당(寒暄堂) 김굉필(金宏弼, 1454~1504)은 소학동자(小學童子)라 했다. 그가 평생 『소학』을 손에서 놓지 않아 그런 별명이 붙여졌다. 그의 뒤를 이어 정암(靜庵) 조광조(趙光祖, 1482~1519), 회재(晦齋) 이언적(李彦迪, 1491~1553), 남명(南冥) 조식(曺植, 1501~1572), 퇴계(退溪) 이황(李滉, 1501~1570), 서애(西厓) 유성룡(柳成龍, 1542~1607), 중봉(重峯) 조헌(趙憲, 1544~1592), 고산(孤山) 윤선도(尹善道, 1587~1671) 등 당대의 저명한 인물들도 『소학』에 심취한 명사들이다.

존재도 『소학』을 읽으면서 함께 주역총목(周易總目)과 선후천설(先後天說) 그리고 괘(掛)의 변역묘리(變易妙理)도 이해했다. 7세에 「영성(詠星)」을 읊었다. "各定名與位 제각기 이름과 자리가 정해졌는데/ 須氣掛無形 기에 응하여 형체도 없이 걸려 있네/ 參爲三光一 삼광(日月星辰)의 하나로 참여하여/ 能使夜色明 능히 밤빛으로 하여금 밝게 밝히누나." 8세 때는 「영등화(詠燈火)」 등을 읊어 주변을 놀라게 했다.

10세 때 깨닫고 이해함이 융통(融通)하고 창달(暢達)했다. 식견은 해박하고 활성화되어 모든 것이 내게 갖추어졌음을 알고, 한 가지 재주로만 이름을 이루려고 하지 않았다. 그래서 천문지리·복서·율력·의학·상학·도학·불도·병서 등 여러 서적을 두루 보지 않은 것이 없었다. 마음속으로는 통리(統理)하고 정신적으로는 이해하여 기억하며 암송(暗誦)하려고 노력하지 않아도 원리(原理)를 가닥 잡아서 자연히 구결(口訣)되었다.

공장(工匠)도 능했다. 기예(技藝)는 물론 천체 관측기인 기형(璣衡)과 수레와 가마 같은 종류도 손수 만들었다. 다만 이는 선비의 급무(急務)가 아닌 것을 알고 전념하지 않았다. 이후 주자(朱子) 등 동방제현의 예설 및 주역총목 계몽(啓蒙) 등을 전공하여 근원(根源)을 찾는 것을 기뻐했다. 그리고 중용도(中庸圖)를 그려 안택(安宅)을 만들고 高明(日月), 박후(博厚: 大地), 초목, 금수, 이적(夷狄) 등을 담장 안에 진열하며 앞에는 근덕(謹德)으로써 입덕문(入德門)을 지었다.

이해에 王荊公(王安石, 1021~1086)이 맹상군을 논했다. "宋나라 신종(神宗)이 왕형 공에게 정권을 위임한 것은 한 인물을 얻어 자신의 보좌로 삼아 나라를 요순시대처럼 임금이나 백성으로 만들었다면 오히려 제나라의 왕자가 되었을 것이다. 그런데 형 공이 인물을 얻은 것은 과연 어떠했는가? 형 공이 등용한 복건자(福建子)에게 언제 계명구도가 주인을 따르는 성의라도 있었던가? 형 공은 다만 증포(曾布)와 여혜경(呂惠卿)의 길을 열어 준 초조달마(初祖達馬)였다"라고 비판했다.

위의 글은 王安石이 孟嘗君(?~BC. 279)을 논한 글에 대한 독후감을 쓴 것이다. 맹상군은 전문(田文)의 시호(諡號)인데 그는 진(秦)나라 소애왕(昭哀王)의 초청으로 재상에 발탁되려 했으나 의심을 받아 살해될 위험에 처해졌다. 그때 좀도둑과 닭울음소리를 내는 식객(食客)의 도움으로 위기를 모면한 '계명구도(鷄鳴狗盜)' 고사(古事)의 주인공이다. 그는 제나라와 위나라의 재상과 제후(諸侯)가 됐다.

또 이씨(李氏) 음보설(陰補說)을 읽은 뒤에 다음과 같은 글을 썼다. "장탕(張湯)과 두주(杜周)에게 후손이 있음은 이치가 변괴이다. 그가 형벌을 적용할 때 비록 원악한 자라 할지라도 역시 드문 일의 하나일 것이다. 장두는 실제로 천하 사람이 다 같이 원망하는 대상이다. 그러니 능히 장두(張杜)를 제거한 사람이 있다면 가히 그 여문(閭門)을 높고 크게 할 것이다. 어찌해서 장두가 나쁜 사람을 제거했다는 이유로 선보(善報)를 하게 하였을까. 이덕유의 학설은 매우 고루하다"라고 썼다.

또한 유종원(柳宗元)의 해고[海賈]을 부르는 글도 썼다. "두 왕씨[二王]의 문하야말로 세상에서는 바다와 마찬가지였다. 그 부서지는 큰 파도와 거슬러 밀려오는 물결이 약수(弱水)나 양곡(暘谷)보다 훨씬 심했는데 유자후(子厚)는 음험(陰險)하고 사특한 배에 아첨하며 웃는 돛대를 달고서 거의 20년 동안 출몰하면서 돌아올 줄 모르고 마침내 스스로를 해치는 격이 됐다. 그러니 바다 상인과 비교해서

나을 게 무엇인가. 이 글을 지었을 때 아마도 후회했을 것이다"라고 했다.

11세 때는 신독(愼獨)을 실천했다. 작은 분판(粉板)을 만들어 차고 다니면서 혹시 실언(失言)을 하면 어느 날 무슨 일로 실수했다고 쓰고 해당 일자 주(註)에 '혼미(昏迷)', '망동(妄動)', '경솔(輕率)'로 기록하면서 스스로의 언행을 경계했다. 그리고 '다언(多言)'을 써서 마루·방·행랑·울타리·변소 등 사방에 붙여 놓고 조신하는 표어로 삼았다. 17세 때 김해(金海) 김씨(金氏)와 관례(冠禮)를 올리니 이미 거유(巨儒)로 통했으며 제작한 글이 뭇사람의 입에 회자됐다.

존재는 이때부터 장천재에 서당을 개설했다. 그가 글은 읽고 있는데 원근의 사람들이 모여들어 종유(從遊)하고 토론(討論)하기를 요구하여 지도하기 시작한 것이다. 학규(學規)는 율곡 선생의 은병규(隱屛規)를 그대로 따라 쓰는 한편 '학문(學問)은 안연(顏淵)을 배운다'라는 뜻으로 '이윤(彝倫)'이라는 글귀를 걸어 놓고 가르쳤다. 이로부터 마을에서 주회(酒會)가 있을 때마다 이를 모방하여 향음례(鄕飮禮)를 실행하고, 사중(社中)의 규약으로 삼으니 향리가 순화됐다.

이해준(李海濬) 교수의 「존재 위백규의 사회개선론」이란 논문 가운데 '생애와 학풍' 대목을 보자. "17세 때 가관(加冠)한 존재는 이후 주로 장천재에서 기거하면서 일편 독서에 전념하면서 폭넓은 지식을 욕심껏 섭취하였고, 또 다른 한편으로 20세 때는 화수종회(花樹宗會)를 만들어 예절을 준엄히 하고, 사치를 엄계(嚴戒)하며 주야로 학생들을 가르치는(22세) 열성을 보였다"라고 했다.[4] 이로 미루어 "독학과 종회 창립, 그리고 훈장의 연보가 확인된다"라고 했다.

동생이 찬한 행장에는 18세부터 23세까지의 기록이 없다. 이 기간은 장천재에서의 후학지도와 향시(鄕試)에 매달린 시간이 아닌가 짐작된다. 당시 군수 이진의(李鎭儀)는 존재를 "재주가 높고 행실이 아름다우며 학문이 매우 깊어 우매한 사람을 가르치며 지식을 넓혀 준다(才高行美學邃啓蒙)"라며 장래가 촉망된 인물로 상부에 추천(推薦)하기도 했다. 그러나 군수의 천거를 감사 등 상부기관에서 어떻게 받아들였는지는 아무런 언급이 없다.

색다른 것은 선생의 지리경제에 대한 관심이다. 약관(弱冠)에 전국의 산천맥락

---

4) 「존재 위백규의 사회개선론」(이해준), p.4.

(山川脈絡)을 비롯해 군읍(郡邑) 경제(經濟), 물산(物産), 토질(土質)의 비옥도(肥沃度), 행정의 선정 여부(善政與否), 부정부패와 고질, 민생의 이해, 삼양(三洋)의 진박(津泊), 소로(小路)의 평험(平險), 풍세(風勢)의 순하고 거슬린 것 등 널리 연구했다. 아울러 음양이기(陰陽理氣)에 능통하고 인사(人事)의 정태(情態)가 잘 다스려지고 혼란(混亂)의 구분, 생물의 화생(化生)도 꿰뚫어 알았다고 소개한다.

행장은 이후부터 생애를 종합해 다루고 있다. 즉 25세 때 병계(屛溪) 윤봉구(尹鳳九)의 문하로 들어가 수학한 것과 39세 때 진사시에 합격한 것을 비롯해 나이별로 구체적인 기록을 적고 있다. 그리고 1794년(甲寅) 위유사 서영보(徐榮輔)의 천거로 1796년(丙辰) 3월 7일에 입궐해 「만언봉사(萬言封事)」를 올린 사실과 그의 상소로 인해 성균관과 4학 생원들의 권당파제 소동을 일으킨 사실을 적고 있다. 상소문의 내용이 관리와 유생들의 비위를 사뭇 거슬렀기 때문이다.

그는 왕으로부터 옥과현감에 제수되어 1797년(戊午) 6월까지 재임했다. 현감으로 부임하면서 민을 괴롭힌 행정관행을 거의 혁파했다. 참다운 목민관이 무엇인지 보여 줬다. 그러나 그의 상사인 목사나 관찰사의 수령들에 대한 고과평정은 최하등이었다. 선비가 그 주사(州司)를 찾아가 위 모(魏某)가 행정을 잘했는데 왜 최하등이냐고 물었더니 파면을 요구한 서신을 보여 줬다고 한다. 목사나 감사의 고과평정에서 하등일 경우는 어쩔 수 없이 체직(遞職)하게 되어 있었다.

기존의 연보(年譜)에는 오류가 많다. 여러 자료를 참고해서 정리한 것이라 더러는 누락되고 더러는 착오로 틀린 곳도 있다. 본고는 기존의 연보와 『국역 존재집』을 참고로 선생의 생애를 재정리했다. 물론 연보를 새로 정리했다고 해서 완벽하지는 않다. 그러나 기존 연보의 오류들은 상당 부분 바로잡았다고 볼 수 있다. 따라서 부실한 연보와 함께 존재 위백규의 「작품연보」도 시급히 마련되어야 할 것으로 보인다. 왜냐하면 작품의 산출시기를 알아야 그의 생애를 조밀하게 알 수 있기 때문이다.

1) 간암과의 인연

사람은 태어나 일생을 살면서 숱한 사람들과 만나고 헤어진다. 조상과 부모, 인종과 국가, 지역 등 허다한 조건들은 본인의 의사와는 상관없이 이루어진다. 자라면서 주변 또래와 놀면서 친구가 되고, 서당이나 학교에서 스승을 만나는 것도 인연이다. 이를 두고 불교는 연기(緣起)라 해서 옷깃이 스친 것도 인연이라 한다. 기독교에서는 만남과 헤어짐도 모두 조물주의 섭리라고 한다. 인연에 따라 인생은 잘 풀리기도 하고, 전혀 뜻하지 않게 질곡으로 내몰리기도 한다. 결과적으로 사람은 태어나게 한 부모로부터 태어난 이후 어떤 사람을 만나느냐가 매우 중요하다. 간암 공과 존재의 만남도 분명 어떤 섭리가 있었기에 이루어졌을 것이다. 표면상의 과정을 알아보고자 한다(編者 註).

(1) '청학'과 '백룡'의 태몽

영웅이나 기인들은 태몽의 주인공들이 적지 않다. 간암 공과 존재 공도 마찬가지다. 존재 공이 찬(撰)한 간암 공 행장의 태몽을 보자. 공의 어머니 나 씨(羅氏)는 어느 날 밤 "청학(靑鶴)이 품에 들어와 처사 공을 낳으니 정신이 수형(秀瑩)하고, 골격이 청구(淸癯)하여 과연 꿈에서 본 청학과 같았다"라고 했다. 또 해산하는 날 저녁 아버지 군수 공도 "대호(大虎)가 앞에 꿇고는 대인의 아들 되기를 원한다"라고 하는 꿈을 꾼 후 처사 공이 태어났다. 그래서 소자(少字)를 '몽호(夢虎)'라 했다.

존재 아버지의 태몽도 예사롭지 않다. 아버지 영이재 공(詠而齋公)은 큰아들이 태어나기 전날 밤에 '하얀 용(白龍)이 뜰아래 우물 가운데로 내려온 꿈'을 꿨다. 그런 연유로 처음에 이름과 자를 모두 '龍'과 '규(虯)' 자를 붙였다고 한다. 태몽 때문인지 존재는 태어날 때부터 체상(體相)이 준수하고 엄연(儼然)하며 알고 깨달음이 침민(沈敏)하며, 덕성이 혼후(渾厚)했다. 존재는 자손이 귀한 집에서 용꿈을 꾼 후 태어난 아들이라 더욱 기대를 모았다.

태몽 때문이었을까. 양 공의 어린 시절은 비범했다. 다시 간암의 행장을 보자. "나이 겨우 5세에 완연(宛然)히 옥인과 같았고, 성동(成童)에 조한(藻翰)을 공부하지 않은 것이 없었다. 더욱 시(詩)에 능하여 비록 시로써 이름난 사람의 것이라도 스스로 보아 만족하지 못한 듯했다. 군수 공을 섬김에 공경하고 사랑을 다했으며 어머님을 받들어 봉양하되 슬퍼하고 기뻐함을 다했다. 또한 예와 법도로 단속하여 오직 몸을 망쳐 어버이에게 욕(辱)될까 두려워했다"라고 적고 있다.

존재는 어떤가. "기의(岐嶷)하고 경민(警敏)하여 보통 아이들과 달랐다. 겨우 돌을 지났는데 문득 말을 하여 어른들이 시험 삼아 육갑(六甲)을 가르치니 이해하고 외웠다. 3, 4세에 독서할 줄 알았다. 이때 꿇어앉아야 한다는 말을 듣고 생활화했다. 푸닥거리, 굿, 광대놀이 등을 만나면 노소가 구경하여도 외면했다. 어느 날 마루에서 놀 때 동생이 난간으로 내리려 하자 떨어져 다칠 것을 염려하여 짚 다발을 딛고 내리게 해서 낙상을 모면하게 했다"는 일화는 지금도 인구에 회자되고 있다.

(2) 38세 차의 종조손 간

간암 공이 서울 생활을 청산하고 아버지(東坒)의 고향 관산으로 내려올 때 존재는 태어나기 이전이었다. 그의 관산생활은 간암정(艮庵亭) 또는 문중의 제각인 장천재(長川齋)에서 조카이지만 7세 연상인 잉여옹(剩餘翁)과 16세 연하인 존재의 아버지 영이재와 더불어 글 읽고 시작(詩作)하는 것으로 소일하고 지냈다. 존재는 공이 하향한 지 7년째 되던 해인 1727년(丁未)에 출생했다. 그러니 공이 상소문을 지을 때 영이재는 과거 준비에 한창일 29세, 존재는 불과 16세였다.

존재는 어려서부터 비상했다. 마을 사람들이 모두 신동(神童)으로 여길 만큼 매우 영민했다. 그도 그럴 것이 갓 돌을 지난 아이가 육갑을 외고, 4세에 마루에서 갓난애가 낙상할 위험이 있자 구제해 주고, 7세부터 시를 짓는 게 보통이 아니었다. 간암 공은 어린 손자가 대견했다. 속으로 '장차 위씨를 빛내줄 재목'이라고 여겼을 것이다. 가능하다면 자신이 가지고 있는 모든 것을 바쳐서라도 큰 인물로 만들고 싶었을 것이다. 그의 바람에 부응하듯 존재의 공부도 일취월장했다.

간암 공은 존재를 위해 무엇을 할 수 있었을까. 신동이자 장래가 촉망된 어린 손자 존재를 위해 그가 할 수 있는 일이 어떤 것이었을까. 네 가지 정도를 상정할 수 있다. 첫째는 사부(師父)의 역할이다. 둘째는 손자가 좋아하는 학문 분야의 책을 주는 것이다. 셋째는 서울과 조정의 움직임 등 세태에 대해 간접경험을 하게 하는 것이다. 넷째는 차원 높은 공부를 위해 국중의 고매한 사부를 알선해 주는 일이다. 간암 공은 평생 동안 자신이 할 수 있는 네 가지 일을 충실히 해 주었다고 볼 수 있다.

① 후견과 서책의 전수

우선 후견인의 역할이다. 존재를 연구한 모든 학자들은 어릴 때의 그가 종조부 춘담 공(春潭公) 휘 세린(世璘, 1673~1741)에게 배웠다고 한다. 춘담 공은 지극한 정성으로 손자를 가르쳤다. 존재는 5세 때 옆집에서 모자(母子)가 다투는 것을 봤다. 그는 이때 "不善非人, 不孝非人子"라는 글을 써 벽에 붙였다. 즉 "선하지 못하면 사람이 아니요, 불효하면 사람의 자식이 아니라"고 생각했던 것이다. 6세 때 『소학』을 읽고, 15세 때 사서(四書), 주역총목(周易總目)과 역변묘리를 탐닉했다고 한다.

그의 학문적 성장이 종조부에게만 배웠는가. 존재의 생애와 사상을 연구하는 학자들은 다른 사부의 역할을 무시하거나 외면하기 일쑤이다. 그러나 이는 당시 그의 주변의 종숙부인 잉여 옹 명덕(命德)과 간암 공의 역할을 무시한 소치이다. 아버지 영이재 공도 사부의 역할을 했을 수 있지만 그 자신의 과거공부로 말미암아 영향을 미치지 못했을 가능성이 있다. 그러므로 종조부 춘담 공, 간암 공, 종숙 잉여 옹, 아버지 영이재 공 등이 음양으로 존재의 학문적 성장을 도왔을 것이 분명하다.

간암 공의 행장을 보자. "내가 7~8세 때부터 처사 공(간암 공)의 사랑을 가장 많이 받았다. 항상 원대함을 기약하고 보잘것없는 나를 돌보아 주셨다. 내가 중도에 (공부를) 포기하려고 하였으나 병계 선생에게 속수(束脩)하게 된 것도 처사 공이 주선한 것이다"라고 쓰고 있다. 이쯤의 관계이면 존재에게 간암 공은 스승 이상의 역할을 했던 것이다. 그 역할 중에도 존재가 중도에 학문을 포기하려 했지만 언제나 마음을 다잡아서 다시 도전하도록 하는 지극한 사부였던 셈이다.

다음으로 존재가 보고 싶은 학문의 서책을 조달한 것이다. 관산은 국토의 변경에 있는 벽촌이다. 그런 곳에 누가 있기에 서책이 있겠는가. 간암 공은 "문학을 공부하고 각체(各體)에 두루 능했다. 그리고 고금비적(古今秘籍)과 국조사실(國朝事實)을 널리 섭렵했다. 또 의약(醫藥)이나 복서(卜筮)와 산수(算數)나 천체(天體)

의 운행을 관측하거나 하늘과 땅의 학문에 이르기까지 연구하여 그 요령을 알았다"고 존재는 종조부 친구인 오헌과 병계의 평을 인용, 행장에 적고 있다.

특수한 학문은 그만큼 전문서적이 없었을 것이다. 그러나 간암 공은 서울에서 비교적 여유롭게 생활했기에 관련 서적을 구입해 공부할 수 있었다. 서예는 지·필·묵 등이 있으면 연마가 가능하다. 그러나 고금비적, 국조사실, 의약, 복서, 산수, 천문 등은 공부하는 사람도 적을 뿐 아니라 책도 구하기 어려운 분야이다. 그럼에도 존재는 간암 공이 탐구했던 그 분야의 학문을 탐닉했던 것이다. 이는 존재가 간암 공의 서책을 물려받지 않았으면 도저히 파고들 수 없는 분야이다.

간암 공이 항상 존재에게 이른 말이 있다. "내가 다른 사람들보다 어질지 못하나 다만 있는 것을 한 사람에게 묶어 줌이니 行詩一, 短律一, 表一, 賦一, 簡札一, 疑一, 義一, 典古一, 筆一, 雜術 각각 一이다. 아는 자[知者]가 마음에 두고 한 가지만을 행한다면 마땅히 모든 一의 최상에 이를 것"이라고 했다. 표현이 다소 애매하나 자신에게 있는 것을 다른 사람에게 준다는 것과 한 분야에 매진하면 반드시 일인자가 될 수 있다는 얘기이다. 곧 존재에게 자신의 서책을 주었음을 뜻한다.

② 윤봉구를 사부로 천거

셋째는 스승을 만나게 해 준 것이다. 존재는 15세 이전에 4서6경을 섭렵하고, 17세 때부터 장천재에서 서당을 개설하고 훈장을 했다. 여러 번 향시에 합격하고 1750년에는 군수가 추천하기도 했다. 지방에서는 그를 가르칠 선생이 없게 된 것이다. 본인은 물론이지만 아버지 영이재 공은 자신의 전철을 밟지 않기 위해서 특별한 용단이 필요했다. 그대로 두면 능력이 있다 해도 과거라는 관문을 통과할 수 없다고 판단했다. 아들 존재의 유학(留學)에 대해 단안을 내려야 할 처지였다.

영이재 공과 간암 공은 깊이 상의했다. 누구를 사부로 맺어 줘야 하는가. 당사자인 존재와 두 어른은 이를 두고 수없이 상의했을 것이다. 서울의 누구에게 보낼까 아니면 덕산으로 하향해 가르치고 있는 병계에게 보낼까. 상의를 거쳐 내린 결론은 병계(屛溪) 윤봉구(尹鳳九, 1681~1767)로 낙착됐다. 병계는 노론산림으로 한수재(寒水齋) 권상하(權尙夏)의 문하생으로 강문팔학사(江門八學士)의 한 사람이다. 1714년 진사에 합격, 1725년 유일로 천거돼 공조판서에 이른 인물이다.

간암 공과 병계는 어떤 사이기에 종손자 존재를 맡겼을까. 시골에서 유학을 보내는 일은 경제적 여건으로 보아 정말 힘들기에 더욱 그렇다. 다시 간암 공 행장을 보자. "윤병계 선생 같은 분은 젊었을 때 서울에서 한 마을에 살았으므로 서로 아는 것이 가장 깊었다. (중략) 그 자제와 문생들에게 말하기를 이분(간암 공)은 나의 죽마고우(竹馬故友)"라 했다(『지장록』, p.256). 이런 표현으로 보면 두 사람은 8세의 나이차에도 불구하고 죽마고우라 할 만큼 절친한 사이였던 모양이다.

드디어 1751년(辛未) 병계를 찾아갔다. 다음은 간암 공의 소개편지다. "백규(伯珪)는 어릴 적부터 천품(天稟)이 질소(質素)하고 위기문학(爲己文學)에 뜻이 있었는데 이 멀고 외진 곳에서 사우(師友)의 덕을 못 보고 있습니다. 그런데도 혼자 찰흙 밭을 갈고 어두운 길을 가듯 하면서 먼저 깨달음을 얻고 계발된 바 있으나 돌아보건대 사문(斯文)을 위하여 어디 갈 데가 있습니까. 이에 부급(負芨)천리하고 문하에 들어가 공부를 청하게 되니 헛된 삶이 되지 않도록 하여 주시기를 기대합니다."

존재는 병계의 문하생으로 들어가 15년간 덕산과 관산을 오가며 공부했다. 주로 4경과 성리학 등 경학과 시폐론을 놓고 대화하는 것이다. 유학을 갔지만 경제 사정으로 오래 머물기 어려워 비롯된 수학방식이었던 것이다. 존재는 유학 15년 만인 1765년 39세 때 진사에 합격한다. 이후 51세까지 과장을 드나드나 결국 복시(覆試)에는 합격하지 못하고 만다. 존재의 허탈감은 실로 컸을 것이 분명하다. 온 집안 아니 전체 문중이 오매불망 학수고대하던 급제의 꿈을 이루지 못하고 만다.

왜 그랬을까. 공부를 열심히 하지 않아서일까. 스승을 잘못 만나서 그랬을까. 관운이 없어서일까. 존재는 이에 대해 처음에는 인벽·지벽·성벽 등 삼벽(三僻)의 한계로 치부했으나 노경에는 우주순환의 원리로 이해했다. 곧 자신이 세대를 잘못 타고난 결과로 봤다. 그는 "과거의 응시는 40을 넘지 않으려 했으나 양친의 기대에 부응하기 위해 10년을 더 과장을 드나들었다"고 고백했다. 1767년 스승 병계 공이 타계할 때는 5개월 복을 입고, 제문을 지어 바쳤다.

③ 다양한 경험의 전수

넷째는 존재에게 다양한 간접경험을 전수한 것이다. 존재가 아무리 천재라도 지리적 환경을 뛰어넘을 수는 없다. 벽촌에서 태어나 자랐으면 서울 사람들의 생활상이나 조정의 돌아가는 사정, 관료사회의 저변에 대해 어두울 수밖에 없다. 그러나 간암 공은 인생의 전반기를 서울에서 살았다. 더구나 어릴 때부터 고관대작의 자제들과 동문수학하고, 인현왕후(仁顯王后)의 친정가족들과 가까웠다. 존재로서는 도저히 접해 볼 수 없는 주인공들의 이런저런 주변사를 들을 수 있었던 것이다.

따지고 보면 인생은 사람을 사귐과 헤어짐의 과정이랄 수 있다. 태어나 부모와 형제와의 인연도 만남이다. 자라서 유치원·초·중·고·대에 진학, 수학하면서 숱한 사람과 만나고 헤어진다. 옛날에는 서당과 향교에서 동문수학하며 선후배를 사귄다. 성인이 되어 직장에서도 사람을 사귀고, 여행하면서도 사람을 사귄다. 따라서 부모형제가 누구냐, 친구가 누구냐가 개인의 인생에는 매우 중요하다. 사람을 잘 사귀면 인생에 플러스가 되지만 잘못 만나면 엉뚱한 화를 입기도 한다.

존재가 간암 공을 만난 것은 어떤가. 한마디로 존재의 행운이라 할 수 있다. 가령 간암 공이 그대로 서울에서 눌러 살았다고 가정해 보자. 그럼 간암 공이 공부하고 배웠던 인생의 소중한 경험들을 어떻게 전수받을 수 있었겠는가. 흔히 사제 간을 가리켜 '좋은 스승과 좋은 제자의 만남을 최상의 모델'로 친다. 스승이 고매해도 좋은 제자를 만나지 못하면 소용이 없는 것이다. 반대로 제자가 아무리 영민해도 제대로 가르칠 능력이 없으면 그 숨은 자질을 계발할 수 없는 것이다.

결과적으로 간암 공은 자신이 가진 모든 것을 종손자 존재에게 주었다. 이는 어차피 스스로 이룰 수 없는 출사와 야망을 손자로 하여금 성취시키려는 희원이 있었다. 그것은 존재가 그 기대를 부응할 수 있는 총명함을 갖췄기 때문이다. 만에 하나라도 존재가 그럴 만한 그릇이 되지 못했다면 사정은 달랐을지도 모른다. 존재는 한 가정의 희망이 아니라 관산 오덕종중의 별이었기에 그럴 수 있었던 것이다. 존재 자신은 그런 모든 이의 기대가 오히려 부담으로 작용했을지도 모른다.

2) 부모를 위한 과장 출입

　존재는 출사를 부담스러워했다. 최몽암(崔夢庵)에게 보낸 편지에서 "저는 본래 바닷가에 사는 백성으로 평생을 하늘을 알고 분수를 알아서 부러워하는 마음이 없습니다. 다만 과명(科名)은 한미한 선비가 부모(父母)를 기쁘게 하려는 계획으로 삼은 것으로 고통스럽게 붓을 놀리며 서울과 시골을 분주히 오간 지 30년이나 되었습니다. 이는 부모의 명을 좇기 위해 관례대로 서울에서 관광(觀光)한 것입니다"라고 털어놓고 있다. 주변의 기대를 저버릴 수 없었음을 고백한 것이다.

　서신에 따르면 그는 벽항에서 태어나 분수를 지키며 살고자 했다. 결과적으로 과거에 합격해서 입신양명할 그런 욕심이 없었다. 그러나 그가 늦은 나이에 이르도록 과장에 드나든 이유는 부모를 기쁘게 하려는 의도였다. 이는 당시의 과거 형태로 보아 자신이 합격할 수 없음을 알면서도 30년 동안 응시했음을 토로하고 있다. 왜냐하면 당시의 과거는 부정부패가 만연하여 실력으로 합격자를 선발하지 않았기 때문이다. 존재는 일찍이 정상적으로는 그 관문을 통과할 수 없다고 판단했던 것이다.

2 | 존재학과 「격물설」

1) 존재학의 서론

'존재학'의 핵심은 「격물설(格物說)」이다. 여기에 주목한 학자는 전주대 오항녕(吳恒寧) 교수이다. 『존재집』에서 「격물설」은 4권(12~15권)에 걸쳐 있다. 어떤 주제보다 비중이 크지만 아직까지 이 부분에 천착한 학자는 전무했다. 오 교수는 「격물설」의 상론(尙論)만 해도 별도의 학위논문이 가능한 주제라고 평가하고 있다. 내용은 자신과 세계와 역사를 다룬 논설이지만 지금까지는 금단의 문이었다. 논설 주제는 천지(天地)로부터 나[我]에 이르기까지 다양한 대상과 주제에 대해 탐색하고 있다. 이는 곧 그의 세계관과 인식론을 엿볼 수 있는 변증법적 사유를 보여 준다. 늦게나마 그 문을 열었다. 오 교수는 「조선 후기 한 지식인의 나와 세계, 그리고 역사」라는 논문에서 "특히 격물치지에 대한 논의가 조선 전기부터 자주 언급된 주제였음에도 불구하고 위백규의 「격물설」처럼 별도의 저술로 남긴 학자는 드물다.

이 때문에 「격물설」은 비교적 체계적으로 격물치지에 대한 견해를 살펴볼 수 있는 기회를 제공할 것으로 기대하는 것이다. 이런 점에서 「격물설」은 존재가 생각하는 '나-세계-역사'의 연관과 상호 관계를 보여 주는 값진 자료라고 생각한다. 나아가 위백규가 조선 사상계의 흐름 속에서 어떤 위상과 특성을 보여 주는지 알 수 있는 자료이기도 하다"라고 평가했다. 진주가 땅속에 묻혀 있으면 단순히 진흙인 것이다.

오 교수는 논문을 전개하는 방식이 "선생의 세계 및 역사관을 살펴보는 것"이라고 했다. 즉 논문의 주안점에 대해 첫째, 『존재집』에 수록된 「격물설」의 구성과 성격을 살피면서 『존재전서』의 논설도 함께 검토하며, 「격물설」이라는 논설 안에 함께 묶여 있지는 않지만 『존재집』 중 「격물설」에 함께 논의될 수 있는 논설도 아울러 비교, 검토한 것이다. 둘째, 「격물설」 일반에 대한 논의를 바탕으로 위백규의 역사해석[尙論]에 주목하고자 한다는 것이다. (중략) 삼벽을 자처하며 발분망식(發憤忘食)했던 이 땅의 소중한 학인 위백규의 한 면모가 소개되기를 바란다"고 했다(編者 註).

2) 「격물설」의 내용과 성격

(1) 격물치지설의 지적 전통

「격물설」의 위상이나 성격을 논하기 위해서 격물치지에 대한 논의가 사상사에서 차지하는 의미를 간단히 살펴볼 필요가 있다. 격물치지는 『대학』의 3강령을 설명하는, 더 정확히 말하자면 세 강령 중 명덕(明德)의 방법을 논하는 8조목에서 처음 나온다.

옛날에 천하의 명덕을 밝히고자 했던 사람은 먼저 그 나라를 다스렸다. 그 나라를 다스리려고 했던 사람은 먼저 그 집안을 가지런히 했다. 그 집안을 가지런히 하고자 했던 사람은 먼저 자신의 몸을 닦았다. 자신의 몸을 닦고자 했던 사람은 먼저 그 마음을 바르게 했다. 그 마음을 바르게 하고자 했던 사람은 먼저 그 뜻을 성실하게 했다. 그 뜻을 성실하게 하고자 했던 사람은 먼저 그 지식을 지극하게 했다. 그 지식을 지극하게 하는 일은 사물의 이치를 궁구하는 데 있다.

(『大學章句』: 古之欲明明德於天下 先治其國 欲治其國者 先齊其家 欲齊其家者 先齊其身 欲修其身者 先正其心 欲正其心者 先誠其意 欲誠其意者 先致其知欲知在 格物[5])

격물치지란 평천하(平天下), 치국(治國), 제가(齊家), 수신(修身), 정심(正心), 성의 (誠意), 격물(格物) 8강령 중에서 두 강령인 치지와 격물을 합쳐 부르는 말이다.[6] 그러므로 격물치지설 또는 격물설이란 말에는 이미 격물과 치지의 관계에 대한 모종의 전제가 개입되어 있다고 볼 수 있다. 그 전제는 지(知)의 완성[致知]과 사물에 대한 탐구[格物] 사이의 관계에 대한 의문일 수도 있고 정견(定見)일 수도 있다.

중국 한(漢)나라 때 정본화된 것으로 알려진 『예기』와 『대학』에서 정현(鄭玄)은 '치지재격물'에 대해, "선(善)에 대해 깊이 알면 좋은 일이 오고, 악(惡)에 대해 깊이 알면 나쁜 일이 온다(其知於善深則來善物, 其知惡深則來惡物"라고 풀이했다.[7]

---

5) 『大學章句』: 대학장구의 경문(經文)은, 주자의 『대학장구』와 『예기』 권42의 『대학』은 모두 글자나 위치의 차이가 없다. 그러나 두 텍스트는 별개라는 관점으로 考究할 필요가 있다(김용옥, 「대학 학기 한글역주」, 통나무, 2009).

6) 致知在格物: 치지재격물이라는 문장이 앞의 강령을 서술하는 '欲…先…'의 문장투와 다르기 때문에, 얼핏 격물은 치지에 부수적인 것으로 이해할 수 있다. 하지만 의미로 보아, 치국하려면 제가해야 한다는 논리나, 치국이 격물에 달렸다는 논리는 차이가 없다. 또 치지와 격물 사이에 위계(位階)가 생길 필연성이 없으므로, 치지와 격물은 종속관계가 아닌 8강령의 독립 항목으로 보는 견해를 따른다.

이러한 해석은 언뜻 말이 되는 듯하지만, 8강령은 정현의 해석처럼 전자(치지)가 후자(격물)의 근거나 되는 논리구조가 아니라, 기본적으로 후자(격물)가 전자(치지)의 근거가 되는 논리구조를 가지고 있다는 점을 고려하면,[8] 위의 해석은 8강령의 본의를 이해하는 해석으로 보기 어렵다.

격물치지가 수양(修養)을 포함한 인식론, 방법론의 한 체계로 또는 현재의 과학(科學)과 상통하는 의미로 사용되기 시작한 것은 송(宋)나라 성리학자들에 의해서였다. 주자(朱子)는 치지를 나의 지식, 즉 인식을 완성시키는 것으로, 격물은 사물을 궁구하는 것으로 이해했다.

그는 사물의 이(理)를 탐구해 간다면(格物) 그 사물의 이(理)가 집적되면서 점차 이에 의해 지탱되는 지(知)의 명징성(明徵性)을 증가시키며(致知) 마침내 활연관통(豁然貫通)이라는 앎의 느낌을 통해 모든 이에 투명한 수준에 도달할 수가 있다고 보았다.[9] 이때의 사물은 유무형의 모든 현상을 말한다. 경우에 따라서는 의식이나 생각도 포함된다.

그러니까 격물이란 것은 새롭게 탐구(探究)하여 알아가는 과정이다. 그것은 '즉물(卽物)'의 궁리(窮理)이므로 나의 내면적 성찰만으로 이루어지지 않는다. 반면 치지란 그렇게 물(物)에 즉하여 얻은 지식을 이미 내가 습득하여 알고 있거나 생득적(生得的)인 추리능력(推理能力)에 접목시켜 나의 내면의 지식과정을 풍요롭게 만들고 완성시켜 가는 과정이다.[10] 이 격물치지론이라는 이론을 통해, 성(性)에 기초한 선천적(先天的)인 지(知)와 견문에 의한 후천적 지(知)는 하나의 시스템으로 통합된다.

결국 격물(格物)이란 구체적인 하나의 사물로부터 하나의 이치를 터득하는 특수한 사례에 속하는 탐구과정이 된다. 한편 치지(致知)는 특수한 사례가 아닌 일반적 추론, 그리고 나의 지식의 보편성을 획득해 가는 내면적 과정이라는 것이 朱子 이래 성리학자들의 견해였다고 하겠다. 따라서 격물과 치지는 분리된 영역이

---

7) 『禮記』: 권42 『대학』에 관한 정현 및 당나라 공영달(孔穎達)의 해석.

8) 이는 문장 자체로 보아도 "지식을 지극히 하는 방법은 사물을 궁구하는 데 달려 있다(致知在格物)"는 말의 '在'를 정현처럼 '則'으로 보기 어렵다. 전후의 인과, 상관관계가 뒤바뀌기 때문이다.

9) 『朱子語類』와 『大學或問』을 요약하면 그러하다.

10) 『대학 학기 한글역주』(김용옥, 통나무, 2009, p.100, 105).

아니라, 하나의 과정으로 이해되었기 때문에 흔히 숙어(熟語)처럼 '격물치지'라고 말하게 되었다. 그리고 위백규는 이러한 격물치지론의 전통에서 그의 「격물설」을 저술했던 것이다.

(2) 「격물설」의 구성과 특징

「격물설」은 『존재집』[11] 「잡저」 12권부터 15권에 걸쳐 실린 논설이다. 논설의 분량은 국역을 기준으로 12권 70쪽, 13권 59쪽, 14권 183쪽 등 무려 312쪽에 이를 정도로 방대하다. 먼저 그 내용을 개략하면 다음과 같다.

> 권12: 天地 五行 禽獸 昆蟲 事物
> 권13: 事物
> 권14: 晏子御者 天下肥
> 권15: 詩人 我

일견 천지에서 나[我]에 이르기까지, 그러니까 우주론에서 자신에 이르기까지 견문과 관찰을 기록한 논설이 「격물설」이라는 것을 알 수 있다. 그중 권12~13은 우주와 자연에 대한 소견이고, 권14~15는 역사, 즉 인간 사회에 대한 소견으로 구성되어 있다. 본 절에서는 권12~13의 천지-사물을 중심으로 위백규의 「격물설」에 대한 일반론을 다루고, 역사에 대한 논설인 권14~15는 장을 바꾸어 3장에서 다루겠다. 이 외에도 권15의 인설(人說), 일원종시설(一元終始說)을 비롯한 권16 「잡저」에 실린 원류(原流)도 「격물설」의 범주에 넣을 수 있겠지만, 일단 『존재집』 편집의 구분을 존중하여 「격물설」에 수록된 논설만을 대상으로 내용과 특징을 살펴보기로 한다.

① 천지와 오행

「천지」는 다름 아닌 음양에 대한 논설이다. 그러므로 위백규의 천지에 대한 논의는 곧 음양오행에 대한 견해이자 해설이다. 음양은 천지, 명암, 남녀처럼 서로

---

11) 『존재집』은 한국문집총간 243에 수록된 판본으로 1796년 정조의 명으로 규장각에 들어간 24권이 일실된 후 후손 위영복이 가장 초고를 재편집하여 任憲晦의 교정을 거쳐 1875년에 발행됐다.

상대되는 속성이나 현상을 말하며, 그러면서도 서로 공존하는 두 가지 기운(氣運)을 말한다.

오행은 목·화·토·금·수라는 다섯 물질의 속성과 그 변화를 말한다. 음양이 속성이자 양상이라면, 오행은 물질의 속성이기도 하지만 동력, 즉 상극상생(相剋相生)하는 작용인(作用因)의 성격이 강하지 않나 생각한다. 위백규의 음양오행론을 이해하려면 송대 성리학의 음양오행론을 살펴봐야 한다. 그 원형은 염계(濂溪) 주돈이(周敦頤, 1017~1073)의 학설이다.

염계는 『태극도설(太極圖說)』에서 "무극(無極)이면서 태극(太極)이다. 태극이 움직여 양(陽)을 낳으니, 고요함이 극에 이르면 다시 움직인다. 한 번 움직이고 한 번 고요해지는 것이 서로 그 근거가 되며, 음으로 나누어지고 양으로 나누어져서 두 양상[兩儀]이 서게 된다. 양이 변하고 음이 합쳐져서 수·화·목·금·토를 낳으니, 이 다섯 가지 기운이 순조로이 퍼짐으로써 사시사철이 운행된다"[12]라는 요지의 음양오행론을 폈다.

위백규는 음양을 구체적인 자연현상, 사회관계를 통해 이해한다. 즉 "태양은 땅 한복판의 남쪽 가장자리로 움직이고 땅 머리를 돌면서 밤과 낮이 되고 밝음과 어둠이 생긴다. 밝음은 하늘을 움직이고 어둠은 땅을 적시어, 초목과 사람, 동물이 모두 밤이 되면 자라난다. 이는 하늘이 남쪽으로 기울어진 덕분으로, 어머니가 태아를 기르는 형상이며 남녀가 만나 사귀고 부부가 한 집에 사는 것은 모두 이 도리이다"라고 함으로써, 천지와 명암, 남녀 같은 자연현상은 물론 부부라는 인간관계를 음양으로 설명한다.

그는 작게는 집안을 이루고 크게는 나라를 다스리는 일, 만물을 다스리고 온갖 변화를 이루는 일은 모두 여기에서 벗어나지 않는다고 보았다. 이런 점에서 그의 음양론은 성리학 전통의 음양론의 연장에 있다고 볼 수 있다. 자연현상과 사회현상이라는 두 측면을 염두에 두고 위백규의 음양론을 좀 더 살펴보자.

　　<가-1> 양이 항상 주인이 되어 밤낮으로 관통하는 까닭에, 여름이면 양이 음

---

12) 『太極圖說』: 無極而太極, 太極動而生陽, 動極而靜, 靜而生陰, 靜極復動, 一動一靜, 互爲其根, 分陰分陽, 兩儀立焉, 陽變陰合, 而生水火木金土, 五氣順布, 四時行焉.

을 밀쳐 내어 우레가 호령을 하고, 겨울이면 양이 음을 안고 있어 춥고 우울한 기운을 바람이 흩트리니, 모두 음양이 교감하는 자연의 이치이다.

<가-2> 고요함[靜]이란 막연히 쓸쓸한 상태가 아니므로, 고요가 극도에 달하면 움직여 우레가 된다. 무(無)는 텅 빈 적멸(寂滅)의 상태가 아니므로, 무가 극동에 달하면 유(有)가 되어 바람이 된다. 고요함은 성(性)의 본체이고 무는 형(形)이 온축된 상태이다.

위의 예문은 「천지」에서 위백규가 자연현상을 음양론을 통해 설명한 내용 중 두 가지를 뽑은 것이다. 먼저 <가-1>을 보면 교감으로서의 음양을 말하면서, 음양이 배제가 아닌 상호 내재의 양상임을 설명하고 있다. 그렇기 때문에 여름이라고 양만 있거나 겨울이라고 음만 있는 것이 아니라, 양과 음이 서로 맺는 관계를 통해 우레와 추위 같은 기운이 작동하는 것이다. 정과 동 역시 마찬가지이다. 염계의 말에서 보다시피, 정동이 곧 음양이기 때문이다.

무와 유의 관계도 같은 이치로 설명한다. 무는 텅 빈 것이 아니라, 형(形)이 없는 상태이기 때문에 유로의 전환가능성을 내재하고 있다. 바로 고요함이나 무(無)를 위백규는 본성의 체(體)로 파악함으로써 본성을 가진 존재 일반의 논의로 확대할 수 있는 길을 마련했다. 그리고 이런 길은 그의 논리에 이미 내장되어 있다고 볼 수 있다. 다음 몇 가지 사례를 살펴보자.

<나-1> 밤이 아니면 사물을 생성할 수 없으므로, 밤에는 반드시 이슬이 맺힌다. 어둠이 아니면 사물을 기를 수 없으므로 비가 오려고 할 때면 반드시 구름이 해를 가린다. 이것이 윗사람의 도리는 살펴보는 것만으로 밝다고 할 수 없는 이유이다. 물이 너무 맑으면 큰 고기가 없다는 말의 의미이며, 또한 귀머거리가 가장(家長)이 된다는 형상이다.

<나-2> 군자는 낮에는 집 안에 있지 않으니 하늘이 낮인 데에 따른 것이고, 밤에는 밖에서 자지 않으니 하늘이 밤인 데에 따른 것이다.

<나-3> 낮이면 해가 뜨고 밤이면 달과 별이 뜬다. 임금은 하나이고 신하는 여럿이다. 달과 별은 바탕[質]만 있을 뿐이어서 햇빛을 받은 뒤에야 밝아지고, 현신(賢臣)은 임금을 만난 뒤에야 도(道)를 펼칠 수 있으며, 훌륭한 인재도 스승을 만난 뒤에야 배움을 이룰 수 있으니, 아내의 도리와 자식의 도리도 모두 마찬가지이다.

<나>의 사례는 음양이 작동하는 자연현상이 모두 인간과 사회의 현상과의 유

비 속에서 설명되고 있다는 공통점을 갖는다. <나-1>에서 어둠이 해를 가리는 것을 윗사람이나 가장(家長)의 덕목으로 보거나, <나-2>에서 밤낮과 사람의 활동을 연결시키는 것, 해와 달, 별을 임금과 신하의 관계로 비정하는 것은 모두 같은 논리의 연장에 있다.

<나-1>의 사례처럼, 비가 오기 전 구름이 해를 가리는 어둠이 곧 윗사람이나 사소한 잘못이나 분쟁을 눈을 감아 주는 덕목으로 이해할 수 있느냐는 의문이나 이의가 제기될 수 있는 경우도 있을 것이다. 개별 사례에서 나타나는 비유나 확대 해석의 부적합성을 떠나 우리가 주목해야 할 것은 바로 그런 해석 및 이해방식이 성리학의 전통적인 「격물론」의 기조라는 점이고, 위백규가 그 전통의 연장에서 자연현상, 사회현상을 해석하고 있다는 점이라고 생각한다. 그리고 이런 맥락에서 위백규는, 반드시 이치에 깊은 사람이 묵묵히 깨닫고 인접분야에 정통하여 유사한 영역을 생생하게 이해해야 삼재(三才)가 하나의 이치라는 사실을 두루 볼 수 있을 것이라고 말했을 것이다. 인간과 자연, 본원과 현상을 분리시키지 않는 통관(通觀)의 우주관을 계승하고 있는 것이다.

위백규의 오행에 대한 격물설도 같은 방식으로 이해할 수 있다. 위백규는 「오행론」에서도 온난(溫暖) 같은 자연현상, 각종 흙과 쇠, 물, 불의 성격 또는 이들 오행의 상호작용이 갖는 의미에 대해 상론하고 있다. 거기에 나오는 몇 가지 사례를 제시한다.

<다-1> 불[火]은 천(天)・지(地)・인(人)의 주된 기운이다. 하늘은 불이 아니면 밝지도 낳지도 못한다. 땅은 불이 아니면 따뜻하지도 기르지도 못한다. 사람은 불이 아니면 알 수도, 운동할 수도 없다. 그렇지만 불이 지나치면 말라서 없어진다. 그러므로 하늘은 비・이슬・구름・안개를 통해서 제어하고, 땅은 태음(太陰)이나 연못과 하천(河川)을 통해서 제어하며, 사람은 정혈(精血)과 침 등을 통해서 제어한다.

<다-2> 사행(四行: 목・화・금・수)은 각기 한 계절을 전담하는데, 흙은 각 계절의 마지막 달에 붙어 있다. 그렇지만 4행끼리는 서로 통할 수 없고, 흙이 4행을 포괄한다.

<다-3> 물맛은 짜다. 그러나 짠맛을 주로 하지 않으면서 달고 쓰고 시고 매운 맛과 조화를 이루기 때문에 진귀하게 쓰인다.

<다-1>은 불의 성질과 함께 비나 이슬과 같은 물과 공존하는 자연현상을 서술하고 있으며, 그것은 인체에 대한 생물학적 관심으로 이어지고 있다. 또한 사행과 토(土)의 운행을 사계절의 운행과 관련하여 설명했는데, 이는 주자의 견해와 같은 내용이다.[13] 다만 <다-3>는 정확히 이해하기 어렵다. 이런 경우가 종종 있는데, 이는 존재 위백규가 살았던 시대의 풍습 등의 차이에서 주로 연유하는 것이라고 하지만, 사물에 대한 관찰의 깊이나 시각의 차이가 있을지 모른다. <다-3>은 혹시 장흥 바닷물을 지칭하는 게 아닌가 추정해 보지만, 분명하지 않다.

> <라-1> 불은 공간이 있어야 불꽃이 피어나고, 마음은 비어야 밝음이 생긴다. 불꽃은 타올랐다가 쉽게 꺼지니, 사람이 밖으로 자랑하면 쉽게 패한다. 재[灰] 속에 간직하면 꺼지지 않으니, 마음속을 성실하게 하면 오래가는 법이다.
> <라-2> 쇠가 돌에 부딪치면 불이 생긴다. 어려움을 겪어야 지혜가 밝아지고, 사물이 부딪쳐야 화복(禍福)이 이루어진다.

위의 사례[14] 역시 음양론에서와 마찬가지로 오행론에서도 천지인을 하나의 이치로 이해하는 관념이 나타나 있다. 그가, 초목의 이치에 통달하지 못한 자가 큰 줄기의 기운만 온전히 하고자 하여 가지와 잎을 제거한다면 뿌리와 줄기도 수척해진다. 스스로 일가친척을 인정머리 없이 대하는 사람은 자신을 해치는 사람이라고 단언하는 것도 같은 맥락이다. 나아가 위백규는 유학(儒學)에서의 덕을 기르는 일, 도가의 연단(鍊丹)이나 섭생, 의가(醫家)가 병을 다스리는 것도 모두 동일한 이치라고 보았다. 다음 사례를 보자.

> <마-1> 『의경(醫經)』에 보면 배우고 마음을 다스리는 방법을 알 수 있다. 불[火]이 일행(一行)을 주관하고 있지만, 나머지 사행(토금수목)도 모두 불이 없으면 이룰 수 없다. 그 때문에 상화(相火)가 유행하여 사람에게 작용하면 명문(命門)을 주관하고 소양(少陽)에 짝하여 생명과 변화를

---

13) 『朱子語類』 권1: 「理氣 上 太極天地 上」에, "묻기를, '사시에 화를 취하는데, 어째서 6월에 또 한 번 취합니까' 하니, 말하기를, 土는 未에서 왕성하기 때문에 다시 취사하였다. 토는 사계에 깃들어 왕성하며, 매 마지막 계절에 모두 18일씩, 그러니까 네 번씩 18일, 모두 72일이다. 그 밖에 4행이 사시를 나누어 마찬가지로 각각 72일을 갖는다. 72일이 다섯 번 360일을 이룬다(問 四時取火 何爲季夏又取一番 日土旺於未 故再取之 土寄旺四季 每季皆十八日 四箇十八日 計七十二日 其他四行分四時 亦各得七十二日 五箇七十二日 共湊成三百六十日也 佃)"이라 하여, 흙은 각 계절의 마지막 달 18일에 배정했다.

14) 『존재집』 권12: 「격물설」 五行, 이하 라~마의 인용 부분.

일으키는 역할을 한다.

<마-2> 『황제내경(皇帝內徑)』「素問」의 운기법(運氣法)에는 육기(六氣)를 그해의 간지(干支)에 배속했는데 홍수나 가뭄의 운(運)은 모두 일정한 운수가 있으니, 그 이치는 속일 수 없다. 그러나 만일 요순(堯舜)시대 어느 해 갑자운(甲子運)이 한(漢)나라나 당(唐)나라 시대 갑자운과 같아서 홍수가 날 해가 되면 홍수가 나고 가뭄이 들 해가 되면 가뭄이 든다면, 그 누가 천도(天道)를 알기 어렵다고 하겠으며, 어찌 다시 재해(災害)를 두려워하겠는가.

<마-1>의 상화란 간(肝)·담(膽)·신(腎) 등 삼초(三焦)의 화(火)를 통틀어 이르는 말로, 군화(君火)와 대비되는 용어이다. 이렇게 위백규는 오행론뿐만 아니라, 「격물설」곳곳에서 의학적 배경에서 사물을 설명하는데, 특히 인용문에서 보다시피 인간의 마음을 관념적 실제가 아니라, 구체적인 물질적 토대, 즉 생리적·의학적 토대에서 논의되고 있다는 점을 상기해야 한다. 그리고 이것은 예외적인 태도나 견해가 아니라, 오히려 섭생론이나 유의(儒醫)에서 보듯이 초기 성리학 이래 지속되어 온 신유학 전통의 연장이라고 보아야 하지 않을까 한다.

동시에 위백규는 합리적인 해석을 위한 긴장을 늦추지 않았다. 규범적(規範的) 해석은 물론, 의학적 해석조차도 기계적(機械的)·획일적으로 비정하는 오류를 경계했다. <마-2>에서 보듯, 기계적으로 운수가 적용되지 않는다고 지적한 것이 그것이다. 일식(日食)에 일정한 법도가 있지만 일식이 일어나야 하는데 일어나지 않는 경우도 있고, 6월에는 덥고 1월에는 춥게 마련이지만 6월에도 덥지 않고 1월에도 춥지 않은 경우도 있다.

이렇듯 사람의 화복(禍福) 역시 처음 생명을 품부(稟賦)받았을 적에는 정해진 명이 있지만 때에 따라 변하는 경우도 있다는 것이다. 그러므로 사람이 몸을 다스리고 나라를 다스리는 일에 대해 운명에 맡겨 버리고 행동을 마음대로 해서는 안 된다는 주체의 능동성을 강조하는 논리와 태도가 가능해진다. 그렇기에 위백규는, 운명은 길(吉)한데 행동을 삼가지 않았기 때문에 도리어 흉(凶)해졌거나, 운명은 흉한데 덕을 닦았기 때문에 도리어 길해진 경우에 대한 명백한 증거가 왕왕 있지 않느냐고 반문했던 것이다.

② 사물

위백규가 「격물설」에서 궁구했던 사물의 범위는 매우 다양하고 재미있다. 본 절에서는 가능한 한 그 생생함을 손상하지 않는 범위에서 소개하면서 의미를 전달하고 싶다. 「격물설」에는 「사물(事物)」 외에 「금수(禽獸)」와 「곤충(昆蟲)」이 따로 있지만, 이들은 사물과 함께 다루어도 범주상 문제가 없을 듯하여 본 절에서 언급하겠다.

「금수」에서 위백규가 관찰했던 대상은, 봉황, 메추라기, 꿩, 닭, 학, 너새, 올빼미, 까치, 매, 돼지, 뱁새, 제비, 개, 쥐 등 15종(種)이었고, 「곤충」에서 관찰했던 대상은, 물고기, 벌레, 학충(蟲虫), 매미, 꿀벌, 개미, 지렁이, 잔디등에, 유수(濡需), 사마귀, 대합, 게, 누에, 서캐, 벼룩, 이, 회(蛔), 오징어, 개어(魪魚), 사어(鯊魚), 준치, 살무사, 쉬파리, 잠자리 등 26종(種)이다. 말하자면 인체 내부에 기생하는 사물로부터 집주변, 들판, 바다와 하늘에 사는 크고 작은 동물을 놓고 관찰과 사유, 설명을 거듭한 셈이다.

> <바-1> 꿀벌은 아침저녁으로 반드시 몇몇 벌이 문 좌우에 서서 날개를 떨어 긴 소리를 내는데 이는 군문(軍門)을 여닫는 것과 같다. 개미는 이웃 개미집을 침탈할 때면 반드시 먼저 수십 마리의 개미가 그곳의 허실(虛實)을 탐지하고 돌아가며, 그런 다음 마침내 대진(大陣)이 행군한다. 이는 군문의 정탐에 해당한다. 그 이치가 엄격하고 철저하여, 이를 아는 사람은 장수가 될 수 있을 것이다.
> <바-2> 벼룩과 이가 물어 가려우면 손가락이 절로 반응하여, 의식하지도 않은 채 한 손가락을 곧장 집어넣으면 반드시 잡고 실수가 없다. 간혹 마음에 화가 나거나 괴로워하여 꼭 잡아야겠다는 의식이 생기면 다섯 손가락을 모두 움직여 백 번 잡더라도 하나를 못 잡는다. 사사로운 의도를 가지고 계산하는 것이 이처럼 두렵다.

<바-1>에서는 꿀벌과 개미의 활동을 군대(軍隊)의 진법(陣法)에 비유하여 해설하고 있고, <바-2>에서는 벼룩과 이를 잡는 과정에서 사의(私意)의 병폐를 지적했다. 개별 곤충이나 동물들의 차이는 있지만 그 이치[理]는 하나라는 이일분수(理一分殊)의 세계관(世界觀)에 다름 아니라고 할 것이다. 이러한 관찰과 해석은 「사물」로 이어진다.

「사물」에 실린 소재와 대상은, 음양, 천지, 육갑, 24절기, 사립(四立), 일출(日出), 도교(道敎), 불교(佛敎), 별, 인생, 자식, 혼인, 효, 등유(鄧攸), 온태진(溫太眞), 적인걸(狄仁傑), 금수(禽獸), 장생(長生), 한고조(漢高祖), 유하혜(柳下惠), 아내, 여자, 형제, 인어(人魚), 며느리, 선천도(先天圖), 태교법(胎敎法), 상복(喪服), 붕우(朋友), 종리매(鐘離昧), 예(禮), 음악(音樂), 심성(心性), 글자, 어음(語音), 풍속(風俗), 칠정(七情), 오복(五服), 사랑, 도(道), 명(命), 욕구(欲求), 독서(讀書), 육구연(陸九淵), 부귀(富貴) 등의 항목에 이른다.

그런데 이 「사물」 항목에 특별한 기준이 적용된 것은 아닌 듯하다. 따로 논구(論究)되어야겠지만 『존재집』 자체의 편집원칙이나 수준과 관련이 있는 문제로 보이는데, 「사물」의 경우 '사물'이라는 범주 외에 내적으로 대상 항목들 사이의 연관성은 부분적으로만 드러난다. 예를 들어, 예를 논할 때 『예기』나 상복을 같이 배열한다든지, 효를 논할 때 효자와 부자(父子)를 같이 배열한 정도이다. 또한 음양, 천지, 육갑, 24절기, 사립, 일출 등은 앞서 살펴본 「천지」나 「오행」에 포함시키는 편이 통일성이 더 있지 않을까 생각된다.

마찬가지로 등유, 온태진, 적인걸, 한고조, 유하혜 등은 권14~15에 실린 역사의 범주로 편제하는 편이 산만함을 줄이지 않을까 생각된다. 이 같은 의미에서 「천지」나 「오행」에 들어갈 항목이나 뒤에서 다룰 역사 일기에 들어갈 항목을 제외하고, 위백규의 사유를 이해할 수 있는 논설을 살펴보기로 하겠다. 이는 두 범주로 나눌 수 있다. 성리학에 대비되는 다른 사상 영역에 대한 논설, 그리고 가족, 친족 관계에 대한 논설이다.

<사-1> 도가(道家)에서 옥경(玉京)이나 월궁(月宮)을 말하고, 불가(佛家)에서는 저승(地府)나 용궁(龍宮)을 말한다. 당나라 이래로 그런 말이 점차 사실인 것처럼 되어 왔으나, 진실인지 허망한 말인지는 알 수 없다. 오직 정자(程子)와 주자(朱子)의 말이 정론이겠지만, 역시 분명하게 말하지 않아서 참으로 알 수 없다.

<사-2> 지부(地府)를 보았다는 자가 무수하나 누가 반박할 수 있겠는가만, 그 이야기는 너무도 진지함에 문제가 있다. …지부나 용궁이 정말 있다고 해도 지부와 용궁은 지부와 용궁이고, 인간세상은 인간세상일 뿐이다. 왜 굳이 그런 논의를 빌려다가 우리 이야기를 신비화하는가. 그러므로

신비의 말은 지금 눈앞의 부자, 군신, 부부, 인의예악(仁義禮樂) 같은 당연한 일을 제외하고 반 푼어치라도 현묘하거나 기이한 데로 옮겨 가게 되면 모두 이단(異端)이 된다.

불가나 도가의 저승이나 신선세계에 대해서 위백규는 예의 유가의 합리주의를 통해 거리를 둔다. 알 수 없는 것에 대해서는 말하지 않는다는 공자(孔子) 이래의 전통이 엿보이는 대목이다.[15] <사−1>의 경우처럼 배척하기보다는 알 수 없는 영역이라고 판단하든지, <사−2>의 경우처럼 유보적인 태도를 취하면서도 지부 설화에 대한 사실 논박을 통해서 비판하는 상식적인 접근이 주목된다.

위백규는 안연(顔淵)과 복상(卜商, 子夏)이 수문사인(修文舍人)[16]처럼 후한(後漢) 이후에 생긴 관직을 받았다는 지부 설화의 사실 오류를 지적하여 그 허구성을 논박했다. 한편 「사물」에는 당시 세태나 일상을 살펴볼 수 있는 논설도 다수 실려 있어 흥미를 끈다. 역시 일부만 소개한다.

> <아−1> 혼인할 때 재물을 따지는 일이 날마다 더욱 심해지더니 이런 지경에 이르렀다. 남자는 성동(成童, 15세)이 되면 전답의 가치로 평가하고, 여자는 혼기에 이른 나이가 되면 돈주머니라고 부른다.
> <아−2> 부녀자의 본성은 샘이 많고 인색하여, 괴팍하고 교만하여, 사납고 공격적이며, 성급하고 조급하여, 어리석고 우매하다. 명철한 부녀자가 아니면 여기서 벗어날 수 있는 사람은 드물다.
> <아−3> 부녀자 중에 착하지 않은 사람이 임신을 하고, 음식이나 거처, 말씨나 보고 듣는 것을 하고 싶은 대로 방자하게 하고 경계하거나 근심하지 않기 때문에 생김새가 바르지 않고 총명도 자연 남보다 못하니, 이는 벗어날 수 없는 이치이다. 태어난 뒤에는 편애하여 핥고 빨고 하면서 나쁜 점에 영합하고 오만함을 길러 준다. 겨우 7, 8세가 되면 교만과 어리석은 완악함이 마침내 그 아이의 성격이 되어 아무리 능력 있는 스승이라도 가르칠 수가 없다. 아내의 완악한 피해가 이처럼 크고 오랫동안 영향을 미친다.

<아−1>은 당시 혼인풍속을 엿볼 수 있는 기록이다. 평소 검소한 생활을 강조했던 위백규의 관점에서 보면 남녀의 혼인이 재산 가치에 따라 이루어지는 부박

---

15) 『論語』述而篇: "선생께서는 괴이한 일, 이상한 힘, 인륜을 어지럽히는 일, 귀신에 대한 일에 대해서는 말씀하지 않으셨다"고 했다.

16) 修文舍人: 元末明初 때 구우(瞿佑, 1347~1433)가 저술한 전기소설인 『剪燈新話』에 등장하는 저승에서 온 사람을 일컫는다.

한 세태가 무척 안타까웠던 것으로 보인다. <아-2>의 사례도 세태의 반영으로 볼 수 있는데, "현명한 아내가 있고 나서 집안이 일어나는 것은 위로는 제왕부터 아래로는 사서인(士庶人)에 이르기까지 마찬가지다. 아내의 도리는 안에 있으면서 조용함을 주로 한다. 안과 조용함은 만물의 근본이다"라고 생각하던 위백규의 시각이 당시 부녀자들을 평하는 데 작용했다고 보는 편이 옳을 것이다. 그러나 위백규가 <아-3>에서 보듯이 태교(胎敎)의 중요성을 강조하면서, 유아 및 아동교육의 기본자세를 일깨워 주려는 노력도 게을리하지 않았다.

그가 또 "또래 벗들이 만나면 매번 농지거리를 일삼고 부모를 범하는 일을 재미로 삼는 자에 대해서는, 반드시 공경하는 태도를 갖추되 가까이하지 말아야 한다. 세상 사람들은 이 버릇이 습속이 되어, 농담하지 않으면 좋은 관계를 만들지 못한다"고 하면서, 붕우 관계가 천박해지는 것을 경계했던 것도 이런 태도의 연장으로 이해할 수 있을 것이다.

이상 「격물설」 중 「천지」, 「오행」, 「사물」에서 몇몇 사례를 살펴본바, 그는 태극(太極), 음양(陰陽), 오행사상을 기반으로 한 이기론(理氣論)과 이일분수론(理一分殊論)에 입각하여 우주 자연계, 인간을 해석하고 있음을 알 수 있다. 그리고 그의 주장이나 해석은 구체적인 자연현상에 대한 관찰, 음악이나 의학에 대한 기초지식을 근거로 이루어졌다는 점에서 넓은 의미의 자연학(自然學)의 토대에 서 있다고 할 수 있다.

이런 점에서 위백규의 논설은 성리학적 「격물설」에 대해 도덕주의라고 평가했던 학계 일반의 관점이 수정될 필요가 있음을 보여 준다. 다시 말해, 성리학적 「격물설」의 규범적 성격만 떼어 내고, 성리학과 실학(實學)을 대립시키며 실학자는 성리학의 음양오행론에서 도덕적 규범성을 벗겨 낸 것[17]이라는 식으로 해석하는 오류를 벗어날 수 있는 계기를 열어 주는 것으로 보인다.

물론 이런 해석은 조선사상사를 '성리학=허학(虛學) VS 실학'이라는 구도로 재단하는 식민지시대 이래의 제국주의적·근대주의적 편견에서 비롯된 것이기는

---

17) 陰陽五行: 『조선유학의 개념들』(홍원식, 예문서원, 2002, p.88).

하지만, 또 다른 한편으로는 그럼에도 불구하고 조선 후기 사상계에 대한 관심을 높여 연구를 풍요롭게 한 측면도 있겠지만, 이제는 조선 사상계에 대한 이해를 편협하고 빈곤하게 만드는 무정란(無精卵) 같은 질곡이 되어 가고 있다는 생각이 들 정도로 정체된 구도라는 점에서, 존재 위백규의 논설은 새로운 해석의 과제와 가능성을 동시에 제기하고 있다고 생각된다.[18]

(3) 독사의 범위와 성격

① 영사·독사·격치

성리학의 격물치지설은 지식의 축적과 체계화인 치지(致知)가 객관적인 사물에 대한 탐구에 기초한다는 점에서 주지주의(主知主義), 객관주의(客觀主義)의 성격을 갖는다고 한다. 지치와 격물은 이렇게 상관될 수밖에 없는 것 아니냐고 반문할 수도 있지만, 사실 인간의 내면에서 일어나는 지적 성숙과 체계화는 꼭 이런 외적 대상에 대한 탐구인 격물을 통해서만 가능한 것은 아니다.

신(神)의 계시(啓示)나 선(禪)의 깨달음, 그리고 도가의 섭생(攝生)도 방법이 될 수 있다. 그러므로 격물치지설은 이런 사상이나 신앙과 구별되게 세계와 우주를 바라보는 어떤 사상과 관련이 있는 것이고, 적어도 세계와 우주를 바라보는 방법과 관련이 있는 것이다.

그 방법을 인식론(認識論)이라고 부를 수 있다면 격물치지설은 주체(인식)와 대상이 만나는 인간의 지적 활동을 다루는 영역이라는 뜻이다. 그러면 자연스럽게 사실과 해석을 다루는 역사인식의 문제를 포괄할 수 있을 것이고, 역사 또는 역사적 삶에 대한 주체의 태도를 확인할 수 있을 것이다. 그런 논의를 통해 다시 역사인식을 재론하는 과정을 포함하는 역동적인 과정이기도 할 것이다.

지식 체계는 구체적 경험 즉 역사 연구와 현실의 경험 등의 추상화를 포함한다. 그것이 정합성(整合性)과 방향성(方向性)을 가지고 있다면 그 추상화는 다시 구체

---

18) **性理學者**인가, **實學者**인가: 吳恒寧 교수는 "존재의 「격물설」이 자연학을 토대로 이루어졌으며, 그러기에 그의 논설은 성리학적 도덕주의라고 하는 학계의 평가는 수정될 필요가 있다"고 했다. 그리고 논문의 결론에서 존재의 「격물설」 등은 실학개념에 내포된 근대주의적 목적론을 씻어 내면 N개의 성리학만 남는다고 했다.

적 행위를 해석하고 보완한다. 그러므로 격물치지론을 통해서 이루어지는 추상[經: 體]과 구체[史: 用]의 변증법을 사람들은 독사(讀史)라고 불렀다고 생각한다. 독사 이전에는 영사(詠史)가 더 일반적이었다. 영사는 영사시(詠史詩)로 알려졌다. 이규보(李奎報)의 『동명왕편(東明王篇)』이나 이승휴(李承休)의 『제왕운기(帝王韻紀)』가 대표적이었다.

영사보다 독사라는 표현이 더 많이 쓰이면서 역사를 음미하고 평가하는 일이 많아진 것은 여말선초를 지나면서였다. 성리학의 영향이었던 것은 물론이다. 이는 두 가지 직간접적인 원인 때문이다. 첫째, 초월적 성격이 강한 불교에 비해 성리학은 현실주의의 성격이 강하다. 이런 차이는 역사에 대한 관심의 차이를 가져왔고, 성리학이 발전하기 시작한 중국 송나라 때는 춘추학(春秋學)이라는 말이 유행할 만큼 역사분야의 저술과 연구가 활발해졌다. 쉽게 말해 해탈이 아니라 역사가 삶을 정리해 주었던 것이다.

독사라는 표현이 유행하게 된 직접적인 계기는 송나라 호인(胡寅)의 저서 『독사관견(讀史管見)』이란 책의 출현에 있었다. 『좌씨전』이나 『사기』 이래 거의 모든 역사서에 사론(史論)이나 사평(史評)이 붙게 마련이었지만, 송나라 때의 변화는 달랐다. 사마광(司馬光)이 『자치통감(資治通鑑)』 12권을 편찬할 때 당대(唐代)의 역사를 정리하였던 범조우(范祖禹)는 사평으로만 『당감(唐鑑)』 12권을 저술함으로써 역사비평의 새장을 열었다.

그리고 범조우의 단대사(斷代史), 즉 왕조사 단위의 사론서 곧 호인의 통사 사론서인 독사관견으로 이어졌다. 이어 주자가 『자치통감강목(資治通鑑綱目)』을 편찬하면서 호인의 사평을 대거 채택하였고, 이를 계기로 식자들은 자신들의 사평이나 사론에 독사(讀史)라는 말을 즐겨 썼다. 필자가 영사, 독사를 운운하는 것은 바로 위백규의 「격물설 상론(尙論)」에 보이는 논설이 모두 독사의 전통에서 나온 사평이기 때문이다. 말할 것도 없이, 이 독사라는 형식의 사평은 격물치지 공부의 대표적인 예였다.

조선 사상계의 패러다임을 바꾸었던 퇴계(退溪) 이황(李滉)은 말하기를 "자치통감은 사물을 이해하여 알 수 있게 된(격물치지) 자료가 되거니와 과거 공부에도 도움이 되니, 지금 읽는다면 더욱 좋을 것이다"라고 하여, 역사서인『자치통감』이 격물치지의 대상임을 분명히 언급하고 있다.[19] 물론 위에서 말하는『자치통감』은 곧 보통명사인 '역사(歷史)' 또는 '사실(史實)'로 바꾸어도 문맥상 전혀 오류는 없을 것이다.

율곡(栗谷) 이이(李珥)가, "역사를 읽을 때는 잘 다스려져 살기 좋은 시대와 어지러운 시대의 메커니즘, 능력 있는 사람들과 본받을 만한 군자들이 벼슬에 나아가거나 벼슬에서 물러나는 원칙을 살펴야 하는 것이니, 이것이 바로 사물을 인식하는 일(격물)이다"[20]라고 정이(程頤)의 말을 인용했던 것과 같은 말이다.

우리가 앞서 살펴보았듯이『자치통감강목』이후 경사체용에 입각한 서물로 분류할 수 있는『대학연의』나『치평요람』이『대학』을 모티브로 하고 있고, 바로 격물치지라는 철학적 주제가『대학』경문의 핵심이란 점이 우연한 일이 아니라는 사실을 확인하게 된다. 이런 역사공부 전통의 맥락에서 위백규의「격물설 상론」에 나타난 사론의 특징과 의미를 살펴보자.

② 「상론」의 구성과 의의

짧지 않은 분량의「격물설 상론」을 지루하게 나열하지 않고 요점만 살펴보기 위해 다음과 같이 간단한 방법론상의 제한을 두어야겠다.

전목(錢穆)은 주자의 역사학을

△ 나라를 다스리는 방식(治道),

△ 사람들의 씀씀이(心術),

△ 인재를 키우고 등용하는 일(人才),

△ 세상의 풍습(世風) 등 네 가지 범주로 나눌 수 있다고 보았다. 이 네 범주의 사실(史實)에는 각각 사론이 붙기도 한다.

물론 주자는 늘 사실과 해석을 엄밀히 구분하여『자치통감강목(資治通鑑綱目)』

---

19) 李滉의 格物致知와 역사에 대한 논의는 「조선 전기 經史體用의 전통에서 본 퇴계의 역사학」(오항녕, 『역사문화연구 2』, 서울, 2006) 참고. 『퇴계전서』 9. p.112.

20) 『聖學輯要』 권2(『율곡전서』 권20, 한국문집총간, p.44, 446).

을 구성했다. 하나의 기사에 사실과 사론이 함께 있더라도 늘 '○○曰'이라는 식으로 사실과 사론을 구분했다. 이런 『자치통감강목』의 기사와는 달리 위백규의 「격물설」은 '사론(史論)'이다. 사론서인 범조우의 『당감』이나 호인의 『독사관견』과 성격이 같은 것이다.

그러나 사론서 역시 어떤 사실에 대한 평가나 의견이므로 사실의 범주를 나누는 데도 유효할 수 있다. 그러므로 전목이 주자의 역사학을 이해하기 위해 나눈 범주를 우리는 위백규의 「상론(尚論)」에 적용할 수 있지 않을까 기대하는 것이다. 먼저 『존재집』 권14~15에 실린 상론의 내용을 다음과 같이 목차를 통해 알아보겠다.

권14	안자마부(晏子御者), 안자(晏子), 우예(虞芮), 악의(樂毅), 감무(甘茂), 사람(人), 염파(廉頗), 순경(荀卿), 상산사호(商山四皓), 한신(韓信), 장량(張良), 소진진섭한신(蘇秦陳涉韓信), 한고조(漢高祖), 주아부(周亞夫), 가의(賈誼), 동중서(董仲舒), 공손홍(公孫弘), 한무제(漢武帝), 자복(自服), 곽광(霍光), 창읍왕(昌邑王), 병길(丙吉), 주발(周勃), 조광한(趙廣漢), 개관요(蓋寬饒), 한연수(韓延壽), 양운(楊惲·趙蓋韓楊), 광형(匡衡), 적방진(翟方進), 장우(張禹), 양웅(揚雄), 공승(龔勝) 등, 심부정(心不正), 광무형제(光武兄弟), 신시평림(新市平林), 광무입공사(光武入空舍), 풍이(馬異), 외효(隗囂), 마원(馬援), 반고(班固), 장형(張衡), 엄자릉(嚴子陵), 당고제인(黨錮諸人), 붕당(朋黨), 이응범방(李膺范滂), 곽태서치(郭泰徐穉), 채옹(蔡邕), 예형(禰衡), 제갈량방통서서(諸葛亮龐統徐庶), 촉선주(蜀先主), 강유(姜維), 후주(後主), 등애종회(鄧艾鍾會), 제갈근량탄(諸葛亮誕), 두예(杜預), 건안칠자(建安七子), 가후(賈后), 청담(淸談), 조적(祖逖), 온교(溫嶠), 오륜(五倫), 왕도(王導), 주의(周顗), 진원제(晉元帝), 왕희지헌지(王羲之獻之), 왕통(王通), 방언겸령두여회(房彦謙玄齡杜如晦), 소명증(蕭平竹), 이밀(李密), 당태종(唐太宗), 수말제도(隋末諸盜), 한당지치(漢唐之治), 전수화약(剪鬚和藥), 장동지등오왕(張東之等五王), 정책(定策), 천하비(天下肥)
권15	시인(詩人), 당덕종(唐德宗), 두우(杜祐), 이광필(李光弼), 곽자의(郭子儀), 백거이(白居易), 이덕유(李德裕), 정헐후(鄭歇後), 당말종실권속(唐末宗室宮眷), 이항(李沆), 왕문정(王文正), 송인종(宋仁宗), 한기(韓琦), 부필(富弼), 왕안석(王安石), 소식(蘇子瞻), 기재(奇才), 사마광(司馬實), 송고종(宋高宗), 송효종(宋孝宗), 송영종(宋寧宗), 송이종(宋理宗), 조사(趙師), 주실금포도(珠實金蒲萄), 진의중(陳宜中), 구풍(颶風), 허영(許衡), 조맹부(趙孟頫), 오징(吳澄), 大明君臣有史論(內容缺), 부귀존영(富貴尊榮)

위 표는 「상론」 전체의 목록이다. 보다시피 대부분 인물은 사론으로 구성되어 있고, 이 중 '光武帝入空舍', '淸談', '隋末諸盜', '漢唐之治', '剪鬚和藥' '天下肥', '珠實金蒲萄' 등은 각 시대의 상황을 반영하는 역사적 일화에 대한 논설이다. 이들 논설은 모두 격물설과 역사라는 주제에 부합한다. 그런데 '人', '自服', '心不正', '朋黨', '五倫', '定策', '奇才', '颶風', '富貴尊榮' 등은 일반적인 인간사의 문제를 다루면서 몇몇 사실을 인용한 글이란 점에서 다른 논설과 구성을 달리한다. 그래서 이들 논설은 참고삼아 제시하는 것으로 그치고 따로 논하지 않겠다.

한편 위백규가 「상론」에서 다룬 인물의 시대적 범위도 먼저 살펴볼 필요가 있다. 춘추시대 안영(晏嬰)부터 중국 원(元)나라 오징(吳澄)까지 남아 있는데, 명(明)나라 군신들에 관한 사실도 현재의『존재집』에 빠져 있을 뿐 위백규가 작성했던 것으로 추정된바, 거의 전 시대에 걸친 인물을 연구하고 작성한 논설이「상론」임을 알 수 있다. 다만,「상론」은 중국 인물만을 대상으로 했고, 조선이나 고려시대의 인물은 다루지 않았다는 특징도 있다. 그럼 전목이 주자의 역사학을 치도, 심술, 인재, 세풍으로 범주화했던 대로 위백규의「상론」을 살펴보자.

> <자-1> 동중서(董仲舒)는 전국시대와 진한(秦漢) 이후에 태어나 갑자기 "의리를 바르게 행하고 이익을 도모하지 않으며, 도리를 밝히고 공로를 따지지 않는다"[21]라는 말을 했으니 진실로 불세출의 호걸이다. 위로 무제(武帝)라는 임금이 있었지만 등용되지 않았으니, 그 역시 하늘의 운이 그렇게 만든 것이다.[22]
> <자-2> 한나라와 당나라가 순정한 왕도정치를 하지 않은 것은 마찬가지이다. 그러나 한나라는 학술과 식견이 단지 이뿐이었기 때문에 이치에 부합하는 선정(善政)이 마치 쇠 속에 진짜 금이 있는 듯했고, 당나라는 전적으로 간사한 지혜를 빌렸기 때문에 비록 선정이 이치에 가까운 듯했지만 단지 금과 비슷할 뿐이었다. 만일 등급을 논한다면 당나라가 한 번 변하면 한나라에 이르고, 한나라가 한 번 변하면 도에 이를 것이다.[23]

조선의 성리학자들이 한당(漢唐) 시대보다는 삼대(三代)의 정치를 모범으로 삼았음은 주지의 사실이다. 그것은 패도(覇道)가 아닌 왕도(王道)정치를 정치의 이상으로 삼았고, 그에 따라 성학(聖學)을 치자의 덕목으로 삼았기 때문이다. 이러한 성학론은 수양론에 기초한 심학(心學)으로 표현되었다.[24] 요순은 그런 치자의 모범으로 이해되었고, <자-2>는 바로 이런 인식을 반영한 논설이다.

한편 한나라 사람 중에도 동중서를 높이 평가했는데, 이는 그의 의리론 때문이다. <자-1>에 인용된 동중서의 말은 마치 맹자가 왔으니 우리나라에 이익이 있겠느냐는 양혜왕의 말에, 맹자가 "왕은 하필 이익을 말씀하십니까. 인의(仁義)가

---

21) 董仲舒가 외직인 강도상(江都相)이 되었을 때 강도왕 유비(劉非)가 정벌에 관해 묻자 "어진 사람은 그 의리를 바르게 행하고 이익을 도모하지 않으며, 그 도리를 밝히고 공로를 따지지 않는다(大仁人者 正其誼不謀其利 明其道 不計其功)"고 했다(『漢書』권52,「동중서전」).

22) 『존재집』권14,「격물설 상론 동중서」.

23) 『존재집』권15,「격물설 상론 한당지치」.

24) 書經 大禹謨에 人心惟危 道心惟微 惟精惟一 允執厥中이라 했다.

있을 뿐입니다"[25]라고 답변했던 일화를 떠올리게 하는데, 이런 태도가 위백규에 게도 호소력을 가졌던 것이다. 그러므로 치도로 볼 때 대의에 기초한 왕도정치를 구현했다고 보는 요순을 모델로 삼고 있음을 알 수 있다.

> <차-1> 양웅(揚雄)은 한나라 간신 장우(張禹)나 구신(具臣) 공광(孔光) 같으면서 문장을 잘했던 자이다. 그렇지만 「장양부(長揚賦)」와 「우렵부(羽獵賦)」 의 문장은 도리어 공광이나 장우가 작품을 남기지 않았던 것보다 못하다. 문장을 자랑하려고 안달이 난 마음을 참지 못하고, 이른바 『태현경(太玄經)』이니 『법언(法言)』이니 하는 저술을 남겼는데, 만 마디 말 중에서 한마디라도 얻었다면 혹시 취할 것이 없다고 할 수 없지만, 그 마음은 오로지 교언영색(巧言令色)하면서 명성을 훔치고 삶에 욕심을 부리며 염치가 없었던 자이다.
> <차-2> 여기서 보이는 당나라 태종(太宗)에 대한 사실은 한두 대목에 그치지 않지만, 가장 통탄할 일은 부귀에 대한 욕심이 하늘의 도리를 망친 것이다. 이는 제왕에서부터 서인에 이르기까지 마찬가지이기 때문에 거듭 이야기하면서 줄이지 않는 것이다.

당나라 때까지만 해도 양웅은 그렇게 비판받던 인물이 아니었다. 반고(班固)는 양웅이 도량이 커서 성인들의 책이 아니면 좋아하지 않았다[26]고 하고, 유지기(劉知機)는 양웅의 『양자법언(揚子法言)』을 『좌씨전』이나 『사기』와 같은 저술로 보고 학술적 가치를 인정했다.[27] 그러나 위백규는 염치없이 교언영색(巧言令色)하던 자로 그의 심술을 평가하고 있다.

이런 인식은 당태종에게도 이어진다. 태종은 한당시대의 모범으로 오긍(吳兢)의 『정관정요(貞觀政要)』를 통해 널리 읽혔고 이후 높이 평가되었던 황제였다. 그러나 삼대(三代)를 본보기로 했던 성리학자들에게는 같은 평가를 받지 못했다. 위백규는 당 태종이 이익으로만 여기면서 군주가 되는 것을 즐거워하는 마음을 모면하지 못했다고 평가했다. 형인 태자 건성(建成)을 시해하려는 마음이 있었기 때문에 가탁하여 남을 속인 인물, 욕심에 따라 부자와 형제가 서로 잡아먹게 된 사

---

25) 『孟子』「양혜왕 상」에 王何必曰利 亦有仁義而己矣라고 했다.

26) 『漢書』「揚雄傳」에 보인다.

27) 『사통』 내편 「自序」에서는, 자신이 『사통』을 완성하면서 받은 비웃음과 양웅이 『법언』을 편찬하면서 남들이 알아주지 않은 일을 비교하며 위안을 받을 정도였다.

례로 본 것이다.

태종에 대한 논평은 위에 인용한 논설만이 아니라 곳곳에 보인다. 그만큼 주의를 끌었던 인물이라는 뜻이다. 그러나 위백규는 난정첩(蘭亭帖)을 무덤 속으로 가져간 한 가지 일로 인생의 어리석음을 개괄할 수 있다고 그를 깎아내렸다. 태종의 평생은 오로지 이 사사로움이라는 글자 하나였으며 조금이나마 공변된 마음이 없었고, 그가 간언(諫言)을 따라 치세를 이룬 것도 공변된 마음과 덕량이 아니라, 단지 이름을 좋아하고 자신을 위한 사사로운 마음이 중요했기 때문에 억지로 했던 것이라고 낮게 평가했다.

> <카-1> 왕안석(王安石)의 낭패를 미리 알았던 사람이 많았다. 소순(蘇洵)은 반드시 크게 간특하리라고 했고, 이사중(李師中)은 눈에 흰색이 많아 왕돈(王敦)과 흡사하게 분명 천하를 어지럽힐 것이라고 했고, 헌가(獻可) 여회(呂誨)는 그가 반드시 조정을 어지럽힐 것이라고 탄핵했으니, 이는 분명 그럴 만한 이유가 있었던 것이다. 그런데도 사마 공(司馬公·司馬光) 이하는 모두 등용할 만하다고 했던 것은 그가 관직을 좋아하지 않고 명망을 즐기지 않았으며 지조를 지키는 데가 있었기 때문이었다.
> <카-2> 자첨(子瞻) 소식(蘇軾)의 가학(家學)은 전적으로 종횡가(縱橫家)의 지식과 권모술수인데 유학으로 꾸민 것이다. 관중(管仲)과 안영(晏嬰)의 찌꺼기를 치도(治道)의 태반(胎盤)으로 삼고, 문장(文章)의 화려함을 사람 도리의 궁극적인 법칙으로 삼았다.

왕안석은 진덕수(眞德秀)의 『대학연의(大學衍義)』에서 부국강병과 패도를 추구한 소인으로 평가한 뒤,[28] 송사(宋史)에서도 이어졌다. 『대학연의』가 조선 전기 경연(經筵) 교재로 쓰이고, 사림들이 정치적 주역으로 등장하면서 이런 평가는 일반화되었다. 지방 공동체나 인간의 자발적 동력에 기반을 둔 정책보다는 국가 중심의 정책이 비판을 받았던 것이다.[29]

위백규는 「상론 왕안석」에서만이 아니라, 별도의 논고를 통해 왕안석을 비판한 적이 있었다. 왕안석과 소식이 나라를 어지럽혀 결국 정강(靖康)의 변에 이르렀으

---

28) 『大學衍義』 「辨人材」: 신하를 간신(奸臣), 참신(讒臣), 취렴지신(聚斂之臣)으로 나누고, 왕안석을 간신, 참신, 취렴지신의 대표적 인물로 비판했다. 조선시대 왕안석에 대한 논의는, 지두환의 「조선시대 사상사의 재조명」(『역사문화』, 1998), 제1편 제3장 조선 전기 군자 소인 논의 참고.

29) 이런 인식은 왕안석을 개혁파로 이해하는 제임스류 같은 요즘 학계의 인식과 차이가 크다. 그러나 아직 이 차이가 왜 생겼고 무엇을 의미하는지 정론이 없는 듯하다.

니 남송(南宋)이 다스려질 수 없었다고 단언했다. 또 왕안석이 "강한 제(齊)나라를 마음대로 하면서 올바른 인물 하나만 얻었어도 왕자(王者)가 되어 진(秦)나라를 제압할 수 있었을 것이다"라고 맹상군에 대해 평론했는데, 위백규는 불과 13세 때 같은 논법으로 왕안석을 비판했다.

서왕형공독맹상군전후(書王荊公讀孟嘗君傳後)에서 "형공이 등용한 복건자(福建子)에게 언제 계명구도(鷄鳴狗盜)가 주인을 따르는 성의라도 있었던가?"라며 비판했던 것이다. 복건자는 왕안석이 등용하여 수하로 삼았던 여혜경(呂惠卿)인데, 여혜경이 훗날 신법(新法)을 배신하자 왕안석이 그를 '복건놈'이라고 부르며 그를 등용한 것을 후회했다. 비록 짧은 글이지만 위백규는 왕안석과 같은 논법으로 그를 비판하는 총명함을 보였다.

<카-2>는 소식에 대한 위백규의 비판이다. 위백규가 이렇게 비판하는 것은 다른 이유가 또 있다. 소식이 "내가 언제나 저 '敬' 자를 깨트릴까"라고 했던 것이 그 계기였다.[30] 위백규는 '경' 자는 요순 이래 성인들이 서로 계승했던 부적과 같은 글자인데, 정씨 형제, 즉 정호(程顥)와 정이(程頤)에 대한 질투 때문에 속셈을 드러낸 것이라고 폄하했다.[31] 소식에 대한 위백규의 비판 역시 여러 곳에 보인다.

<타-1> 심하도다! 소인은 자기를 버리지 못한다. 자기를 버리지 못하고 마침내 부자 사이에도 시기하기에 이른다. 사사로이 자기에게 집착하는 것이 두려운 것은 과연 이와 같도다. 남의 좋은 점을 인정한 사람은 순(舜)이었고, 훌륭한 말을 들으면 절을 했던 사람은 우(禹)였다. 사람들이 어찌 순 임금이나 우 임금보다 잘나서 그런 것이겠는가. 순이나 우는 모두 자기를 버렸기 때문에 성인이 된 것이다. 저 서찰 글씨나 쓰는 기예를 가진 무리가 어찌 입을 더럽힐 만한 존재가 되겠는가. 글씨잘 쓰는 것으로 당시의 명류(名流)가 되었으니, 풍속을 알 만하다.

<타-2> 진덕수 같은 사람들이 당시 정자(程子)와 주자(朱子)를 설파했지만 끝내 진덕수(眞德秀)를 등용하지 않았으니, 이종(理宗) 자신의 재위 기간 동안 나라가 망하지 않은 것만도 요행히 모면한 것이리라. 그렇지만 죽은 두개골이 서번(西蕃)의 승려 번승(蕃僧)의 정기(淨器·淨甁)로 쓰였으니, 만고의 망한 나라 황릉(皇陵)이 당했던 재앙이 이렇게 혹독한 경우가 없었다. 나쁜 사람에게 재앙을 내리는 이치를 논하는 사람은

---

30) 『二程外書』 권1: 소식이 주담의 단정하고 엄격한 태도에 농담조로 한 말이다.

31) 蘇軾에 대한 비판: 『국역 존재집』 3권, p.353 등 참조.

또한 할 말이 있을 것이다.

세풍(世風), 시속(時俗)에 대한 위백규의 논설은 곧 당대 사회에 대한 위백규의 시각을 반영한 것이다. <타−1>은 사심(私心)을 가지고 글씨 잘 쓰는 정도의 소소한 기예를 자랑하는 풍조에 대한 비판이다.[32] 이는 위백규가 여러 차례 과거시험을 보러 한양에 갔을 때 목도했던 폐해이다.

<타−2>는 병자호란으로 청나라에 굴욕적인 항복을 당하고 차츰 자존을 회복하던 시기에 송나라 역사를 보면서 느낀 소회를 적어 간 것이다. 진덕수가 『대학연의』를 지어 경연 교재로 올렸는데도, 이종(理宗)이 채택하고 등용하지 않은 일을 비판한 대목이다. 이종에 대한 논설 전에 위백규는 효종(孝宗)을 비롯한 남송시대 정치 상황에 대해 안타까운 마음으로 글을 남겼다. 그것은 북방민족인 거란과 여진(女眞)에게 침략당했던 남송과 조선의 상황이 유사했기 때문으로 보인다.

위백규의 「상론」은 치도, 심술, 인재, 세풍 중 주로 심술, 인재를 중심으로 논의하고 있고, 치도나 세풍은 비교적 많지 않다. 치도는 위백규가 스스로 삼벽이라 표현했듯이 직접 정치계에 나가 경륜을 펼칠 기회가 적었기 때문이라고 볼 수 있을 것이다. 하지만 심술과 인재에 관한 논설을 통해 사대부의 원기(元氣)와 처신에 대한 의식과 감각을 키워 나갔던 점에서 「상론」에 나타난 위백규의 문제의식은 어느 경기(京畿) 명문의 사대부에 뒤지지 않았다.

뿐만 아니라, 춘추시대부터 명(明)나라에 이르는 역사를 통관하면서 피력한 그의 사평(史評)은 특히 인물평에서 빛을 발한다. 성리학의 왕도와 패도론, 군자와 소인론에 입각한 점에서 전통적이라고 할 수 있다. 한신(韓信)과 종리매(鍾離昧)에 대한 논설에서처럼, 이치와 형세에 대한 탐구 속에서 역사를 기록으로 남기고 해석했던 주자 이래 성리학 역사가들의 긴장감도 여전히 「상론」에서 맛볼 수 있다.

그렇기 때문에 추상적인 규범으로 흐르지 않고 합리적이고 설득력 있는 역사

---

32) 『존재집』 권2 「萬言封事」 및 『존재집』 권19 「政絃新譜」 참고.

해석이 가능했던 것이다. 나아가 자신의 온축된 학문을 통해 정곡을 얻었던 위백규의 논평은 당대 쉽게 찾아보기 어려운 자득의 묘처가 있다. 실제로 이만한 분량의 평론을 자신의 관점에서 그려 낸 글이 난만한 성리학의 시대인 영·정조 시대에도 거의 찾아보기 어렵기 때문이다.

3) 맺는 말

지금까지 존재 위백규의 「격물설」을 중심으로 그의 학문이 갖는 의의와 성격을 개략적으로 살펴보았다. 본문의 논의를 요약하고 앞으로의 과제를 제시하는 것으로 부족하나마 본고를 마무리하고자 한다.

위백규는 그의 문집인 『존재집』 권12~15에 걸쳐 '격물설'이라는 주제로 천지에서 인간, 벌레 같은 미미한 동물에 대한 관찰과 논설을 남겼다. 이는 양적으로 보나 질적으로 보나, 조선 전기 사단칠정론, 조선 후기 인물성동이논쟁이나 성범심동이논쟁(聖凡心同異論爭)을 거치면서 난숙기에 접어들었던 조선 성리학의 시대인 영·정조시대임에도 유례를 찾아보기 힘든 자료이자 지적(知的) 성과였다.

이들 논설은 자잘한 재미만이 아니라 우주론적 통찰을 담고 있어서 호남 장흥 삼벽의 선비가 갖춘 학덕이 결코 만만치 않은 단계에 올랐음을 여실히 보여 주고 있다. 위백규의 「격물설」은 성리학 격물치지설의 전통에 놓여 있다. 성리학의 이기론에 입각한 우주관과 자연관, 그리고 그에 기초한 심성론과 수양론이 그것이다. 이를 배경으로 그는 세세한 일상의 『소학(小學)』, 인체에 대한 의학(醫學), 동물에 대한 자연학(自然學)적 관찰을 계속했다.

「상론(尙論)」은 이러한 「격물설」 중에서 역사에 대한 논설이다. 그는 성리학의 왕도/패도론, 군자/소인론에 근거하여 한당(漢唐) 시대보다는 삼대(三代)의 정치를 모범으로 삼고, 내적 성찰을 통해 사심을 제거하는 삶의 태도를 높이 평가하면서 그 과정에서 스스로를 도야(陶冶)하였다. 정치를 하여 경륜을 펼 기회가 적었지만, 그는 이러한 역사적 추체험을 통해 간접 경험을 쌓았고, 그 결과가 「만언봉사」나 「정현신보」로 이어졌다고 생각한다.

위백규의 격물설에 대한 논의는 조선 후기 사상계의 이해에 관한 몇 가지 과제를 제시한다. 우선, 성리학의 격물설을 도덕주의로 이해하는 관점이 많은데, 그 관점이 그리 적합하지 않다는 점이다. 애당초 격물설은 대상에 대한 관찰을 전제로 한 지식의 축적과 체계화이다. 이미 살펴보았듯이 이는 그의 「격물설」에서 여실히 나타난다. 어떤 세계관이든 규범성을 띠게 마련이다.

현대 법치주의 역시 규범적이듯이, 그러나 그 규범성에만 주목하여 성리학의 격물설 또는 성리학을 규범으로만 이해하게 만드는 관점이나 해석은 타당치 않다. 이런 논의는 당연히 「상론」에도 적용된다. 이치(理)와 형세(勢)의 긴장을 놓치지 않고 포착하며 이루어지는 사론(史論)을 '도덕주의적 역사학'이라고 평가할 수는 없는 것이다.[33]

둘째, 논자에 따라서는 위백규를 실학자라고 평가하는 경우도 있다. 실학 개념이 조선시대 사상사 연구를 풍부하게 한 데 기여한 바 있지만, 지금은 그렇지 않은 듯하다. 이는 실학 개념의 탄생부터 예견되어 있던 결과이기도 했다. 실학 개념은 포지티브한 개념이 아니라 네거티브한 개념, 즉 허학(虛學)이라고 상정된 성리학을 부정하는 대립 개념으로 설정된 것이기 때문이다. 그 결과 성리학이 무엇이었는지 정론이 없는 상태에서 불행하게도 실학 개념은 그림자와 싸우는 복서처럼 성과를 내지 못하고 힘만 빠져 갔다.

이 난관을 이렇게 풀어 보았으면 한다. 위백규는 스스로 성리학자라고 생각하고 있었고, 그의 글을 보면 아는 사실이다. 그렇지만 그는 「격물설」만이 아니라, 「독서차의」에서 보듯이 관심 영역을 확장시키고 다른 학자들에게서 볼 수 없는 견해를 제시한다. 한마디로 같으면서도 다르다. 아니, 같으면서도 달라지는 것이다. 필자는 이를 실학 개념과 대비하여 'N개의 성리학'이라고 부른다. 실학 개념에 내포된 근대주의적 목적론을 씻어 내면 N개의 성리학이 남는다. 물론 어느 시점이 되면 N+1 성리학자는 N+2 성리학자를 보고 성리학자가 아니라고 한다.[34]

---

33) 性理學的 歷史學이 '도덕주의적'이었다면, 역사상의 '실패'와 '성공', 역사 이해에서 현상이 아닌 원인의 탐구 등이 논제가 되지 않았을 것이다. 이런 성리학적 역사인식의 고민은 『近思錄』(朱子, 呂祖謙, 李範鶴 역주, 서울대출판부, 2004, p.219~220) 참고.

34) 유사한 단계의 대표적 사례: 정통 성리학자인 正祖는 李鈺의 「煙經」 같은 소품을 놓고 그에게 非성리학적 근거를 찾으려는 사람들 있지만, 정작 이옥 자신은 스스로 성리학임을 부정한 적이 없다. 그런데 정조는 이옥을 성균관에서 充軍시켜 버렸다. 두 성리학자는 적어도 나라를 경영할 지식인으로서는 공존할 수 없다는 상징적인 사건이다.

그러면서 패러다임의 전환이 일어난다.[35]

　셋째, 과제는 위백규라는 사상가를 연구하기 위한 숙제이다. 본고에서 「격물설」
에 대해 살펴보았고, 이번 학술대회(2011.9.30.)[36]를 비롯해서 본 연구진이 몇몇
논문을 추가하겠지만, 그것으로 위백규란 사상가의 면모를 드러내기는 부족하다.
그의 의학·음악론·언어학·역사학·자연학은 별도의 연구가 필요하다. 조금
아니까 언급해 두겠지만, 「격물설」의 「상론」만 해도 별도의 학위논문이 가능한
주제라고 생각한다. 위백규의 「독서차의(讀書箚義)」는 말할 것도 없다.

　『논어』, 『맹자』, 『중용』, 『대학』 등 사서(四書)에 대해, 주자나 이정(二程)의 주
석에 근거하기는 하지만, 나름의 독해를 정리해둔 저술이다. 이야말로 위백규가
N개의 성리학 중 어디에 위치하고 있는지 가늠해 볼 수 있는 좋은 자료가 된다.
존재 위백규가 남긴 소중한 자료에 비해 별것이 아닌 논고를 제출하게 되어 죄송
하다. 그러면서도 책임을 면하려고 이런저런 숙제만 제시하는 듯하여 더욱 면구
스럽다. 그러나 학문은 함께 축적하는 것이라는 변명 아닌 변명으로 책임을 벗어
나고자 한다.

---

35) N개의 성리학: 첫째, 「격물설」만 아니라 「독서차의」를 비롯하여 의학, 음악, 언어학, 자연학 등 관심영역을 확장시킨 것은 다
　른 학자에게서 볼 수 없다. 이는 같으면서도 다른 것이다. 아니, 같으면서도 달라지는 것이다. 둘째, 이를 실학개념과 대비해
　서 N개의 성리학이라 한다. 곧 실학개념에 내포된 근대주의적 목적론을 씻어 내면 N개의 성리학이 남는다는 요지이다. 부연
　하자면 실학개념의 근대주의적 목적론을 제외시키면 N개의 성리학이 된다. 그러므로 존재는 실학자가 아니라고 보는 것이다
　(p.22 본문).

36) 학술대회: 전주대 한국고전학연구소는 2011년 9월 30일 학내 예술관에서 『삼벽에서 피어난 호남지성사의 꽃 존재 위백규』
　제하의 학술 세미나를 개최했다.

3 | 존재의 문학세계

존재의 문학관은 김석회(金碩會) 인하대 교수의 「존재 위백규 문학의 스펙트럼」에 따른다. 이전의 논의를 좇아 자수면업기(自修勉業期), 덕산수학기(德山修學期), 궁경독서기(躬耕讀書期), 강학저술기(講學著述期), 사환와병기(仕宦臥病期)의 5기로 나누어 살피기로 한다. 제1기 자수면업기는 출생에서 20대 전반기이고, 제2기 덕산수학기는 20대 후반에서 30대 후반까지, 제3기 궁경독서기는 40대 전반에서 50대 전반까지, 제4기는 50대 후반에서 60대 후반까지, 제5기 사환와병기는 그 이후 72세 임종 때까지이다.(編者 註)[37]

존재의 작품세계는 작품연보에 드러난 작품을 중심으로 살피되, 개략적으로 연대의 추정이 가능한 작품도 함께 살피기로 한다. 한 가지 다행인 것은 『존재전서(存齋全書)』의 내용이 그 편집 측면에서도 비교적 충실한 편이어서 절대 연대가 확인되지 않는 작품이라 할지라도 그 편차를 따라 추적하면 개인사적인 맥락이 어느 정도는 드러나기 때문이다.[38] 『존재전서』는 그가 타계한 지 77년 후인 1875

---

37) 김석회의 「존재 위백규의 생활시에 관한 연구」 제2장 '생애와 사상' 참고.

38) 『存齋全書』의 작품 배열은 대체로 시체별(詩體別) 분류를 제1의 기준으로 삼고 있다. 연대순 배열의 원칙을 지키고 있는데 예외적인 대목이 두 군데 보인다. 첫째는 五言長篇의 경우 31세 작 「蒼光山歌贈別黃上舍載之」가 65세 작 「金塘詩」이후에 배열된 것이 확인된다. 내용을 보면 「창광산가증별황상사재지」는 「俯溪堂落成宴訟禱詩七章」과 더불어 五言 齊言體가 아니다. 전자는 長短句를 구사하고 있는 歌行體 雜體詩라 할 수 있고, 후자는 詩經套의 四言體를 견지하고 있다. 작품이 둘뿐이어서 분류하지 않고 五言長篇의 뒤에 별다른 분류표지 없이 이어 썼지만 실상은 다른 詩體인 셈이다. 둘째는 七言絶句에 27세 작이 첫 번째로 수록되어 있고 25세 작은 세 번째로 되어 있는 점이다. 이에 대해서는 아무런 설명이 없어 잘 알 수 없지만 아마도 중요도에 따라 27세 작을 冠頭에 둔 것이 아닌가 여겨진다. 27세 작은 병계 윤봉구와의 문답시인데다 당대 철학의 프론티어라 할 수 있는 人物性同異論의 核心話頭에 直逼해 있는 시이기 때문이다. 따라서 이러한 사정들을 감안한다면 연보가 명확히 확인된 작품은 빙산의 일각이지만 이 작품들이 기준이 되어 여타 작품들의 대략적인 연대도 범주적으로 가능할

년(乙亥)에 그의 문중후손에 의해 발행된 존재의 유고집이다.

주인공은 다암(茶嵒) 위영복(魏榮馥, 1832~1884)이다. 그는 존재 공의 종후손으로 당시 이미 많이 흩어진 유고를 착실하게 수집, 노사(蘆沙) 기정진(奇正鎭)과 전재(全齋) 임헌회(任憲晦)로 하여금 교정을 보게 해서 『존재전서』를 자비로 출판했다. 그런데 1796년(정조 20) 내각으로 들어간 「분진절목(分賑節目)」, 「향약절목(鄕約節目)」, 「해도지(海島誌)」, 「예설수록(禮說隨錄)」, 스승과 나눈 「경예문답(經禮問答)」, 「경서조대(經書條對)」, 「도소진영(陶蘇眞影)」 등이 실전되어 싣지 못했다.

1) 자수면업기(출생~24세)

이 기간은 태어나던 1727년에서 1751년 봄 사문(師門)을 정하기 이전까지의 약 25년인데 이는 벽촌의 향촌사족(鄕村士族) 자제라는 계층적 한계 속에 조숙(早熟)한 천재의 분투가 엿보인 시기이다. 두 살부터 숙조 춘담 공(春潭公, 1673~1741)의 무릎에서 문자(文字)와 육갑(六甲), 천자문(千字文) 등을 깨쳤다 하며, 영특함으로 주변을 놀라게 한 일이 많았다고 한다.

여기서 보충해야 할 것은 存齋公家의 교육열이다. 이 집안은 존재 공의 아버지 영이재 공(詠而齋公, 1704~1784)부터 시작된다. 그는 4세 때 아버지 삼족당(三足堂, 1669~1707)을 여읜다. 이때 숙부 춘담 공은 후사가 없는데다 가문을 일으키고, 조카의 교육을 위해 소유하고 있던 논 8마지기를 큰집에 보탠다. 어린 조카를 공부시키기 위해 내린 결단인 것이다. 이른바 공탕장(共帑藏) 통의식(通衣食)하는 합산공영(合産共營)을 취한 것이다.

춘담 공의 결단은 누구나 할 수 있는 결단이 아니다. 비록 자신에게 후사가 없다 하더라도 그렇다. 그는 형수인 삼족당의 再配 백씨(白氏)와 자신의 부인 하동(河東) 정씨(鄭氏)로 하여금 길쌈을 하게 해서 재산을 증식해 나갔다. 논을 합쳐 경작하고 부인들의 길쌈으로 베를 짜서 얻어진 수입으로 사정이 많이 나아졌다. 전답은 20마지 이상 경작하기에 이른다. 이 정도는 당시 지방에서 겨우 중농 정도

수 있을 것 같다.

에 머물러 장리쌀을 먹지 않을 수 없었다.

　백씨 부인은 시사(詩史)를 해독할 수준의 교양을 지녔다. 애비 없는 새끼라는 말을 듣지 않기 위해 아들 문덕(영이재)의 교육에 열정을 쏟았다. 아들이 장천재 서당에서 수학할 때였다. 하루는 귀가할 때가 아닌데 나타났다. 어머니는 아들을 때려 되돌려 보냈다. 그러자 영이재는 대문에다 "近傍村, 遠村, 名泰平, 不平"이라는 낙서를 써 놓았다. 즉 집은 곁 마을이나 머나먼 마을이고, 이름은 태평이나 태평하지 않다는 불만을 토로한 것이다.

　두 집이 인재양성에 올인한 결과 문덕은 1740년(庚申) 진사시험에 합격했다. 춘담 공과 백씨와 정씨 부인은 하늘로 올라갈 듯 즐거워했다. 마을 사람들도 함께 기뻐했다. 살림이 넉넉지 못하지만 성균관으로 유학을 보내 공부하게 했다. 유학을 가서 복시에 응시했으나 뜻을 이루지 못했다. 영이재는 여기서 과거를 접고 아들 백규를 위해 적극 나섰다. 무려 5명이나 되는 아들들의 뒷바라지를 위해서는 더 이상 과거에 매달릴 수 없었기 때문이다.

　다음으로 학계가 춘담 공 이외에 지도하는 사람이 전무한 것처럼 인식하는 대목이다. 존재는 너무도 조숙하기에 나올 수 있는 추측이다. 그러나 숙조 이외에 아버지 영이재 공, 서울에서 하향한 간암 공(艮庵公), 홍양(興陽)에서 훈장을 했던 잉여 옹(剩餘翁) 등이 도움을 주었을 것이 분명하다. 영이재 공은 잉여 옹을 가리켜 "율리(栗里)에 살았던 연명(陶淵明)과 같은 분이다"라고 평가했을 정도였으니 그 지적 수준을 인정했기에 그렇게 평한 것이다.

　존재의 비범함은 유년기 때부터 여러 언행을 통해 나타났다. 영특(英特)함을 증언하는 시작으로 「詠星」(7세), 「詠燈火」(8세), 「詠天冠山遊」 또는 「上春昊」(9세) 등이 있다. 이들 세 작품은 동심적 호기심과 조숙(早熟)한 의무감 혹은 비판의식을 동시에 드러내는 작품들이다. 7세 작 「영등」은 앞에서 살폈으므로 여기서는 「영등화」와 「상춘호」 또는 「영천관산유(詠天冠山遊)」 두 작품을 살펴보기로 한다. 번역해 보면 다음과 같다.

　■ **영등화:** 照物無欺暗 사물을 비추어 속여 어둡게 함이 없나니/ 丹心本自明 붉은 마음이 본디 절로 밝음이로다/ 獨作房中晝 홀로 온방을 대낮처럼 만드는데/

窓外過三更 창밖으론 삼경의 밤이 흐르도다/

■ **영천관산유 또는 상춘호:** 發跡天冠寺/ 관산사에서 걸음을 시작하여 梯空上春昊/허공을 사다리 삼아 봄 하늘로 올라 俯視人間世/인간세상 굽어보니 塵埃三萬里/티끌 덮인 삼만 리라

김 교수는 빛이나 빛나는 명산을 제재(題材)로 한 점이 흥미롭고, 그것을 형상화하는 데 주변 사물이나 배경과의 뚜렷한 대비를 통해 변별의식이나 비판의식을 드러내고 있음이 주목된다고 하였다. 온 가문의 촉망을 받고 있는 천재소년의 영웅주의나 의무감 등이 반영된 결과로 볼 수 있다. 가문과 국가의 빛이 되고자 하는 염원과 함께 선생의 일생을 규정하고 있다고 해도 과언이 아닌 '天冠山 同一視'의 자기 정체감이 형성되어 가는 단초를 엿볼 수 있다.

김 교수는 "이들 작품 이외에도 다수의 작품이 지어졌을 것으로 보이나 구체적 연대가 확인되지 않아 현재로서는 더 이상의 다른 작품을 살피기는 어렵다"고 하고 있다. 그는 이어 "이들 다음으로 연대가 밝혀지는 작품은 스승 윤봉구와의 만남을 소재로 한 25세 때의 작품인데, 생애 제2기의 시발점을 알리는 작품이라 할 수 있다"고 했다. 그렇다. 존재의 작품은 많겠지만 아직도 세상에 알려진 것보다 가려진 것이 더 많음을 부인할 수 없다.

2) 덕산수학기(25~41세)

이 시기는 노론산림(老論山林) 중 하나였던 충청도 덕산의 병계(屛溪) 윤봉구(尹鳳九, 1683~1767)를 사문(師門)으로 정한 25세부터 병계가 죽은 1767년(41세)까지 청·장년기 15년 정도의 기간이다. 부친 영이재(詠而齋) 문덕(文德)의 서신에는 덕산수학을 '北學'으로 표현하고 있다. 장흥 벽지의 한사층(寒士層)으로서는 호락(湖洛)이나 경사(京師)에게 유학(遊學)한다는 것이 모험적인 결단에 의한 매우 특별한 기회임을 강조하고 있는 표현이다.[39]

---

39) 부친 詠而齋의 살림 규모는 다음과 같다. "가업이 素貧하여 무논이 겨우 스무 마지기 남짓하고 건밭은 그 정도에도 미치지 못하였기 때문에 비록 풍년이라도 爻黃하기 부족하고, 흉년에는 장리쌀을 얻고도 지나기 어려울 지경이었다. 내어 놓고 이식을 취할 만한 돈도 없었고 의거하여 힘을 써 볼 수 있는 재물도 없었기에, 수입을 헤아려 지출하였고, 졸함에 의거하여 분수

어쨌든 선생이 지역적 한계를 벗고 좀 더 넓은 학문적·사회적 발판을 마련하게 된 것은 이 기간을 통해서였다. 이 기간 동안 성리학(性理學)에 매진하는 한편, 빈번한 부거행(赴擧行)을 치러 냈으며, 경세적(經世的) 관심 속에서 경학(經學)과 시폐론(時弊論)을 동시에 심화시켜 나갔다. 여기서 간과(看過)한 것은 존재의 사부인 병계가 죽마구우(竹馬舊友)라고 부른 간암 공(艮庵公)이라는 사실이다. 두 사람은 서울 주자동에서 동문수학한 처지였다.

존재의 시대도 정국이 시끄러웠다. 1674년(甲寅) 예송논쟁으로 집권한 남인이 청남과 탁남으로, 1682년 壬戌고변으로 서인이 소론과 노론으로 갈렸던 때이다. 1689년 기사환국(己巳換局)으로 남인이 집권하고, 1694년 갑술환국(甲戌)으로 서인이 집권한다. 1721~1722년 신임사화(申壬士禍)로 서인이 숙청되고, 영조가 등극하면서 1728년 일어난 이린좌(李麟佐)의 난으로 남인이 몰락하던 시기이다. 이후 1740년 경신대처분(庚申大處分)으로 이어진다.

그런데 간암 공은 병계를 존재의 사부로 왜 천거했을까. 그 이유는 간암 공과 영이재 공만 알 것이다. 아마 간암 공의 부친(東箜)과 지우들의 당색(黨色)은 물론 향후 정계의 귀추(歸趨) 등을 고려했을 것으로 보인다. 병계는 우암(尤庵 宋時烈)-노봉(老峯 閔鼎重)-둔촌(屯村 閔維重) 형제-한수재(寒水齋 權尙夏)-치구(稚久 閔鎭長)-단암(丹巖 閔鎭遠)-오헌(梧軒 閔應洙)으로 연결되는 서인 호론(湖論)그룹을 형성하고 있기 때문이었을 것이다.

조선시대 출사자와 학자들은 거의 사부의 당색을 따랐다. 학문적 견해도 율곡(栗谷)이나 정여립(鄭汝立) 등 극히 일부를 제외하고는 사문(師門)의 견해를 저버리지 않았다. 그러므로 스승이 누구냐에 따라 제자의 의사나 학문적 견해에 관계없이 스승의 학설을 따랐다. 존재도 호락논쟁에서 스승의 견해를 따라서 호론에 동조했다. 그런 흐름을 감안해서 간암 공은 그게 존재의 앞날에 도움을 주리라 믿었기에 병계 선생을 사부로 천거했을 것이다.

를 맞추었다."(『詠而齋遺稿』 권7, 思成錄 用財條)
중농 정도의 班家지만 中小地主에 미치지 못하는 정도이다. 이는 士族으로서의 신분과 체통을 겨우 지켜 낼 수 있는 경제력이고, 양반적 권위나 영향력을 행사하기에는 뒤가 달리는 형세다. 臨界點에 이른 舊士族의 모습이라 할 수 있으며, 경제력 축적을 통해 상승하는 新興士族과는 대조를 이룬다. 영이재로서는 아들의 총명을 믿고 큰 결단을 내린 것으로 보아야 할 것이다. 특히 이 정도의 살림 규모가 되기까지는 숙부 춘담 공의 논이 합쳐진 결과이다.

연대에서 확인된 이 시기의 작품들은 다음과 같다. 33세(1760년)에 「입춘(立春)」, 34세에 「방유거(訪幽居)」, 37세에 「증별임성여(贈別任性汝)」가 있고, 오언사운(五言四韻)으로 30세에 「우춘양선생종사성묘운(尤春兩先生從祀聖廟韻)」이 있으며, 다시 앞으로 돌아가 칠언절구로 27세에 「계유동(癸酉冬, 1753년)」, 25세에 「신미춘(辛未春, 1751년)… 차선생소증삼난자운(次先生所贈三難字韻)」(上)과, 「시추(是秋)」…「일절상정(一絶上呈)」(下) 등이 있다.

　　人不虛生自古難 사람이 생을 헛되이 않기가 자고로 어려운데
　　眞知實踐是爲難 참되게 알고 실천하려니 이 또한 어렵구려
　　今見先生聞大道 이제 선생님 뵙고 대도를 듣고 보니
　　升高行遠肯辭難 높이 오르면 멀리 가기를 사양키 어렵네요

　　吾道相傳祇此心 우리의 도가 전해 옴은 다만 마음이네
　　淵源千古活來深 연원이 천고에 활발히 흘러 깊소이다
　　玉溪秋月明寒水 옥계의 가을 달 한수에 밝아
　　審問能行便易尋 심문코 능행함을 쉽게 좇으리라[40]

　　30세(1757년)에 「자고(茨菰)」, 「갈근(葛根)」, 「유근(楡根)」, 「황정(黃精)」, 33세(1760년)에 「영마이산(詠馬耳山)」, 36세(1762년)에 「고한(苦旱)」 2수가 있고, 칠언사운(七言四韻)으로 38세에 「갑신삼월감회(甲申三月感懷, 1764년)」가 있다. 확인되는 것은 이들 14편이지만, 작품 배열의 원칙을 염두에 둘 때 상당히 많은 수의 작품들이 근처에 운집해 있는 것으로 볼 수 있을 것 같다. 먼저 덕산기(德山期)의 시발점에 놓인 25세 때의 두 작품을 검토해 보기로 한다.

　　봄에 지은 것은 스승 병계(尹鳳九)의 삼난운(三難韻)에 맞추어 화답한 시로서 사문(師門)을 정한 감회를 읊은 작품이고, 가을에 지은 것은 성리학(性理學)의 도통(道統)을 의식하며 한수재(寒水齋) 권상하(權尙夏, 1641~1721)로부터 옥병계 윤봉구로의 학맥(學脈)을 예찬하고 아울러 그에 대한 자부심까지를 내비치고 있는 작품이다. 도학적 설리시(說理詩)답게 '升高行遠, 審問能行' 등의 구도(求道) 관련 숙어로 매듭지어져 있음이 확인된다.[41]

40) 『存齋全書』 상, pp.12~13, "是秋 自洛下歸歷 謁玉屛溪 留數十日 以一絶上呈."

41) 『存齋全書』 상, p.12, "性因理賦本於天 人得其全物得偏 若論一元同處是 看氣上便殊千"으로 되어 있는데 性과 理, 一元과

27세에 지은 수창시(酬唱詩)도 유사한 계열의 시로서 인물성론의 핵심 화두를 이루고 있다.[42] 그리고 30세에 지은 「尤春兩先生從祀聖廟韻」은 尤庵 宋時烈(1607~1689)과 同春堂 宋浚吉(1606~1672)의 공자묘 배향 결정을 기념하여 지은 시이다. 노론산림의 대표였던 이 두 사람에 대한 평가는 숙종 시대로부터 영조 32년 당시에 이르기까지 끊임없는 논란의 줄다리기가 이어져 왔는데, 이해의 배향 결정은 노론 최후의 승리를 의미하는 것이었다.

"聖祠尊俎豆 天廳定非遲"로 귀결되는 이 시는 존재 자신의 노론정체성을 대내외에 선언하는 시이다. 17세기 이래로 방촌의 위씨 일문은 노론에 동조하고 있긴 했지만 이러한 정치적 입장의 표명은 노론산림 윤봉구를 정하게 된 연유로 더 강화된 것으로 보인다.[43] 이렇게 학통(學統)이며 당색, 인물성 논변에 관한 시로서 38세에 지어진 것으로 보이는 칠언절구 「謹次丈席性情理氣同異韻」, 「夢見尤庵寒水齋久庵三先生眞影有感」이 있다.[44]

아울러 이러한 덕산 체험을 반영하는 시로 交友 酬唱의 贈別詩가 있다. 31세 겨울에 지은 長短句의 가행체(歌行體) 「蒼光山歌 贈別黃上舍載之」가 대표적인 경우인데, 평양 창광산 아래 사는 황대후(黃大厚)와 장흥 천관산 아래 사는 자신의 처지를 동병상린적인 감정을 가지고 읊은 것이라 할 수 있다.[45] 연보로 밝힐 수는

分殊 등 人物性論의 핵심 용어들이 구사되며 논자의 견해가 피력되고 있다. 당대 학문적 話頭에 밀착된 시인 만큼 이 시에는 幷序가 붙어 있고, 병계의 和韻도 附記되어 있다. 1750년대 무렵 德山 屛溪學團의 분위기와 의견의 풍토를 엿보게 해 주는 사례라 할 수 있다. 논자는 幷序를 통하여 人物性論의 핵심쟁점이 무엇인지를 짚고 '性卽理'−'天命'−'率性' 등의 經典해석을 통해 人性과 物性이 다르다는 스승 병계의 입장을 지지하고 있다. 시의 내용도 結句에 分殊를 말하여 抑同論 揚異論의 구도를 취하고 있다. 이러한 견해나 해석의 참신성이며 整合性 등은 한국철학을 전공하는 이의 분석적 檢證을 요하는 작업이라 할 수 있다.

42) 방촌 위씨의 黨色에 대해서는 김석회의 「존재 위백규의 생활시에 관한 연구」 제2장 '생애와 사상' 1절 참조.

43) 『存齋全書』 상, p.20, 「甲申三月感懷」 毅宗殉祠 卽月之十九日也. 이 작품은 명나라 의종의 죽음을 추모하면서 '大明義理'를 환기, 다짐하는 내용으로, 우암 송시열이 표방한바 노론의 小中華理念을 바닥으로부터 떠받치는 행위라 할 수 있다.

44) 『存齋全書』 상, p.16, 다음에 인용될 「贈別蔡季能」 직후에 나란히 후속되어 있다. 전자는 性·心·理·氣에 대한 理解가 躬行의 깊이와 관련되는 것임을 말한 것이고(性心理氣語難盡 小子其如此說何 最是躬行到底後 分殊原一自無差), 후자는 꿈의 내용을 빌려 송시열·권상하·윤봉구로의 三傳을 道統 正脈으로 확증하는 신앙고백이다(嫡傳三世一心通 不絶春秋在大東 夢覺書窓增感慨 海天朝日照丹衷).

45) 『存齋全書』 상, p.11, "君居蒼光山 我居天冠山 蒼光山天冠山 隔千里幾重雲山 且休道隔千里 但願君爲我聽流水高山 我欲遊關西 跋涉愁江山 自從獲得君眼中 長對蒼光山" 장흥 천관산과 평양 창광산은 첩첩운산 천리를 격해 있어 서로 왕래한다는 게 용이하지 않다. 그러기에 '隔千里'를 말하며 찾아볼 엄두를 내지 못하는 것이 현실일 터인데, 화자는 낭만적으로 이러한 거리를 극복하고자 한다. '산 넘고 물 건너(跋涉)' 마침내 그대를 만나 길이 창광산을 대하고 싶다는 것이다. 關西의 산하를 '愁江山'으로 표현한 데에 핵심이 숨어 있다. 존재는 종종 자신의 불우를 천관산의 불우로 置換하고 있는데 여기에도 동일한 의식이 자리하고 있는 셈이다. 벽지의 버림받은 땅이기에 천하의 명산임에도 찾는 이가 적고, 벽지의 寒士層이기에 재능을 품고도 쓰임 받지 못함을 의식하면서 이런 표현을 구사한 것으로 보인다.

없지만 「贈別蔡季能」도 이러한 의식 아래 쓰인 시로서 역시 이 시기의 작으로 보이며 그 형상성이 뛰어나 옮겨 본다.[46]

　　鎭川冠山南北州 진천과 관산은 남북으로 먼 고을이여
　　溪上逢迎苦浮萍 병계에서의 마주침 부평초와 같네
　　好是襟期相照地 좋아하는 깊은 회포 서로의 처지를 비춤이니
　　兩鄕明月卽靑眸 두 고향에 밝은 달 푸른 눈동자에 어리리[47]

이 시는 진천 사람 蔡百休에게 준 것으로 병계에서의 만남이 서로 기약하기 어려운 정황임을 드러내고, 헤어져서도 처지를 이해하며 살자는 다짐으로 매듭지어져 있다. 달을 볼 때마다 서로를 생각하자는 제안인 셈이다. 부평초 비유로 보아 덕산 수학은 만나고 떠나고를 반복하는 다소 불안정함을 짐작할 수 있다. 대개가 경제적 제약 때문에 고향에 내려가 굴칩하는 기간이 많았고 이런 처지를 위로하고 격려하는 수창 또한 다반사였을 것으로 보인다.

신구현에게 준 격려의 시 「留屛溪 贈申斯文有道」, 고향에 돌아가는 동학들에게 준 「金溪縣衙 別宋斯文文綱汝 洪斯文克念」 등이 더 있다. 이러한 증별시들 외에 덕산이나 京師, 기타 부거(赴擧) 길에 오가는 도중에 쓰였을 것으로 보이는 기행시로 33세 때의 「詠馬耳山」을 위시하여[48] 「扶餘懷古」 등이 있다. 이 시기의 또 한 부류는 장천재 부계당에서의 심상한 일상을 그린 시들이다. 33세의 「立春」,[49] 34세의 「訪幽居」[50] 37세의 「贈別任性汝」[51] 등이다.

「立春」은 입춘첩(立春帖)의 관성(慣性)을 따라 지은 시이고, 「訪幽居」는 산중에서 꽃지짐을 하며 상춘(賞春)하는 풍류를 읊은 것이다. 「贈別任性汝」는 멀리서 장

---

46) 이 작품은 七言絶句에 편차되어 있는데 서너 수 앞에 36세에 지은 「苦旱」이 있고, 8수 뒤에 42세에 지은 「玉屛溪大梅翁韻 贈尹高靈道而 因與作別 幷序」가 있다. 이로 미루어 이 작품은 36세에서 42세 사이, 덕산 병계에게서의 이별 때 지은 것으로 보인다.

47) 『存齋全書』 상, p.16, 「贈別蔡季能」 名百休鎭川人.

48) 『存齋全書』 상, p.14, 「詠馬耳山」 己卯三月 往龍潭時.

49) 『存齋全書』 상, p.1, 「立春」 己卯正月七日辰時 "夜氣猶存際 東君始到時 吾之禱久矣先賢豈余欺".

50) 『存齋全書』 상, p.1 「訪幽居」 主人約諸朋登他山煮花 故下經出 庚辰二月 "境靜啼山鳥 林見野煙 客來幽興足 傍花弄淸泉" 又 "松竹侵庭蔭 梨花傍水新 韶光只在此 何事遠尋春" 유거의 정한과 자족을 탁월한 감각으로 그리고 있다. 주인이 존재 선생 자신인지 아닌지가 불분명하고 공간적 배경도 뚜렷이 부계당과 관련된 것이라는 증거가 없다. 그러나 故鄕感이나 명명한 깊은 安堵의 기미로 보아 부계당 주변이거나 천관산의 어느 知人의 幽居일 것으로 보인다.

51) 『存齋全書』 상, p.1, 「贈別任性汝」 名君源 癸未六月 在長川 "故人捨我去 幾日到山陽 雲影磯前水 送君度石深".

천재를 찾아왔다 돌아가는 벗을 전송하는 작품이다. 그러나 이들보다 장천재 생활의 실감을 더 선명하게 형상화한 시인 「九月獨宿俯溪堂」은 가을이 깊어 가는 부계당의 선취(禪趣)에 가까운 정한(靜閑)을 잘 그리고 있다. 「山中」은 장천재의 삼월 춘수(春愁)를, 「山中雨」는 비 내리는 산중의 생동(生動)을 여실히 그리고 있다.

그러나 이 시기에 德山 중심의 이념적(理念的)이고 정치적(政治的)인 시와는 판연히 다른 방촌(傍村)의 생활세계(生活世界)에 관심을 기울인 시들이 있다. 주로 민생현실(民生現實)을 다룬 시들인데 시폐(時弊)의 문제에 착목(着目)하는 새로운 관심 추이를 드러내고 있다. 우선 30세(1756년)에 지은 구황식물(救荒植物) 연작을 보기로 한다.[52] 「자고(茨菰)」, 「갈근(葛根)」, 「유근(楡根)」, 「황정(黃精)」의 4편 가운데 「유근」을 보면 다음과 같다.

冷窓疎烟煮赤楡 싸늘한 창호 성근 연기 느릅나무 끓이는 것이니
野人生活盡堪吁 야인들이 살아 나간다는 것이 모두 다 탄식감이다
如今國乏三年積 이제 온 나라의 궁핍함이 삼 년이나 쌓였는데도
肉食諸君念也無 고기에 배부른 분네들은 생각이나 있는지 없는지[53]

영물시(詠物詩)와 유사하면서도 생활세계의 구체적인 삶의 조건과 사회적 갈등을 아울러 드러내고 있다. '느릅나무 뿌리도 잇지 못하는 야인의 삶'과 '육식을 하고 사는 비야인의 삶'을 대비적으로 병치(倂置)시켜 민생문제에는 관심을 기울이지 않는 당국자들의 태도를 비판하고 있다. '冷窓疎烟'이란 표현의 형상성(形象性)이 돋보인다. 싸늘한 해동기(解冬期), 창호도 변변치 못한 찌그러진 집에서 느른하게 느릅나무를 끓이고 있는 정경이 눈에 선하다.[54]

---

52) 『存齋全書』에는 이들 4편이 나란히 실려 있으나 연대가 밝혀져 있지 않는 반면, 『存齋集』은 「葛根」과 「楡根」 2편만 실려 있으나 그 연대가 모두 '丙子年'으로 명기되어 있고, 특히 「갈근」의 제하에는 "병자년(1756) 봄에 심히 기근이 들었다"고 기록되어 있다. 『존재전서』와 『존재집』 사이 編次 및 選集의 방식으로 보아 이들 넷은 이해 봄 기근 체험에 우러나온 연작임이 분명하다.

53) 『存齋全書』 상, p.13, 「楡根」.

54) 이들 4편 직후에 후속하는 시는 「二月長川洞」, 「六月」, 「遣悶」인데 모두가 이런 도탄에 빠져 가는 민생 현실을 안타까워하는 시다. 특히 「2월장천동」은 이런 민생 현실을 뒤로한 채 방촌마을을 등지고 門中 藏修處인 俯溪堂으로 향하는 무거운 발걸음이 그려져 있다(二月田家倒甁罌 不堪時事苦營營 花開古峽鳥鳴碅 惟有春風非世情). 특히 絶句의 '世情'과 '春風'의 對比가 인상적이다. "쌀독이 바닥이 나버릴 정도로" 궁핍의 바닥까지 이른 山下 마을의 생활세계와 "완연한 봄빛에 만물이 생명을 구가하는" 山中의 탈속적 공간 사이에, 몸은 전자의 세계를 뒤로하고 후자의 세계에 들어왔지만 그의 의식은 오히려 전자의 세계에 잔류되어 있다. 「楡根」 등의 구황식물 연작은 이렇게 승경을 구비하고 있는 門中傳來의 장수처에 들어와 앉아 있으면서도 賞自然的인 求道之樂에 침잠하지 못하고 생활세계에 대한 염려를 버리지 못한 가운데서 지어진 것들로 보인다.

곤경(困境) 속의 민생 현실을 끌어안고 당국자들의 태만(怠慢)·비리(非理)·호의호식(好衣好食)을 비판하는 이러한 시폐론적(時弊論的)인 시각은 해를 더해 깊어진다. 36세(1762)에 지은 「고한(苦旱)」 2수도 한 사례이다. 한편 존재가 지은 이들 시의 제작 시기는 간암과 30년 시차를 보이고 있다. 당시 간암(艮庵)도 문중의 은수처(隱修處)인 장천재에서 극심한 가뭄에 대한 정부의 태만과 공직자의 무관심을 고발하는 「임계탄」(1732~1733)을 지었을 것이다.

> 靑冥雲氣太淸風 검푸른 구름기운에 자못 서늘한 바람
> 戱作狂威幻作峯 장난하듯 미친 위엄 부려 봉우리를 그리고 있네
> 待爾快心然後雨 니네들 후련해진 연후에야 비 뿌릴 양이니
> 其如人世烈燄烘 인간세상 가열한 불구덩이 그 어떠하리
> 枯苗抽芒纔覆阡 싹도 이삭도 말라 비틀어 밭두렁 갈아엎어야 될 판인데
> 賊風蝱雨日相連 도적 같은 바람에 마디벌레 비 오듯 날마다 이어 오네
> 只應肉食憂民食 응당 고기에 배부른 이들 백성들 먹일 일을 걱정하리니
> 未必山人愁不眠 산에 사는 내가 근심에 잠 못들 필요야 뭐 있는가[55]

제1수는 푸른 하늘가에서 희살이나 부리듯이 뭉클거릴 뿐 좀처럼 비를 뿌리지 않는 구름에 대한 푸념이고, 제2수는 집을 떠나와 산속에 있으면서도 집 걱정, 농사걱정에 잠을 이루지 못하는 처지에 대한 자기연민성(自己憐憫性)의 진술이라 할 수 있다. 자신은 산속에서 책을 읽는 것이 본업이니, 민생은 호의호식하고 있는 당국자들에게 맡길 일이라고 강변하지만 화자는 실제로는 근심으로 잠을 이루지 못한다. 이 시가 초연을 표방하나 실은 민생에 긴박(緊縛)되어 있음을 드러내고 있다.

이 시의 화자상(話者像)은 자신이 장천재에 머물면서도 농사일을 염려하여 밤 깊도록 잠 못 이루는 '36세 위백규'의 모습이라 할 수 있다. 이는 선생이 생계와는 상관하지 않은 오불관언의 초연한 입장에서 학문에만 몰두할 수 있는 처지에서 벗어나고 있음을 뜻한다. 이렇듯 학문에만 초연(超然)하게 전념하지 못하고 생활세계의 부대낌 속에 편입되어 가는 단계에서 우러나온 것이 덕산(德山) 수학기(修學期)의 한편에 자리하고 있는 이들 민생에 관한 시편(詩篇)이라 할 수 있다.

---

55) 『存齋全書』 상 p.15, 「苦旱」 2수 壬午(1762).

3) 궁경독서기(41~54세)

이 시기는 선생이 진사에 급제한 그 이듬해부터 솔선하여 이끌었던 사강회(社講會) 운동에서 물러나는, 1767년(丁亥, 41세)에서 1780년(庚子, 54세)경까지 약 15년에 해당하는 기간이다. 이 궁경 독서기는 학자(學者)·서생(書生)의 자리에서 영농(營農)에 마음을 쓰지 않을 수 없는 생계 주체의 자리로 옮아간 기간이기도 하다. 그도 그럴 것이 자신의 부거(赴擧)를 위해 희생한 가족들의 고생을 더 이상은 보고만 있을 수 없는 처지였을 것이다.

스승의 죽음과 함께 덕산에서 퇴거[56]하고 장천재에서의 생활도 정리하고 방촌의 생활세계로 돌아와 살았던 시기인 셈이다. 성리학적 이념과 사회경제적인 조건 사이의 간극과 괴리를 극복하기 위하여, 그리고 자신들 향촌사족층(鄕村士族層)의 진로를 모색하기 위하여 심각하게 고민하며 몸부림쳤던 시기이자, 향촌의 생활현장에서 겪게 된 정신적·육체적 고통을 소화해 내며 투쟁력과 생존력을 획득해 나가는 과정이었다고 볼 수 있다.

이 시기의 작품으로는 41세(1767)의 오언(五言)장편 연작「罪麥」,「麥對」,「靑麥行」이 있다.[57] 연보에 의하면 이해 여름 사강회(社講會)를 설행(設行)한 것으로 되어 있는데,「죄맥」과「맥대」는 보리타작의 현장을 다루고 있어 사강회 시행 한두 달 전에 지은 것으로 볼 수 있다.「農歌九章」을 통해 보거나「전반강회구점인위월과운(田畔講會口占因爲月課韻)」을 통해 볼 때, 여름 社講은 대개 면화 밭을 매는 때로 보인다. 보리타작이 음력 5월경이라면 주로 보리 그루를 베어 내고 파종하는 면화는 한 달 정도 지나야 김맬 단계에 이르기 때문이다.

이 작품들은 궁경 독서기의 개막(開幕)을 알리는 표상(表象)에 해당하고 그 내

---

56) 存齋에게 있어서 屛溪의 죽음은 분명한 하나의 매듭으로서 이 무렵의 작품으로 42세(1768·戊子)에 지은 칠언절구「玉屛溪次梅翁韻 贈尹高靈道而 因與作別 幷序」와 기행문「德山行」이 있다. 시기상으로는 궁경 독서기에 속하지만 덕산 수학기의 매듭이라는 의미가 더 짙다. 존재는 昏昏 차질과 신병 탓으로 5복을 입고 있다가 스승이 타계한 지 1년이 지난 다 된 무자년(1768) 겨울에야 덕산의 스승 영전에 나간다.「덕산행」을 보면 魯天政과 더불어 12월 2일에 發行하여 12월 30일에 돌아왔으며 왕복 1,500리를 걸어 다녔다. 시는 병서와 더불어 스승 윤봉구에 대한 면면한 추모의 정을 엿보게 한다. 鷄龍山을 登攀하노라 에둘러 왔다는 연보의 기록으로 보아 앞의 시에 후속하는「登鷄龍山」,「登全州寒碧堂」,「龍湫」,「龍穴」,「萬德寺」 등은 덕산행의 부산물이라 할 수 있다.

57)「罪麥」과「麥對」는 문답이어서, 같은 해 한자리에서의 제작임이 분명하나,「靑麥行」의 경우는 그 제작 시기나 정황이 다소 불투명하다. 필자(김석회)는 이들 셋을 '보리 연작'이라 묶어서 다루었으나 좀 더 정밀한 작가론적인 추적이 필요하다.『存齋全書』에 나란히 실려 있어 여기서도 잠정적으로 묶어서 다루지만 65세(1791) 이후의 작품일 가능성도 매우 크다.

용 또한 리얼리즘 시의 주요 전형(典型) 가운데 하나여서 전체를 옮겨 두고 상론해야 마땅할 것 같다. 김 교수의 표현처럼 존재의 보리 연작은 직접 보리농사를 지어 보지 못한 사람은 흉내 낼 수 없는 작품이다. 그러나 「罪麥」이 84구, 「麥對」가 146구, 「靑麥行」은 장단구 24구에 이르는 장편들이라서 다 인용하지 못하고 핵심만을 짚어 가면서 살피기로 한다.

우선 「죄맥」은 그 제목 그대로 '보리의 죄를 따지는[數罪]'의 내용이다. 마치 검사가 피고인의 죄목을 들어 공소사실(公訴事實)을 낱낱이 들추는 격이다. 검사의 논고(論告) 형식에 맞게 서론(1~4)에서 피고의 신분에 대한 개괄적인 소개를 하고 나서, 본론(5~80)에서 보리 자체의 성질이나 생김새에 관한 설명적 묘사로부터 시작하여 이러한 보리를 어쩔 수 없이 경작하고 수확하고 도정해 내야만 하는 농업의 구체적 과정에 대한 서술을 거친다.

이어 보리 농업의 보리밥을 먹고 소화시키는 과정을 설명한다. 즉 생체 내부의 제반 감각적인 과정들을 다소 과장적인 어투로 희화적(戲畵的)으로 그리고 나서, 본론의 마지막 단락(59~80)에서 보리의 무익(無益)함이나 해악(害惡), 그 무가치(無價値)함 등을 단언한 뒤에, 결론(81~84)에 이르러 '유배형'이라는 확정판결을 내리고 있다. 보리를 매일 주식(主食)으로 먹어 보지 않으면 실감나지 않을지 모르나 가난한 농부들은 죽지 못해 먹는 밥이다.

이에 반해 「맥대」는 이상의 논고(論告)에 맞선 보리의 항변(抗辯)과 보리와의 새로운 화친(和親)이다. 일방적 단조로 이루어진 「죄맥」과 달리 화자와 보리 사이의 문답형식을 기본골격으로 하고 이러한 문답을 매개하는 몇 구절의 지문(地文)을 동반하고 있다. 도입을 위한 지문(1~6), 보리의 항변(7~136), 화자의 사과와 자책(137~140), 마무리를 위한 지문(141~146)의 구조로 검사와 피고 간의 격렬한 논리싸움을 전개한 공판정의 모습을 연상케 한다.

「죄맥」의 주제는 본사(本詞)에 해당하는 '보리'의 항변 속에 다 드러나 있는데, 대목대목에 경전(經傳)이나 사서(史書)의 어구들을 빈번히 사용하여 부귀나 영화가 헛것임을 논증하면서 청빈한 삶의 가치를 강조하고 자기야말로 '악의악식(惡衣惡食)'으로라도 한토(寒土)의 삶을 지탱해 내게 하는 실제적인 물적 기초임을 일깨우고 있다. 이것은 보리의 입을 빌려 행해지는 자기 설득적 교술(敎述)이라 할 수 있는 것으로서 「죄맥」의 본론부와 대응하여 이 작품들의 주제적 관심을 이루고 있다.

「죄맥」의 본론부가 마침내 보리를 유배형(流配刑)에 선고하는 자기 설득적 교술이라 할 수 있는 것이다. 이로서 「맥대」의 본론부와 대응하여 이 작품들의 주제적 관심을 이루고 있다. 「죄맥」의 본론부가 보리를 유배형으로 단죄(斷罪)하는 이유를 조목조목 설파(說破)한 것임에 비해[58] 「맥대(麥對)」의 본사부(本詞部)는 이러한 모든 단죄의 조목들에 대하여 일일이 반박하는 장광설(長廣舌)을 펴며 그 억울함을 말하고 자신의 정당성(正當性)을 주장하고 있다.

그 결과 「죄맥」의 본론부는 76개인 데 반해 「맥대」의 본사부(本詞部)는 130개 구(句)에 이르고 있다. 「죄맥」의 수죄(數罪) 항목과 「맥대」의 항변(抗辯) 대목의 대비 속에 이 작품들의 다양(多樣)한 특징(特徵)들이 구현되고 있는데, 이 작품의 주제적(主題的) 관심이 잘 드러나 있는 대목 11군데를 검토(檢討)해 보기로 한다.

翻矜當一時　제 한때를 만났노라고 도리어 뽐내면서
遂敢卑菽粟　마침내 감히 콩과 조를 내리쳐 보나니
肯入五候廚　즐겨 오후의 부엌에나 들어가
俾知民生瘠　민생의 척박함을 알게 좀 하지
偏困原顏室　편백되이 원헌(原憲)과 오회(顏回)의 집만 고단케 하여
不饒屢空橐　자주 바닥나는 전대 넉넉게 못하고
纔見豪家畜　겨우 부호가에 쌓인 바 되어
自甘遞馬菽　말먹이에나 충당됨을 달게 여기면서도
苦遇病農耕　만약에 병든 농부의 밭갈이 때를 만나면
還嫌甌畝堉　도리어 시루발의 메마름을 마다하네[59]

菽粟初豈卑　콩과 조가 처음부터 어찌 낮았겠는가
渠自讓聯行　제 스스로가 함께 가기를 사양한 탓이라네
五候僭玉食　오후가 욕심을 참람히 하는 것은
威福竊天柄　위복(威福)으로 천자의 권세를 훔쳐 누림이니
苟干入其門　구차히 그 문에 들어가기를 구한다면

---

58) 性質, 資稟, 맛, 收穫期의 打作하기, 방아 찧기, 보리밥의 맛과 모양과 냄새, 보리밥을 짓기 위한 불 때기·젓기·주걱질, 보리밥을 씹고 삼키고 소화하기, 방구와 설사 등등, 구구절절 보리의 좋지 못한 점을 열거하고 있다. 이 밖에도 곡물로서의 상품가치가 없는 점, 비옥한 밭이 아니면 잘 자라지 못한다는 점까지 망라할 수 있는 退出事由는 모두 동원된 느낌이다.

59) 『存齋全書』 상, p.6 「罪麥」 丁亥夏(1767).

無異太玄郞 태현랑 양웅(揚雄)과 다를 바 없다네
所慕是道德 사모하는 바는 도덕이니
人在闕里堂 사람은 공자 계신 그 집에 있네
不遇素以行 알아줄 사람이 없다면 바탕대로 행하여
茁壯宜馬强 씩씩하게 말이나 강하게 하라
病農誰復恤 병든 농부를 누가 있어 구휼하리
小康亦賴卯 그나마 유지함도 또한 내 덕이라네[60]

별다른 설명이 필요 없을 정도다. 「죄맥」의 질의내용은 보리의 사회경제적 가
치와 이것을 매개로 성립하는 계층적 격차에 대한 불평지기(不平之氣)의 발로라
고 할 수 있다. 「맥대」의 내용은 '출처관(出處觀)'에 대한 논의로 전이되어 있다.
여기서 揚雄(BC. 53~AD. 18)을 거론하는 것은 사치향락에 젖어 있는 황제와 제후
들에게 자기들의 文才를 팔아 부귀와 영달을 도모했던 前漢 末期 문인들의 출처
관을 비판하기 위한 장치라고 할 수 있다.[61] 이러한 출처관으로의 전이를 통하여
문맥은 자연스럽게 안분자수(安分自修)의 선비로 이어진다. 주제가 집약된 대목
을 보자.

豈不見古今 어찌 고금의 일을 보지 못하시오
奇禍生膏粱 뜻밖의 재난은 고량진미에서 생겼다는 것을
湌玉非不美 옥 같은 쌀밥이 아름답지 않은 것은 아니로되
馴侈立成殃 사치에 길들어지면 재앙을 이루고야 만다네
往轍有昭鑑 지난 자취가 환히 비추는 거울로 남았나니
豪門滿敗軏 호사한 집 문호는 부서진 수레만 그득하네
窮餓資動忍 빈궁하여 주림으로는 참는 법 쓰기를 배울지요
孟訓宜拜昌 맹자의 훈계는 마땅히 절하며 받을지니
始信菲食味 그래야만 비로소 거친 음식이 맛있음을 알 것이요
方垂盛名香 바야흐로 성한 이름 향기로이 전할 수 있으리
(중략)
君無恥惡食 그대가 거친 밥을 부끄러워하지 않아야만
爲善彌自蘷 선을 행함에 더욱 힘쓸 수 있으리

---

60) 『存齋全書』 상, p.7 「麥對」의 대목은 男女相濟의 도리를 환기하고 있으니, '不遇素以行茁壯宜馬强' 즉 '알아줄 사람이 없다
면 바탕대로 행하여 씩씩하게 말이나 강하게 하리' 등의 표현이 바로 그것이다. '素以行(素行)'은 그 자체로 '벼슬 없이 지냄'
의 뜻이요, '宜馬'는 詩經 '宜其家人'의 패러다임을 떠올리게 하고 이것들은 다시 첫머리의 '不遇'를 통하여 遇와 不遇의 문
제로 자연스럽게 귀결하여, 결국 「죄맥」과 「맥대」는 이런 조어(措語)구사를 통하여 出處와 進退에 관한 문답을 重意的으로
표출한 것임을 알 수 있다.

61) 『中國古典文學評論史』(차상원, 범학도서, 1975).

旣爲學聖徒 이미 성현을 배우는 무리가 되었거니
自處胡不量 스스로의 처지를 어찌 헤아리지 않는가
勸君三夏餐 그대에게 한여름 저녁밥을 권하노니
成君百鍊鋼 백번 단련한 강철로 그대를 만들라[62]

　이어서 「맥대」는 아내를 불러 보리밥을 짓게 하고 그것을 달게 먹었다는 내용으로 매듭지어지고 있다. "훤히 들창문을 열어 놓고/ 배불리 먹으니 달기가 사탕 같도다"라는 마지막 구절은 아마도 이 '보리' 연작을 탈고한 후의 후련한 심정을 토대로 우러나온 구절이라 할 수 있을 것이다. 이 구절이 주는 후련한 느낌은 '보리'로 인하여 야기된 갈등과 그 극복의 지루한 과정을 빠져나온 화자의 해방감이 녹아들어 있는 것으로 보이기 때문이다.
　「청맥행」은 풋보리를 잡아 보리죽으로 춘궁기를 넘기는 농촌실정을 다루고 있다. '行'으로 표제(表題)한 가행체(歌行體)라서 오언과 칠언이 주를 이루고 있지만 호흡을 따라 완급(緩急)의 편차가 있다. 이 시는 풋보리를 베어 와 보리죽을 쑤기까지의 과정에서부터 보리죽을 먹고 난 뒤의 포만감과 빌어먹는 아이들의 문전당도(門前當到)를 다소 해학적으로 그린다.
　그런 후에, 죽 그릇이라도 핥은 자와 아예 입맛도 다셔 보지 못한 채 발만 동동 구르며 울고 있는 거지아이들에게 '자맥주문(紫陌朱門)'에 가보기를 종용(慫慂)하는 것으로 매듭지어진다. 길이가 비교적 짧고 군더더기 장광설이 없이 춘궁기(春窮期)의 향촌사회 현실을 생생하게 드러내고 있기 때문에 그 전문을 옮겨 보기로 한다.

家人碎靑麥 집사람이 풋보리를 빻아
作糜供朝夕 조석으로 죽을 쑤네(1~2구)
襄荷萵苣助其味 양하와 와거로 맛을 도우니
三物凝成靑碧綠 셋이 서로 엉겨 빛깔도 파르스름
忽疑猫睛寶玉椀 홀연히 묘정석 옥대접
磨出火(大)食國 대식국(사라센)에서 갈아 만들었나
復疑葡萄酒新熟 다시 보니 포도주 담가서
醱酷鴨頭色 처음 괴어올라 청둥오리의 머리인가(3~8구)
㨭大家中安有此 조대의 집에 어찌 이런 것이 있으리
先聞香臭雙鼻觸 향긋한 내음 두 코를 찌르네

62) 『存齋全書』 상, p.7, 「麥對」.

一匙二匙甘如蜜 한 술 두 술 달기가 꿀맛 같아
盡盂便欲旋手脚 그릇 비우자 손발이 한결 부드러이 도네(9~12구)
隣翁賀免窘 이웃 늙은이 군색함 면했다고 치하하고
稚子求飽喫 어린것들 주린 끝이라 배를 채우겠다고 덤비는데
一室始吐氣 온 가족이 비로소 숨을 돌리고
喧笑溢房屋 웃음소리 방 안에 넘쳐 나네(13~16구)
門外乞兒來 문밖에 거지아이들 몰려와
先來僅得沾一勺 먼저 온 놈만 겨우 한 국자
後至頓足疾聲請活我 나중 온 놈 발 구르며 '살려 줍쇼!' 고함치나
其奈無餘瀝 한 모금 남은 게 없으니 어이할거나(17~20구)
臨門語乞兒 문에 나서 아이들에게 이르네
何不呼朋挈儔向紫陌朱門乞 동무 불러 이끌고 큰 거리 부잣집 가 보렴
大豨厭粱肉 그 집엔 돼지도 기장밥과 고기에 물렸다니
豈無活爾術 어찌 너희를 살릴 방도가 없겠니(21~24구)[63]

　　이 작품의 기본적 배경을 이루고 있는 것은 '措大의 집'이다.[64] 풋보리를 베어
겨우 기아를 면하는 화자(話者)와 보리죽 한 그릇을 얻어먹지 못하고 발을 구르며
울부짖고 있는 거지아이, 그리고 이와는 너무나도 대조적인, 돼지까지도 기름진

---

63) 『存齋全書』 상, p.8, 「靑麥行」. 24구로 분절(分節)해 보았다. 이 시의 분절은 다소 어렵다. 5언과 7언이 중심이지만 호흡의 급박
함을 표현하기 위하여 9언구와 12언구를 驅使한 것으로 보인다. 필자는 학위논문(1992)에서 26구로 분절한 바 있으나 24구로
정정한다(19구 '後至頓足疾聲請活我'는 '後至頓足'과 '疾聲請活我'로 나누었고, 제22구 '何不期向紫陌朱門乞'은 '何不呼朋
向紫陌朱門乞'로 나눈 바 있다). 자전의 여러 용례를 재확인하고 任熒澤 선생의 번역(『李朝時代 敍事詩』, 창작과 비평사, 1992)
을 참조하여 수정하였다.
　　이 長形句들은 호흡의 완급을 세심하게 고려하여 다급한 대목을 빠른 호흡으로 처리코자 한 것으로 보인다. 제19구 '後疾頓
足疾聲請活我'는 '발을 구르는' 미련과 "살려 줍쇼"의 다급함을 한자리에 묶기 위한 의도라 할 수 있고, 제22구 '何不呼期
向紫陌朱門乞'은 '呼期 向紫陌朱門乞' 즉 '벗을 부르고 짝을 이끌어 부자동네 대갓집에나 가서 빌어 보라'를 단숨에 내뱉기
위해 무리할 정도의 결합을 시도한 것이라 할 수 있다. 그 결과 速射砲 터뜨리듯 連發하는 급박한 어조에 실리게 될 이 9음
句와 12언구는 이 가행체 시의 基調音을 이루고 있는 한 템포 느린 5언구와 조응하여 급박함을 고조시킨다.
　　9언구인 제19구는 제20구인 '其奈無餘瀝'에 부딪히며 거지아이의 절박한 심정과 話者의 무력감이 뚜렷하게 대비되는 효과를
얻고 있으며, 제21구인 '臨門語乞兒'에 대응하는 12언구(제22구)는 이 곤경과 무력감으로부터 속히 벗어나고 싶은 화자의 심
경을 탁월하게 형상화시키는 기능을 하고 있다. 거지에 대한 惻隱之心이 豪富家와 權勢家(紫陌朱門)에 대한 분노로 轉移되
는 순간이다. 이 대목은 문맥상으로도 전환이 이루어지는 대목이다. 보리죽을 한 모금이라도 얻어먹은 아이와 그렇지 못한
아이를 전환의 축으로 하여 전자의 앞에는 話者인 寒士層이 놓여 있고 후자의 뒤에는 사치와 낭비에 젖은 朱門大家가 대칭
을 이루며 등장하고 있다. 押韻 또한 이 대목에 이르러 換韻을 이루어 이런 전환을 뒷받침하고 있다.
　　참고로 임형택 선생의 분절을 소개한다. 그는 앞 구절인 제19구는 '後至頓足疾聲請活我'로 묶었으나 뒤 구절은 '何不呼朋挈
儔'를 제22구로, '向紫陌朱門傑'을 제23구로 분절하였다. 12구가 되는 불균형을 피하기 위한 의도로 이해된다. 그러나 이렇게
6언구 둘로 나누는 경우에는 전체가 25구로 끝나게 되고, 제23구 이하에서는 押韻의 형태도 어그러진다. 偶數句에 압운이 놓
이다가 우수구에서 매듭지어지는 韻文의 견고한 습관에 비추어 볼 때 이러한 분절은 매우 어색해 보인다. 물론 5언과 7언 중
심의 시에 12언구가 놓인다는 것도 그리 자연스러운 것은 아니지만 偶數 押韻의 不文律을 파괴하여 奇數 押韻에 奇數 終結
이 되도록 하는 것보다는 좀 온당한 분절이 아닐까 한다.
　　그리고 제5구의 끝부분 '火食國'은 '大食國(아라비아, 사라센 등의 지칭)'의 誤記가 명백해 보여 '大食國'으로 해석을 고정시
켰다. '火' 자는 '大'와 혼동되는데 이 대목도 문맥상 '大' 자의 혼동 표기일 가능성이 매우 높기 때문이다. 임형택 선생의 저
서에서도 동일한 견해를 밝히고 '大' 자로 교정하여 해석하고 있다.
64) 措大란 '큰일을 조처할 수 있다는 뜻으로 書生의 美稱으로 쓰이는 말인데, 轉하여 조롱 또는 겸손의 뜻을 나타낼 때도 쓰인
다'고 한다. 스스로를 '措大'로 自稱하는 話者의 의식 속에는 身分과 職域 사이의 괴리에 대한 自嘲感이 엿보인다.

밥과 고기에 물려 있다는 주문(朱門)의 풍경을 대비적으로 제시함으로 말미암아 모순인식이 한결 첨예하게 드러나 있다.

이렇게 수탈층(收奪層) 호부가(豪富家)와 뿌리 뽑힌 채 종내는 유리도산에 이르게 되는 기층(基層) 유랑민 사이에 처하게 된 자영농적(自營農的) 한사층(寒士層)은 한편으로는 권력의 침탈에, 다른 한편으로는 이들 유랑민층의 기생(寄生)에 대응해 나가지 않으면 안 되는 이중의 고통에 직면케 되는데, 이러한 입장에 처해 있는 자영농적 한사층의 갈등과 회의와 번민이 좀 더 증폭 고조된 양상으로 드러나면서 「年年行」 연작이 산출되어 나온 것으로 보인다.[65]

(1) 사강회와 연시조 「농가구장」

이렇게 「죄맥」을 시발점으로 한 궁경독서기의 작품세계가 우주적 종말을 감지케 할 정도로 어두운 전망으로 기우는 경향과 달리 영농(營農) 친화(親和)와 함께 좀 더 밝게 생동하는 분위기를 드러내는 작품들이 있다. 연시조 「農歌九章」이 가장 전형적인 경우다. 이 작품의 본문은 「사강회문서첩(社講會文書帖)」 본과 「위문가첩(魏門家帖)」 본의 두 가지에 있는데, 현대에 와서 활자화된 모든 시조 문헌에는 공통적으로 「위문가첩」 본이 수록되어 있다.[66]

「사강회문서첩」의 경우는 매 수 종장의 끝에 표제가 붙어 있는데, 각각 조출(朝出)·적전(適田)·운초(耘草)·오게(午憩)·점심(點心)·석귀(夕歸)·초추(初秋)·상신(嘗新)·음사(飮社)로서 각 장의 내용들을 포괄할 만한 제목들이다. 제목이 표상하고 있는 바와 같이 제1수 朝出에서 제6수 夕歸까지는 농번기의 하루 일과를 읊은 것이다. 후속하는 3수 初秋·嘗新·飮社는 곡식이 익어 가는 초가을에서 추수가 끝난 후의 늦가을까지의 절서감(節序感)을 읊고 있다.

제목을 통해서도 드러나는 바와 같이 이 작품은 농번기(農繁期)의 하루 일과를

---

65) 七言長篇으로 이루어진 '「年年行 1」과 「年年行 2」는 存齋文學의 리얼리즘적 성취의 絶頂인데 그 제작연대는 밝혀진 데가 없다. 7언 장편으로는 이 두 작품 앞에 '秋齋逸興寄族兄', '韜浩然亭主人' 등 세 편이 더 있는데 이들도 그 정확한 연대는 확인하지 못한 상태다. 필자는 이들 작품을 번역하여 「존재 위백규의 생활시에 관한 연구」(이화문화사, 1995)(박사논문, 1992: 위의 책의 제1부로 수록) 제4장 '한시의 작품세계'에서 상론한 바가 있다. 위의 학위논문에서는 '觀物說' 連作과의 관련성을 상정하고 '年年行' 연작이 궁경독서기(41세~54세)의 후반에 지어진 것으로 다루었다.

66) 『存齋全書』는 그가 타계한 77년 후인 1875년(乙亥) 후손 榮馥(1832~1884)이 남은 유고를 수습, 蘆沙 奇正鎭과 全齋 任憲悔의 校訂을 거쳐 출판한 것이다. 존재는 90여 권의 책을 저술했으나 1796년 正祖의 요구로 內閣에 보내졌으나 갑작스런 逝去로 「分賑節目」, 「鄕約節目」, 「海島誌」, 「禮說髓錄」, 「經禮問答」, 「經書條對」, 「陶蘇眞影」 등이 遺失됐다.

농경 현장(現場)의 체험적 실감에 입각(立脚)하여 읊고 있으며, 가을의 절서감을 땀 흘려 수고한 농부의 심정과 감각을 가지고 그리고 있다. 아무리 농촌에 산다 하더라도 감농(監農)하는 위치에서는 농사꾼의 체험적 실감은 나오지 않는 법이다. 그러므로 이들 작품은 화자가 직접 일을 하면서 느끼는 바를 읊은 것이다. '오게(午憩)'와 '초추(初秋)'를 음미해 보기로 하자.

> 씀은 든는대로 듯고 볏슨 쬘대로 쬔다
> 淸風의 옷길 열고 긴 파람 틀리 불 제
> 어듸셔 길 가는 손님 아는드시 머무는고
> 면화는 세 드래 네 드래요 일은 벼는 픽는 모개 곱는 모개
> 五六月 어제런듯 七月이 부룸이다
> 아마도 하느님 너희삼길 제 날 위흐여 삼기샷다[67]

이 작품은 농업노동의 현장을 노래하고 있다. 땀에 절고 볕에 그을리는 농부의 삶을 현장 그대로 그리고 있다. 작품을 조직하고 있는 언어의 자질도 농경적 삶의 현장적 실감에 어울리는 일상의 평이한 구어(口語)들이다. 따라서 이 작품은 내용의 측면에서나 언어 조직(組織)의 측면에서 종래의 시조들과 그 성격이 판이하게 달라 과연 이것이 사대부(士大夫)의 손으로 지어지고 그들의 입으로 읊어졌을 것인지 자못 의심스러울 지경이다.

그러나 이 작품은 존재의 「농가구장」 중의 제4수 '오게'로서 사대부 시조의 하나임이 틀림없다. 이것은 사대부 시조가 위백규에 이르러 현격한 변모 양상을 드러낸 것이라고 볼 수 있다. 「농가구장」의 특질을 문학사적인 맥락 속에서 해석해 내고자 한 처음 시도는 조동일의 『한국문학통사』인데, 그는 여기서 "위백규의 「농가구장」이야말로 사대부 전원시조(田園時調)의 결정적 면모를 마련한 작품"이라고 적극적으로 평가하면서 이런 변모는 '민요시조화'에 의해 가능해진 것으로 분석했다.[68]

사대부 시조의 본령은 상자연적(賞自然的) 구도지락(求道之樂)을 읊은 이른바 '강호가도(江湖歌道)의 세계'라고 할 수 있다.[69] 성리학적 이념을 사회개혁의 기

---

67) 『存齋全書』 하, p.466.
68) 『한국문학통사』(조동일, 지식산업사, 1986), 제3권 p.231(민요의 실상과 변모 항목), p.277(사대부시조의 변이 항목).

치로 내걸고 왕조를 개창하고 이후 지배계층으로 군림하고 있던 사대부계층은 사회경제적으로는 대부분 향촌의 중소지주층으로서 향리에 기반을 뒀다. 이들은 출사와 은거를 반복하며 살았는데 출사해서는 향리의 江湖山川과 족당을 그리워했고, 은거해서는 정치현실과 世道의 문제를 염려하면서 自修의 길을 걸었다.

강호가도의 세계는 주로 은거자수기(隱居自修期)의 삶과 관련된 것으로서 구도자수(求道自修)의 길에 반려가 된 강호산천을 성리학의 관념으로 채색(彩色) 미화(美化)하여 즐기고자 한 세계였다. 「농가구장」의 경우는 이러한 강호가도적 삶의 전형적인 양식(樣式)인 연시조(聯詩調)[70]의 형태를 취하고 있어 이 작품이 강호가도의 타성(惰性) 위에서 지어진 것이 분명하다. 그러나 전통적인 연시조의 어떠한 유형(有形)에도 포섭(包攝)될 수 없는 내용상의 이질성(異質性)을 지니고 있다.

그러기에 「농가구장」은 강호가도의 특질로부터 본질적(本質的)으로 멀어진 세계임도 또한 분명해 보인다. 이러한 형식과 내용 사이의 괴리현상(乖離現象)에 대해서는 임주탁(任周卓·공사 교관)이 그의 석사논문과 그 후속(박사)연구를 통하여 지속적인 관심을 가지고 그 문학사적인 의미를 해명코자 시도한 바 있거니와,[71] 「농가구장」의 이러한 양면성(兩面性)은 조선 후기 문학사의 이해에 있어서 대단히 중요한 관건 중의 하나라고 할 수 있다.

(2) 형상적 특질과 창작의 배경

「농가구장」은 각수의 표제 그대로 "아침에 농구를 갖추고 집을 나서서, 김매고, 점심때 잠깐 쉬며 즐기다, 점심을 먹고, 저녁에 돌아오기까지의 과정"을 읊고 있다. 여름 대낮의 들녘 풍경을, 초추(初秋)는 가을로 옮아가는 7월의 절서감을 탁월하게 묘파하고 있다. 힘이 드는 노동이지만 오게(午憩)엔 위로와 희망이 있고, 유

---

69) 江湖歌道에 관한 일련의 논의는 조윤제, 최진원 이래로 최근의 이민홍의 논의에 이르기까지 조선조 사대부문학 연구에 중심적 흐름을 이뤄 왔다. 이에 관한 연구사적 검토는 김병국의 「한국 전원문학의 전통과 그 현대적 양상」(『한국문화』 제7집, 서울대 한국문화연구소, 1986) 참조.

70) 聯詩調를 하나의 독립 장르로 보고 그 발생과 전개의 양상을 역사적으로 검토한 것이 임주탁의 「연시조의 발생과 특성에 관한 연구」(서울대 석사논문, 1990)인데 그 논문의 검증을 토대로 본다면 연시조는 여러 시조양식 가운데 가장 사대부적 이념에 충실한 양식이라 할 수 있다.

71) 任周卓의 「위백규 농가에 관한 연구」 중 '농가의 작품세계'(p.5): "이전 시대의 연시조와 달리 언어 자체가 다르다는 점, 다른 하나는 작품의 공간적 내적 세계가 다르다."

정(有情)함이 있다. 그리고 初秋에는 땅의 풍요로움과 철의 유신(有信)함과 하느님께 대한 감사(感謝)가 있다. 정도의 차이가 있을 뿐 9수의 내용이 이와 유사하다. 「苦旱」이나 「年年行」, 觀物說 등에 보이는 어두운 세계에 닫힌 전망(前望)과 판이하다.

이 작품의 태생(胎生)에 관한 정보는 「社講會文書帖」 속에 들어 있다. 이것은 1767년(41세)부터 1778년(52세) 사이에 이루어진 작은 문서들 22개의 집성(集成)인데, 사강회의 구성 및 운영과 변모(變貌)의 추이 등을 담고 있다. 「農歌九章」 13번째 문서인 「農規」 다음 14번째로 실려 있다. 「농규」는 영농과 관련한 사강회(社講會) 규약이다. 주로 방촌(傍村) 위씨문중(魏氏門中) 사람들인 사강회 회원들의 처지와 형편을 따라 독(讀)과 경(耕)을 어느 정도 병행(竝行)시킬 것인가를 결정하고 그것을 준수토록 하는 권고안(勸告案)이자 상벌규칙이다. 「농가구장」은 이러한 「농규」를 보완하는 성격을 지닌 노래라 할 수 있다.[72]

그리하여 이 문서첩의 성격은 한마디로 향약(鄕約)의 일종이라 할 수 있다. 향약을 생활공동체라 할 수 있는 동족(同族) 부락에 정착시키기 위하여 각종 규약들을 문중의 당면과제와 생활현실에 맞도록 조정하면서, 구체적인 지침들을 새로 첨가시킨 형태라 할 수 있다. 향약은 대개 군현(郡縣)을 '一鄕'으로 하여 시행되는 것이 일반적인 경우이나 군(郡)도 면(面)도 아닌 자연부락에 해당하는 '방촌'의 문중단위(門中單位)에서 향약의 유제(遺制)를 시행코자 한 것은 선생의 독특한 개인사에 기인(起因)한 현상이라 할 수 있다.[73]

사실 존재가 사강회를 추진한 배경에는 개인적 좌절을 극복하고, 지식인으로서 성리학(性理學) 질서를 뿌리내리게 해서 향촌을 교화하기 위한 시도(試圖)였을 것이다. 태어나서부터 신동이나 천재로 불릴 만큼 주변의 기대와 촉망을 받았던 당사자였다. 사람들은 그가 과거에 쉽게 급제해서 큰 인물이 될 것으로 생각했다.

---

72) 존재는 밭두둑에서의 쉴 참을 이용해서 講과 讀을 강조하고, 또 어떤 경우라도 治農에 힘쓸 것을 강조하는 이 규약은 「田畔講會口占因爲月課韻」을 통해서 드러나고 있다. 존재가 사강회 회원들에게 월과운을 내는 것은 물론 농사꾼의 입장에서 보면 무리라 할 수 있다. 그러나 거의 천자문도 익히지 못한 그들이 존재의 사강회로 말미암아 자신의 능력으로 작시를 할 수 있는 수준에 이르게 된 것은 사강회 덕이라 아니 할 수 없다.
　■ 魏聖沇의 月課詩 「次族兄韻」
　汲水刈草間課書　물 긷고 풀 베고 틈틈이 과제책을 읽고
　長歌收犢又于鋤　긴 노래로 소 풀을 뜯기다가 김도 매네
　苦得豆田收五石　만약 콩밭에서 댓 섬을 거둘 수 있다면
　病妻猶可食有魚　병든 아내 밥상에 고기반찬을 놓아도 좋으리
73) 「위백규 농가구장의 사회사적 성격」(金碩會, p.10).

하지만 예상은 빛나가 38세 때인 1765년에 진사시(進士試)에 합격한 후 복시(覆試)에는 번번이 실패했다. 부모와 가족들의 희생, 그리고 뭇사람들의 선망을 한 몸으로 감당하기엔 너무도 초라했을 것이다.

사강회는 군(郡)과 면(面)을 단위로 하지 않고 위씨 '마을'을 대상으로 향약(鄉約)과 독서(讀書) 모임을 접목시키고자 했다. 논밭에서 파종하고 김을 매거나 땔나무를 하면서 틈틈이 공부하는 사강은 노동현장(勞動現場)에서는 매우 생경(生硬)스러운 모습이었을 것이다. 그래도 14세에서 43세에 이르는 주민 20여 명이 참여했다. 1767년(丁亥)의 강계좌목은 노응탁(魯應鐸) 1인을 제외하고는 17인 모두가 위씨 종친들이고 1774년(甲寅)에는 김화조(金華祖)와 이달운(李達運) 등 2명이 첨록(添錄)되어 있으나 이들도 인척관계를 가진 신분이다.

사강회운동의 시발점인 1767년의 「강계좌목」에 나타나 있는 구성원들의 면면은 伯暉(43), 伯珪(41), 伯琛(36), 伯昊(34), 伯紳(32), 伯益(31), 魯天鐸(31), 伯純(31), 伯綠(30), 伯勛(30), 伯燦(30), 道紳(28), 伯毅(28), 伯賢(26), 伯協(25), 伯林(25), 道立(20), 伯仁(17), 道欽(14) 등이다. 이 문서첩의 제17번째 문서인 후서(後序)에 "奉而六代之親 無慮半百 團居一閭 敍昭穆 守萬祧"라고 밝히고 있는 바와 같이 구성원이 안항공의 5대, 6대 후손들로 이루어진 10촌 이내의 가까운 친족들이다. 특히 백규 형제들이 5인, 아들 1인 등 6인이어서 가족이 중심이 되고, 모임의 핵심은 20대 후반 30대의 노동력이 왕성한 연령층이다.

(3) 무기계 전환과 사강회 퇴조

이렇게 구성된 회원들의 면면은 1774년의 「강회목록」에도 그대로 유지되지만 1790년(庚戌) 전후로 무기계(無忮契)가 성립된다. 존재 등 사강회 중심멤버인 노년층은 배제된다. 결과적으로 사강회는 소기의 목적을 달성하지 못하고 막을 내리게 된 것이다. 無忮契의 이름을 주목할 필요가 있다. 무기의 의미는 '남을 해치지 말자'는 뜻이다. 이 말을 뒤집어 보면 사강회를 추진하면서 동족 간(同族間)에 잡다한 시기와 질투가 있었다는 말도 된다. 여기에 타성이나 야인(野人)들의 조소 등 허다한 시비와 잡음이 계속됐음을 반증한다.

무기계 또한 안항공의 7~8대 후손들인 신세대를 중심으로 세대교체가 된다. 이 무기계에 이르게 되면 존재가 문회조직에 부여했던 교화적이고 교육적인 기능들이 탈색되고 순연한 농경협동과 상부상조의 기능만 있는 촌락계로 전락한다.[74] 18세기 방촌 위씨 문중의 능체잔미(凌替殘微)의 위기 속에서 싹튼 사강회운동은 기본적으로 '사약'의 성립에서 23년 후인 1790년대 '무기계'의 출현까지 조정변모의 과정이었다고 볼 수 있다. 이러한 조정변모의 폭은 지도자였던 존재의 의식세계를 반영하는 변화 폭에 대체로 비례했던 것이라고 볼 수 있을 것이다.

그의 의식은 당시 문중의 생활조건과 사강회 구성원들의 의식과의 교호작용 속에서 결정되어 간 것이라고 할 수 있다.[75] 존재의 의식 변화는 1770년(44세)에 쓴 「社中約講會名帖題辭」와 1772년(46세)에 쓴 「後序」를 대비해 보면 어느 정도 드러난다. 그는 이 제사에서 부귀에 대한 집착을 경계하면서 '인수지별(人獸之別)'의 논의 위에 人倫論과 그에 입각한 '사약'의 규범을 강조하다가, 「후서」에서는 그간의 시행과정을 반성하면서 중도에 철폐하지 않을 수 없었던 경험에 비추어 강행군을 완화, 규례나 의식의 간소화를 통한 모임의 지속을 꾀고 있다.

아울러 스스로 '독성(獨醒)'의 고자세를 철회하고 '중취(重醉)'를 표방한다.[76] 이는 그가 지식인으로서의 관념을 적어 내면서 생활세계에 동화되어 가는 모습을 보여 주는 것이라 할 수 있다. 따라서 사강회운동의 추이는 대체적으로 '講' 부분의 축소와 '農' 부분의 확대로 귀결되어 간다. 「농가구장」은 대체로 이러한 사강회의 변모과정 속에서 고안되어 나온 노래로 보인다. 「소학초선」이나 「퇴계향약」이 '講規'와 밀착되어 있는 것과 같이 「농가구장」은 「農規」와 밀착되어 있음을 볼 수 있다. 여기서 「농규」와 「농가구장」 사이의 상관관계에 대해 더 살펴보자.

「농규」는 그 최종적인 집약점이 '능치산자(陵治産者)와 타농자(惰農者)'를 가려내는 데 있기 때문에 기본적으로 '業農'을 통한 '恒産'을 목표로 삼고 있는 규약

---

74) 社約과 無忮契의 관계에 대해서는 「무기계서」(『존재전서』 상, p.484~485와 이해준의 앞의 논문 참조).

75) 春坡 瓘植(1843~1910)의 「無忮契名帖重修序」에 의하면 曾祖 願醉堂 道純(1774~1816)이 처음 제정하고, 족고조 存齋先生이 命名한 것이라고 밝히고 있다(『천년세고선집』, p.225).

76) 『存齋全書』 하책, 부록, 後序, p.468: "或者曰 何不飽其糟… 余笑曰 呇呇 吾本非獨醒者 無乃與衆醉 面又復有大醉者 以百步笑耶" 이 구절은 굴원의 漁父詞를 인용하여 자신의 입장을 밝힌 것으로서, 자신은 무리와 어울리지 않은 채 고고하게 자처하는 굴원류의 '獨醒者'가 아님을 천명한다.

이라고 할 수 있다. 그러나 여기서는 농업노동이나 농사에 관한 것만을 규정하고 있는 것이 아니라 강독(講讀)의 문제와 과업(科業)의 문제를 동시에 거론하고 있다. 이것은 사족들인 사강회 구성원들에게 '글을 읽는 것'과 '농사를 짓는 일'을 어떻게 양립시킬 수 있는가가 주제적 관심으로 떠올랐다. 실제 그들 중에는 '假農夫' 유형에 속한 사람도 있고 '上農君'에 속한 사람도 있었을 것이다.

존재의 경우는 양자의 조화를 도모해야 하는 구심적 지도자의 자리에 있었다. 강회(講會)에서 이루어진 시축(詩軸)을 분석해 보면[77] 「田畔講會口占因爲月課韻」과 이에 대한 회원들의 차운시(次韻詩)가 실려 있다. 선생의 月課韻을 비롯해서 景悔 伯暉, 四樂軒 伯琛, 謙之 伯益, 汝潜 伯協, 聖沭 伯琳, 汝欽 伯勛, 子健 伯純, 子皓 伯昊, 子彦 伯紳, 仲宣 伯燦, 日昇 道立, 日濟 道紳, 김희여, 이대래 등 회원들이 지은 7언절구 17편 20수와 伯純의 장율(長律) 2수가 포함돼 있다. 1774년 「강회강목」에 등록된 회원 중 이 시축에 빠진 사람은 魯天鐸, 伯仁, 道欽이다.[78]

전반강회에서 이루어진 시축은 선생의 '月課韻'과 회원들의 '次韻詩'로 월과운은 매월 지도자인 선생이 '韻'을 낸다. 그러면 회원들은 그 '韻'에 차운(次韻)한 시를 지어 제출하는 형식을 밟았을 것으로 보인다. 이는 요즘으로 말하면 교사가 학생에게 숙제를 내는 것과 다름이 없다. 바로 숙제인 차운시를 통해 사강회 구성원들의 처지(處地)나 의식의 편차(偏差)를 읽어 볼 수 있다. 위백규는 양극단을 부정하고 '독경병행(讀耕並行)'의 진실한 기풍을 진작시키는 데 있었다. 이들 시 가운데 먼저 양극단의 두 유형을 대표할 만한 시를 보면 다음과 같다.

■ **假農夫(伯暉의 次子華韻)**
非求顯世讀詩書 세상 현달을 위하여 시서를 읽은 것은 아니요
豈爲豊家自把鋤 어찌 집을 넉넉하게 하려고 스스로 호미를 잡겠는가
但使心順無雜念 다만 심두에 잡된 사념 없애고자 함이니
兩忘身世似湖魚 身과 世를 다 잊음이 못의 고기와 같도다

강회결사의 최연장자인 백휘(1725~1798)는 백규보다 2세 연상이다. 반계 공(磻

---

77) 社講會文書册에 부록 형태로 첨부되어 있음.

78) 「和社中約講會詩軸韻」 講會月課의 시축에 주변의 선비들이 和韻한 시로 위씨일문의 독경병행을 예찬한 시로 양학연, 조명직, 염재범, 이여, 신창록, 김경옥, 조광호 등의 8편 12수가 있다.

溪公) 후손인 영성(靈城)의 막내아들로 사강회에 참여하는 행위에 대해 현달이나 생계상의 이유가 아니고 마음속의 잡념을 떨쳐 버리기 위한 것이라고 강변하고 있다. 이는 농경을 긍지로 여기지 못하는 서생적(書生的) 의식의 발로라 볼 수 있다. 자신을 가농부(假農夫)라 하는 것은 스스로 강호한민(江湖閑民)으로서의 여유나 자부를 표방하고 있는 것이다.

■ 汝欽의 次族兄韻

天公使我不成書 하느님은 나로 하여금 글을 이루지 못하게 하셨고
吾儂使我學耕鋤 나는 나 자신을 밭 갈고 김매는 자로 만들었네
天乎我乎吾不知 하늘이 어떻고 내가 어떻고는 난 모르지만
知不知間湖有魚 알거나 모르거나 간에 못엔 고기가 있겠지

奚疑齋 伯勛(1738~1815)의 시는 투박하다. 자신의 처지는 '書'와는 인연이 없고 오직 밭 갈고 김매는 일만이 자신의 운명이라 인식하고 있다. 그러니 '관어지락(觀魚之樂)'을 위시하여 모든 관념적인 추구는 내 알 바 아니라 했다. 그는 자연 그대로 못엔 고기가 있을 것이고, 하늘은 하늘, 나는 나일 뿐인데, 天理며 人道를 따질 필요가 있겠느냐는 투다. 한 벌이 도롱이에 의지하여 밭 갈고 김매는 자일 따름인 자신들인데 구태여 하늘이 빼어 버린 선비의 도리나 직분을 억지로 찾을 이유가 없다는 의지의 표현인 것이다.

■ 觀魚之樂(伯珪의 自作詩)

幾人爲履幾人書 몇 사람은 신을 삼고 몇 사람은 책을 보고
團坐桑陰罷午鋤 뽕나무 그늘 아래 한나절 김매기를 마치고 둘러앉았네
堪笑野人多事事 야인들은 일도 많다 비웃어 대지만
夕陽歸路又觀魚 석양에 돌아오는 길엔 고기 볼 여유도 있다네

壟上歸人意氣多 밭두둑에서 돌아가는 발걸음 의기도 많으니
澹煙斜日半肩菱 옅은 안개 지는 볕에 도롱이를 어깨에 걸쳤네
悠然獨嘯臨風久 물끄러미 홀로 휘파람 불며 바람을 쏘이나니
兒道山前有客過 아도산 앞으로 길손이 지나가는구나

밭두둑에서 강회(講會)에 운(韻)을 내걸고 선창(先唱)한 시다. 「농규」의 '오게(午

憩’에 대한 지침과 여절부합(如節符合)한다. ‘農’과 ‘講’이 만나는 시공으로서의 한여름 대낮의 밭두둑 그늘이 이 시의 공간적 배경이다. 그 무더위에 쉴 참조차도 “게을리 잠을 자서는 안 된다”고 규정하고 있는 「농규」의 지침대로 이들은 신을 삼거나 책을 읽고 있다. 이런 모습을 보고 야인들은 “별꼴 다 보겠다”는 투로 사강회 회원들의 행태를 비웃고 있다. 이 시는 이런 비웃음에 대한 방어의 성격을 띠고 있다. 부지런히 일하고 부지런히 독서한 결과 그들은 觀魚之樂과 같은 도학적 흥취를 누릴 수 있다는 것이며, 일을 마치고 귀가하는 발걸음이 의기양양할 수 있다.

이것은 ‘讀’과 ‘耕’ 중 어느 한 가지가 결여되어도 누릴 수 없는 심적 자긍심의 체험이다. 이는 성리학적(性理學的) 도(道)를 모르는 야인들이 누릴 수 없는 흥취요, 땀 흘려 일하지 않는 서생은 맛볼 수 없는 보람임을 시의 화자는 강조하고 있다. 결국 화자는 ‘독경병진적(讀耕並進的) 삶’의 실천을 고취하기 위한 프로파간다의 성격을 띠고 있는 시라 할 수 있다. 예부터 농촌사회에 주경야독(晝耕夜讀)은 있었지만 하루 농사일을 하면서 독서(讀書)가 이루어진 경우는 존재의 사강회가 처음이자 마지막이 아닐까 여겨진다. 전반강회 시축(詩軸)의 대부분의 시들은 앞에서 든 두 유형의 작품 몇을 제외하고는 이러한 구호(口號)에 대한 복창(復唱)에 가깝다.

■ 和題社中約講會詩軸韻(他姓의 和詩)
有舌能耕架上書 혀가 있으니 능히 시렁 위의 책을 갈 수 있고
有田寧捨手中鋤 밭이 있으니 어찌 손에서 호미를 놓을 수 있는가
農歌講鼓聲相和 농가 소리 강고 소리 서로 어우러져 화합하니
中有飛鳶與躍魚 그 가운데 ‘연어비략’의 깊은 이치 깃들어 있네

冠山里社好人多 관산의 마을에는 호남자들 많으니
讀罷耕餘雨滿蓑 책 읽고 김매기에 도롱이 가득 비에 젖네
爲士爲農隨地樂 선비도 되고 농부도 되고 형편 따라 즐기니
幸生斯世不虛過 이 세상 귀한 인생, 헛되이 보내지 않는구나(양학연)

把耒人皆廢讀書 따비를 잡는 이는 다 책 읽기를 폐하고
學文世必撤耕鋤 글 배운다는 이는 반드시 밭 갈고 김매는 것 물리치네
兼治兩業君家法 이 둘을 겸하는 건 그대의 가법이니
庭訓由來感伯魚 뜰에 내린 훈계, 백어를 움직이네

纔罷農歌樂事多 농가 소리에 일을 마치면 즐거운 일 많으니

斜陽歸路何肩蓑 비긴 해 돌아오는 길 어깨에 도롱이 걸쳤네
夜來講學明心地 밤이면 강학을 하여 심지를 밝히니
當貴於空任鳥過 부귀는 공중에 나는 새에게 부쳐두네**(양학점)**

　이들 시들에서 드러나고 있듯 '독서'와 '농경', '업학(業學)'과 '업농(業農)'의 문제는 당시 향촌사족층(鄕村士族層)이 공통적으로 당면한 현실문제이다. 기수(修己)−치인(治人)의 길이 봉쇄된 사족층의 삶의 방향과 노선은 독서와 농경 둘 사이에서 결정되고 있는데 양학점의 시에 언급하고 있는 바와 같이 대부분의 경우는 글에 매달려 있거니와 농사에 전업하는 것이 일반적 추세였다. 그러나 양자 중 어느 것도 향촌사족층의 장노적(長老的) 입장에 있는 이 시의 작자로서는 바람직한 방향으로 생각될 수 없었다.

　독서의 폐기는 곧바로 그들의 행실과 의례 등 사족적 교양의 타락을 초래하게 되는 일이었고, 농경을 도외시하는 것은 역시 그들의 삶의 기초를 허물어 가는 일이었기 때문이다. 따라서 그들의 농경병행의 노선을 문중적으로 정착시켜 나가고 있는 이들 위씨 일문의 노선에 대하여 흔쾌히 찬사를 보내고 있다. 물론 의례적인 인사도 가미되기는 하지만, 그것은 인사만이 아닌 그들 내심으로부터의 동조이기도 하다. 이 시들이 공통적으로 의론성(議論性)을 띠고 있는 것은 이것이 남의 문제가 아닌 자신들이 당면한 문제였기 때문이랄 수 있다.

　그러나 이 둘을 병행한다는 것은 현실적으로 불가능에 가까운 일이다. 존재의 종제이자 사강회 중심멤버인 사락헌(四樂軒) 伯琛(1732∼1797)의 「사약발(社約跋)」을 보자. "오호라 世道의 어르러짐이 오래도다. 자고로 몇몇 성현들이 救하고자 해도 하지 못했는데 하물며 주례(周禮)가 망한 지 3천 년 뒤에 난 자는 어쨌겠는가. 그러나 실로 망연무식(茫然無識)한 자가 아닌 다음에야 누가 한밤중에 크게 탄식하며 고인을 생각지 않겠는가. 이것이 근고에 향약(鄕約)이 설치된 바라. 그러나 상산(恒産)이 없는 항심(恒心)을 지닌다는 것은 보통사람으로서는 하기 어려운 바다. 업농(業農)하지 않고는 항산을 할 수가 없고, 독서하지 않고는 항심을 지닐 수가 없는데 이 둘을 함께 하기는 더욱 어렵다. 족형 子華氏는 이 둘을 극진히 하고자 하니 어찌 오활하다 하지 않으랴. 또 뜻을 같이하는 이들과 더불어 마을

사람들의 습속을 모두 친히 돌아보고자 하니 실로 오활하도다. 그러나 이미 창수(倡首)하는 자가 있거니 내 어찌 '저는 어떤 사람이라' 하겠는가. 그 말을 적어 두고 동약자(同約者)와 더불어 힘써 나가기로 한다(崇禎 150년 청명일 四樂軒 魏伯珌)"고 했다. 이 말은 현실과 노선 사이, 구성원들과 존재 사이의 괴리와 마찰로 보인다.

사락헌의 '양거성난의(兩擧誠難矣)' 표현은 독서와 농경을 병행하기 어려움을 실토한다. 특히 밭에까지 서책과 필묵을 지고 다니며 이 둘을 강박적으로 결합시키려 드는 것은 참으로 지난했을 것이다. 이러한 비현실성 때문에 사상회는 몇 년이 안 되어 그만둘 수밖에 없었던 것으로 보인다. 존재 선생 46세(1772) 때의 후서(後序), 52세(1778) 때의 발(跋) 등이 추가된 것은 조정과 재정비작업의 일환으로 짐작된다. 그러므로 사강회 구성원들의 의식과 존재와의 교호작용을 거치면서 변모하다 공의 50대 중반 이후 상부적(相扶的) 조직인 무기계(無忮契)로 전환되고 만다.[79]

「농가구장」은 이러한 사강회 운동의 조정 및 변모의 과정 속에서 위백규 자신의 궁경체험(躬耕體驗)을 바탕으로 하여 이루어진 작품이다. 따라서 「농가구장」은 1차적으로 위백규 자신의 체험적 실감에서 우러나온 것이지만, 사강회의 구심적 위치에 있었던 그가 그 구성원들을 견인하고 추동해 나갔던 방식이나 노선도 아울러 반영되어 있다. 또 그 자신이 구성원의 의식과 정서와 생활어(生活語)의 평균치에 접근하고 동화된 측면도 가미돼 있다. 이것이 시조사적 변이에 가까울 정도로 새로워진 「농가구장」의 현상적 특질이 산출되어 나온 배경여건이라 할 수 있다.

(4) 「농가구장」과 내면치유과정

장흥지역의 혹심한 자연재해는 사강회운동의 해체 요인으로 작용한다. 그렇지 않아도 안팎의 질시(嫉視)나 비협조 때문에 고전을 면치 못하던 처지에서 재해까지 겹치면서 존재는 스스로의 수양이나 지도력에 대한 회의(懷疑)마저 깊어진다. 이로 말미암아 그는 한때 극심한 정신적 위기를 맞게 된다. 비록 독경병행적 삶을

---

79) 사강회는 위백규의 퇴역과 함께 자연스럽게 해체되어 간 것으로 보인다. 독경병진 실천운동은 '독서인'으로서의 신분직역이 끝나가는 18세기 후반 변방의 향촌사족층이 당면한 '직역변동'의 단계를 잘 반영하고 있는 것이라 할 수 있을 것이다.

추동했지만 사락헌의 지적처럼 '항산이 없는 항심'의 결과가 곧 사강회의 간판을 내린 원인으로 작용한 듯하다. 이 고립무원(孤立無援)의 우울(憂鬱)을 극복하는 과정에서 나온 것이 「然語」요 「梅君酬唱」이다. 이들은 자가 상담적(相談的) 내면치유의 과정이기도 했다.

■ **然語**
자화: '복선위음(福善爲淫)'의 설은 믿기가 어렵지 않은가?
매군: 내가 믿을 수 있는 건 나에 관한 것일 따름, 남에 달린 것이야 내가 어쩌겠는가?
자화: 하늘은 과연 어떠한가?
매군: 봄바람 불면 나는 싹을 틔우고, 양기(陽氣) 돌아오면 나는 꽃을 피운다. 사람들은 이를 일컬어 하늘이라 하지 않는가!
자화: 그렇군.

■ **神會**(「연어」의 한 편)
자화: 올해는 장마가 지긋지긋하구려.
매군: 나는 장마로 인하여 내 몸에 이끼를 기른다네.
자화: (웃다)[80]

「然語」의 한 편인 '神會'의 한 대목이다. 쌀막한 대화로 구성되어 있다. 이 대목에서는 子華(존재)가 주로 불신과 회의를 표명하고 있는 데 비해 매군은 달관(達觀)이나 무실(務實)을 말하고 있다. 간화선(看話禪)의 한 대목과 같은 문답이다. 이 대목에서 자화가 매군에게 묵언으로 동의를 표하거나 '그렇다'로 맞장구를 치고 혹은 빙그레 웃어 수용하고 있다. 그러나 전편(全篇)이 반드시 이런 구조를 취하고 있는 것은 아니다. 때로는 장광설이 나오는 대목도 있고, 매군이 '그렇다', '그래' 등으로 맞장구를 치기도 한다.

이 「연어」는 성찰을 바탕으로 한 토론의 문학이요 울울한 내면을 풀어내는 자가상담의 문학이다. 「연어」란 표제가 '그렇다(然)', '그래(兪)'에서 나온 것으로 보인다. 「연어」와 함께 『존재전서』 하책에 수록되어 있는 「매군수창」 23편은 이러한 「연어」의 지취(志趣)를 시적 형상으로 집약하고 있다는 점에서 한 수 한 수 면

---

80) 年譜 43세(1769)와 49세(1775)조에 梅悟가 고질병이 되고 氣가 逆上하며 정신이 날로 耗喪하는 지경에 이르는 양상을 기록하고 있다. 48세(1774)조에는 매화를 상대로 「然語」를 써댄 사실과 그 志趣가 있고, 49세조에 梅君酬唱詩 여러 편(16편)이 있다. 『존재전서』 하 p.360, 神會 '子華曰 福善禍淫之說 不可諶歟~子華笑'.

밀히 검토해 볼 필요가 있으나 7언장편이라 생략한다.[81] 50세(1776)에 지은 7언절구「春日吟」5수에는 전원 속에 자적하는 정취가 담겨 있다.[82] 잠시 생활 걱정이나 우울에서 벗어나 자연이나 환경과의 친화를 노래하고 있다.

■ 龍潭歸後
柳綠花明水滿沼 버들 푸르고 꽃이 화안한데 연못엔 물이 가득
小園晴暖靜無風 작은 정원 밝고 따스한데 바람 한 점 없네
衣塵快拂歸來好 세속 티끌 홀홀 털고 돌아옴도 좋은데
頓覺春光在此中 문득 깨닫나니 봄빛은 바로 여기에 있었네

세주(細註)에 밝혀진 전라북도 용담(龍潭)에서 돌아온 후에 지은 것으로 보아, 귀소(歸巢)의 안도감으로 인하여 늘 보던 주변 경관이 더욱 유정하게 보였던 것 같다. '의진쾌불(衣塵快拂)'을 밝힌 것으로 보아 48~49세에 겪었던 사강회로 인한 심한 우울을 털어내기 위한 기행(紀行)이 아니었을까 생각된다. 연보의 49세조에는 앞에서 소개한 우울증 기사와 함께 선생 스스로 가족들에게 간곡히 이해를 구하는 하소연이 수록되어 있다.[83] 이로 미루어 궁경독서기의 후반에는 치료(治療)를 위한 노력들이 있었던 것으로 보인다.

7언절구는 이 작품 맨 끝에 놓여 있는 것으로 보아 50세 이후에는 7언절구 제작은 드물었던 것으로 보인다. 7언절구에는 이 작품으로부터 거슬러 올라가 45세에 지은「苦旱」까지의 사이에 20편 정도가 배열되어 있는데, 지인들을 찾아 그들의 거처를 강호가도적(江湖歌道的)으로 읊고 있는 작품들이 몇 편 있다. 아마 사강회로 인한 마음의 상처를 달래려는 여행이라 할 수 있다. 「차박우모재운(次朴友茅齋韻)」3수, 「차의의재운(次猗猗齋韻)」1수, 「납상정 12경(納爽亭十二景)」12수 등이 그것이다. 이것들 또한 우울로부터 벗어나기 위한 한 과정인 것으로 보인다.

---

81) 年譜에는「梅君酬唱」으로,『존재전서』하, p.384에는「唱酬 與梅君」으로 되어 있다.

82) 『存齋全書』상, p.20,「춘일음」5수 丙申(1776) 龍潭歸後.

83) "~又添一梅 精神日覺耗喪 常曰 若非父子兄弟 相爲知音 吾之性命亦殆矣".

4) 강학 저술기(55~71세)

이 기간은 어머니(吳氏, 1702~1781)의 상을 당한 1781년(55세)에서 正祖의 특명에 의하여 옥과(玉果)현감을 제수받는 1797년(71세)까지의 기간이다. 앞서 살핀 궁경 독서기가 스스로 생계문제를 책임지고 생활세계 속에서의 부대낌을 직접 감당하지 않으면 안 되었던 기간임에 비해 이 시기는 이러한 생존이나 생활의 일선에서 물러나 다시 자신의 본직이었던 독서인으로 돌아간 때였다고 볼 수 있다. 물론 생활세계에서 아주 자유롭지 않아 때로는 감농자의 역할과 영농의례의 주재자가 되면서 생활세계의 현실에 같이 부대끼지 않을 수 없었을 것이다.

그러나 대체적으로는 궁경 독서기에 비해 정신적 안정과 삶의 여유를 누릴 수 있었던 기간으로 보인다. 장흥(長興) 일대에서 유력한 장로(長老)로서 지방의 유력한 인사들과 꽤 폭넓은 교우관계를 가지면서 그런 대로 여론을 주도할 수 있었고 지방관들로부터의 예우도 받을 수 있었던 것으로 보인다. 지역의 장로로서 지위를 확고히 할 수 있었던 요인은 문중지도자로서의 영향력, 노론산림 윤봉구의 문하생, 장흥부사(1776~1778) 운오재(雲烏齋) 황간(黃幹)의 지우(知遇)를 큰 요인으로 들 수 있을 것이다.[84)]

생계 주체에서 물러앉은 것에 비례해서 노인으로서의 소외(疎外)와 불만도 없지 않았을 터다. 존재가 55세일 때 아버지 영이재 공(詠而齋公)은 78세에 이르고, 큰아들 도립(道立)은 34세였다. 소년시절의 꿈과 기대를 저버림에 대한 회오(悔悟)로 점점 술에 의지하게 되는 자신에 대한 환멸 등이 복합적으로 얽혀 노년기 문학의 중층성(中層性)을 이루고 있다. 먼저 60세(1786)에 지은 「속수미음(續首尾吟)」을 보자. 수미음이란 같은 구(句)를 머리와 끝에 쓰는 잡체시(雜體詩)의 하나인데, 이

84) 黃幹과 관련해서 『存齋全書』에 「次黃侯韻」 1수(p.19)와 「敬次黃使君韻」 3수가 실려 있고, 『存齋集』에 「黃長興書」 2편이 실려 있다. 『존재전서』의 시들은 황간의 臨在를 '봄기운의 회복'에 비하고 있어 그가 황간에게 걸고 있는 기대를 엿보게 한다. 『존재집』의 편지는 황간의 초청과 자문에 대한 답신의 성격을 띠고 있어 관계가 맺어진 전말과 그 발전과정을 알려 주고 있다. 이들 외에 부친 『詠而齋集』 5권의 부록에 실린 황간의 시 「詠而齋敬次屏溪先生韻」, 「魏公顏巷磻溪兩世遺書帖跋」 등이 있다. 특히 후자는 '崇禎三戊戌下澣 雲烏齋黃書'라는 기록이 첨부되어 있어 황간과 존재 사이의 관계가 무술년(1778) 52세까지 지속되어 온 내력을 엿볼 수 있다. 존재가 黃幹을 대신하여 지었다는 「封事」는 「黃長興書」 두 번째 서신과 관련되어 있는 것으로 보이지만, 그 정확한 연대나 전말은 알 수 없다. 존재는 65세(1791) 때엔 會寧鎭 萬戶 趙忠培의 주선으로 金塘島를 주유하기도 하고, 66세(1792) 때엔 府使 元永周의 부탁을 받고 태풍피해를 입은 백성들을 구휼하기 위한 分賑方略을 지어 주기도 한다.

작품은 각 수가 7언8구로 이루어져 있는 단편 시들이 75개로 한 편을 이루고 있다. 원래는 130수였는데 태반이 산일(散逸)되었다고 한다.

연보 60세조에는 '尤齋(宋時烈)의 「首尾吟」을 보고 차운하여 지은 것'이라고 기록되어 있다. 송시열의 작품은 134수로 이루어져 있으며, 「차강절수미음운(次康節首尾吟韻」이라고 표제와 같이 북송의 도학처사 소옹(邵雍)의 「수미음」 134수를 차운한 것이다.[85] 소옹(1011~1077)에서 송시열을 거쳐 위백규까지 이어 온 도학자(道學者)들의 「수미음」은 그 근본성격이 자신들의 시작(詩作) 행위를 일반 사객(詞客)들의 경우와 구별 짓고자 하는 변별의식(辨別意識)의 발로라고 할 수 있다. 그 속에는 자신들 삶의 관행 가운데 하나로 자리 잡은 시작 행위가 대체로 그들의 삶 속에서 어떤 의미를 지니고 있는 것인가에 대한 성찰이 담겨 있다.

이것은 자신의 시작 행위에 대한 '도학적 자아(自我)'의 자기 변호의 행위라고 할 수 있다. 그들은 한결같이 자기들의 시작 행위는 음풍영월적 유희가 아님을 주장하고, 자신들의 시는 자신들이 추구하는 도의이념의 발현임을 내세운다. 「속수미음」 75수의 대체적인 주지(主旨)는 이상의 전통에서 크게 벗어나 있지 않다. "내게 있어 시란 무엇인가? 어느 경우에 나는 시를 쓰며, 무엇을 바라고 시를 쓰는가? 시를 읊기를 즐기는 것이 아닌데도 계속 시를 짓고 읊조려 온 자신은 대체 누구인가?" 이런 문제의식이 이 시의 출발점이자 종착점이다. 이러한 성찰의 과정을 통하여 화자는 知天・知人・觀物의 순간, 그 깨달음을 확인 천명케 된다.[86] 몇 작품을 음미해 보기로 한다.

■ 續首尾吟
子華非是愛吟詩　자화가 시 읊기를 즐기는 것 아니요
詩是知天自喜時　시란 천명을 알아 스스로 기뻐함이라네
禍福元非神所制　화복이란 원래가 신이 짓는 바 아니요
聖賢惟識理當爲　성현은 오직 理當爲만을 아실 뿐이었나니

---

85) 邵雍의 『이천격양집(사부총간집부)』, pp.2~3의 序 및 pp.146~159, 송시열의 『송자대전』, 권시, pp.35~62 참조.

86) 같은 주제의 변주라고 볼 수 있는 이 시들은 그 공분모 못지않게 개별적인 편차를 드러내고 있다. 세부적 논의는 생략하고 핵심줄기만 본다면 소옹의 작품들은 賞自然的인 觀物을 통해서나 의리 포폄의 論史를 통해서나 대체적으로 낙천적인 道學的 興趣를 드러내고 있다. 송시열은 非道나 脫理念을 경계하면서 시와 시인은 마땅히 道와 理念에 복무해야 될 것임을 설파하는 贊道나 崇道의 세계라 할 수 있다. 존재의 작품들은 서두와 결말의 몇 편을 제외하고는 자신의 불우에 대한 푸념과 世道의 타락에 대한 慨嘆이 많이 섞여 있다.

吾心盡處人同助 내 마음 극진히 하는 곳에 남도 함께 돕고
物則具來道在斯 만물의 법칙 갖춰지매 도가 이에 머물러 있다네
未始求之方寸外 애초에 마음의 바깥에서 구하기를 시작지 말지니
子華非是愛吟詩 자화가 시 읊기를 즐기는 것 아니로다
子華非是愛吟詩 자화가 시 읊기를 즐기는 것 아니요
詩是子華觀物時 시란 자화가 관물할 때 우러나온다네
花葉繁華無直大 꽃과 잎사귀 번화해도 큰 가치는 없고
奇妖色臭總微低 기요한 빛깔과 향기 다 하잘 것 없네
礦須百鍊成眞寶 돌도 백번 단련에 응하여 참보배 되고
介到千年爲國龜 갑충(甲蟲)도 천 년 되면 영구(靈龜)가 된다네
治亂賢愚不外此 치란과 현우 이밖에 있지 않으니
子華非是愛吟詩 자화가 시 읊기를 즐기는 것은 아니로다

첫 수와 마지막 수인데 여기에는 이념에 대한 확신에서 말미암은 달관이 표명되어 있다. 진심수기(盡心修己)하면 마침내 도에 도달할 수 있고 또 그 도를 실현할 수 있으리라는 것, 그리고 외면적 화려함을 부러워하지 않고 끊임없이 연단해 나가면 수기와 치인이 이루어질 날이 오리라는 것이 그 주제라 할 수 있다. 지천(知天)과 관물(觀物)의 달관적 경지에서 우러나오는 것이 나의 시(詩)라는 천명이다. 그러나 이러한 신념의 표명과는 자신이 처한 삶의 조건과 구도행(求道行) 사이의 괴리에서 말미암은 '행로난(行路難)'에 대한 푸념이 드러난 작품도 있다.

■ 續首尾吟(連作)
子華非是愛吟詩 자화가 시 읊기를 즐기는 것 아니요
詩是子華自愍時 시는 자화가 스스로를 근심할 때 울어난다네
欲爲大人空白髮 대인이 되려다가 부질없는 백발이요
稟生偏氣負良知 타고난 편협한 기질 양지를 저버렸네
千年有友空書籍 천 년 벗 있다 하되 부질없는 책뿐이요
一世何之坐呆寢 한평생 어이하여 얼간이로 앉았는가
若見仲尼吾不悔 중니라도 본다면야 후회치는 않으련만
子華非是愛吟詩 자화가 시를 읊기를 즐기는 것은 아니로다

자신의 불우에 대한 푸념이자 스스로의 구도행(求道行)에 대한 회의적인 성찰(省察)에 가깝다. 달관(達觀)과 신념(信念)이 사라지고 회의와 푸념이 전경화(前景化)하고 있다. 이처럼 그의 속수미음 연작은 소옹이나 송시열이 그랬던 것처럼 재

도론적(載道論的) 입장을 견지하고 있음에도 불구하고, 성리학 이념에 대한 낙관적 신념의 표명보다는 흔들리는 신념을 다지고자 하는 자기 다짐의 언어에 가깝고, 보상(補償) 없는 구도행에 대한 쓸쓸한 푸념도 엿보인다.

다음으로 살펴볼 작품은 61세(1787)에 지은 「자회가(自悔歌)」이다. 회갑을 맞아 부모를 추모하여 지은 장편가사로서 288구로 이루어져 있다. 가사는 크게 6개 단락으로 나눠졌다. 제1단락(1~32)은 양육지은(養育之恩)을 읊고 있는데 주로 어머니의 사랑을 그리고 있다. 제2단락(33~86)은 비참한 노경을 읊고 있는데 특히 며느리방의 단란한 풍경과 대조시키고 있는 점이 특이하다. 제3단락(87~100)은 장사풍습을 묘사하고 있는데 아들의 형태를 풍자적으로 그린 점이 특이하다. 제4단락(101~166)은 자신의 노경체험을 통하여 부모의 서러운 삶을 회한 속에 떠올리고 있다. 제5단락(167~270)은 수신·치가·우애 등 효의 도리를 고압적으로 훈계한다. 제6단락(271~289)은 결말단락으로 참회와 서원의 말로 매듭지어져 있다.

「자회가」의 가장 주목할 특징은 그 언어적 자질(資質)에 있다. 앞서 「농가구장」을 통하여 생활세계의 일상구어(日常口語)가 현장적(現場的) 실감(實感)을 구성해 내는 데 크게 기여하고 있는 양상을 확인한 바 있거니와, 여기서도 이러한 일상구어들의 쓰임이 노경의 서러움을 묘파해 내는 데 있어 탁월한 형상력(形象力)을 발휘하고 있음을 확인할 수 있다. 그의 일상구어 능력은 가히 타의 추종을 불허할 만큼 탁월하다 아니 할 수 없다.[87] 대표적인 구절들을 살펴보자.

■ 自悔歌(代表口語)

1. (제43~60구)
집안의 두늘근이/ 큰집으로 알아보니/ 말겻치면 성을 내고/ 닐겻치면 탓슬하이/
님난옷 멱난밥을/ 딴식구로 아단말가/ 불샹할샤 져늘근이/ 눈어둡고 귀어두어/
남의 눈의 귀인업고/ 내몸쥬체 할길업다/ 닙고먹고 쓰을것을/ 내손으로 못하거니/
셜푼밥 시근구에/ 다산마슬 보올런가/ 무근소홈 널온배옷/ 발람서리 막을런가/
해염업산 손자들은/ 지축은 무삼닐고…

2. (제77~86구)
글례도 날이 새니/ 셰샹마암 다시 들어/ 오히려 셰사걱정/ 오히려 손자사랑/ 덜어

---

87) 김석회 교수는 존재의 문학에 관한 한 가장 밀도 있게 연구한 학자라고 할 수 있다.

울샤 그 졍이야/ 하나리 끈흘런가/ 산거시 우환되고/ 백년이 덧이업서/ 황래아침
독한 병에/ 목슘이 끈어지니…

3. (제101~128구)

져근덧 인간일이/ 차려로 늘거간니/ 내부모 젼번닐을/ 내몸이 당탄말가/ 에엿뿔
샤 우리부모 셔리도 지내샷다/ 입페것 몰나보이/ 눈어두어 엇디산고/ 헛식구 누
치밥의/ 배곱차 엇지산고/ 무근소옴 여룬의복/ 치워 엇지산고/ 눈우희 헌보션은/
반슬려 엇지산고/ 빨내셔답 손조할제/ 손압퍼 엇지할고/ 팔려안 살뼈모대/ 자리
박켜 엇지산고/ 니벼록 빈대긔모/ 갈랴워 엇지산고/ 풋짐치 셴쭐기을/ 못삼켜 엇
지산고/ 구즌밥 소금국의/ 못자셔 엇지산고/ 자다가 깨은후의/ 목몰라 엇지산고/
코춤이 졀로흘너/ 지쳐구져 엇지산고…

어휘들이 신통할 정도로 일상구어의 구기(口氣)가 담긴 순수한 고유어들이다.
그것도 점잖은 말들이라기보다는 육담(肉談)에 가까운 일상구어들이다. 이러한
육담성 일상구어들을 동원하여도 이토록 절묘한 대구(對句)를 짜낸다는 것은 지
은이가 문장 수련 면에서나 일상구어에 대한 감각 면에서나 고도(高度)의 세련(洗
練)된 경지에 있는 사람임을 드러내 준다. 이것은 평생을 저술에 종사하며 문장을
가다듬어 오면서도, 생활세계의 구체적인 현장 속에 밀착되어 살았던 선생의 언
어감각(言語感覺)의 결정(結晶)이라고 할 수 있다.[88]

이렇게 '자회'를 공언해 두고도 어느덧 후세들에 대한 책망과 교훈으로 전이되
어 버린다. 이러한 파탄(破綻)에 가까운 구조적 괴리(乖離)가 무엇을 의미하는가를
읽어내는 것이 중요하다. 그것은 바로 빈곤(貧困)의 굴레 속에 놓인 향촌사족층
가정 내부에서 성리학적 이념에 따른 윤리도덕의 실천이 얼마나 어려운 일인가를
드러내 준다 할 수 있다. 이후 그의 의식은 이러한 '빈곤의 굴레', '빈곤의 현실'
속에서 고통하고 있는 생계 주체들에 대한 연민(憐閔)의 자리에까지 나가게 된다.
이러한 존재 선생의 연민이 드러나 있는 작품을 하나 보자.[89]

■ 疊韻送羲瑞單道別懷(제2수)
四千歲去一番春 사천 년 지나 한 번 오는 봄인데

---

88) 『서민가사연구』(김문기, 형성출판사, 1983), 자료편, pp.216~219, 「노인가」(김석회 「존재 위백규 문학의 스펙트럼」각주 48).
89) 『存齋全書』 상, p.22, 「疊韻送羲瑞單道別懷」. 이 작품은 『존재집』 1권 22면에도 실려 있는데 양 본 사이에 글자의 차착이
   한두 곳 보인다. 對校를 통해 합당한 것을 취했다.

目下荒年未必嗔 눈앞의 거친 해는 성낼 것 없네
小麥團蒸兒意氣 밀을 거둬 말린 것은 아들놈의 의기요
弊衫牽補婦經綸 해진 적삼 기운 것은 며느리 경륜이네
奴尋隱沽愆朝課 종놈은 몰래 팔 것을 찾노라 朝課를 탓하고
婢撤殘籬備夕薪 종년은 남은 울타리를 뜯어 저녁 땔감을 마련하네
惟有老翁無事事 오직 늙은이만 할 일이 없어서
坐看羲易岸烏巾 지질러 앉아 주역보기 오건이 젖혔네

■ 疊韻送羲瑞單道別懷(제3수)
稱爲梅霖古或然 봄장마라 이르나니 옛적에도 혹 있었네만
鰄盆浹旬祗今年 열흘간을 동이를 엎어 붓듯 함은 올해뿐이네
農民愁死其如藏 농민들 시름에 죽다시피 하는 거야 해마다의 일이나
大陸橫侵莫問天 땅덩이가 통째로 잠겼어도 하늘에 물을 길 없네
賢聖有言吾自慰 성현의 말씀 있으매 나는 어찌 지내련만
爨炊無計婦堪憐 부엌거리 없거니 며느리가 가엽네
化翁戲劇應未己 조화옹의 장난은 아직도 끝나지 않았거니
且喚家僮看防川 또 일꾼을 불러 방천을 보게 하네

만년교(晩年交)를 맺고「환영지(寰瀛誌)」의 개사(改寫)에도 동역(同役)했던 河義瑞(聖圖)를 보내며 쓴 증시(贈詩)이다. 흔히 율시(律詩, 四韻)의 묘미는 그 절묘한 대구(對句)에서 오는 것으로 말하고 있는데, 이 시의 대구구성(對句構成)은 아주 절묘한 데가 있다. 특히 밀을 거둬들인 아들의 행위를 '意氣'로, 옷을 기운 며느리의 행위를 '經綸'으로 짝을 맞춘 것이 절묘하다(전자의 聯). 공자왈맹자왈로 지내는 자신과 조석거리를 걱정하는 며느리를 대비시킨 것 또한 기발하다(후자의 頸聯).

그런데 이러한 대비 장치는 생산 활동에 종사하는 생산 주체들을 높이고 뒷방 늙은이에 불과한 자신을 낮추는 구도라 할 수 있다. 노비의 잘못된 버릇까지도 궁핍의 소치, 생활 타개의 방도로서 너그러이 눈감아 넘기고, 숭고한 일이었던 자신의 궁경독서(窮經讀書)는 일없는 늙은이의 소일거리처럼 묘사하고 있다. "성현의 말씀 있으매 나는 어찌 지내련만/ 부엌거리 없거니 며느리가 가엽네" 등의 표현에 이르러서는 근엄(謹嚴)한 선비로서의 엄숙(嚴肅)한 자세는 찾아볼 수가 없다.

황년(荒年)의 비상사태 속에 온갖 생활의 염려와 생존을 위한 노동행위에 시달리고 부대끼는 생계 주체들에 대한 연민의 시선이 또렷이 드러나 있다. 다소의 희작적(戱作的) 기미와 더불어 황희(黃喜) 정승과도 같은 노년의 너그러움이 엿보인

다. 존재 선생은 자신들의 시대를 '삼대(三代)'로써 표상되는 이상시대로부터 멀어져 버린 시대요, 경세(經歲)가 다 지나고 소진기(消盡期)로 접어드는 '재세(災歲)'로 인식하는 「遺懷」와 생계문제의 해결에 무력한 채 살림의 짐이 되고 있는 노쇠한 자신을 돌아보며 짐을 덜기 위한 구체적인 도리를 강구하고 있는 「寫懷」 같은 시도 있다.[90]

■ 遺懷
自歎存誠無素功 존성에 쌓은 공력 없음을 자탄하노라
尋常難使此心空 심상하는 이 마음을 비우기가 어렵다오
三代過去人生晚 삼대는 이미 가 버렸으니 태어남이 늦는 게요
一元催消物態窮 일원도 소진에 가까웠나니 만물도 궁태로구려
登高放歌天地寬 높이 올라 소리쳐 노래하니 천지는 넓고
對酒開懷古今通 술을 들며 회포를 여니 고금이 통하는구려
禮樂詩書多少事 예악시서에 관한 이러저러한 일들로
蕭然江海白頭翁 쓸쓸히 강해에 늙어가는 할아비구료

■ 寫懷[91]
虛過六十一年春 예순 한 해 동안 헛되이 다 보내고
孤負聰明男子身 총명한 남자로 몸을 외로이 지고 있네
到老全知曾不孝 늙어가매 일찍이 불효한 것을 알겠고
看書每覺我非人 책 볼 때마다 사람 노릇 못 한 것을 깨닫네
事爲半是名場誤 일은 반나마 과거장의 이름으로 그르쳤고
朋友空憑戱語親 벗은 헛되이 말놀음으로 친했다 뿐이네
仍復醉迷其奈爾 이에 다시 술이나 취해 다녀 어쩌겠는가
從今節飮養天眞 이제부터 덜 마시고 천진을 기르리

빈핍한 가정에서 과거공부에 매달려 허송해 버린 자신의 삶에 대한 후회가 짙게 드러나 있고, 자신을 위하여 희생했던 가족들에 대한 책무감도 하나의 강박관념(强迫觀念)으로 드러나 있다. 4명의 동생들도 형인 자신을 위해 부거(赴擧)를 단념하기까지 했기 때문이다. 그리하여 그는 "자고 먹는 것이 민안(閔安)하여 보과(補

---

90) 존재 선생이 정신적 회복을 보이게 된 데는 河羲瑞와의 교우가 큰 역할을 했다. 『存齋全書』 p.27, 「贈河上舍韻」이란 작품에도 이런 정신적 교류를 통한 노년 삶의 調律이 엿보인다. 「증하상사운」은 모두 4수인데, 제1수는 「靑麥」, 제2수는 「自道」, 제3수는 「奉敍」, 제4수는 「遺懷」로 되어 있다. 제4수 「유회」에 특히 이 조율의 자취가 또렷한데 자신들의 불우를 사람의 탓으로 돌리기보다 우주적 순환의 탓으로 돌려 두고 좀 더 너그러이 대처하는 모습을 확인할 수 있다. 여기서 一元은 古曆法 단위 4617년을 지칭하는 것으로 一元은 經歲가 4560년이요 災歲는 57년이다.

91) 『存齋全書』 하, p.381.

過)의 도리로 술을 끊어 보려 한다"라는 결의에 이르게 되는데 이러한 결의조차 제대로 실천하지 못하는 자신을 부끄러워하며 이 시를 지었음을 밝히고 있다.[92]

마지막으로 65세(1791) 때의 금당도(金塘島) 선유(船遊) 체험과 관련한 시문이 있다. 5언장편인 「금당시」, 7언4운인 「금당선유운」, 5언절구인 「금당선유운」 4수, 기행문으로서의 「금당도선유기」가 있다. 금당도 선유는 장흥 회령진(會寧鎭) 만호(萬戶) 조충배(趙忠培, 당시 29세)의 주선으로 이루어졌다. 회령진이 보성군 회령(會寧)인지 아니면 장흥의 회진(會鎭)인지 정확지 않다. 임진왜란 때의 이순신 장군이 여기서 통제사로 취임하는 등 역할로 보면 회진이 맞을 것으로 보인다.

이렇게 동일한 소재를 놓고 5언장편, 7언4운, 5언절구 등 다양한 시체(詩體)가 동원된 예는 존재 문학에서는 달리 찾기가 어려운데 이는 선유가 시주(詩酒)를 동반한 작시기행의 성격을 띠었기 때문인 것으로 보인다. 또 다른 이유는 종조인 수우옹(守愚翁)의 「金塘別曲」 등에 영향을 받아 선유를 아주 특별한 계기로 받아들인 것도 한 요인이 되었을 것으로 보인다. 다만 금당도 선유는 존재의 학덕이 높아지고 정신적으로나 경제적으로 안정을 되찾으면서 장흥부사(黃幹)나 회령진장(趙忠培) 등 관장들과의 관계도 상당히 원만해졌음을 의미한다고 할 수 있을 것이다.

이 밖에 검토를 요하는 산문으로 55세(1781)에 지은 「사성록(思成錄)」 전편, 58세(1784)경에 지은 「사성록」 후편, 65세(1791)에 지은 「금당도선유기(金塘島船遊記)」가 있다. 「사성록」은 매우 특이한 저술로 부모에 관한 모든 정보를 망라하고 있다. 형이하적(形以下的)인 신체 각 부위의 길이에서부터 형이상적(形以上的)인 모든 요소까지 각각 28조목(어머니 관련, 전편), 33조목(아버지 관련, 후편)에 걸쳐 상술하고 있다.[93] 「금당도선유기」는 금당도 선유의 경위와 왕복과정을 세밀히 기록한 글로 금당도 관련 시편의 해석에 요긴한 참고자료이다.

이상의 강학저술기 20년 동안의 문학은 노년의 실상과 생활감정을 충실히 담

---

92) 『存齋全書』 하, p.381~382, "子華 性情識見 信有如禱山祝文矣 少時每恃明日 故頗有自慰矣 年旣周甲爺孃見背 季弟又沒 向所自慰者 終天莫追 仍以家眷數十 貧乏益甚 世道寥訛日甚 一日涵養無工 心力遽耗 但回念平生 不能子 不能夫 不能兄 不能父 甚矣 少時自期 豈如是哉! 靜言思之 淚下不禁 向所以告山神者 遂歸自欺欺神 愧悚憂悸 寢食閔安 補過之道 斷酒尤 緊 又有所不能斷之由 吟成一律 續綠於此 有愧於吾梅君也" 글의 마지막에 梅君이 나오고, 또 詩와 文 전체가 然語 직후에 '維歲次~告于天冠山之神~'으로 시작되는 祝文과 더불어 나란히 실려 있다는 점에서 「然語」는 48세(1774) 한 해 동안 이루어진 글이라기보다 周甲을 맞이할 시점까지 지속적으로 제작되어 附加 集積된 것으로 보인다.

93) 『詠而齋遺稿』 pp.384~435(前篇 수록), pp.436~517(後篇 수록).

아내고 있다. 이러한 특징을 좇아 필자는 이 시기문학을 '사회성(寫懷性) 생활시(生活詩)'로 명명한 바 있다. 수미음(首尾吟)의 전통을 변용하여 이루어진 「속수미음」에 끼어든 푸념성 토로(吐露)는 '서정의 옷을 입은 교술'이라 할 수 있는 「자회가」의 복합성, 하희서(河義瑞)에게 준 담담한 술회들 속에 보이는 노경의 내면풍경 등은 이러한 사회시(寫懷詩)로서의 특징이 두드러진다. 다만 여기서 아쉬운 것은 하희서와의 인연이나 그의 인적사항을 알 수 없다는 것이다.

5) 사환 와병기(71~72세)

마지막 제5기 사환(仕宦)과 와병기는 약 2년 동안이다. 존재가 출사하게 된 것은 67세 때인 1794년(甲寅) 남도해안을 휩쓴 해일피해 때문이다. 조정에서 위유사(慰諭使)로 서영보(徐榮輔)를 파견했다. 그가 장흥에 내려와 존재의 학덕을 알게 되어 "장흥의 진사 위백규는 병계의 고제이며, 관산의 일민(逸民)으로 문장이 우장(優長)하여 성경현전(聖經賢傳)에 넓게 통하고 젊었을 때 공부하여 진사에 합격했으며, 나이가 70세인데 그가 집에 있을 때나 향주에 출입할 때나 참으로 행의(行誼)가 있고, 가정생활이 조금 여유가 있어 종족을 잘 도왔다"는 계목(啓目)을 왕에게 올렸다.

왕은 위유사의 계목을 보고 1796년(丙辰) 「환영지(寰瀛誌)」 등 저술을 내각으로 올려 보내라는 전지를 내렸다. 저서 13권은 그해 1월 6일 내각으로 올려지고, 존재 공은 1월 25일 임금으로부터 繕工監副奉事(정9품)로 제수된다. 그는 병환으로 즉시 상경하지 못하다 3월 7일에 입궐 사은숙배하고 「萬言封事」를 올린다. 왕은 그에게 부봉사 등 벼슬을 제수했지만 나이를 이유로 거절하자 다시 "일읍을 줄테니 축적된 경륜을 시행해 보라"며 이조에 명하며 임지를 고르도록 명했다. 이 과정에서 동래 기장(機張), 태인(泰仁)을 거쳐 옥과(玉果)로 낙점하고 역마를 주어 부임토록 했다.

그런데 상소문이 문제가 됐다. 승지(承旨) 윤숙(尹塾)과 헌납(獻納) 한흥유(韓興裕)가 왕의 구어교(求語敎)에 "근래 하늘의 재앙은 관작의 남월에서 말미암은 것인바 요즘 남쪽 선비로서 백도지인(白徒之人)인 자를 써서 곧바로 민사(民社)의 직임에 제수한 것이 그 한 예입니다"고 비판했다. 이어 "위백규의 「만언봉사」에 시골구석에서 쓰는 말들을 마구 써서 임금의 귀를 더럽힌 것이 무엄한 처사"라고 꾸짖기도 했다. 뿐만 아니라 성균관의 유생들도 "위백규의 「만언봉사」가 자신들을 신랄하게 비판했다" 하여 요즘으로 보면 농성(籠城)이라 할 수 있는 권당(捲堂)을 벌인 것이다.[94]

존재는 3월 8일 노구를 이끌고 서울을 출발하여 옥과현감으로 도임했다. 도임 직후 향약(鄕約)을 설행과 권학(勸學)과 강무(講武)에 힘쓰는 한편 민력(民力)을 고갈(枯渴)하게 하는 각종 폐단을 시정하는 등 '손사(損私)익공(益公), 척기비민(瘠己肥民)'의 정신으로 평소에 품고 있던 목민(牧民)의 경륜을 실행에 옮겼다. 그리하여 거관수월(居官數月)에 읍민의 칭송을 받기에 이른다. 그러다 1796년 9월 현내 천광호(天光湖)에서 순상(巡相)하는 나주목사, 남원부사, 담양부사, 순창군수, 곡성군수, 창평현감, 임실현감, 능주현감 등 수령들과 선유회(船遊會)를 가졌다.

그는 이날의 선유회를 통해 관료들의 부패상을 다시 한 번 들추는 가사작품 「合江亭船遊歌」를 쓴 것이다. 이 작품은 그가 방백으로 취임해서 반년 만에 동료 방백들과 내키지 않았지만 함께 선유한 끝에 나온 작품이자 생의 마지막 작품이라는 데 의미가 있다. 그리고 관료들의 놀음은 언제나 백성들의 희생을 동반한 것이라는 속성을 가진 사회문제로 다룬 점이다. 종일토록 놀고도 그래도 부족해서 "병촉야유(秉燭夜遊)를 하단 말가" 하며 질타한다. 특히 "이 놀음 다시 하면 백성이 못살 것다"고 강조한 사실을 보면 목민관의 진면목을 보여 주고 있다고 볼 수 있다.

(1) 「합강정선유가(合江亭船遊歌)」

■ 船遊悲感

귀경가자/ 귀경가자/ 합강정(合江亭)/ 귀경가자/ 시유구월(時維九月)/ 염이일(念

---

94) 『存齋全書』 하, p.575, 부록 승소사실 중의 권당시말 기사. 「만언봉사」 문제 및 언어의 표현은 그 자신이 사직소에서 해명하고 있듯이 왕에게 올릴 생각을 하지 않고 자신의 푸념을 시속의 말로 직서한 것으로 보인다. 위의 책 상, 권3, 「만언봉사」, 77면 "場室舊染本無實學 奇廩旅遊 亦出赴炎 終歲不讀一卷書 終日不談一義理 羣居泄泄 徒費料食 今之所謂士者 反爲病國之痎瘕 珍俗之痰火"(위홍환, 「존재 위백규의 시문학연구」, pp.24~25).

二日)은/ 길일(吉日)인가/ 가절(佳節)인가/ 관풍찰속(觀風察俗)/ 우리 순상(巡相)/ 이늘의/ 선유(船遊)ㅎ닉/ 청추성절(淸秋盛節)/ 즐거우나/ 창오모운(蒼梧暮雲)/ 비감(悲感)ㅎ다/ 북궐분운(北闕紛紜)/ 몽외사(夢外事)라/ 남쥬민막(南州民瘼)/ 닉아든가/ 음쥬우산(飮酒遊山)/ 조흘시고/ 추사방극(秋事方極)/ 고렴(顧念)홀가/ 식강통도(塞江通道)/ ㅎ올적의/ 일월공역(一月貢役)/ 드다말가/ 착산통도(鑿山通道)/ ㅎ올적의/ 어민가식(漁民稼穡?)/ ㅎ단말가/ 호원(呼冤)ㅎ는/ 저 구신(鬼神)아/ 풍경(風景)의/ 타시로다/ 범갓탓/ 우리 슌상(巡相)/ 생심(生心)이나/ 원망(怨望)홀가/

■ **苛斂享樂**

밍민도탄(民民塗炭)/ 이러홀제/ 구듕공우(九重貢愚)/ 하(아) 올소야/ 쥬야(晝夜)의/ 주비ㅎ다/ 범범중유(泛泛中流)/ 나러갈졔/ 소림(?)의/ 빅을 타니/ 수샤(水上)의/ 승경(勝景)이오/ 을닌옥척(銀鱗玉尺)/ 쥬어닉어/ 쥬듕(舟中)의/ 화픵(膾烹)ㅎ니/ 인간의 남은 액운(厄運)/ 수국(水國)의/ 미는고나/ 오리(五里)밧/ 쥬막(酒幕)의/ 낭자(狼藉)흔/ 져 쥬육(酒肉)은/ 열읍관인(列邑官人)/ 격기로다/ 쥰민고택(浚民膏擇)/ 안이러가/ 다담상(茶啖床)의/ 수팔연(水波蓮)은/ 향곡우민(鄕谷愚民)/ 쵸견(初見)이라/ 그이(奇異)ㅎ고/ 빅금물가(百金物價)/ 드단마가/ 민원(民怨)이/ 철천(徹天)ㅎ고/ 풍악(風樂)이/ 동지(動地)로다/ 종일(終日) 놀임/ 부족(不足)ㅎ야/ 병촉야유(秉燭夜遊)/ ㅎ단말가/ 삼읍민정(三邑民情)/ 명송홰(明松火?)는/ ㅎ단말가/ 적벽강(赤壁江)/ 연화선[蓮花船(連絡船?)]의/ 쥬유(周瑜)의/ 질은 불가/ 방석부(?)/ 나려가져/ 십니장강(十里長江)/ 곳밧치다/ 월삼경(月三更)/ 져어가제/ 응학각(凝香閣)/ 도나드니/ 장졍거거(長程去去)/ 삼심이(三十里)/ 동민식거(動民植炬)/

■ **守令揶揄**

ㅎ는고나/ 긔치부월(旗幟斧鉞)/ 전배(前陪)ㅎ고/ 아젼장교(衙前將校)/ 휴배(侯陪)로다/ 아름다온/ 담양지생(潭陽妓生)/ 무삼봉명(奉命)/ 엿왇듸/ 병조마(兵曹馬)/ 빗기타고/ 의긔양양(意氣揚揚)/ ㅎ난고나/ 역지못한/ 함열현감(咸悅縣監)/ 공갈(恐喝)은/ 무삼일고/ 승명상사(承命上司)/ 슈령(守領)분네/ 누긔누긔/ 와계쩌고/ 남원부사

(南原府使)/ 순천(순창?)군수[順天(淳昌?) 군수]/ 질응치사(疾應致辭?支供差使?)/ 동
하고/ 담양부사(潭陽府使)/ 창평현감(昌平縣監)/ 자싱영거(妓生嶺擧)/ 근간(勤懇)ᄒ
다/ 연근치슌(年近七旬)/ 능쥬수(綾州守)난/ 빅니구치(百里驅馳)/ 잇쌀시고/ 즁폄(中
窆, 重貶?)한/ 나쥬목사(羅州牧使)/ 아쳠(阿諂)으로/ 와겨신가/ 명가후예(名家後裔)/
남원부사(南原府使)/ 추주승풍(趨走承風)/ 무삼닐고/ 닉지고풍(乃祖高風?)/ 싱각ᄒ
니/ 이소사림(貽笑士林?)/ 그지업다/ 님실현감(任實縣監)/ 곡성수(谷城守)난/ 언용
젓치(玩癰砥痔?)/ 사양(辭讓)홀가/ 연산부사(礪山府使)/ 전쥬판관(全州判官)/ 협건쳠
소(脅肩諂笑)/ 보긔슬타/ 이잔(哀殘)한/ 화순(和順) 옥과(玉果)/ 싱심(生心)이니/ 낙
후(落後)할가/

■ 冠蓋相望

청하이천(淸華離天?)/ 다오얏네/ 명일긔쥬(明月之珠? 明日去就?)/ 뭇도마소/ 왕닉
관기(往來冠蓋)/ 상망(相望)ᄒ니/ 도로분쥬(道路奔走)멧 쳔(千)닌고/ 수한(水旱)의/ 상
한 빅성(百姓)/ 방빅추순(方伯追巡? 方伯秋巡?)/ 바라기난/ 보가부족(保家扶族? 補
家不族?)/ 할가더니/ 제도거화(制度巨擎? 除道擧火?)/ 폐산(弊端)이다/ 수전재(水田
災?)도/ 못엇쩌던/ 면전저(棉田災?) 야/ 거론(擧論)할가/ 우리 성상(聖上)/ 익민심(愛
民心)은/ 한믓복(?)이/ 질염(軫念)커을/ 별계가/ 빅물전(?)의/ 빅지수세(白紙收稅)/ ᄒ
ᄂ고나/ 불상한/ 져 민전(民田)의/ 조분 질/ 널니거다/

■ 官人接待

각읍관인(各邑官人)/ 동역시(董役時)의/ 편박(便泊?졸차)/ 무삼 일고/ 허다(許多)한/
관인(官人) 젹기/ 딕소촌(大小村)의/ 분정(分定)ᄒ니/ 사방부근(四方附近)/ 십닉닉
(十里內)여/ 계건(鷄犬)이/ 멸족(滅族)커다/ 부자(富者)ᄂ/ 가(可)커니와/ 가연(可憐)
ᄒ다/ 빈자(貧者)로다/ 석양(夕陽)이/ 다 저가고/ 이장(里長)/ 쵹반(促飯) 홀제/ 한쥬
(寒廚)의/ 우난 소부(少婦)/ 발굴으며/ ᄒᄂ마리/ 방이풉/ 어드 양식(糧食)/ 한 되ᄂ/ 니
건마ᄂ/ 찬소(饌蔬)ᄂ/ 어이하며/ 긔명(器皿)은/ 누거 빌고/ 앞뒷집/ 보나보니/ 납일
차즁(納日差定?臘月借甑?)/ 여딕로다/ 촌계(村鷄)도/ 탕진(蕩盡)ᄒ고/ 호슈렴(戶收

斂)/ ᄒᆞ단말가/ 디호(大戶)의/ 양(兩)이 남고/ 소호(小戶)의/ 육칠전(六七錢)이라/ 이노름/ 다시 하면/ 이 빅셩(百姓)이/ 못살거다/

■ 泰平祈願

한 사람의/ 호사(豪奢)로서/ 몇빅셩(百姓)의/ 날니년고/ 낙토(樂土)의/ 틱평셩딕(太平聖代)/ 죠하여/ 안토안업(安土安業)/ ᄒᆞ옵써니/ 할기 업서/ 유리(流離)ᄒᆞ녀/ 가장 전지(家庄田地)/ 진믹(盡賣)ᄒᆞ야/ 어닉말로/ 갈년고/ 비나이다/ 비나이다/ 상제(上帝)님거/ 비나이다/ 우리 성상(聖上)/ 인이심(仁愛心)이/ 광명쵹(光明燭)이/ 도야끼야/ 빗최소서/ 빗최소서/ 이 원전(前)에/ 빗최소셔/ 전두풍셩(前頭風聲? 前途風聲?)/ 들니기로/ 치죄니향(治罪利鄕? 値罪吏鄕?)/ ᄒᆞ다커늘/ 간활(寬濶)인가/ 네겨써니/ 음식(飮食) ○○/ 쑨이로다/ 노비출고(路費出庫)/ 상덕(上德)이다/ 조할씨고/ 조할씨고/ 상평통보(常平通寶)/ 조할씨고/ 만이 주면/ 무사(無事)ᄒᆞ고/ 젹게 주면/ 싱경(生梗)ᄒᆞ닉/ 춘당딕(春塘臺)예/ 쳣덧 장막(帳幕)/ 오목딕(五馬臺?) 예/ 무삼일고/

■ 竭力輔民

참암(慘暗)한/ 형위(行爲? 棘圍?) 즁에/ 교도(敎導? 較藝?)ᄒᆞᄂᆞᆫ/ 저 쳥금(靑衿)아/ 오십삼쥬(五十三州)/ 실여향(實藝鄕? 詩藝鄕?)의/ 일인의사(一人意思? 一人義士?)/ 업다말가/ 식록(食祿) 조흔/ 우리 순상(巡相)/ 괄록(官祿) 조흔/ 우리 순상(巡相)/ 드르시면/ 병죠판서(兵曹判書)/ 나오면/ 팔도방빅(八道方伯)/ 공명(功名)도/ 자락(自樂)ᄒᆞ고/ 부구(富貴)도/ 그지업다/ 일단신졀(一端臣節?)/ 알거드면/ 갈역보빈(竭力輔民?)/ ᄒᆞ오리다/ 두어라/ 빅은망덕(背恩亡德)하면/ 앙급자손(殃及子孫)/ ᄒᆞ오리라

(2) 창작의 동기와 성격

「합강정선유가」는 생애의 마지막 작품이다. 그는 1795년 위유사 성영보(徐榮輔)의 천거로 이듬해인 1796년 3월 옥과현감으로 부임했다. 그는 감사(監司)와 목사(牧使) 등 벼슬아치들이 백성의 고혈을 빨고, 이런저런 명목으로 부역을 시키는 것을 목도했다. 그런데 상(相)이 옥과현 근처의 섬진강 지류인 합강정에서 선유를

하자 하니 마지못해 수행한 것이다. 순상(巡相)이란 감사나 목사가 민정을 순찰하는 것이다. 그 주인공이 감사인지 아니면 나주목사인지는 알 수 없다.

순상의 선유를 수행하는 것은 말단수령으로서는 어쩔 수 없는 의무이기도 하다. 막상 동석해 보니 그들이 하는 짓이 기가 차고 어이가 없었던 것이다. 백성의 삶은 도탄에 빠져 있는데 목민관의 중책을 맡고 있는 자들이 대낮에 술에 취해 관기(官妓)와 놀아나는 모습이 가관이었다. 존재는 당시 합강정에서 선유하는 순상의 추악한 모습을 가사로 정리한 것이다. 그가 선유가를 현감 재직 때 썼는지 아니면 사표를 내고 귀가한 후인 1797년에 작성한 것인지는 명확하지 않다.

당시 순상(巡相)의 선유(船遊)에 동참한 수령은 전주판관을 비롯해 담양, 순창, 능주, 창평, 곡성, 여산, 임실, 화순, 남원 등의 군수와 현감 그리고 나주목사 등으로 보인다. 이들의 놀음판에는 담양의 기생들이 동원됐다. 기생들은 순상 일행을 위해 배에 올라 거문고를 퉁기며 벼슬아치들의 기분을 맞춰야 했던 것이다. 선유는 종일 놀고도 부족해서 촛불을 켜 놓고 밤까지 이어졌던 모양이다. 얼마나 진하게 선유를 즐겼기에 하루도 부족해서 밤에까지 촛불까지 켜고 놀았을까.

더구나 순상 일행 등 관인들의 접대를 위해 크고 작은 마을별로 개와 닭도 상납도록 강요했다. 백성들이 상납하는 개와 닭은 뱃놀이를 하면서 기생들과 먹어야 할 음식이다. 원님만 행차해도 한 고을이 떠들썩한데 하물며 상부의 높은 벼슬아치가 지방을 순시하며 뱃놀이를 했다면 얼마나 요란스러웠겠는가. 그러니 마을마다 개와 닭이 멸족(滅族)될 지경이라는 표현이 동원됐던 모양이다. 직업관료가 아닌 존재로서는 목불인견의 추악한 모습으로 비쳤던 것이다.

그는 이런 관인들의 놀이가 몹시 마땅치 않았다. 목민관들이 민생을 위해 자신을 희생해도 시원찮은데 오히려 백성들의 고혈을 빨아먹고 있는 것이 몹시 부당했다. 분노가 머리끝까지 치밀었을 분위기가 작품 속에 절절히 묻어 있다. 이를 고발하는 작품이 곧 「합강정선유가」란 가사이다. 그러므로 「합강정선유가」는 「연년행」과 백성의 삶을 외면하는 관료들의 타성과 형태를 고발한다는 점에서 「임계탄」과 궤를 같이한 작품이라고 볼 수 있다. 두 작품은 여러 면에서 흡사하다.

그러나 지금까지 학자들의 연구에서 「합강정선유가」는 주목하지 않고 있다. 왜 그럴까. 작품성이 연시조 「연년행」이나 가사 자회가 등에 비해 떨어져서 그런가. 아니면 또 다른 이유가 있을까. 전문가가 아니어서 이렇다 저렇다 말할 입장은 아니다. 다만 이 작품은 존재가 고희를 넘어서 쓴 작품이라 상황에 비해 과격한 표현이 절제되어 있다. 그러기는 해도 타계하기 직전, 곧 생애를 마감하는 작품이란 의미에서 그 작품성은 크다고 하지 않을 수 없을 것이다.

「임계탄」과 존재의 연시조 「연년행」과 가사 「합강정선유가」 등 작품의 내용을 비교해 볼 필요가 있다. 왜냐하면 양 공의 문학작품에는 시간과 공간이 다를지라도 비슷한 시대 상황을 반영하고 있기 때문이다. 더구나 양 공의 작품을 비교하는 것은 전인미답인데다 방대한 작품을 전문가가 아닌 입장에서 상세하게 비교하기는 어렵다. 그러므로 여기서는 다시 「임계탄」과 「연년행」의 중요한 대목만 간추려 대조해 보기로 하자.

① 「임계탄(壬癸歎)」

■ 被害狀況

임자 계축 무전(無前) 흉년 개개(介介)히 이로이라/ 슬프다 고노인(古老人)아 이런 시절 보았느냐/ 무죄한 이 백성이 무유(無遺)히 다 죽거다/ 인상식(人相食) 이 말씀을 오늘날 해혹(解惑)하나/ 아무리 헤어 봐도 이런 시절 보기도 처음이라/ 위로 부모동생, 아래도 처자식이/ 일시에 죽게 되니 아니 망극한가/ 을해 병자흉년, 계사 갑오흉년/ 참혹하다 하려니와 이다지 자심할까/ 그 남은 허다 흉년 무수히 경역하다/ 천만고 이래로 이 시절이 처음이다/ 영악(獰惡)코 흉한 풍파 피해도 참혹하다/ 곳곳의 남은 전지(田地) 낱낱이 섯는 화곡(禾穀)/ 놀랍다 멸오충(滅吳蟲)이 사야(四野)의 이단 말가/ 엊그제 푸른 들이 백지순색(白地純色)되겠구나/ 백곡을 헤어 보니 만무일실(萬無一實)이로다/ 고지마다 차탄(嗟歎)이오 들마다 곡성이다/ 시절이 험난하야 사람들 다 죽일세/ 참혹한 염역(染疫)조차 천지의 그물되어/ 기한의 남은 백성 걸리는 이 다 죽일제/ 이리 죽고 저리 죽고 억조군민(億兆群民) 다 죽거다.

■ 官吏橫暴

진휼청(賑恤廳) 모든 쥐가 각창(各倉)의 구멍 뚫고/ 주야로 나들면서 섬섬이 까먹었네/ 본성이 서상(鼠狀)이라 마침내 어이 되어/ 창중(倉中)의 진곡미(賑穀米)를 다 주어 물어가서/ 인명(人命)이 철석(鐵石)인들 이러고 보전하랴/ 묻노라 관인(官人)들아 이때가 어느 때냐/ 이 시절 살펴보니 배배살년(倍倍殺年) 다시 만나/ 관고도 탕진하니 진정(賑政)인들 믿을런가/ 아무리 연흉(連凶)인들 상납(上納)을 끊일소냐/ 칠팔구(七八口)있는 호(戶)를 이삼구(二三口)로 초출(抄出)하고/ 우열 없는 저 기민(饑民)을 물리치니/ 슬프다 사람들아 하루도 못 살리라

② 「연년행」(年年行)」

■ 被害狀況

○어찌 멸구 벌레 독함을 이룰 수 있으랴/ 여릿하던 이삭 순, 초록빛 줄기 점점 붉게 죽어가네/ 이 벌레 재앙은 장마 가뭄보다 더 심하여/ 새는 날 멸구 잡다 쓰러짐을 어쩌랴/ 임·계년, 을·병년엔 사람이 사람을 먹기까지 했었네/ ○해마다 가물어 밤낮 봇도랑에 두레박질로 살이 터지고/ 해마다 장마비 김매고 둑 보수하느라 비옷이 썩어갔네/ 해마다 멸구/ 다섯 재앙 갖춰오니 백성은 어디로 가야 하나/ ○해마다 미친 바람/ 바다의 회오리바람/ 해마다 뿌리 갉아 먹는 벌레/ 마디 갉아 먹는 벌레/ 해마다 전염하는 돌림병/ 당나라 학질/ 해마다 벼 한 톨 없고, 보리 한 톨 없고/ 해마다 목화 솜 또 누에고치 없고

■ 官吏橫暴

○보리 환자 감독관들/ 제 때라도 만난 듯이 못논에 사람을 잡아두고/ 밥내라 성화라네/ 창고감독 기세 좋게 나랏 곡식 중하다고 공갈쳐대며/ 마을 일꾼 때려잡아 볼기짝이 다 터지네/ ○지난달 창고에 들일 때는 구슬 같은 흰 쌀인데/ 오늘 내어주는 것은 좁쌀 찌끼 돌 모래뿐이네/ 아전들의 구걸하는 구실은 수십 가지 명목이네/ 죄수 별감 구하는 것 또 따로 있네/ 두려운 건 다만 관원들의 쏘는 눈초리/

진실로 맨몸에 곤장만 면해주신다면/ ○또 세곡은 해마다 늘어나는데/ 세미는 해마다 찧고 또 찧어 정미(精米)로만 바치라네/ 잡세마저 해마다 구실과 항목 늘어난 가네/ 아전들의 눈초리는 해마다 표독해 가네/

「임계탄」과 연시조 「연년행」은 가사와 시조라는 구조만 다를 뿐 거의 흡사한 구조와 양식을 가졌다. 가사와 연시조는 재해의 참상이 매우 심각함을 밝힌 후 그 참혹상을 표현하고 이어 관리들의 탐학을 고발하고 있다. 더구나 존재 공은 「임계탄」에서 임자 계축년에 "사람이 사람 고기를 먹었다(人相食)"는 사실을 상기하고 있다. 그렇다면 존재가 「연년행」을 저작했을 당시 「임계탄」이라는 가사의 존재를 보았을까? 그것을 확인할 길은 없다. 그러나 우연의 일치치고는 불가사의할 정도로 「임계탄」과 존재의 「연년행」 시조는 닮은 곳이 많다.

(3) 「선유가(船遊歌)」와 「임계탄(壬癸歎)」의 유사성
「합강정선유가」는 「임계탄」과 대비되는 작품이란 점도 간과할 수 없다. 「임계탄」이 간암 공의 장년기 작품이라 하면 「합강정선유가」는 존재의 황혼기 작품이란 차이가 있다. 물론 작품의 소재는 크게 다르다. 「임계탄」은 가뭄과 흉년 그리고 전염병으로 인해 백성들이 떼죽음을 당한 참상과 관료들의 무능을 고발한다. 그러나 「합강정선유가」는 백성의 어려움을 풀어 줘야 할 관료들이 기생들과 밤낮을 가리지 않고 흥청망청 노는 작태를 고발한 작품이라는 차이만 있다.

따라서 이는 존재가 평생 동안 간암 공의 '고발정신'을 마음속에 간직하며 살았다는 증표로 여길 수 있는 것이다. 존재의 생애를 유심히 관찰해 보면 여러 부분에서 간암 공의 행적을 반추할 수 있다. 비록 시대와 환경이 달라서 전혀 판이하게 보일지라도 양 공의 생애는 닮은 데가 많다. 그러기에 타계하기 직전에도 사회와 국가의 '좀[蠹]'들인 순상(巡相)과 그 일행인 고을 수장들의 그릇된 놀이를 고발한 것이다. 작품이란 평소의 의지와 성향의 결과이기 때문이다.

우리는 세상을 살면서 허다한 불의(不義)를 목도(目睹)한다. 예나 지금이나 위정자(爲政者)들의 거짓말과 숱한 부정을 보고 듣는다. 울컥울컥 주먹을 쥐고 부수고 싶은 충동을 느끼나 그때가 넘어가면 그러려니 하며 체념하고 산다. 불의와 참상을 보고 그것을 기록으로 남기고 고발하기란 생각보다 훨씬 어려운 것이다. 그러나 간암 공과 존재는 그 어려운 작업을 후손에게 남기신 것이다. 아무리 주옥같은 작품을 남겨 줘도 그것을 갈고닦지 않으면 빛이 나지 않는 것이다.

그렇다. 수우 옹의 「금당별곡」, 「임계탄」, 존재의 「합강정선유가」 등의 가사작품이 그것이다. 흙 속의 '옥'은 보통사람들의 눈에는 돌멩이에 불과하다. 전문가가 보아야 비로소 보석으로 평가될 수 있다. 마찬가지로 희귀한 작품이라도 진가를 모르면 그냥 쓰레기처럼 보이기 마련이다. 그러기에 족보에도 작자가 바뀌고 아예 있었는지 없었는지도 모르고 지냈었다. 그게 현실이다. 송강의 「관동별곡」이나 「사미인곡」만 중요한 것이 아니고 세 분의 작품도 보배이다.

6) 작품에 대한 학계의 평가

존재는 천재적인 문학도였다. 그의 작품은 한시를 비롯해서 연시조는 물론 가사(歌辭)와 시나리오까지 다양하게 구사했다. 송강(松江) 정철(鄭澈)을 가사문학의 일인자로 여기나 그의 작품은 '연군(戀君)'을 주제로 한 목적의식을 가진 작품들이라 순수성을 잃고 있다. 따라서 순수한 작품성으로 본다면 존재의 작품을 더 높게 평가하는 학자들이 있다. 만일 그가 과거공부나 경세적 학문을 떠나 시조나 가사작품에만 몰두했다면 조선 제일의 작품을 남겼을 것이다.

김석회(金碩會) 교수가 정리한 작품연보를 보자. 7세에 「영성(詠星)」, 8세에 「영등화(詠燈火)」, 9세에 「상춘호(賞春昊)」, 30세에 「자고(茈芛)」, 「갈근(葛根)」, 「유근(楡根)」, 「황정(黃精)」, 41세에 「죄맥(罪麥)」, 「맥대(麥對)」, 「청맥행(青麥行)」, 45세에 「고한(苦旱)」, 46세에 「농가구장(農歌九章)」, 48세에 「연어(然語)」, 「사회(寫會)」, 「유회(遺懷)」, 49세에 「창수여매군(唱酬與梅君)」, 61세에 「자회가(自悔歌)」, 65세에 「금당도선유기(金塘島船遊記)」, 70세에 「합강정선유가(合江亭船遊歌)」 등 한시, 연시조, 가사 등 작품을 내놓았다.

그러나 간암 공의 문학사상에 대한 비교는 전혀 시도되지 않고 있다. 존재의 생애와 사상은 여러 학자들에 의해 연구되어 만족스럽지는 않지만 세상에 상당히 알려졌다. 그러나 간암 공에 대해서는 거의 완벽하게 지하에 숨겨져 있다. 문중의 족보마저도 이미 알려진 상소문마저도 게재되지 않았다. 그러니 「임계탄」이란 가사작품을 그의 작품으로 단정할 수 있겠는가. 그래서 학계는 '관산의 선비'쯤으로 놔둔 채 존재의 아버지 영이재의 작품으로 추정하고 있을 정도이다.

(1) 김석회 교수의 견해

존재의 「年年行」 연작은 그 연대 추정의 근거가 미심하다. 작품연보를 중심으로 살피는 이 자리에서 본격적인 논의는 유보해 두고자 한다. 다만 최근 들어 임형택 소장의 현실비판가사 '壬癸歎'을 발굴, 소개된 바가 있는데, "존재 선생의 「年年行」과 여러모로 상통"하는 바가 있어 본격적인 대비고찰이 기대된다. 이 가사는 장흥지방의 壬子(1732) 癸丑(1733) 무렵의 실상을 담고 있는데, 이해는 「年年行」에 나오는 "此蟲爲災甚水旱 壬癸乙丙人相食"이란 구절의 '壬癸'와 일치한다.

여기서의 '壬癸乙丙'이란 壬子(1732), 癸丑(1733), 乙卯(1735), 丙辰(1736)을 지칭하는데 선생의 나이 6~7세, 9~10세 되던 해이다. 이때에는 실제로 사람이 사람의 고기를 먹을 정도였는데 그 구체적인 참상은 「壬癸歎」 속에 너무나도 생생히 묘파(描破)되어 있다.[95] 「임계탄」의 한 대목을 보자. "연치(連値) 대살년(大殺年)의 갈수록 참혹하다/ 만고에 이런 시절 듣기도 처음이요/ 생래에 이런 시절 보기도 처음이라/ 슬프다 사해창생 자가의 죄악인가/ 위로 부모동생 아래로 처자식이/ 일시에 죽게 되니 이 아니 망극한가/ 참혹하다 하려니와 이다지도 자심한가(이하 생략)."

壬癸乙丙을 떠올리며 쓰인 「年年行」 또한 이러한 재앙의 정도에서 차이만 있을 뿐 여전히 해마다 되풀이되고 있음을 증언하고 있다. 「年年行」이란 제명 자체가 오고 오는 年年의 세월을 헤어날 길 없는 재앙의 굴레로 규정한 것이라 할 수 있다.[96] 45세(1771)에 지은 「苦旱」에도 이상(異常) 가뭄이 그려지고 있으며,[97] '觀

---

95) 이 作品을 분석한 이형대(고려대) 교수의 견해(「18세기 전반의 농민현실과 壬癸歎」, 『신발굴자료를 통해 본 가사문학의 재인식』, 2002년 민족문학사학회 공개학술발표회, 2002.12.12. 성균관대 600주년기념관).

96) 「壬癸歎」은 樂土 장흥의 과거를 회고적으로 서술하고 바로 이어서 壬子年(1732)의 재해와 癸丑年(이태진, 「小氷期(150~1750) 天變災異 연구와 朝鮮王朝實錄 – global history의 한 章」, 이형대, 앞의 논문, 1996년)

97) 『存齋全書』 상, p.17, 「苦旱」 辛卯(1771) "暘何意也雨何心 暘則旱兮雨則霖 應是天翁錯解事 兩間物盡太岑"

物說' 연작에도 천지의 피폐상이 묵시적인 분위기에 가깝게 묘파되고 있다.[98] 존재의 이런 작품들은 어쩌면 「임계탄」의 연장선상에 있을지도 모른다.

(2) 임형택 교수의 추정

「임계탄」을 처음 발굴한 사람은 성균대 대동문화연구원장 임형택(林熒澤) 교수이다. 그는 2002년 『通鑑節要』, 원제는 『少微家塾點校附音 通鑑節要』(권5~7)란 책의 이면지에 여러 잡다한 기록과 함께 적혀 있었다고 한다.[99] 문제의 『통감절요』는 무신자본(戊申字本)의 책으로 처음 주조된 연대가 1668년(현종 9)이니, 간행 연대는 17세기로 잡을 수 있다고 했다.

그는 책의 끝 면에 '전라남도(全羅南道) 광양군(光陽郡) 광양면(光陽面) 죽림리(竹林里)'라는 후인(後人)이 써 넣은 기록이 있어서 "이 자료가 전라남도 광양지방에서 읽혔던 것임을 알게 한다"며 가사는 모두 14면에 걸쳐 필사(筆寫)되어 있다고 밝히고 있다. 그러나 정작 궁금한 사항인 「임계탄」 가사를 누구 집에서 발굴했는지는 밝히지 않고 있다.

그리고 "가사의 작자는 자료상에 명기되어 있지 않고, 따로 증거할 기록도 아직 발견되지 않고 있어 확정지을 수 없다"고 했다. 「임계탄」은 2002년 11월 20일자 한겨레신문에 <영조 초기 현실비판 가사 첫 공개> 제하의 기사로 세상에 알려져 학계의 비상한 관심을 불러일으켰던 것이다. 그럼에도 불구하고 임 교수나 학계는 작가를 확정짓지 못하고 있다.

그는 이어 『민족문학사연구지』(2003년 제22호)에 그 해제를 게재하면서 「임계탄」을 다음과 같이 밝히고 있다. "현실비판기사로 임자(壬子)·계축(癸丑)년(영조 8~9, 1732~1733)에 연이어 흉년이 들어 대기근이 발생한 참상 및 관의 부패와 무능을 서술한 내용이다. 제목은 그 배경시대를 취해서 붙인 것인데 창작연대 또한 바로 그 무렵으로 잡히는 것이다. 현재 알려진 현실비판기사로서 시대가 가장 앞서는 것으로 작가의 비판의식은 매우 심각하면서 구체성을 얻고 있다. 이어서

---

98) 『存齋全書』 상, pp.180~183.

99) 『옛노래, 옛사람들의 내면 풍경』(임형택 저, p.45).

아직 밝혀지지 않은 저자(著者)에 대하여 임 교수는 자신의 견해를 아래와 같이 주(註)를 달아 당시 향촌의 지식인이라 할 영이재 공을 그 주인공으로 가정(假定)하고 있다." 다음은 임 교수가 영이재 공을 「임계탄」 저자로 짐작하는 근거이다.

> "'나라히(이) 나라 안여 백성이 나라히요/ 백성이 백성 안여 의식이 백성이리/ 백성 다 업스니 이 시절 어이 될고?' 이렇듯 애민우국의 정신이 절정에 다다른 상태에서 위기감과 함께 민(民) 주체의식이 상승하고 있다. 작자는 누구인지 알 수 없으나 향촌의 유교지식인일 터인데 진술로 미루어 관산(冠山)에 거주한 선비임이 확실하다."
>
> "작 중에서 지역적 배경을 '五十三州 湖南의 長興은 海邑이라/ 土出도 됴커니와 山海珍味 ㄱ줄시고/ 冠山 삼긴 후의 樂土아 有名 터니'라고 하여 작자가 장흥 고을의 관산에서 생활하고 있음을 짐작게 한 것이다. 그가 누구인가? 「壬癸歎」의 작가는 1730년대 관산의 인물 중에서 찾아낼 수 있다고 여겨진다. 관산은 남쪽의 바닷가지만 魏世稷(1655~1721)의 「金塘別曲」, 魏伯珪(1727~1798)의 「自悔歌」 등 작품이 산출된 곳으로 알려져 있다. 관산은 가사를 짓고 향유하던 말하자면 가사문학의 고장이었다. 필자는 이런 사실에 유의해서 조사를 해 보았으나 아직 밝혀내지 못하고 있다. 잠정적으로 위백규의 부친인 魏文德(1704~1784, 자 懿汝, 호 春谷・詠而齋, 進士)에게 그 가능성을 주어 보았다. 위문덕은 문집으로 『詠而齋遺稿』 7권 3책을 남겼던바, 여기서 「임계탄」에 관한 기록을 찾을 수 없었다. 그의 성격은 철저히 유교적이고 정의감이 강렬하게 느껴지는데 그런 한편 음악을 좋아해서 '(막내아들) 伯獻이 아가(雅歌)를 살해서 술을 사신 연후에나 날맘이면 왕왕 平羽調의 노래를 부르도록 하고 혹은 여러 자손들로 하여금 돌아가며 화답하거나 혹은 당신 스스로 화답하곤 하였다. (중략) 선비는 가곡을 일삼아 할 일은 아니로되 전혀 입도 방긋할 줄 모르면 마음의 답답함을 풀길이 없다'고 말씀하시었다(思成錄, 詠而齋集 권7, 장 17~18). 위문덕의 이런 면모는 「임계탄」 같은 가사를 지을 수 있겠다고 보게 한 것이다."

임형택 교수는 2005년 12월 15일 『가사문학을 통해본 옛 사람들의 내면풍경』이라는 제목으로 「임계탄」을 비롯해 호곡(壺谷) 남용익(南龍翼, 1623~1692)의 「장유가(壯遊歌)」, 이후연(李厚淵)의 「선서별곡(仙棲別曲)」, 신재효(申在孝)의 「기가(碁歌)」와 「방화타령(訪花打令)」, 작자 미상의 「경세가(警世歌)」・「전별가(餞別歌)」・「효열가(孝烈歌)」・「군가(軍歌)」・「학교가(學校歌)」・「열가집(烈歌集)」 등 새로 발굴된 가사문학작품을 묶어 책으로 발간했다(소명출판사). 그는 여기서도 「임계탄」의 저자를 미상으로 뒀다. 이후 작자에 대한 규명작업은 보이지 않는다.

(3) 이형대 교수의 견해

민족문학사연구회 회보인 『동지(同誌)』에 게재된 「18세기 전반의 농민현실과 임계탄」은 고려대 민족문화연구원의 이형대(李亨大) 교수께서 「임계탄」을 주해한 논문으로 우리 장흥 지역의 역사와 사회적 배경, 그리고 장흥가단과 관련될 수밖에 없는 가사문학을 연구한 소중한 자료로 평가받을 수 있을 것 같다. 이는 우리 장흥의 문학사 연구에 이정표가 될 것으로 기대된다고 했다. 김석회 교수가 장흥문화원 주최 제15회 향토문화연구 심포지엄(2003.6.12.) 『조선후기 향촌문화사와 존재 위백규』에서 밝힌 내용은 다음과 같다.[100]

"이 작품(「임계탄」)은 갑인자본(甲寅字本) 『통감(通鑑)』 한적(22*34.7cm)의 책장 이면에 필사한 잡다한 기록들 가운데 섞여 있는데, 책이 낡아서 상단 부분의 좌우 모서리 부분은 닳아 없어졌다. 따라서 결자(缺字)가 몇 부분 있으나 작품의 대강을 이해하는 데 큰 지장은 없다. 시행(詩行) 단위로 세었을 때 한 면에 보통 17~24행 정도로 촘촘하게 쓰여 있다. 작자명은 기록되어 있지 않다. 작품의 내용으로 미루어 보건대 작자는 장흥지역에 살았던 지식 계층으로 추정되며, 경제적 처지는 일반 민과 크게 다르지 않았다.

작품의 전개상 작자가 경험했음직한 자연재해 및 폐(弊) 등이 순차적으로 열거되다가 1733년의 상황까지 기술하고서는 "님 계신 구궁궁궐(九重宮闕)의 들어볼까 하노라"로 끝맺고 있는 것으로 보건대, 1733년 말쯤으로 생각된다[이형대, 「18세기 전반의 농민현실과 임계탄」, 『신발굴자료를 통해 본 가사문학의 재인식』(2002년 민족문학사학회 공개학술발표회, 2002.12.12. 성균관대 600주년기념관)]. 「임계탄」의 작자는 자신의 거주지가 관산임을 밝히고, 작품의 작성시기도 임자년 연말경이라고 했다. 그러니 이 교수가 1732년 말이라 보는 것은 착오이다.

「임계탄」은 낙토 장흥의 과거를 회고적으로 서술하고 이어서 임자년(1732)의 재해와 폐막, 계축년(1733)의 연이은 재해와 폐막을 비분강개한 어조로 자세히 서술하고, 최후에 임금에게 탄원하는 뜻을 밝혀 결사(結辭)를 삼고 있다(간암 공이 이듬해인 1734년에 영조에게 상소를 올렸다). 자연재해의 경우 「임계탄」이나 「연

---

100) 「존재 위백규 문학의 스펙트럼」(김석회, p.49 각주).

년행」모두 한재(旱災) 끝에 수해(水災)가 겹치고 또 그 위에 멸구 등의 충재(蟲災)가 겹쳐 마침내 유리걸식의 지경에까지 내몰리는 것으로 그려진다.

그러나 재앙은 이러한 자연재해에서 그치지를 않고 구휼정책에 농간을 부리는 오리배(汚吏輩)들의 인재(人災)와 맞물리면서 더욱 증폭되는 양상을 드러내고 있다. 그런데 이때의 기상이변은 '小氷期'라 하여 전 지구적인 것으로 보고되고 있기도 하다. 거대 운석의 지구 충돌로 인한 분진의 영향일 것으로 추정되기도 하는 당시의 천변재이(天變災異)는 지역에 따라 상상을 초월하는 피해를 입혔는데, 1732~1733년경의 장흥지역이 바로 그 전형적인 경우였던 것으로 보인다.[101]」

이상에서 존재의 「연년행」과 「임계탄」에 대한 학계의 인식은 대체로 '상통(相通)'함을 인정하고 있다. 곧 작품 속에는 가뭄이라는 천재지변과 관료들의 부패상을 고발하고 있다. 두 작품은 가뭄과 전염병과 병충해 등의 혹심한 재해로 말미암아 백성들이 굶어 죽는 참상을 내용으로 하는 점에서 공통점을 가지고 있는 것이다. 게다가 재해와 구휼(救恤)에 앞장서야 할 공직자들이 농간을 부리며 사복을 채우는 실상을 고발한 점 또한 '상통'의 한 단면이다.

(4) 이지윤의 견해

(중략)「임계탄」의 작자가 위세옥인지, 아닌지에 대한 뚜렷한 입장을 밝히지는 않았다. 그만큼 '내용적 유사성'을 가지고 동일 작가의 여부를 판단하기는 부족하다는 생각이 든다. 이상의 논의를 바탕으로 본고의 입장을 정리해 보면 다음과 같다.

첫째, 비교 텍스트가 정형화된 격식을 갖추는 장르의 경우라면, 내용은 얼마든지 달라질 수 있다. 본고에서 다룬 '상소문'과 같이 일정한 내용과 형식이 정해져 있는 경우에는, 4음보의 틀 안에서 자유롭게 노래할 수 있는 가사 장르와는 내용적 차이를 가져올 수 있다. 이는 두 텍스트가 창작되는 목적이 서로 다르다는 점을 통해서도 이해할 수 있었다.

둘째, 동일한 어휘나 유사한 내용이 더러 발견된다고 하더라도, 동일한 작가의 작품이라고 할 수 있는 절대적인 근거라고 할 수는 없다. (중략) '유민도'와 같이

---

101) 邵康節(1011~1077)은 매 一元의 운세가 다하면 낡은 세상이 사라지고 새로운 세상이 생겨난다고 했다. 조빙기(小氷期)는 곧 낡은 세상을 말한 것이 아닌가 생각된다.

당대에 특정한 상황을 대변하는 대표적인 소재들에 대한 지식들도 작품의 깊이 있는 이해를 위해 연구자가 주의 깊게 살펴봐야 할 부분이라고 생각된다.

「임계탄」의 작자가 위세옥이라면, 상소에서는 드러나지 않았지만 가사에서 언급되고 있는 부분, 이를테면 관리들의 무능함을 비판하고 있는 양상이라든지, 그가 가사 창작을 즐겼다든지, 당시에 기근의 참상을 노래하는 가사 작품이 유행하였다는 기록 역시 논의에 중요한 단서가 될 수 있다.

물론 수집한 자료로는 위세옥을 「임계탄」의 작가로 보기 힘든 것이 사실이다. 그러나 가능성이 적은 것일 뿐이지, 「임계탄」의 작가가 아니라고 볼 수는 없다. 당시에 장흥에서 거주했던 여러 인물들이 작가로 추정되는 후보들이라면, 위세옥은 그가 남긴 상소문으로 이미 가능성을 확보한 셈이다.

본고에서는 명확한 근거 제시를 통해 작자의 존재를 뚜렷이 밝힐 수 없었던 점은 아쉽지만, 앞으로 추가적인 자료의 확보를 통해 위세옥에 대한 작자 규명이 진전된다면 본고의 논의가 그러한 견해에 보다 힘을 실어 줄 수 있으리라 기대해 본다.

4 | 존재의 철학사상

존재의 우주관과 철학사상이라 할 수 있는 경학관(經學觀)은 그의 문학과 경세사상에 비해 아직도 크게 조명(照明)받지 못한 분야이다. 그의 경학관을 정확히 알지 못하고서 그의 사상을 제대로 파악한다는 것은 불가능하나 실정이 그렇다는 것이다. 그러므로 여기서 경학분야는 金亨連의 「존재 위백규의 경학사상연구」,[102] 성리학 분야는 안동교 교수(전남대 철학과)의 「存齋 魏伯珪의 思想」[103]이란 논문을 바탕으로 전개하고자 한다. 김형련의 논문은 「사서차의」 가운데 중용에 대한 주석이다. 안 교수의 논문은 존재의 저술 가운데 중용(中庸)을 인용하지 않고 △「격물설(格物說)」, △사단칠정변(四端七情辨), 『논어(論語)』, △원성(原性), △서신(上久庵先生), △시(性理韻)를 바탕으로 삼은 한계가 있어 보인다. 이를 보완하는 차원에서 金亨連의 논문 가운데 관련 대목을 인용, 보강한다(編者 註).

존재는 18세기를 살면서 당시 사회의 모순과 부조리를 개혁하고자 철저한 인식과 다양한 방법을 제시한 호남의 대표적 유학자이다. 그는 호남의 한 모퉁이 장흥을 주요 생활기반으로 삼았으므로 중앙과 활발한 학문적·정치적 교류는 가질 수 없었지만, 현실의 모순과 부조리를 간과하지 않고 이를 비판, 극복하려 했던 재야지식인의 전형이다. 존재는 「만언봉사」와 「정현신보(政絃新譜)」와 같은 저술을 통해 증폭된 사회의 각종 폐단을 개혁할 수 있는 구체적 방안을 제시함으로써 지식인의 사명을 성실히 실천했다.

---

102) 『존재 위백규의 사상과 철학』(김석중·안황권 편저, p.161).

103) 「조선후기 향촌문화사와 존재 위백규」(제15회 향토문화연구 심포지엄 논문, p.63).

학문일반으로부터 정치・경제・사회・문화 등에 이르기까지 광범위하게 이루어진 존재의 현실 통찰에서 우리는 합리적인 사회와 안정된 대중생활을 기획한 그의 적극적인 의도를 읽을 수 있다. 이러한 폭넓은 경세론으로 인해 존재의 문집은 말년에 정조(正祖)에게 채택되었을 뿐만 아니라, 그도 지방관직을 제수받아 경세사상을 현실정치에서 펼쳐 볼 기회를 얻었다.[104] 그의 학문체계에서 경세사상이 차지하는 비중이 지대한 만큼 학자들이 그를 경제학파, 곧 실학파로 분류하고 이 분야에 관심을 가진 것은 자연스런 현상이다.[105]

이런 현상을 긍정하면서도, 학문체계의 또 다른 축인 경학(經學)과 성리설(性理說)에 대한 탐색의 필요성을 제기하지 않을 수 없다. 이러한 문제 제기는 유교의 경세사상이 경학과 성리설의 치밀한 개념적 인식과 엄격한 실천에 기초하고 있다는 일반적 시각만을 따른 것은 아니다. 오히려 존재의 경세사상의 핵심이라 할 「만언봉사」와 「정현신보」가 집필되고, 보완되던 시점에도 경학과 성리설에 관한 질문과 논의가 치열하게 전개되는 점에 주목할 때 두 축은 상호 긴밀한 관계를 맺으며 작용하지 않을까라는 추론을 가능하게 한다.

존재의 경학과 성리설이 다듬어지는 데는 스승 병계(屛溪) 윤봉구(尹鳳九)의 영향이 컸다. 병계는 율곡(栗谷) 이이(李珥)-사계(沙溪) 김장생(金長生)-우암(尤庵) 송시열(宋時烈)-수암(遂庵) 권상하(權尙夏)의 학통을 계승한 성리학자요, 세칭 강문(江門) 8학사 중의 한 사람이며 노론산림의 정맥이기도 하다. 존재는 어려서부터 유교의 경전을 두루 독서했고, 병계 윤봉구를 만난 뒤로는 의심스런 경전(經典)의 문구를 질문하면서 경학연구에 한층 심혈을 기울였던 것이다. 그 결과 사서(四書)에 대한 「독서차의(讀書箚義)」를 남기게 되었다.

그는 이 저술에서 다산(茶山) 정약용(丁若鏞)처럼 **경전의 언표(言表)**들을 새롭

---

104) 존재의 나이 68세(1794)에 위유사 徐榮輔(1759~1816)가 장흥에 내려와 그의 문집을 찾아보고 조정에 보고하자 正祖는 관찰사에게 『寰瀛誌』 및 그의 문집을 모두 수집하여 올려 보내라고 명했다. 그는 70세 되던 1796년 3월 서울로 올라가 정조에게 「만언봉사」를 올렸으며 옥과현감으로 임명돼 부임했다(『存齋集』 권24, 年譜, pp.527~529).

105) 玄相允은 자신의 저서 『조선유학사』(현음사, 1986)에서 "經濟學派의 주장은 孔孟의 王道정신을 본받으며, 조선의 실정을 연구하여 利用厚生의 道를 강구하며, 經國濟民의 術을 힘쓰자는 데 있었다"(p.310) 하고, "경제학파의 출현은 理學派의 반동이니 空理空論을 주도하는 理學의 폐단이 있을 때 경국제민의 實學이 이것을 교정하기 위하여 새로이 등장하는 것"(p.311)이라 했다. 이어 존재를 경제학파의 대표적 인물로 분류하고 그의 학문에 대해서는 "易과 禮에 致力하였으나 실은 經濟에 두어 널리 천문・지리・율역・병사・산수의 학문에 정통하였고, 기타 백공기예의 실학에 관해서도 目擊心解에 힘썼다"(p.350)고 기술했다(『조선유학사』, 제12장 경제학파의 출현과 胎動). 이해준, 「존재 위백규의 사상」; 송정현, 「조선후기 관리등용과 지방행정실태」.

게 개념화하거나 기존개념의 재규정을 통해 주자(朱子) 경전해석의 구도를 개변시키기보다는 주자학파로서의 기본입장을 비교적 충실히 계승하면서 경전의 본지(本旨)를 명확히 이해하고 실천하여 학문의 효용성을 거두고자 했다. 또한 성리학에서 첨예하게 논의된 이기론(理氣論)·성론(性論)·사단칠정론(四端七情論) 등을 재검토하여 자신의 성리설을 형성하고 있다.[106] 존재는 자연과 인간의 완성을 궁극의 목표로 설정한 성리학의 가치를 충분히 의식하고 있었다.

그가 자연의 모든 현상과 삶의 제(諸) 경험을 정합적(整合的)으로 해명하면서 이(理)·기(氣)·심(心)·성(性)·정(情) 등의 추상적 관념과 그들의 상호관계를 엄밀하게 분석·정리하고 있는 것은 이런 의식의 반영이다. 그러나 이런 추상 관념들의 분해·조립으로만 자연과 인간을 밝히려 한다면 그것은 마치 산하(山河)의 형성을 지도에서 찾으려는 어리석음을 범하는 것과도 같다. 그렇다면 이기론이나 성론(性論) 등을 엄밀히 분석하면서 동시에 그에 내재(內在)하는 실천 지향적인 의미를 파악, 양자를 종합적으로 성찰하지 않으면 안 될 것이다.

1) 경전의 주석

(1) 중용의 개념

공자는 "중용의 덕은 지극한 것인데 사람들은 오래 지속한 경우가 드물다"[107]고 했다. 이 말이 中과 庸 개념의 효시이다. 주자는 중용장구에서 정자(程子)처럼 중용을 "어느 쪽으로도 치우치지 않고 꼭 알맞은 것이 '中'이며, 언제나 변함없이 일정한 것이 '庸'이다"고 했다. 그러므로 '中'이란 사람이 사는 데 필요한 올바른 '道'이고, '庸'이란 사람이 지켜야 할 원리다.[108] 여기서 주의할 것은 정자가 말한 중은 공자가 말한 경험상의 '己發'의 중이 아니라, 초경험상의 '未發'의 중을 이른다.

존재는 "하늘에게 받은 性대로 따른 것이기에 떳떳하고 바꾸어지지 않은 것이

---

106) 존재의 성리설을 단편적으로 소개한 글은 김경탁의 「이조 실학파의 성리학설」 및 「문리론집」(고려대, 1963, pp.160~161)의 위백규의 人心非七情論과 이애희의 「조선후기의 人性과 物性에 대한 논쟁연구」(고려대학위논문, 1990, pp.151~152)에서 '위백규의 人物性異論' 참조.

107) 『論語』 雍也 "子曰 中庸之爲德, 其至矣乎, 民鮮能久."

108) 『中庸』 章句大典 "不便謂中, 不易之謂庸, 中者, 天下之正道, 庸者, 天下之正理."

니 본시 높고 멀고 기이(奇異)한 것이 아니고 다만 평상(平常)이다. 즉 사계절의 기후가 각기 그때가 中이 되는 것이고, 때를 맞추기 때문에 庸(常)할 수 있다. 중은 산술적인 중이나 기하학적인 중은 아니다. 그것은 첫째, 원리로서는 형식적인 것이나, 둘째, 덕으로서 지극히 궁극적인 지덕(至德)을 말한다. 이유는 첫째, 중에는 내용이 없다. 둘째, 지덕이므로 시공을 통해 적중되지 않음이 없는 임기응변적 적중이다.

유교의 교리는 본시 지행(知行)이 겸전한 강덕(剛德)을 존중하는 것이다. 따라서 지는 행의 실천을 떠나서 생각할 수 없고, 행은 지의 밑받침 없이 이루어질 수 없다. 중용에서 "道가 행하여지지 않음을 내가 안다. 지혜로운 자는 지나치고, 어리석은 자는 미치지 못한다. 도가 밝혀지지 않음을 내가 안다. 현명한 자는 지나치고, 못난 자는 미치지 못한다"[109]라고 했다. 중이란 곧 지행의 무과불급임을 밝힌 것이다. 결국 도가 행해지지 않은 까닭은 지자는 지나치고 우자는 흐리멍덩하기 때문에 비롯된다.

존재는 이에 대해 "지(知)란 학문의 첫머리 공부다. 알지 못하면 행할 수 없다. 순(舜)은 생이지지(生而知之)한 분이다. 生知의 '知' 字는 본시 갖추어진 체(體)이다. 묻고 살피기를 좋아함은 지의 용(用)이다. 사람마다 안다고 하면서 격치(格致)를 하지 않기 때문에 중용이 참으로 좋은 것임을 알지 못한다. 그렇기 때문에 어쩌다가 얻었다가도 능히 기월(期月·滿·箇月)도 지키지 못한다. 능히 지키지 못하면 비록 시각의 차이라도 일념(一念)의 착오가 곧 도(道)를 떠나게 된다"[110]라고 했던 것이다.

그러므로 중은 양단의 합일점이고 용은 영원한 상용성(常用性)이다. 즉 과불급이 없는 것, 극단의 대어(對語)이다. 중용이란 것은 중경용(中庚用)의 의미이다. 그저 중도(中道)를 사용한다는 의미로는 '中用'만으로도 되지만 그 '중도'라는 것은 공간적 또는 시간적으로 자꾸만 변역(變易)되고 있으니 그 '변역'되어 가는 데 따라가면서 사용되는 것이 '중용'이라서 요는 '庚' 字에 있다. 庚은 추절로 오곡백과

---

109) 『中庸』 제4장 "道之行也, 我知之也, 知者過也, 愚者不及也, 道之不明也, 我知之矣, 賢者過之, 不肖者不及也."

110) 『存齋集』 권10, "知者學之頭工, 不知則舞以行, 舜生知也, 生知之知字自在之體也, 問好察知之用也, 人皆曰予知而不格致故, 不知中庸之眞可好故, 苟或得之而不能滿月守, 不能守則時刻之頃一念差便是離道."

는 결실해서 낙엽이 되어 경신(更新)되는 때라서 응축(凝縮)하니 금성(金性)에 배속된다.

다만 중용의 '中'과 아리스토텔레스(Aristoteles, BC. 384~322)의 '中'은 다르다. 중용의 '중'은 객관적인 자연에 대한 인식과 주관적으로 인간이 하는 실용의 중용을 진리로 한다. 이에 반해 아리스토텔레스의 '中'은 어느 정도 주관적인 면도 있으나 실제적으로 객관적인 사물에만 중심을 두고 있다. 그러니까 아리스토텔레스의 '中'은 외적인 세계에서 진리를 찾고자 하는 중으로 중용의 중과는 명백하게 다른 것이다.[111] 아리스토텔레스의 중용은 최선이 안 되면 차선(次善)이라도 추구하는 것으로 이해될 소지가 있다.

(2) 중화의 도리

인간 생활의 대립의 관념은 철학적 사색과 더불어 나타난다. 인간이 주야·상하·남녀·전후·자타 등을 분간하면서 우주의 만상이 대립의 형태임을 알게 됐다. 또한 인간의 만사에 진위와 선악·시비와 곡직·미추와 성속·길흉과 화복도 깨달았다. 이 같은 대립의 상태에는 단순한 상태의 관계로서만이 아니라 서로 제약 충돌하여 투쟁에 이르기도 하고 서로 연결 보완하여 조화를 이루기도 한다. 인간의 사색은 한갓 개체의 대립만 아니고 인생과 우주의 통합을 전제로 파지하고자 했다.

대립을 뛰어넘어 더 높은 단계의 길을 모색하니 곧 '中和'의 도리요 '中正'이며 '中庸'의 도리인 것이다. 그 도리의 본원(本源)은 하늘로부터 나온 것이니 변할 수 없다. 주자는 그 도리의 본원으로 '天命之謂性'을 만유의 근본인 태극 곧 '이(理)'로 대치했다. 그래서 천명은 궁극적인 태극의 이로써 파악하고, 천이 화생만물(化生萬物)한다는 것은 바로 천리의 운행을 가리킨다. 이는 천명의 명은 명령과 같으나 그것은 이법의 천, 즉 형이상학적 존재자로 천리의 유행으로 파악했다.

이 같은 도리의 본원을 놓고 성즉리, 성즉기질, 본연지성과 기질지성, 인물성동이론, 사단칠정론, 선과 불선론 등 성리학에 대한 다양한 주장이 대립하게 된다. 중용 수장(首章)에서는 "희로애락이 발하지 않는 상태를 '中'이라 하고, 발해서 모두

---

111) 『존재 위백규의 사상과 철학』(삼보아트, 2001, p.191, 각주 59).

절도에 맞는 것을 '和'라 하며, 중은 천(天)의 대본(大本)이요, 화는 천하의 달도(達道)이다"라고 했다. 이에 대해 주자는 "희로애락은 정(情)인데 그 정이 발현되지 않는 미발상태가 性으로 과·불급·편의가 없기 때문에 중이다"라고 할 수 있다.

또 주자는 "성이 사물에 감이동하여 괴려(乖戾)하지 않고 절도에 맞는 것은 정(情)의 정(正)이니 곧 화(和)라 했다. 중은 대본으로 도지체(道之體)요, 화는 달도로서 도지용(道之用)"[112]이라 했다. 그가 성과 정이라고 한 것은 심의 체와 용의 관계를 말한 것이고, 중과 화는 도의 체와 용 즉 체용의 관계를 말한다. 이에 존재는 "중이 발하여 모두 절도에 맞음은 수도(修道)의 공부가 그 속에 들어 있는 것이요, 中(不偏不倚)과 和(中節)에 이른다는 致字는 솔(率 徇)과 修의 극진한 공효"라 했다.

중절에 따른 和에 대한 부중절(不中節)의 불화(不和)는 어떻게 생기는가. 불화는 본연지성이 드러날 때 기질지성의 탁박(濁駁)·불순(不純) 등 형기(形氣)로 인해 인욕(人欲)의 사(私)가 가려서 생긴다. 즉 본연지성인 중의 순정(純正)이 괴리(乖離)·불려(拂戾)되기 때문에 본연지성이 그대로 드러나지 못한 까닭이다. 이때에 체의 用이 조화롭지 못하고 서로 모순관계에 있기 때문이다. 이와 같은 中과 和는 인성의 정(靜)과 동(動)의 두 계기로서 정은 體요, 동은 用으로 볼 수 있다는 것이다.

그러나 『朱子語類』는 성정을 중화라 이르고 예의로는 중용이라 하나 실제로는 동일하다. 中을 和에 대언하면 中은 體, 和는 用이니, 이는 기발(已發) 미발을 가리킨 것이다. 중을 庸에 대언하면 또 절전(折轉)되어 庸이 體, 中이 用이 된다. 이천(伊川)의 말처럼 中은 천하의 정도(正道)요, 庸은 천하의 정리(定理)라 그런다. 이 中은 도리어 시중(時中) 또는 집중(執中)이다. 中和를 중용에 대언하면 體, 중용은 用이다. 중화는 성정으로서 심성을 가리키고, 중용은 행위로 드러남을 가리킨다.

---

112) 『存齋集』 권16, 原性說, "後之儒者, 因本然氣質之名, 遂失性字本指, 及至有人物性同之說, 其謬甚矣, 人物之生, 理離無二性, 何可同也, 理字在人物有生之初, 性字在人物得生之後, 有生之初, 人與草木菌茸, 皆一理, 何況有知覺運動之物乎, 是卽所謂天命, 而旣成性, 建順五常, 各有偏全矣."

존재는 "대개 칠정을 사단에 상대하면 사단은 마땅히 이에 속할 것이요, 칠정은 마땅히 기에 속해야 할 것이라 했다. 그러나 칠정은 오히려 이기를 겸하여 선악이 있다고 하는 데 대해 말하면 인심을 형기에 전속시키는 것만 못하다. 그러므로 인심은 비록 칠정의 가운데서 떠나지 못할지라도 인심을 칠정이라고 하면 타당하지 못하다"고 했다. 그래서 그는 이기관으로 우주관을 세웠으며, 인성관과 가치관으로까지 삼았다. 이와 같이 중과 화는 인성의 동정 두 계기로서, 정은 체요, 동은 용으로 볼 수 있는 것이다.[113]

다음으로 中과 和의 관계이다. 중화의 중은 희로애락이 아직 발현되지 않은 상태로서 천부본연의 성이요 천명지성이다. 그것은 미발상태이므로 심지체(心之體)이다. 그리고 중화의 화는 희로애락이 절도에 맞는 것(中節)으로 천하의 달도이며, 중용의 시중(時中)에 상응하는 심지용(心之用)이다. 그러면 심지체(心之體)인 중과 심지용(心之用)인 화의 관계를 보자. 주자는 사람의 지각운용은 心하는 바가 아님이 없으므로, 즉 심은 진실로 몸을 주재하는 바로써 동정어묵(動靜語默)의 사이가 없는 것이라고 말하고 있다.

그러나 그것이 정할 때는 사물이 아직 이르지 않으니 사려가 싹트지 아니하며 일성(一性)이 혼연하여 도의가 완전히 갖추어져 있는 중이니 곧 심의 체로서 적연부동(寂然不動)한다. 그것이 움직이면 사물이 서로 이르고 사려가 싹튼, 즉 실정(實情)이 갈마들어 작용하니 각기 主가 된다. 이는 화로서 심의 用이 되니 감이수동(感而遂動)한다. 또한 성이 정할 때도 동하지 아니할 수 없으며, 정이 동할 때도 반드시 절도가 있으니 곧 심이 적연하고 감통하여 주류(周流) 관통하니 체와 용이 떨어지지 아니한 소이이다.[114]

이때 심은 성과 정을 통일하고 있다. 이에 중화는 성정의 덕이요 적감(寂感)은 심의 체용이 된다. 이 같은 심은 적연시(寂然時)에 미발의 중이요, 감통시(感通時)에는 중절로서 화가 된다. 성정지덕(性情之德)과 중화지묘(中和之妙)는 마음의 주체가 확립될 때에 조리가 있고 질서를 유지한다.[115] 그러면 치중화(致中和)의 방법은 어떠한가. 북계(北溪) 진순(陳淳)은 "치중은 천명지성이요 치화는 율성지도"

---

113) 朱子는 私欲을 人心으로 보았다가 나중에는 七情을 人心으로 보았다. 栗谷은 人心은 四端과 七情을 포함해서 보고 있다. 존재는 율곡의 주장에 가깝다.

114) 『朱子大典』권32, 答張欽夫, p.589.

115) 『中庸』제1장, 細註, "致中卽天命之性, 致和卽率性之道."

로 중은 천명지성을, 화는 율성지도를 가리킨다고 했다. 주자는 "체립(體立) 이후에 용유이행(用有以行)"이라 했다.

존재는 중용 본문에 "치중화면 천지위언(天地位焉)하며 만물육언(萬物育焉)"이라 했으나 "중과 화를 치(致)한다는 치자(致字)는 솔(率)과 수(修)의 극진한 공효"라며 중이라는 성의 덕과 화라는 정의 덕을 지적, 도의 불가피성을 설명한다.[116] 그리고 주자는 천지위의 '位'를 '안기소(安其所)'로, 정현(鄭玄)은 '正'의 뜻으로 봤다. 따라서 천지위언은 질서가 확립되어 안정된 세계를, 만물육언의 '육수기생(育須其生)'으로 보아서 천지가 제자리를 잡아 안정되면 발전과 번영을 위한 창조활동을 할 수 있는 것이다.

이는 치중화(致中和)가 이루어진 이후의 효과를 말한다. 즉 중화를 지속적으로 확충하면 천지와 인간이 모두 대립과 모순의 부조화가 없는 평화로운 세계를 이룩할 수 있다는 것이다. 이는 중화의 주체적 확립이 이루어지면 외적으로 추급하여 물아일체(物我一體)를 이룰 뿐만 아니라 외부적 실천을 구체화하게 된다. 아울러 중화의 도(道)는 지선(至善)·지성(至誠)·진성(盡誠)이 되어야만 치중화를 할 수 있다고 보았다. 결국 중화의 도는 지선, 지성, 진성의 조합을 통해서 치중화가 이루어진다는 의미라고 볼 수 있다.

중용은 "천하의 지성이라야 그 성을 다할 수 있어야 사람의 성을 다할 수 있다. 사람의 성을 다할 수 있어야 물(物)의 성을 다할 수 있다. 물의 성을 다할 수 있어야 곧 천지화육(天地化育)에 참여할 수 있다. 천지화육에 참여할 수 있어야 곧 천지와 나란히 될 수 있다"고 했다.[117] 지성이 되어야 하늘이 부여받은 성을 실현할 수 있다. 진성은 자타의 완성이라 했다. 그래서 불성은 무물(無物)이라 군자는 성지위귀(誠之爲貴)라 하니 치중화는 군자지도의 극치이다.

그렇다면 치중화의 방법은 무엇인가. 미발지전(未發之前)의 존양(存養)과 기발지제(已發之際)의 성찰이 필수이다. 즉 미발지전에는 경(敬)으로서 계신공구(存養)하고, 기발지제에는 경으로서 신독(愼獨·省察)을 해야 한다는 것이다. 자사는 중

---

116) 『存齋集』 권10, "發皆中節則修在其中, 致中和之致字, 率與修之極功."

117) 『中庸』 제22章, "惟天地之性, 爲能盡其性, 能盡其性, 則能盡人之性, 能盡人之性, 則能盡物之性, 則可以贊天地之化育, 可以天地之化育, 則可以與天地參矣."

용 수장에서 천명·성·도·교를 들어 철학적 근거와 내용을 밝히며 치중화면 천지위(天地位), 만물육이라는 중용의 최고최후의 경지를 그렸다. 이것이 중용의 도이다. 그는 공자의 말을 인용, 군자는 중용이요, 소인은 반중용이며 중용의 덕 됨이 智仁勇 삼자가 드러남을 말한다 했다.

그런데 숭고한 중용의 도는 오직 성자(聖者)라야만 능할 수 있다고 한다. 그렇다고 군자지도가 색은행괴(索隱行怪)하는 궤이지도(詭異之道)는 결코 아니요, 우리 일상생활의 범위를 넘어서는 것도 아니다. 쉽게 말하면 어리석은 부부도 알 수 있고, 불초한 부부도 행할 수 있는 비근한 데 있다. 그러므로 중용지도 즉 군자지도는 우리 일상의 삶의 전역에 걸쳐 있다. 그러나 생활 주변 전역에 걸친 다종다양을 통일하는 근본원리도 있어야 함을 밝히고 있다. 그것을 『중용』 제20장에서는 간단하게 '君子之道 費而隱'이라 했다.

(3) 도의 본질(費而隱)

"군자지도는 비(費)하면서 은(隱)하다"고 했다. 이를 놓고 다양한 주장을 했다. 후한의 정현은 비자를 '拂'로 해석했다. 공영달은 비은을 은둔할 수 있는 절개로 해석했다. 주자는 비를 용지광(用之廣), 은을 체지미(體之微)로 해석했다. 율곡은 비를 용으로, 비를 체라 했다. 하곡은 비를 문지저(文之著) 박지소재(博之所在), 은을 체지미(體之微) 약지소재(約之所在)로 봤다. 다산은 비를 산이대(散而大), 은을 비미(閟微)로 풀이했다. 그러나 존재는 비를 성이 기질을 포함한 것이고, 은은 기질 속으로 나아간 이(理)라 했다.

分	鄭玄	孔達	朱子	栗谷	霞谷	茶山	存齋
費	拂	節槪	用之廣	用	文之著	散而大	氣質을 포함한 性
隱			體之微	體	體之微	閟微	氣質 속으로 나아간 理

존재는 수장의 비유를 들어 천명지성 일구(一句)에 나아가 각기 갖춘 바로 인하여 비(費) 자를 꺼내 놓고 그 일원(一原)을 미루어 또 은(隱) 자를 내놓은 것이다. 그래서 비는 성에 속하는 것이니 기질(形質)을 겸한 것이다. 은은 천명에 속하니

기질의 속에 나아가 단순하게 이만을 가리키는 말이다. 이는 실로 기와 혼잡되지 않지만 또한 기에서 떠나지 않기에 비이은(費而隱)이라 한다.[118] 중용 수장의 성자는 기품(氣稟)과 혼합하지 않고 말한 것이요, 비자는 천하 사물의 각기 형질을 이룬 것을 들어 말한 것이다.

그러나 각기 형질을 이룬 것은 각기 성명(性命)을 바로 한 것인즉, 이 비자는 곧 성자에 속한다. 여기 성자는 인물이 생긴 뒤(性)를 말하고 수장의 성자는 인물에게 부여해 주는 당초(理)를 말한 것이다.[119] 비은(費隱)의 결론으로써 "군자의 도는 필부필부에서 발단되나 그 지극함에 이르러서는 천지에 드러난다."[120] 이처럼 군자지도는 부부로부터 출발하지만 그 지극함은 인간사회는 물론이요 나아가 천도에 까지 미치는 것이다. 이게 군자지도의 비(費)나 그 근본의 대본의 중 즉 천명지성의 은(隱)이 존립하고 있다.

그러므로 군자지도는 난지난효(難知難曉)하나 어리석고 불초한 부부도 알 수 있고, 행할 수 있다. 다만 지극함에 미쳐서는 성인도 알지 못하는 바가 있고 행하지 못한 바가 있다. 뿐만 아니라 천지의 위대함도 오히려 사람이 유감으로 생각함에 있다. 이처럼 도는 그 큼이 밖이 없고 그 작음이 안이 없다. 그러니 용의 광대함을 알 수 있고 그 체의 은미함을 추지할 수 있다. 이에 대해 존재도 "부부는 비의 가장 가깝고 경솔하기 쉬운 것이나 그 속에 은이 있으니 이것이 천지의 추뉴(樞紐)요 사물의 근본"이라 했다.

시경에서 사물의 자성(自性)을 인용해서 설명하고 있다. 즉 "솔개는 하늘을 비상(飛翔)하는데 물고기는 연못에서 뛰노는구나"라고 했다. 이는 도의 공간상의 현시성(顯示性)을 나타내는 동시에 사물의 자성(自性)을 말하고 있다. 곧 솔개는 하늘에서만 비상하지 물속에서 뛰어놀 수 없고, 물고기는 물속에서 뛰어놀 수 있지만 물을 떠나서 공중에 비상할 수 없다. 이것이 솔개와 물고기의 자성이다. 이와 마찬가지로 삼라만상(森羅萬象)은 모두가 자성이 있으니 그 자성을 좇는 것이 이

---

118) 『存齋集』 권10, "首章天命之性, 一句因其各具而喫緊出費字, 就費上推其一原, 而又討出隱字, 蓋費字屬性字, 兼氣質而言, 隱字屬天命字, 就氣質中, 單指理而言, 理固不雜於氣, 而亦不離於氣故, 曰費而隱."

119) 『存齋集』 권9 및 10, "理字在人物有生之初, 性字在人物得生之後"(인물성이론의 입장), "首章性字, 不雜氣稟而言, 費字擧天下事物各, 成形質而言, 然各具形質, 是各正性命則, 道費字便屬性字, 是性字人物己生之後, 首章性字, 人物賦與之初."

120) 『中庸』 제12장, "君子之道, 造端乎夫婦, 及其至也, 察乎天地."

른바 솔성지도(率性之道)이다.

또 『중용』 13장에 "도(道)는 사람에게 멀리 있지 아니하나니 사람이 도를 하면서 사람에게서 멀다고 한다면 도일 수 없다"라고 했다.[121] 도가 사람에게서 멀리 있지 아니하다고 한 것은 어리석은 부부도 능히 알고 행할 수 있다. 이는 바로 사람 자신 속에 도가 내재(內在)하고 있음을 의미한다. 그렇기 때문에 도를 똑바로 알고 행하는 길은 스스로에게 부여된 천명지성을 솔성·수도하는 데 있으며 이는 현실 안에서 성취해야 한다. 어쨌든 사람과 현실을 떠나서 도가 성립될 수 없고, 사람에게 멀리한다면 도일 수 없다.

> 존재는 "도란 성분 안의 일이라 여겼다. 그러므로 사람에게서 멀리 있지 않고 사람을 멀리하면 도가 될 수 없다"는 말은 '떠날 수 있다면 도가 아니다'는 뜻이다. "무릇 사물의 비한 것이 만(萬)으로 같지 않지만 그 은함은 일리이다. 가즉(柯則)은 가에 있고, 인즉(人則)은 인에 있다. 만약 사람이 잘못을 고쳤는데도 그것을 다스리기를 그만두지 않는다면 이는 사람을 멀리하는 도로써 강요하는 셈이니 이는 이단이다. 이 말은 나의 성을 다하면 충(忠)이요, 타인이나 물의 성을 다하면 서(恕)이다. 천하에 인물의 비함은 내가 충과 서로 대응하면 다할 수 있고, 그 은의 체는 내게 갖추어져 있다는 말이다."[122]

반면 공자도 4가지 군자의 도 중 하나도 못한다고 실토했다.[123] 공자 같은 성인도 능히 하지 못한다는 것이니, 그 체의 은한 것이 사람으로부터 가깝고 얕은 데로부터 성인도 능히 못 하는 데 이르기까지 중용의 도를 하기 어려움을 말한다. 존재는 나에게 베풀어서 싫은 것은 남에게도 베풀지 않는 것은 다스리는 법이요, '공자가 하나도 못 하고 있다'고 한 말은 서의 가장 절근(切近)하고 알기 쉬운 것이다. 말과 행실은 도를 떠나지 않은 것이요, 이의 소이연이 지극히 은미함은 모두 내게 갖추어져 있는 것이라 했다.[124]

이와 같은 것을 일러 '君子之道 費而隱'이라고 한다. 군자지도에 대한 얕고 깊

---

121) 『中庸』 제13장, "道不遠人, 人之爲道而遠人, 不可以爲道."

122) 『存齋集』 권10, "道是性分內事故, 不遠人, 遠人不爲道, 是可難非道之意也, 蓋事物之費者有萬不同其隱者一理故, 柯則在柯, 人則在人, 若改而不止則是强之以遠人之道也, 其亦異端而己."

123) 『中庸』 제13장, "君子之道四, 丘未能一焉."

124) 『存齋集』 권10, "施諸己不願以人之法程也, 丘未能一恕之最切近易知者也, 言行相顧則不離乎道, 而理之所然之至隱者皆備於我矣."(中庸 13章 "施諸己而不願 亦勿施於人")

은 일면을 설명한 것은『중용』15장에 나와 있다. 여기서 "군자의 도를 비유하면 먼 곳을 행함에는 반드시 가까운 데서부터 출발함과 같으며, 높은 곳에 오름에는 반드시 낮은 곳에서부터 출발하는 것과 같다"[125]라고 한 것이 그 예이다. 이는 도가 인간으로부터 멀리 떠나서 있지 않음을 말한 것이다. 또 이것은 은(隱)이 고원(高遠) 즉 높고 먼 곳에만 있는 것이 아니고 낮고 가까운 곳 즉 비근한 곳에도 있다는 말로 역시 비이은(費而隱)이다.

여기서 낮고 가깝다고 한 것은 자신이 속한 가정을 가리키는 것이다. 가정이 이루어진 시초(始初)를 부부에 두고, 다음은 친자 혹은 형제자매에 이르며, 나아가서는 대소가에 이른다. 이들 구성원들은 상호 간의 도리를 다해야 하고, 더 나아가서 국가에 이르기까지의 도리를 중용지도는 포괄하고 있다. 즉 가정에서 가족 간의 조화(調和)와 친목이 이루어진 뒤에 사회적인 원만성을 생각할 수 있는 것이다. 그런데 비와 은의 두 개념을 매개하는 것이 '而' 자이다. 두 개념 여하에 따라서 일원적 또는 이원적이 될 수 있다.

존재는 평이적인 주석방법에 의해 '費而隱'에서 "이(而) 자를 무극이태극에서의 이와 같다며, 비는 흩어져 만수(萬殊)가 되는 것이요, 은은 만물이 제각기 하나의 태극을 갖춤을 말한다. 성(誠)은 만수를 통합하는 하나의 태극이다. 오직 이것이 비하면서도 은하기 때문에 잠시도 떠날 수 없는 것이니 그 까닭은 은이 있기 때문이다"라고 했다. 이는 비와 은의 개념이 다르지만 분리해 있다고 보아서는 안 된다는 것이다. 나타나는 면인 비와 나타나게 하는 소이연의 고(故)인 은은 두 개념이나 실은 하나랄 수 있다.

말하자면 이이비이(二而非二), 일이비일(一而非一), 일이이(一而二), 이이일(二而一)이라고 할 수 있다. 그래서 비와 은이 도를 가리킨다. 도란 성분안의 일이고 대체로 사물의 비한 것이 만으로 같지 않지만 그 은한 것은 일리(一理)이다. 그러니 나의 性을 다하면 충이요, 타인이나 물의 성을 다하면 서이다. 천하에 인물의 비함을 내가 충과 서로써 대응하면 일(一)로써 다할 수 있고 그 은의 체(理)는 나에게 갖추어져 있다. 즉 이의 소이연(所以然)의 지극히 은미함이 모두 나에게 갖추어져 있다고 할 수 있다.

이 같은 주장은 史氏가 말한 불리(不離)이며 부잡(不雜)이다. 또 주자와 존재의 비이은에 대한 개념은 서로 다르나 분리해서 보면 안 된다. 왜냐하면 二而非二,

---

125)『中庸』권15章, "君子之道, 辟如行遠自邇, 辟如登高必自卑."

一而非一, 一而二, 二而一이라는 의미는 같은 개념이기 때문이다. 이런 인식에서는 현상을 통해서 소이연지고(所以然之故)[126]를 알 수 있다. 이런 뜻에서 『중용』 수장에서는 연역적(演繹的) 입장에서 유체이추용(由體以推用)을 말하게 된 것이다. 천명지위성(天命之謂性), 솔성지위도(率性之謂道), 수도지위교(修道之謂教)라 한 것이 바로 그것이다.

귀신관을 보자. 『중용』 제16장에 "대저 은미(隱微)함이 나타나는 것이니, 성(誠)의 가릴 수 없음이 이와 같은 것이다."[127] 그는 이르기를, 隱이란 무성무취한 것이어서 사람에게 일러주자니 들어서 말할 만한 것이 없고 오직 귀신이 있을 뿐이라 했다. 천지간의 만사만물이 모두 귀신의 조화인데 귀신은 형(形)도 성(聲)도 없으니 지극히 은한 것이다. 그러나 만약에 은자를 바로 귀신으로 본다면 또한 크게 옳지 않다. 귀신이 형과 성이 없이 물과 테가 되어 빠진 데가 없음은 실리(實理)이기 때문이다.

실리는 성이요, 성은 바로 중의 체이다. 그 대원(大原)은 하늘에서 나왔기 때문에 실(實)하고 망(妄)함이 없어 그대로 하면 도가 되는 것이요, 잠깐만이라도 떠날 수 없는 것이다.[128] 그래서 특별히 성(誠)을 말한 것이다. 군자의 도는 저 비자를 알기 때문에 반드시 자기와 남과 물의 성을 다 할 수 있는 것인데 이 실리를 증명하는 데는 귀신과 같은 것이 없다. 즉 중용의 도는 귀신처럼 사람의 눈이나 귀로써 감지할 수 없는 것이지만 만물의 본체 속에 우주의 섭리로써 언제나 존재하기 때문이라고 했다.

귀신은 정성 들여 제사 지내도록 만들지만, 그 존재는 사방 어디서나 느끼게 한다. 중용도 사람들로 하여금 그 도를 익히기 위하여 공부하게 만들지만, 사람들은 언제나 자기 옆에 있는 것 같은 이 도를 잡지 못한다. 중용은 이처럼 공능(功能)이 은미하기는 하지만 그 도의 작용원리는 절대로 변함이 없는 것이다. 천명지위성과 솔성지위도라고 할 때, 여기서 성에 따르는 것이 도라 함은 인간뿐만 아니

---

126) 『孟子』 離婁章句 下, "天下之言性也, 則故而已矣, 故者以利爲本."

127) 『中庸』 제16章, "夫微之顯, 誠之不可揜, 如此夫."

128) 『存齋集』 권10, "隱旣無聲臭, 欲告之人, 無可擧似,其可證者唯鬼神耳, 天地間萬事萬物, 皆鬼神之造化, 而無形聲則是至隱也, 若直認隱字以鬼神則亦大不可矣, 鬼神所以無形聲而體物不可遺者實理故也, 實理卽誠也, 誠卽中之體也, 大原出於天故, 實而無妄率之爲道故, 眞而無僞無妄, 無僞故不可須臾離也."

라 천지만물에도 있는 자성을 말한 것이다. 이 자성은 천이 부여하여 자성으로서 자연이라 할 수 있다.

그러나 존재는 "명을 받는다는 것도 내가 가서 명을 받는다는 게 아니라 나의 하는 바가 바로 천명이라 했다."[129] 또한 장구 17장에서, 공자가 지위를 얻지 못했다는 소주(小註)에 이변이란 말이 있지만 이는 한갓 그 한 가지만 안 것이다. 이는 "舜이 위(位)를 얻고, 고자가 위를 얻지 못한 것까지 그 일도 비요, 소이연의 은은 일(一)이다"고 했다.[130] 이의 의미는 평용(平庸)한 행동의 일상부터 그 지극함을 다한 것까지 도의 작용이 넓음과 그렇게 되는 것은 곧 본체의 미세함(중용의 도) 때문이다.

이처럼 주자의 비는 도의 용이요, 은은 도의 소이연의 측면에서 말한다. 반면 존재의 비는 성이 기질을 포함하고, 은은 기질 속에 나아간 이라 설명한다. 결국 도는 나 자신의 소유일 뿐만 아니라 인간이 공통적으로 향유하니 만인의 도이다. 그러므로 도는 불원인(不遠人)이요 인능홍도로 나의 자각과 확충이 문제된다.[131] 그래서 중용지도를 지키는 데 가장 중요한 것은 때에 알맞은 행동이다. 때는 시간만 아니라 개인의 처지나 환경을 모두 포함한 의미이다. 다음은 '군자와 중용'을 논구해 본다.

(4) 군자의 중용

중용이란 말은 정자의 문인 유정부(游定夫)가 '中和'라고 할 때 성정면(性情面), 즉 중은 성과 정이라는 철학적 원리론 측면에서 말했다. 또한 '中庸'이라고 할 때의 '中'은 중과 화 두 개의 뜻을 겸한다. 그런데 수장에 의하면 중화의 '中'이란 도의 체를 가리키는 말이므로 결국 중용의 '中'은 중과 화의 뜻을 겸비하고 있어 도의 체와 용과의 양면을 통일적으로 표현하는 말에 지나지 않는다. 이러한 중용은 중과 용, 즉 알맞음과 꾸준함이 불가리(不可離)의 관계를 유지하면서 불편불의(不偏不倚)하고 무과불급(無過不及)의 중덕(中德)만 아니라, 꾸준한 용덕(庸德)을

---

129) 『存齋集』 권10, "是以必受命亦非我去受命, 我所爲便是天命也."

130) 『存齋集』 권10, "孔子不得位而證引, 此章也夫自舜得位至孔子不得位其事亦費矣, 而其所以然之隱則一也."

131) 『中庸』 제13章, 細註, "始言中和, 以見此道管攝於吾心, 此言中庸, 以見此道充塞乎天地."

겸비해야 비로소 중용의 참된 뜻이 드러날 수 있다.

여기서 유의해야 할 것은 공허(空虛)한 허적(虛寂)의 사상이다. 즉 도가(道家)와 불가(佛家)는 위로 고상한 이상만 추구함으로써 무위자연(無爲自然)을 내세우는 초인문적(超人文的)인 인성의 선(善), 한 측면만 내걸고 거기에 무위순응(無爲順應)한 것만을 주장한다는 사실이다. 그로 말미암아 유위유의(有爲有意)로서의 인의예지(仁義禮智)나 예락제도(禮樂制度)를 하시(下視)한다. 그리하여 그들은 일초직립(一超直立)의 경도상달(徑到上達)만 내세우고 하학(下學)을 습리(拾離)하고 있으니 이는 초인문(人道)으로서 과지(過之)할 따름이다.

이와 반대되는 법가류(法家流)의 사상도 문제이다. 법가는 아래로 현실타개의 방술(方術)로서 무자비한 위력과 억제만을 내세운다. 또 인성을 악으로 보고 유위복종(有爲服從)을 주장, 인문적 인의도덕, 즉 중용을 알지도 행하지 못한다. 이는 반인문(反人文)으로서 불급(不及)이다. 그러나 유가는 인성의 선악 양면을 모두 인정하고 그리고 일(事)의 대소후박을 참작하여 시의에 좇아 집양용중(執兩用中)한다. 이것이 공자가 말하는 중용지도이다. 아울러 유가의 교리는 지행의 덕을 존중하는 중용의 의의가 있는 것이다.

그래서 공자(『중용』 제4장)는 "도가 행해지지 못하는 소이연(所以然)을 내가 알겠다. 지자(智者)는 지나치고 우자(愚者)는 미치지 못하는구나. 도가 밝혀지지 않는 소이연을 내가 알겠구나. 현자(賢者)는 지나치고 불초자(不肖子)는 미치지 못하는구나"[132]라고 했다. 중용의 도는 인도적 현실과 떨어진 고원(高遠)한 곳에 있는 것이 아니라 지극히 평범한 일상을 바탕으로 하고 있다. 결국 지자는 지나치고 우자와 불초자는 미치지 못하면서 구하지 않는 데 있다. 따라서 중용의 도는 지가 실천적인 행을 떠날 수 없고, 행은 지의 바탕 없이 이뤄질 수 없다.

---

132) 『中庸』 제4장, "子曰, 道之不行也, 我之知矣, 知者過之, 愚者不及也, 道之不明也, 我知之矣, 賢者過之, 不肖者不及也."

존재는 이르기를 "백성 가운데 중용의 도를 능히 행하는 이가 적은 까닭이 무엇인가? 지(知)하기를 과(過)하거나 불급(不及)하여 성분 속에 있는 중용을 따르지 않거나 나의 성분 속에 들어 있는 중용을 모르기 때문에 도가 세상에 밝아지지 않은 것이다. 그 의(義)의 중점은 지의 과·불급에 있다"고 그 이유를 설명했다.[133] 이것을 음식의 맛으로 비유한 것은 중용이 높고 멀어서 어려운 것이 아니고 날로 행하는 강상 사이에 있을 뿐이다. 그것은 마치 사람들이 음식을 항상 먹고 있는 것과 마찬가지란 뜻에서이다.

『중용』 제5장에서도 "공자는, 순(舜)은 대지라 했다. 묻기를 좋아하고 비근한 말에서도 살피기를 좋아했다. 나쁜 점을 숨기고 좋은 점을 선양해 주었으며, 양극단을 잡아 그 中(알맞음)을 백성에게 적용하였으니, 바로 성인의 소이연이다."[134] 곧 천하의 지혜를 자신의 것으로 받아들여 활용함은 대지한 성인의 소이요, 양단을 잡아 그 중을 백성에게 시행함은 중용의 도를 실천했다. 그래서 순은 "중용을 택해서 하나의 선을 얻으면 마음속에 간직해 잃지 않는다"[135]라고 했다. 즉 "중용은 정도와 상도요 색은행괴한 길이 아니다."[136]

존재는 "지(知)라는 것은 학문의 첫머리 공부이다. 알지 못하면 행할 수 없다. 고로 지미(知味)란 지자를 이어받아 舜의 대지로써 지에 착수할 곳을 증명하는 것이다. 순은 生而知之한 분이다. 생지의 지자는 본시 갖추어져 있는 체이다. 마치 거울이 밝고 물이 맑음이나 같은 것이요, 묻기를 좋아함은 지의 용이다. 이는 거울이나 물이 물건이 오면 곧 비치는 것과 같은 것이다."[137] 여기 두 '好' 字는 『대학』에서 격물의 '格' 자와 비슷함이 있고, 그 사물의 논란에 부동의 극치란 말의 지지(知至)란 '至' 자의 의미가 있다.
그가 강조한 것은 순임금이 좋아하는 '호(好)' 자의 의미를 『대학』의 '格' 자와 '至'로 해석하는 데 있다. 곧 격은 격물의 격자와 유사하고, 지지는 사물의 논란에서 '至' 자의 의미란 것이다. 이리하여 학문이란 반드시 먼저 지식을 이룩해야 한다는 것을 알 수 있는 것이다. 아는 것이 지극하지 못하면 과한 자는 이단(異端)으로 들어가고 불급(不及)한 자는 오하(汚下)에 그치는 것을 의미한다. 이와 같이 바른 길을 찾는 방법은 중용을 택하여 그것을 굳게 고수하는 데에 슬기(智)의 진의(眞意)가 있음을 강조하는 것이다.

그러면 어떻게 하면 중용을 택하여 행할 수 있을까. 이에 공자는 "밥 먹는 순간

---

133) 『存齋集』 권10, "民所以鮮能者何也, 知之過不及, 而不率性分自有之中庸故, 道不行於世行之過不及, 而不知中庸之在吾性分故, 道不明於世, 其義重在, 知之過不及."

134) 『中庸』 제6장, "子曰舜其大知也一, 與舜好問而好察而言, 隱惡而揚善, 執其兩端, 用其中於民其於民, 其所以爲舜乎."

135) 『中庸』 제8장, "子曰, 回之爲人也, 擇乎中庸, 得一善則拳拳服膺而弗失之矣."

136) 『中庸』 제11장. "子曰素隱行怪後世有述焉吾弗爲之矣, 君子遵道而行半途而廢吾弗能已矣, 君子依乎中庸遯世不見知而不悔唯聖者能之."

137) 『存齋集』 권10, "知者擧之頭工, 不知則無以行故, 承上知味之知字, 以舜之大知證知之着手處, 舜生知也, 生知之知自自在之體也, 如鏡明水澄好問好察知之用也, 如鏡水之物來便照."

이라도 인에 어긋남이 없고 아주 짧은 순간에도 반드시 인에 어긋남이 없으며 엎어지고 자빠지는 사이에도 반드시 인에 어긋남이 없다"[138]고 했다. 이는 군자가 이와 같이 짧은 시간에도 중용지도를 떠날 수 없다는 뜻이다. 주자는 "중용은 비록 능히 하기 쉬운 것 같으나 의가 정밀하고 인이 원숙하여 일호(一毫)의 사욕(私欲)도 없는 자가 아니면 미칠 수 없다"고 했다.[139] 곧 털 하나의 사욕으로는 중용에 이를 수 없다는 것이다. 이는 마치 주공(周公)이 백성의 소리를 듣기 위해 혼신의 노력을 다한 것과 같다.

> 존재는 "이미 아는 것이 지극하면 행함이 다음이기에 안회(顏回)의 잃지 않음이 다음과 같다. 무릇 행이 인에 속하는 것은 반드시 일호의 사의(私意)로 인한 간단(間斷)도 없는 뒤에야 비로소 행할 수 있다. 그래서 인이 되는 것이라 했다."[140] 즉 知—行—仁—道(중용)라 할 수 있다. 『중용』 제10장에서 '和而不流'와 '中立而不倚'는 인욕지사(人欲之私)를 극복하여 중용지도를 고수하는 군자의 태도요, 국유도(國有道)의 불섬새(不變塞)는 시중의 도일 수 있다. 강재교(强哉矯)란 꾸준함을 지닌 용덕(庸德)과 용덕(勇德)이라 할 수 있다.

이에 대해 존재는 중용을 능히 못 하는 것은 지가 지극하지 못하고 인에 사간이 있음으로 인한 것이니 이는 용(勇)이 부족한 것이라 했다.[141] 그리고 자로(子路)는 반드시 군자의 강이 아닌 것이기 때문에 이강(而强)의 위에다 '억(抑)' 자를 놓은 것이니 끊어 꺾어 충동을 준 것이다. 마치 "아니 네 强 말이냐"하고 말함과 같다. 이는 자로로 하여금 반성을 하고 긴장하여 듣게 하는 것이다.[142] 여기서 기필코 남북의 강(强)을 낱낱이 든 것은 자로에게 혈기의 강함 외에 군자의 강함이 있다는 것을 알게 하려는 것이다.

'강(强)' 자의 위에 꼭 '이(而)' 자를 붙인 이유가 과연 무엇 때문인가. 그것은 구기(口氣)를 내서 자로(子路)의 본분으로 밀어붙여 그로 하여금 반성케 하려는 것이다. '이(而)' 아래는 당연히 "군자는 그렇지 아니하여 화(和)하되 류(流)하지 아

---

138) 『論語』 里人篇, "君子, 無終食之間違仁, 造次必於是, 顚沛必於是."

139) 『中庸』 제9장, 註, "至於中庸, 雖若易能然, 非義精仁熟而無一毫欲之私者, 不能及也."

140) 『存齋集』 권10, "知旣至則行之故, 顏回之弗失次之, 夫行之所以屬仁者, 必無一毫私意之間斷然後方去得行, 是所以爲仁也."

141) 『存齋集』 권10, "不能中庸, 由知不至仁有間, 是勇不足也."

142) 『存齋集』 권10, "且子路必非君子之强故, 而强之上下抑字, 頓挫激動, 若曰無乃爾强云也, 蓋使子路反省聳聽."

니하며…" 할 것인데도 '고(故)' 자로 상문(上文)을 이어서 말하고 있으니 그 뜻이 깊은 것이다. 무릇 의리로써 혈기를 이끌면 남북의 '강'이 모두 군자의 '강'이 될 수 있는 것이다. 이것은 사람이 세상에 숨어 살면서 알아주지 않아도 후회함이 없는 것은 가장 어려운 '강(强)'이기 때문이다.

그러면 군자와 소인은 어떤 차이점이 있는가. 공자(『중용』 제2장)는 군자와 소인을 비교하여 말하기를 "군자는 중용을 체행(體行)하고 소인은 중용에 반한다. 군자가 체행하는 중용은 군자로서 시중(時中)함이요, 소인이 중용에 반함은 소인으로서 거리낌이 없음이다"[143]라고 했다. 군자의 중용은 군자로서 수시처중(隨時處中)하는 것이고, 소인은 수시처중을 못하는 데 있다 하겠다. 그렇다면 수시처중의 바탕은 어떤 것인가. 이는 고정불변한 진리란 없다는 전제에 따라서 변화하는 상황에 올바로 대처하라는 말이다.

주자는 "中은 불편불의하고 무과불급지명(無過不及之名)"이라 했다. 이에 대해 신안 진순은 "불편불의는 미발지중이며 마음을 논한 것으로 중의 체요 시중의 중이며 인사를 논한 것으로 중의 용"이라 했다. 그러니 중용의 用에 해당하는 것이 시중이다. 이런 시중을 가능케 하는 것은 '불편불의' 대본인 중이다. 주자는 시대의 환경 속에서 처세의 논리가 시중이라는 의미라 했다. 즉 때를 만나면 벼슬하고 그러지 않으면 은거하는 행위의 형식이다. 시대 환경 속에서의 중, 곧 시중인 것으로 시대에 순응하는 행위이다.

> 존재의 시중관은 이렇다. "천지의 중이기 때문에 시중이 되는 것이니 천도(天道)의 때를 맞출 뿐이다. 봄이 되면 따뜻함이 중이 되고, 여름이 되면 더움이 중이 되고, 가을이 되면 서늘함이 중이 되고, 겨울이면 추움이 중이 되는 것이다"[144]고 사계절의 비유를 들었다. 시중은 양자의 절충에서 생기는 것이 아니고 내적 판단의 가치기준에 맞추는 것이라 했다. 또 때를 맞추기 때문에 용(常)하므로, 때를 맞추지 못하면 떳떳할 수 없다.[145] 행위가 시중으로, 시간적 질서와 공간적 질서에는 용중으로 나타난다.

이와 같이 시중은 군자지도이다. 군자는 후천적으로 완성된 인격이고, 후천적

---

143) 『中庸』 제2장, "仲尼曰, 君子中庸, 小人反中庸, 君子之中庸也, 君子時中, 小人之中庸, 小人而無忌憚也."
144) 『存齋集』 권10, "天地之中故爲時中, 天道時而己, 春時則暖, 爲中夏則熟, 爲中秋則凉, 爲中冬則寒."
145) 『存齋集』 권10, "惟時故爲庸, 若不時則不可常也."

완성이란 의지적 영역이다. 의지의 성(誠)함에 도달할 때 군자의 인격(人格)이 완성된다. 따라서 의지는 수양론이 자리한 영역이다.[146] 그리고 성의 작용이 개별적 의지작용의 결과에 의해 방해받지 않을 때 그 행위는 성이 지니는 원리성과 항상성을 반영한다. 따라서 그 행위의 결과는 언제 어느 때나 중절(中節)의 형식으로 나타나게 마련이다. 시중이란 오랜 시간 속에서 나타나는 행위의 결과로서의 중을 뜻한다고 볼 수 있는 것이다.

따라서 평상인(平常人)의 내면은 성을 주체로 삼은 행위와 의지를 주체로 삼은 행위로 갈등을 일으킨다. 성의 의지적 영역까지를 하부구조로 삼고 있는 군자이거나, 의지가 성의 빛을 완전히 가려 버린 소인의 양극단의 인간이 아닌 모든 인간들은 바로 이러한 이중성을 갖게 마련이다. 그러므로 성을 주체로 하는 행위에 의해 방해를 받아서 오래 지속되기가 어려운 것이 평상인의 한계이다. 그래서 『중용』 제3장은 "중용은 지극한 덕이나 그것을 오래 지속하는 사람은 드물다"라고 공자의 입을 빌려 적고 있는 것이다.

이것을 오래 지속될 수 있도록 하는 것이 수양이다. 수양은 소인으로부터 군자에로의 과정이다. 편의(偏倚)하지 않고 과불급이 없는 일상적인 도리가 곧 소이연한 천명의 이라는 것이다. 그는 또 오직 군자만이 능히 이 중용의 도리를 체득하여 천부의 본성을 그대로 간직하여, 그것이 발현할 때 한결같이 중용의 도리대로 실행한다. 그러나 저 소인은 이 중용의 도리를 배반하기 때문에 본성을 간직하고 드러내는 데 있어 그 본연의 도리를 어긴다[147]고 했다. 소인도 그 본성이 근본적으로 군자와 다르지 않다는 것이다.

중용에서 모든 존재는 천리를 내재하는 원리적 주체로 밝히고 있다. 소인의 내적 품성의 원리성은 바로 군자의 내적 품성의 원리성이다. 이런 까닭에 중용은 소인의 행위를 '기탄없음'의 차원에서 설명한다. 주자는 인간의 마음이 아직 움직이지 않는 미발시를 성이라 하고 외물에 감응하는 기발시를 정이라 한다. 미발시에는 본성을 간직·함양하고 기발시는 본성을 돌이켜 성찰하는 공부를 해야 한다.

---

146) 『中庸』 제3장, "子曰, 中庸其至矣乎, 民鮮能久矣."

147) 「茶山學과 朱子學의 相異考(2)」(安晉吾, 『茶山學報』 제6집, 1984, p.26).

그리고 군자는 그와 같은 공부에 의하여 본연의 이인 중용의 도리대로 행할 수 있고, 소인은 그 반대되는 행위를 한다.

> 그러나 존재는 "천명이기에 불편불의한 것이니 劉子가 말한 사람이 천지의 中(中理)을 얻어 태어난다"는 뜻이라며 천명을 내세워 '군자의 중용'을 말하고 있다.[148] 소인이 그 의지의 기탄없는 행위의 주체라고 한다면 군자는 그 성의 기탄없는 주체이다. 소인의 기탄없음과 달리 군자의 기탄없음은 시중이라고 불린다.[149] 군자의 의지를 誠體로써 가꾼 인격이다. 이런 까닭에 군자는 不勉而中의 체이고, 不思而得의 체이다. 그 행위는 중용을 체(體)적 형식으로 삼고, 시중은 용(用)적 형식의 존재이다.

시중(時中)은 시간 속에서의 중의 질서를 의미한다. 행위의 주체로서의 내면원리가 구체적 시간 속에서 실제적 중의 양태로 표현되고, 그 中이 일상적인 시간의 전 과정에서 지속적으로 항상 나타날 때 그것을 시중이라 하는 것이다. 시중은 바로 도덕적 행위의 항상성을 뜻한다. 이 시중으로서의 행위는 성(性)이 전적으로 가능할 때에만 보장될 수 있는 것이다. 이와 같이 군자의 중용은 '군자시중'이라고 해서 시중이 중용의 부수조건으로 되어 있다. 곧 군자－중용－시중은 일련의 관계를 지속하고 있음을 알 수 있다.

그래서 존재는 천명(天命)이기 때문에 불편불의(不偏不倚)하는 것이고, 그렇기 때문에 사람은 천지의 중(中)을 얻어 태어난다는 것이다. 그러므로 하늘에게 받은 성(性)대로 하기에 떳떳하며 높고 멀며 기이(奇異)한 것이 아니고 평상인 것이다. 즉 중용의 도는 현실적으로 그렇게 특이하거나 괴상한 것이 아니라 극히 평범함을 의미한다. 이런 정성(精誠)이 하늘의 도이고 정성되게 하는 것은 사람의 도이다. 곧 정성이 군자의 중용을 의미하는 것이다. 이런 의미에서 다음에는 誠의 본질에 대해서 알아볼 차례이다.

(5) 성(誠)의 본질

유가사상은 성의 관념을 근거로 했다고 할 수 있다. 『大學』에서 공자의 성을,

---

148) 『存齋集』 권10, "天命故不偏不倚, 卽劉子所謂民受天地之中, 以生者也."

149) 『中庸』, "君子中庸, 小人反中庸, 君子之中庸也, 君子而時中: 小人之(反)中庸也, 小人而無忌憚也, 君子＝中庸＝時中, 小人＝反中庸＝無忌憚."

자사가 중용에서 성을 제창한 이래 이 성사상은 진실무망한 도덕적 인간 윤리 실현의 추기(樞機)이며 또는 정치원리로써 유가 전통사상을 한결같이 관통하고 있음을 볼 수 있다. 그런데 성론에 대해서는 자사의 중용에서 그 이론이 절정에 다다랐기 때문에 자사 이후에 있어서의 성에 대한 학설도 이 범위를 넘어서 논의한 것은 거의 없다고 할 수 있다. 따라서 성론은 자사의 이론을 바탕으로 살피지 않을 수 없는 것이다.

그러나 성(誠) 자가 윤리적인 의의와 철학적인 전개를 한 경서로는 중용이 처음이라 할 수 있다. 그리고 자사의 중용 이전에도 성이란 관념이 없는 것은 아니다. 성자가 중용에 이르러서야 윤리적인 의의를 가지고 나타났기 때문에 성의 사상 전개는 물론 중용을 중심으로 다뤄져야 당연한 것이다. 다만 고대에서도 인간의 실천윤리로서의 성사상은 물론 천지자연의 실리(實理)로서의 성사상까지도 이문자(異文字)로서 논의됐다. 그러니 중용에서 말하는 성사상은 역으로 여기에서 초래된 연원이 된다고 말할 수 있다.

성의 개념은 무엇인가. 중용의 성은 인격의 완전한 통일을 주는 관념이다. 인격의 완전한 통일이란 엄격한 의미에서는 물론 항구적 통일이 아니면 아니 된 것으로 성이란 "인격의 항구적 통일을 가져다주는 것이다"라고 보는 것이 타당하다. 물론 이것은 누구나 노력과 수양의 항구성에 의해 비로소 이 경계에 도달할 수 있다. 그런 의미에서 성은 덕이 된다고 말할 수 있다. 그러므로 성이 될 가능성은 누구나 선천적으로 가지고 있다고 말할 수 있으므로 誠은 性이며 덕이라고도 말할 수 있는 것이다.

성이 추구하는 이상은 성인(聖人)이다. 때문에 '誠者, 天下之道'라고 말한 것이다. 성인이 천도와 같은 것이라는 이유는 성인이 천으로부터 부명(賦命)된 性 그대로를 좇는 자, 즉 性의 성적(誠的) 존재자라는 관점에서 비롯된다. 그래서 誠이 있는 곳에는 생명의 생동, 변화가 있기 때문에 만물을 생성 발전케 한다. 이와 같이 중용의 추뉴(樞紐)가 되는 성은 우리말로서는 진실하다, 꾸준하다, 거짓이 없다는 말로서 풀이되면서 부단한 노력, 변함없는, 전일, 집중, 정진 등을 그 요건으로 하고 있다.

중용의 성 개념을 보자. 천도・인도・致中和・三達德(知仁勇)・五達道(五倫)・九經・成己・成物 등인데 모두 성자로 귀결시키고 있다. 고전에서 성(誠) 자가 보이는 것은「尙書」太甲篇(BC. 18)의 '鬼神無常享 享于克誠'과『周易』의 乾卦文言의 '閑邪存其誠'이라는 구절이다. 또 '說文'의 성은 '允', '信', '敬'의 의미로 진실의 뜻을 내포한다. 이러한 성자의 의의는 공자시대에 이르러 忠信의 개념으로 표현되었다.『논어』학이편에 '主忠信'이라 했고, 주자는 이를 '人不忠則 事皆無實'이라 주석했다.

이 같은 충신의 개념이 심화되어 중용의 성으로 된다. 성의 개념은 중용에서 유가의 중심사상으로 그 위치를 확립한다.『중용』제20장에서 성은 천도와 인도의 양면성으로 말한다.[150] 특히 중용의 성에 대하여 주자는 성을 진실무망이며 천리의 본연이라 했다. 진실무망한 것은 천도(天道)이지만 진실무망하고자 하는 것은 인도이다. 천도로서의 성이 소이연의 뜻이라면 인도로서의 성은 소당연의 뜻이다. 그러므로 성에는 실리와 실심(實心), 즉 천도와 인도의 양면성을 가진 개념임을 알 수 있는 것이다.

또한『중용』에서 "성은 물의 종말이요, 시원(始源)이니 성하지 않으면 물이 없다"고 했다.[151] 이는 인간 윤리의 주체로서 파악된 성을 확충, 천하만물에 추급함을 알 수 있다. 그 공효성(功效性)은 어떠한 것인가. "성으로 말미암아 사리를 밝힘을 성(性)이라 이르고, 사리를 밝힘으로 인해 성함을 교(敎)라고 하니, 성하면 사리에 명(明)하고 사리에 명하면 성한다."[152] 즉 誠으로부터 사리에 밝아짐을 性이라 하고, 사리에 밝아짐으로부터 성에 도달하는 것을 교라 한 것은 천명지위성장에서의 말과 같다.

『맹자』이루편(離婁篇)에서는 '성신유도(誠身有道), 불명호선(不明乎善), 부성기신의(不誠其身矣)'라고 한 것과 같은 내용을 표현하고 있다. 이에 대해 존재는 "속에 간직하고 있는 바가 진실하기 때문에 능히 始도 있고 終도 있는 것이다. 만약 일호라도 허망하면 물이 없는 것"이라 했다.[153] 그래서 誠하면 一하고 一하기 때

---

150)『中庸』제20장, "誠子, 天地道也, 誠之者, 人之道也."

151)『中庸』제25장, "誠者, 物之終始, 不誠無物."

152)『中庸』제21장, "自誠明謂之性, 自明誠謂之敎, 誠則明矣, 明則誠矣."

문에 절실하다. 절실하기 때문에 과와 불급이 없어 불편불의하고 과와 불급이 없다. 明함으로부터 誠함은 바로 탕무(湯武)와 같은 反之(誠을 되찾음) 이하의 사람이라고 했다.154)

여기 위아래 두 自 자는 道 자를 포함한 것이요, 明 자는 知 자를 이르는 것이다. 자성명은 舜과 같은 大知요, 자명성은 중용을 잃지 않는 것이다. 즉 수장에서 誠을 '天命之'라 했고, 교를 '修道之'라고 했는데 여기서는 자성명(自誠明)을 誠이라 하고, 자명성(自明誠)을 교라 했다. 그러므로 맹자의 말을 빌려서 자성명은 '自誠明善'으로, 자명성은 '自明善誠'이라고도 할 수 있다. 즉 성(誠)으로 인해 선(善)의 명함을 성(誠)이라 하고, 선을 명함으로 말미암아 성(誠)함을 교(敎)라고도 할 수 있다.

그래서 존재는, "천(天)을 말하면서 인도(人道)로 끌어서 연접(連接)시키고 인도를 말하면서 천도를 미루어 들어갔다. 그러므로 천도와 인도가 서로 교착되어 문(文)을 이루고 있는데 잘게 씹고 가늘게 씹어 가며 이모저모로 천인(天人)이 일리(一理)라는 것을 설명하고 풀어서 학자들에게 알려 주었다"155)고 했다. 즉 성(誠)이란 진실무망하고 천리의 본연이며 천의 도리이며 실리이다. 그러므로 성(誠)으로 말미암아 천지와 더불어서 참여하므로 천지인(天地人)의 합일이 됨을 의미한다고 말했다.

그리고 주자는 '기차치곡(其次致曲)'에 대해 인의예지와 같은 성(性)의 부분적인 일편에 치우쳐 그 구체화를 극진히 하는 것을 치곡이라 한다. '기차'란 대현(大賢) 이하의 아직은 성(誠)에 이르지 못한 사람이며, '致'는 추치(推致)이며 '曲'은 일편(一偏)이다. 존재는, "'기차' 두 자는 학자를 끌어다가 천도(天道)에 참여시킨 것이고, '曲'은 마치 일단(一端)이라고 말한 것과 같다. 단(端)이 변하여 '曲'이라고 한 것은 큰 곳이 한 구비 편벽된 것으로 발현한다는 것과 같다"고 설명했다.156)

이는 사랑의 한 편이 인의 한 구비가 나타난 것이요, 악(惡)이 부끄러워하고 미

---

153) 『存齋集』 권10, "中之所存者實故, 能有始有終, 若一毫妄則無物矣."

154) 『存齋集』 권10, "自明誠, 卽湯武反之以下也" 그리고 동면 세주에서 "自誠明은 거울의 전체가 본시 환한 것이요, 자성명은 거울의 한 부분만 밝음이 노출된 것이다. 그러나 이 밝음이 두 가지가 아니요, 다만 하나의 밝음이다"고 밝히고 있다.

155) 『存齋集』 권10, "言天而引接人道, 言人而推入天道故, 天道人道相錯, 成文爛爵細咀反覆, 開釋天人一理以喩學者."

156) 『存齋集』 권10, "其次二字, 引學者參列於天道也, 甚有情這曲字, 猶言一端變端言, 曲字若曰如許大物事有一曲從偏處發現也."

위한 마음의 한 편이 의(義)의 한 구비가 나타나는 것이다. 그 구비로 인하여 미루어서 극진하면 맹자가 말한 '인의를 이겨 쓸 수가 없다'는 것이 된다. 이 같은 의미에서 존재는 여기서 "치곡(致曲)은 자명성(自明誠)의 증거가 되는 조건이 되는 것이다"라고 해석했다.[157] 그리고 중용에서 성(誠)은 성기(成己)일 뿐만 아니라 성물(成物)의 바탕이 되기도 하며, 성기는 인(仁)이라 하고, 성물은 지(知)라 하고 있다.[158]

성기란 천도론의 영역에서는 천의 천다운 충실성을 뜻하고, 성물이란 일체를 실제적으로 이루는 생기적(生機的) 공능(功能)을 의미한다. 이에 천의 성(誠)은 천을 천이게 하는 본질이며, 천으로 하여금 일체를 구성하는 생기력을 행사할 수 있도록 만들어 주는 기본적 속성이 된다고 할 수 있다.[159] 이 같은 인식에 대해 존재는, 성물지야(成物知也)의 지자가 지(知)·인(仁)·용(勇)의 지(知)자와 면목이 다르지만 그러나 두 가지가 아니라 했다.[160] 만약 지(知)의 밝음이 아니면 만물을 두루 살필 수가 없다.

이를 바탕으로 성(誠)을 볼 때 자연의 성은 체이며 본(本)이라면 인간의 성은 인도·성(性)·이(理)로 나타낼 수 있다고 했다.[161] 주자는 인은 체가 있고, 지는 용이 발하는 것이다.[162] 『논어』 안연편에 "자기를 극복하고 예로 돌아가는 것이 인이다"고 하는 것은 자기의 경우를 인이라 하고 지는 만물을 헤아리고 도는 천하를 다스리므로 타자와 관련지은 지라고 할 수 있다. 즉 주자는 지(知)를 인과 지의 체용에 해당시켜 인이 체이고, 지가 용(用)이라 해서 성기＝인, 성물＝지가 이루어지는 것이라 했다.

존재는 '지'는 생지안행(生知安行)의 의미와는 다르고, 물은 자기와 대립되지만 반드시 사람이나 타인을 의미하지 않고, 자기 이외의 事·物·人을 합한 의미로 보았으며, 스스로 자기를 성취하는 이상 당연히 사물에게도 도가 행해지게 되는 것이다. 이것을 체용의 관점에서 생각하면 자기를 성취하는 것이 체이고 사물을

---

157) 『存齋集』 권10, "致曲, 是自明誠之證案."

158) 『中庸』 제25장, "誠者, 非自成己而也, 所以成物也, 成己仁也, 成物, 知也."

159) 「原始儒學의 새로운 解釋」(尹天根), p.115 참조.

160) 『存齋集』 권10, "成物知也之知字與知仁勇之知字, 面目差殊然, 亦非兩面."

161) 誠의 經典的 意義(鄭炳連), p.122 참조.

162) 『中庸』 제25장, 註, "仁者, 體之存, 知者, 用之發."

성취하는 것이 용에 해당된다. 이는 주자의 입장과 다소 상이하지만 誠을 내외합일의 도리와 덕성이고, 성기와 성물, 인지를 합일의 관점에서 설명한 점에서 다르지 않다.[163]

성(誠)의 특성과 구현방법을 개략적으로 살피면 다음과 같다. 첫째, 궁극성(窮極性) 내지 본원성(本源性)이다. 성은 자연과 인간의 근원이며 궁극성이고, 어떤 것의 속성에 그치지 않고 그 자체가 만물의 알맹이며 근원인자가 된다. 둘째, 완미성 내지 구족성이다. 가장 완전한 상태이며 오류가 용납되지 않는 절대적 가치이다. 셋째, 항구성 내지 유구성이다. 자강불식(自彊不息)과 항구불변의 특질을 지니고 있으며, 항구성에 덧붙여 중용에서의 박후성(博厚性)과 고명성(高明性)을 부연하고 있다.

넷째, 종시성(終始性)과 체물성(體物性)이다. 성은 일회적이 아니고 모든 사물의 처음부터 끝에 이르기까지 그 기축(機軸)을 형성한다. 다섯째, 체용성(體用性) 내지 내외성이다. 자연의 성은 체이며 본이라 한다면, 인간의 성은 용(用)이요 말(末)이다. 성의 구현방법은 택선고집(擇善固執)이다. 성인은 종용중도(從容中道)함으로 별다른 공부를 필요로 하지 않지만 일반인은 참되려 애쓰고 노력하는 자세가 필요하다. 다음으로 박학·심문(審問)·신사(愼思)·명변(明辯)·돈행과 계신공구와 신독이다.

결국 성은 우주의 원리요, 성(性)의 덕이다. 자기의 性을 극진히, 외로는 인성 및 만물의 성에 극진히 한다. 즉 본성(本性)의 성(誠)을 발전시켜서 우주원리로서의 성(誠)에 합치하여 일체가 되려고 하는 데 그 목적이 있는 것이다. 이와 같이 성론(誠論)은 실천적 유가의 교양에 형이상학적인 근거가 부여되었다고 할 수 있다. 그리고 천으로부터 부명된 인성도 진실한 성이며, 인간의 절대적인 지성(至誠)의 분신이라 할 수 있다. 그러나 본성의 성(誠)은 현인 이하에는 후천적인 이유로 완성치 못한다.

---

163) 『존재 위백규의 사상과 철학』(삼보아트, p.232).

(6) 성인과 지성

유학은 천인합일의 경지를 이상으로 한다. 중용에서 "성(誠)한 것은 천도(天道)요, 성하려는 것은 인도(人道)이다"[164]라 했다. 이는 "성한 이는 힘을 쓰지 않고도 태도 그대로 중도(中道)에 맞으니 성인이다. 그리고 성하는 이는 택선하여 고집하는 것이다"라고 했다.[165] 이와 같은 말은 성(誠)과 천인(天人) 관계를 포괄하여 상론한 것이라 할 수 있다. 여기서 논하는 성(誠)이란 앞에서 기술한 바와 같이 천도요, 성인의 도이며 성지(誠之)하는 것은 현인(賢人) 이하의 사람들이 행할 도(道)인 것이다.

존재는 "택선과 고집으로 정일(精一) 두 자의 뜻을 풀이하여 요·순·우가 천하를 전할 때 일깨워 준 심법인 택선과 집중을 계승한 것"이라 했다. 택선은 바로 권권복응(拳拳服膺)이다. 박학(博學)하는 학지(學知)와 곤지(困知)를 겸한 것이다. 천도의 성(誠)을 이어서 맺기를 "비록 우할지라도 반드시 밝아진다"고 한즉, 이는 공을 이루면 똑같다고 했다.[166] 이와 같이 성인을 제외한 보통 사람들은 치성(致誠)하기 위해서는 끊임없는 자기 수양이 필요하다는 것을 의미하는 것으로써 택선고집을 말하고 있다.

택선이 지에 속한 것이라면 고집은 성신(誠身)과 관련된다. 주자는 이를 "아직 능히 생각지 않고 얻을 수 없으면 반드시 선을 택한 연후에 선을 밝힐 수 있으며, 능히 힘쓰지 않고서 맞아지지 않으면 고집한 연후에 몸을 정성스럽게 할 수 있다"라고 주석했다. 이것은 인간의 윤리가 성(誠)을 바탕으로 하고 있음을 말하는 것으로 성은 윤리의 원천이며, 방법인 동시에 윤리의 이상이요, 극치라 할 수 있다. 그래서 성은 인간 윤리의 주체로 파악되며, 또한 성은 실천윤리에서 그 공효의 가치가 드러난다.

다만 천지의 도는 그것으로 그치는 것이 아니다. 도가 인간에게 수용되고 인간이 본받아 어떻게 운용하느냐는 중용에서 성 또는 지성의 개념으로 나타내고 있

---

164) 『中庸』 제20장, "誠者, 天地道也, 誠之者, 人之道也."

165) 『中庸』 제20장, "誠者, 不勉而中, 不思而得, 從容中道, 聖人也, 誠之者, 擇善固執之者也."

166) 『存齋集』 권10, "以擇善固執釋精一二字, 以接堯舜禹傳天下之心法, 擇善卽擇中庸也, 固執卽拳拳服膺也, 博學以下兼學知困知言也, 承上天道之誠而結之, 曰雖愚必明則是, 成功則一也."

다. 중용에서는 기본적으로 성이란 천의 도이다. 성되려 노력하는 것은 사람의 도이다. 성자는 힘쓰지 않아도 적중되고, 생각 안 해도 얻으며, 중용이 적중되니 성인인 것이다. 성지자는 선을 택해 굳게 잡는 것이라 하여 성을 천도의 실체적 덕성으로 본다. 주역은 천지의 대덕을 생으로 生成不己하여 생성화육을 대덕으로 파악한다.[167]

그러나 성은 천도(天道)의 덕성(德性)에만 관련된 것이 아니다. 즉 주역에서, "한 번 음(陰)하게 하고 한 번 양(陽)하게 하는 것을 일러 도(道)라 한다. 그것을 잇는 것은 선이며 그것을 이루는 것은 성(性)이다"고 했다.[168] 성은 기본적으로 천인(天人)과 관계하여 말한 것이며, 비록 성자(誠者)와 성지자(誠之者)로서 구분하여 그 의미를 나타내기는 하나 이런 성은 천과 인을 관통하고 있는 것이다. 여기서 인(人)이 천(天)과의 합일(合一) 가능의 근거로서의 지성(至誠)이라는 의식이 나타난 것이다.

또한 천은 그 본연인 성(誠)의 발현으로 일체의 사려와 작위의 흔적을 남기지 않고 지극히 정밀한 가운데에서 현상의 지속적인 생성의 과정을 진행하고 있다. 천도의 이러한 진실무망하며 지성무식(至誠無息)의 원리성은 성하려고 노력하는 인도적 측면으로 나타난다. 물론 천도나 인도가 궁극적으로 여기는 경계점은 지성으로서 진실무망이라 할 수 있다. 이 차이점은 천도의 속성으로 진실무망은 무위(無爲)이나 인도로서 진실무망은 부단한 도덕수양을 통해 무위의 경계에 도달한 점이다.

존재는 "성자의 본분에 나아가 천명의 성(性)에까지 밀어 性대로 한 성(聖)을 말했고, 무릇 성(誠)은 천이라 했다. 이 성(誠) 자 위에다가 자(自) 자를 붙인 것은 성인의 신상으로 옮겨 놓은 것이다. 성(性)은 본분에 따라 일호의 인위적인 것을 더하지 않고 천과 더불어 하나가 된 것이니, 이것이 바로 요순의 성(性)대로 한 것이다"[169]라고 말한다. 결국 성인이란 성지의 과정을 거쳐 성의 경계에 도달하고, 이

---

167) 『周易』 繫辭傳 下 제1장, "天地之大德曰生."

168) 『周易』 繫辭傳 上 제1장, "一陰一陽謂道, 繼之者善也, 成之者性也."

169) 『存齋集』 권10, "就誠字本分, 推到天命之性, 而說出性之聖, 蓋誠者天地, 誠字上着自字, 則移到聖人身上謂之, 性則聖卽天天卽聖也, 率循性之本分, 不如一毫人爲而與天爲一, 卽堯舜性之也."

런 경계에 이르면 애쓰지 않아도 맞아지며 생각지 않아도 중용의 도에 맞게 된다. 이것이 천의 본질과 합일됨을 의미한다. 유가는 부단한 노력을 통한 덕의 완성상태가 가능하다고 본다.

이처럼 지덕을 닦고 성(誠)을 근간으로 지도가 이루어지는 길은 덕성을 높이며 도문학을 길로 하여 광대함에 이르되 정미(精微)함을 다하고, 고명(高明)을 극하되 중용을 길로 하고, 옛것을 익혀 새것을 알며, 돈후함으로써 예를 숭상하는 데서 가능하게 된다.[170] 이것은 중용에서 수양론이란 측면에서 불완전한 인격으로부터 완전한 인격에로의 승화를 목적으로 한 것이다. 즉 성(性)은 천리를 내재하고 있는 심성이기에 그 내적 본질인 성(誠)이나 외적 본질인 성과 그 외적 中의 한 실체로써 설명된다.

이 같은 성(性)의 내적 본질인 성(誠)이나 외적 본질인 중(中)의 속성이 발현될 때에는 성(性)에 간직된 천리는 현실의 영역에서 구현된다. 이것이 바로 도인 것이다. 성(誠)은 본체론적 측면에서는 성(性)의 원리에는 본질적 내용이고, 행위론적 측면에서는 성(性)의 원리를 구현하는 운용상의 본질이다. 성(誠)을 통하여 성(性)의 원리가 구현되면 성(誠)의 결과가 저절로 나타난다. 그러므로 성은 성기(誠己)의 원리이자 성물(誠物)의 원리이다. 자기완성의 원리임과 동시에 사물을 완성하는 원리이다.

여기서 존재는, "덕성은 바로 천명인 본성의 성(性)이요, 존(尊) 자는 곧 솔(率) 자의 방도요, 계구(戒懼)와 신독(愼獨)의 규범"이라 했다. 그리고 "도문학(道問學) 3자는 수도지교(修道之敎)와 조응(照應)하고 연대가 되는 것이다. 이것이 자명성(自明誠)의 공부요, 치광대(致廣大)·극고명(極高明)은 천도(天道)를 통하여 정미함이 극진함이요, 도중용(道中庸)은 인도를 다한 것이요, 온고(溫故)와 돈후(敦厚)는 천덕(天德)에 이르는 바요, 지신(知新)과 숭례(崇禮)는 인도를 다하는 바"라고 해석했다.[171]

이러한 수양론은 존재론적과 지식론적으로 설명할 수 있다. 존재론적 수양론은 성(性)의 본래적 측면을 돈독히 지켜 왜곡된 의지의 침해를 받지 않도록 노력함으

---

170) 『中庸』 제27장, "故君子, 尊德性而道問學, 致廣大而盡精微, 極高明而道中庸, 溫故而知新, 敦厚而崇德."

171) 『存齋集』 권10, "德性天命本源之性也, 尊字卽率字之章程, 戒懼愼獨之規範道問學三字, 照帶修道之敎, 爲自明誠之工夫, 致廣大極高明則達於天道盡精微, 道中庸則盡乎人道, 溫故敦厚所以達天德, 知新崇禮以盡人道也."

로써 '존덕성'의 방법으로 전개된다. 지식론적 수양론은 지식을 통하여 원리적 본질을 파악해 내서 의지를 훈련시켜 나가는 것으로써 도문학의 방법으로 전개된다. 중용의 도문학은 의지의 사사로움을 배제하기 위한 것으로써 노자의 '致虛極' 같은 것이다. 존덕성은 성의 본래성을 지키자는 것으로 노자의 '守靜篤'과 맥락을 같이한다.

存在論	尊德性	盡精微 · 道中庸 · 知新 · 崇禮	老子의 致虛極
知識論	道問學	致廣大 · 極高明 · 溫故 · 敦厚	老子의 守靜篤

유가의 이상인 성인지도를 "양양한 만물을 발육게 하여 그 공덕이 높고 크기는 하늘에 극한다"라고 했다.[172] 이는 성인의 도가 인도로서 천도에 통한다는 뜻이다. '禮義三百과 威儀三千'은 주나라 문무의 예제(禮制)인데 성인지도의 본체가 인간의 일용예로서 '經禮' 300조와 '曲禮' 3,000조로 넘쳐난 세목을 말한 것이다. 존재는 "만물의 三百三千은 비(費)요 그중에 은(隱)이 있기 때문에 응(凝)하여 행해진다"고 했다.[173] 이는 넘쳐난 예제도 성인이 안 나오면 시행할 수 없어 그 사람을 기다려 행해진다는 것이다.

성인이 되려면 존덕성과 도문학의 두 수양(修養)을 쌓아야 한다. 인간은 그 본질상 우주와 다르지 않으므로 그 극치인 천, 즉 성인은 우주의 화육에 참여할 능력을 획득할 수 있다. 중용에서는 "오직 천하의 지성이라야 자기의 성(性)을 극진히 할 수 있다. 그 성을 극진히 할 수 있으면 인(人)의 성을 극진히 할 수 있고, 인의 성을 극진히 할 수 있으면 물의 성을 극진히 할 수 있고, 물의 성을 극진히 할 수 있으면 천지의 화육을 찬조할 수 있고, 천지의 화육을 극진히 할 수 있으면 천지와 같이 참여할 수 있다"라고 했다.[174]

---

172) 『中庸』 제27장, "洋洋乎發育萬物, 峻極于天."

173) 『存齋集』 권10, "萬物三百三千費矣, 而其中有隱故, 待其人而後凝而."

174) 『中庸』 제22장, "惟天下至誠, 爲能盡其誠, 能盡其性, 則能盡人之性, 能盡人之性, 則能盡物之性, 能盡物之性, 可以贊天地之化育, 可以贊天地之化育, 則可以與天地參矣."

이에 대해 존재는, "성(性)을 다하면 천(天)과 통하여 천명이 나에게 있기 때문에 능히 인과 물의 성을 다해 줄 수 있는 것이다. 참천지(參天地)는 이른바 천에 앞서 하여도 하늘은 어기지 아니하고 천에 뒤 서는 천시(天時)를 받는다는 것이다. 이로서 일월과 풍우와 초목과 조수까지 모두가 그 떳떳함을 순(順)하여 모든 것을 얻음이니 무릇 상하의 실리(實理)가 간격이 없기 때문에 그런 것이라" 했다.[175] 그는 성을 극진히 닦으면 곧 하늘과 통해 우주의 생성과 변화는 물론 실리를 알게 된다고 주장한다.

이처럼 성(誠)은 천도이므로 우주의 자연법칙의 원리로 인간의 당연(當然) 법칙으로 삼은 지성(至誠)의 인간이어야 천명지성을 자각할 수 있다. 천명지성을 자각하여야 자기와 동류인 타인의 천명지성을 알 수 있다. 인류의 천명지성을 알아야 인류의 생명과 동류하고 있는 다른 만물의 천명지성을 알 수 있다. 만물의 천명지성을 알아야 우주인으로서 천지와 같이 공존하여 우주 생성 변화의 화육운동에 참여할 수 있게 된다는 것이다. 이는 천인합일, 물아여일의 경지에 도달할 수 있는 이론적 전개의 출현을 보게 된다.

(7) 종합

이상에서 존재의 경학의 특성인 「사서차의」를 일별했다. 그중에서도 『중용』의 경학사상을 깊게 살필 수 있다. 그는 병계 윤봉구를 만나면서 이기와 인물성동이 등 폭넓은 인식과 심오해졌다. 그는 공·맹을 스승으로 삼아 성학(聖學)을 밝히는 한편 경전에서 궁극적인 학문의 범위와 대상을 찾으려 했다. 경전의 독법도 다독에 의미를 부여하지 않고 거기에 내재된 의리를 파악, 본지를 궁구하려 했다. 이같은 관점에서 존재의 학문은 성리학적 범주를 크게 벗어나지 못한 것으로 파악하고 있다.

그는 덕치관념을 벗어나지 않고서 학문의 가변성 차원에서 추구했다. 즉 천명은 불편불의한 것이다. 사람은 천지의 중(中)을 얻어 태어나지만 지(知)에 과·불급이 있어 중용에 따르지 않기 때문에 도가 세상에 밝아지지 않는다. 본연의 성이란 기질성에 내재한 '성즉기'라는 성기학적 인성으로 여긴다. 곧 성즉기질을 근거로 한 인물성이론으로 성은 인간과 사물이 태어난 후에 가지므로 인성과 물성이

---

175) 『存齋集』권10, "盡其性與天通矣, 天命在我故, 能盡人盡物之性矣, 參天地所謂先天天不違, 後天奉天時, 日月風雨草木鳥獸莫不順其常而得其所, 皆上下實理無間."

다르다. 인심은 칠정 가운데 떠나지 못할지라도 인심은 칠정이라 하면 타당치 못하다고 했다.

또한 비(費)는 성의 기질을 포함한 것으로, 은(隱)은 기질 속에 나아간 이라 했다. 즉 이는 기와 혼합되지 않지만 그렇다고 기에서 떠나지 않는 것이기에 '費而隱'이다. 이 같은 존재의 해석은 주자의 비이은과 다르게 보이나 분리해 보면 안 된다. 왜냐하면 이일(理一)은 체로서 은(隱)이요, 이분수(理分殊)는 용(用)으로서 비(費)이므로 이일이분수(理一而分殊)는 곧 도로서 '비이은'에 해당된다. '時中'의 의미는 천지의 중이기 때문에 시중이 되니 천도의 때, 즉 천리의 유행에 따른 것이라 했다.

성(誠)을 심(心)에 귀추시켰다. 성이란 성(性)을 다하면 천명이 나에게 있기에 인과 물의 성(性)을 다할 수 있다. 계구·신독으로 천·지·인도가 합일된다. 성(誠)은 자연의 질서 그 자체로서 그 질서에 따라 성취된다. 반대로 도는 인간이 행해야 할 당위이니 결국 성(誠)은 마음[心]으로 돌아간다(귀추). 성(聖)도 알지 못하면 배울 수 없고, 중니를 모르면 중니를 들을 수 있느냐고 했다. 요컨대 주자의 주석은 형이상학적 관념적이며, 존재는 의리탐구만이 爲己라는 경학관을 극복하고자 하는 태도이다.

그러나 주자와 존재의 주석상의 상이점은 그들의 사상적 기본입장의 차이에 기인한다. 이 같은 상이점은 그들이 처한 당시의 정치와 사회적 기반에서 그 연유를 찾을 있다는 것이다. 그럼에도 불구하고 양인은 근본적으로 이상적 유교 사회 규범의 구축에 한층 의미를 부여한다. 더구나 중용은 유가 철학의 핵심을 이루고 있다는 차원에서 중용 연구는 전통 성리학관과 실학적 경학관의 측면에서 그 중요성으로 미루어 현대 철학적 견지에서 계속적으로 연구가 이루어져야 한다고 학계는 보고 있다.

2) 이기론(우주론)

인간은 자연을 떠나서 존재할 수 없다. 인체가 자연물인데다가 호흡이나 의식주에 필요한 모든 재료가 자연물이므로 자연이야말로 인간의 생존과 생활을 가능케 하는 환경적 기초임은 두말할 필요가 없는 것이다. 자연은 또 인간의 생존뿐만 아니라 인간의 공동생활, 특히 인류문화를 형성하는 본래적 기반이다. 이것 없이는 인간의 생존과 인류 공동의 문화가 불가능함을 감안하면 인간과 인류문화에 대한 자연의 중요성은 막중하다.[176] 유가는 고대로부터 자연과 그 원리를 발견하기 위해 천(天)·천도(天道)·천명(天命)에 대한 탐구를 지속해 왔다.

특히 송나라시대 주자학에 이르러서는 이기(理氣)라는 새로운 개념으로 원리적 이해를 심화시켰다. 주자학을 전면적으로 수용한 조선조에도 대부분의 유학자들이 주자의 '이기'의 개념으로 자연을 해석하였음은 두말할 필요가 없다. 존재의 성리학에도 이와 기는 자연을 해석하는 중요한 개념인 것이다. '이'와 '기'에 대한 관념은 그의 사상을 관통하는 기본적인 술어이므로 그의 사상체계의 심층에 놓여 있는 '이'와 '기'의 개념을 충분히 검토해 볼 필요가 있다.

존재는 '이(理)'와 '기(氣)'에 대해서 다음과 같이 규정한다. "천지(天地)에 앞서 다만 '이'와 '기'가 있을 뿐인데 '이'와 '기' 두 사물은 원래 함께 있었으므로 선후(先後)로 나눠지지 않는 것이다." "그러나 '이'는 본래 '기'를 기다려 있는 것은 아니지만 '기'는 '이'를 따라 운행(運行)하지 않을 수 없다. 궁극(窮極)을 미루어 말하면 '이'는 비교적 앞에 있고, '기'는 비교적 뒤에 있지만(영역을 등분하는 게 아니라 輕重을 말함), 또한 '먼저' '이'가 있고 나중에 '기'가 있다고 말할 수 없다"[177]고 설명한다.

여기서 천지는 곧 우주(宇宙) 자연을 의미하며 동시에 자연을 구성하는 만물을 포함한다. 그런데 '이'와 '기'는 자연의 모든 것에 선재(先在)하는 최고의 개념(概念)으로 자연의 세계에 공통으로 관통하고 있다. 자연은 '이기'가 공존하는 공간이며 자연 속의 사물은 '이'와 '기'로 결합된다. '이'와 '기'의 결합으로 자연을 해석하는 관점은 존재 성리학의 초석을 이루고 있다. 존재에게 '이'는 구체적인 형태를 벗어나 지각(知覺)이 불가능한 것이지만 개체 사물의 이법(理法), 질서(秩序),

---

176) 『조선유학의 자연철학』(한국사상연구회 편저, 예문서원, 1998, p.17).

177) 『存齋集』 권12, 「雜著」, 格物說, p.259.

가치(價値)를 결정하는 원리이다.

반면에 '기'는 구체적인 형태와 운동능력을 갖고 있다. 지각이 가능할 뿐 아니라 개체 사물의 다양한 모습을 형성하는 질료(質料)이다. 그러므로 자연세계는 '이'가 부여하는 존재방식을 따라 '기'가 구체적인 형상을 이루고 있는 이기(理氣)의 복합체이다. '이'는 자연 속의 인간, 동물(動物), 식물(植物), 무생물 등 모든 사물에 일정한 존재방식을 부여하는 원리이므로 인간은 인간이 되는 이치가 있고, 동물은 동물이 되는 이치가 있다. 따라서 '기'보다는 '이'에 가치적 비중을 더 두는 것이며 이 점에서 '기'에 앞선다고 말할 수 있다.

존재는 '이'와 '기'의 속성과 기능에 대해 설명하고 다시 이기(理氣)의 관계를 밝히고 있다. "'이'를 떠나서는 '기'가 없고, '기'를 떠나서는 '이'도 없어서 비록 하나의 물건은 아니지만 또한 두 개의 물건도 아니다"고 했다.[178] "'이'와 '기'는 원래 함께 운행하니 둘이라고 해도 둘이 아니요, 하나라고 해도 하나는 아니다."[179] 그의 설명은 율곡(栗谷)처럼 "'이'와 '기'는 두 가지 물건이 아니요, 또한 한 가지 물건도 아니다. 한 가지 물건이 아니기에 하나이면서 둘[一而二]이요, 두 가지 물건이 아니기에 하나이면서 둘[二而一]"[180]이라고 하여 이기의 관계를 묘합(妙合)의 논리로 이해하는 관점을 연상시킨다.

여기서 하나의 사물이 아니다 함은 원리를 의미하는 '이'와 질료를 의미하는 '기'를 상대적 개념으로 설명한다. 두 개가 아니다 함은 두 개념의 결합으로 자연의 사물과 현상을 설명하는 방식이다. 이기의 복합체를 개념적으로 분석할 때 '이'와 '기'가 도출된다. '기'는 직접적으로 감각기관에 부딪치는 측면이고, '이'는 사유를 통해 얻을 수 있는 사물의 존재근거이다. '이'가 없다면 '기'는 따라야 할 이법이 없어 단순한 질료 더미에 그치고, '기'가 없다면 '이'는 그 현실화의 장을 찾지 못해 허깨비 같은 존재로 머물 수밖에 없다.

주자의 용어를 빌리면 '이'와 '기'는 서로 분리될 수 없는 관계[不相離]이면서 동시에 '이'와 '기'가 혼잡해서는 안 되는 이른바 불상잡(不相雜)의 관계로 파악된

---

178) 『存齋集』 권4, 書, '上久庵先生', p.66.

179) 『存齋集』 권17, 「雜著」, '四端七情辨', p.377.

180) 『存齋集』 권10, 書, '答成浩原', p.199.

다. 존재는 이 같은 논의를 더 밀고 나가 '이'는 그 자체로 운동하지 않지만 현실 차원에서 운동을 이끌어 주는 주제와 명령을 내포하고 있으며, 그 '기'는 주제의 명령을 구체적으로 실현시켜 주는 운동의 도구로 인식하고 있다. 형체가 없는 '이'로서는 스스로 운행[自行]할 수 없어 '기'로써 운행하므로 (주자는) '승(乘)' 자를 빌려서 승마(乘馬)에 비유했다.[181]

'이'를 현실 차원에서 실현하기 위해 '기'는 형체가 있어 운동능력을 갖추고 있는데[有形, 有爲] 반해 '이'는 형체가 없어 운동능력을 갖추지 못하기[無形, 無爲] 때문이다. 존재는 "사람이 말에 타서[人乘馬] 동정하는 것처럼 이[太極]가 기[陰陽]를 타고 동정한다고 설명하는 관점을 수용, '이승기행(理乘氣行)'의 논리를 제시한다"[182]라고 했다. 여기서 '이'와 '기'를 이원적으로 분별하는 인식의 수준을 넘어 '이'와 '기'가 오묘(奧妙)하게 결합, 서로 분리되지 않는 통합의 논리를 제시한 그의 일원론적(一元論的) 입장을 확인할 수 있다.

주자와 존재의 천명(天命)에 대한 견해는 어떻게 다른가. 두 사람의 중용주석을 보자. 주자는 천명(天命)에 대해 천(天)이 화생만물(化生萬物)할 때 기(氣)는 형체를 이루고 이(理)는 거기에 부여되는데 이는 마치 명령(命令)하는 것과 같다고 하여 천명의 이법(理法)으로서의 천(天), 곧 형이상학적 존재자로서의 천리(天理)의 유행으로 파악한다. 존재는 명(命)이란 것은 천리의 유행(流行)이요 아직 품부(稟賦)되지 않은 명칭이며, 천(天)은 곧 이(理)요 음양과 오행은 기(氣)라고 한다. 그러므로 기가 형(形)이 되면 이는 그 가운데 부여된다.

무엇이 다른가. 주자의 중용주석은 형이상학적으로 구체화된 관념적인 성격을 지닌다. 이에 반해 존재는 주자처럼 형이상학적이지만 위인(爲人)의 관점에서 천명을 해석하고 있다는 점이 다르다. 즉 이(理)는 천(天)에서는 명(命), 물(物)에서는 성(性), 성이 기질(氣質) 속에 떨어지면 기질이 된다는 것이다. 따라서 주자는 천을 마치 명령자로 파악한 데 비해 존재는 천리의 유행이며, 품부되지 않은 명칭으로 본다. 여기서 존재는 실학자 경학관 공통의 특색인 박학의 정신과 원시유학의 천

---

181) 『存齋集』 권17, 「雜著」, '四端七情辨', p.377.

182) 존재는 이점에서 해파리[水母]와 새우 눈[蝦目]으로 理氣의 관계를 설명하는 방식을 적합한 비유라고 보지 않는다. 이기처럼 '이'를 떠난 '기'가 없고 기를 떠난 이가 없는 관계와 달리, 해파리가 보는 것은 참으로 새우 눈을 기다려야 하지만 새우 눈은 해파리를 기다리지 않기 때문이다.

근(淺近) 하학지향성과 훈고학적 실증정신을 볼 수 있다.[183]

(1) 인성론(본연 및 기질)

이기(理氣)의 오묘한 결합[妙合]인 자연세계는 인간을 포함한 수많은 개체들이 모여 하나의 통일적 또는 연속적인 전체를 형성하고 있다. 자연세계는 생명을 지닌 유기체로서 단순한 원자론적 또는 기계적 집합에 그치지 아니하며, 부분과 부분들 사이에 기능적 분화를 보이면서 동시에 상호 내적인 관련을 지니는 하나의 통일적인 전체로서 생성 활동한다.[184] 유기체의 일부인 인간의 개체는 무엇으로 구성되는가. "천지의 이(理)와 기(氣)를 받아서 태어나 나(我)가 되었으니, 이미 이를 받아서 태어났다면 나는 무(無)라 할 수 없다"[185]라고 대답한다.

나라는 개체는 태어날 때 자연의 근원적[泰元]인 '기'가 모여 몸(質)을 이루고 '이'가 깃들어 마음(神)이 되며, 죽게 되면 '이기'가 자연의 근원으로 돌아갈 뿐이다.[186] 따라서 인간 개체는 누구나 생명을 영위하는 동안 몸을 참되게 하고 마음을 잘 길러서 실리(實理)가 나에게서 실현되도록 해야 한다. 곧 인간의 삶은 허(虛)·무(無)의 생(生)이 아니다.[187] 존재는 이러한 인간을 자연의 개체들이 생성하고 발전하여 가는 과정의 정점(頂點)에 위치시킨다. 그는 자연 세계의 모든 개체들은 작은 것[微]에서 점차 큰 것[大]으로 변화시킨다고 본다.

즉 이기의 세계에서 음양의 발효(發效)와 증발(蒸發)의 작용으로 인해 먼저 물 [水]이 생겼다는 것이다. 이 물이 바로 형태(形態)의 시초이다. 이 물속에서 벌레가 생기고, 다음으로 땅에서 풀이 생겨나고, 다음으로 나무가 생기고, 미충(微虫)인 쥐며느리, 이, 벼룩 등이 생긴 뒤 점차 소, 말, 호랑이, 코뿔소와 같은 큰 동물이 생기고, 이러한 종(種)들이 모두 생겨난 뒤에 비로소 사람이 태어나는데 그중에서도 어리석은 사람이 가장 먼저 태어나고, 보통사람과 기타 생물이 자연이라는 공간에 가득 찬 뒤에 성인(聖人)은 최후로 태어났다는 것이다.[188]

---

183) 「존재 위백규의 사상 연구」(김형련, 앞의 책, p.185).

184) 「退溪哲學의 인간학적 理解」(김기현, 고려대박사논문, 1988, pp.5~6).

185) 『存齋集』 권15, 「雜著」, '格物說'我, p.140.

186) 『存齋集』 권7, 「讀書箚義」 p.140.

187) 『存齋集』 권7, 「讀書箚義」 p.139.

현대 생물학에서도 생명체는 단세포에서 다세포로, 수중에서 육지로 발전해 왔고, 인간을 모든 생명체의 영장(靈長)으로 보는 그의 설명은 일단 긍정할 만하다. 그도 인간을 만물의 영장이요, 가장 영험(靈驗)하다고 인식한다. 그 이유를 인간은 태어날 때 음양과 오행(五行)의 수기(秀氣)를 부여받았고 동시에 가장 정교한 몸[形體]을 가지고 있다는 점에서 찾는다. 그리고 이러한 우월한 조건을 통해 자연과 인간을 오묘하게 결합시키고 모든 원리[理]를 정밀하게 통찰하여, 도(道)를 깨달을 수 있고, 자기의 생명을 기를 수 있음을 예증하고 있다.[189]

자연 속에서 인간의 위상과 본질을 밝히려는 존재의 관념을 그의 성론(性論)을 통해 좀 더 세밀히 탐구해 보자. 그는 이기와 성(性)을 관련지어 "천지에는 다만 '이'와 '기'가 있을 뿐인데, '기'가 형체를 이루면 '이'가 그 가운데 있게 된 뒤에 성(性)의 명칭이 있으니 '성은 곧 이[性卽理]'이다"[190]라고 한다. 이는 주자가 '天命之謂性'이라는 『중용(中庸)』의 도입부를 '性卽理'라는 말을 통해 해명한 것과 같다. '기'가 형체를 이룬다는 것은 자연의 원리이나 가치가 몸에 내재한다는 뜻이다. 그러므로 몸은 자연의 원리나 가치가 드러나는 장소이며, 몸을 통해서 자연의 원리나 가치를 실현하는 것이 인간의 본질이다.

이 문맥을 해석하는 데 주의해야 할 점은 두 가지가 있다. 하나는 '기'가 먼저 독자적으로 운행하여 형체를 이룬 후에 '이'가 그 가운데로 뛰어드는 과정으로 보아서는 안 된다. '기'가 어떤 구체적인 형체를 이룰 수 있는 것은 원래 '이'와 공존하면서 '이'의 주재와 명령을 따르기 때문이다. 이를 근거로 존재는 동파(東坡) 소식(蘇軾, 1036~1101)의 이기론의 비유와도 다르다. 즉 동파는 집을 사람의 몸에, 달을 사람의 性에 비유하여 마치 몸이 먼저 이루어진 뒤에 性이 찾아드는 것으로 설명하고 있으나 그는 이 방식에 동의하지 않았다.[191]

이 같은 존재의 이기론은 원리로서의 '이'를 중시하면서, '이기'를 통합의 논리

---

188) 『存齋集』 권12, 「雜著」 格物說, p.258.

189) 『存齋集』 권12, 「雜著」 格物說, pp.259~260.

190) 『存齋集』 권8, 「讀書箚義」 p.170.

191) 『存齋集』 권17, 「雜著」, 四端七情, p.376. 소동파의 말은 그의 저술 『待月軒記』에 나오는 말인데 일찍이 주자도 "집은 사람의 몸이요, 달은 사람의 性이라고 하니 그렇다면 앞서 사람의 몸이 생기고 바깥에서 하나의 性이 들어와 붙었다는 것(『朱子語類』 권130)"이라고 비판한 바 있다.

로 제시한 그의 일원론적(一元論的) 입장이 여기에서 관철되고 있는 것이다. 또 하나는 그가 스스로 "이(理)가 기질(氣質) 속에 있는 뒤에야 성(性)이라는 명칭을 얻게 되니, 기질을 버리면 이(理)라고 말할 수 있지만 성(性)이라고 말할 수 없다"[192]라고 주장한 것처럼, 이와 성은 논의의 차원이 다르다는 점이다. 이는 자연론적(自然論的) 구도(構圖)에서는 기(氣)에 상대하는 개념이지만, 현실적 차원에서 일단 기질(氣質)에 내재(內在)되면 성(性)으로 바뀌게 된다.

이 점은 존재만의 특징적인 면모라 할 수 있지만,[193] 분명 그 성론(性論)의 골격을 이루는 중요한 부분으로 부각된다. 그는 이 점을 토대로 "성(性)이라 말하면 그것은 이미 기질(氣質)을 띠고 있으니 기질의 성(氣質之性) 외에 어찌 따로 본연의 성(本然之性)이 있겠는가. 정자(程子)와 주자(朱子)는 사람들로 하여금 본래 선하다는 것을 쉽게 깨달아서 현혹되지 않도록 하기 위해서 이(理)의 본래 의미를 깊이 추론하여 본연의 성이라 말했으니, '본연' 두 글자는 이미 군더더기이다. 성에 어찌 따로 본연이라는 것이 있겠는가"[194]라고 부정하였다.

즉 정주학파에서 인간의 본질을 해명하기 위하여 구도인 본연과 기질의 성을 기질의 성으로 일원화하고 있다. 주자가 말했던 것처럼 존재도 "본연의 성은 이(理)와 기질이 교섭하기 이전으로서 말 그대로 우리의 원초적[本然]인 모습이요, 그곳에서 온 바이면서 그곳으로 깃들어야 할 영혼(靈魂)의 고향일 뿐이다"[195]고 했다. 그러나 현실의 인간은 본래 선(善)한 이(理)의 세계로부터 몸[氣質]을 얻어 형태를 갖춤으로써 우리는 이(理)를 구체적으로 실현할 수 있게 되었다. 현실을 살아가는 인간이 실제적으로 운용하는 것은 기질의 성이다.

곧 본연의 성이란 기질의 성에 내재한 것이며, 구체적인 성이란 기질의 성뿐이란 것이다. 이는 이(理)가 하늘(天)에서는 명이고 사물에서는 성이요, 이 성(性)이 기질 속에 떨어지면 기질의 성이라고 주장했다. 그러므로 그의 입장에서는 기질속에 내재되지 않은 이(理)는 성이라 할 수 없고, 이 일뿐이다. 그런 까닭에 본연

---

192) 『存齋集』 권16, 「雜著」, 原性, p.353.
193) 이런 주장은 그의 스승 屛溪 尹鳳九도 "항상 본연의 성이든지 기질의 성이든지 '性' 자는 모두 理가 形氣 속에 떨어져 내재한 뒤에 붙여진 명칭이라 생각했다."(『병계집』 권9, 書, 答厚齋別紙, p.214)
194) 『存齋集』 권16, 「雜著」, 原成, p.353.
195) 「朱熹에서 丁若鏞에로의 哲學的 思惟의 轉換」(한형조, 한국정신문화연구원 박사학위논문).

의 성이란 기질 속에 내재한 이를 기질과의 관련성을 고려하지 않은 의미로 파악한다는 것 이상일 수 없다고 한다. 그는 이처럼 성을 인간과 사물이 태어난 후에 갖게 되는 것이라고 생각하기 때문에 인성과 물성이 다르다고 한다.

존재는 기질의 성을 설명하기 위해 아주 흥미로운 비유를 들고 있다. "쌀(米)이 그릇에 있으면 쌀이지만 솥에 들어가면 밥이 된다. 밥은 성(性)과 같고, 솥은 기질(氣質)과 같으며, 쌀은 이(理)와 같고, 쌀이 흰 것은 선(善)과 같다. 흰쌀로 밥을 지으니 밥은 단지 희다고 말할 수 있을 뿐이다. 밥이 누렇고 까맣게 되어 여러 가지로 다른 것은 찌거나 불 때는 것이 고르지 않기 때문이다. 누런 밥과 까만 밥은 찌거나 불 땐 밥이라고 말한다면 과연 말이 되겠는가. 정자가 말한 '성즉리(性卽理)'는 '반즉미(飯卽米)'라는 것과 같다"고 했다.

성은 이(理)에 뿌리를 두지만(性本理) 기질에 들어가면 성(性)이 되고, 밥은 쌀에 뿌리를 두지만(飯本米) 솥으로 들어가면 밥인 것이지 어찌 따로 본연의 밥이 있겠는가고 반문했다.[196] 여기에서 핵심은 밥은 쌀에 뿌리를 두고 있지만, 밥이 되었으면 밥이지 따로 본연의 밥을 찾을 필요가 없다는 데 있다. 즉 이미 성이면 성일 뿐이지 다시 성에서 이(理)를 따지는 본연의 성을 찾을 필요는 없고 그럴 수도 없다는 것이다. 기질의 성으로 일원화한 그는 당시 치열하게 전개된 인성(人性)과 물성(物性)의 동이(同異)의 논쟁에도 자신의 견해를 제시한다.

논쟁은 수암(遂庵) 권상하(權尙夏) 문하생들 간에 학설이 갈리게 된다. 인물성동론(同論)을 주장한 외암(巍巖) 이간(李柬, 1677~1727)과 인물성이론(異論)을 주장한 남당(南塘) 한원진(韓元震, 1682~1751) 간에 논쟁이 벌어졌다. 주요 쟁점은 인간과 동물이 인의예지신의 오상(五常)을 동일하게 부여받았는지 아니면 차이가 있는지를 탐구하는 문제였다.[197] 존재가 이 논쟁에 관심을 갖게 된 것은 이론의 입장에 선 스승 윤봉구의 가르침을 수용하고, 또 스승이 '金鍾正(1722~1787)에게 답한 편지'[198]를 받아 검토한 것이 계기가 되었다.

---

196) 『存齋集』 권16, 「雜著」, 原性, p.353.

197) 人物性同異의 문제는 未發心體有善惡과 聖凡同異의 문제로 확산되어 결국 세 축을 중심으로 전개됐다(「인성물성론」, 『한국사상연구』, 한길사, 1994, p.188).

198) 金鍾正의 字는 伯剛, 호는 雲溪로 人物性同論을 주장했다.

존재는 스승 병계 윤봉구와 같이 인물성이론(人物性異論)의 입장이다. 그는 "인성(人性)과 물성(物性)에 관한 학설이 한없이 얽히고설킨 것은 모두 기질의 성과 본연의 성 두 구절에서 연유한다"[199]라고 지적함으로써, 결국 본연의 성과 기질의 성의 개념에 대한 해석의 차이가 오상론(五常論)에서 인성과 물성이 문제를 발생시켰다고 보고 있다.[200] 그는 다시 "기질의 성 밖에 따로 성(性)이 없으며, 본연이란 이(理)에 나아가 말한 것이므로 성(性)은 아니다"[201]며 구체적인 성(性)은 기질의 성만 있을 뿐임을 다시 한 번 확인하는 입장을 천명한다.

기질의 성만을 성(性)으로 인식했을 때, 그는 이미 이론(異論)의 입장으로 보아도 좋을 것이다. 그는 동론을 주장한 외암처럼 인성과 물성이 동일하다는 측면을 완전히 배제한 것은 아니다. 그것은 기[五行]와 실제적으로 교섭하고 관계를 맺기 이전의 순수한 이(理)의 차원, 곧 그의 술어로 '무극(無極)의 진(眞)'이나 '천명(天命)의 이(理)'나 '대동(大同)의 원(原)'의 차원에서나 가능한 주장이라 했다.[202] 일단 기와 교섭하고 관계를 맺게 되면 기의 조직의 한계로 인하여 이(理)는 갇혀 개별화·특수화하고, 동시에 인성과 물성도 차이를 보이게 된다.[203]

그는 이를 "'기'가 치우치면[偏] '이' 또한 치우친다. '기'가 적으면[少] '이' 또한 적으니, 인간은 '기'의 온전하고[全] 넉넉한[多] 것을 얻었기에 '이' 또한 온전하고 넉넉하다. 동물은 '기'의 치우치고 적은 것을 얻어 '이' 또한 치우치고 적다"[204]라고 말하고 있다. 또 모든 생명체 중에서 오행(五行)의 기를 온전하고 넉넉하게 부여받아 가장 빼어난 몸의 조직을 지닌 종을 인간으로 본다. 바로 이러한 빼어난 몸의 조직을 통해 천명(天命)의 이(理)인 오상(五常)을 두루 갖추고 있을 뿐만 아니라 이를 철저히 지각하고 실현할 능력을 갖추게 된다.

---

199) 『存齋集』 권4, 書, '上久庵先生' p.66에 이때의 정황은 존재가 스승에게 보낸 편지와 『存齋全書』 上, p.12, "性因理賦本於天 人得其全物得偏 若論一元同處是 看氣上便殊千."

200) 윤사순도 일찍이 "주자의 성과 이의 용법이 이는 하나인데 성은 본연지성과 기질지성이라는 두 가지 용법이 있어 여기에 대한 개념의 모호성으로부터 인성과 물성의 차이가 있게 된다"고 지적한 바 있다(「인물성동이논변에 대한 연구」, 『한국유학사상론』, 열음사, 1986, p.129).

201) 『存齋集』 권4, 書, 상구암 선생, p.67.

202) 존재 이런 견해는 南塘의 상층의 性 차원 곧 超形氣의 차원으로 보아도 될 것이다.

203) 『存齋集』 권1, 詩, 性理韻, p.13. "본성은 이치가 부여하니 하늘에 근본하는 것/ 사람은 온전함을 얻지만 사물은 치우쳤네/ 하나의 근원을 논의하면 모두 같은데/ 氣에서 보면 천 가지로 다르다네" 하며 시를 통해 견해를 선명히 제시한다.

204) 『存齋集』 권4, 書, 상구암 선생, p.66.

이 오상은 이를 지각·실천함으로써 인간은 영장(靈長)의 위상을 지킬 수 있고 인간의 본질[性]을 현실화할 수 있다. 그러나 상대적으로 열악한 몸의 조직을 부여받은 동물들은 오상을 두루 갖추지 못해 지각과 실천의 능력도 훨씬 떨어진다. 반딧불은 화기(火氣)만 얻었을 뿐 인간과 같은 예(禮)의 성(性)을 지닐 수 없다. 설령 호랑이가 부자간의 인(仁)을 행한다 할지라도, 그에게 인간과 같은 마음의 덕과 사랑의 이치가 있다고 할 수 없다.[205] 이 점에서 인간과 동물은 자연의 질서에서 위상이 다를 뿐 아니라, 본질을 구현하는 모습에서 명확히 구별된다.

이상의 논의를 통하여 존재는 인성과 물성을 변별하여 인간과 동물의 차이를 밝혀냈다. 그렇다면 인간과 인간 사이에 어떤 차별성도 없는 것일까. 그는 이 문제를 선(善)과 관련시켜 설명하고 있다. "성(性)이라 이름을 붙일 때 이미 기질(氣質)을 띠고 있으므로 이는 비록 악(惡)이 없지만 기로 인해 청탁(淸濁)이 있고, 성은 순선(純善)할 수 없어 만 가지로 다르게 된다"[206]라고 했다. 존재에게 성은 특정한 생명체를 바로 그것이게 해 주는 선험적(先驗的) 조건(條件)이다. 인간의 경우, 인간을 인간이도록 해 주는 선험적 조건은 오상의 이(理)인 것이다.

인간은 동물에 비해 오행이 빼어난 기(氣)를 타고났지만, 그 가운데서도 맑고[淸] 탁함[濁]의 구별은 있다. 곧 몸을 구성하는 물질적 요소인 기(氣)의 편차에 의해 조직의 순도(純度)가 달라지지 않을 수 없다. 조직의 순도가 모두 일정하지 않으므로 오상의 이를 지각하고 실현하는 능력에도 각각 차이가 있다. 따라서 "성에는 요순(堯舜)의 성이 있고 걸주(桀紂)의 성이 있어서 본래 걸주의 성이 요순과 같다고 말할 수 없다"[207]고 제시하여, 요순처럼 순선하게 행위하는 인간이 있는가 하면 걸주처럼 불선(不善)한 행위를 자행하는 인간도 있다고 주장한다.

그러나 성(性)을 실현(實現)하는 모습이 달랐다 하더라도 그것은 어디까지나 부여받은 형태 즉 조직[氣]의 차이로 인한 도덕적 지각(知覺)과 실천능력(實踐能力)의 차이일 뿐, 인간의 선험적 조건인 오상의 이(理)가 서로 달랐다는 말은 아니다. 따라서 치우친 불균형의 기질을 교정하는 윤리(倫理)와 수양(修養)이 전면에 떠오르

---

205) 『存齋集』 권4, 書, 상구암 선생, p.66.

206) 『存齋集』 권8, 「讀書箚疑」, 論語, p.170.

207) 『存齋集』 권16, 「雜著」, 原性, p.353.

게 되는 것이다. "성(性)은 만 가지로 다르지만 일원(一原)의 이(理)는 동일함으로 같지 않은 가운데 오히려 서로 가까운 점이 있다. 비록 (기질)이 탁하여 순수하지 않은 사람이라도 선(善)을 익히면 동일함을 회복할 수 있다."[208]

결국 오상(五常)에 의거, 인성과 물성이 서로 다름을 주장했다. 그리고 인간만이 오상을 지각하여 도덕적인 선을 실현할 수 있다면서 인간성의 권위를 확립하려는 의도를 숨기지 않았다. 그러므로 인성과 물성의 동이(同異)문제에서 그가 중시한 것은 동물도 오상을 갖고 있느냐가 아니다. 그는 오히려 그러한 논의를 중단하고, 내 몸이 오상을 갖추고 있다는 사실을 명확히 인식 · 체험하고 확충하여, 의지와 기운(氣運)이 신명(神明)과 같아지고 본성을 극진히 발휘해서 천명(天命)을 알 수 있어야 한다고 강조했다.[209] 그러므로 지엽적이고 소모적인 논쟁에 휘말릴 것이 아니라 근본적이고 생산적인 실천이 필요하다는 것이다.

(2) 사단칠정론[210]

사단칠정(四端七情)의 문제는 그것을 이기(理氣)와 관련지어 어떻게 해석하느냐에 따라서 철학적(哲學的)으로 커다란 의의(意義)를 지니게 된다. 16세기 후반에 조선의 성리학은 퇴계(退溪) · 고봉(高峯)과 율곡(栗谷) · 우계(牛溪) 사이에서 주자(朱子)의 성리학을 중심으로 성리학의 인식수준에 새로운 지평을 열었다. 그들의 진지하고 심오한 학구적 성의로 해서 사단칠정 논쟁은 조선 후기에 이르기까지 성리학자들의 주요 탐구대상이 되었다. 18세기 대부분의 성리학자들은 퇴계와 율곡 중 어느 한쪽을 옹호하면서 대치하는 대립적 양상을 드러내었다.

존재는 사단과 칠정이 각각 발동한다는 관점과 구별하려는 관점과 함께 비판함으로써 율곡의 학설을 옹호하며, 자신의 견해를 제기한다. 먼저 이기의 발동문제이다. "이미 이의 본성[氣質之性]이 갖춰지면 감촉(感觸)에 따라 발동하는데 발동하는 것은 기이고 발동의 원인은 이(理)이다. 만일 이가 발동하지 않는다면 기

---

208) 『存齋集』 권8, 「讀書箚疑」, 論語, p.170.

209) 『存齋集』 권4, 書, 上久庵先生, p.67.

210) 『存齋集』 권17, 「雜著」, 四端七情辨, p.377 "학자들은 처음에는 단계를 뛰어넘어 천착하기를 좋아하고, 끝에는 자기 견해를 고집하여 기를 쓰고 이기려 하다가 결국 모두 어두워 스스로 깨닫지 못하니, 또한 어찌할 도리가 없는 것이다."

가 어떻게 스스로 발동하겠는가. 이의 본체는 비록 소리도 냄새도 없지만 원래 기와 함께 있기 때문에 어떤 사물이 다가와 접촉하면 스스로 감응, 발동하게 된다. 만일 기가 발동하지 않는다면 이가 어떻게 스스로 발동하겠는가."211)

그는 이기통합의 논리체계에 따라 이와 기의 분리에 반대한다. 또 기는 능발적(能發的)이고, 이는 소발적(所發的)인 개념으로 이해한다. 그러므로 기의 발동은 이의 소이연(所以然)에 따라 이루어진다. 즉 기의 작용은 이를 근거로 한다. 요컨대 이는 기가 발동하는 원인이요 근거일 뿐 스스로 발동할 수 없다. 그의 견해는 퇴계의 "사단은 이가 발동, 기가 따르고(四端理發而氣隨之), 칠정은 기가 발동, 이가 탄다(七情氣發而乘之)"는 호발설을 거부하고, 율곡의 "사단과 칠정은 모두 기가 발동하고 이가 탄다"는 氣發理乘一途說에 접근하는 것으로 보인다.

존재의 사단과 칠정에 대한 이해는 바로 이기(理氣)의 발동문제와 관련되어 있다. 그는 "본성 가운데 원래 喜·怒·哀·樂의 이(理)가 있어 감촉에 따라 발동하여 희·로·애·락이 되니, 이(理)만으로 감촉할 수 없고 기만으로는 발동할 길이 없다. 오직 그 두 가지가 함께 발동하기 때문에 마침내 칠정(七情)이 있으니, 칠정은 처음부터 본성 밖의 사물이 아니다. 만일 본성 가운데 원래 일곱 가지 이가 없다면 기가 어떻게 스스로 발동하겠는가."212) 원래 칠정은 『예기(禮記)』예운편(禮運篇)에 있는 '희로애락애오욕(喜怒哀樂懼惡欲)'의 인간감정을 가리킨다.

이와 같이 인간감정은 태어나면서부터 본능적으로 가지고 있다. 이런 감정은 배우지 않고도 소유한 것들이며, 칠정이란 인간감정의 전부라고 볼 수 있다. 우리의 본성에 선험적으로 갖추어진 희·로·애·락의 理는 스스로 발현하여 작용할 수 없고, 반드시 기를 매개(媒介)로 외물을 감촉, 감정으로 표출된다. 이때의 기는 몸과 마음의 기이며, 이는 천명의 이(理)이다. 또한 몸은 마음과 외물을 공감케 하는 통로와 다른 것이 아니요, 마음은 몸통이라는 통로를 통해 외물과 감촉하여 마음에 내재된 희·로·애·락의 이, 곧 본성을 감정으로 표출하는 것이다.213)

---

211) 『存齋集』 권17, 「雜著」, 四端七情辨, p.376.

212) 『存齋集』 권17, 「雜著」, 四端七情辨, p.376.

213) 『存齋集』 권9, 「讀書箚疑」 孟子, p.197, "인간은 마음이 있음으로 성이 동하여 정이 된다[性動爲情]. 사람이 선을 행할 수 있는 것은 이 정 때문이다", 같은 책, 권5, 大學, p.92. "성이 발하여 정이 되고[性發爲情], 정의 실마리를 이루는 것이 意가 된다"고 했다.

이를 토대로 존재는 칠정을 본성의 발현으로 봄으로써 칠정도 본래 선하다고 주장한다. "칠정은 원래 악한 사물이 아니다. 다만 감촉의 깊음과 옅음, 원만함과 급함의 차이가 있고, 마음의 순수함과 혼잡함, 맑음과 흐림의 차이가 있어서 감정에 선악의 다름이 있다."214) 그에게 칠정은 원래 인간의 도덕감정 또는 양심과 무관한 성질의 것이 아니다. 다만 칠정은 발현하는 과정에서 과불급(過不及)의 다양한 양상에 따라 우리의 도덕의식에 의해 선악을 평가받는다. 따라서 감정이 항상 선으로 표출되기 위해서는 기(氣)가 발동할 때 이(理)에 순응하여 이를 은폐함이 없이 충실하게 실현해야 한다는 윤리와 수양의 문제가 또 제기된다.

사단과 칠정에 대한 논의의 핵심은 사단이 칠정의 한 부분인가, 아니면 칠정과 전혀 별개의 것인가 하는 점이다. 그는 "만일 선악의 측면에서 논하면 그 선은 곧 仁·義·禮·智의 단서이니, 칠정 밖에 따로 사단이 있는 것이 아니다. 맹자(孟子)는 세상 사람들의 본성 가운데 이 사상(四常)이 있음을 모르는 것을 안타깝게 여겨, 특별히 칠정 가운데 자기를 반성(反省)하여 쉽게 알 수 있게 네 갈래만 끄집어내었으므로 사정(四情)이라 부르지 않고 사단(四端)이라 불렀으니, 대개 감정(感情) 가운데 증험(證驗)할 수 있는 단서(端緒)가 있다고 말한 것이다."215)

사단은 맹자가 말한 "측은하게 여기는 마음, 부끄러워하는 마음, 사양하는 마음, 시비를 가리는 마음"216)에서 유래한다. 이때 '단(端)'이라는 글자는 단서(端緒) 즉 실마리와 같은 의미를 지니는데, 주자는 측은(惻隱)·수오(羞惡)·사양(辭讓)·시비(是非)를 감정(情)으로, 仁·義·禮·智를 본성으로 해석했다. 이 경우 인·의·예·지란 이른바 이목구비, 사지(四肢) 등 생리적인 식욕(食欲)과 성욕[色]의 본성을 말하는 것이 아니라, 당위(當爲)로서 선한 도덕적 본성을 가리킨다. 맹자는 "인간의 이 네 가지 감정의 실마리[四端]가 본래 있는 것임을 알아서 이를 확충하여 불이 타오르듯이, 샘물이 솟아나듯이 행해야 한다"217)라고 말한 것이다.

존재는 맹자가 우리 마음에 인·의·예·지의 사상이 본래 주어져 있음을 당

---

214) 『存齋集』 권17, 「雜著」, 四端七情辨, p.376.
215) 『存齋集』 권17, 「雜著」, 四端七情辨, p.376.
216) 『孟子』 公孫丑 上 6장.
217) 『孟子』 公孫丑 上 6장.

시 사람들에게 일깨워 주기 위한 방편으로 사단을 적출(摘出)했다고 이해하고, 칠정이 인간감정의 총체적 관념인 한 사단은 그 일부가 아닐 수 없다고 주장한다.[218] 그의 설명을 따르면, 옳음[是]을 보고 옳음을 알아 곧 기뻐하고 사랑하며, 그름[非]을 보고 그름을 알아 곧 성내어 미워함으로 사단과 칠정은 구별되지 않는다는 것이다. 그래서 그는 퇴계처럼 사단은 순선(純善)하고 칠정은 선악이 섞여 있다고 하여 결국 둘로 나누어 본다면 열한 가지 감정이 되어 옳지 않게 될 것이라고 지적하고 있다.[219] 이 같은 존재의 설은 고봉(高峯) 기대승[220]의 주장과 비슷하다.

(3) 존재 성리학의 특징

천인합일에 이르는 길은 경전을 배우고 실천하는 것이다. 존재도 역시 그것을 스승으로 삼아 성학을 밝혀야 한다고 주장했다. 그 핵심은 『대학(大學)』과 『중용(中庸)』 및 『논어(論語)』와 『맹자(孟子)』이다. 『대학』과 『중용』은 철학적 이론서이고, 『논어』와 『맹자』는 경험적인 사실이다. 독법(讀法)은 "다독에 의미를 부여하지 않고 내재된 의리(義理)를 파악해서 본지(本旨)를 궁구해야 한다"고 했다. 그것도 박학적(博學的)·원시유학적[洙泗學]·훈고학적(訓詁學的)으로 전통 성리학의 덕치관념에서 벗어나지 않고 학문의 가변성을 인식하는 차원에서 추구했다.

존재의 철학사상은 4서차의(箚義)에 있다. 그 가운데서도 핵심은 중용이다. 그 핵심인 성은 유가사상의 근저이다. 『대학』에서 공자, 『중용』에서 자사(子思)가 성을 제창한 이래 성사상의 진실무망(眞實無妄)은 유가사상을 관통하고 있다. 즉 "성(誠)한 것은 천도(天道)요 성(誠)하는 것은 인도(人道)이다"[221]라고 한다. 성(誠)한 사람은 힘쓰지 않고도 중도(中道)를 맞으니 성인(聖人)이요, 성(誠)하려는 사람은 택선(擇善)하여 이를 고집(固執)하는 것이다.[222] 성(誠)은 천도(天道)요, 성인의 도이며, 성지(誠之)라는 것은 현인(賢人) 이하가 행할 도이다.

---

218) 존재 이런 주장은 결국 율곡의 칠정이 사단을 包括한다는 '七包四'의 논리와 같다고 볼 수 있다.

219) 『存齋集』 권17, 「雜著」, 四端七情辨, p.376.

220) 高峯 奇大升은 退溪 李滉과의 事端七情書 1559년(己未) 2월 서신 참조.

221) 『中庸』 제20장, "誠者 天之道也, 誠之者 人之道也."

222) 『中庸』 제20장, "誠者, 不勉而中, 不思而得, 從容中道, 聖人也, 誠之者, 擇善而固執之者也."

일부 학자는 존재가 성리학 자체에 대해 별다른 견해를 보이지 않았다고 한다. 그러나 그의 성리학 세계를 온전히 이해하기 위해서는 이기론(理氣論)·성론(性論)·사단칠정론(四端七情論) 외에도 인심도심설(人心道心說)이나 수양론(修養論) 등을 포괄적으로 정리해야만 가능하다. 여러 제약으로 그가 자연을 이해하는 방식과 그 자연 속에서 인간의 위상을 어떻게 정초(定礎)하며 인간의 본질을 어떻게 실현하는지에 초점을 맞췄지만 소략하다 할 수 있다. 이런 한계에도 불구하고 그의 몇 가지 성리설에서는 일관된 논리의 구조와 의미를 충분히 파악할 수 있었다.

그의 성리설에서는 일원론적 통합의 논리가 일관한다. 그는 이기론에서 자연세계의 사물과 현상을 철저하게 이기의 복합체로 해석, 원리로서 '이'의 가치를 인정하나 질료(質料)로서의 '기'의 역할을 중시했다. 여기에는 '이'를 현실 차원에서 실현하기 위해 '기'라는 매개체를 통하지 않을 수 없다는 인식이 깔려 있다. 또 성론에서는 인간의 본성을 본연의 성과 기질의 성으로 이원화(二元化)하려는 논의를 지양하고, 오히려 본연의 성을 기질의 성으로 환원시켜 현실을 살아가는 인간이 실제적으로 운용하는 것은 기질의 성뿐임을 강조했다.

따라서 자연으로부터 부여받은 오상(五常)은 몸이라는 기질의 바탕 위에서 발현될 수밖에 없다. 이를 온전하게 구현하기 위해서는 현실적으로 불완전한 도구인 기질을 끊임없이 교정해야만 한다. 사단칠정론에서 그는 사단과 칠정을 모두 도덕적 감정으로 보아 사단을 칠정에 포괄하여 일원적으로 이해하고 있다. 그리고 본성으로 주어진 칠정의 이(理)도 결국 몸과 마음이라는 기를 매개로 하여 감정으로 표출된다고 설명했다. 이 같은 존재의 논리는 퇴계(退溪) 이황(李滉)의 영남학파의 반대편인 율곡(栗谷) 이이(李珥)의 기호학파의 입장을 따랐다.

그러나 존재는 율곡(栗谷)만큼 주자를 공격하지는 않았다. 율곡의 주자에 대한 비판논리를 보자. "사단은 이가 발동하여 기가 따르고(四端理發而氣隨之), 칠정은 기가 발동하여 이가 탄다(七情氣發理乘之)라는 호발설(互發說)"[223]을 반박하면서, 주자까지도 오해가 있었다고 비판했다. 그리고 "노자사상을 허학(虛學)이라고 치부해서는 안 된다"고 했다. 그가 도덕경에서 2,098자를 가려내 40장으로 구성한

---

223) 若朱子 眞以學 理氣互有發用 相對各出 則是朱子亦誤矣.

『순언(醇言)』은 그동안 알려지지 않다가 1974년 규장각에서 발견했다. 율곡의 사상은 그만큼 열려 있음을 보여 주고 있음을 확인할 수 있는 것이다.

율곡의 이기론은 이와 기는 하나이며 둘이요, 둘이면서 하나[一而二, 二而一]로 이기지묘(理氣之妙)이다. 즉 운동하는 것은 기요, 스스로 운동하지 않으면서 기의 운동 원인이 되는 것이 이(理)이다[氣發理乘]. 이는 현상이 없으면서 어디서나 통하지만 기는 형상(形相)이 있으므로 시공(時空)의 제약을 받는다[理通氣局]고 했다. 그리고 심성론(心性論)에서 성(性)은 이와 기의 합, 정(情)은 사단 중 선한 부분, 심(心) 중 인심(人心)은 기가 가린 부분, 도심(道心)은 기가 가리지 않는 부분, 의(意)는 마음이 발하는 것을 헤아려 생각하는 것이라 했다.

이처럼 존재의 일원적(一元的) 통합(統合)의 논리는 자연과 인간을 해석하는 구도에서 이(理) 또는 성(性)을 기(氣) 또는 기질과 유리된 추상의 세계에 머물러 두려고 한 것이 아니라, 항상 실제의 세계로 끌어내어 상호 긴밀한 연관 속에서 현실화하려는 의도를 담고 있다. 더 나아가 자연과 인간이라는 장(場)에서 순수한 원리와 이념의 발현을 제약하고 구속하는 모든 조건들을 교정하고 개선하려는 실천적인 노력을 요청하고 있는 것이다. 그의 이런 입장은 종래 성리학의 이원론적 관점을 일원화(一元化)하는 데 진일보한 논리로 평가할 수 있다.

특히 주자의 본연지성을 배격한 점은 존재 성리학의 특징으로 볼 수 있을 것이다. 당시의 세태로 보아 주자의 학설을 비판하거나 부인하기란 매우 어려울 때이다. 우암은 주자의 학설은 한 자 한 획도 훼손해서는 안 된다는 소중화주의자(小中華主義者)였다. 그런 우암의 인식을 벗어난 주장은 쉽지 않았다. 다만 백호(白湖) 윤휴(尹鑴)에 대해 존재도 「절휴변(絶鑴辨)」에서 윤휴의 '주자구개역사실(朱子句改易事實)'[224]에 대해 우암의 입장을 지지하고는 있다. 절휴변이란 윤휴의 이론을 부정한다는 말이다. 서인들이 사문난적으로 매도한 윤휴는 누구인가.

(4) 백호 윤휴

윤휴는 1617년(광해 10) 윤효전(尹孝全)의 아들로 태어났다. 그의 부친은 광해군

---

224) 『存齋集』 卷17, 絶鑴辨, "其改易朱子章句, 終不雪也, 則鑴之爲斯文亂賊, 雖孝子慈孫, 決不可仲也, 若如客之言, 則其將鑴躋於聖底, 而黜朱子乎."

때 사헌부 대사헌을 지낸 북인으로서 서경덕(徐敬德)의 문인이다. 외조부 김덕민(金德敏)은 북인의 정신적 지주였던 남명(南冥) 조식(曺植)의 친구 성운(成運)의 제자다. 성운은 성리학자들이 이단으로 보았던 노장(老莊)에 심취한 인물이다. 윤휴는 양명학을 소개한 이수광(李睟光)의 차자 이민구(李敏求)에게도 배웠다. 부친과 외조부와 이민구 등은 정통 성리학자들과는 거리가 있는 인물들이다. 이들에게 학문을 배운 윤휴는 주희를 금과옥조로 떠받들지 않게 되었다.

그러나 양란 이후 수습을 놓고 둘은 대립했다. 송시열로 대표되는 서인세력은 주자학과 신분제를 강화하는 복고적 노선을 걸었다. 성리학의 주류는 이들에 의해 예학(禮學)으로 바뀌게 된다. 원래 예란 경전을 통해 얻어진 진리를 수양을 통해 행동을 바르게 하고 자신의 사회적 지위에 알맞은 역할과 행위의 규범을 체득하는 것이다. 주자는 예를 천리의 도리에 맞게 빛낸 것으로 정치와 사회의 규범이라고 했다. 그럼에도 송시열 등은 예를 피지배층에 대한 강제적인 의무로 부과했다. 더구나 주자가례만을 예론의 정설로 채택하고 이설을 부정했다.

이에 반해 윤휴로 대표되는 일단의 사대부들은 이를 반대했다. 그들은 제왕의 왕조례는 고전예전에 바탕을 둬야 한다고 주장했다. 즉 주례(周禮), 의례(儀禮), 『예기(禮記)』 등 고례에 입각해야 한다는 것이다. 송시열은 백호 등의 주장을 사문난적으로 매도했다. 서인들이 편찬한 『효종실록』 9년 12월 13일의 윤휴에 대한 평가를 보자. "윤휴는 글을 읽어 이름이 있었는데, 논변(論辨)이 있을 때면 자기의 견해를 옳게 여겼다. 그의 학문은 대부분 정자와 주자의 견해와 배치되었으나 그 무리들이 칭찬하였으므로 식자(識者)들이 우려했다"라고 적었다.

윤휴가 송시열에 의해 사문난적으로 낙인찍힌 것은 중용 해석 때문이다. 즉 "기가 처음 생기는 것을 태극이라 하고 음양이 나뉘는 것을 양의(兩儀)라 하며 기가 합해서 형태를 이루는 것을 사상(四象)이라 한다. 태극이 생기면 음양과 양의를 주관하고 나뉘면 태양, 소음, 소양, 태음이 된다. 사상이 합해지면 음양과 체용(體用)을 겸하니 태극은 기이다"라고 했다. 곧 태극은 기라는 말은 한마디로 주자를 부인하는 것이다. 주희는 만물의 존재근거인 태극을 이(理)라고 설명했기에 송시열 등 서인들은 도저히 묵과할 수 없는 돌출적인 이론이었다.

백호 윤휴는 주희와 배치되는 견해를 갖게 되었을까? 학문도 아는 만큼 보인다. 윤휴도 학문이 깊어지자 주자의 주장에 문제가 있음을 알게 된 것이다. 당연히 문제가 있음을 지적할 수 있다. 그러나 송시열은 "주자의 말은 한자 한 획도 고쳐서는 안 된다"라는 고정관념을 가지고 있었다. 송시열의 입장에서 보면 윤휴는 이단(異端)으로 보일 수 있다. 왜 그가 주자학과 반대의 입장에 섰을까. 주자 또한 사람이기에 완전할 수 없다. 완전하지 못한 사람의 견해는 문제가 있다. 문제가 있으니 있다고 했다. 이는 가계와 학맥에서 비롯된 영향으로 보인다.

존재는 왜 윤휴의 주장에 「절휴변」이란 제목의 시를 통해 비판했을까. 개인적으로 보면 자신보다 110년 전에 태어난 백호를 반박할 아무런 이유도 없다. 그가 윤휴의 이론을 공박한 것은 병계(屛溪)를 사부로 모신 학파적(學派的) 입장의 의리 때문이 아닌가 싶다. 아울러 그가 양명학에 대해 언급조차 않은 것도 같은 맥락일 것이다. 다만 그가 본연지성에 대한 기호학파의 입장과 다른 주장을 했더라도 마찬가지이다. 그럼에도 불구하고 주자학문의 핵심논리라 할 본연지성을 부인하고 일원론적 이론을 주장한 것은 다른 일면이라고 아니 할 수 없다.

5 | 존재의 사회개선론

존재는 자신의 우주관과 경학관을 실현하기 위한 사회개선론 즉 경국론(經國論)과 향촌론(鄕村論)을 제안했다. 이 분야는 문학분야 다음으로 학계의 연구가 비교적 활발한 편에 속한다. 여러 연구자 가운데 이해준(공주대) 교수의 「존재 위백규의 사회개선론」[225])으로 대신한다. 이 교수는 존재의 「정현신보(政絃新譜)」와 「만언봉사(萬言封事)」를 바탕으로 그의 사회개선론을 심층적으로 분석하고 있다. 그런데 존재의 폐정개혁론을 연구한 전주대 서종태 교수는 「정현신보」의 설폐는 13항목인 데 비해 구폐는 32항목이며, 봉사는 설폐만 28항목 있는 점으로 미루어 「정현신보」는 미완의 저술로 풀이하고 있다(編者 註).

1) 경국론

존재는 당시 저락해 있던 현실상황의 근원적인 요인 즉 국이민안(國利民安)에 해가 되는 근본을, 법이나 제도 자체 또는 경제적 제 양상(諸樣相)들보다도 정치적 해이와 기강의 문란에서 야기되는 것으로 보고, 그에 따르는 각종 무질서를 회복·재확립시키는 데 정치적 이상을 두고 있다. 그는 제도와 법의 개혁도 주장한다. 법이나 제도가 오래되면 폐단이 생기게 마련이고 이를 고치지 않는다면 국망(國亡)의 지경에 이르게 되므로 대경장이 있어야 할 것이라고 한 그를 어떤 의미에서는 철저한 개혁주의자라고 부를 수 있을지 모른다.

---

225)『존재 위백규의 사상과 철학』(김석중·안황권 편저, p.15).

그는 백성을 다스리는 방법으로 법만을 강조하지 않는다. 오히려 그는 치자들이 국가의 이익보다는 자신의 이익만을 추구했기 때문에 '治日常少, 亂日常多'하게 되었다 하고, 치자는 법보다 나라와 백성을 위하는 마음으로 민심이 스스로 화합하는 것을 바라야 될 것이라고 했다. 그의 이상적 정치관은 군주에 대한 기대에서 더욱 잘 나타난다. 즉 군왕은 요순의 성지와 심·언·행을 본받아 실행하여야 하며 요순에 미치지 못하면 '의연자분(毅然自奮) 불감자족(不敢自足)'하고 요순만큼 되었어도 오히려 하늘같이 못 할까 두려워하라 했다.

한편 군왕이 자신의 부족함을 깨닫지 못하면 나라가 올바로 될 수 없는 것이다. 더구나 스스로 요순이 된 것처럼 자만(自慢)하여 '심일지해(心逸志懈)'할까 경계하지 않는다면 이는 오히려 요순의 정치를 본받으려 하다가 도리어 해를 입게 될 것이다. 이것은 대개 요순의 명(名)만 찾고 요순다운 행동을 배우고 실천하지 않기 때문이다. 요순의 올바른 뜻을 본받은 일과 요순이 그처럼 될 수 있었던 소이(所以)를 따라 '성인(聖人)의 학(學)'을 바탕으로 성심껏 실천하고 항상 맹성(猛省)과 자책(自責)하는 마음가짐을 지녀야 한다고 강조한다.

그리하여 이러한 '입성지(立聖志) 명성학(明聖學)＝요순(堯舜)의 지(志)와 공맹(孔孟)의 학(學)'을 토대로 정치를 행한다면 현명한 보필이 자진하여 도와주어 국정은 바로잡힐 것이고, 근본이 뚜렷한 때문에 기강도 확립되어 구차하게 구폐(救弊)를 모색하지 않아도 되는 이상사회가 성립될 것이라는 것이다. 결국 모든 정치의 근본은 군왕의 마음에 달린 것이며 군왕이 만화(萬化)의 근본이 되고 만기(萬機)의 중심이 되는 성현의 '志'와 '學'으로 정치의 근간을 삼는다면 삼대(三代)의 정치라도 재현(再現)이 가능하다는 것이 그의 주장이고 이상이다.

그러나 이러한 자신의 정치적 이상을 충족시켜 주지 못했던 조선의 현실상[226]은 그로 하여금 비판적 구세적(救世的)인 통찰을 갖도록 했다. 그는 누적된 폐단(弊端)들을 한(漢)·당(唐)의 말폐(末弊)도 이보다 심하지는 않았을 것이라며 역사의 진행과정에서 폐단이 생기는 것이야 당연하지만 이런 말폐가 개선되지 않고

---

226) 존재는 극에 달한 당시의 실정을 「만언봉사」에서 "學校弛幣 士無首繕之習 軍政惰懷 無控弦之卒 兵器鈍敗 廊無應變之貯 漕運則年年敗沒 儲蓄則時月告罄民無恒産而流散 逐末人心浮亂 而逆獄歲興 水旱疾疫 而邑里殘破 山童澤圃而庶物耗絶" 이라 하고 이것은 지식인과 관료층의 무책임한 태도에 기인한다고 했다.

쌓인 것은 애국·애민해야 할 지식인들이 그 기능을 다하지 못한 데 있다고 적시했다. 즉 국가의 원기(元氣)[227]가 되어야 할 지식인(士)들의 타습(惰習)은 극도로 부허(浮虛)하여 치국의 방략을 구명하지 못하고 있다고 지적했다.

또한 교화(敎化)를 성성(成聲)해야 할 본분을 망각한 채 안일(安逸)과 사욕(私慾)에만 몰두함으로써 오히려 '병국지겁가(病國之痁痼) 진속지염화(殄俗之痰火)'가 되었다. 그 기백은 모패무여(耗敗無餘)하여 어디에 있는지 찾을 수 없어도 이를 괴이하게 여기지 않을 지경이니 이는 마치 병세가 육맥구절(六脈俱絶)된 상태와 다를 바 없는 것이다. 한편 이같이 선도적 역할을 해야 할 지식인이 타락하여 그 기능이 마비된 상황 아래서 예의염치(禮義廉恥)도 당연히 도상(都喪)할 수밖에 없다고 당시의 세태를 다음과 같이 신랄하게 비판했다.

"사람들은 각자 끝없는 사욕만을 도모하여 나라 안의 모든 사람들이 요행을 바라며 재물은 모두 뇌물이 되었다. 위로는 조정 만관(萬官)으로부터 아래로는 촌리(村里)의 서장(胥長)에 이르기까지 공도(公道)를 지키는 자가 한 사람도 없다. 크게는 군(軍)·부(賦)·형(刑)·법으로부터 작게는 쟁송(爭訟)과 추문(追問)에 이르기까지 공도로 이루어지는 일이 하나도 없다"[228]라며 비분강개한 어조로 질타했다. 존재는 사회기강의 해이(解弛)와 문란이 민지(民志)의 불안정과 상하 당직자들의 사리도모경향(私利圖謀傾向)[229]을 초래했음을 지적했다.

특히 상하 관리들의 탐부(貪賦)·회뢰(賄賂)·사치(奢侈) 경향은 그에게 있어서 국가의 존망과 관련된 심각한 문제였다. 즉 탐리(貪吏)는 하나의 '좀[蠹]'으로, 위로는 나라를 도적질하고 아래로는 백성을 핍박(逼迫)하는 이른 바 절국(竊國)이라는 것도 실상 백성들로부터 근거한 국재(國財)를 대상한 것이므로 모두 민폐망국(民弊亡國)의 요인이라 했다. 또한 탐부배(貪賦輩)가 이용하는 회뢰 역시 인민의 혈(血)과 체(體)로서 박민(剝民)의 소산이니 무릇 탐리가 성하면 나라의 병폐와 위망(危亡)이 저절로 따르게 된다는 것은 이것을 일컫는다.

---

227) 「만언봉사」 正士習抑奔競條에 "自古士爲國之元氣 元氣者 天地之正氣也 夫士稟天地之正氣 體天地之正理 行天地之正道 談天地之正事"라 했다.

228) 「만언봉사」, "各者謀億萬其心 一國之人皆爲幸拓 一國之財 皆爲賂物 上自朝廷百官 下至閭里胥長 無一以公道得者 大自軍賦刑法 細至爭訟追問 無一事以公道成者".

229) 「만언봉사」 序, "達官無匪躬之義 牧伯無分憂之念 上自卿士大夫 下至庶人皁隸咸曰利吾 盼盼相鬻".

더구나 조선이란 나라의 물산은 풍부하지 못한다. 뿐만 아니라 유통(流通)마저 제대로 안 되어 빈궁(貧窮)을 면하기 어려운 실정이다.[230] 그럼에도 불구하고 사치의 풍조는 극에 달하여 경용(經用)이 무절제하니 국가의 부강은 기대하기조차 어렵다. 이러한 사치는 불의·칙취(勅取)·암뢰(暗賂)·도회(盜賄)로 벌어들인 것이므로 모두가 민(民)과 국(國)의 이해와 안위에 직결된 것이다. 결국 존재는 국가의 원기(元氣)로서 기능해야 할 지식인들이 자기의 역할과 본분을 다하지 못한 결과로 야기된 기강의 문란은 민지(民志)를 불안정하게 했다.

또 그것은 온갖 정치 사회적인 병폐로 말미암아 탈바꿈을 계속하여 부국안민의 정치이상을 좌절시킨 것으로 파악했다. 그가 당시의 폐인을 정치기강의 해이와 문란에서 찾고 있으며, 기존의 조제(條制)와 질서의 회복을 재확립함으로써 이상적인 왕도정치(王道政治)의 요체인 덕치(德治)를 재현하여 국가의 부강과 민생의 안정이라는 양대 목표를 달성하려 하였다는 점에서 일단 그의 개혁의지가 회고적(回顧的)인 것임을 간취(看取)할 수 있다. 그러나 그의 현실에 대한 인식이 관념적(觀念的)·윤리적(倫理的)인 이상론에만 근거한 것은 아니다.

윤리도덕적인 차원에서 이상사회로의 지향을 전제하면서, 당시 정치와 사회적인 기강문란을 한(漢)나라와 당(唐)나라의 말기의 폐해(弊害)와 비교하였던 것과는 달리, 경세적 입장에서 그는 당시의 현상을 임진왜란 전 선조조(宣祖朝)와 비교한다. 특히 그는 법령의 해이에 따르는 문제들을 주목하고 법령이 해이하여지고 기강이 서지 않는 상태에서는 비록 주관(周官)의 품절(品節)이라도 무익할 것이며, 요순(堯舜)의 인심(仁心)이라도 백성이 불신(不信)할 것이며, 무릇 백성들이 불신하고서 나라를 보존할 수는 없는 것이라 했다.[231]

따라서 이러한 현상들이 더 이상 확대되는 것을 막기 위해서는 시세(時勢)에 수응(隨應)하는 변법(變法)이 단행되어야 한다. 즉 "법이 오래되고서 폐단이 없을 수 없다. 적게는 30년이면 인사가 변하고 크게는 60년이면 천도가 변하게 된다. 옛 성현은 때를 좇아 사리에 맞게 법을 정하는 것을 중요하게 여겼는데 그 까닭은

---

230) 「만봉」律貧賦禁奢侈條, "東方天下之貧國也 山無金玉銅錫之礦 水無珠貝文○之貨 海陸無千里之遠 故魚鹽未水三倍之美 俗習乏耐久之性 故商賈不支十年之積 穀物脆○不能陳三稔 人性拙嗇不能通遠賈肆".

231) 「만봉」由舊章革弊政條.

그렇게 하는 것이 인사에 합치되고 천도에 순응하는 것이 되기 때문이다"[232]라 했다. 이렇게 시세에 따른 변통이 있어야 되며, 폐가 되는 것을 알고도 변통을 하지 않는다면 이는 앉아서 나라의 흥망을 기다린 것과 같다고 했다.

그리고 이러한 폐이(廢弛)를 바로잡으려면 잡다한 율령문자(律令文字)로 미봉에 급급해서는 안 되며 대경장(大更張)이 있어야 한다. 존재는 그 근거를 율곡(栗谷)이 1574년에 올린 갑술봉사(甲戌封事)에서 찾고 있다.[233] 즉 선조가 율곡의 의견을 좇았더라면 왜란의 화는 그처럼 혹심하지는 않았을 것이고, 폐로 말하면 그때보다 지금이 100배나 되지만 재정(在廷)의 신하 된 자들은 속수무책으로 절실한 개혁의 방안을 찾아내지 못하고 있으니, 선조 이래 경장이 없이 200년을 누적되어 온 오늘날의 폐단은 과연 어떻게 해야 할 것인가라고 자문한다.

당시 존재는 당면한 조선의 정치적인 개혁의 과제로 과거(科擧)・군병(軍兵)・조운(漕運)・조적(糴糶)・공안(貢案)의 병폐를 여하히 개선하느냐로 삼았다. 즉 인재선발의 방법인 과거(科擧)는 이미 정당한 인재선발의 공도(公道)가 되지 못하고, 군병은 전혀 응변(應變)의 준비가 되어 있지 않은 실정이다. 그리고 중간착취의 성행으로 민(民)・국(國)이 구병(俱病)의 상태에 이른 사정을 조운・조적・공안에서 밝히고 있다. 그는 이런 문제들에 대한 적절한 대응책을 강구하지 않는다면 나라와 백성은 함께 도탄에 빠져 헤어날 수 없을 것이라고 진단했다.

이에 대한 존재의 견해와 구폐방안(救弊方案)은 앞에서 강조한 바와 같은 정치기강의 수립과 함께 그의 경세론의 주된 내용이 되는 것이다. 그것은 국이(國利)와 민생의 안정에 초점을 두고 가능한 한 사의(私意)와 중간소모를 배제하려는 것이다. 그러나 정치기강의 확립의 문제는 사실상 구폐요목(救弊要目)으로 성취될 성질의 것이 못 된다. 즉 보다 근원적인 해결책을 모색하여 국풍(國風)이 자연스럽게 동화(同化)되지 않으면 안 된다고 보고 있기 때문이다. 그래서 그가 교육(敎育)에 대해 지대한 관심을 갖는 것은 그만한 이유가 있다.

---

232) 上同條, "但法 無有久而無弊者 小而三十年人事變 大而六十年天道革 是以古昔聖 有所制傳 隨時爲貴 所以合乎人 而順乎天也".

233) 栗谷 李珥(1536~1584) 1574년(선조 7) 求言敎에 따라 왕의 마음가짐, 시폐의 개혁을 위해 사회풍습 7종과 건국 이후 200년이 지난 法의 개혁을 주장. 貢案: 연산군 이후 不産貢物이 증가했으니 戶口調査를 다시 책정, 選上: 公賤 선상은 대립이 심하니 폐지하고 身貢을 수거, 각사에 배분, 地方官(兵使 水使 萬戶): 봉급 지급과 放軍收布 폐단 축소, 赴防: 부방을 폐지하고 국경지역주민을 훈련시켜 방위에 임하게 하고, 뛰어난 자는 奴婢라도 權官으로 등용할 것을 주청했다.

그것은 관료 양성적인 기능을 염두에 둔 것이기도 하겠지만 교화(敎化)의 본원(本源)으로서 지식인 계층이나 학교가 이와 같은 사회기강의 확립에 능동적으로 대처하기를 기대하는 입장에서였을 것이다. 좀 더 부연하면 그가 생각하는 사회 개선의 방향은 비판의 대상을 상하 당직자(관리)와 퇴폐적인 선비(지식인)로 하고 그 내용은 사리도모와 무질서와 불균(不均)이었던 것이다. 덧붙여 조선 후기로 내려오면서 심화되기 시작한 수취(收取)체제상의 문제성은 중앙에서의 정치적 통제력의 이완에 편승하여 다양하게 표출되고 있었기 때문이다.

다음은 당시 존재가 파악하고 있던 경제적(經濟的)인 부면의 실상을 살펴 둘 필요가 있으므로 앞서 그 대강을 소개하고자 한다. 그의(존재) 경우 전 생애를 향촌에서 생활하며 살았다. 그런 탓으로 말단 서리들의 탐학의 실상(實相)을 누구보다 적나라하게 밝게 알고 또 겪었을 것으로 추찰(推察)할 수 있기에 한 자료로서 제 부면(諸部面)의 특징적인 제언(提言)들을 앞서 소개한다. 그리고 이 교수는 그의 주장하는 바를 실현가능성의 측면에서 비판적으로 평가하고 있다. 사상과 논리는 현실성이 없으면 그 또한 공리공론이기 때문이다.

(1) 토지

토지문제는 균전제(均田制)이다. 다만 조선에서 그 본의[234]대로는 실행할 수 없으므로 결부(結負)로서 균분(均分)하는 것이 합당하다. 결부는 결복(結卜)이란 말로 토지면적의 단위인 결(結)·부(負)·속(束)의 총칭으로 토지의 사점(私占) 또는 집중(集中)현상을 제한함으로써 무전(無田)농민에게도 토지를 소유할 수 있게 하는 계기가 마련되도록 행정력을 작용시켜야 한다. 그는 우리나라의 토지 총면적이 근본적으로 부족하다고 생각했다. 물론 호장(戶帳)의 누실(漏失)도 있었고 온갖 수단으로 포탈(逋脫)된 전지량(田地量)도 많았기 때문에 정확할 수 없었다.

호액(戶額)을 기준으로 균분한다 하더라도 매호당 50부(負)[235] 미만인 실정임을

---

234) 「政絃(救)」海島條, "古者井田之制 地廣人稀之處 畵其空地以置之 待戶口殖而以次授廛"이라고 균전제의 本意를 정의하고 田制條에서 "井田之制 東國結不可行 以結負均分 可矣"라 했다.

235) 「政絃(時)」田制條에서 戶當 1結을 상정하였지만, 戶帳中 漏失이 또한 10 중 2~30이나 되기 때문에 이러한 배당도 더욱 줄어들 것이므로 救弊에서는 50負라도 오히려 不足하다고 한 것이다. 燕巖 朴趾源은 그의 「限民名田議」에서 戶口當 結數를 1로 보았다.

지적하고 이렇게 전체적으로 부족한 토지가 일부 특권 및 부유층에 편중되어 있기 때문에 극심한 빈부의 차, 즉 부자는 분수를 넘어 사치를 다투는 데 반해 빈자는 조세(租稅)와 요역(徭役)을 감당치 못해 유리산망(遊離散亡)하는 양극지차(兩極之差)가 생긴다는 것이다.[236] 그리하여 이런 토지의 다점과 집중을 막기 위해서는 신분에 따라 전토(田土)를 차등(差等) 한정하여야 하며, 이 한정량을 초과, 은닉한 경우 진고자(陳告者)에게 초과량을 급여하는 법적 규제를 구상하기도 했다.

토지한정(土地限定) 내용[237]을 보자. 세관(世官)들의 경우 품계 하한과 전결수(田結數) 상한을 대분하여, 이를 결구(結構)하고 있어서 이들에게 전토가 집중되는 것을 가능한 한 배제하려는 의도로 보인다. 하지만 제도적으로 농민에게 토지를 지급하고자 하는 적극적인 논의가 없고, 신분을 고려한 차등이라고 하나 사대부계급에게 특권을 부여하는 점에서 일정한 한계가 있다. 한편 서민이나 상(商)·공(工)·승니(僧尼) 등의 경우는 구체적인 제한량이 없이 경제적 능력이 있더라도 전토의 남매(濫買)를 불허한다고만 하여 당시 신분이동(身分移動)을 암시하고 있다.

즉 급속히 성장하여 가는 부농이나 상공인 자본가들보다 권력을 장악한 지배층의 법외적 토지 다점에 더욱 유의하는 것이었다.[238] 궁둔전(宮屯田)에 대해서도 불만이 커서 국유토지를 개간하여 소유한다면 모르거니와 한지(閑地)라 하여 궁둔이나 관둔토지로 삼은 것은, 특히 사점한 것 또한 이미 유사(有司)도 많은 지경에 이들 전토에 도장(導掌)·감색(監色) 등 관리인을 따로 두어 중간에서 착취토록 한 데 커다란 불만을 표명하고 있다. 그리하여 경작능력이 미치는 한에서만 입안(立案)과 점유토록 하고 그 외는 모두 이조(吏曹)에 소속시켜 국리(國利)를 기하고 궁(宮)과 시(寺) 등에는 법이 정한 대로 획급(劃給)도록 하여야 한다고 주장했다.

(2) 세제

세제도 국가의 재정 확충이라는 문제와 관련하여 크게 주목된 사항이다. 이것

---

236) 「政絃(時)」전제조, "田宅無制 豪富者 惑緣數百結 而多多盆辨 則富盆侈 而負盆窮 勢固然也 富者多藏厚積 競著犯分 貧者 不堪租徭 遊離死亡".

237) 「政絃(救)」전제조, "實職二品以上 二十結, 六品以上 十結 生進有蔭以上 六結 庶民商工僧尼 以貨財居積爲富 勿許濫買田土".

238) 존재의 지배층에 대한 이런 불만은 비단 土地問題에만 국한된 것은 아니다. 그것은 政治·社會·經濟 등 여러 면에 노정되어 있다. 그가 정현 시폐 用人條에서 "大抵諸般弊源 皆出於閱閱世官"이라 한 것을 상기해 보면 알 수 있다.

은 대개 재정의 번잡을 간소화하거나 축소시켜야 된다는 입장 위에 문제의 관건인 중간 착취자에 의한 농간과 순사(循私)로 말미암아 민(民)과 국(國)이 동시에 피폐해지는 것이니 이 '중간착취'를 제거하는 방안을 의미한다.[239] 두 가지 목적을 동시에 해결하려는 결부법(結付法)도 그 제도 자체가 지닌 뜻은 극히 합당한 것으로 보지만 원래 결부법은 객관적인 기준이 명확하게 제시되기 어렵다. 그 때문에 이로 말미암아 자행되는 허다한 농간과 부정이 있게 마련이다.[240]

즉 "위로는 향관(鄕官)으로부터 6방(房)의 제리(諸吏)와 서원(書員), 각 창주인(倉主人) 그리고 면(面)의 약정(約正)·이서(吏胥)·권농(勸農)들이 사사로이 전결을 차지, 많은 경우는 100결을 넘고, 적은 경우도 1~2결을 내려가지 않는다."[241] 이러한 점탈(占奪)과 시행문란은 국가의 토지면적[稅收對象田]을 감소시켜 전국적으로 나라에 소속된 전결 수는 겨우 10 중 5~6에 불과하다.[242] 결국 나라의 세수가 없는데 백성들은 실앙(實殃)을 당하게 된다. 이렇게 전조(田租)의 경우 세법의 부당보다 담당 유사의 농간과 순사를 근본요인으로 파악하고 있다.

이상에서 살핀 바와 같이 존재는 이 문제의 해소방법으로 특별한 개혁구상을 내놓지 않고 있다. 그가 제시한 것은 휼민(恤民)에 봉공할 소임자(所任者)를 찾고 있는 정도이다.[243] 물론 모든 제도는 제도 자체보다 운영자의 공평무사가 전제되어야 실효를 거둘 수 있음은 분명하다. 그러나 법령 등 제도의 뒷받침이 없는 국가의 세정(稅政)이 효과적으로 수행되기는 어려운 것이다. 따라서 나라의 경영에서 가장 중요한 세정의 제도적 구상이 결여되고 오직 휼민에 따른 공정한 소임자만을 방안으로 제시한 것은 그의 한계라고 보지 않을 수 없다.

---

239) 例를 들면 「政絃(救)」 田結條에서 量田時 "但示以不欺之義 務在擇人 上自均田使及守令 皆以恤民奉公爲念 東選有司 各得其人 則設令一等降爲二等十尺減爲八尺者 往往有之 猶勝於肥臼而病民…"이라 하여 설혹 그 액수와 양을 감하는 예가 자주 있더라도 다만 휼민봉공의 정신으로만 한다면 可하다 한 그의 견해를 통해서 看取할 수 있다.

240) 그래서 그는 「政絃(救)」 전결조에서 "邦政之中 量田最難 方其打量 先怕見欺"라 하였다.

241) 「政絃(時)」 전결조, "於是上自鄕官 以至六房諸吏 及書員三族 及各倉主人 及面官約正 吏胥 勸農等人 皆得私結 多則逾於百結 小不下一二結".

242) 상동조, "通一國而率之 田結之入於國者 蓋不過十之五六".

243) 이러한 不正의 幅을 좁히려는 노력은 民生安定論(四-3) 參照.

(3) 군역

군역의 폐단은 당시 정부나 식자층에서 의론이 제기된 부분이다. 양란 후 군비를 강화하고 현역복무군의 수를 증가시킨 결과 그만큼 군비가 증가했다. 그러나 이를 계속 유지하고 지원할 근본적인 재정대책이 없었던 정부로서는 불가피하게 양역(良役)을 통한 재원의 확충을 도모하지 않을 수 없었다. 그런데 유망(流亡) 또는 양반으로서의 신분이동 등 양인의 수적 감소현상은 필경 수세(收稅)의 폭을 축소시켰다. 실제 잔열(殘劣)한 양역부담자만 이중삼중의 부담으로 허덕이게 했다.

그래서 당시 지식인들은 이의 시정방안을 제시했다. 각기 방법의 차이는 있지만 대체로 △농민에게 토지를 급여하고 그 기반 위에 군역을 부담시키는 것과 △양반에게도 군역의 의무를 지우는 호포법(戶布法)으로 귀착한다.[244] 이는 근본대책이라기보다 기만적(欺瞞的)인 미봉책(彌縫策)에 불과한 것이므로 그로 인한 다른 폐단들이 발생했던 것이다. 이런 균역법에 대해 양역의 폐를 감(減)하여 일필(一匹)로 줄인 것은 실로 적절한 것이지만, 이로 말미암은 또 다른 폐단을 지적했다.

즉 균역법 실시 후 정록(正祿)이 없는 외방제리(外方諸吏)들이 그들의 재용(財用)을 충족시키고자 집중적인 탐학(貪虐)을 자행하여 그 폐가 더욱 확대되었다. 따라서 다시 균역법을 없애거나 호포(戶布)나 구포법(口布法)을 실시하는 것은 불가피했다. 그런데 존재는 이의 해결책으로 다만 지출(支出)을 양역수입(良役收入)과 대조(對照)·집계(集計)하여 행하는 길이 있을 뿐[245]이라고 했다. 아울러 군현(郡縣)을 합하고 용관(冗官)을 없애는 것이 이런 폐단을 저지하는 최상책임을 제시했다.

군정에 관한 존재의 지출(支出)과 수입(收入)을 비교하여 억제하는 길을 모색하는 것도 양반(兩班)에게 특권을 준다는 전제에서 벗어나지 못한 때문일 것이다. 이 같은 제안은 군역에 따른 폐단을 해소하는 적극적인 방안이라고 보기 어렵다. 왜 그랬을까. 그는 군역부담 자체나 국가의 재정확충문제가 핵심이 아니라고 여

---

244) 均役法도 근본적으로 兩班에게 免除의 특권을 그대로 부여한 채 다른 방법으로 稅源을 확보한 것으로 良役弊를 줄일 수 없었다.

245) 「寺事」均役之弊條 그리고 「政絃(救)」魚鹽條에서 "魚鹽船舶總而一之 是矣 而別立均役廳以屬之 甚不可"라 하여 均役廳을 別置하는데 대한 拒否를 표시한다. 이는 뒤이어 "夫官員漆一員 則生一蠹 況別立衙門乎"라 한 것에서 그 이유를 알게 되는데 이것도 "合縣郡 關冗官"의 意圖와 相通하는 것이라 할 것이다.

겼기 때문이었다고 생각된다. 양란 이후 급격한 신분이동으로 양반 수가 급증하는 마당에 기존의 특권을 유지하며 문제를 효과적으로 해결할 수는 없었을 것이다.

(4) 공물과 상공업

공물 역시 커다란 쟁점을 안은 문제였다. 진납(進納)과정에서 자행되는 정뢰(情賂)의 폐단을 장흥의 예[246]를 들어 지적한 그는 율곡(栗谷)의 공안(貢案)개정론에 따라 개혁할 것을 주장했다.[247] 각 지방의 토산물을 각 사(各司)에 진납함으로써 방납(防納), 봉여(封餘), 정채(情債) 등을 없앤 다음에야 나라에 해가 없고 백성들에게 유익할 것이라 한다. 이는 곧 상공업(商工業) 성장의 계기를 민폐(民弊)와의 상충(相衝)한 부분을 배제하면 가능할 것으로 보고 있음을 확인할 수 있다.

그는 교환경제(交換經濟)로 인한 경제적 신장이 농촌사회로 투입되면 자급자족적 경제체제가 균형을 잃고 와해되며 민심이 말리(末利)에 부응(副應)하여 본연의 순박성을 잃고 말 것이라 우려했던 것이다. 이는 유통경제(流通經濟)의 기본도구로서의 화폐(貨幣)나 도량형(度量衡)에 대한 그의 견해를 통해 본의(本意)를 추적할 수 있고 여기서도 연암(燕巖) 박지원(朴趾源, 1737~1781) 등 북학파(北學派) 등의 중상적(重商的) 실학자들과는 큰 차이를 보이게 됨을 확인할 수 있다.[248]

즉 화폐가 없으면 '거속불화(居續不化) 상불사의(商不使矣)' 할 것이라 했다. 이는 유통적 경제구조 속에서 기여하는 도구로서의 기능을 인정한 것이다. 당시 전(錢)으로 인하여 생기는 각종 폐단을 들어 폐전(廢錢) 또는 개전(改錢)을 주장했다. 물론 그도 전폐(錢弊)가 '불가승언(不可勝言)'할 정도임을 지적,[249] 백성을 이롭게

---

246) 「封事」 공물지폐에서 장흥의 土産으로 貢案에 기록되어 있는 것은 蒙古로서 실제 進上量은 100斤인데 민간에서 바친 錢은 거의 1,000斤 價에 달하며, 더욱이 근래 장흥에서는 蒙古가 생산되지도 않기 때문에 民의 손해가 우심하며, 뒤이어 "防納情賂之弊 八域三百州 無非長興也 無非蒙古也 此豈聖朝 制貢之初意哉"라 했다

247) 『存齋全書』 권5, 甲戌 萬言封事條, "考列邑物産有無 田結多少 民戶殘盛 推移量定 均平如一 必以本邑 納于各司 則防納不禁自罷 民生如解倒縣矣 今日急務 無大於此矣".

248) 당시 朴趾源, 雅亭 李德懋(1741~1793), 冷齋 柳得恭(1749~?), 楚亭 朴齊家(1750~?), 惕齋 李書九(1754~1825) 등 北學派는 상공업분야에 대하여 깊은 관심을 갖고 農·工·商의 균형 있는 발전과 '國民經濟圈의 形成'이라는 문제까지 논급하여 그 流通構造와 範圍를 확대할 것을 주장하고 있었다. 이들은 國民經濟 수립을 위한 基盤構築, 資源開發, 經濟技術의 革新 등에까지 言及했다(趙璣濬, 「實學派의 社會經濟思想, 實學論叢」 및 全南大湖南文化研, 1975, pp.139~142).

249) 「封」 律貪賊禁奢侈條에서 "於是一國大小之人 耳目·言笑·喜怒·寤寐·遊戲 皆錢貨也 往還·將迎·族親姻死生·升沈·問戶·道路·皆錢貨也"라 하여 錢이 온갖 일에 관련됨을 지적하고, 「封事」 情賂之弊에서는 錢弊를 "日甚官庫之空耗 農民之告病 情賂之日肆 市廛之紛拏 官吏之奸賊 刑獄之差濫 詞訟之不明 禁令之不行 小民之日窮 旅店之淆簿"라 했다.

해야 할 것이 병폐가 되는 것은 전(錢)보다 심한 것이 없다고 했다.

존재의 상공업 발전에 대한 논의를 추적하면 유자적인 한계성을 드러낸다. 왜냐하면 그는 교환경제적인 기능 자체를 부정한 것은 아니나 지나치게 소극적인 논리를 펴는 것으로 이해되기 때문이다. 사실 교환경제에서 화폐는 그 전(錢)의 죄가 아니다. 그는 행전(行錢)을 폐원(弊源)으로 보지 않고 사용하는 자들이 전화(錢貨)의 축적에만 몰두하는 이오지심(利吾之心)을 문제시했던 것이다. 더구나 북학파는 이미 적극적인 교환경제론을 제기하고 있는 마당에서는 더욱 그렇다.

(5) 도량형

도량형도 국가의 통제가 해이해져 그 대소(大小)가 사용자마다 다르고 장소마다 다름을 지적했다. 이와 같은 도량형의 불균(不均)은 부당한 영리행위를 도모하는 교활(狡猾)한 무리들에 의해 그 폐단이 더욱 넓혀졌으니, 풍속의 교박(狡薄), 물가의 앙등(昂騰) 등이 모두 이로 말미암은 것이라 했다.[250] 그리하여 그는 군읍 각 면에 시장(市場)을 설하여야 한다[251]고 주장하면서 도량형의 표준치(標準値)를 서원 문밖에 세워 둠으로써 물화(物貨) 유통의 공정원활(公正圓滑)을 도모하고자 했다.

시장의 설치를 주장한 것이나 전화(錢貨)나 도량형에 대한 견해는 이미 상당한 수준에 올라선 당시의 유통경제적 구조를 인정하고 그 공정한 거래와 유통의 원활을 기대한다. 그러나 그는 기본적으로 이러한 경제활동을 그 자체의 성장이나 발전의 입장에서 파악하기보다는 민생의 안정을 전제하기 때문에 상공인들의 자유로운 경제행위가 보장되는 것은 아니다. 한편 절검(節儉)이나 절제가 강조되고 다른 한편으로는 국가의 수의적(隨意的)인 통제를 기대한다는 점에서 한계를 수반한다.

---

250)「萬封」度量衡之弊.

251)「政絃(救)」市場條, "各邑各面 設一場市 而必於虛擴之地 切禁雜類 屯聚成落致作盜藪俠窟 各面副正 掌其政令 四孟朔 正其斗升權衡尺度 各書院門外立石".

2) 향촌론

존재의 사회개선론 가운데 가장 역점을 둔 부분은 지방교육이다. 그의 교육론은 '지방교육입국(地方教育立國)'이라 할 정도로 사회개혁 방안에서 큰 비중을 차지하고 있다. 그가 지방교육의 수장을 선거인단(選擧人團)을 구성해서 투표로 뽑자고 한 대목은 당시로서는 파격적인 제안이라 볼 수 있다. 이는 지방교육을 통해 나라의 기초를 개선하고자 하는 그의 바람이 투영된 구상으로 보인다.

(1) 학정정비

유학은 조선사회에서 지도이념으로서의 확고한 지위를 점유하고 있었다. 유학은 양반 중심의 지배체제와 불가분의 관계를 유지하고 있었기 때문에 국가적 입장에서 볼 때 학교교육은 학문연구라는 본무(本務) 이외에 △국가가 필요로 하는 지도층(官吏)의 양성과, △이러한 유교적 가치의 재생산 내지 확산이라는 두 개의 기능을 담당하는 것으로 인정되고 있었다. 그러나 과거제도가 인재선발의 기본조건이 됨에 따라 학교교육에서 학문 연마와 같은 본업(本業)은 부수적이라 할 두 개의 기능보다 상대적으로 감소되었다.

그중에서도 특히 관료선발(官僚選拔)=과거의 준비기관적(準備機關的)인 성격(性格)이 강하게 나타난 경향을 볼 수 있다. 학교의 제반 폐단이 과폐(科弊)와 상관되는 것도 바로 이러한 학교의 광범한 자체 기능이 과거 준비장적(準備場的)인 것으로 변모되거나 축소되고 있음을 예시하는 것이라 볼 수 있을 것이다. 학교는 과거를 준비하는 것도 중요하지만 올바른 인격을 갖춘 선비를 양성하는 기관이어야 하는데 당시에는 과거준비기관으로 전락하고 만 것이다. 존재 역시 이러한 점에서 공통되는 안목을 가지고 있었다.

그가 「萬言封事」 서(序)에서 학교가 이폐(弛廢)되어 선비의 수선지습(首善之習)이 없어졌다고 한 것이나 「封事」의 학교지폐에서 "자고학정문란(自古學政紊亂) 미유심어차시(未有甚於此時)"라는 질박한 표현의 문투(文套)가 직선적이며 과장적이라 하더라도 저간(這間)의 실정을 반영하는 것임에는 틀림이 없다. 또 사장

(詞章) 중시의 과거가 폐습(弊習)을 조장하는 것으로 보고 사장의 학풍이 흥해 선비의 명예는 이미 더러워졌고 더구나 심장적구(尋章摘句)를 자랑으로 여기는 투비(鬪靡)의 습성을 일으켜 본분이 없어졌다고 지적하고 있다.[252]

이어서 과거에 얽매인 당시 각급 학교 학생들의 저급한 학식수준과 그럼에도 불구하고 면학(勉學)에 전념하지 않는 사정을 혹평하고 있다.[253] 그러면서 사습(士習)과 학교의 분위기가 이처럼 저락(低落)해진 까닭은 단지 사장 중심(詞章中心)의 학풍(學風) 때문이었을까? 그렇지 않다. 존재는 그 이유로 자질이 부족한 학생의 입교에서 그 이유를 찾고 있다. 곧 문지(門地)를 보아 입학시킨 것이다. 회뢰(賄賂)로 입학한 희개발신자(希凱拔身者)들의 허문(虛文)과 무학패륜유례(無學悖倫類例)가 문제를 더욱 확대시킨 것은 의심의 여지가 없다고 했다.

그는 당연히 배제해야 할 학생의 문지의 선입(選入)으로 인해 학업에 전념하여 사습을 일으킬 만한 소지가 있는 학행구전자(學行俱全者)는 기회를 얻지 못하는 불균형한 처사를 우선적으로 꼽는 것도 이 때문이라 했다.[254] 더구나 정당한 방법으로는 능력자도 입학할 수 없도록 기회를 막아 버린 문지선입(門地選入)의 제한마저 실상 희개발신자들은 사욕을 탐하는 집강(執綱)들을 통해 부당한 방법으로 입학할 수 있었다. 반대로 문지기반과 경제력이 없으면 능력이 있어도 발신할 기회를 얻지 못하고 침체되어야 했던 당시의 사정을 엿볼 수 있다.

이와 동시에 자격 없는 무리들의 집결소[255]로서 학교가 점차 권위와 기능을 상실할 수밖에 없었던 사정을 적시한다. 그리하여 학교는 이미 소임을 수행할 아무런 근거도 없는, '무용지물'로 변모[256]되어 갔다. 학교는 점차 학문을 전수(專修)하려는 인재들이 수치스럽고 괴롭게 여겨 출입하지 않는 '의불입지지(義不入之地)'가 됐다.[257] 존재는 「만언봉사」에서 국가의 원기(元氣)여야 할 선비가 그 역할

---

252) 「萬封」正士習抑奔競條.

253) 上同條, "鄕曲校院之士 尋摘小技 猶不能及 而朋從鋪啜 從事傾軋 場屋操觚之士 ○墨綴行 鳥咮蚩啼 所謂程文 己極無謂 而輕佻浮薄 冒沒奔走 甚至於賣文鬻筆 擧爲能事 大學上庠之士 場屋舊染 本無實學 寄廩旅遊 亦出赴炎 終歲不讀一券書 終日不談一義里 郡居泄泄 徒床科食 四學明經之士 不過經義 只誦句讀 苟苟宂碌 尤極虛妄".

254) 「政絃(時)」學校條, "列邑學校儒生 凡以門地選入 故門地高顯者 雖無學悖亂 皆得入焉 卑微者 雖學行俱全者 不得入焉".

255) 존재는 저락해진 학생의 질을 '擧皆目不識丁'이라고까지 표현하고, 또 '雖科擧藝之學 其粗通方向者 皆不能十之一 而有學業行義者 又十郡無一人矣'(政絃(時)學校條라 하는 등 전반적으로 유생의 실력을 혹평했다.

256) 「政絃(時)」學校條와 「封事」學校條에 적나라하게 묘사되어 있다.

과 본분을 망각한 채 도리어 병국(病國)과 진속(殄俗)의 폐원(弊源)이 되고 있다고 통박한 것은 단순한 비유만은 아니었음을 알게 한다.

그러나 문제는 여기서 그치지 않는다. 학교의 괴란(壞亂)은 위로 태학으로부터 아래로 지방의 열읍학교에 이르기까지 일반적인 현상이다. 그럼에도 교육당국자들이 속수무책으로 수수방관하고 있는 것은 극심한 절망의 상태로 개선의 여지나 그 가능성이 없는 것을 또 다른 문제점으로 지적한다.[258] 이상에서 개괄한 대로 학교의 해이와 문제들은 △자질이 부족한 학생을 입학시켜 기강과 풍기를 문란하게 만들어, 이는 결국 △학교는 물론 학생의 권위를 하락시킨 결과를 초래했고, △이로 인해 학교가 본연의 기능을 수행할 수 없게 했다.

따라서 존재의 학교에 대한 개선책의 제1목표는 학교의 질서를 회복하는 것이다. 또한 그것은 학생의 권위와 질(質)을 향상시키는 일과 동시에 수행되어 학교가 국가의 요구를 수용할 기능적 존재로 탈바꿈해야 한다는 것이다. 결국 요약하면 학교 교육의 개선책은 이 같은 목적을 정상적 또는 효과적으로 달성하기 위한 준비이고 조장하고 정진시키는 방안이다. 그의 '학정(學政)' 정비의 요지는 교수(敎授)의 선임(選任)과 대우(待遇), 학생의 자격심사(資格審査)에서 두드러지며 그 밖의 학교운영안(學校運營案)에 반영(反映)되고 있다.

① 교수선발 투표

유능한 인재를 양성하려면 능력 있고 권위 있는 교수를 합리적인 방법으로 선임해야 한다. 지방의 각 학교의 교수(訓長)[259]는 주민 중 유식자(有識者)로 구성된 선거인단에 의해서 투표로 선임하는 것이다. 선발방법은 각 읍면의 장관이 주민 가운데 교원의 자격이 있다고 인정되는 자를 조사하여 수명(數名)의 후보자를 주의(注疑)한다. 그리고 해당 지역 유식자(有識者)로 구성된 50인 이상[260]의 선거인

---

257) 「政絃(時)」 學校條.

258) 상동조 "蓋上自大學 不至列邑 大抵皆然 而官師 恬不爲怪焉 鳴呼 國家首善造士之地 若是其壞亂 而其所謂虛文者 亦未能具焉 烏可望成敎勵俗 以鳴王國之化也哉".

259) 京中 四學 교수는 堂下官으로서 人望이 있는 자를 임명하며, 지방학교의 경우 지역단위로 교수를 선발하는 것과는 본질적으로 다르다.

260) 「政絃(救)」 學校條, "선거인단은 朝官·生進·貢士 등의 지방유식자들로 구성하고 그 수는 반드시 50인을 넘어야 하나 만약 모자라면 주민 중 老成者로라도 채울 것을 註記하고 있다."

단(選擧人團)으로 하여금 흑백(黑白)의 바둑알(碁)로 찬부(贊否)를 표시하여 흰 바둑알의 수가 많은 자를 당선(當選)시키는 것이다.

물론 존재 자신도 흑백(黑白) 바둑알에 의해서 교수를 선발하는 방법에 대해 만족스런 제도로 여기지 않는다. 그는 "이를 누제(陋制)로서 '사불친의심박(事不親義甚薄)'한 것인 줄 알지만 대개 그 의도만은 좋은 것이라 여기고 있다. 그러나 이역시 재상자(在上者)가 성심을 잃는다면 소용이 없다"고 평가했다. 그는 이와 같이 지방 유식층의 동의와 인정 속에 덕행과 학식 있는 자가 교수로 선발된다면, 학교에 대한 일반인의 신뢰와 기대는 증대될 수 있고 학교의 사회적인 기능은 상대적으로 폭을 넓힐 수 있을 것이라고 기대하고 있다.

한편 선발된 교수에게는 경제적 또는 예우(禮遇)에서 특별한 대우를 해 주게 했다. 급료는 3결(結)의 땅에서 나오는 세금으로 하되 그가 소유한 땅에서 낼 결세(結稅)로 대신 충당하지 못하게 했다. 또 공전(公田)에서 수납한 세금으로 1년의 녹봉을 매월 1일 별도로 돈을 지급한다. 생도들도 10월 1일 세폐(歲幣)로 면목 반필을 바치며, 교육의 성과에 따라 포상토록 한다. 그리고 수령들도 극진히 대접해야 하며, 비록 방백(方伯)이 순찰할 때라도 환영이나 환송하지 않게 한다. 교수의 임기는 10년으로 한하되 30년까지 연임할 수 있다.[261]

② 입학자격 규제

존재는 학생 선발도 교수의 선발처럼 학생의 입학과정도 매우 엄격하게 규제한다. 입학자격은 학식(學識)·덕행(德行)·연령으로 나눠 심사한다. 학식은 입학자격의 가장 근본이 되는 기준임에도 오히려 덕행의 심사가 더욱 중시된다. 즉 학생의 학식과 연령이 정해진 수준에 도달하면 서원과 향교와 4학의 입학자격은 인정된다. 그러나 최종적인 입학은 그 지방 유식층으로부터 덕행(心術)의 적부(適否)를 심사받아 통과되어야 입학할 수 있다. 아울러 졸업 후 상급학교에 진학할 때도 이처럼 덕행의 심사를 거쳐야 진학이 가능하게 했다.

이미 수학 중이라도 덕행이 나쁘면 퇴학하게 한다. 교수는 매년 학생의 품행과

---

261) 『국역 정현신보』(장흥문화원 간, p.66).

심술을 고핵(考覈)하여 합당하지 못할 경우는 면책한다.[262] 면책이 계속되거나 도가 지나치면 퇴학을 명령할 수 있다. 또한 각 학생은 자기의 성적부에 자신의 품행(品行)에 대한 기록을 흑백(黑白)으로 작권(作圈)하여 자성의 기회로 삼는다.[263] 그러나 덕행에 관한 고핵이나 처벌은 개과(改過)를 전제로 한 것이어서 학식은 있으나 덕행고과(德行考課)에서 실격한 자에게 기회를 주고, 퇴학했더라도 과오를 뉘우쳐 뛰어난 행실을 얻으면 환입[復學]이 가능했다.[264]

덕행이 학식이나 연구(年齡)보다 중요시되는 경향은 학식은 뛰어나지 않지만 덕행이나 심술 및 재능이 중인(衆人)의 추복(推服)을 받을 만한 경우 별천(別薦)이라 하여 공사(貢士)를 삼고 진사시[265]에 응시할 수 있도록 한 것이다. 공사방목(貢士榜目)에서 경술(經術)이나 식견과 재능보다 우선하는 예[266]에서도 마찬가지이다. 그리하여 일단 학적을 두고 있는 학생은 수준이나 품행에 있어 모범이 되고 학생의 질적 향상을 통해 학교는 국가가 요구하는 순기능을 추진시키는 바탕이자 원동력이 되기를 기대한다. 사(士)를 국가의 원기(元氣)로 본다.

한편 그는 학규 등 교육방법에는 별로 언급하지 않고 있다. 아마 위에서 살핀 바와 같이 교수와 학생의 자질 상향이 선행되면 기존의 학규[白鹿洞規 및 栗谷隱 屛學規]로도 목적을 달성할 수 있다고 여긴 것으로 보인다. 또한 국가로부터 부여받은 경비 외에 사회 제 부면(諸部面)에서 흡수된 교육경비도 관서의 간여나 인용(引用)을 배제하여 독자적으로 운영하며, 그 내용을 연말에 마감, 보고하는 것으로 그친다든지 학사에 관계되지 않는 한 장관이 학교의 장에게 임의로 명령할 수 없게 한 점에서 학교의 자율성 보장을 발견하게 된다.

존재의 소론은 물론 학교의 장이 자치적인 입장에서 행정력 밖에 치외법권(治外法權)을 누리는 존재로 한다는 것은 아니다. 교육의 권위를 상대적으로 높여야

---

262) 「政絃(救)」 學校條, "每歲孟春 訓長會院生 讀法復覈 出猜忌害人 及操身行事卑汚者 面責之 三年不悛者 永出院"이라는 註記를 달고 있다.

263) 작권의 방법은 본인이 판단하여 鄕約을 범했으면 黑圈, 범하지 않았으면 白圈, 자신의 과오를 남은 모르지만 스스로 부끄럽게 여기면 半黑圈을 그리게 했다.

264) 다만 두 번 복학한 자가 다시 出院된 자로 30세가 넘으면 永出院조치가 취해진다.

265) 여기서 진사시란 貢士들이 京師에서 치르는 本試를 말한다(貢士案 참조).

266) 鄕士榜目과 京士榜目은 약간 달라서 경사의 경우 德行 위에 淸約과 謙恭을 추가, 강조하고 있으나 이는 士大夫 子弟들의 情習을 견제하는 것이고, 貢武榜目의 경우도 心行이 于先하는 것은 同一하다(貢擧案 참조).

한다는 그의 인식에서 비롯된 것이라고 볼 수 있다. 그러나 우리는 존재의 교육론 중 교육이 행정력에서 분리되기를 희망하는 면과 지적 교육기능과 양사적(養士的) 기능 외에 사회와 유대를 갖고 교육 본연의 기능을 좀 더 외연(外延)으로 확대 시키려는 의지를 여러 곳에서 추출해 낼 수 있다. 그것은 바로 학교가 지방문화의 중심체로 존재해야 한다는 그의 인식의 소치로 여겨진다.

③ 문화 중심론

양사적인 교육관은 학문연구나 관리 양성만 아니라 유교적 가치를 생산하고 확대하는 기능을 가지고 있다. 교육내용이 제한된 유교적 질서에서 실현 가능한 교육의 외적 영역(外的領域)은, 이들 가치관의 사회적용(社會適用) 즉 사회교화적 인 한계를 벗어나기 어렵다. 결국 기존의 유교적 사회체제의 유지 및 안정이라는 각도에서 보수적인 기능이 제일의적(第一義的)인 것일 수밖에 없는 것이다. 그러 나 이러한 교화적(敎化的) 형태의 기능이 단순히 보수성만을 지닌 것은 아니다. 그것은 다른 한편으로 사회적 개선과 개조의 강한 요구를 전제로 한 것이다.

즉 학교가 지역사회의 중추로서 사회의 제 면에 기능함으로써 유교적 가치를 그 사회에 심자는 것이다. 그리고 변화되어 가는 여러 면의 격차를 이 유교적 가 치체계 위에서 적절히 적용하여 그 마찰을 해소시키려는 현실 대응적인 방안이 다. 그래서 교육을 통해 사회의 모든 부조리와 모순들을 극복하는 방안으로 전형 적 가치에의 복고적(復古的)인 복귀에 있다고 믿었던 것으로 보인다. 이는 교육의 기능적 작용이 제도적 개선과 함께 현실대응의 한 다른 면을 구성한 것이라고 보 기 때문일 수 있다. 이를 위해 서원장에게 다음의 권한을 부여하자고 했다.

㉮ 書院長의 操鍊權

학업 중이거나 공사(貢士) 이외에는 농업에 종사하면서 군역(軍役)부담과 조련 (操鍊)에 참여하는 이른바 병농일치(兵農一致)를 주장했다. 하지만 지방의 군보가 지역단위로 조직되어 매년 3번의 정기조련을 받도록 하고 그중 한 번을 서원장 (書院長)의 통솔하에 받게 하는 점에서 다른 예와 구별된다. 후술하는 민방위론에서 언급하겠지만 그가 생각하는 군정의 개선은 우선 군역부담에 대한 신분적 등차관(等差觀) 내지는 당시 만연하는 피역(被役)의 수치심을 일소하도록 하는 것이다. 국민이 군역을 수치스럽게 여기는 것이 가장 큰 문제이기 때문이다.

따라서 군역은 국방의 신성한 의무로 인정받을 수 있는 분위기 마련이 모색되어야 한다는 것이다. 또 하나의 특장은 향촌단위의 군사조직이라는 점이다.[267] 즉 학교의 장은 일종의 국민방위대라 할 수 있는 지방군보의 훈련을 주재한다는 사실도 사실이려니와, 아울러 조련의 대상자가 학교교육을 거쳤거나 수업 중인 자를 제외한 모든 지방민이었던 점을 상기하면 결국 모든 국민은 학교와 연결된 셈이다. 이러한 체제에서 학교의 기능이 활발히 전개된다고 할 때 학교는 지역사회 주민들과의 관계에서 보다 큰 연결 역할을 할 수 있을 것으로 전망된다.

㈐ 학교장의 인리규찰

이는 학교기능의 외연을 확대하고자 하는 의도임을 알 수 있다. 그에 의하면 각 학교에는 해당 지방의 이안(吏案)을 등록(謄錄), 보관하며 교생들은 매년 인리들의 행(行)과 사(事)를 토대로 각인각하(各人各下)에 작권(作圈)[268]하고, 이안에 작권된 바에 따라 연초에 인리를 분임하도록 되어 있었다. 또한 수리(首吏)로서 과오를 범하지 않고 상관을 잘 보좌하여 명관이 되게 한 자는 향교와 서원에서 그 가부를 합의하여 재능에 따라 제직(除職)되도록 방백에게 추천함으로써 학생들로부터 공업(功業)을 인정받은 자는 탁용(擢用)되도록 추천도 해 주고 있다.[269]

결국 인리라는 말단행정관리에 대한 규찰이기는 하지만 학교가 민생과 직결되는 문제를 행정체제와의 중간적 입장에서 대변할 수 있기를 기대하는 것은 특기할 만하다. 이런 기능을 학교에서 완수했을 때, 교육의 자체 권위도 상승하겠지만 보다 근본적으로는 인리에 의한 온갖 부정과 탐학의 폭이 크게 축소되어 민생의 안정이라는 그의 정치적 목표가 달성된다고 믿었던 것 같다. 이는 유교적인 사회

---

267) 향촌방위론 참조.

268) 「政絃(救)」人吏條, "每歲抄講會 各員廉探吏人行事 其犯元惡 罪過 及侵欺小民 凌上犯分者 黑圈其名下 無過者白圈 改過者青圈 善行者紅圈 歲初分任時取案合攷 有黑圈者 不許受任 紅圈多者爲首 白圈次之 青圈次之 五年無青圈者 永削不敍 摠校院無一白 至三年者 永削不敍 凡不敍者 自悔自艾 得通同紅圈者 卽陞敍 再黑者 終身永黜."

269) 上同條, "爲首吏無犯科 而助其官爲名官者 校院分議可否 薦于方伯啓聞 除職隨材擢用 限京外五品實職".

질서의 확립 내지는 편성이며 민의의 구현이라는 시각에서 지방 관리와 향촌지식인의 대등 또는 양각적(兩脚的) 협조체제를 유지하게 하려는 것이다.

⑭ 공가 및 인리자제 교육

존재는 공가(工賈‧商)에 종사하는 사람도 선비가 될 수 있는 길을 개방하고 있다. 그러나 그것은 일정한 자질과 수준이 인정될 때만 가능했다. 즉 공가로서 준수한 자재를 얻어 사적(士籍)에 올리기를 원하면 일단 군수(軍需)와 진기(賑飢)에 재화를 보충한 자에 한하여 무학(武學)에 입학시험을 치를 자격을 부여했다. 여기서 무예가 있다고 인정되면 공무(貢武)로 통적(通籍)하고 그 자제를 서원에 입학시킬 수 있었다. 단 학교는 그 자제가 공가의 관습[270] 여부를 상세히 살펴 그 가부를 인정하면 비로소 입학, 사로(士路)에 입신할 기회를 주는 것이다.

한편 인리의 횡포에 대해 지적하고 인리 관리책을 제시한다. 그는 인리에 대한 처우가 너무 부실하기 때문에 횡간의 폭이 확대되는 것이며, 교육받지 않는 이들이 대민업무에 종사는 관계로 무리한 사태가 일어난다고 본다.[271] 그는 장래 인리로 탁용할 인리자제들에 대한 교육을 실시하고 유생과 같은 방법으로 자격을 심사한 후 직임에 나가도록 하는 방안을 계획해서 이를 각 학교에서 담당해야 한다고 주장한다. 학교의 각종 의식과 행사에 인리를 참여케 했는데 이는 인리규찰과 관련, 피차간의 긴밀한 관계, 관리로 양성되는 교생(유생)으로 하여금 치민(治民) 요리(要理), 민생에 대해 사유하는 계기가 되게 하려는 배려가 아닐까 짐작된다.

⑮ 교육경비의 조달방안

학교의 경비는 국가로부터 부여받은 것이 원칙이다. 그러나 존재는 그 밖에도 용도가 특별히 구체화되지 않은 재곡(財穀)을 흡수하여 교육경비로 충당하게 한다. 우선 액외정전(額外丁錢)[272]을 서원수치(收置)로 삼은 것이다.[273] 그리고 전세

---

270) 「政絃(救)」 軍制條, "自其子隨材入書院 而詳試心行 快色鄙細之習 然後許入"이라 하고 다시 "大富累世 而後稟生完厚 八九歲時 利心未痼 因以入敎 鄙各自少 若年過十五 則示染其習 而不可敎矣"라는 註를 붙여 이유를 설명하고 있다.

271) 「政絃(救)」 人吏條, "塞其拔身之路 而責其奉公之忠 理之所必無 絕其代耕之祿 而望其任職之廉 義之所不行也 況以無敎之民 處之必窮之地".

272) 「政絃(救)」 軍制條, "各邑各面 皆酌定軍丁元額 其餘丁收置書院 以爲操練試才 支供給賞之用".

(塵稅를 서원에 수납(收納)하는 것274) 등이 모두 양사(養士) 상재(賞財) 등의 교육 경비로 충당되는 것들이다. 비록 구체적인 역할은 명시되지 않았지만 또 그 성격이 기존의 행정적 역할과 어떤 차이를 보여 주는 것인지 모르나 결국 말단행정기관인 면의 도정(都正)도 교육기관의 장인 훈장이 맡는 데까지 이르고 있다.275)

존재의 이 같은 교육경비의 충당방안은 긍정적인 부분이 없지 않다. 말단 행정 단위인 면에서 일어나는 제반사는 사실상 학교의 대사회적(對社會的) 역할과 긴밀하게 연결되고 있기 때문이다. 그러므로 오히려 이중적(二重的)일 수 있었던 체계가 통합될 수 있다. 이렇게 보면 지역사회에서의 각 학교는 민생과 일련의 긴밀한 유대를 갖고 교육 본연의 기능 외에 사회 제 부면에서의 기능까지도 흡수하여 담당함으로써 그 역할을 확대하도록 구상된 것이다. 그의 주장을 수긍하는 입장에서 이들 주장을 음미할 때 위에 든 의문점은 이해할 수 있다.

그러나 훈장이 면의 책임자가 되는 경우에 발생될 행정조직의 비능률과 그 역할에 대해 문제가 있다. 즉 종적인 등차질서인 관계(官階)로서의 면이라는 말단행정조직과 횡적인 대등체계로서 병존할 수 있는 수령(守令)과 유사(儒士)가 과연 합치될 수 있느냐 하는 점이 대두된다. 수령과 향리와 향촌유사의 3각 관계는 봉공적(奉公的) 사명감이 결여될 때 복잡하게 얽혀 여러 민폐를 조장할 수 있기 때문이다. 이런 점에서 존재의 개선안이 지니는 이상주의적 방법론의 취약점이 발견된다. 하지만 본질적으로 이런 안목은 전통 유교적 덕치이상의 한계이다.

교육기관을 중심으로 향촌사회가 조직되며 사회변화를 인정하고 거기에 부응할 수 있는 점에서, 더욱이 이런 체제와 조직 속에서 지식인들의 참여기회를 보장받으려는 의지를 선명히 파악할 수 있는 것은 그의 사상을 규정(성격)짓는 데 좋은 자료가 된다. 이러한 학교기능의 확대 내지 지역의 중심체적 위치는 법제적인 규제의 범주 밖에서 일어나는 문제들을 자체적으로 해결하려는 욕구와 결부된다. 따라서 단순히 교육론으로서의 성격이기보다 행정적으로 지방자치적인 조직에

273) 「政絃(救)」 牛酒松禁條, "每三年 官家發賣公山 以其十分之三 付之書院 以補養士賞射之財".

274) 「政絃(救)」 市塵條, "塵稅 只收於大買 行商 閻閻人 並勿施 大買二分 行商一分 並納書院 補試才費" 그리고 각 場市에서 사용되는 度量衡의 표준치를 서원문 외에 두고자 한 것도 주목된다.

275) 「政絃(救)」 郡縣條, "各邑皆依鹽田呂氏規 設鄕約 敎授爲鄕先生 各面訓長爲而都正".

직결될 수 있는 지방사회론 내지 향촌조직론으로 간주해도 좋을 것이다.

3) 공거론(관리선발)

존재는 아버지 영이재 공의 대를 이어 과거에 매달렸다. 그의 아버지는 자신이 이루지 못한 대과급제의 한을 아들을 통해 풀기 위해 어려운 형편에도 불구하고 유학을 보내 주었다. 온 집안의 기대를 떠안은 그는 20대부터 40대 후반까지 30여 년을 과거에 매달렸지만 역시 관문을 넘지 못했다. 그는 한두 번 낙방하고부터는 합격이 불가능하다고 생각했다. 실력이 없어서라기보다 제도의 모순과 정실의 벽을 뚫을 수 없었던 것이다. 그는 과장(科場)에서 자행(恣行)되고 있던 각양각색의 무질서와 문란상을 누구보다 현장에서 보고 느끼고 있었다.

그가 과장에서 보고 느낀 무질서와 문란상은 「봉사(封事)」 '과거지폐(科擧之弊)'나 '무선지폐(武選之弊)'에 고스란히 기록되어 있다. 그는 여기에서 당시 과거의 갖가지 부정과 무질서가 얼마나 한심스러웠는지를 적나라하게 보여 주고 있다. 그러나 이러한 문제들에 대한 그의 견해는 폐단 그 자체로서만 성격 지어지는 것이고 근원적인 문제를 지적한 것은 아니다. 그는 제도의 문란상으로 번잡한 과거의 빈도마저 폐단으로 봤다.[276] 그리고 과거제에 대하여 보다 근원적으로 어떤 문제들이 각종 폐단을 유발시키는가에 주목하려 했던 것이다.

(1) 과거제의 한계

과거제에 대한 회의는 무엇보다 문사(文詞) 중심의 선발에 있다. 문사 중시의 경향은 결국 사풍(士風)을 경박하게 만들고 동시에 다른 폐단까지 유발시키는 악순환의 진원이라고 판단했다. 문사만으로는 그 능력을 실용할 수 없음이 자명한 데도 불구하고, 문사 중심의 과거가 허문(虛文)의 벌열(閥閱)과 부세가(富勢家)에 의해 독점[277]되며 그들이 관계에 진출하게 됨으로써 연쇄적인 현상으로 사습이

---

276) 「政絃(時)」 武選條, "且近世科擧旣煩數 而武額因冗雜".

277) 「政絃(時)」 貢擧條, "於是 甲乙長榜 苟非閭巷愚富之子 必是閥閱奔競之兒 十個五雙 幾何其能讀 松塢史 第一卷乎"라 혹평하고, 「封事」 科擧之弊에서는 "幾年幾榜 竟無一人 以公道得者"라고까지 했다.

괴란(壞亂)되고 염치와 의리가 소진(消盡)되게 마련이라는 것이다.

또 사장 중심의 취사(取士)가 초래한 또 하나의 맹점은 문체(文體)가 법식(法式, 格式)에 어긋남으로써 생기는 폐단을 지적한다. 그것은 과거가 단순히 취사(取士)의 한 방법이라는 것으로 일단락되지 않고, 문체와 문장의 수준을 제시하는 기능을 가졌기 때문에 더욱 그러하다고 지적했다. 그는 문체가 치화(治化)에 미치는 영향을 들어,[278] 나라의 군왕이 된 자는 문체의 오륭(汚隆)과 성쇠(盛衰)를 반드시 살펴서 그 격식에 어긋남을 규제해야만 될 것이라고 주장한다.

위문(違文)의 횡행(橫行)은 과거와 관련이 있다. 즉 시행상의 문란으로 인하여 조잡하고 격식에도 위배되는 문장을 조진(造進)한 자가 참방(參榜)되면 이를 본 유생들이 시체(時體)라고 여겨 흉내 내는 것이 또 하나의 화근(禍根)이 되기 때문이다. 과거는 취사(取士)의 한 방법으로 '부득불병용(不得不並用)'할 이유 중에도 '試取之時 文體不如法者 輒削其榜'토록 하고 고관(考官)을 벌주어[279] 그릇된 문체를 본받지 못하게 할 것을 특별히 강조한 이유도 여기에 있다.

만약 문사 중심의 이 같은 과거라도 당시에 성실(誠實)하게만 시행되었다면 문제는 아주 간단하게 축소되었을지 모른다. 그는 과거를 취사의 일로(一路)로서 잡진(雜進)보다 우위에 두고 있다. 그래서 과거가 공거(貢擧)나 천거(薦擧)[280]와 부득불 병용되어야 한다는 관점(觀點)을 제기한 것이다. 그러므로 공거안(貢擧案)에서 '경술(經術)'이나 '문장(文章)' 위에 '덕행(德行)'이나 '심술(心術)'이 강조되는 정도로 그 개선 폭이 줄어들지 않았을까 짐작된다.

그러나 또 다른 과거의 문제점은 고과(考課)의 부실이다.[281] 실제로 실력이 있건 없건 거기에 사간(私間)이 개재되어 입락(入落)이 기정(旣定)되고, 올바른 평가가 이루어질 수 없다면 취상(取上)·선사(選士)의 여러 기능은 마비될 수밖에 없

---

278) 「封事」 文體之弊에서 "文體之有關於王化 大矣"라 하고 과거응시자들이 "見其參榜之不文 遂以爲時體 見其早納之得科 遂以爲尙速 其常談曰 書不必多讀 文不必好作 只以所知字 數百簡移去移來 則好成詩一篇 賦一章"한다 하여 과거 자체가 사습에 크게 영향을 끼치고 있음을 지적했다.

279) 「萬封」 簡輔弱擧賢能條, 한편 이에 대해 正祖도 "就中央比之歲 方伯, 節度, 守令之薦人 與科擧文體之不如法 則削其榜事"하도록 廟堂에 지시하고 있다.

280) 「萬封」 簡輔弱擧賢能條 및 「政絃(救)」用人條에서 薦擧方式을 言及하고 있다.

281) 「封事」 科擧之弊, "主司者 纔見數十金錢財 遂忘四百年王章焉 見一二人私簡 遂忘四百年國恩 及其知擧之日… 而獨考取吾君之士 如無所事焉 和睡而醉只索句頭之隱語 但覓紙之暗表…".

다. 실력 있는 자가 우대되고 우선할 때 전체적인 수준과 실력은 향상되는데, 부정한 수단을 쓴 부호나 세력자가 합격한다는 것이다. 그래서 그의 구폐(救弊)방안에는 실력자 위주의 평가방법이 상세하게 모색되어 있다.

과거제가 인재선발방식으로 가장 적합한 것은 아니다. 다시 말하면 과거 자체가 취사법으로 절대적인 것이 아님을 인정하지만[282] 그 밖의 잡진은 또한 과거만 못하기 때문에 어쩔 수 없이 병용(並用)하지 않을 수 없다고 한다. 결국 과거 시행상의 문란은 취사하는 주재자의 의지가 해이해진 데서 연유한 것일 뿐 결코 과거제도 자체가 부실하여 비롯된 것은 아니다. 그러므로 시행상 야기되는 여러 모순을 최대한 줄이는 방안이 강구되어야겠다는 것으로 요약된다.

(2) 공거 개선책

존재는 과거제 자체의 개선책 이외는 더 이상의 구체적 방안은 모색하지 않았다. 다만 공거안 속에 이런 과거제를 수용, 새로운 형태의 인재선발법이 창생(創生)되고 있다. 그러므로 과거제의 폐단과 모순은 공거안의 구상과 일관된 입장에서 연결시키는 것이 가능하다. 즉 공거제의 구상은 유능한 인재발탁의 요구를 충족시켜 주지 못한 과거제의 한계점과 문제점들을 지적, 그 대응책이나 보조책으로, 학교 정비와 깊은 관련 속에서 조직적으로 논의된 것이다.

그것은 교육과정에서 엄격한 심사를 거치는 일종의 천거제(薦擧制)이다. 동시에 과거의 절차와 같은 단계의 구상으로 교육과 인재등용(人材登用)을 일치시키려는 의도를 반영하고 있다. 구체적인 방법은 경향의 각급 학교에서 엄격한 자격심사를 거쳐 공사(貢士)로 일단 선발된 자를 대상으로 선발하나 방식은 다르다. 즉 향교에서 학식 및 덕행을 인정받고 일단 주(州)로 승격된 자는 감사가 치부(置簿)하여 두고 매년 그들의 품격(品格)을 염찰(廉察)하게 한다.

염찰은 9등으로 나눠 6등 이상[283]은 각 감영(監營)에서 행한 공사 선발의 대상이 된다. 감사는 대비년(大比年)에 도 단위 향음례를 행하고 다음 날부터 선발시

---

282) 「萬封」 簡輔弱擧賢能條, "至治之本 專係於取士 而取士之法 專憑於科擧 則兩漢之治 固不可得況可望唐虞三代乎".

283) 6등 이상 자라는 제한에 대해 註記를 보면, "大邑名都 取第5等以上 僻邑陋鄕 取8等以上"이라 하여 감사의 分等基準에 따라 상대적으로 누락되기 쉬운 궁항벽지의 인재들에게 좀 더 기회를 줄 것을 구상하고 있다. 한편 上等者가 몰린 것으로 보이는 邑의 格을 고려하여 정원도 '大邑無過12人 次邑無過7人 下邑2・3人'이라 제한하고 있다.

험에 들어간다. 방식은 매일 20인씩 추첨으로 사서(四書)·사경(四經)·낙서(洛書) 중에서 임강(臨講)토록 하고 그에 대한 토론을 시킨다. 이를 살펴 우열을 적중(籍 中)에 권점(圈點), 태도가 합당하지 못한 자는 방출(放黜)하며, 논의(論議)나 언론 (言論)이 특출한 자만 제술(製述)시험을 치를 자격을 부여한다.

강술성적이 7등 이상인 자는 향사례에 참가하기 위해서 태도(態度)와 적성(適 性)도 순위에 반영한다.[284] 공사방식은 향사의 경우 △성명, △연령, △부명, △거 주읍수성명, △8과목(심술·경술·식견·국량·재능·문장·필법·身幹) 중 가 합자(可合者)를 선발, △감사성명과 압인(押印)한다. 경사(京士)는 8과목이 청약(淸 約)·겸공(謙恭)·덕행·문장·재능·식견·후중(厚重)·애인[285]으로 구분, 덕행 위에 '청약'과 '겸공'을 추가, 방하(榜下)에 대학교수와 대사성을 함께 기재하게 했다.

선출된 향사와 경사 그리고 서원에서 별천(別薦)으로 공사가 된 자는 서울에서 6개소로 나눠 최종단계의 시험[進士科]을 치른다. 좌주(座主)는 3품 이상의 재신 으로 임명, 여기서도 의례격식에 대한 평가는 매우 엄밀하게 사정한다. 만약 의절 에 불합(不合)이 지적되면 척출(斥出)하거나 정거(停擧)되고, 반대로 위의(威儀)가 특출한 자는 고시관이 주응(注凝)했다가 고시 후에 한 등급을 올려 주는 특전을 준다. 답안을 작성할 때는 시간제한을 하지 않아야 한다.[286]

채점(採點)도 좌주와 부참관(副參官)이 3일간 철저히 동의고비(同議考批)하게 한다. △잠(箴)·명(銘)·송(頌)과 △전(箋)·조(詔)·혹(酷) 중 각 한 편을 택일하여 제납(製納)하게 하여 세밀한 고비를 거친다. 이렇게 하여 정해진 시소(試所)의 6등 이상 자를 다시 대제학과 3공 및 양 사(兩司) 장관이 재심하여 비로소 甲·乙·丙 科의 등제(等第)를 결정한다. 갑과는 급제(及第)라 하고, 을과 병과는 진사(進 士)[287]라 하는데 이 등제의 결정과정에서 주목해야 할 대목이 있다.

---

284) 「政絃(救)」 貢擧條, "取7等以上不拘額數 明日行鄕射禮 觀其進退 揖讓之節 而以射中多少定次".

285) 京士의 경우 8과목 중 '取4科以上'이라 하여 향사에게 있었던 特科優待 즉 "8科全備者爲上 以至單一 而若非心行 識見 局 量餘科 不得用單一註"「政絃(救)」 貢擧條와 차이가 있다.

286) 「政絃(救)」 貢擧條, "座主出策間 對者勿拘遲速… 日暮設庭燎各坐皆燃燭".

287) 「政絃(救)」 貢擧條에서 존재는 無能力者와 無資格者가 官路에 부당하게 진출하기 때문에 사회의 모순이 확대된다고 파악 했다. 그래서 비록 公卿의 자제라도 '進士'가 되지 못하면 사적(仕籍)에 올리지 못하게 할 것을 주장했다.

즉 향방(鄕榜)에 '8과 전비자(全備者)'로 주기(注記)된 자는 병을과(科)일 경우 갑과(甲科)로 올리고 심행(心行)·재능(才能)·국량(局量)·식견(識見)의 4과가 1과도 없을 경우는 갑과라도 병과로 강등(降等)시키는 재조정의 과정이 매우 주목된 부분이다. 출방(出榜)된 다음 날에는 반궁(泮宮)에서 시사회(試射會)를 갖고 丙·乙 과자로서 그 성적이 뛰어난 자는 상을 주고 성적부에 기록하여 비치한다. 갑과자로서 극중자(極中者)는 품계를 넘어 제직(除職)도록 했다.

4) 민생안정론

공거안(貢擧案)에서 인재선발을 동일평면(同一平面) 위에 놓아 밀접한 연결을 모색하는 것은 궁극적으로 학식과 덕행을 겸비한 능력자로 하여금 관로에 진출하게 하여 국정을 바로잡고 국이(國利)와 민안(民安)의 이상을 실현하고자 한 것이다. 선발된 인재들은 관료로서 국정의 허실과 성쇠를 좌우하는 기본적 인자(因子)로서 지닌 바 책임과 역할은 실로 막중하다. 이들을 과연 어떠한 방법으로 인도하고 통제 또는 관리할 것인가 하는 문제는 국정의 득실과 직결되어 있다고 해도 결코 지나침이 없다.

(1) 용관의 혁파

존재의 경세사상(經世思想)은 국이(國利)와 민안(民安)을 동시에 추구하는 것이다. 그러나 그의 눈에 비친 당시의 현실은 국가의 재정적인 부(富)와 민생의 안정이 함께 쇠잔(衰殘)하고 있음을 알 수 있다. 그것은 국가의 과다한 민력갈취(民力喝取)에 의한 민생의 불안정이라든가, 민생의 질고(疾苦)에 연유하여 국가재정이 모산(耗散)된다는 식의 관점이 아니다. 그는 그 원인을 말단서리들의 중간착취(中間搾取)와 소모(消耗)에 의한 결과로 인식하고 있었다.

즉 군현수(郡縣數)의 과다도 박민(剝民)의 요인이 되고 있다. 그 위에 영(營)·진(鎭)·역(驛)·보(堡) 등 기관을 남설(濫設)하여 '불경이식자층(不耕而食者層)'을 증가시켜 민력을 고갈하게 하는 또 다른 요인으로 파악하고 있다.[288] 그리고 중국의 1주(州)만도 못한데 관직의 수는 이미 주대(周代)의 갑절이나 많아 관리들은 용관(冗官)으로 하는 일이 없이 국고를 축내고 있다. 여기에 기구를 확장, 부(府)·시(寺)를 세워 유식서리(遊食胥吏)를 증가시켰다고 지적했다.[289]

더구나 경외(京外)를 막론하고 1인이 감당할 수 있는 직임(職任)을 4~5인 내지 10여 인이나 두어 좌식(坐食)하고 있었다. 이렇게 하고도 백성과 국가가 궁핍하지 않겠느냐고 반문한다. 그러므로 고위층의 사치(奢侈)나 낭비(浪費) 등 사회기강을 해치는 권력형 부조리를 근절하는 것이 무엇보다 급선무라는 것이다. 아울러 관직과 군현의 수를 줄임으로써 불필요한 관리를 도태(淘汰)하는 것도 국부민안(國富民安)의 이상을 달성하는 한 방법임을 지적했다.

존재는 그 구체적 방법으로 △경관(京官) 정3품 이하의 아문(衙門) 중 줄일 수 있는 것은 병합하고 △정(正) 이하의 참봉제직과 각 감(監)·시(寺)도 필요 여부를 감안, 수를 대폭 축소하며 △외관(外官)의 경우도 도사(都事)와 영장(領將)은 읍쉬(邑倅)가 주부(主簿)나 승(丞)으로 하여금 찰방(察訪)이나 역정(驛政) 등을 겸임하게 한다. 그러면 백성들의 수탈당하는 폭이 최소화될 것이며, 국가로서도 불필요하게 재정지출을 감소시킬 수 있을 것으로 전망한다.

하지만 기구의 축소나 관원의 감소만이 근본적인 문제의 해결책은 물론 아니다. 그래서 첫째, 수취체계상에서 개재되기 쉬운 사간(私間)을 여하히 배제할 것인지 하는 문제와, 둘째, 민·국의 중간에서 사욕(私慾)을 도모하고 질서를 파괴시키는 주체인 관리들의 의식(意識)을 개혁시키는 것이다. 서리들에게는 어떻게 하면 국가와 백성을 위하여 유익한 방법으로 봉사하도록 인도하고 관리할 수 있는가라는 문제를 그는 상정한다. 그 방법이 곧 지방교육입국론이다.

(2) 자율적 공평부세

수취체제의 문제점은 조선 후기로 내려오면서 심화되기 시작했다. 중앙의 정치이완(政治弛緩)에 편승하여 지방의 서리들은 다양한 방법으로 부세하여 수탈하고

---

288) 「封事」 郡縣條, "況復加之以營·鎭·驛·堡 則數十百里之內 不耕而食者 小不下五六千人 生之者募 食之者衆 奈之何 民不窮且盜也".

289) 「政絃(救)」 官職條, "太半冗員 十日無一事 一月無一政 坐糜廩食 閑費餐錢 强分職司 煩立府寺 其胥吏之遊食者 因此而又益衆矣".

있었다. 존재는 평생을 향촌에 살았기에 그 실상을 누구보다 속속들이 알고 겪었을 것으로 짐작된다. 다만 그의 제안은 일단 지방사회의 시각에서 조명하고 있는 만큼 전 국가적으로 대처해야 할 주밀한 방안은 모색되지 않았으며 주로 수탈의 피해자인 민중의 입장에서 한 단계만 소급하여 논위(論謂)된 점이 한계이다.

그 대표적인 사례는 조운(漕運)에 관한 구상이다. 존재는 모리배를 촉탁함으로써 생기는 파선(破船)과 수탈병폐를 막기 위해 수군절도사가 직접 관장토록 한다거나 향선(鄕船)을 윤번제로 조발(調發)[290]함으로써 경비의 수탈을 막자고 했다. 공안(貢案)의 경우 율곡의 소론대로 방납(防納)의 폐를 없애는 대신 물산의 유무나 전결(田結)의 다소와 민호의 식성(殖盛) 등을 고루 참작하여야 한다고 주장했다. 역(役)은 일필의 감량이 타당하나 준계지용(準計支用)토록 해야 한다는 것 등은 모두 소략했다.

존재는 이들 문제를 향촌 자체에서 자율적으로 해결할 수 있기를 기대했다. 그의 근본 의도는 향촌사회의 자율성 문제와 관련시켜 이해하는 것이 좋다. 여러 폐단이 속출했던 조적(糶糴)의 경우 아예 1통(統)당 5석의 환곡을 정해 주고 자체[統] 내에서 생활의 정도에 따라 '5등 分食'도록 하면 구차한 폐단이 사라질 것으로 여겼다.[291] 호역(戶役)의 경우 호구성적(戶口成籍)에 앞서 각 리마다 공의(公議)하여 경제력에 상응하는 등호(等戶)를 매겨 작통(作統)[292]하되 5호를 단위로 하등호(下等戶)가 많을 경우 수십 호가 되더라도 가능하다고 했다.

또 매 식년 통내에서 경제력을 재평가해 이 등호(等戶)를 재조정하면 부당한 처사는 생기지 않을 것이다. 만일 극빈하여 전택(田宅)이 없는 자들은 5가일통의 군오첩(軍伍帖)을 만들어 정전(丁錢)을 면해야 한다고 했다.[293] 물론 이 방법이 채택될 경우 정확한 호구의 파악에는 착종이 있겠으나 호구파악이 실제 재정수입의 확충과 상관되어 있던 실정을 감안한다면 국가적 측면에서 일종의 누진세율처럼

---

290) 「政絃(時)」 조운의 적폐상을 지적한 그는 이들 병폐를 막기 위한 방법으로 救弊條에서 "…每二萬石爲一納 以水軍節度使一人 大總分三番 而數不足者 官造定船主 給之…"라 하고 있다.

291) 「政絃(救)」 糶糴條, "各一統給五石 則統中自有五等 所差等分食".

292) 上同 戶帳條, "每收籍時 令各里自相公議成籍 上戶一戶當二戶 次戶一戶爲一戶 次戶三戶爲二戶 次戶二戶爲一戶 次戶三戶爲一戶 下戶…四戶爲一戶旣分六等戶 每以五戶作統 統內原戶 雖有十數戶 役只定以五戶 每式年統中有陞等降等戶外 勿爲改易也".

293) 上同條, "至貧無田宅者 不籍而猶五家作統 錄于軍案 免丁錢 只納戶錢五錢".

수투(收投)의 양(量)이 할당되어 있으므로 하등의 문제가 없고 빈궁한 농민들에게만 혜택이 돌아가도록 된다.

한편 전세(田稅)의 부담은 공동농장처럼 8결을 단위로 농민이 합작, 소유한 만큼의 전결에 따라 세를 분담하는 방안을 모색하고 이런 방안이 농민호(戶)를 안정 속에서 통제할 수 있다고 본다. 그리고 전세를 정하고 수납하는 자도 휼민(恤民) 봉공할 수 있는 사람으로 유사를 정하되 향리에서 선발[294]토록 하고, 직업에 따른 처우와 통제방안을 제시했다. 그런데 상기의 여러 문제에 대한 개선안에서 공통적으로 지적되는 것은 향리라는 말단 지역단위에서 자율적인 결정으로 과세문제를 해결하려는 방안인 것이다.

문제는 이 같은 일들을 과연 누가 통제하고 주도할 수 있느냐가 관건이다. 결론부터 이야기하면 그는 향리에 사는 지식인들이 이를 통제하여야 하며 만약 관에서 주도한다면 이를 견제하고 시정할 수 있는 합법적인 능력까지를 지식인에게 보장하자는 것이 아닐까 생각되기도 한다. 이는 앞서 살펴본 교육이나 후술할 지방 관리에 대한 통제에서도 밝힌 것처럼 향촌 지식인의 다각적인 참여나 활용을 염두에 두고 있다. 또 그들을 견제세력화하려는 그의 기본적인 욕구와도 맥락을 같이 하는 것이라 한다.

그러나 이해준 교수는 존재의 사상을 분석하면서 난관이 이 점이라고 실토한다. 즉 "역사에서 객관적이라는 대전제가 새로운 의식이나 가치의 모색을 동반한 것이 아닐 때 어떤 의미에서 그것은 큰 모험일 수 있으며 동류의 계속적인 추출이 없는 한 무의미하다 할 것이다. 과연 존재와 같은 지식인들이 얼마나 있었던가. 또 같은 환경에서 좀 더 큰 안목으로 적극적인 개혁안을 내세운 학자들이 많았는데 왜 그는 이처럼 소극적 개선론적인 구상의 틀을 고수해야 했을까"라며 의문을 표시하고 있다. 다른 학자보다 온건하다는 것이다.

사실 그렇다. '향촌론'에서 조운(漕運)에 따른 파선 등의 방법에 의한 수탈방지를 위해 수군절도사로 하여금 운송을 직접 관장토록 주장한다. 방위의 책임을 맡고 있는 일국의 수군절도사가 조운까지 담당하는 것은 쉬운 문제가 아니다. 그리

---

294) 上同 田結條, "但示以不欺之義 務在擇人 上自均田使 及守令皆以恤民奉公爲念 束選有司".

고 부세도 5호 내지 10호를 기준으로 호구당 경제력을 평가하는 문제도 전국적으로 적용하기는 쉬운 게 아니다. 그래서 이 교수는 "나아가 전환기의 지식인으로서 이 두 부류 중 과연 어떤 것이 더 근본적이고 능률적이었는지를 고려할 때 그의 향촌론은 분명 재음미되어야 할 것이다"라고 평가했다.

(3) 서리와 지방관의 선도책

① 하급관리의 처우개선

존재는 탐리(貪吏)를 나라의 좀과 같은 존재라며 탐리가 성하면 나라의 위망(危亡)도 이들의 그릇된 해악으로 비롯된 결과라고 했다. 이들의 분경(奔競)이야 말로 위로는 국가와 아래로는 백성 모두를 해롭게 하는 요인으로 파악했다. 그가 제시한 구폐안 속에는 이들의 분경을 막기 위해 통제조처가 마련되어 있다. 그러나 그의 생각은, 물론 통제도 있어야 하지만 그에 앞서 이들 이서(吏胥)들에 대한 국가의 처우가 너무 부실하다는 것에 일단 주목하고 있다.

즉 이들 하급이서들은 일정한 급록(給祿)도 없고 관직의 서열에도 들지 못하고 한번 그 직을 경임(經任)하면 자손 대대로 계속 누족(累族)의 명(名)을 얻어 전락하게 되므로 아주 자포자기하여 자신이 명류(名流)의 죄인이라 못 박아 놓고 탐학과 사욕에 몰두하게 된 것이라 했다.[295] 여기에 더하여 '위악무근벌(爲惡無近罰) 위선무후명(爲善無後名)' 하도록 내버려 둔 국가의 무관심이나, 발신(拔身)의 기회와 대우를 고려하지 않는 채 봉공과 청렴을 요구하는 것도 이치에 합당하지 않다.

뿐만 아니라, 교육을 받지 않은 이들이 '필절지지(必竊之地)'에 나감으로써 그 간기(姦欺)의 자행은 제어하기 더욱 어려울 것이라 생각했다.[296] 따라서 이서들에 대한 국가의 부실한 처우가 급히 개선되어야 함을 지적하고 그 방안을 다음과 같이 제시하고 있다. 즉 △아무리 미관말직이라도 그것이 공익인 이상 실직으로 삼아 관직의 서열에 흡수, 등사(登仕)의 초계(初階)로 삼아야 한다. △일정한 급료를

---

295) 上同條, "是以居是任者 必皆自處而名流之罪人 只爲苟營衣食之計 其貪叨罔利 傷風亂政者 亦無足怪也".
296) 「政絃(救)」 人吏條.

지급하여 생계를 유지할 수 있도록 보장해야 한다는 것이다.

또한 △실적을 고과하여 상벌을 내리고 관료로서의 자질과 능력이 인정될 경우 승진[297]의 기회를 주어야 한다. △인리자제들에게도 그가 구상한 학제에 따라 학교에서 교육을 실시한 뒤 그 성적과 품행을 평가하여 그 등제(等第)로서 제임(除任)하고 교원들로 하여금 이들을 규찰(糾察)하도록 한다. 봉공을 책하지 않고, 청렴하기를 권장하지 않아도 이들은 자연히 백성과 국가에 유익하게 될 것이며 무리한 민력갈취(民力喝取)는 점차 줄어들 것으로 전망하고 있다.

② 능력에 따른 분임

문사(文詞) 중심의 취사(取士)가 그 능력을 실용하는 데 적절하지 못함을 지적했지만 출신(出身) 초에 이미 문지(門地·品格)로써 분관(分館)하고 임로(任路)를 정하기 때문에 문지가 천한 자는 비록 이려(伊呂)나 관락(管樂)과 같은 뛰어난 재기(才器)가 있더라도 논경(論經)의 열에 쓰이지 못한다. 그러나 가세(家世)가 고현(高顯)한 자는 비록 우둔하고 용렬한 무리라도 태정(台鼎)의 열위(列位)를 차지할 수 있다.[298] 문지에 의한 분임(分任)은 또 하나의 문제라 했다.

능력보다 문지가 우위에 서면 유능자에게 기회가 폐쇄되기 쉽고, 문지분임의 특혜를 받는 특권층의 경박(輕薄)과 오만(傲慢)은 또다시 민폐의 근원이 된다. 그는 벌열세관(閥閱世官)을 각종 폐단의 원천으로 파악하고 용음법(用蔭法)은 무의미하다고 했다. 그것은 대대로 관위를 얻게 되며 혹은 라(羅)와 려(麗) 때의 사족이 오늘날까지 음덕을 입고 있다. 이들 모두 유식층(遊食層)으로 일찍이 국가를 위해 일척(一尺)의 포와 일립(一粒)의 미도 도움을 주지 않았다.[299]

사회적·경제적으로 특권을 부여받는 이들은 국가에 유익하기는커녕 오히려 망국난정(亡國亂政)의 역기능을 하고 있다고 지적, 이들에게 세전(世傳)되는 특권을 적절히 배제할 것을 주장한다. 그의 주장은 대개 이들의 부당한 영향력이 사회

---

297) 「政絃(救)」 人吏條 參照.

298) 「政絃(時)」 用人條, "出身之初 己格以分館 勘其仕路 門地卑下者 雖伊呂之器 管樂之才 不得敍論經之列 家世高顯者 雖關茸之材 愚實之流 輒使據台鼎之位".

299) 「政絃(時)」 軍制條.

여러 방면에 작용하여 관기문란(官紀紊亂)을 유발하는 요인으로 인식했기 때문이다.[300] 그러므로 문지분임을 지양하고 능력에 따라 인재를 적재적소에 등용함으로써 각자 지닌 능력을 발휘하도록 기회를 주어야 한다고 강조했다.

즉 문무를 막론하고 출신 초부터 다만 공방(貢榜)에 주기(注記)된 바를 좇아 분임하여야 하며 공거(貢擧)와는 별도로 천거[301]되어 제직(除職)되는 경우에도 문지와는 관계없이 다만 합당한 적소를 심의·채용토록 한다. 그러나 만약 위재수직(違材授職)했다가 부정이 밝혀지면 인사권자[長官]를 함께 처벌하여 사간의 도모를 배제했다. 비록 공경(公卿)의 자제라도 진사가 되지 못하면 사적(仕籍)에 오를 수 없으며 음한(蔭限)이 지나면 서인(庶人)이 되도록 하자고 주장한다.

반대로 서인이라도 진사로 진출하게 되면 다만 재기(才器)로써 탁용(擢用)하여 능력이 인정된다면 장상(將相)까지라도 승진할 수 있도록 관로(官路)를 개방해야 한다고 했다. 이렇게 발신(拔身)의 정당한 문호를 개방하고 충의를 책한다면 인재가 모두 국리민안(國利民安)에 기여할 것이며, 풍속은 자연히 순후(淳厚)해지고 명분이 바로 서서 치화(治化)도 용이할 것으로 전망했다. 존재의 재능에 따른 분임의 제안과 위재수직의 쌍벌 조치는 실용성이 있을 것으로 보인다.

③ 구임을 통한 시정

이품관(二品官)에 이르면 실적(實績)이나 현부(賢否)와는 관계없이 서로 윤대(輪代)·질대(迭代)하면서 고관열위를 편력(遍歷)하는 사정을 지적하고 고급관리들이 오래 임무를 맡아야[久任] 한다고 주장한다.[302] 구임을 주장하는 이유는 "아무리 현명하고 지혜 있는 사람이라도 민사(民事)에 긴밀히 관계하지 못하면 민생의 질고(疾苦)를 살필 수 없을 것이기 때문이다. 비록 천공(天功)을 베풀고자 하나 끝내

---

300) 「政絃(絃)」用人條에서 "官人以世 列於刺惡 議其世卿 見於春秋 蓋亡國亂政之弊源也… 此一改非法制可救 將付之天運而己耶"라 하고, 軍制條에서 蔭限을 定하여 "親功臣嫡長孫 蔭止十世 支孫 蔭止玄孫 實職二品以上 蔭止玄孫 死節者 無論官職高下 有無 蔭止玄孫 其官元是二品者 嫡長孫 加五世 堂上官 蔭子順孫 六品以上嫡長孫 蔭曾孫 支孫減一代 八品以上蔭孫 進士以上 蔭子(貢士己身免簽)孝子順孫 蔭其長子 至曾孫 烈女與死節同"이라 했다.

301) 「政絃(絃)」用人條, "旣至六品 則京官六品以上 各擧一人 略如唐時擧代之規 外而監司守令 各擧一人 無問朝官文武生進 各註薦目 不拘門地 薦于朝兩銓置薦簿錄之 每當註擬 取其薦多者 備望 面銓衡 又審其可合之職 而用之".

302) 上同條, "三公六卿 三孤六貳 兩司長官 大司成 司成 八監司 并久任 皆以十年爲期 議政判書 以二十年 或沒身爲期 吏·兵·戶 三曹 尤不當數改… 守令皆以九年爲期".

정(政을 베풀 수 없을 것이다"303)라고 한 것으로도 알 수 있듯이 구임은 목민관에 대한 선정의 기대를 크게 반영한 것이라고 생각된다.

물론 중앙집권적인 통치체제 아래서 개인의 역량이 작용하는 범위란 목민관의 경우 정부 입장의 대행자적인 역할에 불과한 것인지 모른다. 그러나 존재가 생각하는 목민관의 역할은 좀 더 포괄적인 것이다. 즉 지방의 특수한 실정이나 민생의 질고를 제대로 파악도 하지 않았는데 자주 교체되는 사정에 대한 불만에서 비롯되는 대응책이었을 것이다. 부연하자면 이 같은 사정 아래서는 자기 나름의 포부를 충분히 펼 수 없으므로 치적(治積)을 쌓을 수 있도록 기회를 충분히 부여하여 역량을 최대한 발휘할 수 있도록 보장하자는 것이다.

따라서 이러한 구임 주장의 이면에는 엄격한 고과(考課)가 항상 통제의 수단으로 적용되고 있다. 실상 구임이 된 경우의 실적평가는 민생의 안정 여부를 통해서 보다 객관적으로 판단할 수 있으므로 관리의 성적고과상의 부정과 문란도 해결이 가능한 것이라고 여겼다.304) 다만 3공 6경을 비롯해 각 도의 감사 등의 재임기간을 10년에서 20년까지 오래 임무를 맡게 하는 것은 실현가능성이 거의 없는 이상론이 될 수 있다는 것이다. 관료의 임기는 너무 짧아도 문제지만 너무 길어도 변화를 수용하기 어렵고 부패 등의 문제점이 나오기 마련이다.

④ 실적 위주의 상벌제

문벌에 대한 특혜와 용인으로 인한 관기의 문란과 도괴(倒壞)는 이미 살폈다. 그러나 이러한 방안이 활기차게 적용되고 또 효율과 내실을 거두기 위해서는 역현상(逆現象)에 대한 엄격한 통제와 순(順)현상에 대해 사기를 앙양시켜 줄 수 있는 조장적인 장려책이 뒤따라야 한다. 그 방략은 우선 포상이다. 포상은 상재(賞財)와 승진(昇進)이 있으나 승진을 중시한다. 그것은 포상의 대상이 '有教訓成效', '治民有成績', '有殊績而治民頌惠政'에서 볼 수 있듯이 실적 위주의 평가였다.

승진의 폭은 가능한 한 개방해서 군직의 경우 지대(支隊) 자체 내에서 택정된

---

303) 上同條, "盖人雖賢智 不親民事 則不誠閭里疾苦 雖實亮天功 終不可盡善也".

304) 그는 官吏의 成績考課상의 문란을「政絃(時)」用人條에서 "當及其考課 則雖賦汚昏酷 一姻 二舊 三賂 四閥 而幾州幾府 考 皆上上矣 只以武官地微 數入快施下考 猛示公道 而初不問 其政之善惡也"라고 지적했다.

대장이 좋은 성적을 얻으면 수령 내지 여임(閭任)의 직까지도 승진할 수 있다.[305] 서인도 진사가 되어 출신하게 되면 문지와 관계없이 능력만으로 장상에 오를 수 있도록 했다.[306] 그리고 수령에게 자벽제(自辟制)를 이용할 수 있게 한 반면 실적 여하에 따라 상벌도 동시에 연결시켜 서로 견제 보조해 시정에 임하도록 했다. 상벌로 삭탈(削奪) 등이 보이고 부정이 있을 때 추심하여 처벌을 강조하고 있다.

5) 향촌방위론

존재는 「만언봉사」 서(序)에서 군정의 타괴(惰壞)를 '무공현지졸(無控弦之卒) 병기둔패(兵器鈍敗) 고무응변지저(庫無應變之貯)'라 하여 군사·병기·군량의 극심한 불비를 지적했다. 국방력의 약화를 임진병화와 비교, 시급한 정치적 과제로 상정한 바 있다.[307] 그는 모든 국민이 군보(軍保)가 되더라도 그 병력으로 남북의 강구(强寇)들을 제어할 수 있을까 걱정했다. 그런데 용음법(用蔭法)으로 또는 권세가들의 비호 아래 도탈(圖頉)이 성행되고 특히 군보편입을 수치로 여기는 사회풍조가 초래한 피역도탈(避役圖頉)의 각종 수단을 열거했다. 이는 당시 사회의 경제력을 바탕으로 한 신분혼효(身分混淆)와도 밀접한 관련을 갖는 것이다.

(1) 피역 및 도탈의 사례

△ 공신후예를 모칭(冒稱)하여 도탈하는 것

△ 돈으로 족보를 사서 입보범위를 벗어나는 것

△ 부점요촌인(富店饒村人)들의 경우 서리배(胥吏輩)와 결탁하여 계방(契坊)을 만들거나 향임(鄕任)을 모칭하여 도탈하는 것 등이다.[308] 결국 사회적으로 실력이 없고 경제적으로 수포대역(收布代役)도 불가한 미천한 백성들만이 군역에 편입되기 때문에 실제로 정군결오자(正軍結伍者)는 10명 중 1~2명에 불

---

305) 「政絃(救)」 軍制條, "隊長自有才幹 善敎一隊者 昇旗摠 旗摠昇哨官 哨官漸昇至千摠 千摠卽爲六 出除邊將 其中特異者 除守令 昇哨至閭任亦可順 如此然後 將卒相智 而軍政常修矣".

306) 「政絃(救)」 用人條, "庶人由進士出身者 但取其人 勿問先蔭 苟材器出衆 超擢至將相".

307) 「萬封」 由舊章革弊政條, "當今之大政 若科擧若軍兵若漕運若糶糴若貢案 一切廢壞民國俱瘁".

308) 「政絃(時)」 戶帳之弊 및 軍制之弊.

과한 실정을 지적한 것이다.[309]

그러나 문제는 이들마저도 활 다루는 방법이나 심지어는 거창(擧搶)할 능력조차 없다는 사실이다. 또 태반이 허명(虛名)으로 점고(點考)나 조련(操練)할 때 임시로 늑충(勒充)하거나 남색(藍色)이 전(錢)으로써 고립(雇立) 혹은 서리가 환복(換服)하는데 1인을 부르면 4~5인이나 대답한다.[310]

그런데 담당 장관들도 이런 폐단을 알고도 대책을 강구하기는커녕 당연한 듯이 여긴다. 한편 이런 군정의 폐단은 군비에서도 그대로 작용, 군기는 녹슬고 부서져 사용할 수 없으며, 상재나 군량의 비축, 군마의 소양 또한 별도로 응변의 준비가 되어 있을 리 없었다.

(2) 국민개병제의 도입

따라서 군정문제는 우선 군보편입을 수치로 여기는 백성들의 통념을 불식시키는 것이다. 그러기 위해 호적에 군직유무나 공사(貢士) 및 무사(武士) 등을 기록하는 외에 군명(軍名)을 기입하도록 해야 했다. 그렇게 함으로써 출사(出仕) 때에 비록 조관(朝官)이라도 사조(四祖)의 군보등록(軍保登錄)[311]이 없음을 수치로 여기도록 하여 국민개병제적(國民皆兵制的)인 군보의무를 토대로 군안이 작성되어야 한다. 그렇게 한 다음에야 군사훈련의 내실[强化]도 기대할 수 있으며, 군비의 확충방안도 실효를 거둘 수 있을 것으로 전망되기 때문이다.

한편 대체로 군정문제에 관한 그의 구상은 전 국가적인 국방개념에 앞서 지방단위사회의 구조 속에서 모색되고 있는 것이다. 즉 지역수호의 민방위적 성격이 강하게 투영되고 있어 지방지식인으로서의 특징적 면모를 볼 수 있다. 그는 원칙적으로 병농일치(兵農一致)를 주장한다. 이를 위해 학업 중인 학생이나 공사와 무사를 제외한 모든 국민은 군역의 부담 여부를 불문하고 군안(軍案)에 등록되어야 한다. 인친(隣親)들로 대오를 조직하여 일종의 국민지역방위대를 형성하고 군사

---

309) 「政絃(時)」 軍制條에서 각종의 圖頉例를 들고 "凡此數條 皆爲病弊 其餘存而作軍伍者 蓋不能十之四五 而就其中 又除收布良役 則爲正軍結伍者 又不能十之一二"라 했다.

310) 「政絃(時)」 軍制條. "太半是流殘焉乞 逋亡老弱 手不知擊弓 力不能擧搶 又太半是虛名 而點考操練之際 臨時勒充 或藍色以錢雇立 或胥吏換服 點名至有一人 應四五名者 凡爲長官者 非不知此弊而亦恬不爲怪噫".

311) 「政絃(救)」 戶帳條, 이러한 類例는 訟事나 旅行時의 法的 制約에서도 볼 수 있다.

적 훈련과 기타 군비를 자체 내에서 확보해야 한다고 생각했다.

학교가 향촌사회의 중심적 존재로서 여러 방면으로 그 기능을 확대해야 한다고 주장했던 것처럼 학교는 무비(武備)를 위해서도 또한 그 기능의 중심이었다. 그의 구상을 보면 덕행과 학문을 연마하는 서원과 향교에는 무예를 익히는 무학(武學)과정까지 병설하고, 지방 단위로 사정(射亭)을 세워 무재(武才)를 양성하되 그 시사(試射)나 상벌과 승급을 훈장과 교수가 관장하도록 하고 있다. 또 전술한 바처럼 학교장은 지방군보의 조련에도 일익을 담당하도록 되어 있었다. 학교가 무비는 물론 군사훈련까지 담당하는 향토방위의 중심인 것이다.

군보의 결오(結伍)는 16세 이상은 서원과 향교에 적을 두지 않는 경우나 정전(丁錢)의 납부 여부와 관계없이 각기 능력에 맞도록 마[騎馬]·보(步)·수군 등 3군에 충당, 향리의 민호를 십오지법(什伍之法)으로 편성하되 매호당 정군 수(丁軍數)는 3정 이하로 하고 그 부담을 고려, 정전을 감량토록 한다. 각 단위부대장인 대장·기총·초관 등 능력자를 선정, 통솔능력에 따라 점차 상급부대장으로 발탁, 승진시켜 변장 혹은 수령이나 여임까지도 발탁, 채용함으로써 이들의 사기나 군정상수(常修)의 실효가 달성되도록 해야 한다고 주장한다.[312]

특히 군오편성에 주목되는 것은 해당 지역자로만 충당할 것을 강조한다. 유고는 피역자 또는 입보할 수 있으나 시랑굴편(豺狼倔偏)하여 통솔이 곤란한 자가 생기는 경우로써 전자의 경우는 그 지방의 군보정액(定額)에 미달하더라도 다른 지역에서 대정(代丁)하여서는 안 된다고 했다. 이는 그가 인친적인 조직을 통해 인보와 수향(守鄕)의 목표를 효과적으로 수행코자 했기 때문으로 이해된다.[313] 이러한 인보조직의 강조는 중앙군에의 번상(番上)에서도 마찬가지이다. 즉 번상은 원방(遠方)에서 첨정하지 말고 3백 리 이내의 지역에서 충원하되 반드시 동면 동향인으로 작대(作隊)하여 서로 제숙(諸熟)게 해야 한다는 것이다.

한편 후자 즉 행실이나 심지가 불량하여 용납할 수 없는 경우는 군안에서 제외하되 배액의 정전을 납부토록 하여 실리적인 군자확보를 꾀한다. 다음은 조련이

---

312) 「政絃(救)」軍制條.

313) 隣保的인 鄕軍結束의 문제는 비단 존재만의 所論은 아니지만, 그 强調의 요목 중에 地方軍의 有名無實化가 鮮明해진다.

다.[314] 군오는 3분하여 윤번으로 매년 춘중(春仲)에는 서원장, 동중(冬仲)에는 읍쉬(邑倅), 계동(季冬)에는 절도사가 각각 주장(主掌)하는 조련을 받되 절도사가 주관하는 조련에 나가는 부대(3년에 1번씩)는 정전을 면제해 주는 대신 유사시는 우선 조발(調發)된다. 이러면 정군과 보군의 구분도 구체화시켜 내실을 꾀하는 반면 정전부담 문제도 간편하고 공정하게 해결될 수 있을 것으로 보인다.

(3) 향촌방위론의 문제점

문제는 조련과정의 서원장의 신분에 대한 의구심이다. 읍쉬나 절도사는 지방관이기에 응당 조련주장의 임무가 있을 수 있지만 반관반민적 성격의 서원장에게 구태여 조련을 담당케 하는 이유를 어디에서 찾느냐는 것이다. 평상시에 학교가 조직적으로 지역사회를 통제 조정할 수 있도록 그 기능을 확대시킨 것과 함께 유사시의 응변적 역할도 존재 자신과 같은 지방 식자층이 담당할 수 있도록 했다고 볼 수 있는 것이다. 이는 기본적으로 그의 구상이 지방조직의 통제와 운영에 대한 적극성과 참여의욕을 반영하는 것이 아닐까 짐작된다.

물론 존재는 전 국가적인 국방강화와 관련해서 문장(文將)의 필요성과 문약(文弱)으로 흐르기 쉬운 유사들에게도 군기(軍紀)를 교육시켜야 한다는 입장을 견지하고 있다. 하지만 문장으로서의 서원장은 위의(威儀)나 통솔능력에 있어 무장과 차이가 있게 마련이다. 그리하여 이러한 약점을 보정하기 위해 별도로 정전을 면제받는 호한(好漢) 10명을 뽑아 보필하도록 하는 조치가 모색되고 있으나 실효성이 있을지는 의문이다. 아무리 전략에 뛰어난 참모의 조언을 받는다 하더라도 전문지식을 갖추지 않으면 우선 조언 자체를 이해할 수도 없기 때문이다.

다음으로 자체 방위력을 강화하기 위한 방책으로 향리 매호는 궁시(弓矢)의 비축과 70세 이하인 자는 농격(農隙)을 이용, 습사(習射)한다는 정도이다. 관비군기(官備軍器)의 둔패(鈍敗)에 대하여 적나라한 비판을 가했다. 그럼에도 관비군기에 대한 언급이 하나도 없이 민비를 강조한 것은 그의 향촌(지역)단위의 방위관념과 같은 범주 안에서 모색하기 때문이다. 전문제조창에서 제조하지 않은 군기의 성

---

314) 前述한 地方文化中心으로서의 學校論中 學校長(書院訓長)의 地方軍保操練.

능도 문제이다. 매 향리(每鄕里)는 물론 사찰도 사정을 세워 평소 습사의 생활화를 강조하고, 이에 따른 경비를 확보하려고 노력하는 흔적은 보인다.

상재(賞財)라는 명목으로 수합되는 각종의 교육경비[315]들 이외에 군수(軍需)의 보충[316]이나 부전군보(不悛軍保)를 제외시키고 받은 배액의 정전도 이러한 경비에 충당하기 위한 것이다. 한편 군량은 사창제의 운영을 통해 군마는 호장조에 매 2통마다 군마 1필을 기르게 한다. 그러나 매 통별로 군마 1필씩을 사육한다는 것도 참여농가 등은 현실적으로 어려운 일이다. 다만 5家 作統이 아니라 통 중에 감당할 만한 능간자(勒幹者)를 택해 맡기되 추료(芻料)는 각 호가 공동으로 조달하고 만약 말이 병들거나 늙어 죽으면 각로가 협력하여 대립한다는 것이다.

그의 군정개혁안의 특징은 향촌 단위의 민방위체제로서 조직과 훈련, 군비 또한 지방단위사회 자체 내에서 확보, 해결하는 것이다. 그의 구상에는 지방 유식층의 기능과 범위가 단순한 교육이나 교화에 그치지 않고 명실상부한 행정·군사·사회적 지도자를 확보하는 데 있다. 매우 이상적인 구상이라 할 수 있으나 여러 면에서 실제로 적용하기란 결코 쉬운 문제가 아니다. 결국 향촌방위론은 국방에 대한 국왕과 의정부 등 조정대신들과 백성들의 인식을 환기시키는 의미 이상의 결과를 가져오기 어렵다고 볼 수 있다. 그가 고발한 방위 관련 부정이 중요하다.

---

315) 앞에 든 「政絃(救)」軍制條, 牛酒松禁條, 市廛條 같은 例가 그것이며 군제조에서 성품이 워낙 불순해 改悛하지 못한 자에게 아예 배액의 丁錢을 받도록 하는 예도 결국 교육경비인 상재의 재를 확보하려는 方案이다.

316) 軍需라 指稱된 예로 軍制條에 "工賈大富 累世者 生子俊秀 而欲通士籍者 許以財財補軍需及 賑飢 而入武學…" 云云한 것이다.

II

다산의 생애와 사상

1 | 다산의 출생과 성장배경

장흥 위씨들은 다산 선생이 존재를 전혀 모른 체한 데 대해 언짢은 감정을 갖고 있다. 그도 그럴 것이
실학자요 관산과 가까운 곳에서 18년간 유배생활을 했기 때문이다. 그는 비록 존재가 타계한 뒤에 강진
에 왔지만 간접적으로 전해 들어 알았을 것이기 때문이다. 농촌에서는 작은 소식도 알려지게 마련인데
존재는 호남 3대 실학자이며 많은 저서를 남겼기에 그에 대해 몰랐을 리 없다. 실제로 다산은 존재의
거주지인 천관산을 유람하고 장흥의 친척집에도 들른 바 있다. 그럼에도 불구하고 그의 저서 어디에도
존재에 대해 언급하지 않았다. 이는 다산의 의도적인 묵살처럼 보이기도 한다. 그래서 다산의 강진생활
의 족적과 사상의 동이(同異)점을 파악해 그 진실에 약간이라도 다가가고자 한다(編者 註).

1) 천주교와의 인연과 출사

이름은 약용(若鏞)이요, 자(字)는 미용(美庸) 또는 송보(頌甫), 호는 사암(俟庵) 또
는 다산이고, 당호는 여유당(與猶堂)으로 '겨울에 내를 건너고 이웃이 두렵다'는
의미이다. 아버지는 재원(載遠)이며 음사(蔭仕)로 진주 목사(晉州牧使)까지 지냈다.
어머니 숙인(淑人) 해남 윤씨(尹氏) 사이에 1762년(壬午) 6월 16일 마현리(馬峴里)
에서 출생했다. 고조는 도태(道泰), 진사인 증조는 항신(恒愼), 조부는 지해(志諧)
이다. 출사하지 못한 집안으로 가세는 그리 넉넉하지 못했다.

9세에 어머니를 여의고, 10세부터 과예(課藝)를 시작하고, 15세에 결혼을 했다.
아버지가 호조좌랑(戶曹佐郞)에 제수되자 서울에서 살았다. 다산의 큰형 약전(若

銓)은 이벽(李蘗)의 매제고, 이승훈(李承薰)은 다산의 자형이 된다. 그리고 이승훈의 외삼촌이자 성호(星湖) 이익(李瀷)의 종손인 이가환(李家煥)과는 인척간이다. 이들은 성호의 학문에 심취한 인물이라서 다산 또한 이들의 영향으로 성호의 글을 얻어 보게 되면서 그런 학문을 해야 되겠다고 마음을 먹었다.

16세인 1777년(丁酉) 정조 원년에 아버지가 화순(和順)현감으로 발령되자 따라가서 그 이듬해에는 동림사(東林寺)에서 독서를 했다. 1780년(庚子) 봄에 아버지가 예천(醴泉)군수로 발령되었을 때 진주(晉州)에 들러 얼마간 노닐다가 예천으로 가서 헌 관사에서 공부했다. 한양 봉은사에 머문 1782년(壬寅) 가을에는 경의과(經義科)에 합격했다. 1783(癸卯) 봄에는 진사시험에 합격하여 태학에 입학했다. 그때 왕이 중용강의 80여 조목에 관하여 답변토록 과제를 내렸다.

왕으로부터 하명을 받고 학식이 넓다는 이벽(李蘗)과 함께 답변할 것을 의론했다. 이기론(理氣論)에 대해 이벽은 퇴계의 학설을 지지했다. 다산은 율곡(栗谷)의 학설과 우연히 합치되었다. 왕이 보시고 난 후 매우 칭찬하고 1등으로 삼았다. 1784년(甲辰) 4월 이벽의 누이이자 큰형수(若銓의 부인)의 제사를 지내고 두 사람은 4월 15일 함께 두미협(斗尾峽)에서 서울로 오는 배를 탔다. 여기서 천주(天主)의 유무 등 서교(西敎)에 대해 대화를 나누면서 천주교에 관심을 가졌다.

이 무렵 같은 남인이자 친구인 이기경(李基慶)의 정자(亭子)에서 공부했다. 이기경도 서교에 관심이 있어 한 권의 책을 베껴놓기까지 했다. 그가 표변한 것은 1년 후인 1788년(戊申정조 12)부터였다. 다산은 1789년(己酉) 봄에 성균관에서 표문(表文)으로 수석을 차지했다. 이어 전시 대과에 응시, 갑과(甲科) 2등으로 합격, 희릉직장(禧陵直長)으로 발령을 받았다. 그리고 대신들의 품의로 초계문신(抄啓文臣)으로 뽑혀 규장각(奎章閣)에서 매월의 과제에 답변을 올리게 되었다.

2) 정조의 총애와 출세가도

1790년(庚戌) 봄에 김이교(金履喬)와 함께 한림(翰林)에 들어가 예문관 검열이 됐으나 말이 많아 나가지 않았다. 다시 사헌부 지평(持平), 사간원 정언(正言)에 승진하고 월과(月課)에 수석, 말과 호랑이 가죽을 하사받았다. 1791년(辛亥) 겨울에 내각에서 모시강의(毛詩講義) 800여 조를 내렸다. 답변 가운데 많이 채택됐다. 왕은 "백가(百家)의 이론을 인용함이 무궁하다. 평소에 쌓아 둔 박식이 아니고서야 어찌 이러한 내용을 얻었겠는가"라며 잘했다고 평가했다.

1791년 5월 사단이 터졌다. 전라도 진산군(珍山郡)에서 권상연(權尙然)과 윤지충(尹持忠)의 옥사(獄事)가 났다. 홍낙안(洪樂安) 등이 이를 핑계로 남인무리들을 모두 제거해 버릴 것을 꾀하려 번옹(樊翁)에게 글을 올렸다. "총명한 재주와 지혜로 보란 듯한 관료와 선비들의 10명 중 7, 8명은 모두가 서교에 빠져 앞으로 황건(黃巾)·백련(白蓮)의 난리가 있을 것입니다"라고 고변했다. 정조가 채제공으로 하여금 목만중(睦萬中)·홍낙안·이기경 등을 불러다 조사하게 했다.

이기경은 "저와 이승훈이 성균관에서 공부할 때 그 책을 읽었습니다. 만약에 책을 읽은 죄를 논하게 된다면 저와 승훈은 엄한 벌을 받아야 합니다"라고 했다. 특히 이치훈(李致薰)에게 "책을 읽은 것은 사실로 답변을 해야지 임금을 속이는 일은 옳지 못하다"라고 했다. 그런데 이치훈은 "임금께 비밀히 아뢰었으니 옥중에서 피고의 답변이 사실에 위배되더라도 임금을 속인 것까지는 되지 않는다"라고 했다. 다시 내가 "그렇지 않다. 밀고는 곧 임금께 고한 것"이다.

이승훈이 감옥에서 이기경이 무고(誣告)했다고 말하자 풀려나왔다. 그러자 이기경은 초토신(草土臣)으로 상소하여 조사한 일이 불공정했다고 대신(大臣)을 헐뜯으니 서서(西書)를 읽은 일이 더욱 상세하게 드러났다. 왕은 화를 내시고 이기경을 함경도 경원(慶源)으로 유배 보냈다. 다산은 때때로 이기경의 연지동 집으로 찾아가서 그의 어린 자식들을 어루만져 주었다. 그리고 그의 어머니의 소대상(小大祥)과 제사 때에는 천 전(千錢)의 돈으로 도와주기도 했다.

신해사건(1791) 이후 1795년(乙卯) 봄에는 대사면이 있었으나 이기경만은 석방되지 않았다. 그래서 이익운(李益運)에게 "이기경이 비록 마음은 불량하나 송사(訟事)에는 당해 낼 사람이 없습니다. 일시적으로는 통쾌한 일이나 다른 때의 우환이 될 것입니다. 들어가 상감께 고하여 풀어 주게 하는 것만 같지 못합니다"라고 말했다. 이익운도 "내 생각도 그러하다"며 적극적으로 동조했다. 다산은 곧바로 상감께 올라가 말한 대로 고했더니 이기경을 귀양에서 풀어 주게 했다.

　이기경이 풀려나 조정에 복직했으나 상대하는 사람은 없었다. 다산만 안부와 날씨를 물으며 평상시처럼 지냈다. "친구로 삼았던 것을 없앨 수는 없다"는 이유에서였다. 다산은 신해사건이 발생한 이듬해인 1792년(壬子) 31세 봄에 홍문관에 들어가 수찬이 되고 내각에서 『탁화시집(啄和詩集)』을 만들었다. 4월에는 아버지의 병보를 받고 진주로 가던 중 운봉(雲峰)에서 타계소식을 접했다. 다음 달에야 충주(忠州)에서 장사를 지내고 마현의 가묘(家廟)에 혼백을 모셨다.

　1793년 겨울 수원성(水原城)의 축성설계도를 입안했다. 정조는 "1789년(己酉) 겨울에 한강에 부교(浮橋)를 놓을 때 약용이 그 방법을 아뢰어 주어서 일이 성공적으로 이루어졌었다. 그에게 명하여 집에 있으면서 성곽도에 대해 조목별로 바치게 하라"고 지시했다. 다산은 윤경(尹耕)의 보약(堡約)과 유성룡(柳成龍)의 성설(城說)에서 도움을 받아 그중에서 좋은 방법을 따다가 초루(譙樓)·적대(敵臺)·현안(懸眼)·오성지(五星池) 등 여러 방법을 이치에 맞게 밝혀 왕에게 올렸다.

　1793년(癸丑년) 여름 채제공(蔡濟恭)이 화성유수(華城留守)로 있다가 영의정으로 제수됐다. 그러자 김종수(金鍾秀)는 "임자년(1792)에 연명으로 올린 차자(箚子)에 다시 문제를 제기, 그 사람은 역적이다"며 공격했다. 왕은 영조의 금등의 말씀[金縢之詞][1]을 꺼내 장현세자의 효도를 밝혀 일이 끝났다. 이때 홍인호(洪仁浩)는 자기를 공격하는 주인공을 다산으로 의심했다. 그 뒤에 의심은 조금씩 풀렸지만 우리 당(南人)의 참혹한 화란은 대개 이 사건에서 움트고 있었다.

3) 암행어사로 인한 악연

　1794년(甲寅) 7월에 복을 벗자 성균관 직강으로 복직했다. 8월에는 비변사(備邊司)의 낭관을 맡고 10월에 홍문관 교리(校理)와 수찬(修撰)이 됐다. 마침 숙직을 하는 밤중에 임금이 불러 침전(寢殿)으로 들어가니 경기 암행어사를 시켰다. 관찰사 서용보(徐龍輔, 1757~1824)의 비행을 조사하라는 임무였다. 용보는 서유녕(徐有

---

1) 금등지사: 書經에 나오는 말로 훗날 나라에 천재지변이 있을 때 옛일을 기록해 놓은 금등 즉 자물쇠가 잠긴 서류함을 말한다. 주나라 무왕이 병으로 위태로울 때 주공이 무왕 대신 목숨을 바쳐 성왕을 돕겠다는 각서이다.

寧)의 아들이다. 자는 여중(汝中)이며, 호는 심재(心齋)이다. 백과사전 등에는 1774년(영조 50)에 생원시와 증광시 문과에 급제했다고 기록되어 있다.

이후 1783년(정조 7) 규장각 직각(直閣) 등을 거쳐 1794년(甲寅) 경기도 관찰사에 제수됐다. 그의 심복인 마전현감이 향교의 땅을 흉지(凶地)라 소문을 퍼트려 주민을 떠나게 한 후 싼값으로 매입해 관찰사에게 줬다. 또 환곡(還穀)제도를 악용, 사복을 취한 사실까지도 확인했다. 정조는 서용보를 귀양 보냈다. 이들 외에 내의 강명길(康命吉)은 삭녕(朔寧)군수, 지사(地師) 김양직(金養直)은 연천(連川)현감인데 임금의 총애를 믿고 탐학질을 해 의법 처리되도록 했다.

다산은 이듬해인 1795년(乙卯) 정월 사간(司諫)·통정대부(通政大夫)·동부승지(同副承旨)를 거쳐 2월에 병조참의로 승진했다. 그해 12월 화성(華城) 혜경궁 환갑 잔치에 왕의 시위(侍衛)로 동행했다. 왕은 명년에 장헌세자에게 존호(尊號)를 올려 바쳤으면 한다고 했다. 정조는 아버지의 회갑을 맞아 태비(太妃)나 태빈(太嬪)에게도 존호를 올리기로 하고 예조(禮曹)에 도감(都監)을 설치했다. 채제공이 도제조(都提調)가 되고 다산과 권평(權坪)이 도청랑(都廳郎)이 되었다.

이때 조신들이 휘호(徽號)를 의론했다. 그런데 내용에 영조가 내린 금등(金縢)에 담긴 세자의 효성스러웠던 점을 빛나게 해 주는 점이 없었다. 정조는 흠잡을 데가 없어 은밀히 채제공에게 자문을 구했다. 이가환은 "여덟 자 중에는 개운(開運)이라는 두 글자가 들어 있습니다. 그것은 석진(石晉)의 연호이니 그 이유를 대면 될 것입니다"라고 했다. 임금이 바꾸도록 명령하니 '장륜융범기명창휴(章倫隆範基命彰休)'였다. 장륜융범이란 금등의 내용을 의미하는 것이다.

대제학 서유신(徐有臣)이 옥책문(玉冊文)을 지었으나 또 금등의 일을 말하지 않았다. 응교(應敎) 한광식(韓光植)은 상소를 올려 옥책문의 소루함을 논했다. 임금은 한광식의 상소문을 도감청의 여러 신하들에게 내려보내고 다시 짓는 일이 옳은가 그렇지 않으면 그른가를, 혹 몇 개의 글귀만 고쳐도 될 것인가를 의론하라 했다. 이때 도감제조(都監提調)인 민종현(閔鐘顯)·심환지(沈煥之)·이득신(李得臣)·이가환 등이 입을 다물고 말하지 않아 결정을 못 내리고 있었다.

다산은 "무릇 표(表)·전(箋)·조(詔)·고(誥)의 종류란 글귀에 잘못이 있다면 약간씩 깎아내도 괜찮으나 지금의 옥책에다 금등의 일을 말하지 않았음은 기본 줄거리가 완전히 잘못된 것이니, 부득이 다시 지어서 임금께 근심을 끼치지 않는 게 좋겠다"라고 했다. 그러자 도제조(都提調)인 채제공이 청하기로 했다. 다시 짓는 일을 청하려 할 때 궁리(宮吏)가 "태빈궁(太嬪宮)께 바칠 옥책과 금인을 쓸 때 신근봉(臣謹封)인가 신(臣)이라 하지 말아야 하는가?"라고 물었다.

채제공이 여러 책이나 의궤(儀軌)를 살펴보라 했다. 그러나 낮이 되도록 근거를 찾지 못한 채 우왕좌왕 어찌할 바를 모르고 있었다. 다산은 "신근봉이 옳다" 했더니, 채공이 눈빛으로 망언을 못 하도록 암시했다. 민(閔)·심(沈) 양 공이 "왜 그런가"라고 하기에 "지금의 옥책·옥보(玉寶)·금인 등은 도감청의 여러 신하들의 이름으로 태비나 태빈에게 올리는 것이라면 태빈에게는 보통 때 신(臣)이라고 칭하지 않기 때문에 이번의 일도 신이라고는 않는 게 옳습니다"라고 했다.

그 이유는 이렇다. "지금 신하들은 임금의 명령으로 옥책 등의 물건을 만들어 임금께 올리는 것이고 임금이 효도하는 정성으로 태비와 태빈에게 올려 바치는 것인데 신하들이 대전의 임금에게 왜 신이라고 안 해야 하는 겁니까"라고 했다. 그랬더니 도제조 채제공이 "좋다"고 하니, 그 좌중의 사람들이 "잘되었다"고들 했다. 이날 여러 하급관리 및 궁중에 근무하는 궁리들도 그 일을 구경하고 있었는데 사람들 모두가 통쾌한 논리라고 해서 의론이 결정된 것이다.

며칠 후에 채제공이 말하기를 "신(臣)이라고 하는 것과 신(臣)이라 하지 않는 것은 대단히 큰 문제[2]요, 처음 그대의 말을 듣고 깜짝 놀랐는데 말뜻을 해석해 낸 걸 듣고서야 마음이 풀렸다"라고 했다. 이해 2월에 왕이 태빈을 모시고 부왕(父王)의 소생인 여러 누나 및 누이들과 함께 화성에 납셨다. 하루는 따라갈 채비를 하라 해서 무슨 영문인가 했더니, 특별히 병조참의(兵曹參議)를 제수하고 시위(侍衛)하라 했다. 연회마다 왕의 시를 화답했는데 총애가 융숭했다.

환궁한 뒤 병조에서 근무 중인데 밤중에 칠언배율(七言排律) 100구를 지으라 했다. 지어 올렸더니 칭찬하는 한편 예문관과 규장각의 민종현·심환지(沈煥之)·이병정(李秉鼎) 등에게 비평하라 했다. 그리고 내각학사 이만수(李晚秀)에게 낭독도

---

[2] 追崇하는 것으로 여겨 혐의 받을 것을 말함.

록 하고는 왕의 비평을 곁들여 장려하고 깨우쳐 주고 사슴 가죽을 하사했다. 또 신하들에게 말하기를 "내가 앞으로 약용에게 관각(館閣)의 일을 맡기려고 먼저 그 뜻을 보인 것이다"라고 했다. 일종의 시험이었던 것이다.

이해 봄에 다산이 회시(會試) 일소(一所)의 시험관 즉 동고관(同考官)이 되었는 데 합격자 중 남인(南人) 진사가 50여 명이었다. 이에 시배(時輩)들이 사심으로 자 기 당을 구제했다고 소문을 냈다. 왕이 듣고 매우 성을 내며 다른 일을 가지고 하 옥(下獄)하여 10여 일에 이르게 하고 심하게 꾸짖으며 방자하고 거리낌 없는 사람 이라고 했다. 그러고는 유시하기를 "평생에 다시는 시험관 노릇은 하지 말라" 했 다. 또 이조(吏曹)로 하여금 관직을 주지 못하게까지 하셨다.

며칠 뒤에 왕이 춘당대(春塘臺)에서 과거시험을 봤다. 그때 다산을 대독관(對讀 官)으로 삼았다. 그가 황공해 어찌할 바를 몰라 하니 채홍원(蔡弘遠)에게 "내가 뒤 에 알았다. 남인으로 함께 뽑힌 사람이 모두 이소(二所)에서였으며 정약용은 일소 (一所)를 맡았다. 사심이 없었다"라고 했다. 이후 규영부(奎瀛府)에서 이만수・이 가환・이익운・홍인호・서준보(徐俊輔)・김근순(金近淳)・조석중(曺錫中) 등과 『화 성정리통고(華城整理通考)』를 편찬할 때 담당한 분야가 많았다.

1795년 4월에 중국의 소주(蘇州) 사람 주문모(周文謨) 신부가 변복을 하고 지황 (池璜)과 윤유일(尹有一)의 안내로 몰래 들어와서 북악산 아래 숨어서 서교(西敎) 를 펴고 있었다. 배교자인 진사 한영익(韓永益)이 사실을 이석(李晳)에게 알려서 그 이야기를 들었다. 이석이 채상공(蔡相公)에게 알리자 채 공이 임금에게 은밀히 아뢰고 포도대장 조규진(趙圭鎭)에게 체포토록 명령했다. 주문모는 놓쳐 버리고 최인길(崔仁吉)・윤유일(바오로) 등 3인을 붙잡아 장살(杖殺)했다.

목만중(睦萬中) 등이 이 사건을 트집 잡아 구렁텅이에 빠뜨리려 박장설(朴長卨) 을 사주해 상소를 올리게 했다. 상소문에서 이가환을 무고했다. 즉 "정약전이 경 술년(1790)의 회시 때 지은 책문(策文)의 답변에 오행(五行)을 사행(四行)으로 매도 했어도 이가환이 회원(會元)으로 뽑았다"고 했다. 왕이 그 대책문(對策文)을 읽어 보고 무고임을 살피고 유시를 내려 잘잘못을 가리고는 박장설을 육지의 끝 변두 리로 유배시켰다. 그러자 악당(惡黨)들이 유언비어를 퍼뜨렸다.

4) 금정찰방과 곡산부사

시배들은 재상 등에게 "이가환 등이 주문모 사건의 밑바탕이니 죄를 주지 않으면 안 된다"라고 했다. 왕이 괴로워하다 가을에 이가환을 충주목사(忠州牧使)로, 다산을 금정찰방(金井察訪)으로 좌천시켰다. 이어 이승훈은 예산현(禮山縣)으로 유배를 보냈다. 금정(金井)은 홍주(洪州)에 있는 곳으로 역속(驛屬)들이 대부분 서교를 믿었다. 다산으로 하여금 잘 회유시키라는 뜻이다. 세력가들을 불러 조정의 금령을 설명해 주고 권고했더니, 사태를 바꿀 만큼의 효과가 컸다.

이 무렵에 다산은 목재(木齋) 이삼환(李森煥)에게 청해 온양(溫陽)의 석암사(石岩寺)에서 모임을 가졌다. 그때에 내포(內浦)의 이름난 집안의 자제로 이광교(李廣敎)·이명환(李鳴煥)·권기(權夔)·강이오(姜履五) 등 십여 명이 소문을 듣고 모였다. 이들에게 10일간 수사(洙泗)학과 성호문집을 강의했다. 또 북계(北溪) 윤취협(尹就協)과 방산(方山) 이도명(李道溟)을 방문, 도움을 청했다. 겨울에 내직으로 옮겼는데 이때 이정운(李鼎運)이 충청도 관찰사로 제수되어 나갔다.

전 관찰사 유강(柳綱)이 이존창(李存昌)을 체포했다. 이를 다산과 함께 도모한 일이라며 공로가 돌아가게 하려는 뜻에서였다. 왕이 그 이야기를 듣고는 이정운에게 은밀히 유시하여 부임한 즉시 자세히 올려 바치게 했다. 이는 다산의 진로가 열리게 하려 했던 것이다. 이익운(李益運)에게 또 왕이 유시하기를 "약용으로 하여금 사실을 열거해서 이정운의 이야기와 부합하게 하라"고 했을 만큼 진로를 배려했다. 이 사실을 전해 듣고는 다산은 "그럴 수는 없다"고 했다.

다산은 "사군자(士君子)가 왕을 섬길 때 비록 이징옥(李澄玉)이나 이시애(李施愛)를 체포했다 하더라도 오히려 그런 것으로 자기의 공로를 삼지 않는 것이다. 하물며 이존창 정도를 잡아서 그렇게 해야겠는가. 그리고 그자를 체포하려 모의하거나 계획을 꾸몄던 게 없었는데 이제야 과장해서 찬양하여 임금의 혜택을 얻어 내려 하는 일은 죽어도 못할 짓이다"라고 했다. 이익운이 왕의 뜻이라도 부끄럽게 해 주는 일에는 애걸해도 따르지 않더니, 겸연쩍어 가 버렸다.

이후에 김이영(金履永)이 금정찰방으로 보직을 받고 나갔다. 그가 찰방의 임기를 마치고 돌아와 다산이 금정에 있으며 성심으로 계도했고 또 직무를 청렴하고 근엄하게 하였다고 아뢰자 심환지(沈煥之)가 임금께 상주하기를 "정약용이 군복사(軍服事) 때문에 특명으로 관리에 추천하지 못하도록 되어 지금까지 풀리지 못하고 있는데 그 사람을 등용시키는 게 옳습니다. 또 금정에 있을 때 백성을 많이 계도했으니 다시 임용하기를 청합니다"라고 하자 왕이 허락했다.

1796년(丙辰) 봄에 왕이 다산에게 "요즘 연신(筵臣)들의 이야기를 들으니 외직인 내포(內浦)로 나가 백성을 깨우쳐 괄목할 만한 효과가 있었다니 중화척(中和尺)을 특사한다"며, 시 두 편을 내리고는 화답하라 했다. 가을에 검서관(檢書官) 유득공(柳得恭)을 보내어 『규운옥편(奎韻玉篇)』의 의례(義例)를 이가환과 다산에게 상의하도록 했다. 겨울에 규영부에 들어가 이만수·이재학(李在學)·이익진(李翼晋)·박제가(朴齊家) 등과 『사기영선(史記英選)』을 교정하도록 했다.

그해 12월에는 병조참지(兵曹參知)에 제수하고 이어서 우부와 좌부승지로 승진됐다. 1797년(丁巳) 봄에 왕은 대유사(大酉舍)로 불러 식사를 주고 화식전(貨殖傳)·원앙전(袁盎傳)의 의심나는 문제에 대해 논의를 받고 답했다. 이어 임금의 명을 받고 외각(外閣)에 나가 이서구(李書九)·윤광안(尹光顔)·이상황(李相璜) 등과 『춘추좌씨전(春秋左氏傳)』을 교정했다. 또 성균관에서 시행하는 시험의 대독관(對讀官)이 됐다. 고시관 역임은 딴 사람에 비하여 유독 자주 맡은 것이다.

1797년 6월에는 승정원에 들어가 동부승지가 됐다. 이때 사직상소를 올려 서교 문제로 비방받던 까닭을 밝혔다. 자명소(自明疏)에서 "참으로 책만 보고 멈춰 버렸다면 어찌 죄라고 하겠습니까. 애초부터 마음속에 기뻐서 즐거워 사모하듯 했고 처음부터 치켜세우며 여러 사람들에게 자랑하며 과시하기도 했습니다. 마음의 본바탕에 처음부터 기름이 엉기고 물들고 뿌리박고 가지가 얽혀 있듯이 했으면서도 스스로 깨닫지 못했습니다"라는 내용으로 반복해서 이야기를 했다.

왕은 "착하겠다는 단서(端緒)의 움이 분명하여 봄에 만물이 솟아나는 부르짖음같이 모든 글 내용이 조리 있어 말을 듣고 느낌을 주기에 충분하다"라고 했다. 다른 연신(筵臣)들도 또한 이해했다. 왕이 가상하게 여겨 마침 곡산도호부사(谷山都護府使)가 잘못으로 바뀌게 되자 어필로 임명장을 줬다. "지난번의 상소는 내용도 좋았지만 마음씨도 밝았으니 참으로 다시 변하진 못하리라, 정말로 한 번 올리어 쓰고 싶었지만 의론들이 귀찮도록 많으니 무엇 때문인 줄 모르겠다."

그리고 근심하고 슬퍼하는 모습을 거두라 일렀다. "1, 2년이 더 늦더라도 괜찮을 것이다"라며 떠날 때 불러서 근심과 슬픔을 보이지 말라고 했다. 그때 세력을 잡은 자로 참소와 질투하는 자가 많아 몇 년 외직에 두어 그 불길을 식히려 함이었다. 전에 왕이 김이교(金履喬)·김이재(金履載)·홍석주(洪奭周)·김근순(金近淳)·서준보(徐俊輔) 등으로 하여금 『사기선찬주(史記選纂注)』를 편찬케 했는데, 내용이 번거롭고 심오한 탓으로 줄여서 바르게 하려던 생각이었던 것이다.

왕이 "곡산은 한가한 고을이다. 그곳에 가면 그 일을 해다오" 하며 당부했다. 다산은 매일 틈틈이 깊고 넓게 연구하여 흰 것과 뒤틀린 것을 바로잡아 완성한 후에 내각을 통해 바쳤더니 이만수가 전해 주기를 "책을 올리자 칭찬이 있었다"고 했다. 곡산 사람 중에 이계심(李啓心)이란 사람이 있다. 도호부사가 재직할 때 포수보(砲手保) 면포 1필 대금으로 돈 900문씩을 거두자 이계심이 백성 천여 명을 인솔하고 벌 떼처럼 일어나 소란을 일으켰다.

이계심은 달아나 오영(五營)에서도 붙잡지 못하고 있었다. 다산이 부임차 곡산 땅에 이르니 이계심이 백성들의 괴로워하는 사항 10여 조목을 들어 기록하여 올려 바치고는 길가에 엎드려 자수했다. 체포하기를 청했으나 "그러지 말라. 한번 자수한 사람은 스스로 도망가지 않는다"라고 하여 석방시키면서 "관장이 밝지 못하게 되는 이유는 백성이 교활해져 폐막을 보고도 관장에게 항의하지 않기 때문이다. 너 같은 사람은 관에서 돈을 주고라도 사야 할 사람이다"고 했다.

곡산 향교에 『국조오례의(國朝五禮儀)』가 있었는데 그 책에는 포목을 재는 자의 그림이 실려 있다. 그림의 자와 그때 사용하던 자와 비교해 보니 차이가 2촌(寸)이나 있었다. 그래서 새로 자를 제작, 서울 군영의 구리자[銅尺]와 일치시켜 면포를 쟀더니 백성들이 편하게 여겼다. 이듬해는 포목이 더욱 귀해 칙수전(勅需錢)과 관봉전(官俸錢) 2천 냥으로 평안도에서 포목을 사다가 서울에 바칠 것을 충당했다. 한 집에 200푼이 넘지 않아 호마다 송아지 1두를 얻은 셈이었다.

1798년(戊午) 겨울 환곡을 거둬들이는 일이 거의 끝났다. 재신(財臣) 정민시(鄭

民始)가 곡산에서 쌀 7천 석을 팔게 주청했다. 대풍년으로 쌀값이 1곡(斛: 15말)에 200푼 정도인데 상정(詳定)한 가격이 420푼이나 됐다. 조목별로 상급관청에 보고하는 한편 백성들을 독촉, 양곡을 수납하고 기다렸다. 정민시가 "나라가 나라인 것은 기강이다. 주청해 왕이 허락하였고 감사가 발표한 일을 수령이 따르지 않는다면 어찌 나라가 되겠습니까"라며 죄를 주어 징계할 것을 청했다.

왕은 다산의 보고문을 읽었다. 그러고는 "옛날에 양곡과 세금을 담당한 신하들은 팔도의 시장가격을 두루 알아 값이 싸면 사들이고 값이 비싸면 곡식을 방출하는 게 법이었다. 그런데 경(卿)은 시장가격이 싼 데 비싸게 팔라고 하니 약용이 따르지 않음은 옳지 않은가"라고 했다. 곡산의 관공서는 비용이 부족하면 거두어들였으나 다산 이후부터는 남아돌았다. 후임 사또들이 조례를 고치려 했으나 아전이나 백성들이 물고 늘어져 한 조목도 끝내 고치지 못했다고 한다.

1798년(戊午) 겨울 12월에 괴상한 질병이 평안도 쪽에서 들어와 앓았다. 1799년(己未) 벽두에는 파발 말이 "황제가 죽어 칙사가 왔다"고 알렸다. 돌림병이 서쪽으로부터 왔으며 노인들이 다 죽는 것을 보고 알았다고 했다. 봄에 임시로 호조참판(戶曹參判)의 직함을 띠고 황주(黃州)에서 영위사(迎慰使)로 50여 일을 머물렀다. 왕이 은밀히 황해도 내 수령들의 잘잘못과 사신접대로 인한 여러 폐단 등을 염찰(廉察)토록 했다. 수령이 수령을 염찰한 것은 퍽 드문 일이다.

전에 황해도 내에는 해결치 못한 옥사(獄事)가 두 건이나 있었다. 다산이 보고했더니 왕이 감사에게 조사토록 지시했다. 감사 이의준(李義駿)은 다산으로 하여금 조사케 하여 두 옥사가 모두 해결되기에 이르렀다. 여름에 가뭄이 심했다. 이 무렵 왕이 미결된 옥사들을 심리하고 싶으셔 다산이 재판한 내용에 대하여 칭찬하고는 마침내 병조참지(兵曹參知)를 제수했다. 올라가는 도중에 동부승지(同副承旨)로 바꾸고 서울에 들어가자 다시 형조참의(刑曹參議)로 제수했다.

어전에 오르니 형조판서 조상진에게 "경은 이제 늙으셨소. 참의는 나이가 젊고 매우 총명하니 경은 마땅히 높은 베개를 베고 쉬면서 모두 참의에게 넘기시오"라고 했다. 판서가 이 유시를 듣고는 모든 일반 범죄 사건이나 판결 지어야 할 상소 사건을 다산에게 위임하여 옥사를 해결했다. 왕이 어느 날 "네가 황해도로부터 왔으니 당연히 그곳의 고질적인 병폐를 말해야 한다"고 했다. 다산은 초도(椒島)의 둔전(屯田)에 있는 소[牛]의 문제를 말하니, 모든 소의 장부를 없애게 했다.

또 중국 칙사영접의 폐단을 말씀드렸다. 왕은 "정승 이시수(李時秀)에게 원접사(遠接使)였던 나[다산]와 의론하라"고 하고 비용을 문서로 적어서 보고하도록 명령했다. 왕의 보살핌이 날로 깊어져 밤이 깊어서야 문답이 끝나니 좋아하지 않는 자들이 시기했다. 홍시보는 "자네 좀 조심하게, 청지기에 옥당의 아전이 있는데 '밤에 정공(丁公)의 야대(夜對)가 끝나지 않으면 아전을 보내 엿보느라 걱정되어 잠을 자지 못합니다'라고 하대그려. 자네는 그런 걸 감당하겠나"라고 했다.

며칠 후 대사간 신헌조(申獻朝)가 계를 올렸다. 권철신(權哲身)을 논죄하고 형 약종(若鐘)의 일을 아뢰자 왕이 성을 내며 꾸짖었다. 사헌부의 대관(臺官) 민명혁(閔命爀)이 또 약용이 혐의(嫌疑)를 무릅쓰고 벼슬하고 있다는 상소였다. 다산은 병이 남을 이유로 나가지 않아 달이 넘어 교체됐다. 겨울에 서얼 출신 조화진(趙華鎭)은 "이기환·정약용 등이 음험하게 천주교를 주장하며 제도에 벗어난 짓을 하고 있고 한영익(韓永益)은 그들의 심복이 되어 있다"라고 했었다.

왕이 그것은 무고임을 살펴냈다. 그 변서(變書)를 이가환 등에게 돌려보도록 하고 또 "한영익은 북산사(北山事)를 바친 사람인데 어떻게 심복이 되겠는가"라고 했다. 내각의 심환지(沈煥之), 충청도 관찰사 이태영(李泰永)이 모두 무고라고 하자 일은 끝났다. 조화진이 전에 한영익의 누이에게 구혼을 했었다. 그런데 한영익이 들어주지 않고 그 누이를 다산의 서제(庶弟) 약황(若黃)에게 시집보냈는데, 이런 일 때문에 한영익을 죽일 속셈으로 다산까지 끌고 들어간 것이다.

다산은 1800년(庚申) 봄에 참소하고 시기하는 사람이 많아 칼날을 피하려고 처자식을 거느리고 고향 마현(馬峴)으로 돌아갔다. 며칠 후 왕이 듣고 내각을 시켜 급히 부르기에 돌아와 보니, 승지를 통해 유시하기를 "규영부는 이제 춘방(春坊)이 되니 처소를 정하기를 기다려 교서(校書)의 일을 하게 하라. 내가 어찌 그를 놓아두겠느냐"라고 하였다 한다. 여름 6월 12일 달밤이어서 한가하게 앉아 있었더니 문을 두드리는 사람이 있어 들어오도록 하니 내각의 아전이었다.

5) 정조의 승하와 유배

아전은 『한서선(漢書選)』 10질을 가져왔다. 그는 왕께서 "오래도록 서로 보지 못했다. 너를 불러 책을 편찬하고 싶어서 주자소(鑄字所)를 새로 벽을 발랐으니 그믐께쯤 경연에 나올 수 있을 것이다"라고 했다. 또 "이 책 5질은 남겨서 가전(家傳)의 물건을 삼도록 하고 5질은 제목의 글씨를 써서 돌려보내도록 하라" 하셨다. 그 다음 날부터 왕의 건강에 탈이 났고 6월 28일에 서거했다. 책의 하사와 영결의 말씀과 왕과 신하의 정의(情誼)는 그날 밤으로 영원히 끝났다.

왕이 승하하신 날 홍화문(弘化門) 앞에 이르러 조득영(趙得永)과 목 놓아 울었다. 관(棺)이 빈전(殯殿)으로 옮겨지는 날에는 숙장문(肅章門) 옆에 앉아 조석중(曺錫中)과 함께 슬픔을 이야기했다. 공제(公除)의 날이 지난 뒤부터 악당들이 참새 떼 뛰듯 날뛰며 날마다 유언비어와 위험스러운 이야기를 지어내고 귀를 현혹시켰다. "이가환 등이 앞으로 난리를 꾸며 4흉8적(四凶八賊)을 제거한다"는 이야기와 재상들과 명사들의 이름이 끼어 있었다. 분노를 격발시키고 있었다.

1801년(辛酉)에 태비(太妃)가 유시로 서교신자는 코를 베고 멸종시킨다고 경고했다. 정월 그믐 전날 이유수(李儒修)·윤지눌(尹持訥) 등이 편지를 보내 책롱사(冊籠事)를 알려오자 서울로 달렸다. 책롱이란 5, 6인의 편지들인데 다산 집안 편지도 있었다. 윤행임(尹行恁)이 그 상황을 알아내서 이익운(李益運)과 의논, 유원명(柳遠鳴)을 시켜서 상소했다. 최헌중(崔獻重)·홍시부(洪時溥)·심규(沈逵)·이석(李晳) 등이 전화위복이 되게 하라 하였지만 다산은 받아들이지 않았다.

2월 8일 사헌부와 사간원에서 국문(鞫問)을 청했다. 이가환·정약용·이승훈이 모두 투옥되었고 형 약전과 약종 및 이기양(李基讓)·권철신·오석충(吳錫忠)·홍낙민(洪樂敏)·김건순(金健淳)·김백순(金伯淳) 등이 차례로 투옥됐다. 그러나 그 문서 뭉치 중에서 다산은 관계없음이 드러났다. 옥사의 위관(委官)인 이병모(李秉模)가 "자네는 앞으로 무죄로 풀려날 걸세" 했고, 심환지(沈煥之)가 말하기를 "쯔쯔, 혼우(婚友)가 운명이 어찌 될지 알 수 없구나"라고 했다.

지의금(知義禁) 이서구(李書九), 승지 김관주(金觀柱) 등도 용서될 거라고 했다.

국문에 참관했던 승지 서미수(徐美修)가 은밀히 기름 파는 노파를 불러 재판 소식을 다산의 처자에게 전해 주라고 하면서 죄질은 가벼워 죽을 걱정은 없으니 식사를 하게 하여 살아나게 하라고 시킨 일도 있었다. 여러 대신들이 모두가 무죄로 풀어 줄 것을 의론했으나 오직 서용보(徐龍輔)만이 안 된다고 해, 장기현(長鬐縣)으로 유배당하고 형 약전은 신지도(薪智島)로 유배형을 받았다.

이가환·권철신·이승훈·김건순·김백순·홍낙민은 살아남지 못했다. 다만 이기양은 단천(端川), 오석충(吳錫忠)은 임자도(荏子島)로 유배를 당했다. 이때 악당들은 다산이 죽지 않는다는 것을 알고는 헝클어진 편지뭉치 속의 삼구(三仇)의 학설을 억지로 뜯어 맞추어 정(丁)씨 집안의 문서에 있는 흉언(凶言)이라고 무고해 마침내 약종에게 극형을 추가함으로써 재기를 막아 버렸다. 그러나 익찬(翊贊) 안정복(安鼎福)의 저서에 삼구의 해석이 있으니, 무고임이 분명했다.

다산은 장기에 도착, 『기해방례변(己亥邦禮辨)』을 짓고 『삼창고훈(三倉詁訓)』을 연구 『이아술(爾雅述)』 6권을 저술하고, 수많은 시를 읊으며 스스로 걱정과 근심을 견디었다. 이해 여름에 옥사(獄事)가 더욱 확대되어 왕손(王孫)인 척신 홍낙임(洪樂任), 각신 윤행임(尹行恁) 등이 사사(賜死)됐다. 겨울에 황사영(黃嗣永)이 체포되자 홍희운(洪羲運)·이기경 등이 사헌부에 들어가서 획책했다. 다시 국문해서 약용 등을 기어코 죽이고야 말겠다는 복수극을 꾸민 것이다.

홍희운은 홍낙안의 바꾼 이름이다. 이때 정일환(鄭日煥)이 황해도로부터 들어와 "정 모(丁某)는 백성을 아끼는 정치를 남겼으니 죽여서는 안 된다"고 세차게 발언했다. 또 "죄인의 공초(供招)에 이름이 나오지도 않았는데 체포하는 법은 없다"면서, 위관의 요구에 동의하지 말라고 권유했다. 그러나 심환지가 태비에게 청하여 봄철 대간(臺諫)의 계사(啓辭)를 윤허받았다. 이에 약전·약용 및 이치훈(李致薰)·이관기(李寬基)·이학규(李學逵)·신여권(申與權) 등이 또 압송, 투옥됐다.

위관은 흉서를 보여 주며 "역적의 변고가 이에 이르렀으니 조정에서도 걱정인들 미치지 않으리오. 무릇 서양서적의 글자 하나라도 읽은 사람은 죽음이 있을 뿐 살아날 수는 없다"고 했다. 사건을 조사해 보니, 참여한 사실이 없었다. 또 대신들이 압수한 예설(禮說)이나 이아설(爾雅說) 및 시작품을 검토해 본바 정밀했다. 더구나 황사영과 통했던 적이 없었다. 어전에서 태비도 무고임을 살펴내고 6명을 석방하고 다산은 강진현, 약전은 흑산도, 나머지는 유배보내라고 했다.

윤영희(尹永僖)는 다산의 생사가 최대 관심사였다. 대사간 박장설(朴長卨)을 방문, 재판의 진행을 물어보았다. 마침 홍희운이 도착, "천을 죽여도 약용을 죽이지 않으면 아무도 죽이지 않은 거와 같소. 왜 힘껏 다투지 않습니까?"라고 했다. 박장설은 "그자가 스스로 죽지 않는데 어떻게 죽일 수가 있나"고 했다. 홍희운이 가자 박은 윤에게 "답답한 사람 같으니, 죽어지질 않는 사람에게 음모해서 죽이려고 재차 큰 옥사를 일으켜 놓고는 책망하는구려"라고 하더라고 했다.

다산은 강진에 도착하여 아무도 만나지 않았다. 1802년(壬戌) 여름에 강진현감 이안묵(李安默)이 하찮은 일로 또 무고를 했다. 1803년(癸亥) 겨울에 태비의 특별명령으로 채홍원(蔡弘遠)과 함께 석방하라고 했지만 정승 서용보가 가로막아 버렸다. 1808년(戊辰) 봄에는 다산(茶山)으로 이사를 했다. 그곳에다 못[池]을 파고 꽃을 심고 물을 끌어다 비류폭포를 만들었다. 동암(東庵)과 서암(西庵)을 짓고 천여 권의 서책을 장서해 두고 저술을 하면서 스스로 재미를 느꼈다.

1810년(庚午) 가을에 아들 학연(學淵)이 바라를 두들겨 억울함을 호소했다. 형조판서 김계락(金啓洛)이 그 사실을 올려 석방시켜 귀향시키라는 명령이 났다. 그러나 홍명주(洪命周)가 불가를 상소하고, 이기경이 대계(臺啓)를 올려 석방을 막았다. 1814년(甲戌) 여름에 사헌부 장령 조장한(趙章漢)이 정계(停啓)를 하고 의금부에서 해배 명령서를 보내려 했다. 이때에 강준흠(姜浚欽)이 반대를 상소하니, 판의금(判義禁) 이집두(李集斗)가 두려워서 해배공문을 보내지 못했다.

1818년(戊寅) 여름 응교(應敎) 이태순(李泰淳)이 해배를 상소했다. "정계가 되었는데도 의금부에서 석방 공문을 보내지 않은 것은 국조(國朝) 이래 아직까지 없던 일입니다. 그 폐단을 알 수가 없습니다"라고 했다. 이어 정승 남공철(南公轍)이 의금부의 신하들을 꾸짖으니, 판의숙(判義夙) 김희순(金羲淳)이 마침내 공문을 보내 돌아왔다. 1818년(嘉慶 18) 9월 15일이었다. 18년의 기간 중 두세 번의 기회가 있었으나 서용보 등의 방해로 석방되지 못하다 이날 풀려난 것이다.

신유년(1801) 봄, 옥중에 있을 때 하루는 근심하고 걱정하다 잠이 들었다. 꿈결에 어떤 노인이 꾸짖기를 "소무(蘇武)는 19년도 참고 견디었는데 그대는 19일의 괴로움도 참지 못한다는 말인가"라고 했었다. 옥에서 나오던 때를 회고하며 헤아려 보니, 옥에 갇힌 지 꼭 19일이었다. 유배지에서 고향으로 돌아옴을 헤아려 보니, 경신년(1800) 벼슬길에서 물러나던 때로부터 또 19년이 되었다. 인생의 화와 복이란 정말로 운명이 정해져 있지 않았다고 누가 말하겠는가.

귀가하니, 서용보(徐龍輔)가 마침 물러나 서쪽 이웃 마을에 살고 있었다. 사람을 보내어 대단히 관곡(款曲)한 위로의 말을 보내 왔다. 1819년(己卯) 봄에 서용보가 다시 정승으로 들어갔다. 오고 갈 때마다 은근하게 다산에게 위로의 문안을 해 주었다. 그해 겨울에 조정의 의론이 경전(經典)하는 일에 기용해서 쓰기로 결정이 났으나 서용보가 극력 저지하여 끝나 버렸다. 이해 봄에 배로 남한강을 거슬러 충주(忠州)에 있는 선산에 성묘하고, 가을 용문산(龍門山)을 유람했다.

2 | 적거와 학문의 탐구

1) 경전의 해석

다산은 귀양 가서 공부를 많이 했다. '학문에 뜻을 두었지만 20년 동안 속세와 벼슬길에 빠져 옛날 어진 임금들이 나라를 다스렸던 대도를 알지 못했다. 이제야 겨를을 얻었구나'라는 생각이 들어 스스로 기뻐했다. 육경(六經)과 사서(四書)를 가져다가 밑바탕까지 파내었다. 한(漢)·위(魏)·명(明)·청(淸)에 이르기까지 경전(經典)에 도움이 될 모든 학설을 광범위하게 수집·고찰했다. 그릇되었음을 확정해 놓고 그중에서 취사선택하고 나름의 학설을 마련해 밝혀 놓았다.

시(詩)란 간림(諫林)이다. 순(舜)시대에 오언(五言)이란 육시(六詩) 중에서 다섯을 말한다. 풍(風)·부(賦)·비(比)·흥(興)과 아(雅)가 다섯이며 송(頌)만을 세지 않는다. 풍·부·비·흥은 풍자한다는 말이고 소아(小雅)·대아(大雅)란 정언(正言)으로 간(諫)한다는 말이다. 고몽(瞽矇)이 풍자의 노래를 부르고 거문고나 비파를 타서 임금으로 하여금 착함을 감발시키고 악함을 뉘우치게 한다. "시의 포폄(褒貶)은 『춘추(春秋)』보다 무서워 시가 없어지고 춘추를 제작했다"고 했다.

매색(梅賾)이 전한 『서경』25편은 가짜다. 『사기(史記)』, 『양한서(兩漢書)』 및 『진

수서(晉隨書)』에 있는 유림전이나 경적지(經籍志)를 보면 그게 가짜임이 분명하다. 『서경』에서 그 부분을 없애야 한다. 선기옥형(璇璣玉衡)이란 하늘의 모형을 딴 의기[運天儀]를 뜻하는 것이 아니며, 우공(禹貢)의 삼저적(三底績)은 9년 동안에 세 번 고적(考績)한다 함이다. 홍범구주(洪範九疇)는 정전(井田)의 모형이기 때문에 2와 8이 서로 대응되고 4와 7이 서로 이어지는 것이다.

『예경(禮經)』 가운데 정현(鄭玄)의 주(注)도 착오가 없지 않다. 성경(聖經)처럼 떠받듦은 잘못이다. 상의유광(喪儀有匡)에서 '질병(疾病)'이란 목숨이 이에 끊어짐을 말한다. 남녀 개복(改服)이란 흰색으로 갈아입는 것이다. 천자나 제후의 상에는 먼저 성복하고 뒤에 대렴(大斂)한다. 천자·제후·대부·사(士)는 삼우(三虞)의 졸곡제(卒哭祭)이지 따로 지내는 제사가 아니다. 부란 신도(神道)를 부한다 함이지 신주에 곁붙이는 것도 아니고 묘(廟)에다 곁붙인다는 것도 아니다.

「악(樂)」에서 오성(五聲)과 육률(六律)은 하나가 아니다. 육률은 악기의 제작으로 선천(先天)이다. 오성은 곡조를 분별하는 후천(後天)이다. 추연(鄒衍)·여불위(呂不韋)·유안(劉安) 등과 취율정성(吹律定聲)의 사악한 학설을 변척(辯斥), 삼분손익(三分損益)·취처생자(娶妻生子)와 괘기월기(卦氣月氣)·정반변반(正牛變牛)도 인용하지 않았다. 육률을 삼분해 하나씩을 빼내 육려(六呂)가 되니, 이는 영주구(怜州鳩)의 대균세균(大均細均)·삼기육평(三紀六平)의 옛 법을 따랐다.

「역경(易經)」에는 추이(推移), 효변(爻變), 호체(互體) 등 삼오(三奧)가 있다. 삼오는 물상(物象)의 묘합(妙合), 오르내림, 왕복, 증감, 생멸 등 만 가지로 움직이는 모습이 역(易)이다. 12항괘(十二抗卦)는 4시를 형상했고 중부(中孚)와 소과(小過)는 양윤(兩閏)을 형상하고 추이(推移)하여 50연괘(五十衍卦)를 만든다. 팔(八)로써 팔을 탄다 함은 변화를 모르는 이론이다. 시괘(蓍卦)의 수(數)를 삼천양지(參天兩地)라 하고 일천이지(一天二地)라 하면 소양칠(少陽七)이란 것이다.

『춘추(春秋)』는 제후(諸侯)들이 '왕정(王正)'을 받드는 예(禮)이다. 열국(列國)에서 하정(夏正)을 참작, 여름은 온(溫)의 보리에서 취하고 가을은 주(周)의 벼에서 취했다. 반드시 왕정월(王正月)이라고 써서 그 자월(子月)이 됨을 밝혀 둔다. 한 글자의 포(褒)를 더러 선(先)과 같다고 하나 용례(用例)는 다르고, 한 글자의 폄(貶)을 악(惡)과 다르다고 하나 용례는 모두 같은 것이다. 하오(夏五)와 같은 것은 역사책에 빠진 것으로 여겨 선유(先儒)처럼 잘못 해석할 필요는 없다.

『논어』에 대한 학설은 새로운 주장이 많아졌다. 효제(孝悌)란 바로 인(仁)이다. 인(仁)이란 총괄이고 효제(孝悌)란 분할한 말이다. 인이란 효제로부터 시작되기 때문에 "효제란 인(仁)의 근본이다"라고 했다. "북신(北辰)이 제자리를 잡았다"고 함은 남극(南極)으로 마주 서게 한 것으로, 임금이 마음을 바르게 갖는 형상을 말한 것이다. 임금의 마음이 바르게 되면 백관(百官)이나 만민(萬民)이 함께 운화(運化)가 되는 것이다. 그래서 "모든 별들이 함께 돈다"고 했던 것이다.

맹자(孟子)의 학설로 "사람을 죽이기를 즐기지 않는다"란 곧 사람을 죽이지 않는 정치를 한다는 말이다. 이는 흉년에 구휼(救恤)하는 것 등을 말하는 것이지, 한고조(漢高祖)나 송태조의 경우를 말하는 것은 아니다. 기(氣)란 의(義)와 도(道)에 짝하는 것으로 의와 도가 없다면 기는 시들해져 버린다. 이는 여자약(呂子約)이나 이이(李珥)가 가르쳐 준 뜻이다. 성(性)이란 기호(嗜好)다. 형구(形軀)의 기호도 있고 영지(靈知)의 기호도 있는데 이는 똑같이 성(性)인 것이다.

맹자도 '동심인성(動心忍性)'이란 말을 썼다. 또한 이목구체(耳目口體)의 기호(嗜好)가 성(性)이라 했으니 이들은 형구(形軀)의 기호다. 천명(天命)의 성(性), 성과 천도(天道), 성선(性善)·진성(盡性)의 성은 영지(靈知)의 기호다. 본연의 성(本然之性)은 원래 불서(佛書)에서 나온 것으로 유교의 천명이나 성(性)과는 서로 빙탄(氷炭)으로 함께 말할 수 없는 것이다. "만물이 모두 나의 마음속에 구비되어 있다" 함은 힘써서 서(恕)를 행하고 인(仁)을 구하라는 계율(戒律)이다.

사람의 자식, 아버지, 형제, 부부, 빈주(賓主)의 도리는, 경례(經禮)의 300가지, 곡례(曲禮)의 3천 가지가 모두 마음속에 있다. 반성하여 참다워진다면 극기복례(克己復禮)가 되고, 귀인(歸仁)한다 함이지 만물일체(萬物一體)로, 만법귀일(萬法歸一)의 의미가 아니다. 이목구체에 대해서 이(理)만 논하고 기(氣)를 논하지 않는 폐단이 없었다. 주발(周勃)과 석분(石奮)은 기질이 탁(濁)했는가. 선과 악이란 힘써 행하느냐 행하지 않느냐에 달려 있지 기질에 달려 있는 게 아니다.

『중용』에 대한 학설로는 교육이다. 순(舜)의 전악(典樂)에게 명령하여 주자(冑

子)를 가르치는데, 직(直)하되 온(溫)하며 관(寬)하되 율(栗)하며 강(剛)하되 학(虐)이 없으며 간(簡)하되 오(傲)가 없게 하도록 했다. 주례에 대사악(大司樂)이 국자(國子)를 가르칠 때 중화(中和)와 지용(祗庸)으로 한 것은 바로 그 유법(遺法)이었다. 고요(皐陶)는 구덕(九德)으로써 사람을 등용했다. 주공(周公)이 입정(立政)에서 "구덕의 행실에 침순(忱恂)하게 가르친다"라고 한 것도 그 유법이다.

또 홍범(洪範)에 "고(高)하고 명(明)함이란 유(柔)로 극(克)함이며 침(沈)하고 잠(潛)함이란 강(剛)으로 극(克)함이다"라 함도 중화(中和)이다. "진실로 그 중(中)을 붙잡다" 함은 이들의 대강설(大綱說)이다. 용(庸)은 상구부단(常久不斷)의 덕(德)을 말한다. "도(道)란 잠시도 떨어져 나가지 않는다"라 함도 용(庸)이다. "백성 할 사람도 적은 지 오래다"고 함도 용(庸)이다. "여러 달 지키지 못한다" 함도 용이다. "중간에 그만두는 자는 나도 어찌 하지 못한다" 함도 용(庸)이다.

아울러 "용덕(庸德)의 행(行)과 용언(庸言)의 근(謹)"이라 함도 용(庸)이다. '지성무식(至誠無息)', '불식즉구(不息則久)'도 용(庸)이다. "문왕의 순역불이(純亦不已)"도 용(庸)이다. "회(回)는 석 달간 인(仁)에 위반되지 않고, 날과 달로 이른다" 함도 용(庸)이다. "능히 하루가 다하도록 임금의 교도(敎導)를 힘쓰지 아니함"도 용이다. 구덕(九德)은 고요(皐陶)가 '창궐유상(彰闕有常)'으로 결론짓고 입정(立政)의 구덕의 계(戒)에서도 부연하기를 "오직 상덕(常德)이라"고 했었다.

역(易)에서 "능히 중(中)에 오래함이다" 했다. 이 모두 중용의 뜻이니 중(中)을 지키고 용(庸)하면 곧 성인일 뿐이다. 부도(不睹)란 내가 보지 못하는 것이며 불문(不聞)이란 내가 듣지 못한다 함이다. 하늘의 일로 은(隱)이란 하늘의 체(體)이며 미(微)란 하늘의 적(跡)이다. "은(隱)해서 아무리 숨겨도 안 보일 리 없고 미(微)해서 아무리 미세해도 나타나지 않음이 없다. 공구계신(恐懼戒愼)하면 하늘이 알지 못한다고 생각하기 때문에 거리끼려 함이 없게 된다"라고 했다.

희로애락(喜怒哀樂)의 미발(未發)이란 평상시의 마음 상태이고 심지사려(心之思慮)의 미발(未發)은 아니다. 고호함정이란 유사(有司)의 형화(刑禍)가 아니다. 색은(索隱)이란 이유 없이 벼슬하지 않고 백이(伯夷)나 태백(泰伯)처럼 인륜의 변란을 맞아 그러하던 것도 아니다. '개이지(改而止)'란 가(柯)를 견주어 보아 길고 짧고 크고 작아도 고쳐서 본래의 가(柯)와 같게 한 뒤에야 멈춘다 함이다. 강서(强恕)도 이와 같으니 사람으로 하여금 개과(改過)하도록 하는 것이 아니다.

도심(道心)과 인심(人心)은 도경(道經)에 나온 이야기다. 유일(唯一)과 유정(唯精)은 순자(荀子)가 하는 말이기 때문에 의미를 서로 연결하려고 해서는 안 된다. 도(道)와 인(人)의 사이란 그 가운데를 붙잡을 수 없으며 하나인 이후에 정(精)이니 둘을 붙잡고 운용하는 것이 아니다. 선할 수도 있고 악할 수도 있는 것은 재(才)이며, 선하기는 어렵고 악하기는 쉬운 것이 세(勢)이다. 선을 즐겨하고 악을 부끄러워하는 것은 성(性)이니, 이 성을 따르면 도(道)에 이를 수 있다.

인(仁) 자는 두 사람을 뜻한다. 효(孝)로 부를 섬기면 인(仁)이다. 형을 섬기면 인이다. 충(忠)으로 임금을 섬기면 인이다. 벗과 믿음으로 사귀면 인이다. 자애롭게 백성을 다스리면 인이다. 인을 가지고 이치[理]니, 천지(天地)의 지공(至公)한 마음이니 해서는 인을 설명할 수 없다. 강서(强恕)로 행함이 인을 구하는 데 가장 가까운 길이어서 공자는 증자(曾子)가 도(道)를 배울 때 일관(一貫)을 가르쳤다. 자공(子貢)이 도(道)를 물을 때에도 일언으로 서(恕)를 가르쳐 주었다.

「대학(大學)」의 학설로는 주자(冑子)와 국자(國子)의 학궁(學宮)이다. 주자나 국자는 벼슬하여 백성을 다스리는 책임이 있기 때문에 치평(治平)의 술(術)을 가르쳤다. 필부(匹夫)나 서민(庶民), 일반 백성의 자식들이 함께 어울리는 게 아니었다. 명덕(明德)은 효제자(孝弟慈)이지 사람의 영명(靈明)은 아니다. 격물(格物)이란 물(物)에는 본말(本末)이 있다 할 때의 물을 격(格)하는 것이다. 치지(致知)란 먼저 하고 뒤에 할 바를 지(知)한다 할 때의 지(知)를 치(致)함이다.

성(誠)이란 물(物)의 종시(終始)이기 때문에 성의(誠意)가 나아가 제일 위에 놓인 것이다. 정심(正心)이란 수신(修身)하는 것인데 몸에 분치(忿懥)가 있으면 고쳐지지 않음을 말한다. 노노(老老)란 태학(太學)에서 양로(養老)함이다. 장장(長長)이란 태학에서 세자(世子)의 나이 순서대로 앉힘이다. 휼고(恤孤)란 태학에서 고아(孤兒)들을 위해 향연을 베풂이다. 백성의 욕심은 부(富)와 귀(貴)다. 군자(君子)가 조정에서 귀를 바라고, 소인(小人)은 야(野)에서 부를 바라는 것이다.

어진 이를 어진 이로 모시지 않고 친한 사람을 친하게 여기지 않으면 군자는 떠나가고 재산을 모으는 일에 절제가 없게 마련이다. 즐거움을 즐거움으로 해 주지 않고 이익을 이익으로 해 주지 않으면 소인들은 반기를 들어 나라는 망해 버리게 한다. 마음의 허령(虛靈)은 하늘에서 받지만 본연(本然)이니, 무시(無始)니, 순선(純善)이라고 해서는 안 된다. 마음이 생각[思]을 주관함은 "반하여 미발(未發) 이전의 기상을 살핀다"라고 해서는 마음을 닦는 일이 되지 못한다.

「경례(經禮)」의 300, 곡례(曲禮)의 3천을 꿰뚫는 것은 서(恕)다. 그래서 "인을 함이 자기로 말미암는다"고 한다. 성(誠)이란 서(恕)에 참되어야 함이요, 경(敬)이란 예로 돌아감이다. 인(仁)이 되게끔 해 주는 거야말로 성(誠)과 경(敬)이다. 그래서 두려워하고 경계하며 삼가며 자기 가슴을 비추고 있는 듯 상제(上帝)를 섬기는 것은 인이 될 수 있는 것이다. 하지만 헛되이 태극만을 높이고 이(理)를 천(天)이라 하면 인이 될 수가 없고 하늘을 섬기는 데 돌아가고 말 뿐이다.

『시경』에 "하늘이 백성을 깨우치는 것은 훈(塤)을 부는 듯, 지(篪)를 부르듯 하도다"라고 했거니와 성(性)이 기호(嗜好)임을 알고 인(仁)이란 효제(孝悌)임도 알았으며 서(恕)란 인술(仁術)임도 알고 하늘의 강감(降監)이 있음을 알아, 경계하고 공경하며 부지런히 힘쓰고 힘써 장차 늙음이 이를 것을 잊은 것은 하늘이 나에게 내려 주신 복이 아니라고 하겠는가. 또 시(詩) 작품집으로 18권이 있는데 깎아내서 6권이 되게 했고, 잡문(雜文) 전편 36권, 후편 24권이 있다.

2) 방대한 저술실적

다산은 이미 살핀 바와 같이 유배지 강진에서 경전을 재해석하는 한편 방대한 저술에 몰두했다. 선대의 비평을 받았던 △毛詩講義 12권, △毛詩講義補 3권, △梅氏尙書平 9권, △尙書苦訓 6권, △尙書知遠錄 7권, △喪禮四箋 50권, △喪禮外編 12권, △四禮家式 9권, △樂書孤存 12권, △周易心箋 24권, △易學緖言 12권, △春秋考徵 12권, △論語古今注 40권, △孟子要義 9권, △中庸自箴 3권, △中庸講義補 6권, △大學公議 3권, △熙政大學講錄 1권, △小學補箋 1권, △心經密驗 1권을 저술했다. 이상의 경집(經集)은 모두 232권에 이르는 저술이었다.

아울러 사회개혁을 위해 △경세유표(經世遺表) 48권의 경우는 비록 완성하지는 못했지만 거의 기초를 마쳤다. △목민심서(牧民心書) 48권, △흠흠신서(欽欽新書) 30권, △아방비어고(我邦備禦考) 30권은 미완성이며, △아방강역고(我邦疆域考) 10권, △전례고(典禮考) 2권, △대동수경(大東水經) 2권, △소학주천(小學珠淺) 3권, △아언각비(雅言覺非) 3권, △마가회통(麻科會通) 12권, △의령(醫零) 1권을 합해서 문집(文集)으로 하면 도합 260여 권을 완성하는 성과를 거두었다. 그러므로 18년의 유배기간에 매년 14권씩의 책을 저술한 셈이다.

3 | 다산의 문학세계

　다산은 조선의 최고 지식인이자 관리이며 시인이다. 당시 지식인 일반이 그렇듯 그 또한 백과사전적이다. 그러기에서 그의 저술은『경세유표』,『목민심서』,『흠흠신서』등 산문(散文)의 비중이 단연 높게 보인다. 그로 말미암아 시인의 면모는 상대적으로 왜소하게 보이는 것도 사실이다. 그러나 파란만장한 생애를 대변하듯 무려 2,500수의 많은 시를 남겼다. 고려 말 목은(牧隱) 이색(李穡)이 6,031수의 시를 남겼다고 한다. 그는 목은 다음으로 많은 시를 남긴 시인이 아닐까.

　그의 시에는 세 가지 정신이 있다. 우선 개인의 정서만 노래하지 않고, 같은 시대와 공간의 사람들과 연대의식을 이뤄야 한다. 아들에게 보낸 편지를 보자. "시대를 슬퍼하고 세속을 개탄하지 않는 것이면 시가 아니다. 높은 덕을 찬미하고, 나쁜 행실을 풍자하여 권선징악하지 않으면 시가 아니다. 뜻이 서지 않고 학문이 순전하지 못하면 대도(大道)를 듣지 못한다. 임금을 요순의 성군으로 만들어 백성에게 혜택을 입히려는 마음을 갖지 못한 자는 시를 지을 수 없다"고 했다.

　다음은 민족의 주체의식이다. 그가 중국의 한자로 시를 쓰면서 주체의식을 운위한 것은 모순으로 보일 수 있다. 그러나 그는 나름대로 중화주의의 절대적 권위에서 벗어나려 노력했다. 다시 아들에게 보낸 편지를 보자. "수십 년 이래로 괴이한 일종의 의론은 우리 문학을 배척, 선현의 문집에 눈을 돌리려 하지 않는 것은 큰 병통이다. 사대부 자제로 국조의 고사(故事)를 알지 못하고 선배의 문집을 읽지 않는다면 그의 학문이 고금을 꿰뚫는다 해도 조잡하게 된 것"이라 했다.

이어서 "우리나라 사람들은 걸핏하면 중국의 일을 인용하는데 이 또한 비루한 품격이다. 모름지기 삼국사, 고려사, 국조보감, 여지승람, 징비록, 연려실기술 등 문헌을 취하여 그 사실을 채집하고, 그 지방을 고찰해서 시에 넣어 사용한 뒤에라야 세상에 명성을 얻을 수 있고, 후세에 남길 만한 작품이 될 것이다. 유혜풍(柳惠風)의 「십육국회고시」는 중국인이 판각한 책으로 이를 보면 증험할 수 있다"[3]고 했다. 다산의 민족주체의식은 우암(尤庵) 송시열(宋時烈)과 대조적이다.

마지막으로 다산은 자신은 조선(朝鮮)의 시(詩)를 쓰겠다고 선언한다. "나는 비록 조선 사람인지라/ 조선 시 짓기를 달게 여길 뿐일세"라며 토속어를 한자(漢字)로 대체해서 시어(詩語)로 사용한다. 그러나 미인박명이라 하듯 천재의 관로는 너무도 험난했다. 그래서 그는 문학에도 일가견을 가졌다고 볼 수 있다. 그의 시를 가리켜 우화적 기법이 특징이라 한다. 곧 교훈적·풍자적 우화시로 평가한다. 그런 그의 우화시는 대립적 구도와 농민과 봉건 지배층의 대립으로 나타난다고 분석하고 있다.

1) 사회비판과 작시

다산의 유배지 저작물 가운데 시도 우화시(寓話詩), 경세시(經世詩), 명상시(瞑想詩), 망향시(望鄕詩) 등 그 종류가 다양하다. 또한 현실비판의식을 형상화한 시도 그 종류가 여러 가지이다. 본고에서는 그의 많은 작품 중에서도 현실비판의식을 잘 형상화한 우화시를 인용한다. 포항 장기(長鬐)와 강진에서 1801년과 1803년에 지은 「장기농가 10장」과 장흥 천관산의 송충이를 보고 지은 「충식송(蟲食松)」 등은 격렬한 어조로 낡고 병든 사회를 풍자했다.

이들 우화시에는 시대를 슬퍼하고 세속을 개탄하는 권선징악 등의 내용을 담고 있다. 곧 자신의 작시정신이라 할 도문합일(道文合一)과 문이재도(文以載道)를 관철하고자 하는 실행이랄 수 있다. 장기농가는 신유박해(辛酉迫害)의 우화시로

---

3) 柳惠風의 「十六國懷古詩」는 柳得恭의 「二十一都懷古詩」를 말한다. 다산이 이 작품을 높게 평가한 것은 단군에서 고려까지 우리나라 역사를 노래하는 詠史詩이기 때문이다.

자신의 형제들과 수많은 천주교 신자들의 죽음을 읊었다. 천관산의 송충은 관료들의 횡포가 더욱 자심함을 격정적으로 표현하고 있는 것이다. 우리는 18세기 후반 조선의 사회상을 그의 우화시를 통해 재조명할 수 있는 것이다.

■ 長鬐農歌十章(장기농가 10장)

麥嶺崎嶇似太行 보릿고개 험한 고개 태산같이 험한 고개
天中過後始登場 단오 명절 지나야만 가을이 시작되지
誰將一椀熬靑蕢 풋보릿국 한 사발을 그 누가 들고 가서
分與籌司大監嘗 주사 대감도 좀 맛보라고 나누어 줄까

秧歌哀婉水如油 못 노래는 애절하고 논에 물은 넘실대네
嗔怪兒哥別樣羞 아이가 유별나게 수줍다고 야단이야
白苧新黃苧披披 하얀 모시 새 적삼에 노란모시 치마를
籠中十襲待中秋 장롱 속에 길이 간직 추석 오기 기다리네

曉雨廉纖合種煙 부슬부슬 새벽비가 담배 심기 알맞아서
煙苗移挿小籬邊 담배모종 옮겨다가 울밑에다 심는다네
今春別學英陽法 올봄에는 영양에서 가꾸는 법 따로 배워
要販金絲度一年 금사처럼 만들어 팔아 그로 일 년 지내야지

新吐南瓜兩葉肥 호박 심어 토실토실 떡잎 두 개 나더니만
夜來抽蔓絡柴扉 밤사이에 덩굴 뻗어 사립문에 얽혀 있다
平生不種西瓜子 평생토록 수박씨를 심지 않는 까닭은
剛怕官奴惹是非 아전 놈들 트집 잡고 시비 걸까 두려워서

鷄子新生小似拳 작기가 주먹만 한 갓 까놓은 병아리들
嫩黃毛色絶堪憐 여리고 노란털이 깜찍하게 예쁘다네
誰言弱女糜虛祿 어린 딸이 공밥 먹네 말 하는 자 누구인가
堅坐中庭看嚇鳶 꼼짝 않고 뜰에 앉아 솔개를 지켜보네

○麻初剪牡麻鋤 어저귀 베어내고 삼밭을 매느라고
公姥蓬頭夜始梳 늙은 할멈 쑥대머리 밤에야 빗질하고
蹴起僉知休早臥 일찍 자는 첨지를 발로 차 일으키며
風爐吹火改繰車 풍로에 불 지피고 물레도 고치라네

蕫葉團包麥飯吞 상추쌈에 보리밥을 둘둘 싸서 삼키고는
合同椒醬與葱根 고추장에 파뿌리를 곁들여서 먹는다네
今年比目猶難得 금년에는 넙치마저 구하기가 어려운데

盡作乾鋪入縣門　잡는 족족 잘 말려서 관가에다 바친다네

不敎黃犢入瓜田　송아지가 오이밭에 뛰어들지 못하도록
移繫西庭碌邊迻　서편 뜨락 고무래 옆 옮겨 매어 두었는데
里正曉來穿鼻去　새벽녘에 이정이 와 코를 뚫어 몰고 가며
東萊下納始裝船　동래하납 배를 챙겨 짐 싣는다 하더라네

菘葉新畦割半庭　마당을 절반 떼어 배추를 심었는데
苦遭蟲蝕穴星星　벌레들이 갉아먹어 구멍이 숭숭 났네
那將訓練臺前法　어찌하면 훈련대 앞 가꾸는 법 배워다가
恰見芭蕉一樣靑　파초 같은 배춧잎을 볼 수가 있을까

野人花草醬甖邊　시골사람 꽃이라야 기껏 하면 장독가에
不過鷄冠與鳳仙　맨드라미 봉선화 그것이 고작이지
無用海榴朱似火　떨어진 동백꽃이 붉기가 불같아서
晩春移在客窓前　늦은 봄날 주워다가 객창 앞에 놓았다네

　　여기서 '해류(海榴)'를 기존의 한시 전문가들은 '바다석류'나 '석류나무'로 보기
도 한다. 그러나 석류가 아니라 남동해안에 그 어느 봄꽃보다 일찍 피었다 속절없
이 붉게 지는 '산다화' 또는 '동백꽃'을 말한다고 한다. 다시 말해, 나무가 아닌 꽃
이다. 또한 나산이 '무용'이란 두 글자를 쓴 이유는, '쓸모없나'는 일차석 뜻을 위
해서가 아니라, 박해로 인해 젊은 나이에 붉은 피를 뿌리며 떨어진 자신의 숱한
친지들과 교우들의 목을 상징하는 뜻이다. 그들의 혼이 담긴 채 땅에 떨어진 붉은
동백꽃 송이들을 고이 손에 담아 창가에 옮겨 놓고 바라본다는 의미이다.

■ 蟲食松(송충이가 솔잎을 먹어 치워)

君不見天冠山中滿山松　그대 아니 보았더냐 천관산 가득한 솔숲을
千樹萬樹被衆峰　천 그루 만 그루 온 산을 덮었음을
豈惟老大鬱蒼勁　큰 고목이 울울창창 드러냈고
每憐穉小羅豐茸　돋아나는 어린 솔도 총총히 솟았는데
一夜沴蟲塞天地　하룻밤 모진 송충이가 온 산에 퍼져 덮어
衆喙食松如豢饔　무리 입 떡 먹듯이 모조리 먹었구나
初生醜惡肌肉黑　추악한 새끼 송충 살빛까지 검었고
漸出金毛赤斑滋頑兇　노란 털 붉은 반점 자랄수록 흉하도다
始雜葉針竭津液　바늘 같은 잎을 갉아 진액을 말리더니
轉齧膚革成瘡癰　껍질과 살마저 썰어 먹고 상처만 남겼구나.

松日枯槁不敢一枝動 날로 여위어 줄기가 말라서 감히 움직이지 못하고
直立而死何其恭 곧추서서 죽어 버린 소나무가 되었구나.
(중략)

천관산은 전라남도 장흥(長興)에 있는 해발 723m의 산이다. 다산은 이 시에서 천관산을 국가에 비유하고, 소나무를 백성으로, 그리고 송충이를 백성의 고혈을 빨아먹는 탐관오리에 가탁하고 있다. 이 시의 주제는 탐관오리를 격조 높게 비난하는 것이다. 그러면 어떻게 소나무를 살릴 수 있을까. 백성을 살리는 길은 곧 송충이를 섬멸하는 길 외에는 다른 방법이 없다는 것이다. 송충이를 섬멸하는 방법은 다산의 저술인『경세유표』에서 구체적으로 입안되기에 이른다.

이 시를 통해 다른 하나의 사실이 확인되고 있다. 천관산의 소나무는 1274년과 1281년 몽고가 일본정벌을 위한 배를 만드느라(造船) 남벌됐다. 이후부터 천관산에는 동정용(東征用) 전선을 만드느라 모조리 베어 헐벗었다고 전해 오고 있다. 그러나 다산의 시를 보면 18세기 후반까지도 울창했음을 확인할 수 있다. 아마 그 이후 500여 년 동안에 다시 나무가 자라 옛날처럼 복원됐던 모양이다. 오늘의 천관산은 송충이와 한국전쟁으로 인해 민둥산이 됐는지 모른다.

■ 海狼行(솔피)

海狼狼身而獺皮 솔피란 놈 이리 몸통에 수달의 가죽으로
行處十百群相隨 가는 곳마다 수백 마리 떼 지어 다니는데
水中打圍捷如飛 물속 동작 날쌔기가 나는 것 같아
欻忽擣襲魚不知 갑자기 덮쳐 오면 고기들도 모른다네
長鯨一吸魚千石 큰 고래 한입에 천 고기 삼키니
長鯨一過魚無跡 한 번 스쳐 간 곳 고기 씨가 말라 버려
狼不逢魚恨長鯨 솔피 차지 없어지자 고래를 원망하여
擬殺長鯨發謨策 고래 죽이기로 솔피들 모의하네
一羣衝鯨首 한 떼는 달려들어 고래 머리 공격하고
一羣繞鯨後 한 떼는 뒤로 가서 고래 꼬리 얽어매고
一羣伺鯨左 한 떼는 왼쪽에서 기회 노리고
一羣犯鯨右 한 떼는 오른쪽서 옆구리 치고 받고
一羣沈水仰鯨腹 한 떼는 물속에서 배때기를 올려치고
一羣騰躍令鯨負 한 떼는 뛰어올라 고래 등에 올라타고
上下四方齊發號 상하사방 일제히 고함을 지르고는

抓膚齧肌何殘暴 난폭하게 깨물고 잔인하게 할퀴니
鯨吼如雷口噴水 우레처럼 소리치고 물을 내뿜어
海波鼎沸晴虹起 바닷물 끓어올라 무지개 일어나네
虹光漸微波漸平 무지개 사라지고 파도 점점 가라앉자
嗚呼哀哉鯨已死 아 슬프도다. 고래 죽고 말았구나
獨夫不遑敵衆力 혼자 힘이 많은 힘 당하지 못해
小黠乃能殲巨匿 작은 꾀가 드디어 큰 미련 이겼구나
汝蚩血戰胡至此 너희들 혈전이 이런 꼴을 낳았단 말인가
本意不過爭飲食 원래 뜻은 먹이 싸움 아니었더냐

시는 고래와 솔피의 대립을 우언의 수법으로 절묘하게 포착하고 있다. 여기에
서 고래는 바다의 먹이사슬에서 가장 강자에 속하며, 솔피 또한 작은 물고기를 먹
고 사는 강자에 속한다. 큰 고래의 위세는 먹이사슬의 정점에 위치하는 모습이다.
단순히 이는 약탈자의 모습만을 의미하지 않고 고래의 위상이 그러하다는 것을
보여 주는 작자의 시적인 장치이기도 하다. 반면에 솔피의 약탈적인 면모가 그대
로 노출된다. 실제로 솔피는 집단으로 공격하여 작은 고래를 죽인다고 한다.

다산의 우화시는 추상적이고 도덕적인 것보다 현실에 대한 풍자가 그 특징을
이루고 있다. 풍자는 인간이나 사회제도의 결함을 폭로하려는 목적으로 쓰이는데
여러 가지 이유로 풍자를 직접 나타낼 수 없을 때에는 우화의 방법을 쓰는 경우
가 많다. 이는 만일의 경우 관의 시빗거리를 차단하기 위한 방편의 일환일 수 있
다. 다산이 우화시를 대부분 유배기간 중에 썼던 점으로 보아 풍자할 실상이 많았
던 것이다. 그것을 보고 풍자한 것은 다산으로서는 최대한의 저항이었다.

2) 애민의식의 작시

다산은 유배지 강진에서 애민의식을 형상화한 많은 시를 남겼다. 그중에서도
강진의 한 농민이 남자의 생식기를 자르는 안타까운 현실을 극화한 시가 「애절양
(哀絶陽)」이다. 민초들의 세상살이를 그린 「탐진촌요(耽津村謠)」, 「탐진농가(耽津
農歌)」, 「탐진어가(耽津漁歌)」 등의 애민의식이 담긴 시들이다. 그는 "위대한 시인
은 개인적인 정서만을 노래하지 않는다"라고 강조했던 작시정신을 실천하였다.
그의 애민의식은 바닥에서 신음하는 하층민의 정서를 시로 나타나고 있다.

시대마다 숱한 시인들이 세상을 노래하는 시를 남긴다. 어떤 이는 남녀의 사랑을 노래하고, 어떤 이는 세상의 아름다움을 노래하기도 하고, 어떤 이는 자신의 처지를 슬퍼하는 시를 읊기도 한다. 시를 쓴 사람만큼 시의 종류도 다양하다. 그런데 다산의 작시정신은 너무도 철저하다. 곧 개인적인 정서만을 읊은 시는 시가 아니라고 보기 때문이다. 그의 태도는 어디서 비롯된 원칙인지는 알 수 없다. 아마 자신 같은 선비들이 나라를 이끌고 갈 지식인이라서 그럴지 모른다.

■ **哀絶陽**(양근을 잘라 버린 서러움)

蘆田少婦哭聲長	노전마을 젊은 아낙 그칠 줄 모르는 통곡소리
哭向懸門號穹蒼	현문을 향해 슬피 울며 하늘에 호소하네
夫征不復尙可有	쌈터에 간 지아비가 못 돌아오는 수는 있어도
自古未聞男絶陽	남자가 그걸 자른 건 들어 본 일이 없다네
舅喪已縞兒未澡	시아비 상복 막 벗고, 아기는 탯줄도 마르지 않았는데
三代名簽在軍保	삼대가 다 군보에 실리다니
薄言往愬虎守閽	가서 아무리 호소해도 문지기는 호랑이요
里正咆哮牛去皁	이정은 으르렁대며 마구간 소 몰아가고
朝家共賀昇平樂	조정에선 모두 태평의 즐거움을 하례하는데
誰遣危言出布衣	누구를 보내 위태로운 말로 포의로 내쫓는가
磨刀入房血滿席	칼을 갈아 방에 들자 자리에는 피가 가득
自恨生兒遭窘厄	자식 낳아 군액당한 것 한스러워 그랬다네
蠶室淫刑豈有辜	무슨 죄가 있어서 잠실 음형당했던가
閩囝去勢良亦慽	민땅 자식들 거세한 것 그도 역시 슬픈 일인데
生生之理天所予	자식 낳고 사는 이치 하늘이 준 바이고
乾道成男坤道女	하늘 닮아 아들 되고 땅 닮아 딸이 되지
騸馬豶豕猶云悲	불깐 말 불깐 돼지 그도 서럽다 할 것인데
況乃生民恩繼序	대 이어 갈 생민들이야 말을 더해 뭣 하리오
豪家終歲奏管弦	부호들은 한평생 풍류나 즐기면서
粒米寸帛無所捐	낟알 한 톨 비단 한 치 바치는 일 없는데
均吾赤子何厚薄	똑같은 백성 두고 왜 그리도 차별일까
客窓重誦鳲鳩篇	객창에서 거듭거듭 시구편을 외워 보네

다산이 이 시(詩)를 쓰게 된 동기가 있다. 그는 가경(嘉慶) 계해(癸亥, 1803) 가을 강진의 노전(蘆田) 바닷가에서 고기잡이로 근근이 살아가는 백성이 아이를 낳은 지 사흘 만에 군보(軍保)에 올라 있어 이정(里正)이 군포 대신 소를 빼앗아 가니 남편은 칼을 뽑아 자신의 양경을 잘라 버리면서 "이 물건 때문에 이런 곤액을 받

는구나" 했다. 그 아내는 피가 뚝뚝 떨어지는 양경을 가지고 관가에 가서 울면서 호소했으나 문지기가 막아 버렸다. 그 소식을 듣고 시를 지었다.

이때는 나라의 기강이 흐트러져 부정부패가 만연했던 시기였다. 자기의 생식기를 자르는 일이 물론 당시의 보편적인 현상은 아니다. 그러나 강아지나 절굿공이 이름까지 군안(軍案)에 올려 세금을 착취하는 시대였다. 이에 비추어 볼 때, 이 시는 현실의 과장이 아니라 오히려 군정(軍丁)의 문란을 집약적으로 나타낸 것이다. 소위 '황구첨정(黃口簽丁), 백골징포(白骨徵布)'의 실상을, 갈밭에 사는 한 농민의 비극적인 삶을 통해 처절하게 형상화한 시로 보아야 할 것이다.

■ 耽津村謠(탐진촌요)

樓犁嶺上石斬斬 누리렁 잿마루에 바위가 우뚝한데
長得行人淚灑沾 길손이 눈물 뿌려 사시사철 젖어 있네
莫向月南瞻月出 월남을 향하여 월출산을 보지 마소
峯峯都似道峯尖 봉마다 뾰쪽함이 도봉산 모양이라네

山茶接葉冷童童 동백나무 잎은 얼어도 무성하고
雪裏花開鶴頂紅 눈 속에 꽃이 피면 붉기가 학 이마 같아
一自甲寅鹽雨後 갑인년 어느 날에 소금비가 내린 후에
朱만黃柚枯盡叢 유자나무 감귤나무 모두 말라 없어졌네

海岸簀簹百尺高 바닷가 왕대나무 키가 커서 백 자러니
如今不中釣船高 지금 낚싯대 상앗대로도 못쓴다네
園丁日日培新芛 정원지기가 날마다 새 대를 가꾸어서
留作朱門竹瀝音 죽력 내내 권문세가에 바치기 때문이야

崩城敗壁枕寒丘 성벽은 다 무너져 언덕바지 썰렁한데
繞吹黃昏古礎頭 해가 지면 징소리만 주춧돌을 울린다네
諸島年年空斫木 여러 섬의 나무들을 해마다 베어만 내니
無人重建廳潮樓 청조루를 중건하는 사람은 통 없다네

水田風起麥波長 무논에 바람 일어 보리이삭 물결친다
麥上場時稻揷秧 보리타작 하고 나면 모내기 제철이라
某茱雪无新葉綠 눈 내리는 하늘 아래 배추 새 잎 파랗고
鷄雛穫月嫩毛黃 섣달에 깐 병아리는 노란 털이 어여쁘네

棉布新治雪樣鮮 새로 짜낸 무명이 눈결같이 고왔는데

黃頭來博吏房錢 이방 줄 돈이라고 황두가 뺏어가네
漏田督稅如星火 누전 세금 독촉이 성화같이 급하구나
三月中旬道發船 삼월 중순 세곡선(稅穀船)이 서울로 떠난다고

莞州黃漆瑩琉璃 완주의 황옻칠은 밝기가 유리 같아
天下皆聞此樹奇 그 나무가 진기한 것은 천하가 다 알고 있지
聖旨年前蠲貢額 작년에 성상께서 세액을 경감했더니
春風髡孼又生技 봄바람에 밑동에서 가지가 또 났네

烏蠻總角髮如雲 오면족 총각인지 머리털은 더부룩한데
寫出三倉法外交 써내는 글씨 보니 중국 문자 아니로세
不是瓜乞應呂宋 자바 섬이 아니면 루손 섬에서 왔으렷다
薔薇玉盆發奇芬 장밋빛 옥함에서 야릇한 향기 풍기네

蓮寺樓前水一規 백련사 앞에 동그랗게 비친 물결
春潮如雪上門楣 봄이 오면 눈 같은 조수 문중방까지 오른다네
名藍總隷頭輪寺 유명한 절 다해 봐야 두륜사가 으뜸이지
爲有西山御製碑 서산대사 공적 기린 어제비가 있으니까

村童書法苦支離 시골 애들 습자법이 어찌 그리 엉망인지
點畫戈波箇箇敧 점획과 과파가 모두 낱낱이 비뚤어져
筆苑舊開新智島 글씨 방이 옛날에는 신지도에 열려 있네
掾房皆祖李匡師 아전들 모두가 이광사에게 배웠다는데

荊棘何年一路開 가시밭길 어느 때나 앞길이 트일는지
黃茅苦竹似珠雷 누른 띠밭 참대나무 주랏대 비슷하니
刑房小吏傳呼急 형방의 아전들이 소란 떠는 것이
知是京城謫來客 서울서 누가 또 귀양을 왔군그래

三月松旨馬市開 삼월이면 송지에서 말 시장이 열리는데
一胸五百揀天才 오백 푼만 집어 주면 천재 말을 고르게 되지
白驄藍子烏驄帽 흰말총체라든지 검은 말총갓이랑은
都自挐山牧裏來 그 모두가 한라산 목장에서 온 것이라네

自古斬臺嗜鰒魚 전복이야 옛날부터 점대에서도 즐겼지만
山茶濯口語非虛 동백기름이 첨자 훑어 낸다는 것 헛말이 아니로세
城中小吏房攏內 성안의 아전들 들창문 안에는
徧揷奎瀛學士書 규장각 학사들의 서찰이 다 꽂혀 있네

都督開營二百年 도독 영묘 둔 지가 이백 년 되었는데
皇夷不復繫倭船 부두에는 왜놈 배를 다시 매지 못했었지

陳璘廟裏生春草 진린 사당 속엔 봄풀이 우북한데
漁女時投乞子錢 아낙들이 돈을 던져 아들 점지 해 달란다네

귀양은 따분하고 스산하다. 그것은 곧 질곡(桎梏)이다. 다산은 근기지방 출신에
다 출사한 이후 구중궁궐에서 왕의 총애를 받았었기에 고초가 더욱 심했으리라.
그는 바다와 닿아 있는 강진의 산과 바람, 나무와 꽃, 농사짓는 모습과 관리들의
횡포에 시달리는 민초들의 생활상이 모두 낯설었다. 어느 것 하나 시재(詩材)가
아닌 게 없다. 그래서 귀양 초기 '탐진촌요'는 '탐진농가', '탐진어가'라는 3부작을
썼을 것이다. 그 가운데 '탐진촌요'는 모두 15수로 구성되어 있다.

첫째 수는 북쪽을 동서로 가로질러 있는 잿마루의 감상에서 출발한다. 그는 강
진의 성전면 월남(月南)에서 영암 월출산(月出山)을 바라다본 것이다. 처자식이 살
고 있는 정든 산천 북쪽 하늘을 응시하자면 그 산과 마주치지 않을 수 없다. 그런
데 바로 그 산의 뾰쪽한 봉(峯)이 마치 서울의 도봉산(道峯山)처럼 보여 자신이 한
양에 있는 듯한 착각이 들곤 했던 모양이다. 월출산은 자신과 처지가 비슷한 유배
객이 눈물을 뿌려 사시사철 젖어 있는 모습으로 비치고 있다.

둘째 수는 갑인년(1794)에 내린 소금비로 남쪽의 유자와 감귤이 말라 죽었음을
확인하고 있다.

다섯째 수는 보리 이삭 물결치는 이른 봄, 모내기 바쁜 여름철, 눈 맞아 새로
자란 파란 배춧잎, 설달에 깐 노란 병아리 등 농촌 생활과 직결된 소재들을 동원
해 계절의 변화에 따른 정겨운 농촌의 풍경을 묘사했다. 근기지방의 일모작만 보
다가 이모작을 하는 남쪽지방의 농사가 퍽 이채롭게 보였다. 대상을 바라보는 작
자의 시선에는 농촌에 대한 따스한 정이 배어 있다.

여섯째 수는 관리들의 횡포에 시달리는 농민들의 눈물겨운 삶의 모습을 그렸
다. 피땀 흘려 짜낸 무명을 황두들이 뺏어 가고, 성화같은 세금 독촉에 시달리는
농민들의 삶의 모습을 목도하듯이 표현하고 있다. 새로 짠 무명이 고운데 이방에
게 바친다고 빼앗기고 서울로 떠나는 세곡선을 들먹이며 세금을 독촉하는 농촌
관리들의 횡포를 고발하고 있다. 그의 이런 작품을 통해 당시의 피폐한 농촌의 현
실을 고발하고, 백성을 위한 정치가 이루어져야 할 것을 촉구하고 있다.

일곱째 수는 칠이 유리처럼 밝은 완주(莞州)의 활칠 옻나무가 임금의 세금감면으로 밑동에서 새싹이 났다면서 백성들이 세금고통을 우회적으로 지적하고 있다. 여덟 수에서는 옥함에 쓴 글씨로 보아 생산지가 중국은 아니라고 단정한다. 그러므로 오만족(烏蠻族)이거나 자바나 루손섬(島)이 아닌가 추정한다. 옥함에서는 야릇한 향기가 풍기는 것까지를 확인하고 있다. 이로 미루어 보면 당시에도 외국에서 제조한 물품들이 여러 경로를 통해 수입된 모양이다.

열째 수는 '點畫戈波'라 함은 습자하는 법 가운데 점을 찍고, 건너긋고, 삐치고, 파임하는 것을 말한다. 문제는 아이들의 "이런 글씨가 완도(莞島) 신지(新智)의 글방에서 연유한다"라는 시각이다. 글씨를 가르친 주인공은 원교(圓嶠) 이광사(李匡師, 1705~1777)이다. 그는 1755년 나주 벽서사건으로 장흥 회령(會寧)에 유배됐다. 회령에는 약 3개월 정도 머물렀는데 글과 글씨를 배우고자 하는 학생이 문전성시를 이루었다. 그로 인해 신지도로 이배되어 후학을 지도한 인물이다.

원교의 글씨에 대한 다산의 인식은 추사(秋史) 김정희(金正喜)와 비슷하다. 추사는 원교에 대한 필결(筆訣)에서 "단지 왼편만 있고 바른편이 없으며, 아래는 단지 바른편만 있다"라고 혹평하기도 했다. 추사와 원교는 북비남첩론(北碑南帖論)의 남북파로 지향하는 목표가 달랐다. 추사의 원교에 대한 인식에는 다산의 평가도 작용되지 않았을까 싶다. 아이들의 삐뚤어진 글씨를 원교(圓嶠)의 원인으로 돌리는 것은 조금은 비약으로 보인다. 왜 이런 사족을 달았는지 이상하다.

■ 耽津農歌(탐진농가)

臘日風薰雪正晴 납일에 훈풍 불고 눈도 정히 갰는데
籬邊札札曳犁聲 울 가에는 이러쯔쯔 쟁기 끄는 소리로세
主翁擲杖嗔傭懶 머슴 놈 게으르다 주인영감 호통 치며
今歲纔翻第二畊 금년 들어 이제 겨우 두벌갈이 하느냐네

稻田洩水須種麥 벼논에 물을 빼고 보리를 심었다가
刈麥卽時還挿秧 보리 베어 낸 즉시 모를 심는다네
不肯一日休地力 지력을 하루라도 놀리려고 아니하여
四時嬗變色靑黃 푸른색 누른색이 철을 따라 아름답지

洌水之間丈二鍬　한강 부근 가래들은 그 길이가 두 발이어서
健夫齊力苦酸腰　장정들이 힘 합해도 허리가 아프다던데
南童隻手持短鋪　남쪽 짧은 삽은 아이들도 한 손으로
容易治畦引灌遙　두둑 치고 물을 대고 쉽게쉽게 하네그려

穮蓘從來不用鋤　김을 매고 북을 줘도 호미를 쓴 일이 없고
手拏稂莠亦須除　논에 나는 잡초도 손으로 없앤다네
那將赤脚蜞鍼血　어찌하면 맨다리에 방게에 물려 흐르는 피를
添繪銀臺遞奏書　은대에서 계속 올리는 상소문에다 그리게 할까[4]
秧雇家家婦女狂　집집마다 모 품팔이 아낙네들 정신없어
不曾刈麥助盤床　보리 베는 반상도 도우려 들지 않는다네[5]
輕違李約趨張召　이가에게 약속 어기고 장가에게 가는 것은
自是錢秧勝飯秧　돈모가 밥모보다 더 낫기 때문이라네[6]

豪家不惜萬緡錢　부호들은 일반 꿰미 많은 돈도 안 아끼고
疊石防潮趁月弦　썰물 때 돌을 쌓아 바다를 막는다
舊拾蚌螺今穫稻　조개 줍던 바다에서 지금은 벼를 수확
由來瀉鹵是腴田　간사지가 논이 되어 옥토로 변했다네

懶習眞從沃壤然　게으른 습성은 옥토에서 생기기에
上農猶復日高眠　상농가도 덩그렇게 해 뜨도록 잠만 잔다
楡陰醉罵移時歇　느릅나무 그늘에서 술주정을 부리다가
徐取　牛耕旱॥　소 흰 미리 몰고 니와 마른 밭을 긴다네[7]

陂澤漫漫不養魚　넓디넓은 연못에도 물고기를 안 기르고
兒童愼莫種芙蕖　애들더러 연꽃도 심지를 말란다네
豈惟蓮子輸官裏　연밥 따면 관가에다 바쳐야 할 뿐 아니라
兼怕官人暇日漁　틈 있으면 관리들이 고기 잡을까 싶어서야

竹管鐵箸夾成丫　대통에다 쇠꼬쟁이 가장귀를 만들어서
一穗須經一手爬　이삭 하나 훑으려면 손이 한 번 꼭 간다네
北方打稻皆全○　볏단째로 털어 대는 북쪽지방 타작법을
豪快眞堪向汝誇　너희에게 자랑을 했더라면 좋았을걸

---

4) 銀臺: 宋代에 왕안석(王安石)의 신법(新法)이 실현되자 진사(進士) 정협(鄭俠)이 수차 글월을 올려 그 피해를 지적했으나 답이 없었다. 그 후 정협은 고을 백성들이 끼니도 채우지 못하면서도 기와를 짊어지고 옷을 걷고 물을 건너와 관가의 빚 갚는 일에 땀을 흘리고 있었다. 정협은 그것들을 그림으로 그려 올렸다. 그 그림을 본 신종(神宗)은 크게 뉘우치고 드디어 자책(自責)의 조서를 내리고 청묘법(靑苗法)을 모두 폐지하였던바, 즉시 단비가 내렸다. 그리고 그 그림을 세상에서는 유민도(流民圖)라고 했다(宋史 卷321).

5) 盤床: 거주민들은 자기 남편을 일러 반상(盤床)이라고 하였다.

6) 錢秧와 飯秧: 순전히 돈으로 품삯을 치르는 것을 돈모[錢秧]라고 하고, 밥을 제공하고 품삯을 그만큼 감하는 것을 밥모[飯秧]라고 하였다.

7) 경기(京畿) 지방에서는 마른 밭을 갈 때면 소 두 마리를 쟁기를 채워 갈았다.

處處沙田吉貝宜 곳곳마다 모래밭 목화 심기 알맞은 땅
玉川春織最稱奇 봄에 짠 옥천산이 제일 좋다고 하는 게지
那將磟碡輕輕展 어찌하면 고무래로 살짝살짝 발라내어
落子調勻似置棋 바둑판에 바둑마냥 씨앗을 죽 골라낼까

다산의 농가는 귀양 온 지 4년째인 1804년(甲子·순조 4) 4월 2일 썼다. 「탐진 농가첩(耽津農歌帖)」의 머리에 '耽津農歌'라고 쓴 네 자는 오즉묵(烏鰂墨)[8]으로 썼다. '오즉묵은 오래되면 글씨가 탈색된다'고 한다. 그것은 진한 먹물을 매끄러운 종이에 쓸 경우 오래되면 당연히 말라서 떨어지기 때문이다. 그 다음에는 강진 고을 황생(黃生)이 썼다. 황생은 이도보(李道甫)에게 배웠다. 그의 해서(楷書)를 보면 이도보의 법을 터득했다. 그 밖의 시 10수는 손수 쓴 것이다.

첫째 수는 쟁기질하는 소리와 주인영감이 게으른 머슴 놈에게 호통 치는 소리로 새봄이 왔음을 안다. 둘째 수는 이모작의 관경이다. 가을에 추수를 끝내고 물을 뺀 후 보리를 파종해서 거두고 바로 모를 심는 것이다. 작가는 지력(地力)이 쉴 틈이 없다고 분석한다. 셋째 수는 한강 주변 가래와 남쪽 가래의 길이가 다름을 말한다. 넷째 수는 손으로 잡초를 매고, 맨 다리를 방게(거머리)에 물려 피 흘리는 농부의 모습을 보고 은대(銀臺)의 안일함을 묘사하고 있다.

다섯째 수는 품삯을 더 많이 받으려 반앙(飯秧)보다 전앙(錢秧)을 선호한 인심을 꼬집는다. 여섯째 수는 바다를 막아 간사지에 벼논이 있었음을 전한다. 여덟째 수는 연못에 연과 고기를 기르지 않는 사연을 말한다. 그것은 관청과 관리들이 귀찮고 무서워서 비롯된 현상을 묘사하고 있다. 마지막 수는 타작방법이 근기지방과 남쪽이 다름을 비교한다. 북쪽은 볏단째로 타작해서 효율적인데 남쪽은 그렇지 않아 자신이 한번 시범을 보여 줄까 싶었음을 묘사했다.

그는 이 지방(강진) 사람의 농사짓는 법이 북방(北方)에 비해 상당히 간편하게 느껴졌다. 그러나 남북이 각각 옛 습관에 젖어 서로가 장점을 취하려고 하지 않으니, 매우 한탄스럽다며 장점을 원용하지 못함을 애석하게 여긴 것이다. 작은 나라에서 농사에 따른 농기구나 농사법의 장단점을 파악해서 일반화시키지 못한 것은

---

8) 烏鰂墨: 오징어 먹물.

관리들의 책임이기 때문이다. 마땅히 조정에서 북방의 풍속을 쓰도록 권장하면 농사의 생산성을 높이는 데 보탬이 되리라고 본 것이다.

■ 耽津漁歌(탐진어가)

桂浪春水足鰻鱺 계량에 봄이 들면 뱀장어 물때 좋아
撐取弓船漾碧漪 그를 잡으러 활배가 푸른 물결 헤쳐간다[9]
高鳥風高齊出港 높새바람 불어오면 일제히 나갔다가[10]
馬兒風緊足歸時 마파람 세게 불면 그때가 올 때라네[11]

三汛纏廻四汛來 세 물때가 지나가고 네 물때가 돌아오면
鵲漊波沒舊漁臺 까치파도 세게 일어 옛 어대가 파묻힌다[12]
漁家只道江豚好 어촌에 사람들은 복어만 좋다하고
盡放鱸魚博酒杯 농어는 몽땅 털어 술과 바꿔 마신다네

松燈照水似朝霞 물에 비친 관솔불이 아침노을 흡사한데
鱗次筒兒植淺沙 긴 통들이 차례로 모래 물에 꽂혀 있네
莫遣波心人影墮 물속에 사람 그림자 비쳐 들게 하지 말라
怕他句引赤胡鯊 적호상어 그를 보고 달려들까 두렵구나[13]

楸洲船到獺洲淹 추자도 장사배가 고달도에 묵고 있는데
滿載耽羅竹帽簷 제주산 갓 차양을 한 배 가득 싣고 왔다네
縱道錢多能善賈 돈도 많고 장사도 잘한다고 하지마는
鯨波無處得安恬 간 곳마다 거센 파도 마음 놓을 때 없으리

兒女睆睆簇水頭 물머리에 옹기종기 모여 있는 계집애들
阿孃今日試新泅 그 어미가 수영을 가르치는 날이라네
就中那箇花鳧沒 그중에서 오리처럼 물속 헤엄치는 여자
南浦新郎納綵紬 남포 사는 신랑감이 혼숫감을 보내왔다네

瓜皮革履滿回汀 작은 배 가죽신발 부두를 메웠는데
船帖今年受惠廳 올해에는 선첩을 선혜청에서 받는다네
莫道魚蠻生理好 어부들 살기가 좋아졌다고 말을 말라
桑公不赦小笭箵 종다래끼 하나도 그냥 둘 상공 아니란다[14]

---

9) 弓船: 배 위에다 그물을 장치한 배를 방언으로 활배라고 하였음.

10) 高鳥: 새[鳥]는 을(乙)이고, 을은 동쪽임으로 동북풍을 일러 높새바람[高鳥風]이라고 함.

11) 馬兒風: 말[馬]은 오(午)이므로 남풍을 일러 마파람[馬兒風]이라고 함.

12) 鵲漊波: 누(漊)는 큰 파도를 말하는데, 파도가 하얗게 일어 마치 까치 떼가 일어나는 것 같은 것을 일러 까치파도[鵲漊]라 이름.

13) 赤胡鯊: 큰 상어 신적호(新赤胡)로 사람 그림자만 보면 뛰어 올라와 삼켜 버린다고 함.

稴船初發鼓鼕鼕 종선이 떠나면서 북을 둥둥 울리고는[15]
歌曲唯聞指掬蒠 지국총 지국총 들리느니 뱃노래라네
齊到水神祠下伏 수신사 아래 가서 모두가 엎드려서
默祈吹順七山風 칠산바다 순풍을 맘속으로 비노라

漁家都喫絡蹄羹 어촌에서 모두가 낙지국을 즐겨 먹고[16]
不數紅鰕與綠蟶 붉은 새우 녹색 맛살은 치지를 않는다
澹菜憎如蓮子小 홍합이 연밥같이 작은 게 싫어서
治帆東向鬱陵行 돛을 달고 동으로 울릉도로 간다네

椽閣嵯峨壓政軒 육방관속 서슬이 성주를 압도하고
朱牌日日到漁村 아전들이 날마다 어촌을 찾는다네
休將帖子分眞贗 선첩의 진짜 가짜 따질 것이 뭐라던가[17]
官裏由來虎守門 관이란 게 원래부터 문 지키는 호랑인데

弓福浦前紫滿船 궁복포 앞에는 나무가 배에 가득
黃腸一樹值千錢 황장목 한 그루면 그 값이 천금이라네[18]
水營房子人情厚 수영의 방자 놈은 인정이 두둑하여[19]
醉臥南塘垂柳邊 수양버들 아래 가서 술에 취해 누워 있다

계랑(桂浪)은 강진의 옛 이름으로 만(灣)을 끼고 있다. 주민들도 내륙에서는 농사를 짓고, 해안에서는 어업에 종사한다. 다산은 귀양 초기에는 바다에서 약간 떨어진 읍내서 살다 바닷가인 귤동으로 옮겼다. 전형적인 어촌으로 마을의 배산(背山)이 다산이다. 그의 은수처(隱修處)는 해변과 지척이다. 농사를 짓는 내륙과 어업을 하는 어촌과는 분위기가 사뭇 다르다. 그러나 귤동은 농사와 어업을 겸업하는 특수성을 지닌 곳이라 두 가지 속성을 파악할 수 있다.

어가(漁歌)는 뱀장어잡이로부터 시작된다. 궁선(弓船)은 배 위에 그물을 장치한 배로 어부들은 활배라고 한다. '鳥'는 새(乙)이며, 乙은 동쪽을 가리키므로 동북풍

---

14) 桑公: 한(漢)의 상홍양(桑弘羊)을 말한 것. 상홍양은 무제(武帝) 때의 치속도위(治粟都尉)로서 평준법(平準法)을 실시하여 천하의 염철(鹽鐵)을 물샐틈없이 통제함으로써 국용(國用)을 풍요하게 만들었음(史記 卷30).

15) 稴船: 자서(字書)에는 종(舟＋宗)이란 글자가 없는데, 주교사(舟橋司)가 척씨(戚氏) 제도를 취하면서 종선이라 불렀다. 조선(漕船)은 주교사에 소속된 배이기 때문에 종선이라고 한다.

16) 絡蹄: 낙제(絡締)란 장거(章擧), 즉 낙지를 말한다. 여지승람(輿地勝覽)에 나와 있다.

17) 선첩: 균역(均役)법 시행 이후로는 아무리 작은 배라도 그 표첩(標帖)을 모두 선혜청(宣惠廳)에서 받았음.

18) 黃腸: 임금의 관을 만드는 데 쓰이는 소나무를 황장목이라고 한다.

19) 人情: 풍속에 뇌물을 일러 인정이라고 한다.

을 일러 높새바람 곧 '고조풍(高鳥風)'이라 했다. 또 '馬'는 말 즉 '午'남풍을 일러 '마파람[馬兒風]'이라 하는데 조선식 한자이다. 언문을 쓰지 않으려고 한자의 의미를 고려한 표기이다. 마파람이 세게 불면 그때가 왔음을 알린다. 곧 다산의 어가는 마파람이 세게 부는 때로부터 시작한 10수로 구성됐다.

어부들은 고기잡이의 때를 물때로 계산한다. 둘째 수는 네 물때가 오면 까치파도(鵲婆波)에 옛 어대(漁臺)가 파묻힌다. 어부들은 복어를 좋아하고, 농어는 술과 바꿔 먹는 풍속을 그리고 있다. 셋째 수는 관솔불이 물에 비치면 마치 아침노을처럼 보인다고 묘사하고 있다. 다섯째 수는 어미들이 계집애들의 수영을 가르쳐 오리처럼 헤엄치는 정경을 그리고 있다. 종선(艎船)의 입출항의 신호를 북소리로 알리고, 낙지[絡蹄]를 장거(章擧)라 했음을 알려 주고 있다.

관리들의 횡포는 어민이라 해서 제외된 것은 아니다. 여섯째 수는 선첩(船帖) 관리가 균역청에서 선혜청으로 넘어갔음을 확인한다. 그런데 지방 관아 육방관속들의 퍼런 서슬이 성주를 압도할 지경이다. 아전들은 지금으로 말하면 선원수첩 격인 이른바 '선첩'이 가짜인지 진짜인지 보자며 횡포를 부린 것이다. 마지막 열번째 수는 수영의 방자는 만취해 수양버들 아래서 잠자는 모습과 왕관의 재료인 황양목(黃陽木) 값이 천 냥에 이르는 사실도 밝히고 있다.

■ 夏日對酒(여름날 술을 앞에 놓고)

后王有土田 임금이 땅 가지고 있는 것이
譬如富家翁 말하자면 부잣집 영감 같은 것
翁有田百頃 영감 밭이 일백 두락이고
十男各異宮 아들 열이 제각기 따로 산다면
應須家十頃 당연히 한 집에 열 두락씩 주어
飢飽使之同 먹고사는 형편을 같게 해야지
黠男呑八九 약은 자식이 팔구십 두락 삼켜 버리면
癡男庫常空 못난 자식의 곳간은 늘 비기 마련이고
黠男粲錦服 약은 자식 비단옷 찬란할 때
癡男苦尫羸 못난 자식은 병약에 시달리겠지
翁眼苟一眄 영감이 눈으로 그 광경 보면
惻怛酸其衷 불쌍하고 속이 쓰리겠지만
任之不整理 맡겨 버리고 직접 정리를 않았기에
宛轉流西東 서쪽 동쪽 제멋대로 돼 버린 게지

骨肉均所受 똑같이 받은 뼈와 살인데
慈惠何不公 사랑이 왜 불공정한가
大綱旣隳圯 근본 강령이 무너져 버렸기에
萬事窒不通 만사가 따라서 꽉 막힌 것이지
中夜拍案起 한밤중에 책상을 치고 일어나
歎息瞻高穹 탄식하며 높은 하늘을 본다네
芸芸首黔者 많고 많은 머리 검은 자들
均爲邦之民 똑같이 나라 백성들인데
苟宜有徵斂 무엇인가 거두어야 할 때면
哿矣是富人 부자들을 상대로 해야 옳지
胡爲剝割政 어찌하여 피나게 긁어 가는 일을
偏於傭丐倫 유독 힘 약한 무리에게만 하는가
軍保是何名 군보라는 것은 대체 무엇인지
作法殊不仁 자못 좋지 않게 만들어진 법이야
終年力作苦 일 년 내내 힘들여 일을 해도
曾莫庇其身 제 몸 하나 가릴 길이 없고
黃口出胚胎 배 속에서 갓 태어난 어린것도
白骨成灰塵 백골이 진토가 된 사람도
猶然身有徭 그들 몸에 요역이 다 부과되어
處處號穹旻 곳곳에서 하늘에 울부짖고
冤酷至絕陽 양근까지 잘라 버릴 정도니
此事良悲辛 그 얼마나 비참한 일인가

　　다산이 대작하는 형식으로 토지, 군보 등의 모순을 고발하는 시이다. 가령 왕이 백 두락의 밭이 있고, 자식이 열 명이라면 열두 두락씩 나누어 줘서 똑같이 먹고 살게 해야 한다. 그러나 자식 가운데 못된 놈이 아버지 밭의 80~90%를 삼켜 버리면 못난 자식들의 곳간은 늘 비게 마련이다. 세금을 거둘 때는 부자에게 많이 거두는 게 정상이나 가난한 사람에게만 피나게 긁어모은다. 군보(軍保)도 배 속의 아이와 죽은 백골에게 부과하는 못된 법이라고 질타하고 있다.

　　그는 이 시를 통해 토지와 군보 등의 제도의 잘못과 대안을 제시하고 있다. 예를 들면 토지제도의 경우 균전제(井田制)를 주장한 것이다. 군왕이 전국의 토지를 백성의 숫자대로 고르게 나누어 골고루 먹고살게 만들어야 한다. 그럼에도 일부 힘센 자들이 거의 전부를 차지하고 현실을 보며 한밤에 일어나 탄식하고 있다. 그리고 군보의 법이 아주 좋지 않은 법으로 백성의 울부짖는 소리와 세금으로 인해 농부가 양근(陽根)을 잘라 버린 경우를 상기하고 있다.

■ 打麥行(타맥행)

新篘濁酒如湩白　새로 거른 막걸리 젖빛처럼 뿌옇고
大碗麥飯高一尺　큰 사발에 보리밥 높기가 한 자로세
飯罷取耞登場立　밥 먹자 도리깨 잡고 마당에 나서니
雙肩漆澤翻日赤　검게 탄 두 어깨 햇볕 받아 번쩍이네
呼邪作聲擧趾齊　옹혜야 소리 내며 발맞추어 두드리니
須臾麥穗都狼藉　삽시간에 보리 낟알 온 마당에 가득하네
雜歌互答聲轉高　주고받는 노랫가락 점점 높아지는데
但見屋角紛飛麥　보이느니 지붕 위에 보리 티끌뿐이로다
觀其氣色樂莫樂　그 기색 살펴보니 즐겁기 짝이 없어
了不以心爲形役　마음이 몸의 노예 되지 않았네
樂園樂郊不遠有　낙원이 먼 곳에 있는 게 아닌데
何苦去作風塵客　무엇 하러 벼슬길에 헤매고 있으리오

다산이 귀양 와서 기쁜 마음으로 지은 시이다. 남도에서는 해마다 오월이면 보리를 거둬들여 타작을 한다. 마당에 보리를 펴 놓고 일꾼들이 도리깨로 세게 두드리는 모습을 마치 카메라로 찍은 듯이 사실적으로 그리고 있다. 이때 막걸리가 따르지 않을 수 없다. 새로 거른 거라 빛깔이 젖빛처럼 뿌옇다. 일꾼들이 한 사발씩 마시고 다시 작업을 한다. 식 때가 되어 보리밥의 높이가 한 자나 되게 부인다 일꾼들의 보리밥을 보면 놀랄 정도로 많은 양으로 보였던 것이다.

일꾼들은 보리밥에 막걸리 한 사발을 들이키면 얼큰해져 흥이 저절로 나온다. 남도사람들은 누구나 육자배기 한 가락씩은 뽑을 능력을 갖고 있기 때문이다. 주고받은 노랫가락이 고조되면 덩달아 그 즐거움에 빠져든다. 이 대목에서 다산은 낙원이 먼 곳에 있지 않다는 것을 느낀다. 그러다 보니 그동안 벼슬하려 헤매고, 쫓겨나지 않으려 발버둥 쳤던 자신의 모습이 쑥스럽게 보였던 것이다. 그래서 일체가 유심(唯心)인 진리를 새삼스럽게 터득했는지도 모른다.

판소리에 대한 다산의 기록도 있다. 그가 찬술한 「대둔사비각다례축문(大芚寺碑閣茶禮祝文)」 변려문(騈儷文)에서 "관각대수(館閣大手)의 솜씨이니 능히 이윤보(李潤甫)와 임이호(林彛好) 또는 임상덕(林象德)의 빼어난 소리를 잇고 있다"고 적고 있다. 변려문은 만연사 혜장선사(慧藏禪師)의 문집인 『아암집(兒庵集)』에 보인다. 이로 미루어 보면 적거(謫居)생활을 할 때인 1801년부터 1818년 연간에 이윤보와 임이호란 이름을 가진 판소리꾼이 남도를 대표하는 명창이었던 모양이다.

■ 久雨(오래 내린 비)

窮居罕人事 궁벽하게 사노라면 사람 보기 드물고
恒日廢衣冠 항상 의관도 걸치지 않고 있네
敗屋香娘墜 낡은 집엔 향낭각시 떨어져 기어가고
荒畦腐婢殘 황폐한 들판엔 필 꽃이 남아 있는데

睡因多病減 병만 많으니 따라서 잠마저 적어지고
秋賴著書寬 글 짓는 일로써 수심을 달래 보네
久雨何須苦 비 오래 온다 해서 어찌 괴로워만 할 것인가
晴時也自歎 날 맑아도 또 혼자서 탄식할 것을

「탐진촌요(耽津村謠)」, 「타맥행(打麥行)」, 「가마꾼(肩輿歎)」과 함께 다산의 4대 한시(漢詩)로 꼽힌다. 남도의 벽항에 귀양 와 살고 있으니 찾아 줄 사람도 없다. 찾아올 사람이 없으니 의관도 걸치지 않고 지내는 자신의 처지를 전하고 있다. 여기저기 아프고 잠도 적어지니 무료한 시간을 달래려 글 짓는 일로 수심을 달랜 것이다. 결국 다산의 방대한 저술은 잠도 오지 않고 무료를 달랠 특별한 수단이 없어서 비롯된 결과물이라 할 수 있다.

여기서 비가 오래 온다는 말은 귀양살이가 오래됨을 우회적으로 묘사한 것이다. 그러나 귀양이 풀린다고 해서 자신의 처지가 달라지지 않을 것임을 암시하기도 한다. 그는 자신을 총애해 준 정조가 없는 조정에 자신을 도와줄 우군이 없음을 알고 있었기 때문이다. 실제로 다산의 해배와 복직을 앞장서서 막았던 장본인은 바로 영상 서용보였다. 그 서용보는 1794년 다산이 경기도 암행어사로 가서 부패한 공직자로 파직시킨 경기도 관찰사였다.

■ 古詩(고시)

燕子初來時 제비 한 마리 처음 날아와
喃喃語不休 지지배배 그 소리 그치지 않네
語意雖未明 말하는 뜻 분명히 알 수 없지만
似訴無家愁 집 없는 서러움을 호소하는 듯

楡槐老多穴 느릅나무 홰나무 묵어 구멍 많은데
何不此淹留 어찌하여 그곳에 깃들이지 않느냐
燕子復喃喃 제비 다시 지저귀며
似與人語酬 사람에게 말하는 듯
楡穴鸛來啄 느릅나무 구멍은 황새가 쪼고
槐穴蛇來搜 홰나무 구멍은 뱀이 와서 뒤진다오

　다산의 고시는 모두 27수라고 한다. 이 고시는 33세 때인 1794년(甲寅) 암행어사로 경기도 연천(漣川)의 어느 농가에서 지은 작품이다. 여기서 제비는 관리로부터 수탈당해 어려움을 겪고 있는 백성들이다. 황새와 뱀은 반대로 백성을 괴롭히는 관리나 부자 등 힘 있는 부류를 지칭한다. 곧 가렴주구(苛斂誅求)의 세태를 다른 사물을 빗대어 비유적으로 나타내거나 풍자했다. 곧 우의(寓意)의 표현이다. 옛 선비들은 '고시(古詩)' 또는 '고풍(古風)'이라는 제목으로 세태를 풍자하거나 비판하는 방법으로 이용했다. 다산의 이 고시는 어느 다른 시보다 자연스럽다.

■ 肩輿歎(가마꾼의 탄식)

人知坐輿樂 사람들 가마 타는 즐거움은 알아도
不識肩輿苦 가마 메는 괴로움은 모르고 있네
肩輿山峻阪 가마 메고 험한 산길 오를 때면
捷若蹄山泚 빠르기가 산 타는 노루와 같고
肩輿不懸崎 가마 메고 비탈길 내려올 때면
沛如歸笠嘵 우리로 돌아가는 염소처럼 재빠르네
肩輿超稗襴 가마 메고 깊은 골짜기 건너갈 때면
松鼠行且舞 다람쥐도 덩달아 같이 춤추네
側石微低肩 바위 옆을 지날 때에는 어깨 낮추고
窄徑敏交服 오솔길 지날 때에는 종종걸음 걸어가네
絶壁採淬潭 검푸른 저수지 절벽에서 내려다볼 때는
駭魄散不聚 놀라서 혼이 나가 아찔하기만 하네
快走同履坦 평지를 밟듯이 날쌔게 달려
耳竅生風雨 귀에서 바람 소리 쌩쌩 난다네
所以游此山 이 산에 유람하는 까닭인즉슨
此樂必先數 이 즐거움 맨 먼저 손꼽기 때문
紆回得官帖 근근이 관첩(官帖)을 얻어만 와도
役屬遵遺矩 역속(役屬)들은 법대로 모셔야 하는데
桓爾乘傳赴 하물며 말 타고 행차하는 한림(翰林)에게
翰林疇敢侮 누가 감히 못 하겠다 거절하리오

領吏操鞭拒 고을 아전은 채찍 들고 감독을 맡고
首僧整編部 수승(首僧)은 격식 차려 맞을 준비 하네
迎候不差限 높은 분 영접에 기한을 어길쏘냐
肅恭行接武 엄숙한 행렬이 끝없이 이어지네
喘息雜溢瀑 가마꾼 숨소리 폭포 소리에 뒤섞이고
歠漿徹襤褸 해진 옷에 땀이 배어 속속들이 젖어 가네
度虧旁者落 외진 모퉁이 지날 때 옆에 놈 뒤처지고
陟險前者坵 험한 곳 오를 때엔 앞에 놈 허리 숙여야 하네
壓繩肩有瘢 밧줄에 눌리어 어깨에 자국 나고
觸石呪未涯 돌에 채여 부르튼 발 미처 낫지 못하네
自痡以寧人 자기는 병들면서 남을 편케 해 주니
職與驢馬伍 하는 일 당나귀와 다를 바 하나 없네
爾我本同胞 너나 나나 본래는 똑같은 동포이고
洪勻受乾父 한 하늘 부모 삼아 다 같이 생겼는데
汝愚甘此卑 너희들 어리석어 이런 천대 감수하니
吾寧不愧憮 내 어찌 부끄럽고 안타깝지 않을쏘냐
吾無德及汝 나의 덕이 너에게 미친 것 없었는데
爾惠胡獨取 내 어찌 너의 은혜 혼자 받으리
兄長不憐弟 형이 아우를 사랑치 않으니
慈衰無乃怒 자애로운 어버이 노하지 않겠는가
僧輩猶工矣 중들은 그래도 나은 편이요
哀彼嶺下戶 영하호(嶺下戶) 백성들은 가련하구나
巨頓雙馬轎 큰 깃대 앞세우고 쌍마(雙馬) 수레 타고 오니
服驌傾村塢 촌마을 사람들 모조리 동원하네
被驅如犬鷄 닭처럼 개처럼 내몰고 부리면서
聲吼甚豺虎 소리치고 꾸중하기 범보다 더 심하네
乘人古有戒 예로부터 가마 타는 자 지킬 계율 있었는데
此道棄如土 지금은 이 계율 흙같이 버려졌네
耘者棄其鋤 밭 갈다가 징발되면 호미 내던지고
飯者哺以吐 밥 먹다가 징발되면 먹던 음식 뱉어야 해
無辜遭嗔厖 죄 없이 욕먹고 꾸중 들으며
萬死唯首俯 일만 번 죽어도 머리는 조아려야
瘏盥旣踰艱 병들고 지쳐서 험한 고비 넘기면
噫吁始贖擄 그때야 비로소 포로 신세 면하지만
浩然揚傘去 사또는 일산(日傘) 쓰고 호연(浩然)히 가 버릴 뿐
片言無慰撫 한마디 위로의 말 남기지 않네
力盡近其畝 기진맥진하여 논밭으로 돌아오면
呻吟命如縷 지친 몸 신음 소리 실낱같은 목숨이네
欲作肩輿圖 이 가마 메는 그림 그려
歸而獻明主 임금님께 돌아가서 바치고 싶네

다산이 향리로 돌아와서 지은 작품이다. 백성들의 삶에 대한 사실적인 묘사와 함께 풍자성이 강하게 나타나 모순된 시대 현실에 대한 비판적 태도를 감지할 수 있다. 먼저 관리의 가마를 메고 산으로 올라가는 영하호(嶺下戶) 주민들의 고통을 묘사한 후, 가마 타는 즐거움은 알아도 가마 메는 괴로움은 모르는 관리들의 도덕적 무감각을 질타한다. 이런 비판 속에는, 한 인간이 다른 인간에게 부당한 행위를 강요해서는 안 된다는 작자의 진보적인 의식이 숨어 있다.

작자는 이러한 논리를 임금에게까지 적용시킨다. 어떤 면에서 보면 임금이야말로 백성들에게 가마 메게 하는 가장 핵심적인 주체일 수도 있기 때문이다. 그는 관리들이 가마꾼인 민초를 닭이나 개처럼 부리면서 꾸중은 호랑이보다 심하다고 묘사하고 있다. 이 같은 표현은 적거지인 강진에서 지은 작품에서도 나오지 않는 극단적인 표현인 것이다. 왜 그랬을까. 아무래도 왕이나 대신들에게 더 이상 희망을 걸 수 없기 때문에 흥분한 상태에서 이루어진 작품으로 보인다.

타계를 얼마 남기지 않은 시점에서도 그의 고발 또는 저항정신은 식지 않았음이 확인되고 있다. 평생을 초지일관하게 사는 올곧은 지성인의 표본임을 다시 한번 천명하고 있는 듯하다. 그의 시에는 조선 후기 사회적 모순을 남김없이 고발하고 있다. 잘못된 제도가 어떻게 백성들을 멍들게 하며 관리들의 횡포로 말미암아 농민들이 얼마나 고통을 당하고 있는지 묘사하고 있다. 그는 다시 정협(鄭俠)의 유민도(流民圖)를 동원해서 임금에게 그 실상을 바치고 싶어 한다.

따라서 정협의 유민도 이야기는 「임계탄(壬癸歎)」과 흡사하다. 간암(艮庵)은 1732년(壬子)과 1733년(癸丑) 관산(冠山) 등 해안지방의 혹심한 재해 상황을 정협처럼 그림솜씨가 있다면 그려서 임금에게 보여 주고 싶다고 했다. 다산 또한 농민들이 관료들의 가마꾼으로 동원되어 혹사당하는 모습을 그림으로 그려 임금에게 고발하고 싶다는 것이다. 간암은 가사를 통해, 다산은 시를 통해 백성들의 실상을 그림을 그려서 왕에게 보여 주고자 하는 마음은 전혀 다름이 없다.

4 | 다산의 철학사상

다산(茶山)의 우주관도 유학사상(儒學思想)이다. 그의 유학사상을 제대로 설명하기란 매우 어렵다. 다만 그도 유학자의 한 사람이며 성리학의 공리공론적이고 사변적(思辨的)인 모순을 마땅찮게 여겼기에 실학에 천착했던 것이다. 그의 철학사상은 경북대학교 이호준(李昊埈)의 석사학위논문(1999.12.)인 「성기호설(性嗜好說)」 가운데 문제제기 부분을 제외하고, 성론비판과 인성론의 기초적 이해를 바꿔서 다산의 자연과 인간이해(人間理解)를 살펴보기로 한다. 논문은 중복이 심해 첨삭했음을 밝혀 둔다(編者 註).

다산은 조선 후기에 활동한 유학자로서 500여 편에 달하는 방대한 저서를 남겼음은 익히 알려진 것이다. 다산을 연구하는 학자들은 그의 학문을 보통 '수기치인(修己治人)'이라는 말로써 정의하는데, 이는 다산이 "군자의 학문은 두 가지에서 벗어나지 않으니 하나는 수기(修己)요 또 다른 하나는 치인(治人)이다"라고 한 말에 근거하고 있다. 이러한 다산의 '수기치인' 사상을 그의 저술에서 살펴보면, 크게 '수기'에 해당하는 경학(經學)과 '치인'에 해당하는 경세학(經世學)으로 나눌수 있다.

경학이 육경사서를 중심으로, 원시유가(原始儒家)의 본지를 파악하여 인간의 올바른 삶의 근거를 마련하고자 하였다면, 경세학은 이러한 경학을 바탕으로 하여 현실적이고 기술적인 측면을 중요시하였다고 할 수 있다. 이와 같이 수기의 경학과 치인의 경세학은 동전의 양면과도 같이, 서로 공존공생하는 관계를 맺고 있는 것이다. 이러한 입장 또한 "육경사서로써 자기를 닦고 일표이서(一表二書)로써 천하국가를 다스리니 본말(本末)이 갖추어진 것이다"라는 다산의 언급에서 발견할 수 있다.

현재의 다산 연구는 경학 또는 경세학 중 한쪽에 편중되어 있다고는 할 수 없다. 이전에는 경학에 비해 경세학 분야의 연구가 상대적으로 많았지만, 지금은 경학 분야에도 많은 성과물들이 발표되어 있고, 현재도 연구가 진행되고 있는 상태다. 따라서 다산 학문의 연구는 균형을 이루며 진행되고 있다고 할 수 있다. 그러나 경학 분야 자체에 연구가 양적으로 많아졌으나 그다지 다양한 주제들이 논의되고 있지 않는 것이 사실이다. 이는 다산학이 제 궤도에 이르지 못함을 보여 주는 것이다.

많은 부분 인성론이나 인(仁) 사상 연구에 치우쳐 있고, 이러한 연구조차도 몇몇의 경전(經典)에 편중되어 있다시피 한다. 다시 말해 다산의 저서 중 『맹자요의(孟子要義)』라든지 『대학공의(大學公議)』, 『대학강의(大學講義)』, 『중용자잠(中庸自箴)』, 『중용강의(中庸講義)』, 『시문집(詩文集)』 등에 근거한 인성론이나 인(仁)사상의 연구에 편중되어 있는 실정인 것이다. 그러므로 다산의 경학에 관련된 저서 중 상당 부분은 아직도 제대로 연구가 이루어지지 못한 실정이다.

다산의 경학분야 가운데서도 인성론이나 인 사상 그리고 윤리·도덕적 문제에 관련된 연구가 주류를 이루고 있는 이유는 납득할 수 있다. 이러한 주제들이 바로 우리 인간에 관한 문제이기 때문일 것이다. 인간은 누구나 자기의 근원을 찾고자 하고 자신의 속성을 알고 싶어 하며 또 인간답게 살기를 바란다. 이는 인간이 존재하는 한 생각하고 추구하지 않을 수 없는 문제인 것이다. 따라서 이러한 인간에 대한 문제는 동서고금을 막론하고 가장 중요하게 다루어지고 있다고 할 수 있다.

그를 연구하는 많은 학자들도 이러한 사실에 입각해 그의 인성론을 주목하고 있는 것이다. 다산의 인간 이해는 다산 이전의 사고에 비해 체계적이고 독특하며 분명하다. 이는 그 자신이 원시유가의 성론, 특히 맹자의 성선설을 그의 인성론의 바탕으로 삼고, 주자로 대표되는 성리학의 인성론을 비판하며 조목조목 논리를 전개한 것에 근거한다. 이는 분명 획기적이고 새로운 학설이 아닐 수 없다. 비록 완곡한 비판이었다 할지라도 거대한 봉우리인 성리학을 상대로 한 대담한 시도인 것이다.

그러나 원시유가와 성리학에 대한 견해만으로 그의 인성론을 가늠할 수는 없다. 당시의 학적 분위기와 성향을 함께 살펴볼 때 인성론의 위치와 가치를 정확히 알 수 있다. 즉 성리학의 공소하고 형이상학적인 이 중심적 사고에서 벗어나기 위해 주장한 청대 기학파의 학적 경향이라든지, 반주자학의 일본 고학파 그리고 내면적인 도덕·윤리의 문제에서 현실의 실용적이고 실천적인 문제로 학적 관심을 전환한 실학파와 같은 시대사조를 파악할 때 학문이 가지는 의의를 가늠할 수 있다.

그러나 현재의 다산 인성론의 연구에서는 이러한 연구가 미비한 것이 사실이다. 기존의 연구들은 철저히 다산의 관점에서, 그가 수용하고 비판한 것 그리고 그가 종합하고 체계화한 것을 중심으로 논의를 전개하고 있다고 할 수 있다. 이제는 머리와 팔과 다리를 더듬어 알아 가는 것을 넘어서 다산의 어깨 위에 올라가 그의 주변을 돌아볼 필요가 있다. 거시적인 안목이 필요한 단계인 것이다. 이러한 연구가 이루어질 때 더 나아가 다산의 인성론에 대한 정당한 비판의 장이 열릴 수 있을 것이다.

1) 인성론의 기초적 이해

(1) 인성론의 근거로서 천

인성론 연구에서 천을 문제 삼는 이유는 우주론(宇宙論)은 물론이고 존재론(存在論)을 정의함에 있어서도 천의 개념 정의가 그 출발점이 되기 때문이다. 이러한 천의 개념은 시대와 사상가들의 관점에 따라 많은 차이가 있어서, 그에 따른 학설도 다양하게 전개되었다. 그 관점의 관건은 천의 속성을 어떻게 규정하는가인데, 크게 생사화복(生死禍福)을 주관하는 의지적 인격신으로 보느냐, 아니면 만물의 근원으로서의 역리적·무의지적 이치로 보느냐로 나눌 수 있다.

전자는 천을 만물의 조화자이자 주재자, 따라서 경외의 대상으로 여기는 서구의 천주교, 기독교 전통과 중국 고대의 전통 사상이 속한다. 후자는 우주 만물의 조화와 주재, 그리고 자연현상에 대한 관심보다는 인간의 내적 상태와 심성에 비중을 두는 성리학의 이성적·합리적 사상이 속한다고 할 수 있다. 이런 천관은 은대(殷代)에는 천을 인격적인 주재자로서의 '상제(上帝)' 개념의 우주론으로, 주대(周代)에 있어서는 도덕적인 '천명' 개념의 존재론으로 간주했다.

그리고 공자에 와서는 주대의 이러한 도덕적인 천의 개념인 존재론이 보다 확대되었다. 맹자에 와서는 인격적 의미(우주론)로서의 천과 도덕적 의미로서의 천을 결합시킨 천 개념이 나타나게 되었다. 은왕조(殷王朝)는 중원의 여러 부족들을 정벌하고 하나로 통일하는 과정에서, 그 부족들을 통제할 수단이 필요하게 되었다. 이때 각 부족의 신들은 절대적 권능을 가진 최고의 신으로서의 제(帝)로 통합되었다. 이러한 제(帝)는 은의 수호신으로 간주되었던 것이다.

그러나 주대에 와서 인간의 길흉화복(吉凶禍福)과 자연현상 등 일체를 관장하였던 은대의 절대적 인격신인 '상제'의 개념에다 정치적인 의미가 부가된 '천명(天命)'이라는 의미로 변형되기에 이른다. 이는 무왕(武王)이, 은의 주왕(紂王)을 무력으로 정벌함을 합리화하고 은·주 양 민족 간의 화합을 위한 의도적인 정치적 결과물이라 할 수 있다. 이로써 '천명은 영원하지 않고 덕이 있는 사람에게 천명이 넘어간다'는 천명사상이 형성되었음을 알 수 있다.

주대의 정치적 천명개념도 춘추전국시대에 접어들면서부터 흔들린다. 즉 주왕실의 쇠퇴와 실정(失政)에 따라 위정자들은 천명을 작위적으로 해석하기 시작하고, 점차 인사(人事)와 천명(天命) 간의 괴리가 나타났다. 이로써 이전의 천에 대한 주재적·인격적·종교적 개념은 약화되고 정치적·도덕적 의미의 개념이 형성되기에 이른다. 이렇듯 절대적·인격적 신으로서의 '상제' 개념을 지양하고 인간의 정치적·도덕적·내면적인 측면에 국한된 '천' 개념이 강조된 것이다.

이 같은 사상은 공자에서 찾아볼 수 있다. 도(道)는 만물을 변화시키나 시종을 모르니 변화에 응할 수밖에 없다고 한다. 그러나 천사상은 맹자에 와서 다시 한번 종합, 지양되는 과정을 겪게 되었다. 맹자는 정치적으로는 은대의 초월적·주재적·인격적 천의 개념을 받아들이고, 윤리적으로는 공자의 도덕적·내면적 천의 개념을 인정하게 된다. 이는 맹자가 자신의 정치적·윤리적 요구를 충족시키는 타당한 근거를 천 개념에서 찾으려 했기 때문이라고 생각된다.

천의 개념은 후대 성리학에서 그 성격이 확연히 달라진다. 이전의 종교적·신비적 개념은 사라지고, 합리적이고 도덕적인 색채가 강한 개념으로 자리 잡게 된다. 즉 천 개념은 이를 부여해 주는 만유의 궁극적 시원이자 만유의 존재근거로 자연의 섭리 또는 이법으로 정의된다. 물론 성리학에서의 천 개념 역시 만유의 존재를 주재하는 것으로 설명되지만, 주재의 개념은 종교적 의미라기보다 이법적인 의미라는 점에서 원시유학의 개념과는 큰 차이가 난다고 할 수 있다.

다산은 주공과 시서에 나오는 전통적 천관을 받아들인다. 즉 송대 성리학적 천의 사상을 비판하고 경전 자체의 진실성을 회복하는 입장을 보여 준다. 곧 이를 부여해 주는 만유의 궁극적인 시원이자 존재근거로 자연의 섭리 또는 이법을 부정한다. 그는 『시경』과 『서경』 등에 나타나는 영명주재의 의지적 천을 자신의 천 개념으로 받아들여, 이를 그의 인성론의 기초로 삼는다. 이러한 조화와 주재라는 의미를 가진 다산의 천사상은 다음의 시에서 찾아볼 수 있다.

> 하늘이 백성(百姓)을 낳으셨으니/ 만물엔 도리가 있고/ 백성의 타고난 마음/ 아리따운 덕을 사모하는 것/ 하늘의 노여움에 고개 숙여/ 함부로 즐기지 말며/ 하늘의 달라짐을 공경하여/ 함부로 노닐지 말라/ 하늘의 도는 선(善)에 복(福)하고 음(淫)에 화(禍)를 끼친다/ 하늘이 백성을 불쌍히 여겨/ 백성이 하고자 하는 바를/ 하늘이 반드시 따르나니…

이처럼 천을 인간의 근원이자 의지와 인격의 존재로 표현하는 고대의 천의 사상을 받아들이고 있다. 이는 희로애락의 정감의 소유자로서 명령하기도 하고 지시도 내리는 천일 뿐만 아니라, 복선화음(福善禍淫)하는 천이었기에 하늘의 뜻을 받들고 섬기고 경외하며 두려워하는 대상이기도 했다. 반면 이러한 『시경』과 『서경』의 천은 백성에게 떳떳한 도리의 품성을 부여하는가 하면 인간으로 하여금 아름다운 덕을 좋아하게 한 주재자이기도 하다.

또한 백성을 아끼고 하고자 하는 바를 기꺼이 따르고 어떤 것을 시청(視聽)코자 함에 반드시 백성을 통해서 이룩하는 천인일여(天人一如)의 천임을 말한다. 은나라의 멸망도 실민(失民)으로 천에 의해서였는데, 이는 곧 상제천에 거역했기 때문이다. 실민하지 않도록 함이 순천(順天)이며 실민(失民)에 의한 천의 교훈을 잃지 않음이 덕이 있게 되는 것이다. 덕이 없는 치자(治者)로부터 천은 천명을 거두고 재화(災禍)를 내려 주는 진노와 공포의 대상이기도 했다.

결국 다산의 천은 우주만물의 조화자이고 주재자이며 경외의 신앙 대상인 동시에 천인일여(天人一如)의 인격적 존재이다. 천을 '창창유형지천(蒼蒼有形之天)'과 '영명주재지천(靈明主宰之天)'으로 나누어 설명한다. '창창유형지천'은 흙과 땅 그리고 물, 불에 다름 아닌 자연의 일부로서의 하늘이고, 인간을 비롯한 우주만물을 주관하는 근원으로서의 천이 바로 '영명주재지천'이다. 따라서 인성론의 의미가 있는 천은 '영명주재지천'인 것이다. 이는 다음에서 알 수 있다.

푸른 유형의 천은 옥우병몽(屋宇帡幪)에 불과하고 그 품급은 토지수화(土地水火)와 같은 것에 지나지 않으니 어찌 성도(性道)의 근본이겠는가. 천하의 무형지물(無形之物)은 능히 주재할 수 없는 까닭에, 한 집안의 어른이 혼우(昏愚)하고 지혜롭지 못하면 모든 일이 그릇되고, 한 마을의 우두머리가 우둔하면 현(縣)의 만사가 다스려지지 않는다. 하물며 공허한 태극일리(太極一理)로써 천지만물을 주재하는 근본으로 삼을 때 천지간의 일들이 다스려짐이 있겠는가.

다산은 성리학의 개념논적 천관을 비판하고 '영명주재지천'의 주재성을 주장, 보다 실천적이고 적극적인 천관을 제시한다. 고대의 전통적 영명주재의 천은 인격적인 주재자를 의미한다고 할 수 있는데, 곧 '영명'이란 말은 지각과 인식의 능력을 가졌다는 뜻이고, '주재'라는 말은 의지를 가지고 만물을 다스린다는 의미로 생각될 수 있기 때문이다. 따라서 주재라는 표현은 인격적인 의지를 전제해야 하고, 만물을 다스린다는 것은 인격적 존재일 때 가능한 것이다.

즉 인격적 주재자로서의 천이 인간에게 명을 내린다고 하여, 천명사상을 형성한다. 이는 인격적 상제천이 인간에게 부여하는 형식을 취하고 있는데, 이를 크게 두 가지로 나눈다. 즉 '천명에는 성에 부여된 명이 있고, 득위(得位)의 명이 있다'고 하여, 윤리적 계명과 정치적 정령으로 구분하고 있다. 전자의 천명은 인간의 본성을 말함인데, 그 본성은 호덕치오(好德恥汚)하도록 하는 것이고, 후자는 사생화복영욕(死生禍福榮辱)의 현상을 주재하는 천명인 것이다.

인격적인 천은 인간에게 명하여 '호덕이치오'하는 성을 부여했는데, 이것이 그의 인성론의 기초가 된 것이다. 하늘은 인간이 배태(胚胎)되자 곧 영명하고 무형한 것(靈明無形之体)을 부여했다. 그것은 낙선이오악(樂善而惡惡)하고 호덕이치오(好德而恥汚)하는 것으로, 이를 성이라 하고, 성이 선하다 한다. '낙선이오악하고 호덕이치오' 즉 '성'인데, 이는 맹자의 성선설로 다산은 이를 계승하여 인간 본성이 본래 선한 것임을 말하는 것이라 볼 수 있다.

(2) 이기론의 새로운 이해

성리학에서는 이를 만물의 '소이연자(所以然者)'로서 '천명', '태극'과 같다 했다. 다시 말해 이를 우주만물의 존재근거로서의 '존재원리'이자, 각 존재의 올바른 존재양식을 규제하는 '통제원리', 그리고 행함의 원칙인 '도리'의 의미로 보았다. 그러나 다산은 이런 理의 정의를 부정한다. 곧 무형을 이로, 유질(有質)의 기를 삼으며, 천명의 성(性)을 이, 칠정(七情)의 발함을 기로 하여, 이를 무형의 형이상학적인 원리로 삼고 기를 유형유질의 형이하로 여기는 데 반대한다.

즉 다산은 자의(字義)에 따른 정확한 해석으로 원의를 찾아내고자 한다. 그에 의하면, 이는 본래 옥석(玉石)의 결(脈理)이다. 옥을 다듬는 사람은 그 결을 살핀다. 그러므로 이 뜻을 빌려서 다듬는 것(다스리는 것)을 이(理)라 한다. 자의를 궁구해 보면 모두 맥리(脈理), 치리(治理), 법리(法理)의 가차(假借)로 글이 되는 것이니 바로 성으로 이를 삼음은 고경(古經)에 근거가 있는가. 이(理)를 맥리·치리·법리의 의미 이상으로 보지 않았다. 이를 있는 그대로의 의미로 여긴다.

즉 이는 그 자의로 살펴보면 맥리의 이에 불과한 것이다. 이러한 이치로 유추해 치리로서의 이가 되고 법리로서의 이가 될 뿐이지, 우주만물의 근거와 원리, 법칙으로서의 이가 될 수는 없다. 이처럼 성리학에서 말하는 이의 개념을 부정한다. 다산은 성리학에서 '심(心)' 즉 '성(性)' 즉 '천(天)' 즉 '이(理)'라 하여, 모든 것을 이로 환원시키는 것에 반대하고, 더 나아가 모든 것을 이로 환원시키는 입장을 선학(禪學)의 입장과 조금도 다름이 없다고 비판한다.

후세의 학은 모두 천지만물을 들어 유형한 것이나, 무형한 것이나, 영명한 것이나, 완준(頑蠢)한 것이나 모두 일리(一理)에 귀착시킨다. 다시 크고 작음도 주도 객도 없이 소위 이 하나의 이로부터 시작하여 중간에 흩어져 만 갈래가 되고 마지막에 다시 하나의 이로 모인다고 한다. 이는 조주(趙州)의 만법귀일설과 조금도 다르지 않다. 대개 송나라 선생들은 젊어서 선학에 빠져 다시 유학에 돌아온 뒤에도 성리의 학설에서 과거를 버리지 못하는 점이 없지 않다.

다산은, "저 이란 무엇인가? 이는 사랑도 미움도 없고 기쁨도 노여움도 없다. 한없이 비어 있고 아득하며 이름도 없고 몸도 없다. 그런데 인간이 이것으로부터 성을 받아 가진다고 말한다면 역시 그것은 도(道)라고 하기 어려울 것이다"라고 했다. 이처럼 이를 어떤 의지나 감정을 가진 인격적인 존재로 여기지 않았다. 단지 무형한 것 즉 이름도 형체도 없는 텅 비어 있는 것으로 설명한다. 따라서 그는 인간의 본성은 결코 이에서 부여될 수 없는 것이라 했다.

그러면 이와 불가분의 관계로 간주하는 기는 어떠한 것인가. 기를 의서(醫書)에서는 즉 질료나 형질이 아니라 혈기에 가까운 것으로 설명한다. 원래 생명을 키우고 움직이고 깨달을 수 있는 까닭은 오직 혈기의 두 가지가 있기 때문이다. 그 형질의 혈은 조잡하고 기는 정밀하며, 혈은 둔하고, 기는 예민하다. 희로애구(喜怒哀懼)에 나타난 마음의 발동을 의지라고 한다. 의지는 곧 기를 거느리고 기는 곧 혈을 거느린다. 의지는 기의 장수요, 기는 혈의 영(領)이다.

맹자는 기는 몸에 가득 차 있는 것이라고 했다. 이 기가 사람 몸에 있음은 마치 대기가 천지 가운데 있음과 같다. 그러니 저 사람 몸에 있는 것도 기라 하고 이 천지에 있는 것도 기라 함은 모두 이기의 기와 같지 않다. 이는 기 개념이 잘 나타나 있는 구절이다. 흔히 이기론에서 말하는 재료나 질료로서의 의미가 아니다. 보통 기운을 우리 몸의 생리적 기라 한다면, 대기는 자연적 기라 할 수 있다. 이 두 가지의 기는 이기설에서 말하는 기와는 다르다는 것이다.

그래서 다산은 성리학의 기 개념은 잘못 사용된 것이라 한다. 또 이와 기를 저마다 달리 해석하므로 이기론은 끝없는 논쟁으로 시간만 낭비하는 헛된 이론이라고 한다. 그는 당시 유학자들이 이기의 논쟁으로 붕당과 파쟁을 일삼는 것을 안타까워하며, 이러한 논쟁은 아무 의미가 없는 것이라고 한다. 이기(理氣)의 설은 동으로도 될 수 있고 서로도 될 수 있고, 백으로도 흑으로도 될 수 있는 것이다. 필생 다투다가 자손에게까지 전해져도 역시 끝낼 수 없는 것이다.

어디 그뿐인가. 동으로 드러내고 서쪽으로 부딪치려[東振西觸]하고, 꼬리만 잡고 머리는 놓친다[提尾脫頭]는 격이다. 인생은 다사(多事)한 것이니 형이나 나는 이런 것을 할 여가가 없다. 다산은 성리학의 핵심인 이기론에 대해, 이는 비실재적·비생산적이며 용어의 애매모호한 난해성으로 인하여 끝없는 쟁송으로 시간만 낭비할 뿐이라고 하여 이기논쟁의 공소성을 거듭 지적한다. 따라서 이러한 무의미한 논쟁을 그치고 유학 본래의 의미에로 돌아갈 것을 주장한다.

(3) 선과 불선

인간은 누구나 윤리라는 틀 속에서 살아간다. 싫든 좋든 그 틀에서 벗어나기란 불가능한 것 같다. 그것은 윤리를 따르는 것이 당연하다고 느껴서일 수도, 다른 사람들의 시선이 두려워서일 수도, 어쩌면 신에 대한 배신과 죄책감 때문일 수도 있다. 이렇듯 윤리라는 이름은 우리를 인간으로서의 존재로 확인시켜 주고 인정하여 주는 것이다. 동시에 이것에서 벗어나지 못하도록 얽어매고 가두는 감옥과 같다. 따라서 반인륜적인 언행은 감히 생각할 수도 없는 것이다.

과연 인륜(人倫)은 무엇인가. 인간으로서 해야 할 것과 하지 말아야 할 것이 어떠한 기준에 의해서 정해지는 것일까. 대부분의 윤리학자들은 그 기준으로 선과 악을 들고 있다. 그러나 선과 악의 문제도 또한 매우 난해하여 정설이 없는 것이 사실이다. 과연 선은 무엇이고 악은 무엇인가. 그리고 이런 선과 악은 어디에 근원하는가. 선천적인 형이상학적인 개념인가 아니면 후천적인 결과물인가. 선악을 둘러싼 문제들은 동·서양은 물론 고금까지 논의되고 있다.

성리학에서는 기질의 청탁(清濁)과 후박(厚薄)에 의해 선악이 생긴다고 하여 선천적이라 한다. 즉 인간을 비롯한 모든 만물은 나면서부터 우주만물의 존재근거이자 법칙인 이, 곧 순선(純善)하고 동일한 성을 부여받았다는 것이다. 이에 따라 인간과 만물은 그 자체로 선하지 않을 수 없다는 것이다. 이러한 순선하고 동일한 성, 즉 그들의 용어를 빌리자면, 본연지성(本然之性)은 맹자의 성선을 이어받아 인간의 성이 선하다고 주장하는 성리학자들의 근거가 된다.

그러나 그들은 이 선한 성이 형기에 품부되면서 현실적으로 각각 달라진다. 즉 기질에 따라 인간은 선하게도 악하게도 된다. 만일 성이 형구에 품부되면서 맑고 바른 기가 되면 그 사람은 현자, 성인 그리고 선하게 된다. 반면 탁하고 치우친 기가 되면 우자(愚者), 범인(凡人), 악인이 된다. 따라서 천명 즉 이로부터 부여받은 성은 순선하나, 그 기의 맑고 탁함, 두터움과 얇음, 그리고 바름과 치우침[淸濁厚薄正編]에 의해 선천적으로 선과 악이 결정된다고 한다.

성호(星湖) 이익(李瀷)은 선악의 문제를 다르게 생각한다. 성의 선함도 기의 선함이 확보될 때 가능하다. 즉 성과 이를 동일시하여, 그 성선(性善)의 근거를 천명, 이로부터 부여받는 것과는 달리, 성과 이를 엄격히 구분한다. 따라서 이는 순선하나 성은 선과 악을 겸하고 있는 것이다. 왜 성과 이를 구별하여 성의 순선하지 않음과 악의 겸재(兼在)를 말하는가, 성이란 만물이 생기기 이전에는 지칭할 수 없으며, 생긴 뒤에도 엄격히 하면 성이라고 할 수 없다고 한다.

즉 만물이 생기기 전에는 이라고 할 수는 있지만 성은 아니고, 생긴 뒤에는 기품 속에 있으므로 본연의 성이 아니라는 것이다. 이는 공공(公共)의 근거이지만 성은 형기 속에 들어온 개별자인 것이다. 따라서 성은 형기 즉 기질의 영향을 받지 않을 수 없게 되는 것이다. 그러므로 성은 이와 엄격히 같다고 할 수 없고, 다만 성이 이로부터 왔다고만 할 수 있을 뿐이다. 이와 같은 근거에서 성호는 이는 순선이고 성에는 선과 악이 겸재해 있다고 말한 것이다.

생각하건대, 기가 품부된 이후로부터 이미 하늘에 있었던 이는 아닌 것이므로 선과 악이 있다. 이는, 기가 품부된 이후에는 이미 이(理)가 아니므로 성에는 선과 악이 있다는 것을 의미한다. 따라서 성호에 있어서의 성은 순리가 아니며 또한 순선도 아니다. 다만 이러한 성이 뿌리를 두고 있는 이만 순선할 뿐이고, 형기 속에 존재하는 성은 선과 악이 함께 있는 것이다. 그러므로 성호의 논리는 선한 기를 확보했을 때 성이 선하게 된다는 것으로 해석될 수 있다.

다산은 기질의 정편청탁과 선한 기를 확보할 때에 성이 선하게 된다는 성호 이익의 주장과는 달리, 기질에 선악의 근거를 두는 자체를 부정한다. 즉 악은 기질의 욕망에 빠지기 때문에 생기는 것이지, 선천적으로 불선을 가지고 태어나는 것이 아니다. 만약 불선의 원인을 타고난 기질의 탓으로 돌린다면 인간은 아무리 노력해도 선하게 될 수 없고 인격적인 성숙도 할 수 없게 된다. 따라서 불선을 기질의 탓으로 돌리는 성리학에 반대하여 다음과 같이 말한다.

대개 사람의 성품은 본래 선한데 간혹 불선을 행함은 반드시 함닉(陷溺)에 연유한다. 맹자는 성을 논하면서 불선의 이유를 함닉(마음을 빠뜨리는 데)에로 돌렸는데, 송유는 성을 논함에 불선의 이유를 기질의 탓으로 돌린다. 마음을 빠뜨리는 것은 자신에게 비롯되는 것이기 때문에 구제할 길이 있지만 기질은 하늘에서 비롯된 것이기 때문에 벗어날 길이 없으니, 자포자기 하지 않고서 스스로 하류의 비천한 데로 돌아가는 것을 달갑게 여기는 자가 누가 있겠는가.

하늘은 누구에게나 공평하다. 따라서 하늘이 부여해 준 것이 원래 고르지 않아 어떤 이에게는 순전히 아름답고 맑은 기질을 주어 요순처럼 되게 하고, 어떤 이에게는 순전히 악하고 탁한 기질을 주어 걸(桀)이나 도척(盜跖)처럼 되게 한다면, 하늘의 불공평함이 어찌 이다지 심하단 말인가. 과연 요순 같은 사람이 선하게 된 것은 그 받은 것이 맑은 기이기 때문이고, 걸이나 도척 같은 사람이 악하게 된 것은 그 받은 것이 탁한 기이기 때문인지 나는 모르겠다.

이는 불선의 원인을 기질의 청탁에 돌리는 성리학의 선악관을 비판한 것이다. 즉 걸과 도척의 예처럼 불선이 하늘의 불공평한 처사 즉 선천적인 기질 탓이라면 아무도 더 나은 삶을 위해 후천적인 노력을 안 할 것이다. 따라서 불선의 원인은 기질이 아니라 인간이 그 마음을 빠뜨리기 때문이다. 곧 형구의 사욕(私慾), 습속(習俗)의 염오(染汚), 그리고 외물(外物)의 유혹으로 인간은 후천적으로 불선하게 되는 것이지 태어나면서부터 정해진 것이 아니라고 주장한다.

마음을 빠뜨리는 것은 혹 형기의 사욕과 습속의 염오 또는 외물의 유혹 때문이다. 이러한 이유로 양심이 대악(大惡)에 이르게 되는데 어찌 기질의 탓으로 돌릴 수 있겠는가. 진실로 품부받은 청탁(淸濁)을 선악의 원인이라면 실상에서 어긋남이 많다. 맑은 기를 받아 상지(上知)가 되었다면 이는 어쩔 수 없이 그렇게 선함이니, 어찌 족히 선이라 하겠는가. 탁한 기를 받아 하우(下愚)가 되었다면 이도 어쩔 수 없이 그렇게 악함이니 어찌 족히 악이라 하겠는가.

기질이 능히 사람을 지혜롭고 둔하게 할 수 있으나, 사람으로 하여금 선하고 악하게 할 수는 없다. 이제 천하 사람들마다 모두 순(舜)과 같이 효우(孝友)하게 한다면 비록 둔하고 심히 탁한 기질을 가진 사람이라도 역부족이라고 말할 수 없다. 다만 스스로 한계 지어 기꺼이 그렇게 하지 않았을 뿐이라고 말할 수 있다. 그런즉 맹자가 '사람은 요순이 될 수 있다'고 말한 것은 실정에서 벗어난 말이겠는가. 기질이 선악에 대하여 이와 같이 상관이 없는 것이다.

안원(顔元)은 불선의 원인을 후천적인 습관에서 찾았다. 그는 악의 근원을 '인폐습염(引蔽習染)'의 외적인 결과로 보았다. 유혹으로 인해 마음에 몽폐(蒙蔽)가 생기고 이 몽폐로 말미암아 습염(習染)으로 결국 악이 생기게 된다. 따라서 절제와 수양으로 인폐습속을 제거하면 잃어버린 성의 선을 회복할 수 있다. 이는 악의 원인을 성리학의 선천적인 기질에 두지 않고 외물의 유혹과 인간 자신의 후천적 습관에서 찾고자 한 것에서 다산과 유사하다고 할 수 있다.

선산(船山) 또한 불선을 후천적인 습관이라고 했다. 그는 불선의 문제를 해결하기 위해 성을 '선천적인 성'과 '후천적인 성'으로 나누었다. '선천적인 성'은 하늘이 이루어 놓은 것이요, '후천적인 성'은 습관이다. 선천적인 성은 선하지 않을 수 없으나, 후천적인 성은 성(性)과 습(習)이 함께 이루어지기 때문에 불선이 생길 여지가 있다. 불선도 선천적인 성을 올바로 지키지 못하고 만성화된 습관에 빠져 하늘과 상응하지 못한 데서 생겨난 것이라고 할 수 있다.

그렇다고 후천적인 습관이 모든 악의 원인이 되는 것은 아니다. 인간의 습관이 지나치게 사리사욕에 치우치면 악하게 될 수 있다. 습관이 선을 좋아하고 악을 미워하는 성에 따라 이루어진다면, 요순과 같은 성인이나, 현자가 될 수 있다. 인심에 혹해서 마음을 잃어버리고 욕심을 부리면, 그는 걸과 도척과 같은 범인 이하의 악인이 된다. 즉 선과 불선은 운명적인 양상이 아니라, 스스로의 선택에 따라 달라지는, 그 결과에 대해 책임을 져야 하는 산물인 것이다.

하늘은 이미 인간에게 선할 수도 악할 수도 있는 권형(權衡)을 주었다. 한편으로 선을 하기는 어렵고 악에 빠지기는 쉬운 육체를 주었고, 다른 한편으로는 선을 좋아하고 악을 부끄러워하는 성을 부여했다. 만일 이런 본성이 없었다면, 인간은 예로부터 어느 한 사람이라도 하찮은 선마저 실행한 사람이 없었을 것이다. 그러므로 솔성(率性)이라 말하고 존덕성(尊德性)이라 말한다. 성인이 성을 귀중한 보배로 여겨 감히 이를 잃지 않으려고 한 것도 이 때문이다.

하늘은 사람에게 자주권을 마련해 주어서 그로 하여금 선하고자 하면 선을 행하게 하고, 악하고자 하면 악을 행하게 한다. 유동적이고 일정하지 않다고 하더라도 그 권한은 자기에게 있는 것이니 짐승들에게 정해진 마음씨가 있는 것과 같지 않다. 그러므로 선을 행하더라도 실상은 내 공이 되고 악한 짓을 하더라도 사실인즉 내 죄가 되는 것이니 이런 것은 마음의 권능이지 소위 성은 아니다. 이와 같이 선과 악은 인간 자신의 선택과 행위에 달려 있는 것이다.

인간은 스스로 판단하고 선택하고 행해야 한다. 그 결과, 선의 공은 자신의 것이요, 악의 죄도 자신의 것이다. 이는 하늘이 인간에게 부여한 자유이다. 이 자유를 바탕으로 선을 향한 노력과 절제와 수양을 해야 가히 선을 이룰 수 있다. 선을 행하는 것은 하늘에 오르는 것처럼 어렵고 악을 행하기란 쉽기 때문에 철저히 선에 힘쓰지 않으면, 저절로 악이 되는 것이다. 따라서 다산은 악이라는 용어보다 불선이라는 말을 즐겨 쓴다. 선이 아니면 곧 악이 되기 때문이다.

2) 성리학에 대한 비판

(1) 인물성동이론

인물성동이에 대한 논쟁은 흔히 호락논쟁(湖洛論爭)이라고 부른다. 발단은 수암(遂庵) 권상하(權尚夏)의 문하생인 외암(巍巖) 이간(李柬)과 남당(南塘) 한원진(韓元震)에게서 비롯되는데, 인간과 사물의 동일한 성의 부여 여부가 관건이었다. 그러나 인성과 물성의 동이(同異)가 문제된 것은 외암과 남당 간의 논쟁이 처음 시작한 것은 아니다. 이 문제는 일찍이 맹자와 고자가 서로 논변한 이래, 주희와 이이 등 많은 학자들이 단편적으로나마 계속 논급해 왔던 문제였다.

특히 영남학파의 우담(愚潭) 정시한(丁時翰)은 그의 제자 외암(畏庵) 이식(李栻)

과 1700년부터 3년 동안 이에 대해 논변한 바 있었으며, 기호학파의 박세당(朴世堂), 박세채(朴世采), 김창협(金昌協), 권상유(權尚游) 등에게서도 인물성동이의 문제가 쟁점으로 제기된 바 있었다. 그러므로 호락논쟁은 맹자와 고자, 주희와 율곡 등 기존의 문제를 다시 제기하여 집중적으로 논변한 것이라 하겠다. 그러므로 외암과 남당의 논쟁은 세 번째의 다툼이라고 볼 수 있는 것이다.

논쟁은 주자의 모순된 해석에서 시작된다. 즉 『중용』의 첫 장인 '천명지위성(天命之謂性)'의 성과 『맹자』「고자편」 '생지위성(生之謂性)'장에 대한 해석이다. 그는 천명지위성장에서의 성을 인간과 사물이 동일하게 부여받은 것으로 해석한 데 반해, 맹자의 생지위성장에서는 인간과 사물이 동일하게 품수받을 수 없다고 해석했다. 따라서 중용에 근거를 두면, 인간과 사물의 성은 동일하고, 『맹자』에 근거를 두면 인간과 사물의 성이 다르게 되는 것이다.

이를 좀 더 자세히 살펴보면, 주희는 『맹자』 '생지위성장'에 대한 주석에서 사람과 동물이 태어남에 성이 없을 수 없고 기 역시 없을 수 없다. 그러나 기로 말하면 지각 운동은 사람과 동물에 다름이 없는 것 같다고 하더라도, 이로 말하면 인의예지의 품성을 어찌 동물이 온전히 얻었겠는가라고 하여, 인성과 물성은 기에 있어서는 비슷하다고 할 수 있으나, 이에 있어서는 같을 수 없다고 했다. 따라서 인간과 사물은 그 성에 있어서 차이가 있는 것이 된다.

그러나 '천명지위성장'의 주석에서 "명(命)은 영(令)과 같고, 성은 곧 이다. 하늘이 음양오행으로 만물을 화생(化生)함에, 기로써 형체를 이루고 이 역시 부여하니 명령한 것과 같다. 사람과 동물이 태어남에 각각 부여받은 바의 이로써 건순오상의 덕을 삼으니, 성이다"라고 하여, "사람과 동물은 기로 인한 형체는 다르나, 건순오상을 덕으로 삼는 이는 같다"고 했다. 따라서 인간과 사물은 형구의 차이일 뿐, 그 성에는 인간과 사물이 같은 것이 된다.

이로써 동론과 이론을 주장하는 양측 모두 성을 일원(一原)과 이체(異体)라는 두 관점으로 이해하고 있음을 알 수 있다. 그 차이는 어디에 주안점을 두느냐에 달려 있다. 즉 이간을 비롯한 동론은 일원에 초점을 맞추는 반면, 한원진을 비롯한 이론은 이체에 초점을 두고 있다. 이는 다음의 주자의 언급에서 기인한 것이라 할 수 있다. 만물의 일원을 논하면 이는 같고 기는 다르며, 만물의 이체를 살펴보면 기는 오히려 서로 가까우나 이는 절대로 같지 않다.

동론은 일원의 관점에서, 성이 기(氣) 중의 이(理)이지만 이의 성질을 그대로 지니고 있기 때문에 인간과 사물의 성은 근본적으로 차이가 나지 않는다고 보았다. 즉 인간과 사물의 성에 대한 근원적 차이를 부정하고, 다만 기질의 정편통색(正偏通塞)에 따라 인간과 사물의 차이가 생길 뿐이라고 했다. 이론은 이체의 관점에서 인간은 바르고 깨끗한 기를 품수(稟受)받고 사물은 기 중에서 찌꺼기와 치우친 것을 품수받는다 하여, 인간과 사물의 성이 다르다고 주장했다.

즉 성은 기 중의 이이기 때문에 이가 어떤 기와 결합하느냐에 따라 성이 변화되어 달라질 수밖에 없다는 것이다. 이러한 인물성동이론의 문제에 대한 다산의 견해를 살펴보면, 우리는 다산이 호락논쟁의 일원이 아니기 때문에 이들의 논의에 의거한 그의 견해를 정확히 알 수는 없다. 하지만 그가 인성과 물성이 결코 같지 않다는 인물성이론의 입장에 서 있음을 어렵지 않게 발견할 수 있다. 물론 그의 성론은 호락논쟁에서 나타난 인물성이론과 같은 것은 아니다.

이론은 이와 기의 관계 속에서, 이가 어떤 기에 결합되느냐에 따라 인성과 물성이 달라진다고 주장한 반면, 다산은 성은 이기의 문제가 아니라, 하늘로부터 품부받은 명이 인간과 사물이 같지 않기 때문에 인성과 물성이 다르다고 했다. 인성과 물성이 근본적으로 같다는 성론에 대해 비판적인 입장을 취한다. 인간과 사물에는 고유하게 타고난 각각의 본성이 있음을 주장하고 있기 때문에, 기본적으로 인성과 물성이 다르다는 견해를 가진 것은 틀림없는 사실이다.

그는 본연의 성은 원래 각각 같지 않다고 생각한다. 사람은 선을 좋아하고 악을 부끄러워하여 몸을 닦고 도를 지향하고자 하는 것이 그 본연이다. 개는 즉 도둑을 보면 짖고 더러운 것(똥)을 먹으며 새를 쫓는 것이 본연이며, 소는 멍에를 차고 짐을 나르며 풀을 먹고 새김질하는 것이 본연이다. 각각 받은 천명 곧 그들이 품부받은 바의 이치가 같지 않기 때문이다. 그러므로 금수 가운데 종족이 다르면서 형체가 같은데도 그 성이 같지 않은 것이 셀 수 없이 많다.

다산은 인간과 사물은 하늘로부터 부여한 성이 애초부터 다르다고 생각한다.

그래서 인간과 사물의 본래적 성은 같은데 현실적인 형기에 따라 차이가 발생한다고 보는 성론을 비판한다. 이동기이설(理同氣異說)의 이른바 이동(理同)이라는 것은 오직 그 명을 받음이 같다는 것만 아니고, 영묘한 이도 모두 같다는 것이다. 다만 그 기가 다르기 때문에 사덕이 능히 온전히 갖추어질 수 없고 편색하다 한 즉 이는 불가(佛家)의 수월(水月)의 비유와 대의가 멀지 않다.

주자는 인간과 사물의 성을 기품에 의해 달라지는 것으로 보았다. 즉 물은 맑지 아니함이 없지만 흰 그릇에 담으면 그 물은 흰색이 되고, 검은 그릇에 담으면 검은색이 된다고 생각했다. 또한 같은 물이라도 둥근 그릇에 담으면 물도 둥글게 되고, 모난 그릇에 담으면 모난 물이 된다. 이렇듯 인간과 사물이 처음 동일한 이를 부여받아 태어남에는 차이가 없지만, 품수의 내용에는 차이 즉 기품의 차이가 있을 수 있으며, 그 이의 양에 따른 차이가 있을 수 있다.

다산의 본연·기질지성설에 대한 비판을 살펴보자. '본연지성이 형기에 우거하는 것은 물을 그릇에 담는 것과 같다. 그릇이 둥글면 물도 둥글고, 그릇이 모나면 물도 모가 난다'라고 하니 이는 명백히 인성과 금수성을 똑같은 것으로 만들어 버린다. 곧 털이 있는 것은 소라 하고, 날개가 있는 것은 닭이라 하고, 발가벗은 것은 인간이라 할 뿐이다. 맹자는 개, 소, 사람의 성을 구별함으로써 고자와 힘써 싸웠는데, 이제 인성, 금수성을 섞어서 하나가 되게 함이 옳은가.

여러 선생들의 말에 '이에는 대소가 없지만 기에는 청탁(淸濁)이 있다.' 본연지성이 기질에 붙어 있는 것이 마치 물이 그릇의 비유와 같은데 그것을 아직 깨닫지 못한 바이다. 갈증의 해소는 둥근 그릇이나 네모진 그릇의 물을 마셔도 할 수 있다. 그러니 그 성질은 본래 같다. 사람이 새를 쫓고 도둑을 보고 짖을 수 없으며, 소가 책을 읽고 이치를 궁구할 수 없다. 근본이 같다면 어찌 서로 통하지 않는 것인가. 사람과 동물이 능히 동성(同性)일 수 없음이 분명하다.

또한 형기에 의해 본성이 변하는 것은 아니라는 사실을 분명히 한다. 이는 품수 받은 이가 인간과 사물에 있어 모두 동일하나 청탁·정편·후박한 기질에 따라 각각 달라진다는 본연·기질지성설에 대한 비판이다. 인간과 사물의 성이 본연지성에서는 같고 기질지성에서는 다르다고 한다면, 결국 인간과 사물은 그 본성이나 인간만이 가진 영명함에 있는 것이 아니라, 단지 형기의 차이에 있게 된다. 성의 다름은 하늘로부터 부여받은 성이 다르기 때문이라 했다.

그런데 다산은 이상의 주장과는 달리 인성과 물성의 동이에 대한 주자의 모순된 견해를 사상적 체계 안에서 변호하고 있다. 주자는 『대학』과 『중용』에서 모두 '이는 같고 기는 다르다'고 하였는데, 유독 맹자의 '견우인지설(犬牛人之說)'에서는 부득이 '기는 같으나 이는 다르다'고 해석할 수밖에 없었다. 곧 만물은 모두가 하늘의 명을 받았기에 '이는 동일하다'는 것이며, 그들의 받은바 형색의 우모린갑(羽毛鱗甲)이 사람과 다른 까닭에 '기는 다르다'고 한 것이다.

그러나 『맹자』의 '견우인지변(犬牛人之辨)'에는 말할 수 없었던 까닭에, 동각식색(動覺食色)을 들어 '기가 동일하다'고 하고, 인의예지에 근거하여 '이는 다르다'고 말한다. 주자의 이동기이는 하늘로부터 일원으로서 명을 받았다는 근원의 일치성에서 이동이요 우모린갑의 개체적 형기에서의 기이(氣異)를 의미한다. 기동리이는 동각식색의 기질지성의 기동(氣同)이요 인의예지의 도의지성의 이이(理異)를 의미한다고 보아 각각의 견해를 어느 정도 받아들이고 있다.

이는 다산 자신의 성에 대한 이론적 바탕에서 받아들일 수 있는 말일 뿐이다. 즉 이의 개념은 '성의 근거와 내용'에서 큰 차이가 있다. 다산이 동일한 근원인 천명에 근거한 이를 이해한 반면, 주자는 인간과 사물에 공통된 내용으로서 이를 이해한다. 이는 주자가 성즉리(性卽理)라는 이론적 체계 안에서, 이로부터 부여받은 성은 인간과 사물에 있어서 동일한 내용을 가질 수밖에 없음을 밝히는 것이지, 다산이 말하는 것처럼 근원의 일치성 차원의 이가 아니다.

다산의 주자의 성설에 대한 입장은 당시 학문적 분위기나 정치적 상황에 따른 사회적 문제로 보아야지, 주자의 설을 인정하는 것으로 보아서는 안 된다. 만일 그러면 다산의 인성론은 그 근거를 잃게 되어 단순히 주자학파의 일원일 뿐이다. 다산은 명백히 주자의 '이동기이설'을 비판하는 관점에 서 있으며, 주자의 인물성론(人物性論)은 성즉리와 본연·기질지성의 개념을 근거로 한 인물성동론의 입장을 취하고 있다고 할 수 있으며, 이는 다산의 공격대상이다.

다산은 초목이나 금수 등 생명이 있는 사물의 경우는 하늘이 그 종자를 전해

갈 수 있는 생명의 이치를 부여하여 각각 성명(性名)을 온전하도록 해 주었지만, 인간의 경우는 하늘이 태어나는 처음에 영명(靈明)을 부여함으로써 만물을 초월하는 존재로서 만물을 누리고 이용할 수 있도록 하였다 한다. 이에 따라 다산은 주자에 의해 인간과 사물이 같은 덕을 얻었다는 이른바 '인물성동론(人物性同論)'을 주인과 노예의 등급이 없는 것이라고 비판하였다.

또 다산은 "사람은 (개처럼) 새를 뒤쫓고 도둑을 향해 짖을 수 없으며, 소는 (사람처럼) 책을 읽고 이치를 궁구할 수 없는 것이니, 사람과 사물이 성(性)을 같이할 수 없음이 확실하다"고 했다. 결국 사람과 사물은 본래 본성이 다른 것이며 기질이 다른 것이 아니라는 것이다. 성리학의 만물일체설은 옛 경전에는 없는 것이며, 사람과 사물이 성(性)이 같다는 것은 본래 불가(佛家)의 말이라 하여 인물성동론을 부정하는 근거로 삼고 있는 것이다.

(2) 성즉리설

다산은 하늘이 성을 부여할 때 처음부터 인간과 사물에게 각각 다른 성을 부여한다고 했다. 곧 만물의 존재근거이자 존재방법인 이가 형기에 품수되면서 같은 성을 가지게 된다는 성리학의 성론과는 차이가 있다. 사물의 품급은 4등급이 있다. 순자는 수화(水火)에는 기는 있으되 생(生)은 없고, 초목(草木)에는 생(生)은 있으되 지(知)는 없고, 금수는 지(知)는 있으되 의(義)는 없으며, 사람은 기와 생과 지와 의가 있으니, 이것이 사람이 존귀한 품급이 되는 까닭이라 했다.

이는 인간의 성이 다른 사물들에 비해 우월하다는 순자의 설을 빌려 말한 것으로, 자신도 이러한 성의 차이를 확실히 했다. 이 주장은 인성과 물성의 차이에 대한 정조의 물음에 답하는 다산의 말에서도 찾아볼 수 있다. 성에는 세 가지 품급이 있으니 초목의 성에는 생(生)은 있으나 각(覺)이 없고, 금수의 성은 이미 생이 있고 또한 각이 있으며, 우리 사람의 성에는 이미 생이 있고, 각이 있으며, 또한 영(靈)이 있고 선(善)도 있다. 이처럼 상중하 삼품은 분명히 다르다.

그러나 성리학에서는 '성즉리'라 하여, 천리에 의해 모든 만물이 동일한 이를 부여받아 동일한 성을 이룬다고 주장한다. 이때의 성은 이에 의해, 무시자재(無始

自在)한 본연지성으로서의 의미를 가진다. 이에 대해 다산은 천즉리(天卽理), 성즉리는 정주의 정론(定論)인데, '하늘과 성은 곧 하나의 이자(理字)이다' 하니, 만약 같은 것이라면 중용에 '하늘이 명한 것을 일러 성이라 한다'라 한 것은 마땅히 '이가 명한 것을 일러 이라 한다' 해야 하니, 이는 심히 어긋난 것이다.

『중용(中庸)』을 저술한 자사(子思)가 말하기를, '천명(天命)을 일러 성이라 한다' 했다. 곧 천명은 성(性)이라는 말인 것이다. 맹자도 '그 마음을 다하는 자는 그 성을 안다'라고 했다. 그런데, 이제 심(心)·성(性)·천(天) 세 가지를 모두 일러 하나의 이(理)라 한즉 모씨(毛氏)가 이른바 '이가 명한 것을 일러 이라 한다'는 것은 경박한 말이 아니다. 또한 맹자께서도 마땅히 '그 이(理)를 다하는 자는 그 이를 알고 그 이를 알면 이를 안다'라고 말해야 할 것이다.

다산은 하나의 이로써 하늘과 성을 설명하는 성리학의 '성즉리(性卽理)'라는 개념을 비판한 것이다. 그는 만약 천과 성과 이를 동일한 것으로 본다면, 옛 성현들이 하신 말씀 가운데 천과 성 자리에 모두 이 자를 넣었을 때, 그 말이 성립해야 하는 것이다. 그럼에도 불구하고 같은 의미가 되기는커녕 아주 우스운 말이 되고 마는 것을 증명해 보이면서 그 근거가 없음을 지적하고 있다. 이는 다산과 주자의 천, 천명에 대한 해석의 차이에서 비롯됨을 알 수 있다.

주자는 『중용』에서는 '천명을 일러 성이라 한다' 했고, 『대학』에서는 '하늘의 밝은 명을 돌이켜 살핀다' 하여 성을 이로 여겼기에 결국 천명을 이로 보았다. 그러나 심성(心性)에 부여해 주고 선을 향하고 악을 멀리하는 것은 천명이다. 「시·서」에서 말한 천명을 다 개괄해서 '본심(本心)의 정리(正理)'라 할 수 있겠는가. 『시경』에 '두려운 천명이여 때로 보호해 주시다' 했는데 만일 '두려운 마음의 이여 때로 보호해 주시다' 한다면 어찌 뜻이 통할 수 있겠는가.

여기에서 보이듯이 다산은, 천명은 역리천(易理天)의 천리(天理)가 아니고 오히려 선한 자에게 복을 주고 음란한 자에게 화를 주는 인격신임을 강조하고 있다. 이라고 할 때 그것은 생명이 없는 단지 이치 또는 원리에 지나지 않는다. 따라서 성은 역리의 천이 아니라 상제의 천에 근거하고 있는 것이다. 이러한 명을 내리는 천이 자연천은 물론이고 역리의 천도 될 수 없는 것은 당연한 것이기 때문에, 다산은 주재지천(主宰之天)을 그 사상의 근거로 삼았던 것이다.

성리학에서는 역리의 천을 우주만물의 이로 여겼기 때문에 인간이나 동물은 같은 성을 부여받을 수밖에 없었다. 다산은, 인간에게는 다른 사물에게서 볼 수 없는 도의의 성이 있음을 주장한다. 사람의 성은 단지 일부 인성이며 개나 소의 성은 일부 금수성이다. 대개 인성이란 것은 도의·기질의 두 성을 합하여 하나의 성을 이룬 것이고, 금수성이란 것은 순전히 기질의 성일 따름이다. 다산은 하늘이 사물과는 차별되는 도의의 성을 인간에게만 부여하였다고 본다.

그런데 성리학의 성즉리설에 따르면 인간이나 사물은 동일한 성을 부여받게 되는데, 이렇게 된다면 다른 사물들도 도의의 성을 가지게 되어, 결국 인간과 사물은 차별이 없게 된다. 이에 대해 다산은 홀로 본연의 성이 원래 각각 같지 않다고 생각한다. 사람인즉 선을 좋아하고 악을 부끄러워하여 몸을 닦고 도를 지향하고자 하는 것이 그 본연이고, 개인즉 도둑을 보면 짖는 것이 그 본연이며, 소인즉 멍에를 차고 무거운 짐을 나르며 풀을 먹는 것이 그 본연이다.

각각 받은 천명은 바꿀 수 없다. 곧 그들이 품부받은 바가 원래 스스로 같지 않기 때문이다. 그러므로 금수 가운데 종족이 다르면서 형체가 같은데도 그 성이 같지 않은 것이 셀 수 없이 많다. 하늘로부터 품부받은 명이 원래 같지 않기 때문이라고 하여, 이가 인간과 사물에게 동일하게 주어져 인성과 물성이 같은 것이라고 하는 성리학의 성즉리설에 대해, 천이 부여한 성은 인간과 사물에 있어 서로 다른 것임을 역설하고 그 각각의 성의 특수성을 주장한다.

다산은 만물의 근원으로서의 이를 상정하여 그로부터 성을 부여받았다고 하는 측면에서 이를 같다고 한다면 가하다 할 수 있으나, 그 이의 내용에 있어 인간과 사물은 차이가 나지 않고 다만 기질에 의해 다르게 된다고 한다면 인정할 수 없다고 한다. 따라서 성리학의 본연·기질지성에 대해서 받아들일 수 없다는 입장을 취한다. 이는 인물성동이론에서, 주자의 모순된 '이동기이(理同氣異)', '기동리이(氣同理異)'의 설을 인정하고 있지 않다는 확실한 증거가 된다.

만물이 근원을 같이하고 있으며 모두 천명을 받고 있다는 이유로 이는 같다고 한다면 누가 옳다고 하지 않겠는가. 다만 이에는 대소가 없고 또한 귀천도 없지만 형기에는 바른 것도 있고 치우친 것도 있으니 그 바른 것을 얻은 자는 이도 곧 두루 갖추었고 그 치우친 것을 얻은 자는 이가 막히고 가려져 있다 하여 본연의 성(性)은 인간과 사물이 같으나 기질의 성에는 다름이 있다고 했다. 여기서 이에는 대소, 귀천이 없다고 하는 성리학의 성즉리설을 반박하고 오히려 인간과 사물에 각각의 특수성이 있음을 인정하여 서로 구별하고 있다.

(3) 본연지성과 기질지성설

천리가 각 사물에 부여되어 내재하는 것을 일러 '성'이라 하고, 그 성을 다시 보편성과 특수성의 의미로 나누어 본연지성과 기질지성이라 한다는 것을 살폈다. 다시 말해 성은 본래적이고 보편적이며 순선한 본연지성을 의미하고, 기질지성은 그 성을 부여받은 각 사물의 차이를 나타내는 특수성을 의미하는 것이다. 이러한 본연·기질지성이 윤리학상의 선악문제와 도덕수양을 강조하는 도덕함양의 문제에 있어 많은 공헌을 하였다는 평가를 받고 있는 것은 사실이다.

그러나 다산은 그 용어와 악의 기원, 그리고 인간과 사물, 인간과 인간, 사물과 사물 간의 차이를 규명하는 데 적지 않은 오류가 있다는 것이다. 먼저 본연이라는 용어이다. '본연'이라는 명명은 실제 이치와는 차이가 있는 듯하니 논변하지 않을 수 없다. 생각건대 하늘이 충(衷)을 내림은 반드시 신형이 배태된 후에 있으니 어찌 본연이라 말할 수 있겠는가. 불가에서는 "청정한 법신은 무시(無始)로부터 본래 스스로 있어 하늘의 지음을 받지 않아 시작도 끝도 없다"라고 이른다.

그러므로 본연은 본래 스스로 그러함을 이르는 것이다. 실제로 형구는 부모에게 받았으니 무시라 할 수 없고, 성령은 천명으로 받았으니 무시라 할 수 없다. 무시라고 말할 수가 없으니 본연이라고도 말할 수 없다. '무시자재(無始自在)' 즉 '본연'이란 말은 불가에서 청정법신(淸淨法身)이 시작도 끝도 없고 본래부터 자재(自在)하여 천의 조화를 받지 않았다는 의미로 사용된 말이다. 때문에 유가에서 만물의 근거와 시작을 의미하는 개념으로 사용될 수는 없다는 것이다.

몸은 부모로부터 받으니 시작이 있고, 영도 천으로부터 받으니 시작이 없다고 말할 수 없다고 한다. 또 본연의 의미는 세상에서 대부분 밝혀지지 않았다. 유가에서 인간은 하늘로부터 명을 받았다고 한다. 그런데 불씨(佛氏)는 본연지성은 명을 품부받는 바도 없고, 생기는 바도 없어 천지 사이에 스스로 있고 끝없이 윤전(輪轉)하여, 사람이 죽어 소가 되고, 개가 죽어 사람이 되되 그 본연의 체(体)는 형철자재(瀅澈自在)한다고 하니 이것이 이른바 본연지성이다.

천(天)을 어기고 명(命)을 업신여기고 이치를 어그러뜨리고 선을 손상시킴에 본연지설보다 더 심한 것이 없는데, 선유가 우연히 한 번 차용한 것이다. 본연 두 글자는 이미 육경사서, 제가백가의 책에서 도무지 출처가 없다. 오직 수능엄경(首楞嚴經)에 거듭 말하고 있을 뿐이니 어찌 옛 성인이 말한 바와 더불어 홀연히 서로 부합되기를 바라겠는가라고 하여, 유가 전통에 위배되는 본연이라는 불가의 사상을 도입한 성리학에 대해 다산은 강한 어조로 비판하고 있다.

따라서 다산은, 후학들이 아무런 비판적인 시각 없이 입만 열면 본연지성을 논하여 천(天)의 지위를 떨어뜨리고 이치를 어그러뜨리며 선을 손상시켜 그 폐해가 이루 말할 수 없이 심하다고 지적한 것이다. 이와 같이 본연지성·기질지성설은 성즉리설로 설명되지 못하는 인간과 사물의 차이를 규명하기 위해 세운 학설로, 이는 불가의 사상에 유래한다고 정리할 수 있는 것이다. 그러나 이것은 **두 가지 성을 인정**하는 것이 되므로, 이 또한 다산의 비판을 피하지 못한다.

사람에겐 두 개의 성이 없다. 예컨대 벼의 성은 물을 좋아하되 다시 건조함을 좋아하는 성은 없고, 보리의 성은 건조함을 좋아하되 다시 물을 좋아하는 성이 없는 것과 같다. 선유들은 본연지성은 완전히 선하여 악이 없다 하고[純善無惡] 기질지성은 선할 수도 있고, 악할 수도 있다 했다. 그러고는 맹자는 본연지성을 거론하고 기질지성은 논하지 않아 미비하다 했다. 이로써 고자를 쟁송하고 은근히 양웅을 추대하니 오! 선유가 또한 어찌 이를 궁색히 말하였는가.

물론 성리학에서 두 가지의 성이 동시에 존재함을 말한 것은 아니다. 단지 이기의 측면에서, 순수 이로서의 본연지성과 기와의 결합으로서의 기질지성을 구분한 것이다. 따라서 본연지성은 천리로부터 부여받은 본래적이고 순선한 성인 데 반해, 이기가 공존하는 기질지성은 선악의 가능성을 가진 현실적인 성이 되는 것이다. 즉 순리(純理)의 측면에 초점을 맞추느냐, 이를 기의 측면과 함께 보느냐에 따라 본체로서의 한 성이 두 가지 양상으로 나타나게 되는 것이다.

그럼에도 다산은 이러한 이분적인 본연지성·기질지성설에 대해 반대한다. 먼저 성리학의 본연지성·기질지성설은 성에 선악이 공존한다는 사실을 인정하고 있기 때문이다. 이는 맹자가 말한 성선(性善)에 분명히 위배되는 것이다. 또한 성에는 오직 한 가지밖에 없음을 주장한다. 벼와 보리의 성은 물과 건조함을 좋아할 따름이다. 따라서 다산은 이러한 성리학의 본연·기질지성설이 공맹의 설에 위배되는 학설임을 분명히 하고, 이에 강하게 비판하고 있는 것이다.

이는 성 개념과 성리학의 성 개념이 처음부터 그 의미를 달리했기 때문에 발생한 문제이다. 성이란 것은 사람의 기호인데 선유는 영체의 전칭으로 여겼으니 어긋나 달라짐이 없겠는가. 만약 영체를 논한다면 그 본체는 허명(虛明)하여 가히 악할 수 있는 이치가 없을 것 같은데, 다만 형기에 우거하는 까닭에 뭇 악이 일어나고 본체를 어지럽히게 되는 것이다. 이것이 본연·기질의 설이 일어날 수밖에 없는 까닭이다. 선유가 인식한 성은 맹자가 인식한 성과 같지 않다.

성리학은 본연과 기질이라는 개념을 도입함으로써 선악(善惡)과 현우(賢愚)의 문제를 해결하려고 했다. 그러나 다산은 인성에 선이 있고 악이 있는 것이 아니라, 인성이란 기호에 다름 아니고, 이는 바로 호덕이치오(好德而恥惡)하는 것임을 역설한다. 이러한 기호에 형구의 기호가 있고 영지의 기호가 있어 선을 지킬 수도, 불선에 빠질 수도 있는 것은 사실이나, 성에 선과 악의 선천적인 근거를 짓는 그러한 본연지성과 기질지성은 있을 수 없다는 것이 결론이다.

이와 같이 성에 두 종류가 있다는 성설을 부정하고, 성은 다만 하늘로부터 부여받은 사물 각각의 고유한 것임을 주장했다. 즉 각 사물의 좋아하고 싫어하는 바의 기호가 바로 그들의 성이다. 소, 개, 사람의 성을 기질지성이라 하거나 도의지성이라는 설은 모두 병통이 있다. 인성은 인성이고 개, 소의 성은 금수성이다. 본연지성을 논한다면, 사람은 도의와 기질이 합하여 하나의 성을 이룬 것이 본연이고, 금수가 단지 기질지성만을 가진 것이 역시 본연이라는 것이다.

기질지성은 악의 선천적 근거로서의, 그리고 인간과 사물의 차이나 인간이 사물과 서로 공통적으로 가지는 지각, 운동, 식색의 욕구로서의 성을 의미하고, 도의지성은 모든 사물에 본래적이고 보편적인 이로서의 본연지성도 아니다. 형구의 욕구를 통제, 절제할 수 있는 영체(靈体)의 도덕적 기능을 가진 '선을 좋아하고 악을 싫어하는' 것으로서의 성인 것이다. 따라서 인간만이 가짐으로써 사물과의 차이를 드러내 주는 이러한 도의지성이 바로 인간의 성인 것이다.

이상에서 본연·기질지성설은 그 용어의 사용, 선악의 규명, 그리고 인간과 사물의 차이를 규명하는 데 있어 유가의 본지에 위배된다고 주장했다. 먼저 본연이란 용어는 불가에서 '무시자재'의 의미로 사용되는 것인데, 주자와 그 후학들은 아무런 문제의식 없이 인간의 성을 정의하는 데 사용하였다고 다산은 비판했다. 즉 인간의 영체(靈体)는 하늘로부터 받았고 인간의 형구도 부모로부터 받았기 때문에, 무시(無始)가 아니라 분명한 시작의 근원이 있다는 것이다.

또한 성은 단지 기호의 의미이지 선하고 악한 것이 아니라는 것이다. 벼가 물을 좋아하고 건조한 것을 싫어하듯이 인간의 성은 선을 좋아하고 악을 싫어하는 것일 따름인 것이다. 따라서 사물은 하늘로부터 받은 각각의 고유한 성을 가지고, 그 성이, 성리학의 용어를 빌리자면, 바로 자신의 본연지성인 것이다. 이에 인간의 성을 도의지성이라고 할 수 있는데, 그 이유는 인간만이 가지는 이 도의지성이 인간과 다른 사물의 성을 구별시켜 주기 때문이다.

(4) 선천적 불평등설의 비판

운명론적·선천적 불평등이란, 인간이 나면서부터 정도가 다른 성을 부여받는다. 즉 세상에는 모두가 인정하는 훌륭하고 고매한 인격을 가진 성인, 현인들이 있는가 하면 우둔하고 항상 뒤처지는 열등한 자들도 있다. 그리고 다른 사람을 위해 자신을 헌신하는 사람이 있는가 하면 도적질과 살인을 가리지 않는 악인들도 있다. 물론 특별히 뛰어나지도 특별히 열등하지도 않은 대다수의 사람들도 있다. 이러한 상황들이 인간의 등급을 나누게 하는 이유가 된다.

주위에서 몇 종류의 사람들을 쉽게 볼 수 있다. 이것이 선천적인가 아니면 후천적인가 하는 의문이 생기지 않을 수 없다. 이런 의문은 사상가들에게도 관심거리였다. 그래서 많은 학자들은 인간의 등급을 확신했다. 물론 인간의 차이는 선천적인 것이 아니라 후천적인 노력에 의해 좌우된다는 학자도 많다. 누구의 주장이 사실인지 역시 사람에 따라 다르게 받아들일 수 있지만, 다산은 인성의 품급설을 강하게 비판하고, 인간은 누구나 평등하다는 사실을 분명히 한다.

인성의 차이는 공자에서 비롯된다고 할 수 있다. 성은 서로 가까우나 습에 의해 멀어진다. 오직 상지와 하우는 옮겨지지 않는다. 인간의 성은 동일하지는 않지만 선천적으로 서로 비슷한데 후천적인 습관에 의해 그 현명함과 어리석음[賢愚]이 서로 달라진다. 그러나 상지(上知)・하우(下愚)가 된다는 것인지, 아니면 상지・하우와 같은 인간의 선천적 존재는 인정하고, 다만 일반적인 성만을 가리켜 비슷하다고 한 것인지 공자의 이 짧은 말로서는 알기가 쉽지 않다.

정자는 공자의 언급에 대해 성은 선하지 않음이 없다. 다만 선하지 않음은 기질의 바탕[才]에 의해서이다. 성은 이로써 순(舜)에서 다른 사람에 이르기까지 한 가지이다. 재는 기로부터 품수하는데, 그 기에는 청탁이 있다. 청한 것을 품수한 자는 현인(賢人)이 되고 탁한 것을 품수한 자는 우인(愚人)이 된다. 본연지성은 모든 인간과 만물이 같으나 기질에 의해 달라진다. 즉 기질의 청탁에 의해 나면서 현우가 정해진다고 해석, 선천적인 차이를 인정했다.

또한 한유(韓愈・768~824)도 공자의 '성상근아(性相近也) 습상원아(習相遠也)'에 근거, '원성(原性)'에서 성의 등급을 인정했다. 상등인은 한결같이 선할 따름이고, 중등인은 선하게도 악하게도 이끌 수가 있고, 하등인은 오직 악할 따름이다. 맹자, 순자, 양자는 중등인만을 거론한 것이고, 상・하 등자는 말하지 않으니, 그 하나만 얻고 둘은 잃었다고 했다. 이는 곧 상지・하우의 선천적인 존재성을 인정하고 중등인에만 변화할 수 있는 가능성을 열어 둔 것이다.

일본 고학파(古學派) 태재순(太宰純)도 인성에 삼품을 인정했다. '성상근 습상원'은 상중하의 삼품 중 중품에 해당되는 사람이고, '상지하우불이(上知下愚不移)'는 상품과 하품에 관해 논한 것이라 했다. 오직 상지와 하우는 그 성이 일정하여 결코 바뀌지 않는다. 그는 공자의 성상근은 중용에 해당되는 사람들에 관한 말이다. 성은 비슷해서 교육과 교화 등에 의해 바뀔 수 있다. 하지만 상지와 하우에 해당자는 그 성이 일정하므로 서로 바뀌지 않는다고 했다.

다산은 상지와 하우는 성의 차이가 아니라 지혜의 우열일 뿐이라 한다. 즉 지우를 선천적인 성의 차가 아니고 후천적인 습관과 노력의 결과이다. 따라서 상지와 하우의 성은 동일하지만, 다만 그 지혜의 우열이 있을 뿐이다. 지혜로움과 어리석음은 육신을 도모하는 교묘함과 서투름이지 어찌 성의 품급이겠는가? 본성이 서로 가깝다는 것은 단지 하나의 등급뿐이라는 사실을 말하는 것이다. 인성에 등급은 천고의 큰 가리개가 되어 왔으니 밝히지 않을 수 없다.

이와 같이 다산은 한유와 태재순 등이 주장하는 성삼품설을 강하게 비판하면서, 인간에게는 단지 하나의 성만 있을 뿐임을 주장한다. 또한 성상근자가 중간 등급에 해당하는 사람들에 대한 설명이라는 한유와 태재순의 말에 대해 천하의 사람들은 그 성품이 본래 모두 같은 등급이지, 유독 중등인만이 그 본성이 서로 가까운 것은 아니다. '성상근야(性上近也)'는 중등인에게 해당하고, '상지하우불이(上知下愚不移)'는 상등, 하등인에게 해당한다는 주장을 일축했다.

다산은 정자와 한유 그리고 태재순의 선천적인 성의 차등설을 비판하고, 후천적인 습관의 중요성을 강조한 것이다. 그는 만약 이들의 말대로 인간의 성에 품급이 있다면, 인간의 천부적 평등성에 의심을 갖게 하여 인간이 선으로 지향하는 길을 막아 버리게 된다고 했다. 즉 평등성을 전제하지 않고서는 인간의 진정한 도덕적 지향은 불가능하다는 것이다. 선천적 불평등론에 대해, 특히 한유의 성삼품설에 대해서는 인도를 손상하는 설이라며 단호하게 거부한다.

다산의 평등설에도 문제가 있다. 그는 『논어』 고금주 계씨편 '생이지지자(生而知之者)'는 "나면서부터 아는 자는 하늘이 백성을 위해 개물성무(開物成務)하고자 신성지인(神聖之人)으로 특별히 태어나게 한 자"라고 했다. 또한 「양화편(陽貨篇)」에서도 하늘은 지공무사(至公無私)하거니와, 특별히 성인을 내사 그를 '생이지지(生而知之)'하는데, 이는 하늘이 그 사람을 후하게 대함이 아니라 장차 그를 군사(君師)로 세워 만민을 구제하고자 하신 까닭이다.

복희, 신농, 황제, 제곡[涹農軒嚳], 요, 순, 우, 탕은 하늘의 은혜를 많이 받았다. 『시경』과 『서경』에서 문왕(文王)을 찬미한 것을 볼 때, 마찬가지다. 그런데 불구로 태어나거나 어리석게 태어나는 것은 하늘이 박하게 대한 것은 아닌 것이다. 이는 그 기질이 고르지 못하여 그리된 것이며, 또한 하늘이 그 어떤 은미한 힘을 행사하신 까닭이라 했다. 또 인간의 보편적인 품성에는 차이가 없으나, 백성을 위해서 특별한 자를 내려 주신다는 것을 인정하고 있는 듯하다.

따라서 다산의 주장은 물론 '하늘의 은미한 계획'이라거나 '백성을 위해서 특별히' 그렇게 한다는 단서를 달고 있기는 하지만 자연스럽지 못하다. 이는 후천적인 습관과 노력에 의해 상지가 될 수 있다고 하는 주장과 다소 상충된다고 볼 수 있다. 또한 일반적인 것이 아니라 특별한 몇몇의 경우에서 찾아볼 수 있는 사실이기는 하지만, 하늘에서 예비했다고 할 수 있다. 그러나 뛰어난 자들이 특별히 하늘의 은혜를 입고 태어나기는 해도 또한 노력 여하에 따라 성인으로도 범인으로도 될 수 있다고 할 수 있다.

(5) 사단과 사덕의 관계

다산은 『논어』의 중심개념인 '인의예지'에 대해 「논어고금주」의 원의총괄(原義總括) 제1조에서 '변(辨) 인의예지명(仁義禮智之名) 성어행사(成於行事) 비재심지리(非在心之理)'라고 설명하고 있다. 인의예지가 인간의 마음속에 내재하느냐 아니냐 하는 것은 인성논쟁에 있어 아주 첨예하고도 중요한 문제인 것이다. 이에 따라 인의예지를 마음의 수양에 의해 양성하느냐 아니면 구체적인 행위의 실천을 통해 이루어 내느냐 하는 문제도 파생되게 된다.

성리학의 인성론에서는 인의예지를 선천적으로 여기고 있다. 즉 인간의 행위를 통해 얻어지는 결과로서의 덕이 아니라, 마음속에 천부적으로 갖추어진 성으로 보기 때문이다. 그러기에 그것을 얻기 위한 실천적인 노력의 중요성보다는 개인의 내적 수양에 비중을 두게 된다. 이에 반해 다산은 인의예지는 인간의 실천적인 노력에 의해 이루어진다고 한다. 그러므로 마음속에 있는 이치가 아니라고 하여 부단한 실천을 강조한 사실에서 성리학자들의 견해와 다르다.

맹자는 인의예지를 인간의 마음속에 내재되어 있는 본성으로 여기고 있다. 그러나 이를 측은·수오·사양·시비 네 가지를 통해서 드러난다고 보았는지, 아니면 마음속에 내재된 것은 측은·수오·사양·시비 네 가지에 그치고 있다. 따라서 인의예지는 측은·수오·사양·시비의 마음이 발현되어 구체적 행위를 통해 이루어지는 도덕을 의미하는 것으로 보았는지, 맹자의 언급만으로 판단하기는 어렵다. 이와 같은 논란을 야기한 사단에 대한 맹자의 언급은 다음과 같다.

측은지심은 인(仁)의 단(端), 수오지심은 의(義)의 단, 사양지심은 예(禮)의 단, 시비지심은 지(智)의 단이다. '단(端)' 자의 본(本) 자는 '단(耑)'인데, 풀의 뿌리와 잎 모양의 형상으로 글자 자체가 본(本)과 말(末)을 포함한다. 이 때문에 단(端)의 서(緒)·시(始) 문제가 발생한다. 훈고학적 설명도 없다가 조기(趙岐)에 이르러 '단자(端者) 수야(首也) 인개유인의예지지수(人皆有仁義禮智之首) 가인용지(可引用之)'라 했다. 즉 단본(端本)이 바로 근본이다.

이와 상반되는 견해는 정이(程頤)에서 시작된다. 정이는 '성 가운데는 다만 인의예지 네 가지가 있을 뿐이다'고 했다. 이에 동의한 주희는 『맹자집주(孟子集注)』의 「불인인지심(不忍人之心)」장에서 "측은·수오·사양·시비는 정(情)이고 인의예지는 성(性)이다. 심(心)은 성정(性情)을 통괄하는 것이다. 단(端)은 서(緒)이다. 그 정(情)이 발(發)함으로 인하여 성(性)의 본연을 볼 수 있으니 마치 어떤 물건이 속에 있는데 단서가 바깥으로 드러나는 것과 같다"고 했다.

즉 단(端)을 서(緒)로 보고 성 즉, 인의예지가 그 안에 있다는 것이다. 이것의 단서인 정(情) 즉, 측은(惻隱)·수오(羞惡)·사양(辭讓)·시비(是非)는 밖에 드러난 것으로 보아 정(情)이 발하므로 성을 볼 수 있다고 한 것이다. 주자는 마음속에는 다만 네 가지 물건[仁義禮智]만 있고 모든 만물은 다 이로부터 나온다고 했다. 이처럼 정주학에서는 인의예지를 마음속에 내재한 미발지성(未發之性)으로 보고, 측은·수오·사양·시비를 이발지정(已發之情)으로 본다.

다산은 단(端)을 시(始)로 보아 사단은 안에, 사덕은 밖의 것으로 여긴다. 곧 인의예지를 열매로 비유하면서 오직 근본은 맹자처럼 마음에 있다고 한다. 인의예지는 비유하면 꽃과 열매와 같은 것으로 측은·수오의 마음은 안에서 발하고, 인의는 바깥에서 이루어지며, 사양·시비의 마음은 안에서 발하고, 예지는 바깥에서 이루어진다. 유학자들은 인의예지라는 물건이 사람의 배 속에 마치 오장처럼 있어 사단이 모두 이로부터 나온다고 알고 있으나 잘못된 것이다.

사덕을 마음속에 있는 이치가 아니라 도덕으로 본 학자가 또 있다. 그는 일본 고학파 이등인재(伊藤仁齋)이다. 그는 그의 「어맹자의(語孟字義)」 「인의예지」 조(條)에서 다산과 거의 유사한 주장을 하고 있다. 인간에게 사단이 있다는 것은 곧 성을 가지고 있다는 것으로, 사람마다 갖추고 있으므로 밖에서 구할 필요가 없는 것이 마치 사람의 몸에 두 다리, 두 팔이 붙어 있는 것과 같다. 만약 확충하여 그 것을 크게 하면 능히 인의예지의 덕을 이룰 수 있는 것이다.

사단의 마음은 인간이 나면서부터 가지는 것이며 인의예지는 그것을 확충하여 이룬 것이다. 인의예지 네 가지는 도덕의 명칭이지 성의 명칭이 아니다. 도덕이란 천하에 두루 통하는 것을 말하는 것으로 어느 한 사람만이 가지고 있는 것이 아니다. 성이란 오직 나에게 있는 것을 말하지 천하에 다 통용되는 것은 아니다. 그는 '기소확충이성야(其所擴充而成也)'라고 하여, 성이 구족하고 있는 것은 사단이고 인의예지의 도덕은 이 사단을 확충한 후에 형성된 것이다.

이 같은 논리는 다산과 마찬가지로 인재가 단(端)을 본(本)으로 해석함으로써 가능한 것이다. 성리학에서 형이상학적인 성이 갖추고 있는 것으로 설명하는 인의예지는, 형이상학의 세계를 부정하는 인재에서는 사회의 공공도덕으로 이해되고, 또 이는 기질지성이 갖춘 사단을 확충함으로써 형성되는 것으로 해석된다. 즉 형이상학의 세계를 지향하는 성리학자들의 학문적인 열의가 인재에서 사회의 공공도덕을 중시하는 형태로 변형되어서 나타난 것으로 볼 수 있다.

다산과 인재는 주장의 근거에는 실천 중시의 사상이다. 이는 이등인재가 '이는 인의예지가 행사를 통해 이루어지는 도덕을 지칭하는 것이 아니라면 아무도 인의예지에 힘쓰려 하지 않을 것이다'고 했다. 다산은 "행사를 통해서 이룰 수 있는 것임을 안다면 열심히 노력해 그 덕을 이룰 것을 바라지 않을 사람이 없다"라고 한다. 이를 바꾸어 말한다면 인의예지가 이미 마음속에 갖추어져 있는 것이라면 아무도 이를 이루기에 힘쓰지 않을 것이라는 의미가 되는 것이다.

지금까지의 사단과 사덕에 대한 선유들의 논의를 정리하자면, 사단과 사덕의 관계 정립 문제는 바로 맹자의 이러한 언급 가운데 '단(端)'을 '단서(端緒)'로 읽는 것과 '단시(端始)'로 읽는 것에서 시작된다. 주자는 측은・수오・사양・시비는 정

(情)이고 인의예지는 성이며 심(心)은 성정(性情)을 통괄하는 것이라 했다. 또한 단(端)을 서(緖)로 해석하여 그 정(情)이 발함으로 인해 성의 본연을 볼 수 있으니 마치 어떤 물건이 속에 단서가 바깥으로 드러나는 것과 같다 했다.

즉 단(端)을 서(緖)로 보고 성 즉 사덕이 안에 있어 이것의 단서인 정(情) 즉 사단이 밖으로 드러나, 정이 발하므로 성을 볼 수 있다고 한 것이다. 사덕과 사단을 본체와 현상으로 관계 지어 본체는 현상의 가능근거, 현상은 본체의 드러남으로 보고 있는 것이다. 이러한 관점에 서게 되면 도덕을 수양이라는 측면에서 그 중심점이 사단의 확충보다는 도덕 본체의 함양에 치우치게 된다. 결국 사람이 실천해야 할 근본보다는 실천의 결과에 주안점을 두는 논리인 것이다.

다산은 '인의예지의 이'가 마음속에 내재하는 것이 아니라 '인(仁)·의(義)·예(禮)·(智) 할 수 있는 이'가 마음속에 내재한다고 했다. '할 수 있는'의 의미는 말 그대로 '가능태'이다. 즉 사덕이 그 자체로는 인의예지의 완성된 덕목은 아니지만 인의예지로 될 수 있는 '가능성'을 가진 것이다. 즉 사단은 실천의 근본이요 시작이고, 사덕은 실천의 결과로 형성된 덕목이다. 이 경우에는 도덕 수양의 초점이 자연스레 사단의 확충이라는 실천적 행위로 모아지게 된다.

이는 단(端)을 시(始)로 보고, 인의예지를 화실(花實)로 비유, 근본은 마음에 둔다. 또한 인의예지처럼 효제(孝悌)도 수덕(修德)의 명칭이므로 그 완성은 바깥에 있지 안에 있는 것이 아니다. 정자가 "인성 중에 어찌 효제가 있겠는가"의 의미도 효제는 바깥에서 이루어질 뿐이지 인성 중에 효할 만하고 제할 만한 이치가 따로 있지 않다. 사단과 사덕의 관계는 '단(端)'을 '서(緖)'와 '시(始)' 가운데 해석 여하에 따라, 사덕이 내재하느냐 외재하느냐에 있다고 정리할 수 있다.

(6) 성기호설

다산은 성(性)을 이(理)이자 내면의 본체로 파악한 주자의 입장을 거부하고, 성을 마음이 기호(嗜好) 즉 즐기고 좋아함, 좋아하고 싫어함의 정감적 태도를 가리키는 것이며 어떤 대상이나 가치를 지향하는 자세라 정의했다. 곧 기호는 꿩이 산을 좋아하고 사슴이 들을 좋아하는 감각적 기호와 벼가 물을 좋아하고 기장이 건조함을 좋아하는 본질적 기호로 분별했다.

그는 『상서』·『예기』·『맹자』에서 성(性)을 모두 기호(嗜好)로 언급하고 있음을 근거로 삼아 성을 기호로 확인하고 있다. 이는 성을 심(心)의 본체로 인식하는 주자학적 입장을 정면으로 거부하고 성을 심(心)의 속성으로 밝히고 있다. 또한 성선설의 의미도 성이 본래 순수한 선이라는 주자학의 견해를 거부하고, 선을 좋아하는 기호임을 강조한다.

왜냐하면 물이 아래로 흐르고 불이 위로 타오르듯이 자동적으로 선을 행할 수 있는 자연현상이라면 선을 행하는 것이 자신의 공이 될 수 없기 때문이다. 따라서 성기호설은 하늘이 인간에게 선을 하고자 하면 선을 할 수 있고, 악을 하고자 하면 악을 할 수 있는 결정권이라는 것이다. 즉 결정권으로서 자유지권(自由之權)을 부여했다고 제시한다.

결국 인간을 도덕적 주체로서 자유지권 즉 자유의지를 지니고 있는 존재로 확인함으로써, 성리학에서처럼 본연지성이 선한 것이라 보는 관점을 거부한다. 이것은 인간이 선을 좋아하는 성(기호)을 따라서 자기 의지의 결단으로 선을 선택해야 하고, 이 선을 실행해 가야 하는 결정의 권리와 그 결과에 대한 책임을 지는 존재임을 강조한 것이다.

5 | 다산의 사회개선론

다산은 왕조가 직면한 위기를 제도의 개혁을 통해 해소코자 했다. 이상적 왕도정치가 실현되는 사회로 재편되기를 희구하면서 각종 개혁사상을 개진했다. 그때는 사회와 학문의 분야가 분화되지 않았다. 그런 상황이었으므로 그의 개혁사상은 정치·경제·사회 그리고 문화·사상 등 각 방면에 걸쳐 제시됐다. 당시에는 다산뿐만 아니라 지식인 일반의 학문분야가 백화점식으로 망라되어 있었다. 그의 이런 사상은 유고집 『여유당전서』의 분석을 통해 규명할 수 있다.

정치사상을 검토해 보면, 『일표이서(一表二書)』에 있다. 『일표이서』를 통해 군주권의 절대성과 우월성을 내용으로 하는 왕권 강화론을 제시하고 있다. 벌열(閥閱)이 권력을 장악하고 정치를 전횡하던 상황에서 국가 공권력의 회복을 위해 왕권의 절대성을 강조했던 것이다. 그러나 그가 주장하는 왕권은 공권력을 대표하는 권위의 상징일 뿐, 절대 왕정과는 거리가 멀다고 볼 수 있다. 또한 영조와 정조대 탕평정책에서 추진되었던 왕권강화책과도 일정한 거리가 있었다.

그는 국왕이나 관료가 공적인 관료기구를 통해 권력을 행사하는 것을 가장 이상적인 형태로 파악했다. 또 왕도정치의 이념을 구현하는 데 집중되었고, 주로 집권층의 정치관을 수정시키려는 방향에서 전개됐다. 즉 위로는 국왕을 정점으로 하는 통치질서의 강화에 협조하는 한편 아래로는 애민(愛民)·교민(敎民)·양민

(養民)·휼민(恤民)하는 목민지도(牧民之道)를 확립, 선진시대 이래 유학의 기본적 가르침이었던 민본(民本)의 의식을 실천하는 사상을 개진했던 것이다.

특히 그는 한때 천자(天子)도 인장(隣長)이나 이정(里正)도 인민의 대표자들이 선출, 추대하는 것으로 생각했다. 그리고 맹자의 폭군방벌론(暴君放伐論)의 입장에서 민은 폭군을 거부할 수 있다는 데까지 나갔다. 그러나 그의 정치 개혁안들의 주류는 왕조체제를 근간으로 인정하는 데 그쳤다. 그럼에도 그는 봉건적 통치구조의 파행적 운영으로 말미암은 폐단을 제반 제도의 개편을 통해 최대한으로 막아 보려는 의도를 가지고 정치 분야에서 개혁안을 제시한 것이다.

19세기에 이르러 정치형태가 세도정치로 치달았다. 소수의 벌열이 권력을 독점하면서 국가기강의 문란과 관료체제의 부패, 극심한 사회경제적 혼란이 야기됐다. 이를 바로잡기 위해 관료기구의 개혁안 마련에 주력했다. 우선 육조에 소속된 아문들을 재배치하고, 승정원 및 왕실 관련 아문들을 모두 이조에 예속시켰다. 군영아문(軍營衙門)의 경우도 병조에 소속시켜 명령전달체계를 일원화시켰다. 관료기구의 효율적 운영을 위해 의정부의 기능을 강화시키고자 했다.

권력의 분산방안으로 비변사를 혁파하고 중추부를 실직화(實職化)시켜 변무(邊務)만을 담당하게 할 것을 제안했다. 동시에 이전까지 비변사가 장악하던 군국기무 처리 기능을 의정부에 회복시키고 고위관직에 대한 인사권을 부여했다. 의정부가 명실 공히 관료의 중심이 되는 행정체계를 구상했다. 그리고 왕과 관료집단 간에 사적인 연결을 방지하고 관료기구를 효율적으로 운영하기 위해 규장각의 초계문신(抄啓文臣)을 비롯한 청요직(淸要職)의 폐지를 주장했다.

즉 왕을 정점으로 하고 의정부를 통해 권력이 일원적으로 행사되도록 한 것이다. 이는 행정의 본체인 육조를 중심으로 하는 관료체제를 강화시키고자 하는 일종의 입헌군주제인 것이다. 또한 왕과 관료 사이에도 일정한 거리가 유지되도록 하여 사회개혁을 위한 정책이 일관성 있게 추진될 수 있는 독자적인 관료체제를 구성하고자 했다. 한편 나름대로의 새로운 관료제 개혁안을 제시하면서 이에 걸맞은 새로운 관료를 선발하기 위해 과거제 개혁론을 피력했다.

다산의 개혁사상은 그의 철학적 사유 내지는 역사관과 깊은 관련을 맺고 있다.

그는 새로운 천관(天觀)을 제시하며 천명(天命)과 인간본성이 이중구조적(二重構造的) 단일체(單一體)를 형성하고 있다. 성리학의 입장과는 다른 인간관과 윤리관을 가질 수 있었고, 제반 사회개혁론을 제시할 수 있는 근거가 됐다. 또한 그는 역사관에 있어서도 특출한 면을 드러내고 있다. 즉 민의 일상적 생산 활동을 통해 과학기술이 진보되고 발전된다는 인식을 확립했던 것이다.

그는 역사적 사실을 객관적으로 이해하기 위해 노력했다. 즉 역사적 사실이라는 것은 도덕적 가치와는 무관하게 존재하고 있다고 파악했던 것이다. 바로 역사 발전의 원동력이 민(民)에 있음을 비로소 인식하기 시작했던 사상가였던 것이다. 이와 같은 사상은 당시 사회가 직면해 있던 봉건적 질곡을 극복할 수 있는 탁견이었다. 그러므로 오늘날의 학계에서는 그를 실학사상의 집대성자이자 조선 후기 사회가 배출한 대표적 개혁사상가로 평가하고 있는 것이다.

다산은 당시 사회가 직면한 각종 해체 현상을 직시, 사회개혁을 위한 여러 방향을 모색했다. 아울러 현실에 대한 날카로운 비판의식을 가지고 그 문제점들을 찾아 나갔다. 나아가 그는 문제점이 가지고 있는 근본적 원인에 대해 규명하고자 하였고, 이를 기반으로 하여 그 문제에 대한 구체적이고 실천적인 개혁안을 마련해 보기 위해 노력했다. 그의 개혁안은 정조(正祖)와 같은 진보적인 군왕으로 하여금 왕도정치의 구현을 실질적으로 구현할 것으로 판단했다.

왕도정치의 실현을 위해서는 창의적이고 강직한 신하의 보필이 반드시 필요하다. 아마도 그는 자신이 군왕을 보필하는 역할을 감당할 수 있을 것으로 생각한 듯하다. 젊은 시절 한때 중요한 내직과 암행어사와 지방수령으로 있으면서 개혁정사를 실천하기도 했다. 그러나 생애의 대부분은 목민의 현장과 유리된 상태에서 보냈다. 오랜 귀양살이를 통해 당시 사회의 피폐상을 파악할 수 있었다. 이로써 그는 이상적이며 참신한 개혁안들을 제시할 수 있었던 것이다.

반면에 그는 개혁안을 자신이 직접 추진할 수 없었다. 관직에 대한 경험 부족은 그의 개혁안에 현장성의 결여라는 문제점을 안겨 주었다. 즉 개혁의 목표와 개혁된 사회상에 대해 뚜렷이 제시하고 있지만, 개혁된 사회를 이루기 위한 구체적 방법이나 과정에 대해서는 별다른 대안을 가지고 있지 못하다. 여기서 그의 개혁안이 가지고 있는 이상적 특성과 함께 실천에 있어서의 제한성이 드러나게 된다. 그의 개혁안은 민본주의의 한계를 완전히 벗어나지는 못했다.

민본주의는 민을 객체화하여 통치나 보호의 대상으로만 파악할 뿐, 민(民) 스스로를 통치의 주체로 인식하지는 못했다. 이러한 제약성은 그 개혁안의 실현가능성에 상당한 의문을 제기하게 된다. 다만 개혁을 향한 열정과 함께, 빈곤과 착취에 시달리던 민에 대한 애정이 확연히 드러나고 있다. 그는 시대의 문제점을 밝혀내는 데 과감했으며, 그것을 해결하기 위해 고뇌하던 양심적인 지식인이었다. 통치의 주체가 되지 못한 민은 결국에는 통치의 객체일 뿐이다.

그는 이상적인 왕도정치가 이루어질 수 있으리라는 희망을 간직하고 있었다. 그러기에 그는 스스로 좌절하지 않고 그 방대한 개혁사상을 전개해 나갈 수 있었다. 우리는 그의 개혁안이 묵살되거나 좌절되는 과정에서 왕조의 몰락 원인을 찾을 수 있을 것이다. 18세기 전후의 사회에서 개혁의 의지를 집대성하고, 개혁의 당위성을 명백히 해 주었던 인물이 다산이다. 조선에 다산이라는 개혁사상가가 있었다는 사실과 방대한 저술은 분명 민족의 자긍심이라 할 수 있다.

1) 경세유표

1808년(순조 8)부터 1817년(순조 17)까지 쓴 미완성 저술이다.[20] 『방례초본(邦禮草本)』이라고도 한다. 목적은, '신아지구방(新我之舊邦)'이라 하여 오래된 나라를 통째로 개혁해 보겠다는 뜻이다. 주례(周禮)의 이념을 근거로 왕조의 현실에 맞추어 중앙의 관제, 전제, 세제, 각종 행정기구, 국가경영 일반에 관한 일체의 제도법규에 대해 먼저 개혁의 대강과 원리를 제시했다. 그는 조선을 완전히 개혁하여 새로운 체제로 바꾸려는 의사로 『경세유표』를 저작한 것이다.

『경세유표』는 모두 48권으로 구성되어 있다. 즉 이조의 천관수제(天官修制), 호조의 지관수제(地官修制), 예조의 춘관수제(春官修制), 병조의 하관수제(夏官修制), 형조의 추관(秋官), 공조의 동관(冬官) 등으로 구성돼 있다. 다만 추관(秋官)편과

---

20) 『경세유표』 48권 15책.

동관(冬官)편은 미완성인 채로 그쳤다. 그렇지만『목민심서(牧民心書)』와『흠흠신서(欽欽新書)』에서 간접적으로나마 그 내용을 짐작할 수 있게 한다. 그러나 다산의 생각을 정확하게 추정할 수 있는지는 여전히 미지수로 남는다.

책의 구성을 보면 다음과 같다. 제1책(권 1~3)과 제2책(권 4~6)은 천관(天官), 지관(地官), 춘관(春官), 하관(夏官), 추관(秋官), 동관(冬官) 등 6조와 속아문의 구성 및 담당 업무, 각 조에서 관장해야 할 사회 및 경제 개혁의 기본원리를 제시하고 있다. 제3책(권 7~9)은 이조의 업무다. 여기에서 관직체계, 관품체계의 조직과 운영 방법, 국토의 재구획안, 지방제도의 재조정과 지방 행정 체계의 운영 방법 개선 및 관료의 인사 고과 제도 등을 상세히 설명하고 있다.

제5책부터 제14책까지는 호조의 업무이다. 토지제도와 조세제도에 대한 개혁 방안을 주로 설명했다. 먼저 제5책(권 12~14)과 제6책(권 15~17)은 국가경제의 바탕인 정전제(井田法)에 대해 서술했다. 여기서 정전법을 실질적으로 실시할 수 있는 방법 등을 제시했다. 제7책(권 18~20)과 제8책(권 21~23)도 역시 정전제에 대해 서술한 부분으로서 특히 군사 제도의 정비에 대해 언급했다. 제9책(권 24~26)은 정전제 실시를 위한 약전의 필요성과 방법을 설명했다.

제10책(권 27~29)과 제11책(권 30~33)은 부세제도의 개혁방안이다. 특히 국가의 조세가 농민과 토지에만 집중되는 현실을 비판하고, 광업, 공업, 어업, 상업, 임업 등 모든 산업에 과세함으로써 국민의 부담을 줄이고 재정수입 증대도 꾀했다. 제12책(권 34~36)에서는 환곡제도의 모순과 폐해와 사창제와 상평법을 시행, 구휼사업이 효과를 거둘 수 있게 했다. 제13책(권 37~38)에도 어업과 염전 등에 부과되는 세금의 부조리를 비판하고 그 개선책을 제시했다.

또한 제14책(권 39~41)은 호적과 교민법이다. 여기에는 국민을 정확하게 파악, 인재를 뽑아 교육시키는 정책 등이 제시됐다. 제15책(권 42~44)에는 문과와 무과의 과거제도 개혁을 제시하고 있다.『경세유표』는 다산의 경학론과 정치경제론의 종합으로 평가된다. 그러나『목민심서』나『흠흠신서』가 당시의 사회나 법률체계를 크게 변화시키지 않은 채 지방행정이나 형사사건 등을 효율적으로 처리하기 위한 세부적인 실무 지침을 규정하고 있는 것과는 크게 다르다.

목민심서나 흠흠신서와 달리 『경세유표』는 국가와 사회의 전반적인 개혁원칙을 보다 근본적으로 제시한 저술이다. 관직체계의 전면적 개편, 신분과 지역에 따른 차별을 배제한 인재등용, 자원에 대한 국가 관리제, 토지개혁과 부세제도의 합리화, 지방행정조직의 재편 등을 제기하고 있다. 또한 이 책에는 남인 실학자들의 공통된 주장이라 할 토지개혁 사상뿐만 아니라 기술과 상공업 진흥을 통한 부국강병의 실현이란 북학파들의 주장까지 폭넓게 담겨 있다.

그런 점에서 다산의 사회경제적 이념(理念)뿐만 아니라 조선 후기 실학자들이 궁극적으로 지향하려 한 이상(理想)사회를 실현하고자 하는 지침서일 수밖에 없다. 더구나 이 책은 당시 사회의 실상과 온갖 모순을 비판적 안목에서 상세히 서술하여 조선 후기의 사회 및 경제 연구에 무엇보다 중요한 자료가 되고 있다. 아쉬운 것은 그의 개혁안이 현실 정치에 적용되지 못하고 사장되고 말았다는 점이랄 수 있다. 이는 다산의 불행이자 조선의 불행이 아닐 수 없다.

(1) 토지제

조선 후기의 실학자들은 거의 원초유학의 왕도정치론을 제창했다. 이는 왕도정치를 적용함으로써 중세 해체기의 조선사회를 구제하기 위한 방안이었다. 즉 정전제(井田制)의 정신을 살려 토지개혁을 단행함으로써 인정(仁政)의 회복을 주장하는 새로운 왕도정치론으로서의 의미를 가졌기 때문이다. 실학자들이 제시했던 정전제 등에 관한 주장은 단순한 경제개혁론이라기보다 왕도정치를 구현하고자 하는 통합적 이론 가운데 중요한 적중한 요소로 보았기 때문이다.

다산도 왕도정치를 조선사회에 알맞게 재해석해 시행하려는 현실적 목표를 가지고 토지제도 개혁안을 제시했다. 당시 농업에 있어서 주된 생산관계는 지주-전호제가 보편적이었다. 따라서 이 시기의 토지개혁론은 이러한 지주제를 인정하는 위로부터의 개혁과, 지주제를 해체하고 자립적 소농이나 중소상공인의 입장을 지지하는 아래로부터의 개혁이 대두됐다. 실학파의 토지개혁론은 후자의 길과 관련되며, 그도 이와 같은 입장에서 자신의 토지개혁안을 제시했다.

다산의 토지개혁론은 「전론(田論)」에 나타난 여전제(閭田制)와 『경세유표』에 보이는 정전제의 두 단계로 나누어 볼 수 있다. 그리고 다시 정전제는 고대 정전제에 대해 나름대로 해석한 정전론과 전제개혁안을 적용한 정전의(井田議)로 구분할 수 있다. 그의 토지개혁안 가운데 여전제적 개혁안을 담고 있는 「전론」은 1798년에 작성됐다. 정전제적 개혁을 추구하던 『경세유표』는 1817년에 강진 귀양시절 다산초당에서 저술했으나 미완성인 상태에서 해배됐다.

그는 자신의 개혁론을 설명하기에 앞서 기존의 정전제·균전제·한전제를 차례로 비판했다. 우선 중국 고대의 정전제는 한전(旱田)과 평전(平田)에서만 시행되었던 것이므로, 수전(水田)과 산전(山田)이 많은 조선의 현실에는 맞지 않는다고 했다. 또한 균전제는 토지와 인구를 계산하여 이를 표준으로 삼는 방법이지만 조선에 그대로 적용하기 어렵다. 왜냐하면 조선은 호구의 증감이 수시로 변동되고 토지의 비옥도마저 일정치 않기 때문에 적합하지 못하다고 보았다.

그리고 한전제는 전지의 매입과 매각에 일정한 제한이 많은 제도이다. 즉 타인의 명의를 빌려 한도 이상으로 늘이거나 줄이는 것을 일일이 적발해 낼 수 없다. 이런 기본적 결함이 치전(治田)에 반하여 농사를 짓지 않는 자에게 토지를 주고 균산에 주안을 둔 데 있다고 지적한 것이다. 따라서 균산에 목적을 두지 않고 오직 농업생산력을 상승시킬 수 있는 치전에 목적을 둔 토지제도의 개혁을 주장함으로써, 경자유전(耕者有田)의 원칙을 분명히 하고자 했다.

먼저 그는 농업생산력의 향상에 관심을 갖고 여전제를 논했다. 「전론」에서 주장하는 여전제의 목적은 토지의 균분으로 토지와 재부가 집중되는 것을 방지하고자 하는 것이다. 경자유전의 원칙에 따라 농사를 짓는 자만이 농지를 얻고, 농사를 짓지 않는 자는 얻지 못하도록 했다. 이는 정전제(정전론, 정전의)에서도 견지되는 입장이다. 나아가 여전제의 토지제도를 군사조직의 근간으로 삼아 여-리-방-읍(閭里坊邑)에 따른 병농일치제적 군제개혁안을 구상했다.

여전제에서 제시하고 있는 구체적인 내용은 다음과 같다. 여전제는 30가구를 1여로 하여 여민(閭民)은 공동노동을 통해서 생산과 수확을 하는 것으로 설정되어 있다. 여기에서 여민이 선출한 여장(閭長)은 생산작업을 분담시키며, 일역부(日役簿)를 만들어 노동량을 기록한다. 이와 같이 여전제에서는 공동생산을 추진하지만, 소비는 가족 단위로 하는 것으로 생각했던 것이다. 즉 생산물의 분배는 생산에 투하된 가족의 노동량에 따라 이루어져야 한다는 것이었다.

또한 여전제는 토지의 봉건적 소유를 부정하면서 공동소유·공동경작을 창안함으로써 그 경제적 내용에 있어서 토지를 사회적 소유로 규정하고 있다. 여전제에서는 인구의 자유로운 이동을 8~9년간 허용하면, 이익을 추구하고 해를 피하려는 농민의 합리적 행동에 의해 각 여의 노동생산성과 빈부는 균등하게 될 것으로 전망하고 있다. 그리고 10년째부터는 인구와 노동력의 이동을 노동생산성을 균등화하는 방향에서만 국가에서 계획적으로 관리해야 한다고 했다.

토지제도개혁안은 궁극적으로 여전제(閭田制)를 지향했으나 현실과 타협할 수밖에 없어 정전제(井田制)로 바뀐다. 정전제의 실체를 상세히 설명하면 우리나라에서 정전제를 시행할 수 있는 가능성과 실현방법을 제시하고 있다. 현실적인 제약으로 말미암아 전국의 토지를 강제로 몰수하여 재분배하거나 모든 토지를 구획하는 것은 불가능하다고 생각했다. 따라서 먼저 관의 기준인 정전을 마련해 1/9만을 세금으로 받도록 하고 점차 전국으로 확대시켜나가도록 했다.

따라서 농사를 짓지 않는 사·공·상의 토지 소유를 반대했다. 상인과 수공업자는 독립적으로 여전제와 사회적 분업관계를 이루도록 한 것이다. 사·공·상의 토지의 소유를 제한하면서 여전제와 사회적 분업관계를 방법으로 제시했으나 모호하다. 사족의 경우 직업을 바꾸어 농사에 종사하거나 그 밖의 생산 활동, 즉 상업·수공업·교육 등에 종사할 것을 주장했다. 특히 사(士)들이 이용후생(利用厚生)을 위한 기술연구(技術研究)에 종사하는 것을 가장 높이 평가했다.

『경세유표』의 「정전의」에서는 국가재정을 마련하고 그 돈으로 사유 농지를 유상 매입하여 전체 농지의 9분의 1을 공전(公田)으로 만들기를 제안했다. 이 공전을 민의 노동력으로 경작하여 그 수확을 전세에 충당한다는 것이다. 그는 이를 실천하기 위한 과제로서 공전을 마련하기 위한 재원 마련, 기구 편성, 공전 편성작업, 공전 경작을 위한 노동력 할당, 토지대장 작업, 공전의 조세량 등을 검토했다. 그가 제시한 이 정전의의 개혁론은 조세개혁적 성격이 크다.

토지개혁이나 경작권 조정의 측면도 있다. 정전의에서 농업전문화를 통한 상업적 농업을 추구하면서 그 경영규모는 100무 단위의 부농에 의한 자본주의적 개별 경영을 지향했다. 한편 정전론에서는 전국의 토지를 국유화해 정전을 편성한 뒤, 그중 9분의 1은 공전을 만들어 조세에 충당하고 나머지는 농민에게 분배하며, 공전은 토지를 분배받은 농민의 공동노동으로 경작한다는 내용이다. 이는 국가에 토지 처분권을 귀속시켜 지주전호제의 재등장을 막자는 것이다.

그의 토지개혁론은 상업적 이윤과 '자본주의적' 경영을 전제로 한다. 양반 및 상공 계층은 소유를 금지하고 농업을 통한 상업적 이윤을 추구하게 한다는 점에서 다른 실학자들과는 차이가 있다. 그의 여전제와 정전론은 유사점이 많다. 즉, 그는 개혁안에서 경자유전의 원칙에 따라 농민에게만 토지를 주고자 했다. 그리고 농업생산력의 발전을 목표로 삼았다는 것과 전제개혁(田制改革)을 통해 병농일치제를 관철하고 지방제도와 병제의 일체화를 시도한 점도 비슷하다.

그러나 이 두 개혁안에는 차이가 있다. 즉 여전론은 여의 설치와 여민의 공동생산을 분명하게 했다. 정전론의 정전의 경우 그 운영에 여전과 차이가 있다. 농업의 전문화와 부농에 의한 개별 경영을 제안한다. 그런데 정전론과 여전론이 근본적으로 다른 개혁안은 아니다. 그는 지향할 궁극적 목표 내지는 방향은 여전제적 개혁안을 제시했던 것으로 보인다. 그리고 그 현실적 개혁안으로서 정전제를 말했기 때문에 이 둘 사이에는 상이점보다는 유사점이 더 많다.

(2) 부세제

국가재정의 수입증대와 국민의 세금부담을 줄이기 위해 부세제도 개혁안도 제시했다. 과세하는 대상이 농민과 토지에만 집중되는 것을 비판하고 모든 산업에 세금을 부과하도록 했다. 특히 어업과 염전 등에 부과되는 세금의 모순과 부조리를 비판하고 그 개선책을 내놓았다. 환곡(還穀)제도가 관리들의 치부와 백성들의 고혈을 빨아먹는 병폐를 근원적으로 개선하기 위해 사창제(社倉制)와 상평법(常平法)을 실시해 실제적으로 기아에 허덕이는 구휼사업이 되게 했다.

(3) 과거제

과거제도는 관직 수행에 필요한 자질을 갖춘 인재를 선발하는 것이다. 그러나 당시 과거는 이미 권위를 잃은 제도로 전락한 상태였다. 그러므로 과거제도의 개혁을 위한 그의 사회개혁사상은 정치사회적 이념에 대한 접근과 그가 궁극적으로 이루려 했던 사회의 성격을 알 수 있게 해 준다. 그 밖에 당시 사회의 실상과 제반 모순을 비판하여 사회와 국가의 전반적인 개혁원칙을 제시했기 때문에 조선 후기 정치사·사회사·경제사를 연구하는 데 귀중한 자료로 평가된다.

그는 과거제의 개혁은 이익(李瀷)의 견해에 찬동했다. 즉 식년시 외에 부정기시를 모두 혁파하고, 급제자의 수도 줄임으로써 과거에 합격하고도 관직을 얻지 못하는 일이 없도록 해야 함을 강조했다. 이는 과거제 본래의 기능을 일단 회복시키자는 목적에서 제기된 것이다. 또한 공거제(貢擧制)를 과거시험의 1단계에서 도입하고, 소과(小科)와 대과(大科)를 통합했으며, 마지막으로 삼관(三館)의 관료들이 급제자와 경륜을 논하는 조고(朝考)를 첨설할 것을 제시했다.

고시과목도 대폭 증설, 경학과 관련된 과목들이 시험 때마다 바뀌도록 했고, 중국사는 물론 우리 역사, 관료의 실무 행정과 관련되는 잡학(雜學), 체력의 단련을 요하는 시사(試射) 등을 새로이 추가했다. 이러한 과거제도의 개혁론은 관료를 선발하는 기준을 덕행(德行), 재주 등으로 다양하게 확대하고, 학교제와 과거제의 연결을 통해 관료의 양성과 선발을 구조화하고자 한 것이다. 즉 관료로서의 기본적인 자질과 실무능력을 고양시키려는 의도에서 비롯된 방안이다.

(4) 보민제

다산은 원초유학에 입각한 왕도정치론의 차원에서 사회개혁론을 제기했다. 그 구체적 실천 방안으로 민에게 항산(恒産)을 보장해 주고, 정전제의 실시를 통해 부세와 요역을 고르게 하여, 상공(商工)을 보호할 것을 제시하는 등 전반적 차원에서 '보민(保民)'을 주장했다. 특히 궁민(窮民)의 구제에 관심을 가져야 한다고 했다.

(5) 상공업정책

다산은 상업 및 수공업 분야에도 개혁적 사상을 가지고 있었다. 원초 유학의 왕도정치론에서는 인정(仁政)의 지표 가운데 하나로 상인과 장인(匠人)을 보호하는 문제를 거론하고 있다. 조선 후기 사회에서는 선진시대와는 달리 상공업이 상대적으로 발전해 가던 단계였다. 선진 유학에서 제시했던 공고(工賈)에 대한 보호 논리와 조선 후기의 상공업계의 발전 등에 영향을 받아서, 화폐의 유통정책에 적극적이었으며, 광업의 개발문제에 대해서도 관심을 가지고 있었다.

왕도정치를 구현하려면 상공업 진흥론을 개진하는 것은 일견 당연하다. 조선의 상공업진흥을 가로막은 풍토는 우선 상업을 천시하는 말업관과 상인의 관직 진출을 막는 금고법이다. 그래서 이의 철폐를 주장했다. 이는 유식(遊食)양반에 대한 문제를 해결하기 위한 방법의 일환이다. 또한 상업발전론을 제시하는 한편 특권 상업 및 매점상업에 대해서는 반대론을 전개했다. 이때는 이미 18세기 이후 발달한 특권 및 매점 상업에 의한 폐단이 발생하고 있었기 때문이다.

그리고 '선왕의 법'을 들어 상업 이윤을 확보하던 상인들에 대해 상업세의 증수를 꾀하기도 했다. 이를 위해서는 세과사(稅課司)나 독세사(督稅司)와 같은 세무 관서의 설치가 필요하다고 보았고, 상업세의 증수를 위해 구체적인 방안을 제안했다. 상업뿐만 아니라 수공업 분야에 대해서도 큰 관심을 가졌다. 그는 방직(紡織)분야 등에서 드러난 낙후된 국내 기술을 발전시키고 생산력의 향상을 통한 국부를 증대시킬 목적으로 선진기술을 과감히 수용해야 한다고 주장했다.

또한 선진국인 중국으로부터 선진기술을 받아들이기 위해서 이용감(利用監)과 같은 관청의 설치를 제안했다. 선박(船舶)과 수레 제조기술을 장려하기 위해서는 전함사(典艦司)나 전궤사(典軌司)와 같은 관청을 중앙정부에 설치하도록 아울러 제안했다. 그는 이를 위해 정부가 주도적으로 나서서 선진기술을 도입해서 기술을 발전시켜 나가야 한다고 피력했다. 또한 화폐가 유통되는 현실을 인정하면서도 농본적인 절약의 입장에서 화폐 유통의 구조 개선을 주장했다.

화폐가 상품 유통의 매개체로서 국가 경제에 있어서 중요하다고 인식했다. 당시 화폐정책 및 화폐제도의 개혁과 전황(錢荒)을 극복하려면 개혁이 시급했다. 이를 위해 전환서(典璩署)를 설치, 화폐주조 관리체계를 일원화하고 화폐의 품질과 체제를 개선한다는 것이다. 화폐제도의 개혁안으로 동전을 가장 이상적인 화폐로 생각했으나, 고액전의 통용 및 금(金)·은화(銀貨)의 주조를 제안하기도 했다. 그 때 고액전과 금과 은화의 주조를 제안한 것은 탁견이라 할 수 있다.

후기조선 사회는 광업(鑛業)분야에도 변화가 일어나고 있었다. 18세기 말에는 공장제 수공업 단계의 덕대제(德大制)의 광업경영이 진행되고 있었던 것이다. 동 시에 농민층의 분화와 관련하여 광산노동자가 증가되고, 이로 인해 농업노동력의 부족현상까지 나타났다. 광업의 발달은 전답과 봉건질서를 함께 파괴시켜 갔다. 그리고 광세(鑛稅)의 징수, 금은의 국외 유출에 따른 손실 등 여러 문제가 동시에 수반됐다. 이에 사회개혁론의 일환으로 광업개혁론을 제시한 것이다.

광업론은 크게 두 단계로 나눌 수 있다. 초기는 국영 광업정책의 단서가 마련 되는 「지리책(地理策)」·「응지논농정소(應旨論農政疏)」를 저술할 시기이다. 이때 설점수세제를 기본으로 한 정부의 광업정책을 용인하면서 동점(銅店)과 철점(鐵 店)에 대한 억제정책의 완화와 광업의 민영화를 인정했다. 그러나 광업 민영화보 다는 관영화 또는 국영화의 필요성을 강조하는 방향을 견지했었다. 광업개혁론에 있어서 두 번째 단계는 『경세유표』·『목민심서』의 단계이다.

여기서 광업정책 및 광업경영론, 즉 중앙정부 차원의 근본적 개혁 방안으로 국 영광업정책 및 국영광업론을 제시하면서 중앙에는 사광서(司鑛署)를 설치하고 지 방에는 감무관(監務官)을 파견하여 관리하고자 했다. 이 밖에 이용감의 설치와 금 광군의 생산·노동 조직과 경영형태 및 생산기술에 대해 기술하면서 생산성 향상 을 전망했다. 나아가 아전의 중간 수탈과 소란의 근원을 방지하기 위해서 지방관 차원의 광업제도 운영방안으로서 광업 행정지침을 구상했다.

이러한 광업개혁론은 덕대제 광업 경영의 기술수준을 바탕으로 한다. 이상과 같은 왕도정치의 이념에 따라 상공인을 보호하는 한편 상공업의 발전을 촉진시키 기 위한 것이다. 또 통공발매정책을 지지하면서 상업세의 증수를 강조했다. 그는 광업을 국부의 원천으로 파악, 국가재정의 확보를 위해 광산국영을 주장했다. 이 러한 상공업 개혁론은 현실적으로 국가의 재정을 확보하고 유식자를 정리, 개직

(皆職)을 성취해야 한다는 사회개혁적 입장에서 제시됐다.

(6) 신분제

경제사상과 함께 추구하던 왕도정치의 이념을 기반으로 사회개혁론을 전개했다. 일찍이 왕도정치의 이념을 제시한 맹자는 「등문공(滕文公)」上에서 "백공의 일은 본래 농사를 지으면서 할 수 있는 일이 아니다(百工之事 固不可耕且爲也)"라며 노심자(勞心者)와 노력자(勞力者)를 구별해 사회적 분업개념의 원형을 제시했다. 봉건사회 해체기인 조선 후기의 사회구조에서 사회적 분업이라는 측면보다는 신분제도가 적용되는 사회적 불평등이 엄존하고 있었다.

실학자들은 공통적으로 신분제도의 모순을 지적했다. 그들은 고착적 신분제에 의해서 사회를 설명하기보다는 사회적 분업에 가까운 개념으로 조선사회를 재편하고자 했다. 다산도 사회신분제의 개혁을 논했으나 미진한 점이 많다. 그는 모든 신민을 사·농·공·상·포·목·우·빈·주(士農工商圃牧虞嬪走)의 9직으로 나누어 배치해야 한다고 보았다. 이는 직역(職域)에 대한 종래의 신분적 파악에서 사회 분업에 따른 직능적(職能的)으로 파악하고 있음을 보여 주고 있다.

그는 사의 농·공·상에의 참여와 농·공의 과학기술적 기반의 중요성을 강조한다. 또 기예 경영을 통해 우수한 농·공인을 행정직에 발탁하는 일종의 직업별 과거제를 주장한다. 하지만 9직은 공동체적 필요에 의해 국가에서 배정하는 것으로 자유로운 선택이 아니므로 사민구직을 수평적·직능적으로 파악한다는 것은 신분제의 철저한 혁파를 의미하는 것이 아니다. 인간의 본질적 평등에 관해서는 인정을 했지만 신분 간의 위계질서는 어느 정도 필요한 것으로 보았다.

그리하여 "국가에서 의지하는 것은 사족인데 그들의 권리와 세력을 없애면 위급할 때 소민의 난리를 누가 막을 수 있겠는가?"라고 우려했다. 곧 양반사족의 지도나 통솔이 없이는 국가가 존립할 수 없다는 신분관을 가지고 있었던 것이다. 이러한 인식은 교육관에도 그대로 드러나 양반 자제와 서민은 교육기관이나 교육내용을 엄격히 구분하여야 한다고 주장한다. 즉 양반은 지도자로서 수기치인의 전인교육을, 일반 백성은 효제의 윤리교육을 실시해야 한다고 했다.

곧 양반은 통치자로서 갖추어야 할 덕목을 배우고 평민은 피지배자로서 지켜야 할 윤리를 배워야 한다는 것이다. 다만 그는 지배계급의 선천적인 우월과 피지배계급의 선천적인 열등을 합리화시키는 운명론만은 부정하고 있을 뿐이다. 이는 인명을 중시하는 민본주의 사상에서 계층 간 격차를 좁혀 보려는 시도로 보인다. 그러나 정치의 담당자는 양반이어야 함을 내세우는 고정된 신분관에서 벗어나지 못하고 있으며, 완전한 신분제로의 타파도 못 한 것은 한계이다.

신분관의 한계는 그뿐 아니다. 그는 성공적인 독농가나 향촌지도자도 그 최종 귀착점을 관직에 두었다. 이는 유식양반들에게 개직(皆職)을 보장, 그들을 지방행정의 하급 담당자로 삼아 행정의 운용 효율과 사회 풍속의 개선도 기대할 수 있다는 인식과 연결된다. 향촌제도의 개편과 연결, 향직(鄕職)을 정식 관직화하기를 제안했고, 향리(鄕吏)제도의 문제점을 지적했다. 이와 같은 그들의 개혁안은 유식양반들에게 개직을 보장하기 위한 노력의 일환이기도 했다.

실학자들은 사회 신분제에 대해 직능적 관점에서 파악하고자 했다. 그들은 사회적 분업을 인정하는 입장에서 사회구조를 논했다. 그들은 성리학적 견지에서 제시되던 선천적 불평등성에 입각한 인간불평등성론에는 분명한 반대의지를 가지고 있었다. 다만 그들은 만민평등의 원리를 개관적으로 이론화하거나, 신분제를 철폐하여 사회적 평등단계에까지는 이르지 못했다. 하지만 왕도정치의 이념에 따라 조선 후기 사회의 불평등성에 대해 문제의식은 가지고 있었다.

결국 실학자들의 신분관은 전통사회의 관념을 벗어나지 못한 것이다. 더구나 실학의 완결자라고까지 인정하는 다산도 마찬가지였다. 다산의 신분관에서 가장 실망스런 점은 "양반사족의 지도나 통솔이 아니면 국가가 존립할 수 없다"라는 발상이다. 그는 단지 "한유(韓愈)의 선천적인 열등론만을 합리화시키는 운명론을 부정했다"고 볼 수 있다. 그마저도 이럴 정도이니 만민평등사상이 나왔겠는가.

2) 목민심서

목민심서(48권 16책)는 1818년에 완성됐다. 조선과 중국의 역사서를 비롯해 자

(子)・집(集) 등의 치민과 관련된 자료를 뽑아 지방 관리들의 폐해를 제거하고 지방행정을 쇄신하기 위해 지은 것이다. 유고집 『여유당전서(與猶堂全書)』에 있다. 그는 아버지의 임지(任地)를 따라다닌 경험과, 금정찰방과 곡산군수로서 백성을 다스렸다. 18년 동안의 귀양살이를 통해 백성이 국가 권력과 관리의 횡포에 도저히 배겨내지 못하는 실상을 누구보다도 소상하게 알게 됐다.

다산은 목민심서의 서(序)에서 "성현이 간 뒤로 세월은 오래되고 그 말은 사라져서 성현의 도(道)는 없어지게 되었다. 지금의 목민관(牧民官)들은 오직 사리사욕을 취하기에만 급급하고 백성을 기를 줄을 모른다. 그렇게 되니 백성들은 피폐하고 곤궁하며 병에 걸려 서로 줄을 지어 쓰러져서 구렁을 메우건만 목민관이란 자는 여기에서 좋은 옷과 맛 좋은 음식으로 제 자신만 살찌우고 있다. 어찌 슬픈 일이 아니겠는가.

나의 선친이 착한 임금의 지우(知遇)를 얻어 두 고을의 현감(縣監), 한 고을의 군수(郡守), 한 고을의 도호부사(都護府使), 한 고을의 목사(牧使)를 역임하여 다 치적이 있었다. 비록 용(정약용)은 불초하나마 아버지를 따라 다니면서 배워 조금은 들은 것이 있으며, 따라다니면서 보는 동안에 조금은 깨달은 바 있었다. 물러나와서 이것을 실지에 시험하여 조금은 징험한 것이 있었다.

그러나 이제 이미 귀양살이하는 몸이 되었으니, 이것을 쓸 곳이 없어졌다. 멀리 떨어진 변방에 궁하게 살아온 것이 18년이나 되었다. 그동안에 오경(五經)과 사서(四書)를 가지고 되풀이 연구하여 자기의 몸을 수양하고 학문을 닦았다. 이미 학문이라고 말한다면 수신과 치민으로 이루어지는 학문의 반만을 배우게 된 셈이다.

이에 23사(史)와 우리나라의 여러 가지 史記와 자집(子集)의 여러 서적을 가져다가 그중에서 옛날의 사목들이 목민한 사적을 뽑아서 위로 아래로 그 실마리를 찾고, 종류별로 나누어 모아서 차례를 따라 책을 만들었다. 그리고 여기는 남쪽으로 멀리 떨어진 곳이어서 전답의 조세 부과와 징수에 간사하고 교활한 아전들의 행위로 인하여 폐단이 어지럽게 일어난다. 있는 곳이 비천하기 때문에 듣는 것이 매우 상세하다. 따라서 그것도 또한 분류하여 대강 기록하였다"고 했다.

목민심서의 내용은 부임(赴任)・율기(律己)・봉공(奉公)・애민(愛民)・이전(吏典)・호전(戶典)·예전(禮典)·병전(兵典)·공전(工典)·진황(賑荒)·해관(解官)의 12편으로 나눠, 각 편을 다시 6항목으로 나누어 72항목으로 엮었다. 각 조의 서두에는 수령으로서 지켜야 할 원칙과 규범들을 간단명료하게 지적했다. 다음에는 설정된 규범들에 대한 상세하고 구체적인 설명과 그것의 역사적 연원에 대해 분석했다.

그리고 그 아래에 고금의 이름 있는 사업과 공적에 대한 견해를 첨부했다.『목민심서』의 체제와 내용은 지방 관리의 부임에서 해임에 이르기까지 반드시 준수하고 집행해야 할 실무상 문제들을 각 조항별로 견해를 피력해 놓았다. 그는 "백성들은 흙으로 밭을 삼고 관료들은 백성으로 밭을 삼아 살과 뼈를 긁어내는 것으로 농사를 삼고 가렴주구로 추수를 삼는다. 이것이 습성이 되어 당연한 것으로 인정하고 있다"고 규탄하면서 수령의 실천윤리를 제시한 것이다.

> △ 부임편(赴任篇): 除拜·治裝·辭朝·啓行·上官·莅事
> △ 율기편(律己篇): 飭躬·淸心·齊家·屛客·節用·樂施
> △ 봉공편(奉公篇): 宣化·守法·禮祭·文報·貢納·徭役
> △ 애민편(愛民篇): 養老·慈幼·振窮·哀喪·寬疾·救災
> △ 이전편(吏典篇): 束吏·馭衆·用人·擧賢·察物·考功
> △ 호전편(戶典篇): 田政·稅法·穀簿·戶籍·平賦·勸農
> △ 예전편(禮典篇): 祭祀·賓客·敎民·興學·辨等·課藝
> △ 병전편(兵典篇): 簽丁·練卒·修兵·勸武·應變·禦寇
> △ 형전편(刑典篇): 聽訟·斷獄·愼刑·恤囚·禁暴·除害
> △ 공전편(工典篇): 山林·川澤·繕廨·修城·道路·匠作
> △ 진황편(賑荒篇): 備資·勸分·規模·設施·補力·竣事
> △ 해관편(解官篇): 遞代·歸裝·願留·乞宥·隱卒·遺愛

(1) 부임(赴任)

① **제배(除拜)**: 수령 벼슬은 구해서는 안 된다. 또한 임명을 받은 직후에 재물을 함부로 써서는 안 되며 새 수령을 맞이하는 데 필요한 쇄마전을 이미 받고서 또 백성들에게서 거둬들여도 안 된다.

② **치장(治裝)**: 행장을 꾸릴 때 의복과 안장 얹은 말은 다 예전 것으로 하고 새 것을 마련해서는 안 된다. 또한 동행하는 사람이 많아서는 안 된다. 만약 이

불과 솜옷 외에 책을 한 수레 싣는다면 이는 맑은 선비의 행장일 것이다.

③ **사조(辭朝)**: 서경(署經)을 받고 나면 곧 임금에게 하직 인사를 드린다. 공경과 대간에게 두루 하직 인사를 할 때에는 마땅히 자신의 재주와 국량이 수령 벼슬을 하기에 부족함을 말할 뿐, 녹봉의 많고 적음을 말해서는 안 된다.

④ **계행(啓行)**: 부임 행차에서는 엄하고 온화하며 과묵하여야 한다. 관청 건물에 귀신과 요괴가 있어 아전들이 피하도록 고하더라도 그 말에 구애받지 않고 어지러운 풍속을 진정시켜야 한다. 부임길에 들르는 관청에서는 마땅히 선배 수령에게 가서 백성을 다스리는 법을 열심히 논의해야 하지, 농담으로 밤을 보내서는 안 된다.

⑤ **상관(上官)**: 취임할 때에 길일(吉日)을 고를 필요는 없다. 비가 올 경우에만 개기를 기다리는 것이 좋다. 취임을 하면 관속의 인사를 받는다. 관속의 인사가 끝나면 단정히 앉아 백성을 다스릴 방도를 생각한다. 너그럽고 엄숙하며 간결하고 치밀하게 규모를 미리 정하되, 그때의 사정에 맞게 하고 스스로 확고하게 지켜 나가야 한다.

⑥ **이사(理事)**: 새벽에 관청에 나가 앉아서 공무를 본다. 이날 사족(士族)과 백성들에게 명령을 내려 고질적인 병폐를 묻고 의견을 구한다. 다음 날 아전을 불러 화공을 모으도록 명령하고 고을을 조밀하게 그린 지도를 만들어 백성들의 습속을 살피고 인정을 알 수 있고, 아전과 백성이 왕래하는 길을 알 수 있도록 한다.

(2) 율기(律己)

① **칙궁(飭躬)**: 일상생활에 절도가 있고 옷차림을 단정하게 하며 백성을 장중하게 대하는 것이 수령의 도이다. 많이 말하지도 말고 갑자기 성내지도 말

아야 한다. 공사에 여가가 있으면 마땅히 책을 꺼내 항상 외우고 읽어야 한다.

② 청심(淸心): 청렴함은 수령 본연의 일로서 온갖 선의 근원이고 모든 덕의 근
본이다. 무릇 진귀한 물건으로 본 읍에서 생산되는 것은 하나라도 가지고
돌아가서는 안 되며 뇌물을 주고받는 일 또한 하지 말아야 한다.

③ 제가(齊家): 자기 고을을 다스리려고 하는 자는 먼저 자신의 집을 다스려야
한다. 형제가 서로 그리워하면 때때로 오고 가면 될 뿐 오래 머무는 것은 옳
지 않다. 또한 의복의 사치는 복을 깎는 일로 해서는 안 되는 것이다.

④ 병객(屛客): 수령은 고을 사람과 이웃 고을 사람을 끌어들여 만나서는 안 된
다. 친척이나 친구가 관내에 많이 살면 거듭 엄중히 몸단속을 하도록 하여
의심과 비방을 없게 해야 한다. 다만 가난한 친구와 궁핍한 친족으로서 먼
곳으로부터 온 자가 있다면 마땅히 끌어들여 접대하고 후하게 대우하여 보
낼 것이다.

⑤ 절용(節用): 아끼는 것은 수령의 첫 번째 의무이다. 의복과 음식은 검소한
것으로 법을 삼는다. 공적인 손님에 대한 접대 음식 또한 먼저 그 법을 정한
다. 접대하는 기일에 앞서 쓰일 물건을 갖추어 예법을 담당하는 아전에게
준다. 아전들이 뭇 물건을 받으면 자기 것처럼 여겨 아끼고 잘 관리하여 함
부로 낭비하지 않게 될 것이다.

⑥ 낙시(樂施): 베풀기를 즐기는 것은 덕을 심는 근본이다. 가난한 친구와 궁핍한
친족은 힘을 다해 도와준다. 만약 공적인 빚이 많은 경우에는 그 상황을 친
구들에게 말하고 여유가 있을 때까지 조금 기다린 후에 와서 구하라고 한다.

(3) 봉공(奉公)

① **선화(宣化)**: 군수나 현령은 본래 임금의 은덕을 받들어 백성들에게 흐르게 하고 덕을 베풀어야 한다. 윤음이 고을에 도달하면 마땅히 백성들을 모아 놓고 친히 입으로 선포하여 임금의 은덕을 알게 해야 할 것이다.

② **수법(守法)**: 법이라는 것은 임금의 명령이다. 국법으로 금지하는 것과 법률서에 실려 있는 것은 감히 어겨서는 안 된다. 법으로서 해가 없는 것은 지켜서 바꾸지 말고, 관례로서 이치에 합당한 것은 좇아서 잃지 말아야 한다. 법을 지켜 흔들리지도 않고 빼앗기지도 않으면 사람의 욕심이 물러나고 하늘의 이치가 행해질 것이다.

③ **예제(禮際)**: 예의에 맞게 교제하는 것은 군자가 신중히 하는 것이니 공손함이 예에 가까워야 치욕을 멀리할 수 있다. 감사는 수령과 오랜 친분이 있다 해도 무조건 그를 따라서는 안 된다. 상사(上司)가 아전과 군교(軍校)를 심문하여 다스리면 일이 사리에 어긋나더라도 순종하여 어기는 일이 없어야 옳다. 이웃 고을과는 서로 화목하고 그 고을의 수령을 예로써 대접하면 후회가 적게 될 것이다.

④ **문보(文報)**: 공적으로 보내는 문서는 정밀하게 생각해 스스로 쓰고 아전의 손에 맡겨서는 안 된다. 또한 폐단을 말하는 문서와 청구하는 문서, 상사의 지시를 거부하는 문서와 송사를 다룬 문서의 경우, 반드시 문장이 조리가 있고 진실하고 간절한 마음이 드러나 있어야 사람을 움직일 수 있다.

⑤ **공납(貢納)**: 제물은 백성에게서 나오고 그것을 걷어서 나라에 바치는 자는 수령이다. 먼저 부유한 집의 세금을 걷어 아전이 횡령하는 일이 없게 해야 납부 기한에 맞출 수 있다. 잡세와 잡물은 백성들이 매우 고통스럽게 여기는 것이니 쉽게 얻을 수 있는 것만 납부하고 얻기 어려운 것은 거절해야 허

물을 없앨 수 있다. 그리고 혹여 상사에서 이치에 어긋난 일을 강제로 배정했을 경우 마땅히 이해관계를 다 진술하여 받들어 행하지 않아야 한다.

⑥ **요역(搖役)**: 상사에서 차출하여 파견하면 순순히 따라야 한다. 시험장에 감독관으로 차출되면 한결같은 마음으로 공무를 받들고 사사로운 일에는 옳지 못함을 말해야 한다. 심문관이 되면 한 달에 한 번은 직접 나가서 실정을 파악해 빨리 판결하는 것이 좋다. 제방을 수리하고 성을 쌓는 일에 차출되어 나가 감독하게 되면 기쁜 마음으로 백성을 위로하여 인심을 얻도록 힘써야 일을 성공할 수 있게 된다.

(4) 애민(愛民)

① **양로(養老)**: 양로의 예가 폐지되고서 백성들이 효도를 하지 않으니 수령이 된 자는 다시 예를 거행하지 않으면 안 된다. 양로의 예에는 반드시 노인들로부터 말씀을 구하는 예가 있으니 괴로운 점이나 질병을 물을 때 이 예에 맞춰서 해야 한다. 섣달 그믐날에는 음식물을 노인들에게 돌린다.

② **자유(慈幼)**: 백성이 곤궁해지면 자식을 낳아도 기를 수가 없으니 타이르고 교육시켜서 아들딸들을 보호해야 한다. 흉년이 들면 자식을 버리니 수령은 버려진 자식들을 거두어 길러 백성의 부모 노릇을 해야 한다. 만약 흉년이 아닌데도 자식을 버리는 일이 있으면 원하는 백성에게 기르게 하고 식량을 보조해 주도록 한다.

③ **진궁(賑窮)**: 홀아비, 과부, 고아, 자식 없는 사람을 사궁(四窮)이라고 하니 이들은 스스로 일어나지 못하고 남을 기다려 일어난다. 수령은 사궁을 가릴 때 나이, 친족, 재산 이 세 가지를 모두 살펴서 모든 것이 극한 상황이면 진실로 궁한 사람으로서 돌아갈 곳이 없으니 관에서 그들을 돌봐야 한다.

④ **애상(哀喪)**: 백성 가운데 지극히 가난하여 사람이 죽었는데도 장사를 지내지 못하는 사람이 있으면 관에서 돈을 내어 장사 지내 준다. 또한 기근과 전염병으로 사망자가 속출할 경우 거두어 매장하는 정사를 진휼과 함께 시행해야 할 것이다. 혹시 비참한 일이 눈에 띄어 측은함을 이기지 못할 때에는 즉시 도와주어야 한다.

⑤ **관질(寬疾)**: 불구자와 중환자에게는 정역(征役)을 면제해 주는 것을 관질(寬疾)이라 한다. 군졸들 가운데 야위고 병들었으며 춥고 배고파 곤경에 처한 사람에게는 옷과 밥을 넉넉히 주어야 한다. 전염병이 유행하면 어리석은 민간에서 꺼리는 것이 많은데 수령은 그들을 어루만지고 치료해 주어 두려움이 없게 해야 할 것이다.

⑥ **구재(救災)**: 재해와 액운이 있으면 불탄 것을 구하고 물에 빠진 것을 건지기를 마땅히 자신이 불타고 물에 빠진 듯해야 하고 느슨하게 해서는 안 된다. 환난이 있을 것을 생각해서 미리 막는 것이 재앙을 당하고서 은혜를 베푸는 것보다 낫다. 해가 제거되면 백성을 어루만지고 편안히 모여 살게 하는 것이 수령의 어진 정치이다.

(5) 이전(吏典)

① **속리(束吏)**: 아전을 단속하는 근본은 자기를 단속하는 데에 있다. 자신의 몸이 바르면 명령하지 않아도 실행하고, 자신의 몸이 바르지 않으면 명령을 내려도 실행하지 않는다. 수령은 아전을 예로 대해 주고 은혜로 대접한 후에 법으로 단속해야 하며, 타이르고 감싸 주고 가르치고 깨우치면 바르게 되지 않을 수 없다.

② **어중(馭衆)**: 관속을 통솔하는 방법은 위엄과 믿음뿐이다. 군교(軍校)는 무인으로서 거칠고 사나운 부류이다. 그들의 횡포를 막기 위해서는 엄하게 대해

야 한다. 시동(侍童)으로서 어리고 약한 자는 마땅히 사랑으로 길러 줘야 하고 그에게 죄가 있으면 최저형으로 감해 주어야 한다. 골격이 이미 장대한 자는 아전처럼 단속한다.

③ 용인(用人): 나라를 다스리는 것은 사람을 쓰는 데에 달려 있다. 아첨을 잘 하는 자는 충성스럽지 못하고 간(諫)하기를 좋아하는 자는 배반하지 않는다. 이를 살핀다면 잘못하는 일이 적을 것이다. 만일 쓸 만한 사람을 얻지 못하 면 이는 자리만 채울 뿐이니 그에게 많은 일을 맡기면 안 된다.

④ 거현(擧賢): 어진 사람을 천거하는 것은 수령의 직책이다. 마땅히 문학하는 선비를 추천장에 기록하고, 고을 안에 경전에 밝고 독실하게 수행하는 선비 가 있으면 몸소 찾아가 방문하고 때마다 안부를 물어 예의를 갖춰야 한다.

⑤ 찰물(察物): 수령은 외로이 고립되어 있어서 사방에 눈을 밝히고 사방에 귀 를 세우는 행동이 필요하다. 가까이 있는 사람의 말은 믿고 들으면 안 된다. 비록 한가로이 말하는 것이라도 사사로운 마음이 들어 있기 때문이다. 그리 고 미행은 사람들의 동태를 제대로 살피지도 못하고 자신의 체면만 깎일 뿐 이니 해서는 안 된다.

⑥ 고공(考功): 아전의 업무에 대해서는 반드시 그 공로를 살펴야 한다. 아전의 공적과 허물을 기록해서 한 해가 끝나고 공적을 평가해 상을 내리는 것이 좋을 것이다. 수령의 임기는 6년으로 정해야 한다. 수령이 오랫동안 재임한 후에 아전의 업적을 의논할 수 있다. 만일 그렇게 못 한다면 오직 공이 있는 자에게는 상을 주고 죄가 있는 자에게는 반드시 벌을 주어 백성에게 명령에 대한 믿음을 주어야 할 것이다.

(6) 호전(戶典)

① **전정(田政)**: 토지를 측량(測量)하는 법은 아래로는 백성에게 해를 끼치지 않고 위로는 나라에 손해를 입히지 않게 하고, 공평하게 해야 한다. 진전 가운데 아주 묵힌 밭은 그 세액이 너무 많은 것을 밝혀 등급을 내려 주어야 한다.

② **세법(稅法)**: 서원(書員)이 들에 간평(看坪)하러 가는 날에는 온화한 말로 타이르고 위엄 있는 말로 제어하여 백성의 원망을 사지 않도록 당부해야 한다. 상사(上司)에 재결을 보고할 때에는 실제의 숫자를 준수해야 하고 만약 상사로부터 얻은 것이 집재한 것보다 적으면 각 고을에 같은 비율로 삭감해야 한다. 백성이 쌀을 바치는 날에는 수령이 친히 받아 창노가 몰래 거두어들이는 일이 없도록 한다. 또한 습속을 따라 다스려 원망을 사지 않도록 한다.

③ **곡부(穀簿)**: 환곡을 갑자기 곡식 대신 돈으로 받으라는 명령이 있으면 마땅히 이치를 말하며 지시를 따를 수 없다는 보고를 하고, 행해서는 안 된다. 사족이 사사로이 곡식을 구걸하면 허락해선 안 된다. 관아의 재물을 덜어서 거두어들이지 못한 환곡을 채우거나 상사에게 건의해 환곡을 탕감해 주는 것이 덕 있는 정치이다.

④ **호적(戶籍)**: 호적이라는 것은 모든 부세의 원천이고 요역의 근본이니 호적이 고르게 된 후에야 부세와 요역이 고르게 된다. 호적이 문란하면 기강이 무너져 부세와 요역을 고르게 할 수가 없는 것이다.

⑤ **평부(平賦)**: 부역을 공평하게 시키는 것은 긴요한 일이다. 무릇 고르지 않은 부역은 징수해서는 안 되니 저울눈 한 눈금이라도 공평하지 않으면 정치가 아니다. 민고(民庫)의 관습은 고을마다 같지가 않다. 절제함이 없이 필요할 때마다 거두면 안 되고 민고의 하기(下記)를 검사하게 하는 것은 예가 아니다.

⑥ 권농(勸農): 농사는 백성에게 이로운 것이다. 농사를 권장하는 핵심은 세를 덜어 주고 부역을 가볍게 하여 그 근본을 배양하는 것이다. 이렇게 되면 토지가 개간되고 넓어질 것이다. 총괄한다면 농사를 권장하는 정치는 먼저 백성에게 일을 주어야 한다. 걸맞은 일을 나누어 주지도 않으면서 온갖 일을 섞어 권장해선 안 된다.

(7) 예전(禮典)

① 제사(祭祀): 문묘의 제사는 수령이 몸소 행하되, 경건하고 정성스럽게 목욕재계하여 많은 선비들의 선도가 되어야 한다. 제사에 쓰이는 희생은 여위거나 비루먹지 않은 것으로 쓰고, 곡물은 저장을 해 두어야 어진 수령이라 말할 수 있다. 혹 고을에 음사가 있다면 마땅히 백성을 깨우치고 타일러 음사를 없애도록 해야 한다.

② 빈객(賓客): 빈객을 맞이하는 데 쓰는 여러 물품이 너무 후하면 재물을 낭비하는 것이고 지나치게 박하면 환영하는 뜻을 잃어버리는 것이다. 선왕이 이를 위해 적절하게 하도록 예를 정해 놓았으니 예를 정한 취지를 소급해 보지 않으면 안 된다. 또한 옛날의 어진 수령은 상관을 접대할 때 감히 예를 넘지 않았으니 그들의 행적은 책에 기록되어 있다.

③ 교민(敎民): 백성을 다스리는 일은 백성을 가르치는 일뿐이다. 백성의 소득을 고르게 하는 것, 부역을 고르게 하는 것, 관청을 만들고 수령을 두는 것, 벌을 분명히 하고 법을 제정하는 것, 이 모든 정사가 백성을 가르치기 위한 것이다. 만약 가르치지 않고서 벌을 준다면 이는 백성을 속이는 것이다.

④ 흥학(興學): 학교 건물을 잘 수선하고 미름을 잘 관리하며 서적을 널리 비치하는 것은 수령이 신경 써야 할 일이다. 단정하고 반듯한 사람을 재장(齋長)에 임명하여 모범으로 삼고 예로써 대우하여 사람들의 염치를 기르게 한다.

⑤ **변등(辨等)**: 사람에게는 귀천이 있으니 그 등급을 구분해야 하고, 세력에는 강약이 있으니 그 실정을 살펴야 한다. 무릇 등급을 분별하는 정사는 오직 아래 백성만을 꾸짖을 것이 아니라 중간 등급이 위 등급을 범할 경우에도 또한 미워해야 한다.

⑥ **과예(課藝)**: 과거 공부는 사람의 마음을 흐트러뜨리는 것이지만 과거 제도가 고쳐지지 않았으므로 그 공부를 권장하지 않을 수 없다. 총명하고 기억력이 좋은 어린이는 따로 가려 뽑아서 가르치도록 한다.

(8) 병전(兵典)

① **첨정(簽丁)**: 첨정은 백성들의 뼈를 깎는 병이다. 이 법을 고치지 않으면 백성이 다 못살게 될 것이다. 서울의 군영에 군포를 납부하는 날에 군영의 아전들이 교활하고 거리낌 없이 관례적으로 매년 받는 것 외에 또 다른 뇌물을 달라고 한다. 그러므로 군포를 거두는 날에는 반드시 수령이 친히 받아 백성의 부담을 없애야 한다.

② **연졸(練卒)**: 군졸을 훈련시키는 것은 군대를 정비하는 일 가운데서 중요한 일이니, 곧 조련하는 방법과 깃발로 훈련시키는 기술이다. 군대에서의 수탈은 군법이 지극히 엄하니 수령은 사사로이 훈련시킬 때나 공적으로 연습시킬 때 이러한 폐단을 살펴야 한다.

③ **수병(修兵)**: 고을에는 모두 무기고가 있고, 창고 속에 간직한 활과 화살, 창과 칼, 조총, 화약과 탄환, 깃발, 갑옷, 활집과 화살통, 구리냄비, 장막 등의 무기를 보관하고 있다. 병기를 백 년 동안 사용하지 않아도 하루라도 준비가 없으면 안 된다. 그러므로 병기를 수선하는 것은 수령의 직무이다.

④ **권무(勸武)**: 수령이 되어 오래 근무하는 경우 혹 6년에 이르기도 한다. 이와

같은 점을 헤아려 무예를 권면한다면 백성들도 응할 것이다. 반드시 익혀야 할 것으로는 첫째, 무쇠 화살, 둘째, 나무화살, 셋째, 짧고 작은 화살, 넷째, 과녁, 다섯째, 강노(强弩), 여섯째, 기추(騎蒭), 일곱째, 조총, 여덟째, 무술 관련 병서이다.

⑤ **응변(應變):** 수령은 병부를 찬 관원으로서 변란에 대응하는 법을 미리 강구해야 한다. 무릇 괘서(掛書)와 투서(投書)는 불살라 없애 버리거나 잠자코 있으면서 실마리를 살핀다. 인품의 대소는 그 사람의 도량으로 결정된다. 도량이 얇고 좁은 자는 작은 일에도 크게 놀라거나 뜬소문에 마음이 움직여서 마침내 여러 사람의 마음을 소란케 하고 사람들의 웃음거리가 되기도 한다. 대인은 이런 일을 당하면 대개 웃고 말하면서 조용히 처리한다. 모름지기 평소에 지난 역사를 잘 관찰하여 선인들의 지혜로운 처사를 마음에 배어들게 하면 급한 일을 당하여도 두려워하지 않고 잘 처리할 수 있을 것이다.

⑥ **어구(禦寇):** 병법에 '비어 있으나 차 있는 것처럼 보이게 하고 차 있으나 비어 있는 것처럼 보이게 하라'고 했으니 이는 적을 방어하는 자가 알아 두어야 할 말이다. 맑은 충성과 늠름한 절개로 사졸을 격려하여 적은 공이라도 세우는 것이 으뜸이다. 세력이 없어지고 힘이 다하면 죽음으로써 삼강오륜을 부지하는 것이 본분이다.

(9) 형전(刑典)

① **청송(聽訟):** 송사를 심리하는 근본은 마음을 다하는 데에 있다. 송사를 심리할 때 반드시 사실을 규명하는 것은 마음을 다하는 것이니, 그것이 확실한 방법이다. 그러므로 송사를 줄이려고 하는 자는 심리를 반드시 더디게 한다. 이는 한 번 판결을 하면 재발하지 않도록 하기 위해서다.

② **단옥(斷獄):** 죄의 형량을 결정하는 요체는 분명함과 신중함에 있다. 사람이

죽고 사는 것이 나의 판단 하나에 달려 있으니 분명하게 해야 한다. 억울한 일을 당하는 자는 자신의 힘이 미치는 한 몰래 구해 주고 **빼내야** 할 것이다.

③ **신형(愼刑)**: 수령이 쓸 수 있는 형벌 가운데 스스로 결정할 수 있는 것이 태형 오십 이내이니, 이것을 넘는 것은 다 형벌을 남용한 것이다. 형벌은 백성을 바로잡는 것 가운데 말단의 방법이다. 자기를 바로 하고 법을 받들어 백성을 엄하게 대하면 백성은 죄를 범하지 않을 것이다. 그렇게 되면 형벌을 없애도 좋을 것이다.

④ **휼수(恤囚)**: 옥이라는 것은 이승의 지옥이니 죄수의 고통은 어진 사람이라면 마땅히 살펴야 한다. 질병 때문에 겪는 고통은 비록 편안한 침소에 누워 있다 해도 오히려 참기 어려운 것인데 옥 안에서는 더욱 그러하지 않겠는가.

⑤ **금포(禁暴)**: 권력이나 세력이 있는 집안에서 종으로 하여금 제멋대로 행동하게 해 백성에게 해를 끼치는 일은 금지해야 한다. 나쁜 소년들이 사내답게 행동한다고 하면서 남을 협박해 물건을 **빼앗으며** 백성을 못살게 구는 경우에는 빨리 그들을 잡아들여야 한다. 잡아들이지 못하면 장차 어지럽게 될 것이다.

⑥ **제해(除害)**: 백성을 위해 피해를 제거하는 것은 수령이 힘써야 할 일이니, 백성에게 피해를 주는 것은 첫째는 도적이고, 둘째는 귀신과 도깨비이고, 셋째는 호랑이다. 세 가지가 없어지면 백성의 근심도 없어질 것이다. 지혜를 쓰고 꾀를 내어 깊은 곳에 있는 것을 낚고 숨겨진 것을 적발하는 것은 능력 있는 자만이 할 수 있다.

(10) 공전(工典)

① **산림(山林)**: 우리나라에서 산림에 대한 정사는 오직 소나무 채취를 금지하

는 한 조목만 있을 뿐이다. 위로는 국가 재정에 도움이 되지 않고, 아래로는 백성의 살림살이에 보탬이 되지 않는다. 수령은 어찌할 방법이 없어 오직 법조문만 참고하여 삼가 자리를 지켜 눈앞의 죄만 면할 뿐이다.

② 천택(川澤): 하천이 고을을 지날 때에는 도랑을 파서 물을 끌어들여 논밭에 물을 댄다. 강이나 하천 유역에 해마다 홍수가 나는 것은 백성의 큰 근심거리이니 수령은 제방을 만들어서 백성이 편안히 거처하게 해야 한다.

③ 선해(繕廨): 관아의 건물이 무너져 위로 비가 내리고 옆으로 바람이 들이쳐도 수리하지 않아 건물이 붕괴되도록 하는 것은 또한 수령의 큰 허물이다. 비록 대명률에는 수령이 마음대로 건물을 짓는 것에 대한 조항이 있지만 무너진 후의 백성의 고달픔을 막았으니 어찌 법에 저촉이 되겠는가.

④ 수성(修城): 성을 수리하고 해자(垓字)를 파서 나라를 굳건히 하고 백성을 보호하는 것이 또한 국토를 지키는 자가 해야 할 일이다. 군대가 일어나고 적이 쳐들어오는 위급한 때를 당해 성을 쌓을 경우에는 마땅히 그 지세를 헤아리고 백성들의 사정을 염두에 두어야 할 것이고, 성을 적당한 때가 아닐 때 쌓아서는 안 된다.

⑤ 도로(道路): 도로를 닦아 여행객들이 그 길을 지나가기를 원하도록 하는 것이 또한 훌륭한 수령이 할 일이다. 도로를 닦을 때는 절대로 아전이나 군교를 파견하여서는 안 된다. 부득이 파견해야 할 경우 명령하고 훈계하여 그들이 백성들에게 횡포를 부리지 않게 해야 한다.

⑥ 장작(匠作): 온갖 장인이 다 있어도 절대로 사적인 물건을 제조하지 않아야 청렴한 선비가 다스리는 관아라 할 수 있다. 전거를 만들어 농사일을 권장하고 병선을 만들어 오랑캐의 침입에 방비하는 것은 수령의 일이다. 또한

벽돌 굽는 방법을 연구하고 또 기와도 구워서 읍성 안을 다 기와집으로 만드는 것도 또한 좋은 정사이다.

(11) 진황(賑荒)

① **비자(備資)**: 구황의 정사는 미리 준비해야 한다. 주례의 대사도(大司徒)[21] 황정(荒政)[22] 12조로써 만민을 구제한다. 첫째는 산리(散利)로 나라에서 곡식의 종자와 식량을 빌려 주는 것, 둘째는 박정(薄政)으로 흉년에 세금을 감면해 주는 것, 셋째는 완형(緩刑)으로 형벌을 가볍게 해 주는 것, 넷째는 이력(弛力)으로 부역을 줄여주는 것, 다섯째는 사금(舍禁)으로 산림이나 하천 등의 금령을 중지시켜 백성들이 나물을 캐 먹도록 하는 것, 여섯째는 거기(去畿)로 관(關)이나 시장에서 세금을 받지 않는 것, 일곱째는 생례(眚禮)로 나라 제사의 예절과 손님맞이의 예절을 간략하게 하는 것. 여덟째는 쇄애(殺哀)로 흉례 즉 상례를 없애는 것, 아홉째는 번악(蕃樂)으로 음악과 가무를 중지하는 것, 열째는 다혼(多昏)으로 예식 없이 성혼하는 것, 열한 번째는 색귀신(索鬼神)으로 제사를 지내지 않는 것, 열두 번째는 제도적(除盜賊) 등이다.

② **권분(勸分)**: 권분이라는 것은 스스로 나누어 주기를 권하는 것이다. 명분을 돌아보고 의리를 생각하여 스스로 나누어 주기를 권하면 관청의 힘이 많이 덜어질 것이기 때문이다. 권분의 법은 주나라 때 비롯됐으나 세대가 내려오면서 정치가 쇠퇴하여 그 명칭과 실제가 일치하지 않으니, 지금의 권분은 옛날의 것이 아니다.

③ **규모(規模)**: 진휼에는 두 가지 관점이 있다. 첫 번째는 시기를 맞추는 것이고 두 번째는 규모 있게 하는 것이다. 진황(賑荒)은 불을 끄고 물에 빠진 자를 구제하는 일을 기회를 보느라 시기를 늦출 수 있겠으며, 대중을 인도하

---

21) 大司徒: 周代에 교육을 담당한 벼슬의 이름.
22) 荒政: 흉년에 빈민을 구제하는 정치.

고 물자를 고르게 하는데 어찌 규모가 없을 수 있겠는가.

④ 설시(設施): 진휼할 장소를 마련하여 감독하는 아전을 둔다. 특히 청렴하고 신중하며 일을 잘 아는 사람을 뽑아 관직에 있게 한다. 가마솥을 설치하며 소금, 장, 미역, 건어물, 새우 등을 갖추어 놓고 죽을 만들어 굶주린 식구들에게 먹인다.

⑤ 보력(補力): 구황 식물로서 백성을 먹이는 데 보탬이 될 만한 것은 마땅히 좋은 것을 골라 향교의 여러 선비들로 하여금 몇 종을 고르게 해 각각 전파하도록 한다. 흉년에는 도적을 없애는 정사에 힘을 다해야 하고 소홀히 해서는 안 된다. 도적질을 한 백성을 알면 불쌍히 여겨 형벌을 느슨하게 했다.

⑥ 준사(竣事): 진휼하는 일을 마무리할 때에는 처음부터 끝까지의 과정을 점검하여 일일이 살펴야 한다. 스스로 준비한 곡식은 장차 상사에게 보고할 때 스스로 실상을 조사해 감히 거짓되거나 과장되게 해서는 안 된다.

(12) 解官(해관)

① 체대(遞代): 벼슬을 헌신짝처럼 버리는 것이 옛사람들의 뜻이었다. 이미 교체되어 슬퍼하면 또한 부끄럽지 않은가. 속담에 "벼슬살이는 머슴살이"라 했듯 아침에 등용되었다가 저녁에 파출(罷黜)되는 경우도 있다. 천박한 자들이 관아를 자기 집으로 알고 오래 누리려다 하루아침에 날린다. 그러므로 현명한 수령은 관아를 잠시 머물고 가는 여관쯤으로 여겨 날이 새면 장부와 문서를 깨끗이 해두고 떠난 것이다.

② 귀장(歸裝): 청렴한 선비가 돌아갈 때 꾸미는 행장은 세속을 벗어난 듯 시원하여 수레는 낡고 말은 야위었는데도 그 맑은 바람이 사람에게 스며드는 것이다. 옷상자와 장롱은 새로 만든 것이 없고 주옥과 비단 및 토산물이 없으

면 청렴한 선비의 행장이라 할 수 있다.

③ **원류(願留)**: 백성들이 수령이 떠나는 것을 매우 안타까워하며 길을 막고서 더 머물러 주기를 원하는 것은 역사책에 그 훌륭함이 길이 전해져 후세를 비추니, 이는 소리나 표정만으로 되는 것은 아니다. 수령의 명성이 퍼져 혹 이웃 고을에서 임시로 자기 고을을 맡아 달라고 애걸하거나 혹 두 고을이 서로 다투는 경우가 있으니, 이는 어진 수령이 받는 빛나는 상이다.

④ **걸유(乞宥)**: 수령이 형식적인 법규에 걸렸을 때 고을의 백성들이 슬퍼하며 서로 이끌고 왕에게 호소해 그의 죄가 용서되기를 바라는 것은 예전의 좋은 풍속이었다.

⑤ **은졸(隱卒)**: 수령이 관아에 있다가 재임 중에 죽어 맑은 향기가 더욱 일어나 아전과 백성들이 슬피 애도하며 수레를 붙들고 부르짖는다. 이미 오랜 시간이 지났는데도 잊지 못하는 것이 어진 수령의 의미 있는 죽음이다.

⑥ **유애(遺愛)**: 수령이 죽은 뒤에도 백성들이 그를 생각해 사당을 짓고 제사를 지낸다면 그가 남긴 사랑을 알 수가 있는 것이다. 살아 있는 사람의 사당을 세우는 것은 예의에 어긋나는 일이다. 돌에 덕을 새겨 기림으로써 오래오래 보여 주는 것이 곧 선정비(善政碑)이다. 스스로 반성하여 부끄럽지 않기란 참으로 어려운 것이다.

III

문학관의 차이

1 | 작품관과 문학세계

자로(子路)가 공자에게 『시경』을 외우는 자에게 정사를 맡기면 어떻겠느냐고 물었다. 이에 공자는 "대개 시의 의미란 사람의 감정, 신묘한 도리, 사물의 양태, 일의 당연함을 곡진히 표현하여 천리가 밝게 드러난다. 그리고 읊조리고 자세히 완미하면서 마음에 체득한다면 크게는 삼강오륜, 세밀하게는 제사, 빈객, 법령, 세금, 부역에 이르기까지 무릇 하늘을 본받고 백성을 사랑하며 만물을 아껴주는 방도가 어느 한 가지라도 갖추어지지 않는 것이 없다"라고 답했다.

공자가 말하였다. "너희들은 어찌하여 시(詩)를 배우지 않느냐. 시는 흥기(興起)시킬 수 있으며, 살필 수 있으며, 어울릴 수 있으며, 원망할 수 있으며, 가까이는 어버이를 섬길 수 있게 하고, 새와 짐승, 풀과 나무의 이름을 많이 알게 한다"라고 가르쳤다.[1] 곧 시란 천리를 밝게 함은 물론 원망과 사친등의 수단으로 활용할 수 있다면서 제자들에게 배우라고 권유한다. 공자의 이 말은 백성들이 세상을 살아가는 데 시 등의 문학이 필요하다는 점을 밝히는 것이리라.

존재와 다산은 실학자라는 사실 하나를 제외하면 공통점이 전혀 없어 보인다. 출신지역과 연령, 취미, 관직 등도 차이가 많은 인물이다. 굳이 두 학자를 비교하려는 절실한 이유는 실학이라는 학문분야의 공통점 때문만도 아니다. 그것은 서

---

1) 『論語』: 陽貨篇(子曰 小子何莫學夫詩 詩可以興 可以觀 可以群 可以怨 邇之事父 遠之事君 多識於鳥 獸草木之名).

로 다른 환경과 성장배경에도 불구하고 같은 시대를 살면서 비슷한 이상과 현실 인식을 가질 수는 있다. 존재와 다산의 이상과 현실 파악, 그리고 이를 타개하기 위한 방법의 동이점(同異點)을 비교해 보고 싶은 것이다.

그러나 실상은 매우 어려운 과제이다. 지금까지 학계는 존재와 다산에 대해 개별적으로 그들의 문학이나 사상을 연구한 실적은 적지 않다. 그런데 두 학자의 생애나 사상을 특정해서 비교한 선행(先行)연구는 기도(企圖)조차 하지 않았다. 학자들의 태도는 당연하다. 그들은 존재나 다산의 생애나 사상을 알면 그만이지 둘을 비교할 필요는 없기 때문이다. 설사 다산의 이론에 존재의 소론(所論)이 다수 인용됐다 하더라도 학자들이 그것을 대조해서 밝힐 필요는 없다.

다만 특수한 입장도 있다. 다산의 경세론(經世論)에서 존재의 이론을 참작했다면 의당 선행연구서를 밝히고서 인용했어야 옳다고 보기 때문이다. 물론 정신적 소산인 사상은 우연히 같은 논리를 전개할 수 있다. 하지만 존재가 타계한 지 2년 후에 강진에 귀양 온 다산의 저서에는 존재의 이론이 포함된 듯하다. 우연이라 하기에는 석연치 않은 대목이 아닐 수 없다. 이런 지적에 대해 혹자들은 무리한 억측이자 아전인수식 비교라며 냉소적으로 비난할지 모른다.

가정해 보자. 만일 다산이 강진으로 귀양 오지 않았다면 존재에 대한 평가는 어떠했을까. 모르기는 해도 훨씬 크게 평가받았을 것이다. 우리는 "인장지덕(人長之德)이요 목장지폐(木長之弊)"라는 속담을 떠올린다. 큰 사람에게는 덕을 보지만 큰 나무에게는 해로움을 당한다는 뜻이다. 그럼 존재가 큰 인물이라 할 다산의 덕을 받는가. 한마디로 존재는 다산의 큰 그림자에 가려 빛을 보지 못한 인물이다. 그는 살아서도 죽어서도 삼벽(三僻)의 한에서 벗어나지 못했다.

그가 말한 삼벽은 지벽(地僻), 인벽(人僻), 성벽(姓僻)이다. 위씨는 고려 때는 저성(著姓)이었으나 14세조의 역모가담으로 조선에서는 한미한 집안으로 전락했다. 그래서 사는 곳도, 이끌어 줄 사람도 없는 후미진 성씨라고 한탄한다. 존재는 특히 "성운흠색(姓運欠嗇) 사백년흘무삼품관(四百年迄無三品官)"이라며 고관이 배출되지 못함을 자조한다. 그는 그 한을 풀기 위해 유학까지 하고, 40대 말까지 과장(科場)을 출입했지만 벽의 한계를 넘지 못해 좌절하기도 했다.

그래서 존재의 출사에 대한 좌절은 곧 학문에 몰두할 수 있는 전기도 됐다. 그는 또한 삼벽 때문에 학문마저 자절(自絶)하는 한계가 있다. 좌절로 인한 결과는 학문의 지평을 넓히지 못한 약점으로 나타나기도 한 것이다. 그 단적인 사례가 서교나 서학에 대한 접촉이 없었던 점이다. 그러기에 그의 학문은 누구보다 순수성을 지니고 있다. 누구에게 보일 필요가 없었기에 그런 것이다. 그러나 다산의 학문적 벽이 우뚝 솟으면서 사후에도 빛을 보지 못한 결과로 나타났다.

두 사람의 사상을 전체적으로 대비하기란 거의 불가능하다. 우선 다산은 500여 권, 존재는 90여 권의 저서를 남겼다. 조선 500년을 통해 이들만큼 많은 저술을 남긴 학자도 드물다. 존재는 다산에 비해 상대적으로 저술의 양이 적지만 결코 적지 않은 저서라고 볼 수 있다. 따지고 보면 이 방대한 저술을 대비해 고찰해 봐야 한다. 그러나 그 일은 불가능하다. 그러므로 여기서는 문학과 철학을 포함한 경세사상을 대비해서 공통점과 차이점을 따져 보는 정도에 그친다.

그럼 존재의 개혁사상은 수준 이하인가. 사람에 따라 입장이 다르니 단정하기는 어렵다. 그럼에도 양 공의 경세사상은 이론의 체제적 정조(精粗)의 차는 있어도 천양지차는 아니다. 이미 우리는 앞에서 철학사상인 존재의 「성리설」과 다산의 「성리관」을 살폈다. 또 존재의 개혁사상인 「정현신보」와 「만언봉사(萬言封事)」와 다산의 『경세유표(經世遺表)』와 『목민심서(牧民心書)』도 살폈다. 여기서는 이미 살핀 철학과 개혁사상을 중심으로 그 차이를 보고자 한다.

여기서 이해준(李海濬·공주대) 교수의 소론[2]을 보자.

"주지하듯 다산은 18~19세기 한국이 낳은 대표적 실학자요, 시대정신을 대표하는 경세가로 손꼽힌다. 그는 벽지인 호남 끝 강진 땅으로 유배되는 운명을 맞게 되었고 유배 18년 동안 개인적인 불운을 딛고 방대한 저술들을 남겨 놓았다. 그런데 다산의 저술들은 대부분 그가 ▵ 직접 목격하고 겪은 체험을 토대로 하여, ▵ 범인(凡人)이 지닐 수 없는 한 차원 높은 경지(식견)에서 정리되었다는 데 큰 의의가 있다. 즉 그가 직접 목격(目擊)하고 체험(體驗)한 것은 결국 호남의 사정이며, 실제로 지역을 호남으로 밝힌 경우가 매우 많다. 다산이 당시 이러한 현실의 모순(矛

---

2) 「조선후기 지방지식인과 향촌문화 기조연설문」(제15회 향토문화연구 심포지엄), p.14.

盾)을 교구(敎具)할 목적으로 체계를 세워 갔을 때, 결국 그것은 당시의 이러한 호남 지식인들에게 자극도 되고 혹은 어필도 되었을 것이다. 그러나 과연 다산의 훈유(訓諭)가 당시 이 지역 지식인들의 사고를 자극하고 감발(感發)시키는 촉매제(觸媒劑)로서 일방적인 것이었을까? 나는 그렇게 생각하지 않는다. 이 지역민들이 오랜 시간 동안 온축시켜 온 사고와 의지가 다산과 투합(投合)되고, 또 Leader로서 집성자적 능력을 가진 것으로 판단되었기에 그와 긴밀히 연결된 것이 아닐까? 결국 공감대나 동질성을 발견한 이 지역 지식인들에 의해 그가 스승으로 선택되었다고 보는 것이 합당할 듯하다. 따라서 다산의 주위에 모인 이 지역 지식인들―그 인맥불명은 애석하지만―은 자기가 느끼고 터득한 지혜를 다산과 토론하면서 다산의 학문적 기반을 공고하게 해준 인물들이었다. 엄밀히 말할 때 다산이 저술 여기저기에 언급한 이 지역실정의 대부분은 이러한 지식인군에 의해 자료화되었을 것이다. 우리는 실학자라 지칭되는 조선 후기의 지식인들을 일단 보다 폭넓은 재야지식인군의 대변자로 파악하고 있다. 그것은 실학이 시대사조로서의 학문으로 인정될 수 있는 소지가 그곳에 있기 때문이다. 그럼에도 남도에 유배된 다산과 그 학문만을 알았을 뿐, 그와 연결된 지역의 지식인 세계에는 너무 무관심한 것이 아닌가" 하고 지적했다.

그렇다. 모든 결과는 과정이 있는 법이다. 그의 방대한 저술도 혼자서 이룬 것은 아니다. 그런데 우리는 그 업적을 혼자의 능력으로만 간주하고 있다. 이 교수의 말처럼 물론 다산이 리더요 다산의 능력을 부인할 수 없다. 그렇다고 그 방대한 저술을 개인의 힘으로 이루었겠는가. 이 교수는 다산의 저술을 도운 사람들을 '다신계(茶信契)'들이라고 단정하고 있다. 물론 그랬다. 그러나 그 이외에도 호남지역 지식인들의 저술 등도 참고했을 것으로 추정되고 있다.

이 교수의 말을 더 듣자. "반계(磻溪) 유형원(柳馨遠)―성호(星湖) 이익(李瀷)―다산 정약용으로 연결되는 실학의 큰 줄기와는 달리 호남지역에서는 호남실학의 4대가로 흔히 위백규(魏伯珪), 여암(旅菴) 신경준(申景濬), 이재(頤齋) 황윤석(黃胤錫), 규남(圭南) 하백원(河百源)을 지칭하기도 하고 담헌(湛軒) 홍대용(洪大容)을 함께 거론하는 경우도 있다. 이들 이외도, 그리고 이들에 앞서 호남지역에 실학적 토양과 분위기를 만들었던 인물들도 적지 않았다. 예를 들면 지봉유설을 지은 지봉(芝峯) 이수광(李晬光)이 순천부사로 부임하여 「강남악부」와 「승평지」를 편찬한 것이라든가, 1653년 표류되었다가 붙잡힌 네덜란드인 하멜 일행은 탈출할 때까지 무려 10여 년을 여수, 순천, 강진, 남원 등지에 살면서 서구의 문물을 소개했다. 그리고 해남의 고산(孤山) 윤선도(尹善道) 역시 심양(審陽)에 인질로 잡혀가 새로운 문물을 익혔던 효종의 아낌을 받았다. 그런 연유로 서양문물에 대한 이해의 수준은 남달랐을 것이다. 그런 까닭인지 그의 증손자인 공재(恭齋) 윤두서(尹斗緖)는 조선지도와 일본지도를 그렸고, 우리나라 천주학의 최초 순교자(殉敎者)라 할 진산사건의 윤지충(尹持忠)이 고산의 5대손이자 다산 정약용의 외삼촌이란 사실은 너무나도 유명하다. 그런가 하면 나주목사 홍력(洪櫟)의 아들인 홍대용은 그 인연으로 1759년 화순 동복 적벽의 물염정(勿染亭)에 놀러 갔다가 이 마을 나경적(羅景績)에게서 혼천의(渾天儀)와 자명종(自鳴鐘) 같은 과학지식에 눈을 떴다고 한다. 홍대용은 장수 사람 안처인(安處仁)의 도움으로 고향에 농수각(籠水閣)이란 사설 천문대를 만들었다. 그는 1774년 친구였던 이재 황윤석과 더불어 당시 자명종을 만들어 사용하고 있던 염영서(廉英瑞)를 만나러 고흥을 다녀갔음이 확인되고 있다. 동복현 사람 하백원은 자명종과 양수기, 방적기 등 6~7가지의 과학기계를 만들어 실생활에 사용할 정도로 조예가 있었다. 순창의 신여암은 고창의 이재와 함께 전북지역 지리학과 언어학, 산술서 등에 조예가 있었다. 한편 장흥의 지식인 위백규는 「정현신보」와 「만언봉사」를 통해 당시의 사회적 모순을 지적, 그 개혁을 제시하였고, 「환영지」라는 세계지도와 「해도지」, 「지제지」 같은 향토지리서를 편찬하기도 했다. 그는 관리의 부패와 각종 제도의 문란상을 40여 조목으로 세분하여 매우 혹독하게 비판한 것으로 유명하다. 다산은 위백규의 사후 2년 만에 이웃 강진으로 귀양 와서 18년을 지냈으니, 그의 개혁사상 형성에 호남의 지역 분위기가 영향을 미쳤을 것"이라고 했다.

이 교수는 다산의 방대한 저술이 이루어지기까지는 호남의 실학적 풍토와 그를 도와준 인적 지원에 의해 가능했음을 설명한 것이다. 이 말은 다산이 아무리 능력이 있어도 저술의 재료와 지원자가 없으면 불가능하다는 말이다. 존재의 경우 이미 타계한 인물이나 그의 명망을 들었을 것이며, 그의 저술 가운데 「만언봉사」는 정조에게 상주(上奏)했으므로 읽었을 수도 있다. 이런 추정이 사실이라면 다산의 개혁사상에 존재의 사상도 영향을 받지 않을 수 없었다.

그러나 양 공의 사상을 대조하는 데 약점이 있다. 존재의 경우 후학의 관심은 그의 저술 가운데 경학보다는 문학 쪽에 치우쳐 있다. 다산의 경우는 문학과 경학보다 경세 쪽에 기울어 있다. 그러므로 양 공의 문학과 경학 그리고 경세사상을 균형 있게 다룰 수 없는 한계였다. 한쪽은 문학에, 한쪽은 경세에 치우치다 보니 균형이 맞지 않는 것은 불문가지이다. 이런 현상의 원인은 원문 국역의 미진에 있었다. 한자로 써진 유고들은 후학에게는 한계가 된 것이다.

다행한 것은 최근에 이 같은 후학의 편식현상이 줄어들고 있다. 특히 존재의 유고는 전주대학교 고전문화연구소가 2010년 초부터 국역작업에 들어가 2011년 5월까지 완역됐다. 유고집이 완전히 국역되었으니 그의 철학과 사상을 연구하는 데 커다란 장애가 없어진 것이다. 그러면 그의 철학과 사상에 관심을 가진 후학이면 보다 쉽게 접근이 가능하기 때문이다. 관심을 가지고 천착하는 후학이 많아지면 지금까지 베일에 가려진 그의 사상도 빛을 보게 될 것이다.

그래도 존재의 학문은 온전하게 밝히는 데 한계가 있다. 90여 권의 저서 중 60% 정도인 60여 권이 없어졌다. 남는 30여 권이 국역됐다 하더라도 없어진 저서의 내용을 살릴 길이 없다. 경학사상의 경우 격물설(格物說), 원성(原性), 성리운(性理韻), 사단칠정변(四端七情辨), 상구암선생(上久庵先生), 「독서차의(讀書箚義)」와 경세 관련, 「정현신보(政絃新譜)」와 「만언봉사(萬言封事)」가 제대로 완역되었기에 사정이 달라질 것이다. 그의 사상을 연구하는 데 일대 전기를 마련해 줄 것이다.

다만 여기서는 그 바탕의 한계를 극복하기 어렵다. 이 자리에서도 양 공의 경학과 경세사상은 기존의 성과물을 토대로 비교할 수밖에 없기 때문이다. 일단은 그런 한계를 인정하나 그렇다고 실망할 필요는 없을 것이다. 기왕의 성과물로도 성실하게 살피면 양 공의 사상을 비교적 알뜰하게 비교할 수 있다. 어떤 시도도 처음부터 만족할 수는 없다. 이렇게 시작하다 보면 먼 훗날 후학들이 나와서 다듬고 보태서 훌륭한 작품을 완성하리라는 기대를 가져도 좋다.

존재는 「속수미음(續首尾吟)」3)에서 시를 즐기지 않음을 밝히고 있다. 그 첫 수에 "자화가 시 읊기를 즐기는 것 아니요(子華非是愛吟詩)/ 시란 자화가 관물할 때 우러나온다네(詩是子華觀物時)/ (중략)/ 자화가 시를 읊기를 즐기는 것은 아니로다(子華非是愛吟時)"와 다음 첫 수에서 "자화가 시 읊기를 즐기는 거 아니요(子華非是愛吟時)/ 시는 자화가 스스로를 근심할 때 울어난다네(詩是子華自愍時)/ (중략)/ 자화가 시 읊기를 즐기는 것은 아니로다(子華非是愛吟詩)"라 했다.

다산도 존재처럼 시를 즐기지 않는다고 토로하고 있다. 그는 "천성적으로 시를 좋아하지 않는다(余性不喜詩律)"고 했다. 다만 "시는 긴요한 것은 아니나 실정을 돕는 데 무익한 것은 아니다(詩非要務然陶詠性情不爲無益). 또한 나라를 걱정하고 백성을 위하여 시대를 걱정하고 사회에 이바지하는 것이 아니면 참다운 시가 아니다"고 했다. 이것은 두 선생의 작시관 또는 문학관을 잘 나타낸 것이다. 스스로의 표현처럼 존재와 다산이 남긴 문학작품은 서로 다른지 대조해 보고자 한다.

1) 존재의 작시관

존재의 시관은 『존재집』 4권 「격물설」 시인(詩人)편에서 자세히 언급하고 있다.

"시는 당(唐)나라에서 흥성하였기에 시에 대해 이야기하는 사람은 당시(唐詩)를 숭상한다. 하지만 시음(始音)에서 '유향(遺響)'4)에 이르기까지 수천, 수만 편이면 어디에 쓰겠는가. '시경' 국풍(國風)은 비록 아녀자와 여항(閭巷)의 노래이지만 그 시를 통해서 득실을 볼 수 있고 말할 수 있으며, 감계(鑑戒)로 삼을 만하고 본받아 실천할 만하다. 당시에 일찍이 이런 점이 있었던가. 부귀(富貴)를 선망(羨望)하는 시는 입가에 침을 흘리며 오장(五臟)이 뒤집히고, 빈천을 원망하며, 싫어하는 시는 마음이 아프고 뼈를 깎는 듯하여 차라리 죽음에 이르려고 한다. 이별하는 시는 폐장이 마디마디 끊어지는 듯하고, 헐뜯고 풍자(諷刺)하는 시는 칼과 창이 날을 세우는 듯하다. 왈짜들을 기롱(欺弄)하되 기실은 부러워하며, 산야를 읊되 기실은

---

3) 年譜 60세조.

4) 시음과 유향: 당음은 원(元)나라 양사굉(楊士宏)이 편찬한 저술로 始音 1권, 正音 6권, 遺響 7권이다. 시음에는 왕발(王勃), 양형(楊炯), 노조린(盧照隣), 낙빈왕(駱賓王)을, 정음에는 성당(盛唐), 중당(中唐), 만당(晚唐), 유향에는 제가(諸家), 여자, 승려의 시를 실었다.

원망한다. 당시는 대체로 풍속(風俗)을 망가트리고, 마음을 흔들며 성품(性品)을 손상시키는 자료이다. 이남(二南) 주남(周南)과 소남(召南)은 말할 것도 없다. 변풍 (變風)의 경우에도 사람을 그리워하면 '길은 멀고 먼데, 임은 언제 올까(道之云遠 曷云能來)'5)라고 했고, 비유하여 풍자하는 경우에는 '산초나무여, 그 가지 길기도 하지(椒聊且遠條且)'6)라고 했고, 헐뜯어 비꼬는 데는 '삼베길쌈 팽개치고 날렵하 게 춤을 추네(不績其麻 市也婆)'7)라고 했다. 말은 간략하지만 뜻이 지극하고, 넉 넉하고 한가로우며 깊고 긴 여운이 있다. 당인의 경구에 이런 기상이 있었던가. 또한 시인은 늘 '정경을 마주 하고 묘사하며, 철마다 나오는 사물을 가지고 논다. 초목이나 동물, 곤충, 바람, 구름, 달과 이슬을 몸에 닿는 대로 읊는다'고 말한다. 그렇지만 시경 주남 갈담에 '칡넝쿨이 뻗었으니 골짜기를 덮었구나. 그 잎사귀 무 성하고 꾀꼬리 날아드네. 숲속에 모여 앉아 꾀꼴꾀꼴 울고 있네'라고 했다. 읽으 면 사람의 심신이 조화롭고 즐거워지니 정묘한 광채가 화락하게 흩날린다. 당나 라 사람들이 꿈엔들 언제 이런 경지에 도달했었는가. 성인은 '주남과 소남을 배우 지 않으면 마치 담장을 마주 보고 서 있는 것과 같다'고 했는데, 분명 우리를 속이 는 말이 아닐 것이다. 지금 당시(唐詩) 천 편을 읽은들 어떻게 눈앞의 담장을 치워 버릴 수 있겠는가. 그래도 당시로는 이름난 사람들 중 정도(正道)에 가까워 취할 만한 사람은 열에 겨우 한둘이고, 그 나머지는 경박하고 비루한 자들이다. 두자 (杜甫) 외에 이백(李白)이 고상했지만 지나치게 부귀를 선망했고 방만하게 흐트러 져 정도에 귀결되지 못했으며, 신선에 의탁하여 정서를 표현하는 것이 지나치게 많아서 모두 쓸 데가 없다.8) 당나라 이후 시율(詩律)이 유학자 사이에 가장 중요 한 일이 되었고 송(宋)나라 소황(蘇軾과 黃庭堅)에 이르러 모두 부박한 빈말을 면 치 못하였다. 끝내 명(明)나라가 망할 즈음에 이르러서는 온 천하에서 시를 빼면 명사라고 할 수 없게 되었다. 그 폐단이 육침(陸沈: 중원의 상실)에까지 이른 데는

---

5) 출전: 시경 패풍(邶風) 웅치(雄稚).

6) 출전: 시경 당풍(唐風) 초료(椒聊).

7) 출전: 시경 진풍(陳風) 동문지분(東門之枌).

8) 李太白文集 권9 贈江夏韋太守良宰: 한밤중에 수군이 오니(半夜水軍來)/ 심양에 깃발이 가득하네(潯陽滿旌施)/ 헛된 명성이 자 신을 그르쳐서(空名適自誤)/ 협박하여 누선에 오르라 하네(迫脅上樓船)라고 했다. 잔치를 벌이는 태수의 배에 억지로 타야 하는 유명세를 과시한 말이다.

본디 그럴 만한 이유가 있다. 요즘 사람들이 입만 열면 시를 읊는데, 그 기상이 저속하고 경박하여 거의 말할 수 없을 정도이니, 장차 어떻게 하겠는가"라고 적고 있다.

김석회(金碩會) 교수의 존재문학평가[9]는 구체적이다. "(전략) 그의 한시는 대략 200여 편 400여 수 정도가 있다. 국문시가로 연시조 「농가구장」, 가사 「자회가(自悔歌)」가 있으며, 기타 「덕산행(德山行)」, 「관물설(觀物說)」, 「연어(然語)」 등 문학적 검토가 필요한 산문들이 있다. 그리고 문학비평과 관련된 글로 「소시변(梳詩辨)」, 「여김섭지(與金燮之)」 등이나 낙론(樂論)과 관련된 「격물설(格物說)」, 「상사물(上事物)」 등도 우리 고전문학의 맥락에서 요긴한 글이다.

이 정도의 분량은 고산(孤山) 윤선도(尹善道)나 다산(茶山) 정약용(丁若鏞) 등에 비한다면 그다지 많다고는 할 수 없다. 그러나 그 문학적 개성(個性)이며 다양성(多樣性)의 편폭(篇幅)이 크고 뚜렷하기 때문에 존재는 한국문학사에서 매우 중요하게 다루어야 될 작자임이 분명하다. 이렇게 존재 선생의 문학이 매우 독특하고 조선 후기의 문학적 변모 양상을 살피는 데 있어 중요하다는 사실은 이미 선행연구를 통해서 충분히 거론된 바가 있고, 작가론적 조명도 이루어졌다.

그러나 선생의 문학이 좀 더 본격적으로 구명되기 위해서는 충실한 작품연보의 재구성을 통한 평전적(評傳的)인 검토가 절실히 필요하다. 그런데 이상에서 추출해 본 바와 같이 작품 연보의 재구(再構)는 이제 겨우 운을 떼어 보는 단계에 머물 수밖에 없음을 자인하지 않을 수 없다. 이상의 얼개는 빙산(氷山)의 일각일 정도를 밝혀 본 것에 불과하기 때문이다"고 했다. 김 교수는 1995년 존재의 문학연구와 1992년 생활 시에 관한 연구(박사논문) 등 존재문학의 전문가이다.

(1) 불우의 푸념과 구도

존재는 '시 짓기를 즐기지 않는다'고 표명했다. 그러므로 그의 시관은 작품을 보고 규정할 수밖에 없다. 김 교수의 평을 보자.

"먼저 60세(1786년)에 지은 「속수미음」을 살피기로 한다. 수미음이란 같은 구를

---

9) 「조선후기 鄕土文化史와 存齋 魏伯珪」(2003, 제15회 향토문화연구 심포지엄 주제논문, pp.35~60, 주최 장흥문화원).

머리와 끝에 쓰는 잡체시(雜體詩)의 하나인데, 이 작품은 각 수가 7언 8구로 이루어져 있는 단편시들이 75개로 한 편을 이루고 있다. 원래는 130수였는데 태반이 산일됐다고 한다. 연보 60세조에는 '우암(송시열)의 「수미음」을 보고 차운하여 지은 것'이라고 기록됐다. 송시열의 작품은 134수로 이루어졌으며 「차강절수미음운(次康節首尾吟韻)」이란 표제에 밝힌 바와 같이 북송의 도학처사 소옹(邵雍)의 「수미음」 134수에 차운한 것이다. 소옹(1011~1077)에서 송시열을 거쳐 위백규까지 이어온 도학자들의 「수미음」은 그 근본성격이 자신들의 시작행위를 일반 사객(詞客)들의 경우와 구별 짓고자 하는 변별의식의 발로라 할 수 있다. 그 속에는 자신들의 삶의 관행 가운데 하나로 자리 잡은 시작행위가 어떤 의미인가에 대한 성찰이 담겨 있다. 이것은 자신의 시작행위에 대한 '도학적(道學的) 자아(自我)'에 의한 자기검열의 과정이자 '시적(詩的) 자아(自我)'의 자기 변호적 행위라고 할 수 있다. 그들은 한결같이 자기들의 시작행위는 음풍명월적(陰風明月的) 유희(遊戲)가 아님을 주장하고, 자기들의 시는 자기들이 추구하는 바 도(道)와 이념(理念)의 발현체임을 내세운다. 「속수미음」 75수의 대체적인 주지(主旨)는 이상의 전통에서 크게 벗어나지 않았다. 곧 존재 또한 다른 도학자들과 같은 대열에 머물렀던 것이다. '내게 있어 시란 무엇인가? 어느 경우에 시를 쓰며, 무엇을 바라고 시를 쓰는가? 시를 즐기는 것이 아닌데도 계속 시를 짓고 읊조려 온 나는 대체 누구인가?' 이런 문제의식이 이 시(속수미음)의 출발점이다. 이러한 성찰의 과정을 통해 화자(話者)는 지천(知天), 지인(知人), 관물(觀物)의 순간, 그 깨달음의 자연적 유로가 자신의 시작행위임을 천명케 된다"고 했다. 그러면서 소옹의 수미음은 도학적 흥취(興趣), 송시열은 비도(非道)의 경계, 존재는 불우의 푸념으로 평가했다.[10] 한편 존재의 「속수미음」은 자신에 대한 푸념임과 동시에 스스로의 구도행(求道行)에 대한 회의적인 성찰에 가깝다. 달관과 신념이 사라지고 회의와 푸념이 전경화(前景化)하고 있다. 이와 같이 그의 「속수미음」 연작은 소옹이나 송시열이 그랬던 것처럼 재도론적(載道論的) 입장을 견지하고 있음에도 불구하고, 성리학 이념에 대한 낙관적 신념의 표명보다는 흔들리는 신념을 다지고자 하는 자기 다짐의 언

---

10) 「존재 위백규 문학의 스펙트럼」, p.53, 각주 47.

어에 가깝고, 보상(補償) 없는 구도행에 대한 쓸쓸한 푸념도 엿보인다."

(2) 구어의 자유로운 구사

존재 시의 다른 특징은 어휘(語彙)의 구사이다. 김 교수의 61세 작 「자회가(自悔歌)」에 대한 평가의 결론을 보자. "어휘들이 신통할 정도로 일상 구어의 구기(口氣)가 담긴 순수 고유어들이다. 그것도 점잖은 말들이라기보다는 육담(肉談)에 가까운 일상 구어들이다. 이러한 육담성 일상 구어들을 동원하여 이토록 절묘한 대구(對句)를 짜낸다는 것은 지은이가 문장수련 면에서나 일상 구어에 대한 감각의 면에서나 고도로 세련(洗練)된 경지에 있는 사람임을 드러내 준다"라고 했다.

회갑을 맞아 부모를 추모하는 장편가사가 288구이다. 제1단락(1~32)은 양육지은(養育之恩)으로 주로 어머니의 사랑을, 제2단락(33~86)은 비참한 노경을 읊고, 제3단락(87~100)은 장사풍습과 아들의 행태를 풍자적으로 묘사하며, 제4단락(101~168)은 노경체험을 통하여 부모의 서러운 삶을 회한(悔恨) 속에 떠올리고, 제5단락(167~270)은 수신(修身), 치가(治家), 우애(友愛) 등 효의 도리를 훈계(訓戒)하고 있으며, 제6단락(271~288)은 참회와 서원으로 매듭지어졌다.

이 작품에서 가장 주목할 만한 특징은 그 언어적(言語的) 자질(資質)에 있다. 이미 앞에서 그의 「농가구장(農家九章)」을 통해 생활세계의 일상 구어가 현장적(現場的) 실감을 구성해 내는 데 크게 기여하고 있는 양상을 확인한 바 있거니와, 여기서도 일상 구어들의 쓰임이 노경의 서러움을 묘파(描破)해 내는 데 있어 탁월한 형상력(形象力)을 발휘하고 있음이 확인된다. 「자회가」 가운데 생활세계의 현장처럼 실감이 나는 일상구어들의 대표적인 구절들을 다시 인용해 보자.

A. 제43~60구

집안의 두늘근이/ 큰짐으로 알아보이/ 말것치면 셩을내고/ 닐것치면 탓슬하이/ 닙난옷 먹난밥을/ 딴식구로 아단말가/ 불샹할사 져늘근이/ 눈어둡고 귀어두어/ 남의 눈의 귀인업고/ 내몸쥬체 할길 업다/ 닙고 먹고 쓰을것슬/ 내손으로 못하거니/ 설품밥 시근구에/ 다산마슬 보올넌가/ 무슨소홈 녈온배옷/ 발람서리 막을넌가/ 해염업산 손자들은/ 지축은 무삼닐고…

B. 제77~86구

글례도 날이 새니/ 셰샹마암 다시들어/ 오히려 셰사걱정/ 오히려 손자사랑/ 덜어올샤 그 졍이야/ 하나리 끈흘년가/ 산거시 우환되고/ 백년이 덧이업서/ 할래아 참 독한 병에/ 목숨이 끈허지니…

C. 제101~128구

져근덧 인간일이/ 차려도 늘거간니/ 내부모 진번닐을/ 내몸도 당탄말가/ 에엿뿔샤 우리 부모 셔리도 지내샷다/ 압페것 몰나보이/ 눈어두어 엇디산고/ 헛식구 눈칫밥의/ 배곱차 엇디산고/ 무근소옴 여룬의복/ 치워 엇지산고/ 눈우회 헌보선은/ 발슬려 엇지산고/ 빨내셔답 손조할제/ 손압퍼 엇지 할고/ 팔려안 살뼈뫼대/ 자리 박켜 엇지 산고/ 니벼룩 빈대긔모/ 갈랴워 엇지 산고/ 픗짐치 셴쭐기을/ 못삼켜 엇지 산고/ 구즌밥 소금국의/ 못자셔 엇지 산고(하략)

김 교수는 "이 정도로 어휘를 구사할 수 있다는 것은 평생을 저술에 종사하며 문장을 다듬어 오면서도, 생활세계의 구체적인 현장 속에 밀착되어 살았던 선생의 언어 감각의 결정(結晶)이다. 이 점은 「노인가(老人歌)」[11]의 언어와 비교해 보더라도 질적으로 현격한 차이가 있다" 또 "「자회가」의 어휘는 한문의 구기(口氣)가 전혀 느껴지지 않는 감각적인 일상어구들을 자유자재로 구사함으로 말미암아 사대부의 작품으로 여기지 않을 만큼 평이하고 진솔한 느낌을 준다"라고 평했다.

특히 김 교수는 "노인의 삶을 이 정도로 탁월(卓越)하게 묘파(描破)하여 형상화

---

11) 老人歌: 崑崙山 나린 脈이 五嶽이 中興해서/ 천하명산 분배하고 無數江山 구 터서/ 千水萬山 곳곳마다 사람 살게 삼겨시니/ 無窮한 조화 중의 우리 자연 늙었고나/ 어와 청춘 소년들아 백발보고 웃지마라/ 덧업시 가는 세월 넨들 매양 젊을소냐/ 져그덧 늙어시니 空된 줄 알거니와/ 소문업시 오는 백발 털끗마다 점점 희다/ 이리져리 헤어보니 오는 백발 검을소냐/ 威風으로 제어하면 겁내야 아니 올까/ 기운으로 조차보면 못이겨서 아니 올까/ 꾸지저 물니티면 무색하여 아니 올까/ 욕하야 거절하면 노여하야 아니 올까/ 긴 槍을 딜어 보면 못이긔여 아니 올까/ 드는 칼로 내터디면 혼이 나서 아니 올까/ 휘장으로 가려볼까 방패로 막아 볼까/ 蘇秦 張儀 구변으로 달래면 아니 올까/ 됴흔 음식 가초 찰텨 인정쓰면 아니 올까/ 할 수 없다 뎌 백발은 사람마다 겪는고나/ 人不得 恒少年은 풍원 중의 名談이요/ 인생 칠십 고래희는 글句 중의 寒心하다/ 삼천갑자 동방삭도 前無後無 처엄이요/ 칠백세 사던 팽조도 슥聞 古聞 또 잇는가/ 浮游 갓흔 이 세상의 초로 갓흔 우리 인생/ 어와 가련할샤 물 우회 萍草로다/ 우리 인생 가련하다 이 몸 늙어디면 다시 젊기 어려웨라

(形象化)하고 있는 작품은 최근 박완서(朴婉緒)의 단편을 제외하고는 한국문학사상 그 유래가 없어 보인다"라고 격찬할 정도이다. 여기서 단편 가운데 어느 작품을 가리키는지 알 수 없으나 박완서는 「부끄러움을 가르칩니다」(1971)란 단편을 발표한 이래 한국문단에서 손꼽히는 여류작가로 문명을 날린 인물이다. 2세기 전의 가사문학을 현대문학에 비추어도 손색이 없다고 평가한 것은 파격인 것이다.

2) 다산의 작시관

다산의 작시관은 분명하고 뚜렷한 원칙이 있다. 바로 도문합일(道文合一)과 문이재도(文以載道)의 문장론에다 중국의 시풍을 벗어나야 한다는 시관이 그것이다. 이는 한시(漢詩)를 짓는 데도 중국풍(中國風)에서 벗어나 민족의 자주성과 독립성을 고취하자는 의지이다. 조선의 선비들은 당시(唐詩)를 즐겼다. 그래서 이달(李達), 최경창(崔慶昌), 백광훈(白光勳) 등을 삼당(三唐)시인이라 평하기도 했다. 그는 이런 중국의 시풍을 흉내 내는 것 자체를 마땅찮게 여겼던 모양이다.

그런 이유에서인지 모르나 그는 시 짓는 것을 평가하지 않았다. 작시 자체를 대단찮게 여겼으면서도 평생 동안 무려 2,500여 편의 한시를 남겼다는 사실은 의아스럽게 느껴진다. 숫자로 보면 정치, 경제, 사회, 공학, 의학 등의 분야에 500여 권의 저서와 가히 쌍벽을 이룰 만하다. 지어진 시가 그 스스로 밝힌 시작(詩作)의 원칙에 맞는지 아니면 틀린지는 전문가와 독자의 몫이나 다작(多作)임은 분명하다. 일단은 다산의 작시관 또는 작시의 원칙을 확인해 보기로 하자.

(1) 도문합일의 문장론

다산은 문장이란 학문을 가리켜 우리 도(道)를 크게 해치는 것이라며 다음과 같이 말했다. "대저 문장이란 천지의 바른 이치에 통하고 문물의 중정(衆情)을 두루 갖추어서 그 지식이 마음에 쌓이면, 땅이 짊어지며 바다가 포용하고 구름이 모이고 우레가 꿈틀거리는 것처럼 마침내는 숨길 수 없는 것이 된다. 그런 후에 이것과 서로 만나는 것이 있어서 서로 드나들고, 접촉해서 이를 격동시키고 흔들면 퍼져서 밖으로 나가는 것이 바닷물처럼 출렁이고 번개 치듯 찬란하게 된다.

그래서 가까이는 사람을 감동시키고 멀리는 천지를 움직이고 귀신을 격동시키는 것을 문장이라 한다"고 했다. 그는 문장의 성립과정과 문자의 외형(外形), 문장의 기능(機能)을 말하고 있다. 또한 "'위이인영증언(爲以仁榮贈言)'에서 문장을 이루는 마음(中)은 '사물(事物)과 서로 만나고, 사물과 서로 닿고 시비와 서로 접촉하고 이해와 서로 형태(形態)를 이룬다'고 했다. 문학작품은 마음으로만 되는 것이 아니요, 세계(事物)만으로 이루어지는 것은 더구나 아니다"라고 했다.

마음과 세계가 서로 조응(照應)하여 이루어진 대립적인 구조인 것이다. 곧 펴져서 밖으로 나가는 것이 바닷물처럼 출렁이고 번개 치듯이 찬란하게 된다는 것과 상통한다는 것이다. 그는 "문장은 우주 사이에서 정미(精微)하고 교묘(巧妙)한 것이다(文章之在宇宙之間 其精微巧妙者)"라고 하여 『周易』, 『詩經』, 『書經』, 『禮記』 등 고전을 들어서 문학이 갖추어야 할 전범(典範)으로서의 객관성을 입증하려 했던 것이다. 다산의 시관(詩觀)은 복합적인 성격을 지니고 있다.

그가 말한 문학의 위기도 이중(二重)의 의미를 지니고 있다. 문학의 위기는 문학이 고전적 전범에서 이탈했기 때문에 생긴 것이기도 하다. 하나는 도학적 문학관을 재확립함으로써 극복될 수 있는 것이지만, 다른 하나는 자기 시대의 현실적 문제와 정면에서 부딪혀야 극복될 수 있는 것이다. 이로 볼 때 그는 문장이란 외부에서 나오는 것이 아니라 안으로부터 우러나오는 것이 참문장이라 했다. 그러므로 문장은 기교(技巧)보다 주제(主題)가 더 중요하다는 것이다.

유종원(柳宗元)이나 한유(韓愈)의 문장은 수식(修飾) 위주라 화려하지만 사람에게 교양을 줄 수가 없다. 이들이 비록 문장을 중흥시킨 시조라고는 하나, 사실인즉 속에서 우러나는 문장이 아니고 겉으로부터 꾸며 놓은 문장을 가지고 대가라고 자처한다. 한유, 유종원, 구양수(歐陽修), 소식(蘇軾)의 서(書)·기(記)는 화려하지만 내용이 없다. 기이(奇異)한 듯하나 바르지 않으니 어린 사람이 읽어서 기쁘게는 하나 그것으로는 안으로 수기, 충성, 치민의 힘을 주지 못한다.

위로는 임금을 보좌하여 나라를 다스릴 방책을 생각하고 아래로는 일세의 기고(旗鼓)가 될 것을 생각한 후라 해도 바야흐로 녹록지 않을 것이다. 「五學論 三」

文章之學에서 한유, 유종원, 구양수, 소식의 문학만으로는 위천하국가(爲天下國家)라 할 수 없다. 그 이유는 그들의 문학이 화려하나 실질이 없고 기이하나 바르지 못했기 때문이라는 것이다. 그가 이들을 부정했던 것은 '무실(無實)과 부정(不正)'이요, 실질(實質)이 없고 정대(正大)하지 못했다는 뜻이다.

그는 가장 이상적인 문장을 육례(六藝)와 맹자와 노자 등에서 찾았다. 즉 입신양명(立身揚名)은 물론이거니와 성명지본(性命之本)과 민국지무(民國之務)를 잃지 않는 실용의 문장을 말하는 것이다. 이러한 문장만이 사람을 감동시키고 천지를 움직이며 귀신을 감동시킬 수가 있다고 생각한 것이다. 다산은 광제일세(匡濟一世)에 기여(寄與)할 만한 문장의 전범(典範)을 다음과 같이 열거하고 있다. 『주역』, 『시경』, 『서경』, 『예기』, 『주례』, 『춘추좌씨전』, 『논어』, 『노자』 등이 그것이다.

정미하고 교묘한 것은 주역이다. 온유하고 격절(激切)한 것은 시경이다. 전아(典雅)하고 신밀(縝密)한 것은 서경이다. 상세하고 난(亂)하지 않은 것이 『예기』이다. 조목(條目)이 무성(茂盛)해도 섞일 수 없는 것은 주례이다. 진기한 것을 드러내고 거두어들여 굽힐 수 없는 것은 春秋左氏傳이다. 슬기롭고 성스러워 결점이 없는 것은 『논어』다. 성도(性道)의 본체를 참으로 알아서 갖가지 경서를 분석한 것은 맹자이다. 깊고 오묘한 이치를 따지고 새긴 것은 노자이다.

다산의 문장론은 그래서 도문합일론이다. 도(道)로 말미암아 문장이 이루어진다고 하여 문이재도설(文以載道說)을 취한 것이다. 그는 당시 나관중(羅貫中), 시내암(施耐菴), 김성탄(金聖歎) 등의 패관소설류(稗官小說類)를 종사로 만든 풍토를 개탄했다. 이들은 처량하고 슬프고 흐느끼고 어그러지고 험(險)하여 한결같이 넋이 빠지고 창자가 끊어질 것 같은 문장이다. 이런 문장을 지어 놓고서 자이자존(自怡自尊)하면서 늙음이 오는 줄도 모르고 있다는 것이다.

그러나 그는 문(文)은 도(道)를 실어서 요순주공(堯舜周公)의 문으로 돌아갈 수 있어야 하는 것으로 인식했다. 따라서 다산이 소설(小說)을 해로운 것으로 인식하고 이를 배척한 것은 당연한 귀결이다. 나관중을 조묘(祧廟)로 여기고 시내암, 김성탄을 소목(昭穆)으로 여겨서 조잘거리는 원숭이와 앵무새의 혀처럼 이리저리 놀려서 그 음란하고 괴상스런 말들을 꾸며 놓고 저 혼자 기뻐하면서 즐거워하는 것을 역겨워한 것이다. 그의 문장론은 文以載道에 철저했다.

(2) 현실인식과 작가의식

다산의 사실주의적 입장은 그의 문학에서도 나타난다. 문학을 객관현실의 반영이라고 여겼기 때문에 항상 백성의 생활을 진실하게 반영한다. 이와 같은 점을 스스로의 창작활동에서도 고스란히 수행하고자 한 것이다. 그의 문학에서 현실을 반영하고자 했던 것이 잘 드러난 시로는 「농촌기사」가 있다. 호남 일대를 휩쓴 가뭄과 탐관오리들의 수탈과 만행으로 파산한 농민생활을 묘사한 시인데, 이 시의 창작배경의 이해는 김공후에게 준 아래의 편지에서 나타나고 있다.

"지금 호남 일대에서 근심스러운 일이 두 가지가 있으니 하나는 백성들의 유리 방랑과 관료들의 탐욕입니다. 수삼 년 이래 소위 명문가족과 부호들로서 산속 깊이 이사해 간 자가 실로 수천 명이나 됩니다. 무주(茂朱)와 장수(長水)의 산골짜기는 초가집으로 차 있고 순창(淳昌)과 동복(同福) 일대의 길이란 길은 유민들로 빼곡히 찼습니다. 샘은 말라붙어 버리고 시냇물은 끊어져 들에 사는 사람의 물 걱정이 굶주림보다 심합니다. 소와 말에 물과 풀을 줄 수 없으며 하는 수 없이 집집마다 소를 잡아치우는데 금지할 도리가 없습니다. 고래로 이렇게 혹심한 흉년이 있었는지 알 수 없습니다. 6월 초에는 사방에서 유민들이 울부짖는 소리는 요란하고 길가에 버린 아이의 수는 헤아릴 수 없습니다. 마음이 아프고 눈물겨워 차마 귀로 들을 수 없고 눈으로 보기가 딱합니다. 한여름이 이렇거늘 가을은 빤한 일입니다"라고 하면서 혹심한 가뭄에 허덕이는 농촌의 실상을 전하고 있다.

다산 자신은 "천성적으로 시를 좋아하지 않았다(余性不喜詩律)"고 했다. 한편으로는 "시는 긴요한 것이 아니나 성정을 도야하는 데 무익한 것은 아니다(詩非要務然陶詠性情不爲無益)"라고 하면서 한편으로는 시의 중요성을 인정했다. 또한 시는 나라를 사랑하고 백성을 위하며 시대를 걱정하고 사회에 이바지하는 것이 아니면 참다운 시가 아니라 했다. 충신·효자·열부·친우들의 사상을 표현한 시경 300여 편의 시 정신을 잘 이어받은 두보(杜甫)를 공자처럼 숭상하라 했던 것이다.

이는 그가 지은 대부분의 시의 기저에 깔려 있는 고발과 저항정신의 기반이 된 것이다. 임금을 사랑하고 나라를 걱정하지 않은 것은 시가 아니다. 즉 "어지러운 세상을 아파하고 퇴폐(頹廢)한 습속을 통분히 여기지 않은 것은 시가 아니다. 진실을 찬미하고 허위를 풍자하며 선을 전하고 악을 징계하지 않은 것은 시가 아니다. 그러므로 의지가 확립되지 못하고 학식이 순정하지 못하며, 큰 도를 알지 못하고, 임금의 잘못을 바로잡고, 백성을 이롭게 하려는 마음이 없는 자는 시를 쓰지 못한다" 했다.

다산은 또한 시의 근본은 부자, 군신, 부부의 윤리로 꼽았다. 그 즐거운 뜻을 선양하기도 하고 그 원망과 사모와 우세휼민(憂世恤民)해야 한다. 언제나 무력한 사람을 돕고 가난한 자를 구제하고 측은하게 방황하는 자를 버리지 않으려는 뜻을 가져야 시라 했다. 자기의 이해만 생각하는 것은 시가 아니다. 이해와 감흥만을 노래한 것도 시가 아니다. 현실적인 문제를 다루며 무력한 사람들을 위해야 하고, 뜻을 바르게 가져야 시를 쓸 수 있다 함은 시인의 자질에 관한 언급이라 할 수 있겠다.

여기서 다산의 문학관을 통해 실학사상을 확인하는 한편 폭로와 저항이라는 측면을 이해할 수가 있다. 문학은 시대의 문제를 다루는 것을 사명으로 삼는 것인 만큼 중국문학의 고전적 전범의 테두리에서 벗어나, 현실과 부딪혀서 야기되는 감흥을 생동감 넘치게 표현하는 것이 올바른 문학관이라 한다. 따라서 엄격한 율격에서 벗어나 뜻하는 바를 자유롭게 나타내면서 시를 지어야 하며 용사(用事)도 조선 것을 사용해야 한다는 것이다. 조선 사람이 조선시를 쓰는 것은 당연한 일이다.

老人一快事 노인의 즐거운 일 하나는
縱筆寫狂詞 붓 가는 대로 미친 듯 시 쓰는 것
競病不必狗 어려운 운자에 신경 안 쓰고
推敲不必遲 퇴고하느라 더디지도 않고
興到卽運意 흥 나면 뜻 싣고
意到卽寫之 뜻 이루면 바로 시 쓰네
我是朝鮮人 나는 조선 사람이기에
甘作朝鮮詩 즐거이 조선의 시를 쓴다
卿當用卿法 그대는 마땅히 그대의 법을 쓰면 되지
迂哉議者誰 시작법에 어긋난다고 하는 자가 누구인가
區區格與律 중국시의 구구한 격과 율은
遠人何得知 먼 곳의 우리가 어찌 알까
凌凌李攀龍 우리를 업신여긴 이반룡은
嘲我爲車夷 우리를 오랑캐라 비웃었네
袁尤槌雪樓 원우가 설루를 친 것은
海內無異辭 해내는 다른 말이 없다

背有挾彈子 조선사람 등에는 중국 띠 매어 업은 것을
爰暇枯蟬窺 매미 허물 벗듯 함을 여겨 겨를에 볼까
我慕山石句 나는 수식 없이 자연스런 시를 좋아하네
恐受女郞嗤 계집아이 같은 자들의 비웃음 두려우랴
焉能飾棲黯 어찌 처절하고 어두운 것 꾸미면서
辛苦斷腸爲 괴로워 애간장 태우는고
梨橘各殊味 배와 귤 그 맛이 다르듯
嗜好唯其宜 오직 입맛에 따를 뿐이라네

위의 시는 유배생활을 청산하고 귀향한 후에 쓴 것이다. 그는 민족의 주체성 곧 자기존중의 사상을 강조한다. 시에 용사(用事)를 하되 흔적(痕迹)이 없게 무익 도로 사용해야 한다고 강조한다. 그것도 우리나라의 문헌과 전통에서 찾아 사실 여부를 확인한 다음 사용하라는 주문도 곁들인다. 그는 시를 좋아하지 않아도 방 대한 양의 시를 남겼다. 그의 시정신은 곧 인륜에 바탕을 두고 아프고 고통스런 현실을 적나라하게 파헤쳐 지은 것으로 볼 수 있다. 그런 만큼 응당 실학사상과 접합되어서 조선인에게 맞는 조선시의 전형을 이루고자 했던 것이다.

"나는 조선사람이기에(我是朝鮮人)/ 즐거이 조선의 시를 쓴다(甘作朝鮮詩)/ 그 대는 마땅히 그대의 법을 쓰면 되지(卿當用卿法)" 자신은 조선인이고 그러기에 조 선 시를 쓴다고 강조한다. "시작법에 어긋난다고 하는 자가 누구인가(迂哉議者 誰)/ 중국시의 구구한 격과 율은(區區格與律)" 또 작시법에 어긋난다고 시비를 걸 거나 중국시의 격과 율을 따지는 사람들을 힐난한다. "우리를 업신여긴 이반룡은 (凌凌李攀龍)/ 우리를 오랑캐라 비웃었네(嘲我爲車夷)"라며 조소한다.

2 | 작품의 성격과 차이

　존재와 다산의 문학작품을 비교한다는 것은 무모하다고 볼 수 있다. 전문가들
도 시도하지 않은 분야를 문외한이 덤비는 것 자체가 그렇다. 세상의 문제는 풀어
야 할 당위성이 있어야 관련자들이 천착하게 마련이다. 그런데 양 공의 문학에 대
해서는 비교분석할 이유가 없었기 때문이다. 이는 연구해야할 실익이 없다는 얘
기와 같다. 물론 그렇게 여길 수도 있다. 학자들은 양공의 문학적 차이나 성격의
동이(同異)보다는 자신의 논문 등을 완성하는 게 목적이기 때문이다.

　그러나 학자들의 관심 여부가 모든 사안의 연구나 천착의 기준은 아니다. 비록
학계의 관심권 밖이라도 세상을 위한 훌륭한 과제가 될 수 있다. 바로 존재와 다
산의 문학작품이나 철학사상의 비교도 거기에 해당될 수 있다. 학자들은 존재의
문학을 고산(孤山) 윤선도(尹善道)나 박완서(朴婉緒)와 비교하기도 한다. 그런데
정작 작품 간의 비교결과는 내놓지 않고 있다. 그러니 어떤 작품이 같고 다른지
전문가가 아니면 알 수 없다. 이는 누군가 연구하라는 메시지이기도 하다.

　그런 의미에서 양 공의 문학사상을 엿볼 수 있는 작시관을 확인했다. 이제는
양 공의 문학작품을 통해 작품 속의 의미와 정신을 보고자 한다. 아울러 작품이
지닌 의미와 정신의 공통점과 차이점을 확인해 볼 차례이다. 다만 존재는 400여
수, 다산은 2,500여 수에 이르는 방대한 시를 모두 확인해 비교하기란 물리적으로

불가능하다. 그러므로 여기서는 이미 앞에서 인용한 한시와 시조 그리고 가사를 중심으로 비슷한 주제와 의미를 가진 작품을 대상으로 살펴보려 한다.

미리 양해를 구하고자 한다. 이미 밝힌 바와 같이 문외한이라는 사실이다. 따라서 무모할 수밖에 없다. 이 분야에 대한 선행연구가 전무한 상태에서 시도한 비교 연구가 오죽하겠는가. 그럼에도 불구하고 무모한 시도를 강행한 것은 어설픈 결과물일지라도 후속 연구의 물고를 틀 수 있는 계기를 기대하기 때문이다. 특히 존재의 문학은 김석회 교수의 평가가 아니더라도 사장시키기에는 너무 아깝다. 그의 문학은 어느 작품과도 다른 특징을 지니고 있기 때문에 그렇다.

1) 서정시의 공통점과 차이점

조선의 사대부들은 주로 음풍농월(吟風弄月)의 한시를 즐겨 읊었다. 그러나 후기에 들어와서는 음풍농월이 아닌 삶의 현실을 사실적으로 노래하는 민족문학의 성격을 나타내는 경향이 자리 잡았다. 이는 한시가 민요(民謠)를 수용한 결과로 볼 수 있다. 민요는 고려 후기부터 알려졌지만 크게 유행하지 못했다. 그러다 조선 후기에 이르러 인식이 새로워지고, 평민들의 역사적 동력(動力)이 인식되면서 한시의 민요 취향은 더욱 확대되고 질적 발전을 이룬 것이다.

따라서 양공도 이런 조류(潮流)와 무관할 수 없다. 이들은 스스로 시 짓기를 좋아하지 않는다면서도 시를 지었다. 존재의 문학은 한시, 연시조, 가사, 희작 등 여러 장르를 섭렵할 만큼 다양하나 관리들의 탐학과 횡포 등의 고발성 작품이 많다. 다산 또한 사회제도의 모순, 관리나 토호들의 횡포, 백성들의 고뇌, 농어촌의 가난 등이 특징이다. 그런데 양 공의 작품에서 비판이나 고발성이 아닌 영농의 정경을 사실적으로 그린 작품은 「농가구장」과 「타맥행」이다.

(1) 「농가구장」과 「타맥행」의 공통점

존재의 「농가구장」은 직접 농사를 지으며 읊은 연시조다. 시조는 제1수 조출(朝出)에세 제6수 석귀(夕歸)까지는 농번기인 여름 하루 일과를 읊은 것이다. 후속

3수인 초추, 상신, 음사는 곡식이 익어서 거둬들인 초가을에서 추수가 마무리된 늦가을까지의 절서감(節序感)을 읊고 있다. "제목을 통해서 드러나는 바와 같이 여름의 하루 일과를 농경 현장의 체험적 실감에 입각하여 읊고 있으며, 가을의 절서감을 땀 흘려 수고한 농부의 심정을 감각적으로 그렸다"고 한다.

다산의 「타맥행」도 가난하지만 즐겁게 일하는 농민의 건설적인 모습을 사실적으로 묘사하고 있다. 악부(樂府) 시체에서 전화한 한시의 한 체인 '행(行)'을 그 형식으로 하고 있다. 새롭고 가치 있는 삶을 평민들의 현실 세계에서 찾고자 한 진보적 지식인들의 경향을 엿볼 수 있다. 이 시의 화자인 다산은 존재처럼 노동에 직접 참여하지 않는 구경꾼이다. 대상인 농민들이 노동하는 모습과 탈각된 보리 껍질을 보고 화자는 농민들의 건강한 노동력에 감탄을 금치 못하고 있다.

「농가구장」과 「타맥행」은 제목과 문자가 서로 다르다. 「농가구장」은 언문이며, 「타맥행」은 한문으로 쓰였다. 두 작품 모두 농촌의 하루 농사정경을 묘사한 점은 매우 흡사하다. 존재는 영농의 당사자인 일꾼의 입장이라면, 다산은 직접 도리깨로 보리를 타작하는 일꾼이 아니라 작업광경을 보는 구경꾼의 입장이다. 양 공의 문학에서 사회적 모순을 비판하지 않고 기쁜 마음으로 읊은 몇 안 되는 작품이라 할 수 있다. 다산의 경우 보리타작 광경이 생경스럽게 느껴졌던 모양이다.

「농가구장」의 초추, 상신, 음사는 여름의 농촌이 아니고 가을이다. 작가가 가을의 전경을 포함시킨 것은 여름에 흘린 땀의 결과이기 때문일 것이다. 이 연시조는 2003년 대학수학능력시험에 출제될 만큼 그 문학성을 인정받았다. 한편 「타맥행」에서 "마음이 몸의 노예되지 않았네(了不以心爲形役)/ 낙원이 먼 곳에 있는 게 아닌데(樂園樂郊不遠有)/ 무엇하러 벼슬길에 헤매고 있으리요(何苦去作風塵客)" 하며 낙원이 따로 없는데 벼슬에 연연했던 스스로를 돌아보기도 한다.

■ **存齋의 「農歌九章」**
朝出 서산의도들볏셔고 굴음은느제로낸다 비뒷무근플이뉘 밧시짓텃든고 두어
　　라츠례지운일이니믹ᄂ대로믹오리라
適田 도롱이예홈의걸고 쏠곱은검은쇼몰고동플쏫머기며깃물ᄀᄂ려갈제 어듸셔

픔진벗님홈ᄭᅴ가쟈ᄒᆞᄂᆞᆫ고

芸草 둘너내쟈둘러내쟈 길ᄎᆞᆫ골돌러나쟈 바라기역괴를 골골마다두러내쟈 쉬짓
튼긴ᄉᆞ래ᄂᆞᆫ마조잡아둘러내쟈

午憩 ᄯᆞᆷ은든ᄂᆞᆫ대로듯고볏슨 ᄶᅬᆯ대로ᄶᅬᆫ다 청풍의옷깃열고긴파람흘리불제 어ᄃᆡ
셔길가ᄂᆞᆫ손님비ᄋᆞᄂᆞᆫᄃᆞ시머무ᄂᆞᆫ고

點心 힝긔예보리뫼오 사발의콩닙칠라 내밥만ᄒᆞᆯ세요네 반찬적끌세라 먹은뒷 ᄒᆞᆫ
숨ᄌᆞᆷ경이야네오내오달ᄋᆞᆯ소냐

夕歸 돌아가쟈돌아가쟈 ᄒᆡ지거다돌아가쟈 계변의발을싯고홈의메고돌아올제
어듸셔 오배초 이홈ᄭᅴ가쟈ᄇᆡ아ᄂᆞᆫ고

■ 茶山의 「打麥行」

새로 거른 막걸리 젓빛처럼 뿌옇고(新篘濁酒如湩白)/ 큰 사발에 보리밥 높기가 한 자로세(大碗麥飯高一尺)/ 밥 먹자 도리깨 잡고 마당에 나서니(飯罷取耞登場立)/ 검게 탄 두 어깨 햇볕 받아 번쩍이네(雙肩漆澤翻日赤)/ 옹헤야 소리내며 발맞추어 두드리니(呼邪作聲擧趾齊)/ 삽시간에 보리 낟알 온 마당에 가득하네(須臾麥穗都狼藉)/ 주고받는 노랫가락 점점 높아지는데(雜歌互答聲轉高)/ 보이느니 지붕 위에 보리 티끌뿐이로다(但見屋角紛飛麥)/ 그 기색 살펴보니 즐겁기 짝이 없어(觀其氣色樂莫樂)/ 마음이 몸의 노예되지 않았네(了不以心爲形役)/ 낙원이 먼 곳에 있는 게 아닌데(樂園樂郊不遠有)/ 무엇하러 벼슬길에 헤매고 있으리요(何苦去作風塵客)

(2) 농가의 공통점과 차이점

존재의 「농가구장」과 다산의 「장기농가십장」과 「탐진농가」 및 「탐진촌요」는 어떻게 다른가. 농촌의 현실을 읊은 점은 같다. 존재는 여름이며, 다산은 봄의 농촌풍경을 주제로 삼고 있다. 존재의 농가가 국문시조이며 다산의 농가 3편은 모두 한시라는 차이가 있다. 그러나 「농가구장」은 순수문학이라 할 수 있다. 반면 다산의 농가 3편은 관리들에게 수탈당하는 농민의 애환을 담는 고발성이다. 곧 순수문학과 목적성 문학의 성격이 작품의 차이로 볼 수 있다.

다산의 농가는 쟁기질하는 소리와 주인영감이 게으른 머슴에게 호통 치는 소리로 새봄을 연다. 장기농가의 "금년에는 넙치마저 구하기가 어려운데(今年比目猶難得)/ 잡는 족족 잘 말려서 관가에다 바친다네(盡作乾鮖入縣門)/ 새벽녘에 이정이와 코(송아지)를 뚫어 몰고 가며(里正曉來穿鼻去)"와 탐진농가의 "어찌하면 맨다리에 방게에 물려 흐르는 피를(那將赤脚蟛蛦血)/ 은대에서 계속 올리는 상소문에다 그리게 할까(添繪銀臺遞奏書)" 등이 관리들의 수탈과 횡포이다.

더구나 다산의 농가에는 관리나 아전들의 수탈에 대비하고 있다. 즉 장기농가에는 "평생토록 수박씨를 심지 않는 까닭은(平生不種西瓜子)/ 아전 놈들 트집 잡고 시비 걸까 두려워서(剛怕官奴惹是非)" 그런 것이다. 또 탐진농가에서도 "연밥 따면 관가에다 바쳐야 할 뿐 아니라(豈惟蓮子輸官裏)/ 틈 있으면 관리들이 고기 잡을까 싶어서야(兼怕官人暇日漁)"라며 수박씨를 심지 않고, 연못에 고기를 기르지 않은 이유를 설명하고 있다. 수탈의 예방조치인 셈이다.

「탐진촌요(耽津村謠)」도 농가라는 말과 같은 의미다. 다산은 보리 이삭이 물결 치는 이른 봄, 모내기에 바쁜 여름철, 눈 맞고 새로 자란 파란 배춧잎, 섣달에 깐 노란 병아리 등 봄의 농촌풍경을 정겹게 묘사했다. 또 관리들의 횡포에 눈물겨운 삶의 모습을 그렸다. 피땀 흘려 짜낸 무명을 황두들이 뺏어가고, 성화같은 세금 독촉에 시달리는 삶의 모습을 목도하듯이 그리고 있다. 피폐한 농촌의 현실을 고발하고, 백성을 위한 정치가 이루어져야 할 것을 촉구하고 있다.

2) 존재와 다산의 우민시

양 공의 시는 매우 다양하다. 존재는 덕산의 설리시(說理詩)와 장흥의 우민시(憂民詩), 희작성의 토론시(討論詩), 근체시(近體詩), 잡체시(雜體詩), 연시조(聯詩調), 증별시(贈別詩), 기행시(紀行詩) 등 편폭이 매우 넓다. 다산 또한 유배지에서 쓴 우화시(寓話詩), 경세시(經世詩), 명상시(瞑想詩), 망향시(望鄉詩) 등 현실비판의 시(詩)도 마찬가지다. 양 공의 작품을 소개하기란 어렵다. 그러므로 현실비판의식을 형상화한 우민시를 한자리에서 조명해 보기로 한다.

존재의 대표적인 우민시는 「연년행」이다. 「연년행(年年行)」이란 제목도 오고 또 오는 연년 세월에서 헤어날 길이 없는 재앙의 굴레를 탄식한 것이다. 거의 한 해도 거르지 않고 찾아오는 자연재해가 심함을 원망하며 그리고 있다. 설상가상으로 재난(災難)의 와중에서 관리들의 탐학도 자심했다. 존재는 「정현신보」나 「만언봉사」 등에서 관리들의 횡포를 고발하지만 문학작품에서는 별로 없다. 따라서 「연년행」은 그의 우민시를 대표하는 작품이 아닐까 사료된다.

다산의 우민 또는 우화시는 존재보다 훨씬 많다. 이미 살핀 「장기농가」와 「탐진농가」도 포함된다. 아울러 「충식송(蟲食松)」을 비롯해 「해낭행(海狼行)」, 「애절양(哀絶陽)」, 「탐진촌요(耽津村謠)」, 「하일대주(夏日對酒)」, 「견여탄(肩輿歎)」 등을 들 수 있다. 이들 우화시에는 시대를 슬퍼하고 관리들의 탐학과 횡포를 개탄하고 있다. 그는 이들 시작행위를 통해 자신의 작시정신을 담은 것이다. 즉 도문합일(道文合一)과 문이재도(文以載道)를 관철하고자 하는 실행이라고 할 수 있다.

(1) 「연년행」과 「충식송」의 동이

존재의 「연년행」 연작을 학자들은 「임계탄」(壬癸歎) 가사와 상통한 작품으로 보고 있다. 앞서 언급했듯이 학계에서는 아직 작자 미상의 가사이다. 그러나 「임계탄」은 간암(艮庵)의 작품임이 분명하다. 이 가사는 1732년(壬子)과 1733년(癸丑)의 재난의 내용을 담고 있다. 존재의 「연년행」에 나오는 "此蟲爲災甚水旱 壬癸乙丙人相食"이란 구절의 '壬癸'와 일치한다는 것이다. 여기서 '壬癸乙丙'이란 임자(1732), 계축(1733), 을묘(1735), 병진(1736)을 지칭하고 있다.

이때 존재는 6~7, 9~10세 되던 해가 된다. 그러므로 그가 재앙의 실상을 적나라하게 체험하지는 않았을 것이다. 그로부터 30여 년이 지난 후인 40대에 다시 천재지변을 맞아 당시를 회상하며 이 시를 썼을 것으로 보인다. 그는 '임계을병년' 당시 '사람이 사람의 고기를 먹고 살았다'는 참상을 떠올린다. 다시 가뭄, 수해, 태풍, 전염병, 병충해 등의 온갖 재해가 해마다 덮쳐 온 것이다. 그 피해는 가난한 농민들에게 이어져 그들의 고달픔이 극에 달함을 묘사한다.

다음은 관리들의 횡포와 수탈이다. 「연년행 1」의 "아전들 구걸하는 구실은 수십 가지 명목이네(胥吏動鈴數十色)/ 좌수 별감 구하는 것 또 따로 있네(座首別監別求索)/ 두려운 건 다만 관원들의 쏘는 듯한 눈초리오(但畏官人眼光絶)"라며 좌수와 별감에게는 따로 바치는데 아전들은 자기 몫을 챙기기 위해 갖가지 명목을 붙여 수탈한다. 가난하고 힘없는 농민들이 빼앗긴 것뿐만 아니고 관원들의 눈초리에 대한 공포이다. 그들의 눈에 벗어나면 언제 화가 닥칠지 모르기 때문이다.

「연년행 2」에서는 "또 세곡은 해마다 늘어나는데(況復稅穀年年大)/ 세미는 해마다 찧고 또 찧어 정미로만 바치라네(稅米年年益精鑿)/ 환상도 해마다 더욱더 소모분이 늘어만 가는데(還上年年益敗耗)/ 잡세마저 해마다 구실과 항목이 늘어만 가네(雜稅年年增色目)/ 아전들의 입 구멍은 해마다 넓어지고(吏口年年益大張)/ 아전들의 눈초리는 해마다 포독해 가네(吏目年年益射赤)" 하며 읊고 있다. 곧 나라에 바치는 세금의 종류와 잡세가 늘어난 만큼 아전들의 입과 대비하고 있다.

다산은 「충식송(蟲食松)」에서 장흥의 천관산(天冠山)을 국가에 비유하는 한편, 소나무를 백성, 그리고 송충이를 백성의 고혈을 빨아먹는 탐관오리에 가탁한다. 따라서 「충식송」의 주제는 탐관오리를 강도 높게 비난하는 것이다. 그러면서 어떻게 소나무를 살릴 수 있을까. 곧 백성을 살리는 길은 곧 송충이를 섬멸하는 길 외에는 다른 방법이 없다는 것이 주지라고 할 수 있다. 송충이를 섬멸하는 방법은 다산의 저술인 『경세유표』 등 1표2서에서 구체적으로 입안되기에 이른다.

결국 존재의 「연년행」 연작과 다산의 「충식송」은 백성을 걱정하는 한시이다. 지은 동기와 때는 물론 다르다. 그러나 양 공이 다 같이 실학자의 입장에서 힘없는 민초들이 재해와 관리들로부터 고초를 당하고 있는 현장과 전문(傳聞)을 통해 공분(公憤)하며 시를 통해 그 울분을 표출하고 있는 것이다. 더구나 천관산은 존재가 살고 있는 관산에 있는 산이라는 사실이다. 다산이 강진의 여러 산을 벗어나 어떤 이유에서 천관산에 올라 「충식송」을 지었는지는 알 수 없다.

그러나 우연이기는 해도 「임계탄」, 「연년행」, 「충식송」 등의 작품에는 절묘한 공통점이 있다. 우선 작품의 무대가 장흥의 관산(冠山)이라는 점이다. 둘째는 재해와 관료들의 수탈행위를 고발하고 있는 점이다. 우연치고 너무도 절묘한 우연이 아닐 수 없다. 어떻게 시대와 작자가 다른 3인의 작품소재가 한곳을 대상으로 이루질 수 있는가. 억지로 만들려 해도 불가능할 것이다. 더구나 다산은 강진에서 일부러 천관산에 올라 송충이를 보고 지었으니 신기하지 않는가.

(2) 「연년행」과 「해랑행」

고래와 솔피의 대립을 우언의 수법으로 절묘하게 포착하고 있다. 고래는 바다의 먹이사슬에서 강자에 속하며, 솔피 또한 작은 물고기를 먹고 사는 강자에 속한다. 큰 고래의 위세는 먹이사슬의 정점에 위치하는 모습이다. 단순히 이는 약탈자의 모습만을 의미하지 않고 고래의 위상이 그러하다는 것을 보여 주는 작자의 시적인 장치이기도 하다. 반면에 솔피의 약탈적인 면모가 그대로 노출된다. 실제로 솔피는 집단으로 공격하여 작은 고래를 죽인다고 한다.

우화시(寓話詩)는 추상적이고 도덕적인 것보다 현실의 풍자(諷刺)가 그 특징이다. 풍자는 인간이나 사회제도의 결함을 폭로하려는 목적으로 쓰이는데 여러 가지 이유로 풍자를 직접 나타낼 수 없을 때에는 우화의 방법을 쓰는 경우가 많다. 이는 만일의 경우 관의 시빗거리를 차단하기 위한 방편의 일환일 수 있다. 다산이 우화시를 대부분 유배기간 중에 썼던 점으로 보아 풍자할 실상이 많았던 것이다. 그것을 보고 풍자한 것은 다산의 저항정신이었을 것이다.

(3) 「연년행」과 「애절양」

나라의 기강이 흐트러져 부정부패가 만연했던 시기의 작품이다. 「연년행」은 관청의 서리들이 세금의 종류를 이런저런 구실을 붙여 민초들을 못살게 굴고 있는 모습을 적나라하게 보여 주고 있다. 애절양에서도 소위 '황구첨정(黃口簽丁), 백골징포(白骨徵布)'의 실상을, 갈밭에 사는 한 농민의 비극적인 삶을 통해 처절하게 형상화한 시로 보아야 할 것이다. 단지 시공만 다를 뿐 두 시는 우민시의 정형을 이루고 있다.

"잡세마저 해마다 구실과 항목이 늘어만 가네(雜稅年年增色目)/ 아전들의 입 구멍은 해마다 넓어지고(吏口年年益大張)/ 탄식하며 죽기를 구해도 어쩔 수 없네(咄嗟求死而不得)"와 "노전마을 젊은 아낙 그칠 줄 모르는 통곡소리(蘆田少婦痛哭聲

長)/ 시아비 상복 벗고, 아기는 탯줄도 마르지 않았는데(舅喪己縞兒未澡)/ 삼대가 군보에 실리다니(三代名簽在軍保)/ 이정은 으르렁대며 마구간 소를 몰고 가고(里正咆哮牛去皂)"는 기묘하다.

(4) 「연년행」과 「하일대주」

다산은 대작하는 형식으로 토지, 군보 등의 모순을 고발한다. 가령 왕이 백 두락의 밭이 있고, 자식이 열 명이라면 열두 두락씩 나누어 줘서 똑같이 먹고살게 해야 한다. 그러나 자식 가운데 못된 놈이 아버지 밭의 80~90%를 삼켜 버리면 못난 자식들의 곳간은 늘 비게 마련이다. 세금을 거둘 때는 부자에게 많이 거두는 게 정상이나 가난한 사람에게만 피나게 긁어모은 정경을 그리고 있다.

그는 이 시를 통해 토지와 군보 등 제도의 대안으로 토지제도의 경우 정전제(井田制)를 주장한다. 군왕이 전국의 토지를 백성의 숫자대로 고르게 나누어 골고루 먹고 살게 만들어야 한다. 그럼에도 일부 힘센 자들이 거의 전부를 차지하는 현실을 보며 한밤에 일어나 탄식하고 있다. 그리고 군보의 법이 아주 좋지 않는 법으로 인해 농부가 양근(陽根)을 잘라 버린 경우를 상기하고 있다.

(5) 「합강정선유가」와 「견여탄」

존재의 「합강정선유가」는 1796년 9월 관내 합강정에서 순상일행의 뱃놀이로 백성들의 아픔을 읊은 가사작품이다. 다산의 「견여탄」은 그가 귀양에서 풀려 마현에서 지었다. 관리의 가마를 메고 산을 오르는 영하호(嶺下戶) 주민들의 고통을 묘사한 작품이다. 기생들과 뱃놀이를 하는 순상(巡相)과 수령들과 가마 타는 관리들은 즐겁다. 그러나 그들의 즐거움을 위해 개[犬]와 닭을 모조리 바친 농민과 가마 메는 괴로움은 모르는 관리들의 도덕적 무감각을 질타한다.

양 공 모두 타계를 얼마 남기지 않은 시점에서도 식을 줄 모르는 고발정신을 함축하고 있다. 초지일관하게 사는 올곧은 지성인의 표본임을 다시 한 번 천명하고 있는 듯하다. 그들은 가사와 시로 사회적 모순을 남김없이 고발하고 있는 것이다. 잘못된 제도가 어떻게 백성들을 멍들게 하며 관리들의 횡포로 말미암아 농민들이 얼마나 고통당하고 있는지 묘사하고 있다. 다산은 다시 정협(鄭俠)의 유민도(流民圖)를 동원해서 임금에게 그 실상을 바치고 싶다고 한다.

　다산은 이런 모순을 임금에게까지 적용시킨다. 어떤 면에서 임금이야말로 백성들에게 가마 메게 하는 가장 핵심적인 주체일 수도 있기 때문이다. 그는 관리들이 가마꾼인 민초를 닭이나 개처럼 부리면서 꾸중은 호랑이보다 심하다고 묘사하고 있다. 이 같은 표현은 적거지인 강진에서 지은 작품에서도 나오지 않는 극단적인 표현인 것이다. 왜 그랬을까. 아무래도 왕이나 대신들에게 더 이상 희망을 걸 수 없기 때문에 흥분한 상태에서 이루어진 작품으로 보인다.

3) 작품의 평가

　이상에서 존재와 다산의 문학작품을 부분적으로나마 일별해 봤다. 즉 「농가구장」과 「타맥행」・「장기」 및 「탐진농가」・「탐진촌요」, 「연년행」 연작과 「충식송」・「해 랑행」・「애절양」・「하일대주」, 「합강정선유가」와 「견여탄」을 비교해 본 것이다. 국문학의 전문가가 아니라서 모르지만 일반 독자의 입장에서 보면 양 공의 작품은 분명히 서로 다른 점이 있어 보인다. 가령 존재는 한문과 국문 등으로 작품을 쓴 데 반해 다산은 한문으로만 쓰는 차이가 있다. 아울러 부드러움과 딱딱함 등에서 온도차를 느낀다.

　그러나 결론부터 말하면 작품의 성격으로는 이질성을 찾아볼 수 없다. 세상에서 불의를 좋아하는 사람은 없다. 다만 그 불의를 보고 산문이나 시로 작품화한 사람은 드물다. 사람들은 재주가 없다면서 글쓰기를 싫어한다. 그러면서 글 쓰는 사람은 특별한 지적 능력과 재주가 있는 것으로 간주한다. 예술작품의 창작에서 보다 중요한 것은 글을 쓰고자 하는 의지이다. 보고 들은 불의를 기록하려는 의지가 우선이다. 아무리 재주가 있어도 쓰지 않으면 그냥 범부일 뿐이다.

　존재와 다산이 많은 저술과 작품을 남긴 것도 바로 의지의 발로이다. 힘없는 농민을 핍박하고 수탈하는 관리들에게 함께 분노하고 고발하고 저항했다. 그 분노와 고발정신이 곧 작품의 성격이자 정신이다. 그러기에 작시관이나 표현수단 그리고 당색(黨色)의 차이는 문제가 되지 않는다. 양 공 작품의 저류에는 시대를 아파하고 탐학하는 관료들을 고발하는 정신이 면면히 살아 있다. 그 엄연한 사실 앞에 그는 서인이고 그는 남인이었다고 따지는 것이 무슨 소용인가.

그런 의미에서 양공의 문학작품은 문학사에 훌륭한 가치를 지니고 있다. 18세기는 조선왕조의 쇠망의 징조가 도처에서 분출되던 시기이다. 임진왜란과 병자호란 등 양란의 참화는 작은 왕조가 감당하기엔 너무도 벅찼다. 그 결과 국가기강은 문란하고 민생은 도탄에 빠져 신음하고 있었다. 이때 시대를 앞서간 양 공은 민초들을 어루만지며 피를 토하는 마음으로 읊은 작품인 것이다. 따라서 작품의 정신에는 차이가 없지만 표현의 수단 등에 적지 않은 차이가 있다.

그 이질성의 차이가 반드시 중요한 것은 아니다. 그러나 기왕에 양 공의 문학작품을 비교하는 과정인 만큼 그 부분도 아울러 살펴보고자 한다. 사실 문학이란 "작자의 상상과 감정을 통하여 독자에게 호소하는 언어 예술이다. 그리고 그 예술은 미적(美的) 가치를 지니는 정신적 산물의 총칭이다"라고 한다. 그러나 그 사소한 이질성은 작품의 예술성에 지대한 영향을 미칠 수 있는 것이다. 왜냐하면 문학작품의 형식은 내용보다 중요한 경우도 얼마든지 있기 때문이다.

(1) 다양성과 단순성

존재와 다산의 작품은 다양성과 단순성의 차이가 있다. 한마디로 존재의 작품은 장르가 아주 다양하다. 반면 다산의 작품은 2,500편에 이르는 다작(多作)에 비해 단순하다. 거의 같은 시대를 살았으면서도 작품은 이질적이다. 이는 개성(個性)의 차이이자 문학적 소양(素養)이 다름을 반증하고 있다. 이 개성과 소양은 작품의 내용과도 정비례한다. 「농가구장」을 비롯해 「자회가」, 「합강정선유가」 등의 가사작품에 그친 것이 아니라 「연어(然語)」 등의 작품에서도 확인된다.

그의 천재성은 7세 때 지었다는 「영성(詠星)」에서 나타난다. "제각기 이름과 자리 정해져(各定名與位)/ 기에 응하여 형체도 없이 걸려 있네(須氣卦無形)/ 삼광의 하나로 참여하여(參爲三光一)/ 능히 어두운 밤 환히 밝히네(能使夜色明)" 하고 읊었다. 김석회 교수는 "빛을 제재(題材)로 한 점이 흥미롭고, 그것을 형상화하는 데 주변 사물이나 배경과도 뚜렷한 대비를 통해 변별의식을 드러내고, 또 가문과 국가의 빛이 되고자 하는 염원인 자기정체감의 단초를 엿볼 수 있다"라고 했다.

존재의 사강회운동은 안팎의 질서와 재해까지 겹쳐 지도력에 대한 회의가 깊어진다. 이로 인해 1769년(己丑) 정신적 위기를 맞는다. 독경병행적(讀耕竝行的) 삶을 추동했지만 '천재'를 조소(嘲笑)할 정도로 추락한다. 사락헌(四樂軒) 백침(伯琛)의 지적처럼 '항산이 없는 항심'의 결과가 곧 사강회의 간판을 내린다. 이 고립무원(孤立無援)의 우울(憂鬱)을 극복하는 과정에서 나온 것이 「然語」요 「매군수창(梅君酬唱)」이다. 이는 자가 상담적(相談的) 내면치유의 과정이기도 했다.

자화(子華): '복선위음(福善爲淫)'의 설은 믿기가 어렵지 않은가?/ 매군(梅君): 내가 믿을 수 있는 건 나에 관한 것일 따름, 남에 달린 것이야 내가 어쩌겠는가?/ 자화: 하늘은 과연 어떠한가?/ 매군: 봄바람 불면 나는 싹을 틔우고, 양기(陽氣) 돌아오면 나는 꽃을 피운다. 사람들은 이를 일컬어 하늘이라 하지 않는가!/ (神會 연어의 한편)자화: 그렇군/ 자화: 올해는 장마가 지긋지긋하구려/ 매군: 나는 장마로 인하여 내 몸에 이끼를 기른다네/ 자화: (웃다)

이 「연어」는 성찰을 바탕으로 한 토론의 문학이요 울울한 내면을 풀어내는 자가상담의 문학이다. 연어란 표제가 '그렇다[然]', '그래[兪]'에서 나온 것으로 보인다. 연어와 함께 「매군수창」 23편은 이러한 연어의 지취(志趣)를 시적 형상으로 집약하고 있다는 점에서 한 수 한 수 면밀히 검토해 볼 필요가 있다. 50세(1776) 작 7언절구 '春日吟' 5수에는 전원 속에 자적하는 정취가 담겨 있다. 잠시 생활 걱정과 우울에서 벗어나 자연이며 환경과의 친화를 노래하는 작품이다.

이와는 대조적으로 다산은 한시(漢詩) 위주의 작품이다. 그는 자신의 작시관대로 △시대를 슬퍼하고 세속을 개탄하지 않으면 시가 아니다. △높은 덕을 찬미하고 나쁜 행실을 풍자하여 선을 권하고 악을 미워하지 않으면 시가 아니다. △뜻이 서지 않고 학문이 순선하지 못하면 대도(大道)를 듣지 못한다. △임금을 요순의 성군으로 만들어 백성에게 혜택을 입히려는 마음을 갖지 못한 자는 시를 지을 수 없다는 원칙을 지키기 위해 정제된 한시만을 지었지 않았나 사료된다.

(2) 국한문혼용과 한자전용

존재의 작품은 다양할 뿐 아니라 표기도 국한문 병용(竝用)이다. 반면 다산의 작품은 한자로 표기한다. 그는 한자를 고수하기 위해 심지어 제비의 노래 소리나 바람[風]의 종류까지도 한자식 발음으로 표기하고 있다. 그는 동물이나 바람의 종류마저 한자와 오행(五行) 속의 방위에 따라 적고 있다. 국문으로 표현하면 간단하게 기록할 수 있는 문자를 한자를 골라 적은 것이다. 그가 한자만을 표기의 문자로 사용한 정확한 의도는 알 길이 없다.

고시(古詩)를 보자. 제비 한 마리 처음 날아와(燕子初來時)/ 지지배배 그 소리 그치지 않네(喃喃語不休)/ 말하는 뜻 분명히 알 수 없지만(語意雖未明)/ 집 없는 서러움을 호소하는 듯(似訴無家愁)/ 느릅나무 홰나무 묵어 구멍 많은데(榆槐老多穴)/ 어찌하여 그곳에 깃들이지 않느냐(何不此淹留)/ 제비 다시 지저귀며(燕子復喃喃)/ 사람에게 말하는 듯(似與人語酬)/ 느릅나무 구멍은 황새가 쪼고(榆穴鸛來啄)/ 홰나무 구멍은 뱀이 와서 뒤진다오(槐穴蛇來搜).

고시는 우화(寓話) 시이다. 암행어사로 경기도 연천(漣川)에 갔을 때 지은 작품이다. 제비는 관리로부터 수탈당해 괴로움을 겪고 있는 백성들이다. 제비의 소리인 지지배배를 '喃喃語'라는 한자로 표현하고 있다. 반대로 황새와 뱀은 백성을 괴롭히는 관리나 부자 등 힘 있는 부류이다. 곧 가렴주구(苛斂誅求)의 세태를 다른 사물을 빗대어 비유적으로 나타내거나 풍자했다. 곧 우의(寓意)의 표현이다. 옛 선비들은 '고시(古詩)' 또는 '고풍(古風)'이라는 제목으로 풍자한다.

다산의 한자식은 「탐진어가」에서도 나타난다. 어가의 "高鳥風高齊出港"라는 표현은 "높새바람 불어오면 일제히 나갔다가"의 의미이다. 여기서 高鳥 새[鳥]는 을(乙)이고, 을은 동쪽이므로 동북풍을 일러 높새바람을 지칭한다. "馬兒風緊足歸時"는 "마파람 세게 불면 그때가 올 때라네"라는 뜻이다. 馬兒風은 말[馬]은 오(午)이므로 남풍을 마파람으로 표기하고 있다. 심지어 "鵲婁波沒舊漁臺" 즉 "까치파도 세게 일어 옛 어대가 파묻힌다"는 파도까지 한자로 표현한다.

그는 민족의 주체성 곧 자기존중을 강조한다. 우리나라의 문헌과 전통에서 찾아 사실 여부를 확인한 다음 사용하라는 주문도 곁들인 것이다. "나는 조선 사람이기에(我是朝鮮人)/ 즐거이 조선의 시를 쓴다(甘作朝鮮詩)"고 했다. "시작법에 어긋난다고 하는 자가 누구냐(迂哉議者誰)"며 또 작시법에 어긋난다고 시비를 걸거나 중국시의 격과 율을 따지는 것을 힐난했다. "우리를 업신여긴 이반룡은(凌凌李攀龍)[12]/ 우리를 오랑캐라 비웃었네(嘲我爲車夷)" 하며 비웃기도 했다.

그런데 그가 한자식의 표기만을 고수한 것은 어쩐지 자기모순처럼 보인다. 사리가 그렇지 않은가. 조선식을 고수했으면 표현하는 글자도 조선의 글자를 이용했어야 맞다. 표현할 문자가 없으면 하는 수 없이 남의 나라 글자를 쓸 수밖에 없다. 하지만 세종대왕은 중국과 최만리 같은 신하들의 저항을 물리치고 천신만고 끝에 한글을 창제했다. 다산이 그걸 모를 리 없을 것이다. 그렇다면 동물 등의 소리를 그대로 나타낼 수 있는 한글을 왜 이용하지 않고 한자로 표기했을까.

그가 한글을 쓰지 않은 이유는 혹 언문(諺文)을 비하하는 시각이 아니었을까. 만에 하나 그게 진실이라면 조선식 작시의 자주성은 앞뒤가 맞지 않는 것이다. 그의 작시 원칙으로 보면 삼당(三唐) 시인은 사대주의자이다. 옥봉(玉峯) 백광훈(白光勳)의 시는 현실의 패배를 체념하고 전원의 평온함을 읊었다. 또 이달(李達)은 서얼 출신의 비애를 읊었기 때문이다. 그러나 교산(蛟山) 허균(許筠)은 이달의 시를 '청신아려(清新雅麗)'하다고 했다. 최고로 평가한 셈이다.

이와 관련해서 다산의 작시원칙은 어떻게 평가할 수 있을까. 물론 그의 도문합일론이나 문이재도설(文以載道說)에도 그 나름의 의미가 없는 것은 아니다. 그러나 문학이 지나치게 어떤 형식에 얽매이면 본말이 경도될 수 있다. 다산처럼 스스로 세운 문장의 원칙에 의해 문학적 서정(抒情)을 담아 낼 수만 있다면 굳이 나무랄 일은 아니다. 그럼에도 불구하고 현실은 그러지 못한 게 사실임을 어찌하랴. 그래서 다산식(式) 작시원칙은 너무 편협하게 보이는 것이다.

이에 비해 존재의 문학은 한문과 한글 등을 망라하고 있다. 또 자신의 불우한 처지를 소재로 하기도 한다. 작품은 다양하고 유연하다. 반면 다산의 한시는 내용은 알찰지 모르나 딱딱하다. 이 같은 기준으로 보면 다산보다는 존재의 문학적 자

---

12) 李攀龍: 중국 명나라 嘉靖 때(1522~1566)의 한 文學學派인 后七子의 영수이다. 후칠자의 일곱 학자는 이반룡을 비롯해 王世貞, 謝榛, 梁有譽, 徐中行, 吳國倫으로 이들을 嘉靖七子라고도 한다. 후칠학파는 前秦의 문장과 盛唐의 시만을 존중하는 학풍이 특색이다.

질이 훨씬 높다. 그래서 존재의 문학은 김석회로부터 무궁무진하다는 평가를 받는다. "존재 선생의 삶과 문학은 보는 자가 보고자 하는 만큼만 그 실제를 드러내는 저 천고명승(千古名勝) 천관산과도 같은 존재(存在)다"라고 했다.

문학에서 양공의 지향하는 가치나 표현의 양식에는 차이가 크다. 하지만 실제 문학작품의 내용과 의미는 다르지 않다. 다산이 제시하는 작시원칙은 시대와 세속의 개탄, 권선징악(勸善懲惡), 입의(立意)의 순선(純善), 군주의 각성 등으로 요약할 수 있다. 반면 존재는 "글을 짓는 사람은 이치에 도달한 연후에야 문장이 저절로 통한다. 이치에 밝지 못한 자가 한갓 문장만을 일삼은 자는 잘하려 할수록 더욱 졸렬해진다"면서 먼저 이치에 이른 이후에 글을 지으라고 한다.

IV

철학관의 차이

1 | 철학관의 이상세계

존재와 다산의 철학(성리학)은 무엇이 다른가. 18세기에도 조선의 학문은 6경4서로 대표되는 경전이라 할 수 있다. 비록 같은 책으로 공부를 했으나 이를 이해하고 해석하는 것은 다를 수 있다. 서로 다르게 이해하고 해석한 학문을 바탕으로 이루어지는 사상도 같은 점과 다른 점이 있게 마련이다. 따라서 여기에서는 양 공의 사상에서 무엇이 같고 무엇이 다른지 그 동이점을 찾아보려고 한다. 사실 서로 다른 근거로 해석하는 견해를 정확하게 다루는 것은 매우 어렵다. 우리가 비슷한 사상으로 여기지만 실제로는 엄청난 차이가 있을 수 있다는 점을 간과할 수 있기 때문인 것이다. 이 점에 대해 사전에 양해를 구하고자 한 것은 정확하지 못한 기록으로 말미암아 혼란을 줄 수 있는 것이다. 그래서 공연한 오해를 살 수 있는 위험이 있기 때문이다(編者 註).

1) 존재의 입장

존재가 추구하는 이상사회는 어떤 세계인가. "요순(堯舜)의 성지(聖旨)를 지닌 군왕이 공맹(孔孟)을 스승으로 삼아 성학(聖學)을 밝히는 사회"로 요약된다. 곧 유학(儒學)의 이상인 천인합일(天人合一)의 경지에 이르는 것이다. 그 길은 원시유학 또는 수사학으로 돌아가는 것이다. 원시유학은 진(秦)나라 이전의 제자백가(諸子百家)의 학술 중 하나의 학파에 불과했다. 하지만 한대(漢代) 동중서(董仲舒)에 의해 중국전통문화의 주체적 지위에 오른 학문으로 자리 잡았다.

그가 1797년 3월 정조에게 올린 상소문을 보자. "성현의 말씀이 곧 길이요 방법입니다. 성현의 가르침에 따라 마음으로 도움을 줄 사람을 구하면 자연히 어진 신하를 얻을 것입니다. 그런 마음으로 유능한 인재를 뽑아 쓰면 그들이 나라를 위해 봉직할 것입니다. 그러므로 성현의 뜻과 학문을 살피고 닦는데 더욱 힘쓰고 정성을 다해야 할 까닭입니다. 성현의 가르침으로 정치를 하면 하(夏)나 상(商)나라 이하로 망한 나라들의 잘못된 정치는 반복되지 않을 것입니다"라고 했다.

"(중략) 역사상 요·순·우·탕·문·무의 부귀는 누구도 누리지 못하였습니다. 반대로 살아온 걸(桀)·주(紂)·유(幽)·여(勵) 등 폭군들은 자신과 나라가 망하였습니다. 이보다 작은 잘못을 저지른 자도 오래 견디지 못하였습니다. 서경에는 '왕위에 오르면 5~6년이나 3~4년이 지나지 않아 게을러진다'라고 하였습니다. 고금에 하찮은 관리나 백성이라도 요순의 마음을 본받지 않고는 오래도록 편안하게 살아온 자가 없습니다. 하물며 임금님이야 어떠하겠습니까"라고 반문한다.

이러한 존재의 "경학사상은 원시유학(수사학)에로 회귀하려 하고 있음을 짐작할 수 있다. 특히 그는 모든 성리학자들이 비록 재주가 있으나 우매하여 문장의 묘(妙)를 얻지 못한다"고 힐책했다. 그는 이어 "문장의 묘를 깨달으면 또한 즐거움이 있어서 부귀와 빈천(貧賤)이 그 마음을 움직일 수 없다"고 하여 성리학자들의 학문적 분위기에 대한 불만을 토로하기도 한다. 이는 "그의 학풍과 경학사상이 원시유학(수사학)의 정신을 회복하는 데 있다"고 볼 수 있는 것이다.

여기서 존재의 도교와 불교에 대한 생각을 살펴보자. 그는 현실중시적인 전통 유자이다. 그러기에 무(無)와 허(虛)를 주장하는 도불의 비현실성을 논박한다. 즉 유(有)와 무(無)는 체(體)와 용(用)으로 다 일원(一源)이다. "노불의 무리들은 무를 숭상하면서 유가들이 유를 숭상한다"고 공박한다. 그런데 유가가 어찌 편벽되게 유만을 숭상하겠는가. 무릇 유와 무는 공실일체(空實一體)로 간격이 없다. 그러니 유를 떠나서 무는 없는 것이고 무를 떠나서는 유도 없는 것이다.

곧 노불은 유로써 일물(一物)로 삼아 이것을 낮다 하고 무를 찾으나 이는 무를 알지 못한 소이이다. 어찌 유를 현(玄)하다 하겠는가. 천지가 생기기 전은 무이다. 그러나 천지가 생겨나면 부득불 있는 것이니 유인 것이다. 만약 무중에 유의 이치가 없다면 천지가 스스로 생겼겠는가. 내 몸이 생겨나기 전에는 곧 무이다. 내 몸이 생겨나면 있는 것이니 유이다. 그래서 무중에 유의 이치가 없었다면 내 몸이 스스로 생겨날 수 없으니 유이고 무를 버리고 유를 숭상한다고 했다.

2) 다산의 입장

다산이 추구하는 이상사회는 도덕사회이다. 이에 도달하기 위한 도덕적 수양이 필요하기에 상제(上帝)를 설정한다. 곧 상제는 인간의 도덕적 행위의 감시자인 것이다. 그의 이상사회는 유교의 덕치정치, 즉 인정(仁政)을 바탕으로 하여 백성을 최대한으로 고려하는 왕조사회이다. 상제설(上帝說)은 인간의 도덕행위에 대한 감시자로 설정된 것이 특징이며, 도덕적 수양의 방편으로 상제설을 설정하여 상제를 섬기는 것이며 도덕적 수양의 내용은 효제자의 도덕규범인 것이다.

그도 역시 이상적인 사회를 위해서는 하·은·주 3대의 제도에서 그 규범을 찾았다. 개혁사상인 일표에서는 주례를 참고로 군주권의 절대성과 우월성을 내용으로 하는 왕권 강화론을 골자로 하고 있다. 당시 벌열(閥閱)이 권력을 장악하고 전횡하던 상황에서 국가공권력의 회복을 위해 왕권의 절대성을 강조했다. 가장 이상적인 국가는 국왕이나 관료가 공적인 관료기구를 통해서 권력을 행사하는 형태이다. 그런 왕도정치를 구현하는 데 선진의 곧 원시유학의 민본사상이다.

그의 원초유학 또는 수사학(洙泗學)은 중세의 사변적인 성리학의 관념주의를 극복하기 위한 공맹의 유학이다. 이는 수사학으로의 회귀를 의미하는 것이 아니라 원초유학이 실천적 행동주의에 주력하고 있기 때문이라고 한다. 또한 다산은 공맹(孔孟)의 권위를 빌려 자신의 창의적인 경전세계, 즉 경학의 실학적 세계관을 형성하여 그의 실학적 토대로 삼았다고 한다. 그런데 원초유학이나 원시유학은 모두 선진유학이다. 그러니 수사학이라고 해도 원시유학인 것이다.

상제설이 다른 종교와 다른 점은, 어디까지나 부도덕한 행위를 규제하기 위한 방편으로서 그 존재를 인정하는 데 있다. 즉 상제에 대한 실학적 성격은 철저한 도덕적 실천을 상제의 권위를 빌려 강조하는 실학적 실천성이다. 그의 귀신론(鬼神論)도 이상적 왕조사회의 구현을 위한 도덕적 수양의 방편으로서 설정하고 있다. 그는 중용(中庸)의 귀신장 주석을 통해 원초유교의 귀신론을 바탕에 두고 이를 재구성해 그의 이론을 전개하고 있다. 이는 상제설과 표리관계이다.

양난 이후 위기상황에서 집권세력인 노론은 성리학적 세계관을 절대화시켰다. 이는 16세기 후반 사회 경제적 파괴, 명·청의 교체로 인한 국제질서의 변화과정에서 드러났다. 그럼에도 지배계층의 분열과 무능과 권위의 실추로 기존의 통치이념인 성리학에 기반을 둔 집권층은 심각한 위협을 받게 된다. 더구나 지주제의 확산, 영농법의 발달, 상품화폐경제의 성장은 신분제의 동요 등으로 나타났다. 17세기 이래 사회 경제적 변화는 이러한 중세 해체적 위기를 촉진·심화시켰다.

당시 노론 등은 성리학적 통치이념을 더욱 교조적으로 강화하고, 부분적인 개량으로 현실을 타개하려는 보수주의적 입장이었다. 그러나 남인과 소론계열은 성리학적 세계관과 이념에 한계를 느끼고 다른 유교사상에 대해서도 개방적인 태도로 받아들였다. 이들도 근본적인 현실개혁의 논리와 방법으로 자영소농경제와 강력한 군관을 주장하는 진보적 개혁 입장으로 나누어졌다. 다산의 경학사상은 후자의 입장을 배경으로 하는 동시에 그것을 발전적으로 계승한 것이다.

3) 공통점과 차이점

존재와 다산은 우주의 생성원리나 근본실제를 보는 시각에서 차이가 크다. 존재는 우주의 생성을 이기(理氣)의 묘합(妙合)으로 본다. 즉 이기의 세계에서 음양의 발효와 증발의 작용으로 물(物)이 생겨 만물이 형성된다고 봤다. 반면 다산은 존재처럼 역리적(易理的)인 우주의 생성을 부정한다. 그리고는 자연의 천인 창창유형지천(蒼蒼有形之天)과 의지적인 천인 영명주재지천(靈明主宰之天)으로 나누어 해석한다. 의지적인 천이 생사화복(生死禍福)을 주관한다고 보는 입장이다.

양 공의 우주관은 달라도 추구하는 이상사회는 크게 다르지 않다. 존재는 "요순의 성지를 지닌 군왕이 공맹을 스승으로 삼아 성학을 밝히는 사회를 이상"으로 여겼다. 그 사회는 곧 '천인합일(天人合一)'의 세계이다. 다산은 '도덕사회'이다. 상재는 인간의 도덕행위를 감시한다. 그 도덕사회는 인정(仁政)을 바탕으로 한 왕도정치이다. 이를 실현하기 위해 요순 3대의 제조와 규범이 필요하다고 여긴다. 그래서 왕권의 절대성과 관념주의적인 성리학을 극복해야 한다고 주장한 것이다.

2 | 철학에 대한 시각

1) 존재의 입장

존재는 성리학에 대해 특별한 견해를 나타내지 않았다. 그는 유년시절부터 잡기(雜技)나 유속(流俗)을 멀리하고 오직 성인의 가르침을 받아 성인이 되기를 바랐다. 그래서 하루의 실언(失言)과 오사(誤事)를 체크하여 그 경중을 태(怠)·망(忘)·경(輕) 등으로 나눠 자성하는 습관을 익혔다. 또한 40세 이후에도 언동에 작은 잘못이 있으면 '조과주회', '주과소탄'의 태도를 견지했다. 즉 항상 사소한 언행도 조심하고 과실을 시정하려는 태도를 잃지 않으려 애쓰며 살았다.

이 같은 태도는 '성심(誠心)'의 생활화에 있다. 이런 생활태도는 곧 '입성지 명성학(立聖志 明聖學)'을 이루려는 토대이다. 그는 이를 실현하기 위한 학문 범위와 내용을 경전에서 찾으려 했다. 그리고 당시 대부분의 지식인들이 그러하듯 그역시 경전에 대해 구체적으로 거부의사를 표시하지 않았다. 다만 경전의 독법(讀法)에 대해서 "다독(多讀)에 의미를 부여하지 않고, 글속에 내재한 의리(義理)를 분명히 파악해서 본지(本旨)를 궁구해야 한다"라고 강조했을 뿐이다.

그러나 주자학의 허문화(虛文化), 관념화(觀念化)는 궁극적으로 공부에 보탬이 되지 못함을 지적했다. 즉 "「주자대전」에 있는 한마디 말을 의혹(疑惑)해서 분석하고자 한다면 하나 둘에 그치지 않을 것이라며, 잘못하면 주객이 전도(顚倒)되는 근거가 될 것"이라고 우려를 표명했다. 이 같은 지적은 "주자의 설에 하자가 없다는 것이 아니라 말 꼬리를 잡고 늘어지면 학문자체를 그르치고 만다. 자칫 잘못하면 성리학의 뿌리가 전도되는 우를 범할 수 있다"라는 것이다.[1]

그는 또 다음과 같이 지적한다. "모든 성리학자들이 비록 재주가 있으나 우매하여 문장의 묘(妙)를 얻지 못한다. 문장의 묘를 깨달으면 또한 즐거움이 있어서 부귀(富貴)와 빈천(貧賤)이 그 마음을 움직일 수 없다"라고 하여 "성리학자들이 학문적 분위기에 대한 불만을 토로한다"라고 지적했다.[2] 이는 학자들이 스스로는 재주가 있다고 하나 문장의 묘미를 터득하지 못한 결과라 한다. 그러니 문장의 묘미를 깨닫지 못해 주자대전에 시비를 거는 것을 마땅치 않게 여겼다.

예를 들면 "인물성이동도 언론은 뒤로 물려주고 그 설로써 추인(推認)하면 우리들에게 정상(正常)이 갖추어져 있음은 명백하다. 마땅히 체험을 확충해서 극진한 경지에서 지(志)・기(氣)를 신(神)처럼 하고 능히 진성지천(盡性知天)한다면 성(性)・명(名)・본(本)・체(體)는 모두 나에게 있으니 변설(辨說)을 기다리지 않고서도 자연히 알게 될 것이다"라고 말했다. 곧 복잡다기한 문제도 자신의 열성과 태도 여하에 따라 변설을 보거나 듣지 않고도 깨달을 수 있다는 것이다.

(1) 원시유학으로의 회복

주자의 경전해석에 대한 불만을 극복하기 위한 태도는 우선 원시유학으로 회귀하는 방법을 들 수 있다. 유학은 공자에 의하여 춘추전국시대의 특수한 역사문화를 배경으로 창립되어, 역사의 흐름에 따라 함께 발전되어 왔다. 학계에서는 공자・맹자(孟子)・순자(荀子) 등을 포함한 선진(先秦)유학사상가들의 학설을 원시유학이라고 부른다. 사상체계의 핵심은 예(禮)와 인(仁)이다. 예는 주(周)나라의 문화전통을 배워 전승한 것이고, 인은 공자의 핵심사상이라 할 수 있다.

공자는 더 나아가 예(禮)와 인(仁) 사이의 대립을 해소하기 위하여 인으로써 예

---

1) 「존재 위백규의 철학사상」(『존재 위백규의 사상과 철학』, p.171).
2) 위의 책, p.175.

의 내재적 본질을 설명한다. 이렇게 하여 예가 독립된 외재적 형식으로부터 벗어나 사람의 내심에 있는 인과 통일을 이룬다. 즉 예는 인의 표현형식이며, 인은 예의 본질인 것이다. 맹자는 공자의 사상을 계승하여 인정(仁政)을 발전시킨다. 인정학설은 성선론(性善論)에 기초를 두고 있다. 모든 사람이 지닌 사단(四端)의 마음을 이용하여 정치적으로 실천한다면 곧 인정을 펼 수 있다고 한다.

순자는 맹자와는 다른 방면으로 공자의 사상을 발전시킨다. 비유가(非儒家)사상을 비판하면서 동시에 도법(道法)사상을 흡수한다. 순자사상의 핵심은 예락, 즉 예와 음악이다. 음악을 종묘(宗廟)에서 군신이 들으면 공경하는 마음, 가정에서 부자와 형제들이 들으면 사랑하는 마음, 마을에서 어른과 젊은이들이 들으면 위아래의 질서가 우러나온다고 했다. 동시에 원존재(原存在)와 의의(意義)활동을 구별하고, 특히 후자의 적극적·현실적·합리적 人爲인 人爲主義를 주장했다.

원시유학은 진(秦)나라 이전의 제자백가(諸子百家)의 학술 중 하나의 학파에 불과했지만 한대(漢代)에 와서 동중서(董仲舒)에 의하여 중국 전통문화의 주체적 지위에 오른다. 이때는 도교와 불교가 광범위하게 전파되고 있었으나 정치사회의 상층을 점한다. 요·순·우·탕·문·무·주공에 이어 공자와 맹자로 도통(道統)이 계승됐다. 원시유학은 송명(宋明)대에 이르러 도교와 불교의 사상세계와 만나 형이상학적 우주론을 비판·흡수함으로써 신유학(新儒學)으로 발전하기에 이른다.

신유학은 북송의 많은 사상가에 의하여 우주(宇宙)와 인생(人生)의 근본문제에 관하여 연구되며, 남송의 주희(朱熹)에 의해 이학(理學)을 집대성함으로써 신유학의 사상체계를 확립한다. 불변의 원리인 이(理)는 엄존하되 가변적 변화요인인 기(氣)의 작용에 따라 변화하게 된다는 이기론(理氣論)과 성리학은 주희 사상의 핵심이다. 성(性)은 하늘이 부여해 준 본연의 성과 각 개체별로 다르게 나타나는 기질의 성, 즉 성즉리(性卽理)라고 하는 성리학이 성립된 것이다.

존재가 주희의 성리학에 대해 불만을 극복하는 방법으로 원시유학으로의 회귀를 주장한 데는 유학의 도통을 중하게 여긴 것이다. 원시유학에는 하학(下學)과 천근(淺近)의 정신이 있기 때문이다. 이는 반대로 주희의 성리학은 형이상학적이며 천근의 정신이 없다고 볼 수 있다. 고상한 용어와 알 수 없는 단어가 복잡하게 엉켜 저마다 학설을 주장하나 실상은 삶에 도움을 주지는 못한 것이 성리학이다. 또한 동양의 철학이나 윤리학에 얼마나 이바지를 했는지 의문이다.

(2) 주자주석의 개변반대

존재는 정통주자학파라 할 수 있다. 그는 경전(經典)의 언표(言表)에 대해 기존 개념과 제 규정을 통해 주자가 해석한 구도(構圖)를 개변(改變)시키려고 하지 않았다. 이는 경전을 연구함에 있어서 주자학파로서의 기본입장을 비교적 충실히 계승하고자 한 것이다. 그러기에 경전의 본지를 명확히 이해하고 실천하여 학문의 효용성(效用性)을 거두고자 했다. 이는 주희의 학설이 올바르기 때문이 아니고 틀린 대목을 잘 헤아려 분석하면 그 본지(本旨)를 알 수 있다고 본 것이다.

그는 「사서차의(四書箚義)」 제사(題辭)에서 "무릇 욕(欲)의 정(情)됨은 이(理)에 본디 있는 바라 했다. 욕이 정이 되는 것은 본래 이에 있기 때문인데 다만 그 이(理)에는 대소와 진망(眞妄)이 있을 뿐이다. 즉 만물을 낳고, 이룩하고자 하는 것은 하늘의 바람이고, 길러 내는 것은 땅의 바람이며, 글씨나 계(契) 등을 만들거나 경전을 지은 것도 성인과 신인(神人)이 천하 후세를 교화하여 성치(聖治)를 이루려는 욕(欲)이므로 이것이 욕의 크고 참된 것이라 할 수 있다"고 했다.

여기서 주목할 것은 '부욕지위정(夫欲之爲情) 이소고(理所固)'라는 구절의 뜻이다. 그는 이 구절을 통해 당시 실학적 학문 경향에서 볼 수 있는 '위인(爲人)' 사상의 의미가 함축된 '욕(欲)'이란 글귀를 쉽게 발견할 수 있다. 이로 미루어 존재도 역시 실학자임을 생각할 수 있다.[3][4] 이는 성현이 바라는 본지를 사람들이 살피지 못한 학문적 태도를 비판한 것이다. 그래서 欲에 心 字를 덧붙여 '慾'이 되어 몸과 풍곡을 망치는 '情'이 되는 것으로 이해할 수 있다고 했다.

따라서 문장은 작은 기예(技藝)지만 그래도 글을 잘 읽어서 그 묘(妙)를 얻으면 그 또한 옛사람과 같이 그만둘 수 없는 즐거움이 있다. 비록 세상에 방해가 많고 가정이 어렵더라도 전공(前功)을 버리지 못하고 늙어도 독실하며 궁(窮)해도 더욱

---

3) 『국역 존재집』 권5, 「독서차의」 題辭.
4) 「존재 위백규의 경학사상 연구」(『사상과 철학』, p.174).

전일(專一)한 것이다. 성현의 가르침은 마치 기름기가 살에 스며들듯 하여 고기가 입맛에 맞는 것이나 같다. 관(管)을 들여다보기를 전적으로 하여 어렴풋이나마 본 하늘의 빛을 그런 대로 아끼고 차마 버리지 못하여 저술한 것이다.

(3) 박학과 훈고학적 실증정신

대부분의 성리학자들은 의리(義理)의 탐구만이 위기(爲己)일 뿐 박학(博學) 따위는 위인(爲人)으로서의 이(利)를 추구하는 것에 지나지 않는다고 보고 있다. 그는 이러한 불만을 극복하는 태도로 원시유학 이외에 박학과 훈고학적 실증을 제시한다. 즉 의리와 위기(爲己)라는 학문의 폭을 넘기 위해 박학적 방법을 중시해 경세적 분야로 확장시켜 성리학적 경학관(經學觀)을 극복하려고 했다. 이는 존재 만이 아니고 당시 실학자들의 경학관에 대한 공통적인 태도라 할 수 있다.

이 같은 그의 학문 경향은 전통 성리학의 덕치 관념에서 벗어나지 않고 학문의 가변성의 인식 차원에서 추구했다. 그는 이미 살핀 바와 같이 경전을 읽는 데 다독의 의미를 부여하지 않는다. 정독하여 그 안에 있는 의리를 분명히 파악해서 본지(本旨)를 궁구하는 것이다. 이렇게 각자가 궁구한 이(理)를 확장시켜 실천궁행(實踐躬行)하는 태도를 갖추는 것이다. 그러면 주위가 이외지물(理外之物)이 존재하지 않으므로 매사 관물(觀物)의 모든 것이 가르침이 될 것이라고 보았다.[5]

이 말은 생활 자체에서의 경험과 그것의 확충을 강조한 것으로 그가 실학자임을 나타내는 예증이기도 하다. 그의 입장에서는 박학과 실증이 곧 위기(爲己)의 수단이 되는 것이다. 왜냐하면 성리학자들은 의리(義理)의 탐구만이 위기(爲己)이고, 박학(博學)은 위인(爲人)으로 이(利)만 추구하는 것에 지나지 않는다고 보고 있기 때문이다. 이로 미루어 존재는 백과사전류의 학풍을 지니고 있다고 볼 수 있다. 그러기에 그는 실학자들의 공통적인 현상인 백과사전파이기도 하다.

예를 들면 지봉(芝峯) 이수광(李睟光)의 『芝峯類說』, 반계(磻溪) 유형원(柳馨遠)의 『磻溪隧錄』, 성호(星湖) 이익(李瀷)의 『성호사설(星湖僿說)』, 오주(五州) 이규경(李圭景)의 『오주문장전산고(五州文長箋散稿)』 등이 모두 백과사전적 저술로 박

---

5) 『국역 존재집』 권4, 與李大來書.

학의 방법을 구사한 점에서 일치한다. 또한 초정(楚亭) 박제가(朴齊家)의『북학의(北學議)』, 연암(燕巖) 박지원(朴趾源)의『열하일기(熱河日記)』, 청장관(靑莊館) 유덕무(柳德懋)의『입연기(入燕記)』도 역시 박학의 정신에 의해 쓰인 것이다.

그리고 다산(茶山) 정약용의『일표이서(一表二書)』를 비롯한 사서육경(四書六經)의 주해와 혜강(惠岡) 최한기(崔漢綺)의『추측록(推測錄)』등 실학자들의 저서도 박학의 정신적 소산으로 파악된다. 다만 존재는 실학자로서의 위치는 간접적이나마 반계 유형원과 성호 이익처럼 이용후생이나 실사구시학파가 아니라 경세치용(經世致用)의 학파에 속한다고 볼 수 있다.[6] 즉 나라의 기강해이를 바로잡기위해서는 오래된 법을 바꿔야 한다는 주장 속에서 확인할 수 있다.

2) 다산의 입장

다산은 "이기론(理氣論)은 세상을 미치도록 다투고 자손에게 전해 줘도 끝이없다. 인생에 할 일이 많은데 그대와 나는 이를 할 겨를이 없다"라고 했다. 그러면서 "이기론을 알고자 하는 까닭은 자기를 알아서 그 천형(踐形)의 의(義)에 힘쓰려는 데 있다고 했다. 옛날 학자들은 성(性)이 하늘에 근본하고 있음을 알았고, 이(理)가 하늘에서 나온 사실을 알았으며, 그것이 인륜의 달도(達道)가 됨을 알았다. 효제충신으로써 하늘을 섬김을 근본으로 삼았고, 예악형정으로 치인하는 도구로 삼았으며, 성의정심(誠意正心)으로써 하늘과 사람의 추뉴(樞紐)로 삼았다"라고 했다.

그러나 이(理)라, 기(氣)라, 정(情)이라, 체(體)라, 용(用)이라, 본연(本然)이라, 기질(氣質)이라, 이발기발(理發氣發), 기발미발(氣發未發), 단지겸지(單指兼指), 이동기이(理同氣異), 기동이이(氣同理異), 심선무악(心善無惡), 심선유악(心善有惡), 삼간오진(三幹五振)과 천조만엽(千條萬葉)으로 호분(毫分)하고 있다고 질타했다. 호분누절(毫分縷折)은 '서로 떠들고(爻嗔互嗔)' '명심묵연(冥心默硏)'과 '성내며 목 줄기를돋우며(盛氣赤頭)' 스스로 고묘(高妙)하다 한다. '동으로 드러내고 서쪽으로 부딪치려(東振西觸)' 하고, '꼬리만 잡고 머리는 놓친 꼴(提尾脫頭)'이다.

---

6) 「존재 위백규의 경학사상 연구」(위의 책, p.176).

퇴율(退栗)도 비판했다. 그는 이발기발변(理發氣發辨)에서 퇴율의 이기는 뜻이 다르다 했다. 즉 "퇴계의 이기는 '전취(專就)'로 사용한 데 비해 율곡은 '총취(總就)'로 사용하니 누가 옳고 그르다 할 수 없다"라고 했다. 두 사람은 이기를 사용하여 자기대로 학설을 편 것이니 시비를 가리는 것은 무익(無益)하다고 했다. 그러므로 퇴계는 "마음을 다스리는 성품을 기르는 공(功)에 일생 동안 힘을 기울였다(退溪一生用力於治心養性之功)"고 평했다. 다만 "현실정치에서 할 일이 무엇인가를 가장 잘 알았던 사람은 율곡이다"라고 말한 성호(星湖)의 평을 따른 듯하다.[7]

각 문(學派)마다 천 갈래 만 갈래로 나뉘어 기치(旗幟)를 내세우고 각 가(各家)마다 누벽(壘壁)을 쌓는다. 제멋대로 일가견을 세워 자기의 주장만을 옳다고 주장한다. 평생을 변송(辨訟)을 해도 해결할 수 없으며, 대(代)를 물려가도 그 갑갑함을 풀지 못한다. 그런데 자기 문(門)에 드는 사람은 떠받들어 추어주고 나가는 사람은 천대하며 비난한다. 스스로 근거함이 지극하고 바르다고 생각하니 어찌 공리가 아니가.[8] 하지만 모두 공소(空疎)한 말을 토설할 뿐 실사(實事)의 실행에는 먼 것이다. 이처럼 그는 성리학을 실사실행과 거리가 먼 학문의 공소성을 비판했다.

다산의 개혁론은 철학적 기초에서 주자학과 대비된다. 첫째, 주자학이 천인합일(天人合一)에 기초, 인간과 자연 사이에 일리(一理)로서 태극이 관통한다고 하나 그는 천도(天道)와 인간세계를 분리, 각각의 존재와 당위법칙이 존재한다고 했다. 그리하여 주자학의 계급성(階級性)과 불평등한 인간관을 비난하고 인간세계의 질서는 변화한 것으로 여기며 요순 3대의 제도에서 그 규범을 찾으려 했다. 다만 천인분리를 상정하면서 절대적인 인격적 주재자로 천의 존재를 언급했다. 이때 천은 모든 인간과 개별적 관계를 맺고 있어 모두 존엄한 존재라는 점을 강조했다.

그는 전통적 관념론에서 벗어나 다양한 경험론적(經驗論的) 세계관을 지향했다. 이에 천문(天文)·기상(氣象)·지리(地理)·물리(文理) 등 제반 자연현상에 대해 관심을 갖고 이를 적극적으로 규명하고자 했다. 그의 자연과학 사상의 기초는 우주관에서 비롯됐다. 전통적인 천원지방설(天圓地方說)을 논박하고 서학과 지리학

---

7) 星湖 李瀷 論更張: 蓋國朝以來識務最.

8) 與猶堂全書 中庸講義.

에 대한 지식을 바탕으로 지원설(地圓說)에 관해 논증했다. 물리학적인 현상의 본질을 규명하는 데에도 관심을 기울여 볼록렌즈의 원리, 프리즘을 이용한 사진기의 효과 등을 연구했다. 그의 성리학에 대한 입장과 특징은 다음과 같이 요약된다.

(1) 탈주자주의

경전의 해석은 주자학의 형이상학적이고 의리론적이며 관념적인 방법을 비판하는 데서 출발한다. 이는 당시 정통이념인 주자학으로부터 벗어나려는 데서 그의 사상이 시작되는 것이다. 이에 따라 천(天)을 이(理)로 규정하는 주자학의 천즉리설(天卽理說)을 거부하고 천을 신(神)으로 확인하며, 경외(敬畏)와 신상(神像)의 대상으로 인식했다. 물론 원죄사상은 유교에 없다. 그런데 어린 적자(赤子)의 마음은 무구(無垢)하여 성인의 경지와 통한다고 본다. 그러므로 그가 원죄를 언급하지 않지만 죄의식에 관하여 정주(程朱)의 논리를 거부하고 하늘을 의지적 인격신으로 여긴 우주론의 입장이다.

그는 서학(서양과학과 천주교)에 적극적인 관심을 가졌다. 특히 조선 성리학자들이 금기했던 양명학(陽明學)의 견해도 적극 수용하는 열린 자세를 보였다. 그는 16세 때부터 성호 이익(李瀷)의 저술을 접하면서 서양과학에 대한 눈을 떴으며 23세 때 이벽(李檗)을 통하여 서학의 신앙에도 빠져들었다. 36세 때 자신을 천주교도라고 비난하는 데 대하여 정조(正祖) 임금에게 상소문[自明疏]을 올렸다. 그는 "28세에 벼슬에 나온 뒤로는 이단에 마음을 쓰지 않았다며 일찍이 천주교를 버렸다"라고 주장했다. 하지만 서학의 새로운 세계관이 그의 생애와 사상에 끼친 영향은 결코 과소평가할 수 없다.

그는 기존의 경문(經文)을 우선적으로 존중했다. '경문이란 고칠 수 있다'고 경솔하게 경문을 변경시키는 것에 대해 반대의사를 표명했으나, 분명하고 합리적인 근거가 있을 경우에는 변경이 가능하다며 유연한 태도를 보였다. 경문에 대한 독자적 분장분구(分章分句)의 태도이다. 이는 정주성리학(程朱性理學)의 경전주석(經典注釋)에 대한 나름대로의 비판적 검토의 결과이자 사서경문(四書經文)의 원형을 회복하고자 하는 관심의 표현이기도 하다. 다만 정법론(政法論)이자 제도(制

度)개혁론을 현실에 적용시키지는 못했으나 '이론적 실천'을 수행했다.

(2) 고증학과 훈고학 중시

다산은 주자학에서 벗어나기 위해 훈고와 실증을 중시하는 청대의 고증학 곧 한학(漢學)을 적극적으로 도입하고 있다. 그러나 훈고학이 훈고(訓詁)에 사로잡혀 글자의 뜻만 밝히는 것도 비판한다. 즉 "한학(고증학)이 고증을 방법으로 삼았으나 명확한 변론의 분석이 부족하니 '배우기만 하고 생각하지 않는(學而不思)' 폐단이 있으며, 송학(성리학)은 궁리를 주로 하여 고증을 소홀히 함으로써 '생각하기만 하고 배우지 않는(思而不學)' 허물이 있다"면서 경전 해석과 학문의 출발점은 한학의 훈고적 방법과 송학의 의리적 방법을 포괄하고 아우르는 독자적인 체계를 구축하는 업적을 이루었다.

그래서 인성론의 경우 주자학의 관념적인 인성론을 경험적이고 합리적인 방향으로 수정했다. 인간의 덕(德), 곧 사단(四端)이란 심성(心性)에 내재해 있는 것이 아니라, 그것은 지속적인 선(善)의 실천으로 얻어질 수 있다고 주장한다. 따라서 '중용'이 원초유가의 행동규범임을 강조하고, 『중용』 경전의 사상 내용을 '중용'으로써 주지(主旨)로 하고 '중용'으로써 일관하고 있다. 성(誠)을 매우 중요시하였으며 후천적 성실성을 강조한다. 성은 만덕의 근원이 되며, 『대학』과 『중용』의 두 경전은 성자로서의 수공(首功)을 삼는다고 할 정도로 중시했다.

덕론(德論)도 후천적인 도덕실천에 의해 성립된다고 보았다. 인의예지(仁義禮智)를 인간의 선천적인 도덕규범성으로 보지 않고 도덕규범의 실천행동을 통해 성립되는 후천적인 덕으로 보고 있다. 정치론(政治論)도 당시 사회 제반 모순에 대해 진보적인 사회개혁안을 제시했으며, 기술의 선진화를 제창했다. 곧 유교적 정치이념의 범주 내에서 이를 최대한 실용주의적인 면으로 발전시켜 그의 정치이론으로 삼았다. 경문의 위서(僞書)·위작(僞作) 여부에 대한 고증적 태도이다. 위서에 근거, 경전을 해석하는 태도를 경계하고 오류를 찾는 데 관심을 보였다.

자의(字義)에 대한 훈(訓)의 중요성도 강조한다. 자의가 분명하지 않으면 사정(事情)이 어긋나도 깨닫지 못하게 되어, 결국에는 문장이 모두 진부해지고 사정이 절실하지 못하게 되는 폐단이 생긴다고 보았다. 또한 정확한 훈(訓)을 통한 경전(經典)의 이해(理解)와 이를 전제로 한 의리(義理)를 추구했다. 그는 의리에 대한 문제의식이나 이해 없이 경전을 해설하는 것을 거부했다. 시론(時論)도 무조건 따르는 태도를 경계한다. 또한 해당 경문에만 집착하는 태도를 경계하는 한편 그 이치가 참으로 옳은 것이라면 수용하고자 하는 개방적인 태도이다.

3) 공통점과 차이점

존재와 다산의 학문하는 기본자세는 그 차이가 없다. 크게 차이가 있는 것처럼 보이나 실상은 그렇지 않다. 존재는 성리학에 대해 뚜렷한 의견을 내지는 않았지만 경전을 연구하는 데 다독보다는 글속의 의리를 분명하게 파악하는 정독을 추구했다. 주자의 경전주석에 문제가 있지만 개변(改變)을 하면 더 큰 혼란을 초래할 수 있으므로 함부로 고쳐서는 안 된다고 했다. 따라서 폭넓은 위기지학(爲己之學)을 하기 위해서는 박학과 훈고학적 실증주의를 추구했다.

다산은 성리학을 소득 없는 공론으로 치부했다. 그는 주자학의 계급성과 불평등한 인간관을 비난하고 대를 물려 연구해도 끝이 없다고 혹평했다. 각 파마다 일가견을 세워 자기주장만 옳다고 하기에 평생 아니 대를 물려 공부해도 끝이 없다고 성토했다. 이를 극복하기 위해 요순 3대의 제도에서 그 대안을 찾고자 한 것이 바로 원초유학[사수학]인 것이다. 아울러 훈고와 실증을 중시하기 위해 청대의 고증학파 그리고 일본 고학파의 입장도 취하는 박학적 입장이다.

3 | 성리학에 대한 견해

　인성론에서 천(天)을 문제 삼은 이유는 우주론은 물론 존재론을 정의함에 있어서도 천의 개념이 출발점이기 때문이다. 그 관건은 천의 속성(屬性)을 어떻게 규정하는가에 있다. 물론 공자는 천 또는 우주의 실체에 관심을 갖지 않았다. 그는 제자 염구(冉求)의 질문에 "천지는 예전에도 지금과 같았다. 천지는 시간을 초월한 것이어서 옛날이나 지금이나 하등 차별이 없었다. 그러니 시작도 없고 끝도 없다. 천지가 있은 후에 만물이 있었고, 천과 명은 동일하다"라고 했다.

　천을 보는 시각은 시대에 따라 달랐다. 그러나 천의 속성을 생사화복을 주관하는 의지적 인격신으로 보거나, 아니면 만물의 근원으로서의 역리적(易理的)·무의지적 이치로 보는 견해가 있다. 전자는 천을 만물의 조화자이자 주재자로 여기는 서구의 기독교적 전통과 중국 고대의 전통사상인 원시유학이 이에 속한다. 후자는 우주만물의 조화와 주재, 그리고 자연현상에 대한 관심보다는 인간의 내적 상태와 심성에 비중을 두는 성리학의 이성적 합리적 사상이 이에 속한다.

　천의 개념이 왕조마다 다른 것은 통치의 필요에 의해서 비롯된다. 은(殷)왕조는 중원의 여러 부족들을 정벌, 하나로 통일하는 과정에서 부족들을 통제할 수단이 필요했다. 이때 각 부족의 신들은 절대권능을 가진 최고의 신으로서 제(帝)로 통합했다. 반면 주의 무왕은 은의 주왕(紂王)을 쿠데타로 쓰러뜨린 것을 합리화하고,

은과 주의 화합을 도모하기 위한 상제의 개념에다 '천명'의 의미를 가미한 것이다. 이로써 우주론과 존재론은 통치의 수단에 불과한 이론인 것이다.

주대의 정치적인 천명 개념은 춘추전국시대에 접어들면서 흔들린다. 즉 주왕실의 쇠퇴와 실정(失政)으로 위정자들은 천명을 자의적으로 해석하고, 인사와 천명 간에 괴리가 나타난 것이다. 곧 이전의 천의 주재적·인격적·종교적 개념은 약화되고, 정치적·도덕적 의미의 개념이 형성되기에 이른다. 이렇듯 인간의 길흉화복과 자연현상 등 일체를 관장하던 절대적·인격적 신으로서의 '상제' 개념은 지양되기에 이른다. 반면 인간의 정치·도덕 내면의 측면만을 강조한 '천' 개념이 된다.

이 같은 사상은 공자에서 찾을 수 있다. 그는 "도(道)는 만물을 변화시키나 시종(始終)을 모르니 변화에 응할 수밖에 없다. 그러나 천사상은 맹자(孟子)에 와서 다시 한 번 종합되고 지양되는 과정을 거친다"고 말한다. 그는 정치적으로는 은대의 초월적·주재적·인격적인 천의 개념을 수용하고, 윤리적으로는 공자의 도덕적·내면적인 천의 개념을 인정하게 된다. 이는 그가 자신의 정치적·윤리적 요구를 충족시키는 타당한 근거를 천의 개념에서 찾으려 했기 때문이라고 볼 수 있을 것이다.

그러나 천의 개념은 성리학에서 성격이 크게 달라진다. 이전의 종교적·신비적 개념은 사라지고, 합리적·도덕적 색채가 강한 개념으로 자리 잡게 된다. 즉 천의 개념은 이(理)를 부여해 주는 만유(萬有)의 궁극적인 시원이자 만유의 존재근거로 자연의 섭리 또는 이법(理法)으로 정의된다. 물론 성리학에서의 천의 개념 역시 만유의 존재를 주재하는 것으로 설명되지만, 그 주재의 개념은 종교적인 의미라 기보다는 이법적인 의미라는 점에서 원시유학의 개념과 큰 차이가 난다.

주자학에 대한 양 공의 시각은 현격한 차이가 있어 보인다. 존재는 성리학이 자연과 인간의 완성을 목표로 함을 충분히 의식하고 있었다. 그렇기 때문에 경전에 대해 신중한 입장을 견지했다. 즉 언표(言表)를 "새롭게 개념화(槪念化)하거나 기존개념의 재규정을 통해 해석의 구도를 개변(改變)시키려 하지 않았다. 그보다는 주자학파로서의 기본입장을 비교적 충실히 계승하려 했다. 그러면서 경전의 본지(本旨)를 명확히 이해하고 실천하여 학문의 효용성을 거두고자 했다." 이는 그가 원시유학의 회복을 통해 경학사상을 탐구하고자 한 것이다.

물론 다산도 "기존의 경문(經文)을 우선적으로 존중하는 입장을 취했다. '경문이란 함부로 고칠 수 없다'면서 경솔하게 경문을 변경시키는 것에 대해 반대의사를 표명"했다. 그러나 "분명하고 합리적인 근거가 있을 경우에는 변경이 가능하다며 유연한 태도"를 보였다. 그는 불가피한 경우에 주자학의 변경을 주장했지만 사실은 주자학에서 벗어나기 위해 천즉리설(天卽理說)을 부정하고 훈고와 실증을 중시하는 청나라의 고증학을 적극 도입했다. 더구나 양명학과 서학에도 적극적인 관심을 가지고, 인격신인 상재설을 우주관으로 삼기까지 했다.

1) 성즉리설의 견해

(1) 존재의 입장

천지(天地)에 앞서 다만 '이(理)'와 '기(氣)'가 있었다. '이'와 '기' 두 사물은 원래 함께 있으므로 선후(先後)로 나누어지지 않는 것이다. 그러나 이(理)는 소리나 냄새가 없고, 기(氣)는 형태와 운동이 있으므로 이는 본래 기를 기다려 있는 것이 아니지만 기는 이를 따라 운행하지 않을 수 없었다. 결국 이는 비교적 앞에 있고 기는 비교적 뒤에 있다. 따라서 앞뒤는 영역을 말한 것이 아니고 경중이다. 그러니 먼저 이가 있고 나중에 기가 있다고 할 수 없다.[9]

여기서 천지는 곧 우주자연을 의미하며 자연을 구성하는 만물을 포괄한다. 그러므로 이와 기는 자연의 모든 것에 선재(先在)하는 최고의 개념(概念)으로 자연의 세계에 공통으로 관통하고 있다. 자연은 이기가 공존(共存)하는 공간으로 자연 속의 사물은 '이'와 '기'로 결합된다. 이는 구체적인 형태를 벗어나 지각이 불가능한 것이지만 개체 사물의 이법(理法), 질서(秩序), 가치(價値)를 결정하는 원리이고, 기는 지각이 가능하고 사물을 형성하는 질료라 했다.

그의 성리학의 초석은 이와 기의 결합으로 자연을 해석하는 관점이다. 즉 자연

---

9) 「조선후기 향촌문화사와 존재 위백규」(안동교, p.65・67).

세계의 모든 개체들은 작은 것[微]에서 점차 큰 것[大]으로 변화했다고 본다. 이기(理氣)의 세계에서 음양(陰陽)의 발효(醱酵)와 증발(蒸發)의 작용으로 인해 먼저 물[水]이 생겼다는 것이다. 이 물[水]은 형태(形態)의 시초로 파악하고 있다. 이 물속에서 벌레가 생기고, 다음엔 땅에서 풀이 생기고, 나무가 생기고, 쥐며느리·이·벼룩 등의 미충(微虫)이 생겨났다고 보고 있는 것이다.

작은 것에 이어 점차 소·말·호랑이·코뿔소와 같은 큰 동물이 생겼다. 이런 종(種)이 모두 생겨난 뒤에 비로소 사람이 태어났다. 사람 가운데 어리석은 자가 먼저 태어난다. 사람과 기타 생물이 자연의 공간에 가득 찬 뒤에는 성인(聖人)이 최후로 태어난다. 따라서 자연세계는 '이'가 부여하는 존재방식에 따라 '기'가 구체적인 형상을 이루는 이기의 복합체라고 이해했다. 즉 이는 자연 속의 인간·동물·식물·무생물 등의 모든 사물의 존재방식을 부여하는 원리인 것이다.

존재의 우주관은 진보적인 이론이라 평가할 수 있다. 현대의 생물학에서도 생명체는 단세포(單細胞)에서 다세포(多細胞)로, 수중에서 육지로 발전해 왔다고 한다. 또한 인간을 모든 생명체의 영장(靈長)으로 보고 있다는 점에서 그의 과학적인 설명은 일단 긍정해도 좋을 것이다. 인간이 만물의 영장인 것은 태어날 때 음양(陰陽)과 오행(五行)의 수기(秀氣)를 부여(附與)받았기 때문이다. 동시에 인간은 가장 정교(精巧)한 몸(形體)을 가지고 있다는 점에서 찾고 있다.[10]

이렇게 우월한 조건을 통해 첫째, 자연과 인간을 오묘하게 결합시킨다. 둘째, 모든 원리를 정밀하게 통찰한다. 셋째, 도(道)를 깨달을 수 있다. 넷째, 스스로의 생명을 기를 수 있다. 이런 인간의 능력을 의식하면서 자연 속에서 인간의 위상과 본질을 밝히려 한다. 그게 바로 성론(性論)이다. 그는 이기(理氣)와 성(性)을 관련지어 "천지에는 다만 이와 기가 있을 뿐인데 기가 형체를 이루면 이가 그 가운데 있게 된 뒤에 성의 명칭이 있으니 성은 곧 이(性卽理)다"라 했다.

이 문맥은 주자가 「천명지위성(天命之謂性)」이라는 『中庸』의 도입부를 「성즉리(性卽理)」라는 말을 통해 해명하는 것과 같다. 기가 형체를 이룬다는 것은 자연

---

10) 進化論(evolution)은 생물학에서 생물집단이 여러 세대를 거치면서 변화를 축적하여 집단 전체의 특성을 변화시키고 나아가 새로운 종(種)의 탄생을 야기하는 과정을 말한다. 여러 생물의 종 사이에 발견되는 유사성을 통해 현재의 모든 종이 이러한 진화과정을 거쳐 먼 과거의 공룡조상 즉 공룡의 유전자 풀로부터 점진적으로 분화되어 왔다는 사실을 유추할 수 있다는 학설을 말한다.

의 질료가 인간의 몸[氣質]을 만든다는 뜻이요, 이가 그 가운데 있게 된다는 것은 자연의 원리나 가치(價値)가 몸에 내재한다는 뜻이다. 따라서 몸은 자연의 원리나 가치가 드러나는 장소이며, 몸을 통해서 자연의 원리나 가치를 실현하는 것이 인간의 본질이다. 이것을 가리켜 성즉리(性卽理)라 일컬어 왔다.

(2) 다산의 입장

다산은 주공(周公)과 사서(四書)에 나오는 전통적 천관을 수용한다. 즉 송대 성리학적 천의 사상을 비판하고 경전의 진실성을 회복하는 입장이다. 곧 이(理)를 부여해 주는 만유의 궁극적인 시원(始原)이자 존재근거로 자연의 섭리 또는 이법을 부정한다. 그는 『시경』과 『서경』 등에 나타나는 영명주재의 의지적인 천을 자신의 천 개념으로 받아들여 이를 인성론의 기초로 삼고 있다. 따라서 성(性)은 역리(易理)의 천(天)이 아니라 '상제(上帝)의 천(天)'에 근거한 것이다.

그러므로 천을 이(理)라고 보는 정주(程朱)의 성리학과 거리가 있으며 오히려 이탈리아 선교사 마테오리치(利瑪竇)의 유학관에 근접하고 있다. 즉 "그 지극히 높고 지극히 큰 것은 바로 상제이다. 문왕이 소심익익(小心翼翼)하여 상제를 소사(昭事)하였거니와 『중용(中庸)』의 계신공구(戒愼恐懼)가 어찌 성인의 소사의 학(學)이 아니겠는가"라며 강조했다. 이는 그가 저서 어디에도 천주교(天主敎)에 대해 언급하지 않았지만 천주교적 세계관을 연상하게 하는 것으로 보인다.

특히 음양오행(陰陽五行)에 의해 만물이 생겨났다는 설을 배격한다. "음양이라는 이름은 햇빛이 비추며 가리어져서 생겨나는 것이니, 가리어진 데를 음이라 하고, 비춘 데를 양이라 하여 본래 체질(體質)이 없는 것이다. 오직 명암(明暗)만 있을 뿐이요 근본적으로 만물의 근원이 될 수 없다. 오행은 만물 가운데 오물(五物)에 불과한 것이니 이것도 같은 물이다. 오(五)를 가지고 만(萬)을 낳는다고 함은 또한 힘든 일이 아니겠는가"라며 음양오행의 천지창조를 부인했다.[11]

결국 다산의 천은 우주만물의 조화자이고 주재자이며 경외의 신앙대상인 동시에 천인일여(天人一如)의 인격적 존재이다. 천을 창창유형지천(蒼蒼有形之天)과

---

11) 陰陽之名, 起於日光之照掩, 日所隱曰陰, 日所映曰陽, 本無體質, 只有明闇, 原不可以爲萬物之父母, 五行不過萬物中五物, 則周是物也, 而以五生萬不亦難乎(茶山全書, pp.603~604).

영명주재지천(靈明主宰之天)으로 나누어 설명한다. 창창유현지천은 흙과 땅 그리고 물과 불에 다름이 아닌 자연의 일부로서의 하늘이다. 영명주재지천은 인간을 비롯한 우주만물을 주관하는 근원으로서의 천이다. 따라서 인성론에 의미가 있는 천은 영명주재지천으로 만물을 다스리는 인격적 존재자를 상정한 사상이다.

(3) 공통점과 차이점

존재와 다산의 주자학에 대한 입장은 공통점과 다른 점이 있다. 경전 또는 경문의 언표를 존중하라는 것은 비슷하다. 존재는 함부로 개변하기보다는 본지를 제대로 파악해서 명확히 하는 것에 무게를 두고 있다. 그가 개변을 반대한 것은 공연히 고쳤다가 혼란을 일으킬 수 있다는 우려 때문이다. 이와는 달리 다산은 주자학이라도 불가피한 경우에는 변경할 것을 주장하나 오히려 무게 중심은 주자학의 부정에 힘이 실려 있다. 그 대표적인 주장이 주자의 천즉리설이다. 그러므로 존재와 다산의 성리학관은 근본에서부터 차이가 있다 할 수 있다.

더구나 존재는 우주만물의 생성과 소멸을 이기론으로 해석한 부분이다. 이기의 묘합을 통해 만물이 생겨나고 그것이 분리되면서 소멸한다는 입장이다. 그러나 다산은 음양오행을 아예 부정하는 입장이다. 그는 빛이 쪼인 곳을 양, 쪼이지 않은 곳이 음이며, 수·화·금·목·토는 수만의 물질 가운데 불과 5개인데 그것이 만물을 낳는다 함은 말이 되지 않는다고 한다. 그리고 천·성·이를 동일한 것으로 본다면 天과 性 자리에 이(理) 자를 넣으면 아주 우스운 말이 되고 만다 했다.

2) 인물성동이론의 견해

(1) 존재의 입장

존재는 성즉기질(性卽氣質)을 근거로 인물성상이론을 편다. 주자는 '천명지위성(天命之謂性)'을 우주만유의 근원인 태극 곧 '이(理)'로 대치한다. 그러므로 주자의 천명은 곧 궁극적인 태극의 이로 파악되고, 천(天)이 화생만물(化生萬物)한다는 것은 바로 천리(天理)의 운행을 가리킨다. 따라서 주자의 천명의 명(命)은 명령이라 하더라도 이는 이법(理法)으로서의 천, 즉 형이상학적 존재자로서의 천리의 유행으로 파악된다. 이는 소위 生生之理의 직각적 체득을 의미한다.

그러나 존재는 "천명(天命)의 이(理)는 인(人)과 물(物)이 동일하겠지만 그 성(性)이 된 것이 어찌 사람과 동일하다 하겠는가. 즉 기질의 성 이외에 따로 성이 없다"[12]며, "천명지위성(天命之謂性)을 만약 천명위지성(天命謂之性)이라 했다면 이는 하늘이 명한 성의 밖에 또 어떤 물건이 있는 것이다"[13]고 했으니, 어떤 물건이라고 말하게 되면 이는 대(對)를 지워서 말할 수 있다. 천명지위성이라 한다면 천하가 오직 이 하나의 성(性)일 뿐이라며 인물성이론을 주장한다.

그는 "인간도 만물 중의 한 종(種)이며, 신체적인 운동과 감각적인 작용 및 모든 생리적인 작용은 다른 사물과 다를 바 없다. 하지만 오직 사람만이 만물 중에서 존귀하고 가장 신령스러울 수 있는 까닭은 단지 인의예지를 그들의 성(性)으로 지니고 있는 까닭이다"라고 했다. 또한 스승(尹鳳九)에게 보낸 글에서 "생각하건대 천명의 이(理)는 인간과 사물이 동일하겠지만(중략)… 그 성(性)이 된 것은 어찌 사람과 동일하다 하겠습니까. 저는 기질의 성 밖에 없다고 생각합니다. (동론자들이 주장하는) 이른바 본연은 곧 이이며, 성이 아닙니다"라고 말했다.

이는 그가 성이란 기질 속에 내재된 이로 간주하는 상의론자(相異論者)들의 견해를 따르고 있는 것이다. 왜냐하면 "만약 기를 떠난다면 단지 마땅히 이(理)라 할 수 있지 성이라 하지 못한다"라고 밝힌다. 또 "이른바 본연의 성은 성에서 다만 이(理) 한쪽만을 지적한 것이며, 기질의 성은 곧 성 자(性字)의 본분이다"[14]라고 주장한다. 이처럼 그는 성(性)을 기질(氣質)과 관련된 것으로 해석하기 때문에 인성(人性)과 물성(物性)이 상이(相異)하다는 주장을 하게 된 것이다.

그의 입장은 기질 속에 내재되지 않은 이(理)는 성(性)이라 할 수 없고, 이(理)이라 한다. 그런 까닭에 본연의 성이란 기질 속에 내재한 이를 기질과의 관련성을 고려하지 않은 의미로 파악한다는 것 이상일 수 없다. 따라서 구체적인 성이란 기질의 성일 뿐이라는 것이 그의 생각이다. 이러한 생각은 그가 성의 개념을 규정할

---

12) 『存齋集』 권4, 上久庵先生.

13) 上揭書 권10, "天命之謂性, 若曰天命謂之性則, 是天命之性之外, 又有某物."

14) 上揭書 권9, 孟子箚義 "其所謂本然之性, 是就性上, 單指理一邊, 其所謂氣質之性, 卽性字本分也."

때 "이가 기를 타고 형질에 들어갔으니, 이름 하여 성이라 했다. 성은 과연 선(善)도 있고, 불선(不善)도 있다"라고 밝힌 데서 잘 나타나고 있다.

결국 인물성동론은 본연과 기질의 이름 때문에 성자의 본뜻을 상실하는 오류로 여긴다. "인간과 만물이 생(生)함에 이(理)는 둘일 수 없지만, 성은 어떻게 동(同)일 수 있겠는가. 이 자(理字)는 인간과 사물이 태어나는 시초이며, 성 자(性字)는 인간과 사물이 태어난 후에 있게 된다. 태어난 시초에 초목(草木)과 균용(菌茸)이 모두 일리(一理)이니 어찌 지각운동이 있겠는가. 이른바 천명은 이미 성을 형성한 후는 건순(健順)오상에 각기 편(偏)과 전(全)이 있게 된다"라고 비판했다.[15]

(2) 다산의 입장

다산은 이(理)로써 하늘(天)과 성(性)을 설명하는 성리학의 '성즉리(性卽理)'라는 개념을 비판했다. 만약 천과 성과 이를 동일한 것으로 본다면, 옛 성현들의 말씀 가운데 천과 성 자리에 모두 이 자(理字)를 넣었을 때 그 말이 성립해야 하는 것이다. 그럼에도 불구하고 같은 의미가 되기는커녕 아주 우스운 말이 되고 마는 것을 증명해 보이면서 그 근거가 없음을 지적하고 있다. 이는 그가 주자의 천, 천명에 대한 해석의 차이에서 비롯된 것임을 확인할 수 있는 것이다.

주자는 『중용』에서 '천명을 일러 성이라 한다' 했고, 『대학』에서는 '하늘의 밝은 명을 돌이켜 살핀다' 하여 성을 이로 여겼기에 결국 천명을 이로 보았다. 그러나 심성(心性)에 부여해 주고 선을 향하고 악을 멀리하는 것은 천명이다. 시경과 서경의 천명을 모두 개괄해서 '본심의 정리(正理)'라 할 수 있겠는가. 시경에 "두려운 천명이여 때로 보호해 주시다"라고 했는데 만일 "두려운 마음의 이(理)여 때로 보호해 주시다"라고 한다면 뜻이 통할 수 있겠는가.

이미 살핀 바 있고 다시 보듯 그의 천명은 역리천(易理天)의 천리(天理)가 아니다. 오히려 선한 자에게 복(福)을 주고 음란한 자에게 화(禍)를 주는 인격신(人格神)을 강조하고 있다. 이(理)는 생명이 없는 단지 이치 또는 원리에 지나지 않게 본다. 따라서 성은 역리(易理)의 천이 아니라 상제(上帝)의 천에 근거하고 있다. 곧

---

15) 『존재 위백규의 사상과 철학』(김석중·안황권 편저), p.197.

명을 내리는 천은 자연천은 물론이고 역리의 천도 될 수 없는 것은 당연하기 때문이다. 그래서 주제지천(主帝之天)을 사상의 근거로 삼았던 것이다.

성리학에서는 '역리의 천'을 우주만물의 이(理)로 여겼기 때문에 인간이나 동물은 같은 성을 부여받을 수밖에 없었다. 그러나 인간의 경우 다른 사물에서 볼 수 없는 '도의지성'이 있음을 주장한다. 그는 "사람의 성은 단지 인성(人性)이며 개나 소의 성은 금수성(禽獸性)이다. 대개 인성이란 것은 도의 및 기질의 두 성을 이룬 것이고, 금수성이란 것은 순전히 기질(氣質)의 성일 따름이다. 하늘이 사물과는 차별되는 도의의 성을 인간에게만 부여했다"라고 본다.

그런데 성리학의 성즉리설에 따르면 인간이나 사물은 동일한 성을 부여받게 된다. 이렇게 되면 다른 사물들도 도의의 성을 가지게 되어 인간과 사물은 차별이 없어진다. 이에 대해 그는 홀로 본연의 성이 원래 각각 같지 않다고 생각한다. 사람인즉 선을 좋아하고 악을 부끄러워하여 몸을 닦고 도를 지향하고자 하는 것이 그 본연이다. 개[犬]인즉 도둑을 보면 짖는 것이 본연이며, 소[牛]인즉 멍에를 차고 무거운 짐을 나르며 풀을 먹는 것이 그 본연인 것이라고 주장했다.

그는 만물의 근원으로서의 이를 상정하여 그로부터 성을 부여받았다고 하는 측면에서 이(理)는 같다고 한다. 그렇지만 그 이의 내용에서 인간과 사물은 차이가 나지 않고 다만 기질에 의해 다르게 된다고 한다면 인정할 수 없다고 한다. 따라서 성리학의 본연지성과 기질지성에 대해서 받아들일 수 없다는 입장을 취한다. 이는 인물성동이론에서 주자의 모순된 '이동기이(理同氣異)' 및 '기동리이(氣同理異)'의 설을 인정하고 있지 않다는 확실한 증거라고 할 수 있다.

다산은 초목이나 금수 등 생명이 있는 사물의 경우는 하늘이 그 종자를 전해 갈 수 있는 생명의 이치를 부여하여 각각 성명(性名)을 온전하도록 해 주었다. 하지만 인간의 경우는 하늘로부터 태어나는 처음에 영명(靈明)을 부여해서 만물을 초월하는 존재로서 만물을 누리고 이용할 수 있도록 했다. 이에 따라 다산은 주자에 의해 인간과 사물이 같은 덕을 얻었다는 이른바 '인물성동론(人物性同論)'을 주인과 노예의 등급을 없애는 것이라고 비판하면서 인물성이론(人物性異論)의 입장을 옹호하는 듯하다.

(3) 공통점과 차이점

존재와 다산은 인물성이론을 취한 점에서 공통점이 있다. 그러나 같은 이론(異論)의 입장이라도 그 근거는 다르다. 존재는 "천명의 이는 사람과 물이 동일하더라도 그 성이 된 것은 다르다. 만약 기를 떠난다면 마땅히 이라고 할 수 있지 성이라 할 수 없다. 이처럼 성은 기질과 관련된 것으로 해석하기 때문에 인성과 물성은 상이하다. 이는 기질 속에 내재되지 않은 이는 성이라 할 수 없고 이(理)이다. 이는 인간과 사물이 태어나는 시초이며 성은 태어난 후에 있게 된다"라고 말한다.

다산은 이(理)로써 하늘과 성을 설명하는 성즉리는 물론 본연지성과 기질지성도 부정한다. 또한 주자의 이동기이와 기동이이도 거부한다. 그는 천과 성을 동일한 것으로 본다면 천과 성자의 자리에 이(理)를 넣어도 말이 성립되어야 한다는 것이다. 하지만 그 자리에 이 자를 넣어 보면 말이 되지 않는다고 했다. 성즉리설은 사람이나 사물의 성이 같다고 하나, 같은 성을 받을 수 없다는 것이 그의 주장이다. 인간은 도의지성을 받고, 조수는 금수의 성을 받았다는 것이다.

3) 본연지성과 기질지성의 시각

존재와 다산의 성론(性論)을 알아보기 전에 주자의 성론부터 보자. 그는 인성(人性)을 본연(本然)과 기질(氣質)로 나눠 본연지성은 천지지성(天地之性)이며 적연부동(寂然不動)한 미발상태(未發狀態)로서 순수지선(純粹之善)이며, 태극의 본연지묘(本然之妙)로서 만수지일본(萬殊之一本)이라 했다. 기질지성은 음양이기(陰陽二氣)의 교운(交運)으로 이루어진 것으로서 기의 정편(正偏)·청탁(淸濁)에 의해 선악(善惡)이 잡유(雜有)한 것으로서 만수라는 것이다.

또 성(性)은 심지리(心之理), 정(情)은 성지용(性之用), 심은 성정지주, 성은 심에 구비된 이(理)이며, 정은 성이 사물에 감이동(感而動)하는 것이다.[16] 곧 성은 이(理)요 성(性)은 '살려는 의지'라는 의미에서 지(志)로 표현하면, 지는 몸이라는 컴

---

16) 「性理大全」 권15 "性者 心之理也, 情者 性之用也, 心者 性情之主也, …者 心之所具之理, 情者 性之感於物而動者也."

퓨터에 기(氣)를 입력시키는 존재이므로, 기의 장수(將帥)라 할 수 있다. 따라서 기는 몸에 가득 차서 몸의 삶을 유기적으로 유지해 가는 기능으로 볼 수 있다. 그러므로 志가 가장 본질적인 것이고 기가 그 다음의 차원인 것으로 볼 수 있다.

또 주자는 '천명지성자(天命之性者)는 천리지전체(天理之全體)'요 '성즉(性卽)태극지전체(太極之全體)'라 했다. 극으로서 본체(本體)라는 것이다. 그는 성정(性情)에 대해서도 성은 이(理)요 체(體)이며, 정은 유출운용처(流出運用處)인 기(氣)로서 용(用)이라 한다. 그리고 심(心)은 성과 정을 주재(主宰)하는 것이라고 한다. 아울러 심의 미발(未發)은 성(性), 기발(己發)은 정이라 한다. 주자의 논리는 성(性)을 본연과 기질의 이원성으로 보는 데 있는 것이다.

(1) 존재의 입장

존재는 본연지성과 기질지성을 일원론적(一元論的)으로 본다. 즉 원리로서의 '이(理)'를 중시하면서 '이기(理氣)'를 통합의 논리로 제시한다. 즉 "이(理)가 기질 속에 있은 뒤에야 성(性)이라는 명칭을 얻으니, 기질을 버리면 이(理)라고 말할 수 있지만 성(性)이라고 말할 수 없다"라고 주장한다. 이는 이와 성은 논의의 차원이 다르기 때문이라고 한다. 이는 자연론적 구도에서는 기에 상대하는 개념이지만 현실적인 차원에서는 일단 기질에 내재되면 성으로 바뀌게 된다.

이 점은 존재만의 특징은 아니나 그의 성론(性論)의 중요한 부분이다. 그는 이 점을 토대로 "성(性)이라 말하면 그것은 이미 기질(氣質)을 띠고 있으니 기질의 성 이외에 따로 본연지성(本然之性)이 있겠는가. 정자와 주자는 본래 선하다는 것을 쉽게 깨달아서 현혹되지 않도록 하기 위해 이(理)의 본래 의미를 깊이 추론하여 본연의 성이라 했으나 '본연' 두 글자는 군더더기다. 이는 주자가 인간의 본질을 해명하려 설정한 구도일 뿐 성을 본연과 기질로 나눌 필요는 없다"라고 주장한다.

존재는 주자의 말처럼 본연의 성은 이와 기질이 교섭하기 이전으로서 인간의 원초적인 모습으로 인정한다. 우리는 그곳에서 왔으며 그곳으로 깃들어야 할 영혼의 고향이다. 그러나 현실의 인간은 본래 선한 이의 세계로부터 몸(氣質)을 얻어 형태를 갖춤으로써 이(理)를 구체적으로 실현할 수 있게 됐다. 그러므로 현실을 살아가는 인간이 실제적으로 운용하는 것은 기질의 성이다.[17] 말하자면 쌀은 그릇에 있으면 쌀이지만 솥에서 찌면 밥이 되는 '飯卽米'로 비유한다.

여기서 밥은 성(性)과 같고, 솥은 기질(氣質)과 같으며, 쌀은 이(理)와 같고, 쌀이 흰 것은 선(善)과 같다. 흰쌀로 밥을 지으니 밥은 단지 희다고 말할 수 있을 뿐이다. 그래서 정자가 말한 '성즉리(性卽理)'를 곧 '반즉미(飯卽米)'에 비유한 것이다. 즉 밥은 쌀에 뿌리를 두고 있지만, 밥이 되었으면 밥이지 따로 본연의 밥을 찾을 필요가 없다는 데 있다. 이미 성(性)이면 성일 뿐이지 성에 다시 이(理)를 따지는 본연의 성(本然之性)을 찾을 필요나 그럴 수도 없다는 것이다.

(2) 다산의 입장

다산은 본연지성(本然之性)이라는 용어 자체를 부인한다. 그는 육경사서나 제자백가에도 그 용어는 나오지 않는다고 했다. 오직 불가의 수능엄경(首楞嚴經)에만 나온다. 청정법신(淸淨法身)은 '본연' 또는 '무시자재(無始自在)' 즉 "시작도 끝도 없고, 본래부터 자재하여 천(天)의 조화를 받지 않았다"는 뜻이다. 곧 본연의 체(體)는 형철자재(瑩澈自在)인데 그게 바로 본연이다. 그런 연유로 유가에서 "만물의 근거와 시작을 의미하는 개념으로 사용해서는 안 된다"고 비판했다.

그러므로 '본연'은 본래 스스로 그러함에 이른다는 의미이다. 불가의 본연지성은 명(命)을 품부(稟賦)받은 바도 없고, 생기는 바도 없이 천지 사이에 스스로 있고, 끝없이 윤전(輪轉)함이다. 사람이 죽어 소가 되고, 개가 죽어 사람이 되는 것이다. 그런데 사람의 몸[形軀]은 부모로부터, 영(靈)은 천으로부터 받았으니 시작이 없다고 할 수 있겠는가. 따라서 본연과 기질지성은 성리학의 '성즉리설'로 설명하지 못한 인간과 사물의 차이를 규명하기 위한 학설에 지나지 않는 것이다.

결국 성리학은 본연과 기질이라는 개념을 불가의 수능엄경에서 도입해서 선악(善惡)과 현우(賢愚)의 문제를 해결하려 했던 것이다. 그러나 다산은 인성(人性)에 선이 있고, 악이 있는 것이 아니라, 인성은 기호(嗜好)라 했다. 기호는 호덕이치오(好德而恥惡)이다. 기호에는 형구(形軀)의 기호가 있고, 영지(靈智)의 기호가 있어

---

17) 「조선후기 향촌문화사와 존재 위백규」(2003.6.12. 장흥문화원 제15회 심포지엄), p.69.

선을 지킬 수도, 불선(不善)에 빠질 수도 있다. 그럼에도 성에 선과 악의 선천적인 근거를 짓는 본연지성과 기질지성은 있을 수 없다는 것이 다산의 결론이다.

따라서 성에 두 종류가 있다는 성설을 부정한다. 성은 다만 하늘로부터 부여받은 사물 각각의 고유한 것이다. 즉 각 사물의 좋아하고 싫어하는 바의 기호가 바로 그들의 성이다. 소, 개, 사람의 성을 기질지성이라 하거나 도의지성이라는 설은 모두 병통이 있다. 인성은 인성이고, 개와 소의 성은 금수성(禽獸性)이다. 본연지성을 논한다면, 사람은 도의(道義)와 기질이 합하여 하나의 성을 이룬 것이 본연이다. 그리고 금수가 단지 기질지성만을 가지는 것 역시 본연지성이란 것이다.

다산은 성(性)을 이(理)이자 내면의 본체로 파악한 주자의 입장을 거부하고, 성을 마음이 기호(嗜好) 즉 호덕치오와 대상이나 가치를 지향하는 자세라 했다. 곧 기호는 꿩이 산을 좋아하고 사슴이 들을 좋아하는 감각적 기호와 벼가 물을 좋아하고 기장이 건조함을 좋아하는 본질적 기호로 분별했다. 그는『상서』·『예기』·『맹자』에서 성을 모두 기호(嗜好)로 언급하고 있음을 근거로 삼아 성을 기호로 확인했다. 곧 성을 심(心)의 본체로 인식하는 주자학적 입장을 정면으로 거부하고 성을 심(心)의 속성으로 밝히고 있다.

또한 성선설의 의미도 성이 본래 순수한 선이라는 주자학의 견해를 거부하고, 선을 좋아하는 기호임을 강조한다. 왜냐하면 물이 아래로 흐르고 불이 위로 타오르듯이 자연히 선을 행할 수 있다면 선을 행하는 것이 자신의 공이 될 수 없기 때문이다. 따라서 성기호설은 하늘이 인간에게 선하고자 하면 선을 할 수 있고, 악하고자 하면 악을 할 수 있는 자유지권(自由之權)을 부여했다고 한다. 이는 인간을 도덕적 주체로서 자유의지를 지니고 있는 존재로서, 성리학의 본연지성이 선한 것이라는 관점을 거부한다.

(3) 공통점과 차이점

우선 주자의 시각부터 살펴보자. 그는 적연부동한 미발상태로서 순수한 선(善)이며, 태극의 본연지묘(本然之妙)로서 만수지일본(萬殊之一本)을 본연지성이라 했다. 그리고 기질지성은 음양이기(陰陽二氣)의 교운(交運)으로 이루어진 것으로서

기의 정편, 청탁에 의해 선악이 잡유한 만수(萬殊)라고 했다. 따라서 성은 심지리(心之理), 정(情)은 성지용(性之用), 심(心)은 성정지주(性情之主)로 심은 미발, 성은 기발이라 했다. 그러나 존재와 다산은 인성론의 핵심기준인 본연지성과 기질지성에서 시각차를 드러내고 있다.

존재는 주자의 이원론적 인성론에 반대한다. 그는 원리로서의 이를 중시하면서 이기를 통합논리로 해석한다. 즉 이가 기질 속에 있는 뒤에야 성이라는 명칭을 얻을 수 있으니 기를 떠나서는 이라고 할 수는 있으나 성이라고 말할 수는 없다고 했다. 이는 자연론적 구도에서는 기에 상대하는 개념이나 현실적 차원에서는 일단 기질에 내재되면 성으로 바뀌게 되기 때문이다. 그러므로 성이라고 말하면 그것은 기질을 띠고 있으니 기질지성 이외에 본연지성은 없다. 주자의 구분은 이의 의미를 추론하자는 구도이다.

다산은 본연지성이라는 용어 자체를 부정한다. 그는 성을 내면의 이로 파악하는 주자의 주장을 거부한다. 성은 호덕치오를 지향하는 마음의 자세라고 한다. 근거는 『상서』, 『예기』, 『맹자』에서 성을 기호라 했기 때문이다. 특히 본연(本然)이란 용어는 불교의 윤회설의 근거인 수능엄경(首楞嚴經)에서 왔음을 들었다. 청정법신은 본연, 무시자재(無始自在)로 시작도 끝도 없이 본래부터 자재하여 천의 조화를 받지 않았다는 이론이다. 이를 유가에서 만물의 시작과 근거로 삼았다는 이유로 본연지성설을 부정한 것이다.

4) 사단칠정론의 해석

(1) 존재의 입장

존재는 사단과 칠정의 발동(발현)을 통합의 논리로 이해한다. 이미 본성(기질지성)이 갖춰지면 감촉에 따라 발동한다. 이때 발동하는 것은 기(氣)이고, 발동의 원인은 이(理)라 했다. 만약 이가 발동하지 않는다면 기가 어떻게 스스로 발동할 수 있겠는가. 이의 본체는 비록 소리도 없고[無聲], 냄새도 없지만[無臭] 원래 기와 함께 있기 때문에 어떤 사물이 다가와 접촉하면 스스로 감응, 발동하게 된다. 그러니 기가 발동하지 않는다면 이가 스스로 발동할 수 없다고 했다.

이 같은 통합의 논리체계에 따라 이와 기를 나눈 데 반대한다. 그래서 기는 능발적(能發的)이고, 이는 소발적(所發的)인 개념으로 이해한다. 따라서 기의 발동은 이의 소이연(所以然)에 의해 이루어진다. 즉 기의 작용은 이를 근거로 한다. 요컨대 이는 기가 발동하는 원인이요, 근거일 뿐이며 스스로 발동할 수 없다고 한다. 사단칠정문제는 이기와 관련한 해석을 놓고 16세기 후반 퇴계(退溪)와 고봉(高峯), 율곡(栗谷)과 우계(牛溪) 간의 논쟁으로 성리학의 탐구대상이 되었다.

즉 퇴계의 이기호발설(理氣互發說)은 사단과 칠정은 기질지성 속에 갖추어진 이가 기를 타고 발한다고 했다. 다만 발해서 순선한 것은 사단, 그렇지 않는 것은 칠정이라 했다. 이에 반해 고봉과 율곡은 퇴계의 견해 중 기가 발함에 이가 탄다는 것만 인정하고, 칠정 이외에 따로 사단의 정(情)이 있지 않다고 했다. 칠정 속에 사단이 포함됐다는 이기겸발설(理氣兼發說)을 주장한다. 존재는 사칠논쟁에서 퇴계의 호발설을 거부하고, 율곡의 견해에 가까운 입장을 보였다.

그는 사단과 칠정논쟁에 대한 이해를 이기(理氣)의 발동문제와 직결된 것으로 보았다. 본성 가운데 원래 희(喜)·로(怒)·애(哀)·락(樂)의 이(理)가 있어 감촉(感觸)에 따라 발동해 희·로·애·락이 되니, 이만으로 감촉할 수 없고 기만으로 발동할 길이 없다. 오직 이와 기가 함께 발동하기 때문에 칠정이 있으니 칠정은 처음부터 본성 밖의 사물이 아니다.[18] 그는 칠정을 사단에 상대하면 사단은 마땅히 이에 속할 것이나 칠정은 기에 속한다며 겸발설의 입장에 섰다.

그러나 칠정은 오히려 이기를 겸하여 선악이 있다는 데 대해 인심(人心)을 형기에 전속시키지는 못한다. 그러므로 인심을 칠정이라고 하면 타당하지 못하다. 이는 주자가 '사욕(私慾)'을 인심으로 보았다가 만년에 칠정을 인심으로 본 것에 대해 비판적인 견해를 보였다. 그래서 인심에 사단과 칠정을 포함한 율곡의 겸발설처럼 인심을 반드시 칠정이라 할 수 없다고 했다.[19] 만일 본성 가운데 칠정이 없다면 기가 어떻게 스스로 발동할 수 있겠느냐고 반문했던 것이다.

---

18) 「조선후기 향촌문화사와 존재 위백규」(2003.6.12. 장흥문화원 제15회 심포지엄, p.73).
19) 『존재 위백규 사상과 철학』(김석중·안황권 편저, p.200).

원래 칠정은 『예기』 예운편(禮運篇)에서 말하는 기쁨[喜]·분노[怒]·슬픔[哀]·두려움[懼]·사랑[愛]·미움[惡]·욕망[欲] 등의 감정을 일컫는다. 이와 같은 감정은 인간이 태어나면서부터 본능적으로 가지고 있는 것이다. 이는 배우지 않고도 소유한 것들이며, 따라서 칠정은 인간감정의 전부라고 볼 수 있다. 우리의 본성은 선험적(先驗的)으로 갖추어진 희·로·애·락의 이는 스스로 발현하여 작용할 수 없고 반드시 기를 매개로 외물(外物)에 감촉하여 감정으로 표출된다.

이때의 기는 몸과 마음의 기이며, 이는 천명의 이이다. 또한 몸은 마음과 외물을 공감케 하는 통로와 다른 것이 아니요, 마음은 몸이라는 통로를 통해 외물과 감촉하여 마음에 내재된 희·로·애·락의 이(理), 곧 본성(本性)을 감정(사단과 칠정)으로 표현하는 것이다. 즉 인간은 마음이 있으므로 성이 통하여 정이 된다[性動而爲情]. 사람이 선을 행할 수 있는 것은 이 정 때문이다.[20] 또 성이 발하여 정이 되고[性發爲情] 정의 실마리를 이루는 것이 의(意)가 된다.[21]

그는 칠정을 본성의 발현으로 보아 칠정도 본래 선하다고 한다. "칠정은 원래 악한 사물이 아니다. 다만 감촉에 깊음과 옅음, 원만함과 급함의 차이가 있고, 마음의 순수함과 혼잡함, 맑음과 흐림의 차이가 있어서 감정에 선악의 다름이 있다"고 했다.[22] 존재에게 칠정은 원래 도덕적 감정 또는 양심과 무관한 성질의 것이 아니다. 칠정은 발현하는 과정에서 지나침과 모자람[過不及]의 다양한 양상 여하에 따라 우리의 도덕의식에 의해 선악으로 평가받을 뿐이다.

사단이 칠정의 한 부분인가, 아니면 칠정과는 별개인가. 존재는 "만일 선악의 측면에서 논하면 그 선은 곧 인(仁)·의(義)·예(禮)·지(智)의 단서이니, 칠정 밖에 따로 사단이 있는 것은 아니다"고 했다. 맹자(孟子)는 사람들의 본성 중 이 사상(四常)을 모른 것을 안타깝게 여겨 특별히 그중 자기를 반성하여 쉽게 알 수 있는 것 네 갈래만을 끄집어냈다. 그리고 사정(四情)이라 부르지 않고 사단(四端)이라 불렀으니 대개 감정 가운데 증험할 수 있다고 말한 것이다.

사단은 맹자의 "측은하게 여기는 마음, 부끄러워하는 마음, 사양하는 마음, 시

---

20) 『存齋集』 권9, 「讀書箚義」, p.197; 「조선후기 향촌문화사와 존재 위백규」, p.73.
21) 『存齋集』 권5, 「讀書箚義」 大學, p.92.
22) 『存齋集』 권17, 「雜著」 四端七情辨, p.376.

비를 가리는 마음"에서 유래한다. 이때 '단(端)'이라는 글자는 단서 즉 실마리와 같은 의미를 지닌다. 즉 측은(惻隱)·수오(羞惡)·사양(辭讓)·시비(是非)의 감정[情]으로, 인·의·예·지를 본성(性)으로 해석했다. 이 경우 인의예지란 이른바 이목구비와 사지(四肢) 등으로 표현된 생리적 식욕[食]과 성욕[色]의 본성을 말하는 것이 아니다. 곧 당위(當爲)로서의 선한 도덕적 본성을 가리킨다.

따라서 "맹자는 이 네 가지 감정의 실마리[四端]가 본래 있는 것이므로 이를 확충하여 불이 타오르듯이 샘물이 솟아나듯이 행하라 했다. 사상을 적출한 이유도 사람들에게 일깨워 주기 위함이다. 그러니 칠정은 인간감정의 총체적 관념인 한 사단은 그 일부가 아닐 수 없다"라고 했다. 그래서 옳음을 기뻐하고, 그름을 미워하므로 사단과 칠정은 구별되지 않는다. 그러니 퇴계처럼 사단은 순선하고 칠정은 선악이 혼재하는 것으로 나누면 11종의 감정이 된다고 했다.

결국 존재는 사단과 칠정은 모두 도덕감정으로 보아 사단을 칠정에 포괄해 일원적으로 이해한 것이다. 그리고 본성으로 주어진 칠정의 이도 결국 몸과 마음이라는 기를 매개로 하여 감정으로 표출된다고 여긴다. 이처럼 그의 일원적 통합의 논리는 자연과 인간을 해석하는 도구로서 이 또는 성을 기 또는 기질과 유리된 추상적 세계로 두려고 하지 않는다. 항상 긴밀한 실제의 세계로 끌어내려 상호 긴밀한 연관 속에서 현실화하려는 의도를 담고 있다고 볼 수 있다.

(2) 다산의 입장

다산(茶山)은 퇴계의 주리론 계열의 남인이었지만 주기론에 치우쳤다. 담헌(湛軒) 홍대용(洪大容), 연암(燕巖) 박지원(朴趾源) 등 당시로서는 진보적인 지식인들이 인물성동론에 섰지만 그는 반대하는 입장이었다. 이론(異論)의 입장에 있었지만 화이론(華夷論)을 반대하고 인성평등론(人性平等論)을 주장한 점에서는 맥을 같이한다고 보겠다. 다산에게 인간은 만물의 영장이라는 확고한 신념이 있었고, 인간만이 영명성(靈明性)과 자주성(自主性)을 부여받아 만물을 부릴 수 있는 주인이라고 믿었다.

인간의 덕(德), 곧 인의예지 四端이란 인간의 心性 안에 內在해 있는 것이 아니라 한다. 그것은 지속적인 善의 실천으로 말미암아 얻어질 수 있다고 주장한다. 德이란 太極으로서의 理를 부여받은 性을 따라 道를 실천함으로써 얻어지는 것이다. 곧 德이란 外在하는 것이다. 그런데 여기에서 '덕외재론(德外在論)'이라고 한 것은 소크라테스의 知行合一說, 곧 안다는 것[知識]과 行하는 것[行, 德]을 일치시키는 입장과 대비시켜 표현한 것이다.

그의 덕외재론은 아리스토텔레스에서 그 전통을 볼 수 있다. 아리스토텔레스는 德이란 지식의 탐구를 통해서가 아니라, 선의 반복적인 실천이라고 할 수 있는 '習慣'을 통해서 획득될 수 있다고 본다. 즉 덕과 지식은 별개의 것으로서 지식의 획득은 지적 탐구를 통해서 얻을 수 있지만, 德이란 지속적인 善의 실천을 통해서만 얻을 수 있다는 것이다. 德外在論은 그 뒤 토마스 아퀴나스를 거쳐 「天主實義」를 저술한 마테오리치까지 이어진다.

그는 인의예지를 실천(行事)한 뒤에 얻은 이름으로 생각하며, 마음에 내재한 선험적인 것이 아니라고 말한다. 그러므로 다산에게는 당연히 인성(人性)과 물성(物性)이 같은 것이 아니다. 본연의 性이 선하다는 선험론 자체를 반대했던 다산은 "人과 物이 공히 품수(稟受) 천명했다는 의미에서 一原 또는 기동(氣同)이라 함은 옳지만, 人과 物의 성품이 동일하다는 人物同性論은 부당하다"라고 주장한다. 다산의 독창적인 주장인 성기호설(性嗜好說)의 당연한 결론이기도 하다.

인성론에서 사단은 맹자의 성선설을 근거로 제시한 인간의 심리현상이다. 곧 측은지심(惻隱之心)·수오지심(羞惡之心)·사양지심(辭讓之心)·시비지심(是非之心)을 인·의·예·지의 단서(端緖)로 설명한다. 또 칠정(七情)은 『예기』 예운편에서 인간의 감정을 통칭하여 희(喜)·로(怒)·애(哀)·구(懼)·애(愛)·오(惡)·욕(欲)으로 지칭한 데서 비롯된다. 주자학자들이 문제로 삼은 것은 『중용』이 언급한 희·로·애·락 등 네 가지 감정을 의미한다.

정이(程頤)는 성을 인·의·예·지 네 가지만 있을 뿐이라 주장했다. 주희도 정이의 주장에 동의한다. 주희는 『맹자집주』의 '不忍人之心章'에서 "측은·수오·사양·시비는 정(情)이고, 인·의·예·지는 성(性)이라 했다. 심(心)은 성정(性情)을 통괄한 것이라 하고 단(端)은 서(緖)라고 했다. 그 정(情)이 발(發)함으로 인하여 성의 본연을 볼 수 있으니 이는 마치 어떤 물건 속에 있었던 단서가 바깥으로 드러나는 것과 같다"라고 말한 것이다.

양자 간에 개념적인 차이는 없다. 넷 또는 일곱으로 나누는 인간의 감정을 통칭했다는 점에서 같다. 문제는 사단과 칠정을 어떤 관계로 보느냐이다. 이 논쟁은 기본적으로 주자학에서 진행된다. 따라서 정확한 분석을 하려면 주희가 사단칠정을 어떻게 이해하느냐다. 주자는 인간 심리를 성(性)과 정(情)으로 나누었다. 정은 성에 근거하고, 성이 발하면 정이 된다. 그래서 사단은 정이고, 사덕은 성이며, 심은 성과 정을 통섭한다 했다.

사덕의 선천성과 덕의 표출을 놓고 논쟁을 벌인다. 인성론에서 인·의·예·지를 선천적으로 본다. 다만 맹자는 사덕을 단(端)이라 하고, 측은·수오·사양·시비 등 사단을 통해 드러났다고 보았는지는 분명치 않다. 아울러 사단은 사덕의 마음이 발현되어 이루어지는 도덕을 의미하는지도 마찬가지이다. 훈고학에서도 이에 대한 설명이 없다가 후한의 조기(趙岐, 108~201)가 단자수야(端者首也)라고 하면서 단본(端本)의 근본이라 했다.

다산은 인·의·예·지를 선천적으로 보는 데 반대한다. 사단은 인간의 노력에 의해 이루어진다. 곧 마음속의 이치가 아니고 부단한 실천을 강조한 점에서 성리학자들과 견해를 달리한다. 또 단(端)은 시(始)로 보아 사단은 안에, 사덕은 밖의 것으로 여긴다. 비유하자면 사단은 꽃과 열매와 같은 것으로 측은·수오는 안에서 발하고, 인의는 바깥에서 이루어진다. 또 사양·시비의 마음은 안에서 발하고, 예지(叡智)는 밖에서 이루어진다고 했다.

그는 인·의·예·지 네 가지는 도덕의 명칭이지 성(性)의 명칭이 아니라 한다. 도덕이란 천하에 두루 통하는 것을 말하므로 어느 한 사람만이 가지는 전유물이 아니다. 성이란 오직 나에게 있는 것을 말하지 천하에 다 통용되는 것은 물론 아니다. 즉 성이 구족하고 있는 것은 사단이고, 그 사단의 도덕은 이를 확충한 후에 형성된다(其所擴充而成也). 그런 의미에서 사단이 배 속에서 오장처럼 나온다는 유학자들의 말은 잘못이라고 비판했다.

다산의 인성론은 인·의·예·지를 선천적으로 보지 않는 데 그 핵심이 있다.

이 같은 그의 입장을 보면 주자 이후 성리학자들과는 전혀 다른 차원의 견해이다. 특히 인의예지를 가리켜 성(性)의 명칭이 아니고 도덕의 명칭이라는 데 이르면 그를 성리학자로 보기는 어렵게 된다. 그는 중국의 기학파, 일본의 고학파 그리고 마테오리치의 천주실의 등으로 비롯된 혼란기의 여파가 아닐까 싶다. 다산의 인성론을 보다 확실하게 볼 수 있는 기록이 있다.

　다음의 기록은 당시 임금인 正祖와 다산이 본연지성과 인물성동이론 등 성리학이론을 놓고 벌이는 대화내용이다. 이는 『다산전집』 권2(6권) 맹자요의 및 고자(告子)상의 내용을 놓고 벌인 질문과 답변이다. 다산은 6경4서에는 본연지성이나 기질지성에 대한 내용이 보이지 않는다고 했다. 이는 성리학의 바탕이라 할 경전에서 언급되지 않음을 강조한 것이다. 이를 보면 다산의 성리학에 대한 인식과 사상을 폭넓게 조명해 볼 수 있어서 인용한다.

■ 정조가 다산에게 묻다(御問之意盖云)

朱子原謂本然之性 주자가 원래 이르기를 본연지성은
卽人與禽獸之所同得 사람과 금수가 다 같이 얻은 것이라 했다
若論本然之性 본연지성에 대해 논한다면
則犬牛人之性 實無毫髮差殊 개와 소와 사람이 털끝만큼도 차이가 없다는 것이다
而孟子駁告子 그러나 맹자가 고자를 반박하는 것은
謂犬牛人之性 不可相猶 개와 소와 사람의 성은 서로 같을 수 없다는 것이었다
本然氣質之說 不見六經 不見四書 본연과 기질의 학설은 육경사서에 안 보인다
然臣獨以爲 本然之性原各不同 신은 본연의 성이 원래 각각 같지 않다고 본다
人則樂善恥惡 사람은 선을 좋아하고 악을 부끄러워하여
修身向道 其本然也 몸을 닦고 도를 지향함이 본연이며
犬則守夜吠盜 개는 밤을 지키며 도둑을 보면 짖고
食穢蹤禽 其本然也 똥을 먹으며 새를 쫓는 것이 본연이며
牛則服輀任重 소는 멍에를 차고 짐을 나르며
食芻齝觸 其本然也 풀을 먹고 새김질하고 뿔로 떠받는 것이 본연이다
各受天命 不能移易 각각 천명을 받은 것이어서 바꿀 수 없다
人心者 氣質之所發也 인심이란 기질이 발한 것이고
道心者 道義之所發也 도심이란 도의가 발한 것이다
人則可有此二心 사람은 이 두 마음을 가질 수 있지만
若禽獸本所受者 氣質之性而已 금수는 본래 기질의 성일 뿐이다
然則孟子所言者 道義之性也 그런즉 맹자가 같지 않다고 말한 것은 도의의 성이고
告子所言者 氣質之性也 고자가 같다고 말한 것은 기질의 성이니

朱子之言 自與孟子不合而已 주자의 말은 저절로 맹자의 말과 합치되지 않는다
氣質之性 明明人物同得 기질의 성은 분명히 사람과 동물이 함께 얻은 것인데
而先儒謂之各殊 선유들은 오히려 각각 다르다고 말하고
道義之性 明明吾人獨得 도의의 성은 분명히 사람만이 얻는 것인데
而先儒謂之同得 선유들은 오히려 다 같이 얻는 것이라고 한다
此臣之所深惑也 이 점에 대해 나는 매우 의혹스럽게 생각한다

(3) 공통점과 차이점

존재는 『주자대전(朱子大全)』에 있는 한마디 말을 의혹(疑惑)해서 분석하고자 한다면 하나둘에 그치지 않을 것이고 잘못하면 전도(顚倒)시키는 근거가 될 것이라 했다. 인물성동이론도 언론을 뒤로 물려주고 다만 그 설로써 추인(推認)하면 정상이 갖추어져 있음이 명백하다. 마땅히 체험을 확충해서 극진한 경지에 이르러 지(志)·기(氣)를 신(神)처럼 하고 능히 진성지천(盡性知天)한다면 性·名·本·體는 모두 나에게 있으니 변설(辨說)을 기다리지 않고서도 자연히 알게 될 것이라고 말했다.[23]

그는 주자의 학설에도 잘못된 부분이 있다고 인정하고 있다. 하지만 굳이 개변(改變)을 하지 않아도 본의(本意)를 따져 보면 그 취지를 이해할 수 있다고 했다. 인성론은 사단과 칠정의 발현을 통합의 논리로 본다. 퇴계는 사단과 칠정은 기질지성 속에 갖추어진 이가 기를 타고 발한다는 이기호발설과 다르다. 다만 여기서 발해서 순선한 것은 사단이고, 그렇지 않는 것은 칠정이라 했다. 즉 칠정 속에 사단이 포함되어 있다는 이기겸발설을 주장하는데 존재도 이들의 입장에 가깝다고 볼 수 있다.

그는 사단과 칠정의 논쟁을 이기의 발동문제와 직결된 것으로 보고 있다. 인성의 본성 가운데 원래 희·로·애·락의 이가 있어 감촉에 따라서 발동하여 희·로·애·락이 된다. 이것은 이(理)만으로 감촉할 수 없고, 그렇다고 기(氣)로도 발동할 수 없다. 오직 이와 기가 함께 발동하기 때문에 칠정이 있으니 칠정은 처음부터 본성 밖의 사물이 아닌 것이 분명하다. 그러니 칠정을 사단에 상대하면 사단은 마땅히 이(理)에 속한 것이나 칠정은 기에 속하기에 이기겸발설의 입장이 옳다

---

23) 『存齋集』 卷4, 上屛溪先生, "朱子大全可以一言部惑者, 不止一二而謬爲顚倒證左…, 只以其說推認, 吾人之具吾常, 則斷然明白, 且當體驗擴充, 儘到工夫極處, 志氣如神, 而能盡性知天則性名本體, 全然在我, 不待弁說, 而自可見矣."

고 한다.

다산은 인의예지 사단은 인간의 심성 안에 내재해 있는 것이 아니라 했다. 그 것은 지속적인 선의 실천으로써 얻어질 수 있다고 했다. 그는 덕이란 태극(太極) 으로서의 이(理)를 부여받은 성(性)을 따라 도(道)를 실천함으로써 얻게 된다는 것 이다. 그러니 덕이란 내재한 것이 아니고 외재(外在)한다는 말이다. 따라서 존재 와 다산의 시각은 현격하게 다르다. 그러나 다산은 사단의 논리에서 태극·이· 성·도 등의 성리학적 구도를 차용하는 것은 모순으로 보인다.

한편 다산은 인성론의 핵심이라 할 인·의·예·지의 선천성을 부인한 것이다. 이 말을 뒤집어 보면 주자와 그 이후 유학자들 모두의 성리학설을 전면적으로 부 정하는 결과로 이어진다. 이는 사단이 인간의 노력에 의해 이루어진다고 보기 때 문이다. 곧 마음속의 이치가 아니고 부단한 실천을 강조한 점에서 성리학자들의 학설과 전혀 다르다. 또 단(端)을 서(緒)로 보지 않고 시(始)로 보고, 사단은 안[內], 사덕은 밖[外]으로 본다. 그러므로 인의예지는 도덕의 명칭이지 성(性)의 명칭이 아니라 한다.

(4) 다산의 견해에 대한 학계의 평가

한자경 교수(이화여대)는 "흔히 공맹의 인간관과 윤리관이 송나라 시대에서 형 이상학화·우주론화되면서 변질되었다. 이는 주희가 유학의 도통으로 확립한 것 이 오히려 유학의 왜곡일 뿐이며, 동양철학의 전통에서 공맹의 인간관과 윤리관 을 제대로 해석하는 형이상학은 존재하지 않는다는 것이다. 또한 조선유학의 4백 년 역사를 자기 왜곡의 역사로 간주하겠다는 것이다. 다산이 그렇게 이해했고, 우 리 또한 다산을 따르면서 그렇게 받아들인다. 사상사의 연속성과, 정신의 역사성 을 부정하는 것이다"라고 했다.

그는 다산 철학을 천주교와 서양 근대성의 이념에 따라 해석하려는 연구자들을 성토한다. 즉 성리학의 기본이념인 "천인합일과 만물일체를 사변적이고 관념적인 비현실적인 공허한 구호로 치부했다." 금장태 서울대 교수의 『다산실학탐구』[24]

---

24) 『다산실학탐구』(금장태 지음, 소학사 刊, 2001).

는 이런 관점에서 다산의 세계관을 평가하는 연구서이다. 그러나 "서구의 개별자 실체론이 동양의 만물일체론보다 진보한 사상인가, 외재주의적 신관이 천인합일의 내재주의보다 깊이 있는 통찰인가, 자율적 선택권의 강조가 개인 심성 안에 내재된 보편적 천리의 주장보다 의미 있는 주장인가"라며 근대적 인식의 자명성을 흔들어 놓는다고 했다.

공맹 이전 유학의 교과서는 『시경(詩經)』, 『서경(書經)』, 『주역(周易)』 등이다. 이들 교과서에서는 "우주 만물을 주재하는 근원적 존재"를 외부에 있는 '타자(他者)'로 설정했다는 점은 잘 알려져 있다. 이런 외재주의와 신본주의는 상제(上帝)를 인간 바깥에서 인간을 감시하는 두려운 존재로 여기며 그 뜻을 헤아리려고 하는 세계관을 이루어 놓았다. 그러나 인본주의를 숭상한 공자와 맹자는 "인간이 추구하는 절대 가치를 인간 자신 안에 내재된 내적 가치, 내적 신성과 도덕성으로 봤다"는 점이다.

『중용(中庸)』의 "하늘의 명을 일컬어 성이라 한다"라는 구절과 맹자의 성선설(性善說)이 그것이다. 개체의 차별성은 표층(表層)의 의식현상으로 간주하고, 그 심층에 보편적인 본성이 존재한다는 신성(神性)의 내면화는 하나의 인격을 심층자아(深層自我)와 표층자아(表層自我)라는 이중성으로 갈라놓는 작업이었다. 한 교수는 이같이 심층자아와 표층자아로 갈라놓은 이중성을 동양인의 심성에 보편적으로 놓여 있는 종교적 심성으로 내재주의적 신관에서 비롯하고 있다고 해명하기도 한다.

그러나 다산은 "태극(太極), 신성(神性), 덕성(德性)의 내재성을 부정"한다. 그는 유학의 본연지성의 논의를 불교(佛敎)로부터 도입된 그릇된 학설로 간주했다. 바로 이 같은 견해가 다산에 대한 비판적 관찰이 시작된 이유이다. "만물일체, 그것은 옛 경전에는 결코 나오지 않는 말이다"라고 다산은 『중용강의』에서 말한 바 있다. 이것은 곧 "다산이 성리학의 내재주의를 비판한다면서 공맹의 인본주의적 내재주의로부터도 멀어져 오히려 그 이전의 외재주의로 되돌아가는 것"으로 비판받는 이유가 된다.

그렇다면 신성이 만물 밖의 타자로 외화되면 그때 인간은 어떤 존재인가. 한 교수는 다산이 인간에 대해 '도의지심(好善의 本性), 기질지욕(惡을 행하기 쉬움), 權衡(선도 악도 가능)'이라는 세 구도로 설명하는 것에 대해 비판한다. 즉 도의지심과 기질지욕의 갈등으로 파악한 인간의 이원성은 "단지 표층에서의 이원성일 뿐, 유학에서 우주적 근원이 내재화되고 심층화됨으로써 성립하는 인간의 양면성, 표층과 심층의 양면성, 인간 안에 갖춰진 인간성과 신성의 양면성은 아니다"라고 강조한다.

다산은 왜 외재주의적 신관을 갖게 되었는가. 조선성리학은 심층의 자기를 실현하기 위해 표층의 자기를 부정하는 克己復禮, 끊임없는 자기분열의 과정이다. 궁극적으로 一者가 된다는 것에서 불교의 수행과도 통한다. 그러나 다산은 '一者가 되어라'는 명령은 '一者를 좋아하라'는 명령으로 바뀌고 인간에게 짐 지워진 힘든 과제가 외부로 떨어져 나가게 된다는 것이 그의 설명이다. 밖을 향하게 된 인간의 시선은 "내가 가벼워진 만큼 타인의 짐을 덜어줄 수 있는 경세의 길"로 나아가게 된다.

그러나 한 교수는 조선 성리학에서 수행을 강조하게 된다. 수행을 강조함으로써 경학화, 예학화되는 것을 비판하고 구체적 삶, 정치경제적 사회문제로 눈을 돌린다. 성호(星湖) 이익(李瀷), 순암(順菴) 안정복(安鼎福) 같은 실학자들과 다산과는 구분한다. 이들과는 달리 다산은 경세학의 강조를 넘어 성리학적 인간관 자체를 버렸다고 볼 수 있다. 어떻게 이런 '단절'이 가능했을까. 한 교수는 다산이 "마테오리치로부터 천주교의 외재주의뿐만 아니라, 동양역사를 읽는 '눈'까지 배웠다"라고 비판한다.

마테오리치는 서양의 입장에서 동양의 역사를 바라본다. 그 마테오리치의 시각을 그대로 받아들인 '박래품(舶來品) 세계관'에 기초한 다산의 사상은 그것이 경세적인 측면에서 많은 역할을 했다고는 하나, 장구한 정신적 맥을 끊은 자리에 천주교적 외재주의를 이식한 것이라고 말한다. 한 교수는 "어느 날 서양의 어느 한 철학자가 동양적 천인합일, 만물일체의 심오함을 말한다면 모두 다 거기 귀 기울이지 않겠는가. 우리의 신은 정말 (우리의) 마음이 아니라, (서양의) 하늘에 있는가"라며 반문한다.

한 교수는 발제문에서 서울대 정옥자 교수(국사학)의 학설을 반박한다. 그는 조선 후기 학문의 맥을 "미수에서 성호를 거쳐 다시 이용휴(李用休)와 아들 이가환을 통해 다산에서 열매를 맺는다"라고 짚은 것을 질타했다. 왜냐하면 "퇴계를 이은 남인의 맥은 성호, 순암, 돈와 등으로 이어졌지만, 이승휴, 이가환, 다산 등으로는 오히려 끊겼기 때문"이다. 또한 정 교수가 이 흐름의 매끄럽지 못한 이음새를 의식해 남인계열의 사상적 흐름이 일정 시기에 이르러 "실학풍으로 변질되었다"라고 말하고 있다.

이것도 "다산의 무게에 눌려 남인 실학파의 성리학적 맥을 변질로 간주하면서까지 이끌고 갈 필요는 없다"라고 실학이라는 대전제 아래 어영부영 넘기는 국사학의 고질적 학풍을 꼬집었다. 한 교수의 지적처럼 미수, 성호, 이용휴, 이가환으로 이어지는 학맥이 과연 맞는지 의문이다. 또한 이승휴, 이가환, 정약용의 철학으로 성리학의 맥이 끊겼다는 한 교수의 지적도 인정하기에는 부담이 없지 않다. 그들이 박래품적 세계관을 가졌더라도 기본적으로 유가적 기저에서 벗어나지 못했기 때문이다.

특히 토론자 한형조 교수는 한 교수의 주장에 대해 철학적 실증성과 논리성에는 찬사를 보내면서도, 두 가지 점에서 반박을 가한다. "한 교수는 내재적 절대가 무엇인지 검증이 필요하다"라는 것과 "절대자가 안에 있느냐, 밖에 있느냐는 것은 다산과 주자의 사상을 볼 때 그리 명확하지 않다"라는 것이다. 그러면서 주자학은 하나(the Zuxiism)가 아니라 여러 개(a Zuxiism)라며 다산은 여러 주자학 가운데 그 지류를 비판했기 때문에 여전히 주자학의 안에 있다며 특유의 '당구장의 비유'를 들었다.

말하자면 공의 위치는 바뀌지만 무대는 당구대 안이라고 말이다. 한형조 교수는 마지막에서 "퇴계와 율곡, 주자학과 양명학, 유교와 서학이 과거에 그렇게 치열하게 싸웠지만 지금 여기(근대)의 시선에서 볼 때 이학(理學)이란 점에서는 한통속"이다. 그렇다면 "이제 멱살 잡고 싸워야 할 상대는 서로가 아니라 '근대라는 리바이어던'이라는 것이다. 그러므로 작은 노선 사이의 싸움은 접을 필요가 있다"라고 결론을 맺었다. 일제와 신탁통치 등 식민지시기의 좌우합작 불발의 예를 들면서 말이다.

한 교수의 이런 발언은 '지금 여기'의 철학자들이 '구절' 하나에 집착하는 '구절주의'적 태도를 보이고, '성', '이', '기', '미발−이발' 등의 용법에 집착해 생산적 토의를 잃어가는 풍조를 비판하기엔 적합할지 모르지만, 한자경 교수가 제기한 다산 비판에는 다소 부적합한 잣대로 비친다. 결국 문제는 다산이 주자학에 속하느냐 아니냐가 아니라, 그의 실학적 세계관이 '동양적 내면'의 고사(枯死)를 불러왔다는 것에 있고, 그것이 현재에도 그대로 이어지고 확대 재생산된다는 점에 있기 때문이다.

V

경세론의 차이

1 | 경세론의 공통점과 차이점

　존재와 다산은 35년의 나이 차에도 불구하고 같은 시대를 살았다. 당시 시대의 양상은 전반적으로 부조화와 모순을 특징으로 하고 있다. 임진왜란과 병자호란 등 양난을 거치면서 드러난 중세의 해체적 위기상황을 집권세력인 노론은 정통 성리학적 세계관을 절대화시켰다. 따라서 같은 기간 동안 역사적·사회적인 변화와 발전에 부조화와 모순의 양상이 심각하게 부상했던 것이다. 그리하여 이러한 조건들은 전반적인 국가제도의 개혁을 지향하는 움직임으로 나타났다.

　그것은 주로 기존의 집권세력에 대항해 왕권의 강화를 의도하는 군주 중심의 탕평정국과 개혁정치의 모습으로 구체화되었다. 그러나 정조의 갑작스런 죽음으로 개혁은 정체되고 뒤이은 신유사옥으로 인해 남인 중심의 시파세력을 천주교 신앙문제로 제거한 노론 중심의 벽파세력이 정권을 장악해, 세도정치를 야기했다. 그 결과 집권층과 관리들의 부패와 가렴주구, 이에 따른 민생의 피폐와 민란의 발생으로 이어져 자생적인 발전적 계기는 소진되고 있었다.

　16세기 후반부터 사회 내부의 동요와 양난에서의 사회 경제적 파괴, 명·청의 교체로 인한 국제질서의 변화와 지배계층의 분열과 무능, 권위의 실추, 이에 따른 사회기강의 급속한 이완현상 등 기존의 통치이념인 성리학(예론) 논쟁에 따른 집권층은 심각한 위협을 받는다. 양난 이후 급속한 지주제의 확산, 영농법의 발달,

상품화폐경제의 성장으로 인한 농촌사회의 분해와 신분제의 동요 등으로 17세기 이래 사회 경제적 변화는 해체적 위기를 심화 시켰다.

이런 상황에서 지식인들인 관료·유자들은 현격한 시각차를 드러낸다. 노론을 중심으로 한 성리학적 통치이념을 교조적으로 강화하고, 부분적인 개량으로 현실의 위기를 타개하려는 보수주의적 입장과, 남인·소론계열이 중심을 이룬 성리학적 세계관과 이념에 한계를 느끼고 타 유교사상에 대해서도 개방적인 태도로 수용, 좀 더 근본적인 현실개혁의 논리와 방법을 모색하며 자영소농경제와 강력한 군권을 주장한 진보 개혁적 입장인 실학자로 나누어졌다.

실학자들은 크게 두 가지 주장으로 나누어졌다. 중농학파와 중상학파이다. 이들은 농업을 중요시하고 토지제도 개혁을 주장한 학자들이다. 반계(磻溪) 유형원(柳馨遠), 성호(星湖) 이익(李瀷), 존재 위백규, 다산 정약용 등이 여기에 속한다. 이들의 공통적 주장은 첫째, 농민 중심으로 농촌문제를 해결하는 방안, 둘째, 토지 제도의 개혁 주장, 자영농 육성을 중시한다. 선진국과의 교류를 통한 중상주의적 학자는 유수원(柳壽垣), 홍대용, 박지원, 박제가 등이다.

또한 중상학파는 청나라 선진문물의 수용을 주장해 북학파라고도 한다. 이들은 상공업 발달로 사회의 번영을 제시하고, 청의 신식문물의 우수성을 배워야 한다고 주장한다. 유수원은 중상학파의 선구자이며, 홍대용은『담헌서』를 통해 기술 혁신과 신분제철폐 및 지동설 등을 주장했다. 박지원은『열하일기』에서 상업 기술을 익히는 것을 권장하고, 화폐 사용을 주장했다. 박제가는『북학의』에서 상공업의 발달과 중국의 새로운 문물을 받아들이자는 주장을 했다.

존재와 다산은 서인·남인으로 정파는 다르나 경학사상은 전반적으로 후자의 입장을 배경으로 해서 그것을 발전적으로 계승한 중농주의를 취한다. 그러나 중소지주층의 양반사족층(兩班士族) 출신으로 유교적 의식세계의 범주를 벗어나지 못했다. 그들의 교양은 철저한 유교주의였고 그래서 스스로의 교양과 신분적 제약에서 오는 의식 세계는 유교적인 범주에서 벗어나지 않았다. 이로 인해 양인의 경세사상은 왕조사회 자체를 부정하지 못한 한계를 지니고 있다.

그러므로 그의 현실인식은 윤리적 또는 관념적 이상론에만 치우친 것은 아니다. 윤리와 도덕 차원에서 이상사회로의 지향을 전제하면서 정치기강이 해이하고 법령이 이폐(弛廢)한 상태에서는 "비록 주관(周官)의 품절(品節)이라도 나라에 이익된 바가 없다. 또 요순의 인심도 백성에게 신임을 받지 못할 것이니 백성이 불신하고 보존된 나라는 예로부터 있지 아니했다"[1]고 했다. 즉 법이 오래되면 폐단이 난다. 그러기에 성인들도 때에 맞춰 법을 만들라 했다고 강조한다.

1) 토지제론

(1) 존재의 입장

존재는 균전제(均田制)를 주장했다. 균전제는 조선에서 그 본의대로는 실행할 수 없으므로 결부(結負)로 토지를 균분(均分)하는 것이 합당하다고 보는 것이다. 결부 또는 결복(結卜)이란 토지면적의 단위인 결(結)·부(負)·속(束)의 총칭으로 토지의 사점(私占) 또는 집중(集中)현상을 제한함으로써 무전(無田)농민에게도 토지를 소유할 수 있는 계기가 마련되도록 행정력을 작용시키자는 취지이다. 왜냐하면 우리나라는 국토가 좁아 토지총면적이 근본적으로 부족하기 때문이다.

물론 토지가 부족한 이유 가운데는 다른 원인도 있다. 가령 호장(戶帳)의 누실(漏失)은 온갖 수단방법을 가리지 않고 경작하는 전지(田地)를 포탈(逋脫)하는 특권층이 적지 않기 때문이다. 따라서 토지의 면적을 정확하게 확인할 수 없는 것도 하나의 이유가 된다. 그러나 호액(戶額)을 기준으로 균분한다하더라도 매 호당 50부(負) 미만에 그친다. 이렇게 전체적으로 부족한 토지가 일부 특권 및 부유층에 편중되어 있기 때문에 극심한 빈부의 격차가 심해지는 원인으로 작용한다.

이로 말미암아 사회적인 부작용이 속출하고 있다고 지적하고 있다. 즉 부자는 분수를 넘어 사치를 다투는 데 반해 빈자는 조세(租稅)와 요역(徭役)을 감당치 못해 유리산망(遊離散亡)하는 양극지차(兩極之差)가 생긴다는 것이다. 그러므로 이런 특권 부유층으로의 토지의 다점과 집중을 막기 위해서는 신분에 따라 전토(田土)를 차등(差等) 한정하여야 한다고 주장한다. 그래서 이 한정량을 초과, 은닉한

---

1) 『存齋集』 권2, 「萬言封事」, 由舊章 革弊政條, "雖周官之品節 無所益於國 堯舜之仁心 無以信於民 民不信能國自古未有也", 『존재 위백규의 사상과 철학』, p.175.

경우 진고자(陳告者)에게 초과량을 급여하는 법적 규제를 구상하기도 했다.

세관(世官)들의 경우 품계하한과 전결수(田結數)를 상한해 결구(結構)하는 것이다. 이 같은 구상은 이들에게 전토가 집중되는 것을 가능한 한 배제하려는 의도로 보인다. 한편 서민이나 상(商)·공(工)·승니(僧尼) 등의 경우는 구체적인 제한량이 없이 경제적 능력이 있더라도 전토의 남매(濫買)를 불허한다고만 하여 당시 신분이동(身分移動)을 암시하고 있다. 즉 급속히 성장하여 가는 부농이나 상공자본가들보다 권력을 장악한 지배층의 법외적 토지다점에 더욱 유의하는 것이었다.

그는 국유지를 개간하지 않은 궁둔전(宮屯田)을 한지(閑地)라 하여 관둔지로 삼은 것에 불만을 토로하고 있다. 특히 궁둔전 가운데는 사점했거나 유사(有司)도 많은데 도장(導掌)·감색(監色) 등의 관리인을 따로 두어 중간에서 착취토록 했다는 것이다. 이런 부당한 토지소유를 방지하기 위해 경작능력이 미치는 한에서만 점유토록 하고 그 외는 모두 이조(吏曹)에 소속시켜 국리(國利)를 기하고 궁(宮)과 시(寺) 등에는 법이 정한 대로 획급(劃給)토록 하여야 한다고 제안하고 있다.

(2) 다산의 입장

다산의 토지제도 개혁론은 「전론(田論)」에 나타난 여전제(閭田制)와 『경세유표』에 보이는 정전제의 두 단계로 저술됐음은 앞에서 확인했다. 경국론인 경세유포는 적거에서 풀리기 1년 전에 저술에 착수했다가 귀향해서 마무리한 것이다. 그리고 다시 정전제는 고대 정전제에 대해 나름대로 해석한 정전론과 전제개혁안을 적용한 정전의(井田議)로 구분할 수 있다. 다산은 여전제를 지향하나 현실적으로 강제몰수가 불가능하기 때문에 정전제와 타협한 것이다.

먼저 그는 농업생산력의 향상에 관심을 갖고 여전제를 논했다. 「전론」에서 주장하는 여전제의 목적은 토지의 균분으로 토지와 재부가 집중되는 것을 방지하고자 하는 것이다. 경자유전의 원칙에 따라 농사를 짓는 자만이 농지를 얻고, 농사를 짓지 않는 자는 얻지 못하도록 했다. 이는 정전제(정전론, 정전의)에서도 견지되는 입장이다. 나아가 여전제의 토지제도를 군사조직의 근간으로 삼아 여-리-방-읍(閭里坊邑)에 따른 병농일치제적 군제개혁안을 구상했다.

여전제에서 제시하고 있는 구체적인 내용은 다음과 같다. 여전제는 30가구를 1여로 하여 여민(閭民)은 공동노동을 통해서 생산과 수확을 하는 것으로 설정되어 있다. 여기에서 여민이 선출한 여장(閭長)은 생산 작업을 분담시키며, 일역부(日役簿)를 만들어 노동량을 기록한다. 이와 같이 여전제에서는 공동생산을 추진하지만, 소비는 가족 단위로 하는 것으로 생각했던 것이다. 즉 생산물의 분배는 생산에 투하된 가족의 노동량에 따라 이루어져야 한다는 것이었다.

또한 여전제는 토지의 봉건적 소유를 부정하면서 공동소유·공동경작을 창안함으로써 그 경제적 내용에 있어서 토지를 사회적 소유로 규정하고 있다. 여전제에서는 인구의 자유로운 이동을 8~9년간 허용하면, 이익을 추구하고 해를 피하려는 농민의 합리적 행동에 의해 각 여의 노동생산성과 빈부는 균등하게 될 것으로 전망하고 있다. 그리고 10년째부터는 인구와 노동력의 이동을 노동생산성을 균등화하는 방향에서만 국가에서 계획적으로 관리해야 한다고 했다.

토지제도개혁안은 궁극적으로 여전제(閭田制)를 지향했으나 현실과 타협할 수밖에 없어 정전제(井田制)로 바뀐다. 정전제의 실체를 상세히 설명하면 우리나라에서 정전제를 시행할 수 있는 가능성과 실현방법을 제시하고 있다. 현실적인 제약으로 말미암아 전국의 토지를 강제로 몰수하여 재분배하거나 모든 토지를 구획하는 것은 불가능하다고 생각했다. 따라서 먼저 관의 기준인 정전을 마련해 1/9만을 세금으로 받도록 하고 점차 전국으로 확대시켜 나가도록 했다.

이는 왕도정치를 적용함으로써 해체기의 조선사회를 구제하기 위한 방안이다. 즉 정전제의 정신을 살려 토지개혁을 단행함으로써 인정(仁政)을 회복하는 새로운 왕도정치론으로서의 의미를 가지기 때문이다. 당시 농업의 생산관계는 지주-전호제가 보편적이었다. 따라서 지주제를 인정하는 위로부터의 개혁과, 지주제를 해체하고 자립적 소농이나 중소상공인의 입장을 지지하는 아래로부터의 개혁이 대두됐다. 그도 이와 같은 입장에서 토지의 개혁안을 제시했다.

그는 자신의 개혁론을 설명하기에 앞서 기존의 정전제·균전제·한전제를 차례로 비판했다. 우선 중국 고대의 정전제는 한전(旱田)과 평전(平田)에서만 시행되었던 것이므로, 수전(水田)과 산전(山田)이 많은 조선의 현실에는 맞지 않는다고 했다. 또한 균전제는 토지와 인구를 계산하여 이를 표준으로 삼는 방법이지만 조선에 그대로 적용하기 어렵다. 왜냐하면 조선은 호구의 증감이 수시로 변동되고 토지의 비옥도마저 일정치 않기 때문에 적합하지 못하다고 보았다.

그리고 한전제는 전지의 매입과 매각에 일정한 제한이 많은 제도이다. 즉 타인의 명의를 빌려 한도 이상으로 늘이거나 줄이는 것을 일일이 적발해 낼 수 없다. 이런 기본적 결함이 치전(治田)에 반하여 농사를 짓지 않는 자에게 토지를 주지 않고 균산에 주안을 둔 데 있다고 지적한 것이다. 따라서 균산에 목적을 두지 않고 오직 농업생산력을 상승시킬 수 있는 치전에 목적을 둔 토지제도의 개혁을 주장함으로써, 경자유전(耕者有田)의 원칙을 분명히 하고자 했다.

따라서 농사를 짓지 않는 사·공·상의 토지 소유를 반대했다. 상인과 수공업자는 독립적으로 여전제와 사회적 분업관계를 이루도록 한 것이다. 사·공·상의 토지의 소유를 제한하면서 여전제와 사회적 분업관계를 방법으로 제시했으나 모호하다. 사족의 경우 직업을 바꾸어 농사에 종사하거나 그 밖의 생산 활동, 즉 상업·수공업·교육 등에 종사할 것을 주장했다. 특히 사(士)들이 이용후생(利用厚生)을 위한 기술연구(技術研究)에 종사하는 것을 가장 높이 평가했다.

『경세유표』의 「정전의」에서는 국가재정을 마련하고 그 돈으로 사유 농지를 유상 매입하여 전체 농지의 9분의 1을 공전(公田)으로 만들기를 제안했다. 이 공전을 민의 노동력으로 경작하여 그 수확을 전세에 충당한다는 것이다. 그는 이를 실천하기 위한 과제로서 공전을 마련하기 위한 재원 마련, 기구 편성, 공전 편성작업, 공전 경작을 위한 노동력 할당, 토지대장 작업, 공전의 조세량 등을 검토했다. 그가 제시한 이 정전의의 개혁론은 조세개혁적 성격이 크다.

토지개혁이나 경작권 조정의 측면도 있다. 정전의에서 농업전문화를 통한 상업적 농업을 추구하면서 그 경영규모는 100무 단위의 부농에 의한 자본주의적 개별 경영을 지향했다. 한편 정전론에서는 전국의 토지를 국유화해 정전을 편성한 뒤, 그중 9분의 1은 공전을 만들어 조세에 충당하고 나머지는 농민에게 분배하며, 공전은 토지를 분배받은 농민의 공동노동으로 경작한다는 내용이다. 이는 국가에 토지 처분권을 귀속시켜 지주전호제의 재등장을 막자는 것이다.

그의 토지개혁론은 상업적 이윤과 '자본주의적' 경영을 전제로 한다. 양반 및 상공 계층은 소유를 금지하고 농업을 통한 상업적 이윤을 추구하게 한다는 점에서 다른 실학자들과는 차이가 있다. 그의 여전제와 정전론은 유사점이 많다. 즉 개혁안에서 경자유전의 원칙에 따라 농민에게만 토지를 배정하고자 했다. 그리고 농업생산력의 발전을 목표로 삼았다는 것과, 전제개혁(田制改革)을 통해 병농일치제를 관철하고 지방제도와 병제의 일체화를 시도한 점도 비슷하다.

그러나 이 두 개혁안에는 차이가 있다. 즉 여전론은 여의 설치와 여민의 공동생산을 분명하게 했다. 정전론의 정전의 경우 그 운영에 여전과 차이가 있다. 농업의 전문화와 부농에 의한 개별 경영을 제한한다. 그런데 정전론과 여전론이 근본적으로 다른 개혁안은 아니다. 그는 지향할 궁극적 목표 내지는 방향은 여전제적 개혁안을 제시했던 것으로 보인다. 그리고 그 현실적 개혁안으로서 정전제를 말했기 때문에 이 둘 사이에는 상이점보다는 유사점이 더 많다.

(3) 전제의 차이점

존재와 다산은 중농주의적 실학자란 점에서 공통점을 가지고 있다. 또한 경자유전(耕者有田)을 추구한 점에서도 다르지 않다. 그러나 존재는 경자유전과 빈부격차의 해소에 전제의 주안점을 두었다. 즉 균전제가 가장 바람직하나 조선은 면적이 좁아 제대로 할 수 없으니 결부(結負)로 균분하자는 것이다. 특히 특권 부유층의 다점과 한정량을 초과한 토지를 사점하는 것을 적발한 진고자에게 그 토지를 지급할 것을 구상하기도 했다. 요즘으로 말하면 토(土)파라치에 해당된다.

또한 원래 궁둔전은 한지(閑地)를 개간해서 마련해야 한다. 그런데 당시에는 일반 농지를 과다하게 궁둔지로 획정, 지방의 유사 등의 특권층이 경작하는 것을 크게 마땅하지 않게 여겼다. 하지만 존재의 토지제도의 개혁론은 제도적으로 농민에게 토지를 지급하고자 하는 적극적인 논의가 없고, 신분을 고려한 차등이라고 하나 사대부계급에게 특권을 부여하는 점에서 일정한 한계가 있다. 그도 현실적으로 한사층이나 사대부적 신분적인 제약을 벗어날 수 없었던 모양이다.

다산의 전론은 1798년에 구상해 1817년 저술에 들어갔다가 마무리되기 전에 해배됐다. 그의 전제는 여전제이다. 여전제는 농업생산력의 향상을 위한 방법으로 30가구를 1여(閭)로 공동노동으로 농사를 짓고, 수확은 여장이 기록한 일역부(日役簿)의 노동량에 따라 분배하는 제도이다. 그러나 이 제도의 바탕인 정전제를 실시하기 위해서는 전국의 토지를 몰수해야 한다. 이런 한계에 따라 관의 기준인 정정(井田)을 마련 1/9의 세금을 받으면서 전국으로 확대하는 절충안이다.

2) 세제론

(1) 존재의 입장

세제도 국가의 재정확충이라는 문제와 관련하여 크게 주목된 사항이다. 이것은 대개 재정의 번잡을 간소화하거나 축소시켜야 된다는 입장 위에 문제의 관건인 중간 착취자에 의한 농간과 순사(循私)로 인해 민(民)과 국(國)이 동시에 피폐해지는 것이니 '중간착취'를 제거하는 방안을 의미한다. 두 가지 목적을 동시에 해결하기 위해 마련되는 결부법(結付法)도 그 제도 자체가 지닌 뜻은 극히 합당한 것으로 보지만 원래 결부법은 객관적인 기준이 명확하게 제시되기 어렵다.

이로 말미암아 자행되는 허다한 농간과 부정으로 국부가 유출되게 마련이다. 즉 "위로는 향관(鄉官)으로부터 6방(房)의 제리(諸吏)와 서원(書員), 각 창주인(倉主人) 그리고 면(面)의 약정(約正) · 이서(吏胥) · 권농(勸農)들이 사사로이 전결을 차지, 많은 경우는 100결을 넘고, 적은 경우도 1~2결을 내려가지 않는다"는 실정이라는 것이다. 이러한 점탈과 시행문란은 국가의 토지면적(稅收對象田)을 감소시켜 전국적으로 나라에 소속된 전결 수는 겨우 10 중 5~6에 불과하다.

결국 국가로서는 세수가 없는데 백성들은 실앙(實殃)을 당하게 된다. 존재는 이렇게 전조(田租)의 경우 세법의 부당함이나 미비보다 담당 유사의 농간과 순사를 근본요인으로 파악하고 있다. 그는 이 문제의 해소방법으로 특별한 개혁구상을 내놓지 않고 있다. 그가 제시한 것은 휼민(恤民)에 봉공할 소임자(所任者)를 찾고 있는 정도이다. 물론 모든 제도는 제도 자체보다 운영자의 공평무사가 전제되어야 실효를 거둘 수 있음을 감안한 차원에서라고 해석할 수 있는 것이다.

그러나 법령 등 제도의 뒷받침 없이 국가의 세정(稅政)이 효과적으로 수행되기는 어려운 것이 또한 현실이다. 따라서 나라의 경영에 가장 중요한 세정의 제도적 구상이 결여되고 오직 휼민(恤民)에 따른 공정한 소임자를 선출하는 방안만을 제시한 것에 그치고 있다. 이는 세정의 개혁을 위한 목적이 아니고 효과적인 휼민을 위해 그 업무를 담당할 소임자를 뽑자는 것에 불과하기 때문에 세정을 개혁하자는 것은 아니다. 이 같은 소극성은 한계라고 보지 않을 수 없는 것이다.

(2) 다산의 입장

국가재정의 수입증대와 국민의 조세부담을 줄이기 위해 부세제도 개혁안도 제시했다. 과세의 대상이 농민과 토지에만 집중되는 것을 비판하고 모든 산업에 세금을 부과하도록 했다. 특히 어업과 염전, 광업 등에 부과되는 세금의 모순과 부조리를 비판하고 그 개선책을 내놓았다. 다산이 관심을 가진 부분은 주로 새로운 세원을 찾는 데 있다. 환곡(還穀)제도도 관리들의 부조리를 혁파하고자 했다. 즉 백성들의 고혈을 빨아먹는 병폐를 근원적으로 개선하기 위해 사창제(社倉制)와 상평법(常平法)을 실시해 실제적으로 기아에 허덕이는 구휼사업이 되게 했다.

(3) 세제론의 차이점

다산의 세제개혁 구상은 세원을 보다 광범위하게 넓혔다는 점에서 존재보다는 유용성을 인정할 수 있다. 환곡제의 병폐는 존재도 그의 「만언봉사」에서 충분히 거론하고 있어서 크게 차이를 둘 수 없다. 그러나 실학자들이 제시했던 세제에 관한 주장 또한 단순한 경제개혁론이라기보다 왕도정치를 구현하고자 하는 통합적 이론 가운데 중요한 요소였다고 할 수 있다. 따라서 국가 세정이 백성 그중에서도 영세농민의 세수부담을 덜어 주는 데 주안점을 두는 것은 아니다.

3) 공물과 상공업론

(1) 존재의 입장

존재는 공물의 개혁문제를 율곡(栗谷)의 공안(貢案) 개정론에 따라 개정할 것을 주장했다. 진납(進納)과정에서 자행되는 정뢰(情賂)와 폐단을 장흥의 예를 들어 지적한다. 각 지방의 토산물을 각 사(各司)에 진납함으로써 방납(防納), 봉여(封餘), 정채(情債) 등을 없앤 다음에야 나라에 해가 없고 백성들에게 유익할 것이라고 했다. 이는 곧 상공업(商工業) 성장의 계기를 민폐(民弊)와의 상충(相衝)된 부분을 배제하면 가능할 것으로 보고 있음을 확인할 수 있다.

그는 교환경제(交換經濟)로 인한 경제적 신장이 농촌사회로 투입되면 자급자족적 경제체제가 균형을 잃고 와해되며 민심이 말리(末利)에 부응하여 본연의 순박성을 잃을 것이라 우려했다. 이는 유통경제(流通經濟)의 기본도구로서의 화폐(貨幣)나 도량형(度量衡)에 대한 그의 견해를 통해 본의(本意)를 추적할 수 있는 것이다. 따라서 농암(聾庵) 유수단(柳壽垣)과 연암(燕巖) 박지원(朴趾源) 등 북학파 등의 중상적(重商的) 실학자들과는 큰 차이가 있음을 확인할 수 있다.

즉 화폐가 없으면 '거속불화(居續不化) 상불사의(商不使矣)'라 했다. 이는 유통적 경제구조 속에서 기여하는 도구로서의 기능을 인정한 셈이다. 그러나 당시 전(錢)으로 인하여 생기는 각종 폐단을 들어 폐전(廢錢) 또는 개전(改錢)을 주장했다. 물론 그도 전폐(錢弊)가 '불가승언(不可勝言)'할 정도임을 지적, 백성을 이롭게 해야 할 것이 병폐가 되는 것은 전(錢)보다 심한 것이 없다고 했다. 결국 화폐에 대한 인식은 긍정적인 면과 부정적인 면을 들고 있다.

도량형도 국가의 통제가 해이해져 그 대소(大小)가 사용자마다 다르고 장소마다 다른 것을 지적했다. 이와 같은 도량형의 불균(不均)은 부당한 영리행위를 도모하는 교활(狡猾)한 무리들에 의해 그 폐단이 더욱 넓혀졌으니, 풍속의 교박(狡薄), 물가의 앙등(昂騰) 등이 모두 이로 말미암은 것이라 했다. 그리하여 그는 군읍 각 면에 시장(市場)을 설하여야 한다고 주장하면서 도량형의 표준치를 서원문 외에 세워 둠으로써 물화(物貨) 유통의 공정 원활을 도모하고자 했다.

(2) 다산의 입장

다산은 상업 및 수공업은 물론 광공업 분야에도 개혁사상을 가지고 있었다. 원초 유학의 왕도정치론에서는 인정(仁政)의 지표 가운데 하나로 상인과 장인(匠人)을 보호하는 문제를 거론하고 있다. 왕도정치를 구현하려면 상공업 진흥론을 개진하는 것은 일견 당연하다. 선진 유학에서 제시했던 공고(工賈)에 대한 보호논리와 조선 후기의 상공업계의 발전 등에 영향을 받아서, 화폐의 유통정책에 적극적이었으며, 광업의 개발문제에 대해서도 관심을 가지고 있었다.

따라서 선진시대보다 상공업이 상대적으로 발전해 가던 단계였다. 조선의 상공업 진흥을 가로막은 풍토는 우선 상업을 천시하는 말업관과 상인의 관직 진출을 막는 금고법이다. 그래서 이의 철폐를 주장했다. 이는 유식(遊食)양반에 대한 문제를 해결하기 위한 방법의 일환이다. 또한 상업발전론을 제시하는 한편 특권상업 및 매점상업에 대해서는 반대론을 전개했다. 이때는 이미 18세기 이후 발달한 특권 및 매점 상업에 의한 폐단이 발생하고 있었기 때문이다.

그리고 '선왕의 법'을 들어 상업 이윤을 확보하던 상인들에 대해 상업세의 증수를 꾀하기도 했다. 이를 위해 세과사(稅課司)나 독세사(督稅司)와 같은 세무관서의 설치가 필요하다고 보았고, 상업세의 증수를 위해 구체적인 방안을 제안했다. 상업뿐만 아니라 수공업 분야에 대해서도 큰 관심을 가졌다. 그는 방직분야 등에서 드러난 낙후된 국내 기술을 발전시키고 생산력의 향상을 통한 국부를 증대시킬 목적으로 선진기술을 과감히 수용해야 한다고 주장했다.

또한 선진국인 중국으로부터 선진기술을 받아들이기 위해서 이용감(利用監)과 같은 관청의 설치를 제안했다. 선박(船舶)과 수레 제조기술을 장려하기 위해서는 전함사(典艦司)나 전궤사(典軌司)와 같은 관청을 중앙정부에 설치하도록 아울러 제안했다. 그는 이를 위해 정부가 주도적으로 나서서 선진기술을 도입해서 기술을 발전시켜 나가야 한다고 피력했다. 또한 화폐가 유통되는 현실을 인정하면서도 농본적인 절약의 입장에서 화폐 유통의 구조 개선을 주장했다.

화폐가 상품 유통의 매개체로서 국가 경제에 있어서 중요하다고 인식했다. 당시 화폐정책 및 화폐제도의 개혁과 전황(錢荒)을 극복하려면 개혁이 시급했다. 이를 위해 전환서(典圜署)를 설치, 화폐주조 관리체계를 일원화하고 화폐의 품질과 체제를 개선한다는 것이다. 화폐제도의 개혁안은 동전이 가장 이상적인 화폐로 생각했으나, 고액전의 통용 및 금(金)·은화(銀貨)의 주조를 제안하기도 했다. 그 때 고액전인 금과 은화의 주조를 제안한 것은 탁견이라 할 수 있다.

후기조선 사회는 광업(鑛業)분야에도 변화가 일어나고 있었다. 18세기 말에는 공장제 수공업 단계의 덕대제(德大制)의 광업경영이 진행되고 있었던 것이다. 동시에 농민층의 분화와 관련하여 광산노동자가 증가되고, 이로 인해 농업노동력의 부족현상까지 나타났다. 광업의 발달은 전답과 봉건질서를 함께 파괴시켜 갔다. 그리고 광세(鑛稅)의 징수, 금은의 국외 유출에 따른 손실 등 여러 문제가 동시에 수반됐다. 이에 사회개혁론의 일환으로 광업개혁론을 제시한 것이다.

광업론은 크게 두 단계로 나눌 수 있다. 초기는 국영 광업정책의 단서가 마련되는「지리책(地理策)」·「응지논농정소(應旨論農政疏)」를 저술할 시기이다. 이때 설점수세제를 기본으로 한 정부의 광업정책을 용인하면서 동점(銅店)과 철점(鐵店)에 대한 억제정책의 완화와 광업의 민영화를 인정했다. 그러나 광업 민영화보다는 관영화 또는 국영화의 필요성을 강조하는 방향을 견지했다. 광업개혁론에 있어서 두 번째 단계는『경세유표』·『목민심서』의 단계이다.

여기서 광업정책 및 광업경영론, 즉 중앙정부 차원의 근본적 개혁 방안으로 국영광업정책 및 국영광업론을 제시하면서 중앙에는 사고서(司告署)를 설치하고 지방에는 감무관(監務官)을 파견하여 관리하고자 했다. 이 밖에 이용감의 설치와 금광군의 생산·노동 조직과 경영형태 및 생산기술에 대해 기술하면서 생산성 향상을 전망했다. 나아가 아전의 중간 수탈과 소란의 근원을 방지하기 위해서 지방관 차원의 광업제도 운영방안으로서 광업 행정지침을 구상했다.

이러한 광업개혁론은 덕대제 광업 경영의 기술수준을 바탕으로 한다. 이상과 같은 왕도정치의 이념에 따라 상공인을 보호하고, 과제로 제시된 상공업 발전을 촉진시키기 위한 것이다. 또 통공발매정책을 지지하면서 상업세의 증수를 강조했다. 그는 광업을 국부의 원천으로 파악, 국가재정의 확보를 위해 광산국영을 주장했다. 이러한 상공업 개혁론은 현실적으로 국가의 재정을 확보하고 유식자를 정리, 개직(皆職)을 성취해야 한다는 사회개혁적 입장에서 제시됐다.

(3) 상공업론의 차이점

존재의 상공업 발전에 대한 구상은 율곡의 공안을 넘지 못한 한계가 있다. 그 한계는 첫째, 상공업의 진흥을 토산품의 진납과정에서 자행되는 정뢰(情賂) 등의 민폐를 방지하기 위한 대책으로 접근한 점이다. 둘째, 교환경제로 인한 경제적 신장이 농촌사회로 유입되면 순박한 민심을 자극하는 등 부작용이 생길 것이라는 우려에서 논의를 진전시키지 못하고 있다는 점이다. 그는 교환경제적인 기능 자체를 부정한 것은 아니나 소극적인 논리를 펴는 것으로 이해되기 때문이다.

또 전화(錢貨)나 도량형에 대한 견해도 소극적이다. 그는 당시 상당한 수준에 올라선 유통경제적 구조를 인정하고 그 공정한 거래와 유통의 원활을 기대한다. 그러나 그는 기본적으로 이러한 경제활동을 그 자체의 성장이나 발전의 입장에서 파악하기보다는 민생의 안정을 전제하기 때문에 상공인들의 자유로운 경제행위가 보장되는 것은 아니다. 한편 절검(節儉)이나 절제가 강조되고 다른 한편으로는 국가의 수의적(隨意的)인 통제를 기대한다는 점에서 한계를 수반한다.

반대로 다산은 상공업은 물론 수공업과 광공업진흥에도 관심을 가지고 있다. 우선 그는 상공업발전을 가로막는 요소로 상업을 천시하는 풍토를 꼽았다. 그러므로 일단 상인에 대한 천시풍토를 불식하기 위해 상인도 관직에 진출할 수 있게 금고법을 철폐해야 한다고 주장했다. 그가 상인의 출사를 적극적으로 제안한 이유는 이른바 놀고먹고 사는 유식(遊食) 양반문제를 해결하려는 이중의 포석을 했기 때문이다. 노동을 않고 노는 사람(양반)은 먹지도 말라는 경고이다.

구체적 정책은 상업세의 증수를 위해 세과사(稅課司)나 독세사 같은 관서의 설치를 제안했다. 낙후된 방직기술과 선박건조기술 등의 진흥을 위해 이용감(利用監)이나 전선서(典琁署) 같은 관서를 설치해 선진국의 기술을 도입과 화폐의 주조를 일원화하자고 했다. 그리고 광공업의 진흥을 위해 중앙에 사고서(司告署)를, 지방에는 감무관(監務官)을 파견, 감독도록 주장했다. 다산의 제안은 존재보다는 확실히 진일보한 사상이다. 그러나 수출진흥에는 대책을 내놓지 못했다.

4) 군역제

(1) 존재의 입장

군역의 폐단은 당시 정부나 식자층에서 의론이 분분한 부분이다. 양난 후 군비를 강화하고 현역복무군의 수를 증가시킨 결과 그만큼 군비가 증가했다. 그러나 이를 계속 유지하고 지원할 근본적인 재정대책이 없었던 정부로서는 불가피하게 양역(良役)을 통한 재원의 확충을 도모하지 않을 수 없었다. 그런데 유망(流亡) 또는 양반으로서의 신분이동 등 양인의 수적 감소현상은 필경 수세의 폭을 축소시켰다. 실제 잔열(殘劣)한 양역부담자만 이중·삼중의 부담으로 허덕이게 했다.

그래서 당시 지식인들은 이의 시정방안을 제시했다. 각기 방법의 차이는 있지만 대체로 △농민에게 토지를 급여하고 그 기반 위에 군역을 부담시키는 것과, △양반에게도 군역의 의무를 지우는 호포법(戶布法)으로 귀착한다. 이는 근본대책이라기보다 기만적인 미봉책에 불과한 것이므로 그로 인한 다른 폐단들이 우심했던 것이다. 이런 균역법에 대해 양역의 폐를 감(減)하여 일필(一匹)로 줄인 것은 실로 적절한 것이지만, 이로 말미암아 또 다른 폐단이 야기됨을 지적했다.

즉 균역법 실시 후 정록(正祿)이 없는 외방제리(外方諸吏)들이 그들의 재용(財用)을 충족시키고자 집중적인 탐학(貪虐)을 자행하여 그 폐가 더욱 확대되었다. 따라서 다시 균역법을 없애거나 호포(戶布)나 구포법(口布法)의 실시는 불가피했다. 그런데 존재는 이의 해결책으로 다만 지출(支出)을 양역수입(良役收入)과 대조(對照)·집계(集計)하여 행하는 길이 있을 뿐이라고 했다. 아울러 군현을 합하고 용관(冗官)을 없애는 것이 이런 폐단을 저지하는 최상책임을 제시했다.

존재는 군정(軍政)에 관한 지출과 수입을 비교하여 억제하는 길을 모색하는 것도 양반(兩班)에게 특권을 준다는 전제에서 벗어나지 못한 때문일 것이다. 이 제안은 군역에 따른 폐단을 해소하는 적극적인 방안이라고 보기는 어렵다. 왜 그랬을까. 그는 군역부담 자체나 국가의 재정확충문제가 핵심이 아니라고 여겼기 때문이었다고 생각된다. 양난 이후 급격한 신분이동으로 양반수가 급증하는 마당에 기존의 특권을 유지하며 문제를 효과적으로 해결할 수는 없었을 것이다.

한편 존재는 「만언봉사」 군제조(軍制條)에서 군사·병기·군량의 극심한 불비(不備)를 지적하고, 병농일치제(兵農一致制)를 제안했다. 병농일치제는 첫째, 군안(軍案)에 모든 국민을 등록한다. 둘째, 국민지역방위제를 실시한다. 셋째, 군비를 지역에서 자체 조달한다는 방안이다. 이는 곧 향촌단위의 민간 방위체제로서 조직과 훈련은 물론 군비 또한 지방단위사회에서 자체적으로 해결하는 것이다. 여기서 지방유식층의 기능은 교육이나 군사와 행정의 지도자로서 참여시키는 데 있다.

(2) 다산의 입장

다산도 국방정책과 행정에 관해 개혁을 논했다. 진보제(鎭堡制), 아방비어고(我邦備禦攷), 군제고(軍制考), 민보의(民堡議) 등의 제목으로 발표된 여러 가지 글에서 나라의 국방정책과 행정의 개혁에 관한 많은 방안을 제시하고 있다. 다산이 제안한 국방정책 개혁방안 중 가장 괄목할 만한 것은 민보(民堡)방위체제이다. 그는 당시의 군제(軍制)인 소위 속오(束伍)라는 것은 양반은 물론 양인도 피하고 사노와 천민들로 구성되어 구차하게 숫자만 채우는 유명무실한 것이라고 지적했다. 따라서 국방력을 강화하기 위해서는 민보방위체제를 갖추어야 한다고 주장했다. 여기서 말하는 민보란 향촌단위의 전시민간공동체를 말한다.

(3) 군제론의 차이점

군제에 관한 존재와 다산의 시각은 다른 어떤 과제보다 거의 비슷하다고 평가할 수 있다. 이 분야는 다산보다는 존재가 비교적 소상하게 당시의 상황을 진단하고 처방을 내놓고 있다. 양인의 제안이 동일한 것은 존재의 향촌방위론과 다산의 민보방위체제라 할 수 있다. 두 사람은 국토방위를 최일선에서 생활하고 있는 주민들로 군대를 조직해 외적의 침입을 막자는 구상이다. 그러나 과연 병농일치의 향촌론이나 민보방위가 가능할지는 거의 비현실적인 제안처럼 보인다. 왜냐하면 방위와 전투는 고도의 이론과 체험을 가진 전문가도 어려운 분야이기 때문이다.

5) 과거제(공거론)

(1) 존재의 입장

존재는 과장에서 보고 느낀 무질서와 문란상을 「봉사(封事)」 '과거지폐(科擧之弊)'나 '무선지폐(武選之弊)'에 고스란히 기록하고 있다. 그는 여기에서 당시 과거의 갖가지 부정과 무질서가 얼마나 한심스러웠는지를 적나라하게 보여 주고 있다. 그러나 이러한 문제들에 대한 그의 견해는 폐단 그 자체로서만 성격 지어지는 것이고 근원적인 문제를 지적한 것은 아니라는 사실이다. 그는 제도의 문란상으로 번잡한 과거의 빈도마저 폐단으로 봤다. 그리고 과거제에 대하여 보다 근원적으로 어떤 문제들이 각종 폐단을 유발시키는가에 주목하려 했던 것이다.

① 과거제의 한계

존재는 과거제에 대한 회의적인 인식은 무엇보다 문사(文詞) 중심의 선발이다. 문사 중시의 경향은 결국 사풍(士風)을 경박하게 만들고 동시에 다른 폐단까지 유발시키는 악순환의 진원이라고 판단했다. 문사만으로는 그 능력을 실용할 수 없음이 자명한데도, 문사 중심의 과거가 허문(虛文)의 벌열(閥閱)과 부세가(富勢家)에 의해 독점되며 그들이 관계에 진출함으로써 연쇄적으로 사습이 괴란(壞亂)되고 염치와 의리가 소진(消盡)되는 것이다.

또 사장 중심의 취사(取士)가 초래한 또 하나의 맹점은 문체가 법식(法式, 格式)에 어긋남으로써 생기는 폐단을 말한다. 그것은 과거가 단순히 취사의 한 방법이라는 것으로 일단락되지 않고, 문체와 문장의 수준을 제시하는 기능을 가졌기 때문에 더욱 그러하다 했다. 그는 문체가 치화(治化)에 미치는 영향을 들어, 나라의 군왕이 된 자는 문체의 오륭(汚隆, 盛衰)을 반드시 살펴서 그 격식에 어긋남을 규제해야만 될 것이라고 주장한다.

위문(違文)의 횡행(橫行)은 과거로 비롯되고 있다. 즉 시행상의 문란으로 인하여 조잡하고 격식에도 위배되는 문장을 조진(造進)한 자가 참방(參榜)되면 이를 본 유생들이 시체(時體)라며 흉내 내는 것이 또 하나의 화근이 된다. 과거는 취사의 한 방법으로 '부득불병용(不得不並用)'할 이유 중에도 '試取之時 文體不如法者 輒削其榜'토록 하고 고관(考官)을 벌주어 그릇된 문체를 본받지 못하게 할 것을 특별히 강조한 이유도 여기에 있다.

만약 문사 중심의 이 같은 과거라도 당시에 성실하게만 시행되었다면 문제는 아주 간단하게 축소되었을지 모른다. 그는 과거를 취사의 일로(一路)로서 잡진(雜進)보다 우위에 두고 있다. 그래서 과거가 공거(貢擧)나 천거(薦擧)와 부득불 병용되어야 한다는 관점을 제기한 것이다. 그러므로 공거안(貢擧案)에서 '경술(經術)'이나 '文章' 위에 '덕행(德行)'이나 '심술(心術)'이 강조되는 정도로 그 개선 폭이 줄어지지 않았을까 짐작된다.

그러나 또 다른 과거의 문제점은 고과의 부실이다. 실제로 실력이 있건 없건 거기에 사간(私間)이 개재되어 입락이 기정(旣定)되고, 올바른 평가가 이루어질 수 없다면 취상(取上)·선사(選士)의 여러 기능은 마비될 수밖에 없다. 실력 있는 자가 우대되고 우선할 때 전체적인 수준과 실력은 향상되는데, 부정수단을 쓴 부호나 세력자가 합격한다는 것이다. 그래서 그의 구폐(救弊)방안에는 실력자 위주의 평가방법이 상세하게 모색되어 있다.

과거제는 인재선발을 위한 최선의 방식은 아니다. 다시 말하면 과거 자체가 취사법으로 절대적인 것이 아니지만 그 밖의 잡진은 또한 과거만 못하기 때문에 어쩔 수 없이 병용하지 않을 수 없다고 한다. 결국 과거 시행상의 문란은 취사하는 주재자의 의지가 해이된 데서 연유한 것일 뿐 결코 과거제도 자체가 부실하여 비롯된 것은 아니다. 그러므로 시행상 야기되는 여러 모순을 최대한 줄이는 방안이 강구되어야겠다는 것으로 요약되고 있다.

② 공거개선안

존재는 과거제도 자체의 개선책 이외는 더 이상의 구체적 방안은 모색하지 않았다. 다만 공거안 속에 이런 과거제를 수용, 새로운 형태의 인재선발법이 창생(創生)되고 있다. 그러므로 과거제의 폐단과 모순은 공거안의 구상과 일관된 입장에서 연결시키는 것이 가능하다. 즉 공거제의 구상은 유능한 인재발탁의 요구를 충족시켜주지 못한 과거제의 한계점과 문제점들을 지적, 그 대응책이나 보조책으로, 학교의 정비와 깊은 관련 속에서 조직적으로 논의된 것이다.

그것은 교육과정에서 엄격한 심사를 거치는 일종의 천거제(薦擧制)이다. 동시에 과거의 절차와 같은 단계의 구상으로 교육과 인재등용(人材登龍)을 일치시키려는 의도를 반영하고 있다. 구체적인 방법은 경향의 각급 학교에서 엄격한 자격심사를 거쳐 공사(貢士)로 일단 선발된 자를 대상으로 선발하나 방식은 다르다. 즉 향교에서 학식 및 덕행을 인정받고 일단 주(州)로 승격된 자는 감사가 치부(置簿)하여 두고 매년 그들의 품격(品格)을 염찰(廉察)하게 한다는 것이다.

선출된 향사와 경사 그리고 서원에서 별천(別薦)으로 공사가 된 자는 서울에서 6개소로 나눠 최종단계의 시험(進士科)을 치른다. 좌주(座主)는 3품 이상의 재신으로 임명하여, 여기서도 의례격식에 대한 평가는 매우 엄밀하게 사정한다. 만약 의절에 불합(不合)이 지적되면 척출(斥出)하거나 정거(停擧)되고, 반대로 위의(威儀)가 특출한 자는 고시관이 주응(注凝)하였다가 고시 후에 한 등급을 올려주는 특전을 준다. 답안을 작성할 때는 시간을 제한하지 않아야 한다.

채점(採點)도 좌주와 부참관(副參官)이 3일간 동의고비(同議考批)하게 해야 한다. △잠(箴)·명(銘)·송(頌)과 △전(箋)·조(詔)·혹(酷) 중 각 한 편을 택일하여 제납(製納)하게 하여 세밀한 고비를 거친다. 이렇게 하여 정해진 시소(試所)의 6등 이상인 자를 다시 대제학과 3공 및 양사(兩司)의 장관이 재심하여 비로소 甲·乙·丙과의 등제(等第)를 결정한다. 갑과는 급제(及第)라 하고, 을과 병과는 진사(進士)라 하는데 이 등제의 결정과정에서 주목해야 할 대목이 있다.

즉 향방(鄕榜)에 '8과 전비자(全備者)'로 주기(注記)된 자는 병을과(科)일 경우 갑과(甲科)로 올리고 심행(心行)·재능(才能)·국량(局量)·식견(識見)의 4과가 1과도 없을 경우는 갑과라도 병과로 강등(降等)시키는 재조정의 과정이 매우 주목된 부분이다. 출방(出榜)된 다음 날에는 반궁(泮宮)에서 시사회(試射會)를 갖고 丙·乙과자로서 그 성적이 뛰어난 자는 상을 주고 성적부에 기록하여 비치한다. 갑과자로서 극중자(極中者)는 품계를 넘어 제직(除職)도록 했다.

(2) 다산의 입장

과거제도는 관직 수행에 필요한 자질을 갖춘 인재를 선발하는 것이다. 그러나 당시 과거는 이미 권위를 잃은 제도로 전락한 상태였다. 그러므로 과거제도의 개혁을 위한 다산의 사회경제사상은 정치사회적 이념에 대한 접근과 그가 궁극적으로 이루려 했던 사회의 성격을 알 수 있게 해준다. 그 밖에 당시 사회의 실상과 제반 모순을 비판하여 사회와 국가의 전반적인 개혁원칙을 제시했기 때문에 조선 후기 정치사·사회사·경제사를 연구하는 데 귀중한 자료로 평가된다.

그는 과거제의 개혁은 이익(李瀷)의 견해에 찬동했다. 즉 식년시 외에 부정기시를 모두 혁파하고, 급제자의 수도 줄임으로써 과거에 합격하고도 관직을 얻지 못하는 일이 없도록 한다는 것을 강조했다. 이는 과거제 본래의 기능을 일단 회복시키자는 목적에서 제기된 것이었다. 또한 공거제(貢擧制)를 과거시험의 1단계에서 도입하고, 소과(小科)와 대과(大科)를 통합했으며, 마지막으로 삼관(三館)의 관료들이 급제자와 경륜을 논하는 조고(朝考)를 첨설할 것을 제시했다.

고시과목도 대폭 증설, 경학과 관련된 과목들이 시험 때마다 바뀌도록 했고, 중국사는 물론 우리 역사, 관료의 실무 행정과 관련되는 잡학(雜學), 체력의 단련을 요하는 시사(試射) 등을 새로이 추가했다. 이러한 과거제도의 개혁론은 관료를 선발하는 기준을 덕행(德行), 재주 등으로 다양하게 확대하고, 학교제와 과거제의 연결을 통해 관료의 양성과 선발을 구조화하고자 한 것이다. 즉 관료로서의 기본적인 자질과 실무능력을 고양시키려는 의도에서 비롯된 방안이다.

(3) 과거론의 차이점

존재와 다산은 기존의 과거제가 권위를 잃었다는 데 인식을 같이한다. 존재는 30년간 과장을 출입했기에 그 추악상을 누구보다 적나라하게 파악하고 있다. 이에 비해 다산은 모든 시험에서 낙방한 경험이 없기 때문에 과거의 부정적 측면에 대해 존재보다는 절실하지 않았을 것이다. 다산의 과거제 개혁안은 성호(星湖) 이익(李瀷)의 주장처럼 1단계로 공거안(貢擧案)의 도입과 대소과의 통합, 삼관(三館)의 관료에 의한 테스트로 조고(朝考)를 창설하자는 것이다.

이에 비해 존재는 우선 문사(文詞) 중심의 취사제도부터 부정하고 있다. 그는 문사 중심의 과거는 부세가(富勢家)의 자제들이 허문(虛文)으로 합격하여 사풍(士風)을 경박하게 만든다고 했다. 이렇게 되면 사습이 괴란(壞亂)되고 예의와 염치가 소진되고 만다. 이를 개선하기 위해 향교에서 학식과 덕행이 있는 자를 추천하면 감사가 치부(置簿)해서 그들의 품격을 염찰(廉察)해서 천거한다. 그들에게 진사시험을 치르고 3품 이상의 좌주가 합격 여부를 결정한다.

6) 신분제

(1) 존재의 입장

존재는 신분제에 대해 따로 언급하지는 않았다. 그러나 탐리(貪吏)를 국가의 '좀'으로 규정하면서도 하급서리에 대한 처우개선을 촉구했다. 개선의 방안은, 즉 △아무리 미관말직이라도 그것이 공직인 이상 실직으로 삼아 관직서열에 흡수, 등사(登仕)의 초계(初階)로 삼아야 한다. △일정한 급료를 지급하여 생계를 유지할 수 있게 한다. △관료로서의 자질과 능력이 인정되면 승진기회를 개방해야 한다. △인리의 자제도 성격과 품행을 평가, 등제로 제임해야 한다는 것이다.

벌열세관(閥閱世官)의 폐단을 극복하기 위해 능력에 따라 인재를 적재적소에 등용할 것을 주장했다. 즉 문무를 막론하고 출신 초부터 공방에 주기된 바에 좇아 분임해야 하며, 공거와 별도로 천거[2]되는 음직의 경우도 문지와 관계없이 합당한 적소를 심의하여 탁용토록 한다. 특히 그는 공경의 자제라도 진사가 되지 못하면 사적(仕籍)에 오를 수 없으며, 음한(蔭限)이 지나면 서인이 되도록 제안했다. 반면 서인이라도 진사로 진출하면 탁용하여 능력이 인정되면 장상(將相)까지도 승진할 수 있도록 관료등용 제도를 파격적으로 개방할 것을 제안했다.

(2) 다산의 입장

다산도 양반은 통치자로서 갖추어야 할 덕목을 배우고 평민은 피지배자로서

---

2) 「政絃(敎)」用人條.

지켜야 할 윤리를 배워야 한다며 신분상의 위계를 인정했다. 다만 그는 지배계급의 선천적인 우월과 피지배계급의 선천적인 열등을 합리화시키는 운명론만은 부정하고 있다. 그래서 모든 신민을 士·農·工·商·圃·牧·虞·嬪·走 등의 9직으로 나누어 배치해야 한다고 보았다. 이는 직역(職域)에 대한 종래의 신분적 파악에서 사회 분업에 따른 직능적(職能的)으로 파악하고 있음을 보여 주고 있다.

그는 사(士)의 농·공·상에의 참여와 농·공의 과학기술적 기반의 중요성을 강조한다. 또 기예 경영을 통해 우수한 농·공인을 행정직에 발탁하는 일종의 직업별 과거제를 주장한다. 이는 인명을 중시하는 민본주의 사상에서 계층 간 격차를 좁혀 보려는 시도로 보인다. 그러나 정치의 담당자는 양반이어야 함을 내세우는 고정된 신분관에서 벗어나지 못하고 있으며, 완전한 신분제 타파를 못 한 것은 한계이다. 다산의 한계는 곧 조선의 한계라고 볼 수 있다.

(3) 신분제의 차이점

실학자들은 사회 신분제에 대해 직능적 관점에서 파악하고자 했다. 사회적 분업을 인정하는 입장에서 사회구조를 논했다. 그들은 성리학적 견지에서 제시되던 선천적 불평등성에 입각한 인간불평등성론에는 분명한 반대의지를 가지고 있었다. 다만 그들은 만민평등의 원리를 객관적으로 이론화하거나, 신분제를 철폐하는 사회적 평등단계에까지는 이르지 못했다. 하지만 왕도정치의 이념에 따라 조선 후기 사회의 불평등성에 대해 문제의식은 가지고 있었다.

그들은 공통적으로 신분제도의 모순도 지적했다. 그들은 고착적 신분제에 의해서 사회를 설명하기보다는 사회적 분업개념으로 사회를 재편하고자 했다. 존재와 다산도 마찬가지다. 하지만 9직은 공동체적 필요에 의해 국가에서 배정하는 것으로 자유로운 선택이 아니다. 사민구직은 수평적·직능적 파악은 신분제의 철저한 혁파를 의미하는 것이 아니다. 인간의 본질적 평등에 관해서는 인정을 했지만 신분 간의 위계질서는 어느 정도 필요한 것으로 보았다.

신분관의 한계는 그뿐 아니다. 그는 성공적인 독농가나 향촌지도자도 그 최종 귀착점을 관직에 두었다. 이는 유식양반들에게 개직(皆職)을 보장, 그들을 지방행정의 하급 담당자로 삼아 행정의 운용 효율과 사회 풍속의 개선도 기대할 수 있다는 인식과 연결된다. 향촌제도의 개편과 연결, 향직(鄕職)을 정식 관직화하기를 제안했고, 향리(鄕吏)제도의 문제점을 지적했다. 이와 같은 그들의 개혁안은 유식 양반들에게 개직을 보장하기 위한 노력의 일환이기도 했다.

그리하여 "국가에서 의지하는 것은 사족인데 그들의 권리와 세력을 없애면 위급할 때 소민의 난리를 누가 막을 수 있겠는가?"라고 우려했다. 곧 양반사족의 지도나 통솔이 없이는 국가가 존립할 수 없다는 신분관을 가지고 있었던 것이다. 이러한 인식은 교육관에도 그대로 드러나 양반 자제와 서민은 교육기관이나 교육내용을 엄격히 구분하여야 한다고 주장한다. 즉 양반은 지도자로서 수기치인의 전인교육을, 일반 백성은 효제의 윤리교육을 실시해야 한다고 했다.

2 | 기타 사회개혁론

존재와 다산의 경세치용사상은 이상의 분야 외에도 방안을 제시했다. 존재는 「정현신보」와 「만언」 및 「봉사」를 통해 향촌개선론을 개진했음을 그의 사회개선론에서 이미 살핀 바 있다. 그는 평생을 벽항에서 살았기에 나라의 발전과 민생의 개선책을 주로 지방정책에 방점을 두고 있다. 그것이 곧 지방교육개선론이다. 이는 학교교육이 관리를 선발하기 위한 준비기관으로서의 모순을 개혁하고자 하는 방안이다. 그리고 민생안정론 등을 들 수 있다.

다산도 『경세유표』에서 중요한 정책개선방안을 제시한 바 있다. 이어서 그 유명한 목민심서에서는 목민관으로 제수될 때부터 물러날 때까지 지켜야 할 마음가짐과 자세를 제시했다. 그리고 흠흠신서(欽欽新書)에서는 형옥(刑獄)에 관한 법정서(法政書), 실무 지침서이다. 흠흠(欽欽)이란 걱정이 되어 잊지 못하는 것으로, 죄수에 대하여 신중히 심의(審議)하는 흠휼(欽恤)사상에 입각해 재판하라는 뜻으로 말한 것이다. 여기서는 그 대강을 살핀다.

1) 존재의 소론

(1) 지방교육론

유능한 인재는 교수와 자질을 갖춘 학생을 뽑아야 한다. 그러자면 능력과 권위 있는 교수를 합리적으로 선임한 것이다. 그래서 교수[訓長]는 주민 중 유식자(有 識者)로 구성된 선거인단에 의해서 투표로 선임하는 것이다. 선발방법은 각 읍면 의 장관이 주민 가운데 교원의 자격이 있다고 인정되는 유식자(有識者)로 구성된 50인 이상의 선거인단(選擧人團)으로 하여금 흑백(黑白)의 바둑알(碁)로 찬부(贊 否)를 표시하여 백기의 수가 많은 자를 당선(當選)시키는 것이다.

그는 "이를 누제(陋制)로서 '사불친의심박(事不親義甚薄)'이라 했다. 가장 좋은 방법은 아닌 것인 줄 알지만 대개 그 의도만은 좋은 것이라 여긴다. 그러나 이 역 시 재상자(在上者)가 성심을 잃는다면 소용이 없다"고 평가하고 있다. 그는 이와 같이 지방 유식층의 동의와 인정 속에 덕행과 학식 있는 자가 교수로 선발된다면, 학교에 대한 일반인의 신뢰와 기대는 증대될 수 있고 학교의 사회적인 기능은 상 대적으로 폭을 넓힐 수 있을 것이라고 기대하고 있다.

학생의 선발도 교수의 선발처럼 입학을 매우 엄격하게 규제한다. 자격은 학식 (學識)·덕행(德行)·연령(年齡)으로 나눠 심사한다. 학식은 입학자격의 가장 근본 이 되는 기준임에도 오히려 덕행의 심사가 더욱 중시된다. 즉 학생의 학식과 연령 이 정해진 수준에 도달하면 서원과 향교와 4학의 입학자격은 인정된다. 다만 최 종적인 입학은 유식층으로부터 덕행(心術)의 적부(適否)를 심사받아야 한다. 상급 학교에 진학할 때도 이처럼 덕행의 심사를 거쳐야 가능하게 했다.

또 학교가 지역사회의 중추(中樞)로서 여러 면에 기능함으로써 유교적 가치를 그 사회에 심자는 것이다. 그리고 변화되어 가는 여러 면의 격차를 이 유교적 가 치체계 위에서 적절히 적용하여 그 마찰을 해소시키려는 현실 대응적인 방안이기 도 했다. 그래서 사회의 모든 부조리와 모순들을 극복할 방안은 교육을 통한 전형 적 가치에의 복고적(復古的)인 복귀(復歸)에 있다고 믿고 있는 것으로 보인다. 이 는 교육의 기능적 작용이 바로 제도적 개선과 함께 현실대응의 한 다른 면을 구성한 것이라고 보기 때문일 수 있다.

(2) 민생안정론

경세사상(經世思想)은 국이(國利)와 민안(民安)을 동시에 추구하는 것이다. 그러나 그의 눈에 비친 당시의 현실은 국가의 재정적인 부(富)와 민생의 안정이 함께 쇠잔했음을 알 수 있다. 그것은 국가의 과다한 민력갈취(民力喝取)에 의한 민생의 불안정이라든가, 민생의 질고(疾苦)에 연유하여 국가재정이 모산(耗散)된다는 식의 관점이 아니다. 그는 그 원인은 말단서리들의 중간착취(中間搾取)와 소모(消耗)에 의한 결과로 인식하고 있었다.

즉 군현 수(郡縣數)의 과다는 박민(剝民)의 요인이 되고 있다. 그 위에 영(營)·진(鎭)·역(驛)·보(堡) 등의 남설(濫設)이 '불경이식자(不耕而食者)'층을 증가시켜 민력을 고갈하게 하는 또 다른 요인으로 파악한다. 그리고 중국의 1주(州)만도 못한데 관직의 수는 이미 주대(周代)의 갑절이나 많아 관리들은 용관(冗官)으로 하는 일이 없이 국고를 축내고 있다. 여기에 기구를 확장, 부(府)시(寺)를 세워 유식서리(遊食胥吏)를 증가시켰다고 지적했다.

더구나 경외(京外)를 막론하고 1인이 감당할 수 있는 직임(職任)을 4~5인 내지 10여 인이나 두어 좌식(坐食)한다. 이러고도 백성과 국가가 궁핍하지 않겠느냐고 반문한다. 그러므로 고위층의 사치(奢侈)나 낭비(浪費), 사회기강을 해치는 권력형 부조리를 근절하는 것이 무엇보다 급선무라는 것이다. 아울러 관직과 군현의 수를 줄임으로써 불필요한 관리를 도태(陶汰)하는 것도 국부민안(國富民安)의 이상을 달성하는 한 방법임을 지적했다.

그 방법으로 △경관(京官) 정3품 이하의 아문(衙門) 중 줄일 수 있는 것은 병합하고 △정(正) 이하의 참봉제직과 각 감(監)·시(寺)도 필요 여부를 감안, 수를 대폭 축소하며 △외관(外官)의 경우도 도사(都事)와 영장(領將)은 읍쉬(邑倅)가 주부(主簿)나 승(丞)으로 하여금 찰방(察訪)이나 역정(驛政) 등을 겸하게 한다. 그러면 백성들의 수탈당하는 폭이 최소화될 것이며, 국가로서도 불필요하게 재정지출을 감소시킬 수 있을 것으로 전망한다.

한편 수취체제의 문제점은 다양하게 표출되고 있었다. 대표적인 사례는 조운(漕運)이다. 그는 파선(破船)과 수탈병폐를 막기 위해 수군절도사(水軍節度使)가 직접 관장토록 한다거나 향선(鄕船)을 윤번제로 조발(調發)함으로써 경비의 수탈을 막자고 했다. 공안(貢案)의 경우 율곡(栗谷)의 소론대로 방납(防納)의 폐를 없애는 대신 물산(物産)의 유무나 전결(田結)의 다소, 민호의 식성(殖盛) 등을 참작하여야 한다고 했다. 역(役)은 일필(一匹)의 감량이 타당하나 준계비용(準計支用)토록 해야 한다는 것 등은 모두 소략했다.

2) 다산의 소론

(1) 목민심서

목민심서는 다산의 목민에 대한 철학을 담고 있는 저술이다. 지방 관리들의 폐해를 제거하고 지방행정을 쇄신하기 위한 것이다. 권두에 목민의 어려움과 지방수령들의 숭엄한 자세가 필요하다는 목민의 뜻을 밝히고 있다. 내용은 부임(赴任)·율기(律己)·봉공(奉公)·애민(愛民)·이전(吏典)·호전(戶典)·예전(禮典)·병전(兵典)·공전(工典)·진황(賑荒)·해관(解官)의 12편으로 나누고, 각 편을 다시 6항목으로 나누어 모두 72항목으로 엮었다.

제1편 <부임>에서 제4편 <애민>까지는 목민관의 선임의 중요성·청렴·절검의 생활신조, 백성본위의 봉사정신 등을 들고 있다. 수령은 근민(近民)의 직으로서 다른 관직보다 중요하므로 덕행·신망·위신을 갖춘 적임자의 임명을 강조했다. 수령은 청렴·절검을 생활신조로 명예와 재리를 탐내지 말고, 민에 대한 봉사정신을 기본으로 국가정령(國家政令)을 알리고, 민의를 상부에 잘 전달한다. 그리고 상부의 부당한 압력을 배제해 민을 보호할 것을 주장했다.

제5편 <이전>에서는 관기숙정을 전제로 아전·군교(軍校)·문졸(門卒)의 단속과 현인의 천거를 중요 직무라 했다. 제6편 <호전>은 농업진흥과 민생안정을 위해 호적정비와 전정·세법 등 부세제도의 개선을 도모하고 있다. 가장 어려운 일을 전정(田政)으로, 양전에 있어 관료들이 진전(陳田)·은결(隱結)이라 빙자하고

협잡하는 일을 제거해 백성과 나라에 손(損)이 없어야 한다. 결부법(結負法)은 불편한 방식이므로 양전에 유의 재정 확립을 주장했다.

그는 또한 진전관리에 대한 방안도 제시했다. 즉 ① 농민들이 진전을 다시 갈아먹게 하며 세를 무겁게 하지 말며, ② 상경전(常耕田)을 진전이라고 속이는 일을 밝히고, 합리적인 관리방안으로 어린도법(魚鱗圖法)을 쓰자고 주장했다. 그리고 강진현의 전결잡세·부가세를 법전에서 규정하는 기본적인 전 1결의 세와 대조해 법정 이외의 것을 모두 횡령이라고 지적했다. 농민과 국가의 중간에서 이루어지는 협잡을 제거하자는 방향에서 조세관리 개혁을 논했다.

그는 국가경비의 절약과 함께 협잡의 바탕이 되었던 대동법의 모순확대를 지적, ① 재전징세(災田徵稅)를 바로잡아 밝히고, ② 이속의 횡령을 방지하고, ③ 징수에 있어서 부유층에서 걷고, 문서에 따른 관리를 정확히 할 것과 관료적 고리대로 악용되는 환곡의 협잡을 자세하게 논증했다. 협잡제거는 제도적인 개혁, 즉 법으로의 구속을 기본으로 하지만, 국가재정의 정비, 관료의 절약과 청백사상에 따른 윤리적 제약과 함께 문서관리의 정확성에서 찾고자 했다.

제7편의 <예전>에서는 주자와는 다른 진보적인 교육관을 살필 수 있다. 제8편 <병전>에서는 첨정·수포의 법을 폐지하고 군안(軍案)정리 등 당시 민폐가 심했던 군정개혁안을 제시했다. 또한 수령은 백성들의 생산 활동에 지장되지 않는 범위에서 항상 훈련을 실시함으로써 비상시에 대처하고, 나아가서 국방력 강화를 위해 외국의 발전된 무기도 수입해야 한다고 주장했다. 제9편의 <형전>에서는 청송(聽訟)·형옥 등 봉건적 형벌제도의 남용을 견제했다.

당시 법규가 "백성을 계몽시키지 않고 형벌을 가하는 것은 백성을 잡기 위해 그물질하는 것과 같다"고 하면서, 수령은 '선교도후형벌(先敎導後刑罰)'의 원칙을 견지할 것을 강조했다. 제10편 <공전>은 산림·천택·영전의 합리적 운영방안을 제시한 것으로, 농업과 함께 임업·광업·교통·수공업·상업 등 각 분야의 생산력 발전을 위해 선진기술을 도입할 것을 주장하는 등 산업개발 문제와 그 대책을 다루고 있다. 제11편 <진황>은 빈민구제로서의 구황정책을 다룬 것이고, 제12편 <해관>은 수령이 임기가 차서 교체되는 것을 적은 것이다.

(2) 흠흠신서

형옥(刑獄)에 관한 법정서(法政書)이자 실무 지침서이다. 1819년(순조 19) 완성, 1822년) 간행된 필사본 30권 10책. 당시 살인사건의 재판은 인명과 관련된 중요한 문제임에도 불구하고 재판관인 수령들은 시부(詩賦)만 논하여 법률을 모르고, 법을 알지 못해 재판을 서리들에게 일임했다. 따라서 자의적·법외적 재판과 형벌 부과가 이루어지자 흠휼의 이상을 실현하기 위해서 반드시 법률을 근거로 해야 한다며 재판을 맡은 관리들이 참고할 수 있도록『흠흠신서』를 지었다.

책의 구성은 서문에 이어 경사요의(經史要義)에서는 중국의 유교경전에 나타난 형정(刑政)의 기본이념을 밝히고, 중국과 조선의 역사책에 나타난 저명한 형사판례를 뽑아서 고금의 변천을 소개하고 이를 비판함으로써 목민관(牧民官)이 참고하도록 했다. 여기에서는 중국의 판례 79건, 조선의 판례 36건을 소개했다. 여기에서 다산은 법률을 변통 없이 고수만 해서는 안 되며 의(義)에 비추어 처리할 수 있는 가능성을 승인하고 있으나, 하찮은 연민의 정은 경계했다.

비상편초(批詳篇抄)는 조선의 판결문인 제사(題辭)나 재판관계 왕복문서인 첩보(牒報)가 법률식 문장을 사용하지 않고 장황하거나 잡스러운 폐단을 시정하기 위하여, 중국의 재판문서 가운데 모범적인 판례를 뽑아 제시하고 해설과 비평을 곁들여 붙인 것이다. 의율차례(疑律差例)는 살인사건의 유형과 그에 따르는 적용 법규 및 형량(刑量)이 세분되지 않아 죄의 경중이 구별되지 않음을 고치기 위해 중국의 판례를 체계적으로 분류해 참고하도록 해놓았다.

상형추의(祥刑追義)는 무원(無冤) 즉 원한이 없고, 범죄 혐의가 없는 무의(無疑)한 재판에 참고할 수 있게 하기 위해 정조의 인명(人命)사건에 관한 판결을 모은 상형고(祥刑考)를 자료로 취합하여 엮은 책이다. <상형고> 가운데 144건을 골라서 정범(正犯)과 종범(從犯), 자살과 타살, 상해치사와 병사(病死), 고의(故意)와 과실(過失) 등 21개 항목으로 분류하고, 최종판결의 당부(當否)에 대하여 논평했다. 당시로서는 전문적인 형사정책서로 볼 수 있다.

전발무사(剪跋蕪詞)는 다산이 곡산부사(谷山府使)와 형조참의 등으로 재직하던 중에 관여한 인명관계 재판의 판결과 유배 중에 보고 들은 인명에 관한 옥안(獄

案)·제사(題辭)·검안발사(檢案跋辭)로서 의심 가는 것 17건을 모아서 분류하고 평한 것이다. 저술의 구성은 「경사요의(經史要義)」3권, 「비상전초(批祥雋抄)」5권, 「의율차례(擬律差例)」4권, 「상형추의(祥刑追議)」15권, 「전발무사(剪跋蕪詞)」3권으로 각각 실례를 들어 설명해서 참고하도록 했다.

3) 개혁사상의 문제점

(1) 존재의 향촌론

존재의 지방교육개선론은 그가 교육입국을 통해 나라를 부강하게 하고 백성의 삶의 질을 높이려 했던 지식인임을 보여 주고 있다. 누구도 지방에 대해 지속적인 관심을 가지고 있지 않았지만 그만은 달랐다. 이는 그가 벽항에서 평생을 살았기에 그럴 수도 있다. 그러나 인재의 등용방법인 과거제의 말기적 현상을 직접 체험한 후 대안으로서 인재양성방법을 모색했다는 점에 주목해야 한다. 지방교육을 바로 세우는 것은 곧 나라를 부강하게 하는 길이기 때문이다.

그는 이를 위해 기구의 축소나 관원의 감소와 함께 서리들로 하여금 국가와 백성을 위하여 유익한 방법으로 봉사하도록 인도하고 관리할 수 있는가라는 문제를 상정했다. 그 방법이 곧 지방교육 입국론인 것이다. 지방교육을 바로 세우기 위한 방법으로 교수를 50인의 선거인단의 흑백선거로 선출하는 것도 실제로 어려운 점이 많다. 왜냐하면 선거인단의 추천 등의 과정에서 사간이 개입할 가능성은 얼마든지 있기 때문이다. 결국 실현가능성은 그렇게 높을 수 없다.

한편 전세(田稅)의 부담은 공동농장처럼 8결을 단위로 합작, 소유한 만큼의 전결에 따라 세를 분담해서 농민호(戶)를 안정 속에서 통제할 수 있다고 했다. 전세를 정하고 수납하는 자도 휼민(恤民) 봉공할 수 있는 사람으로 유사를 정하되 향리에서 선발토록 하고, 직업에 따른 처우와 통제방안을 제시한다. 그런데 여러 문제에 대한 개선안에서 공통적으로 지적되는 것은 그것이 향리라는 말단지역단위에서 자율적인 결정으로 과세문제를 해결하려는 방안인 것이다.

그러나 과연 누가 통제하고 주도하느냐라는 문제가 있다. 결론은 향리에 사는 지식인들이 이를 통제하여야 하며 만약 관에서 주도한다면 이를 견제하고 시정할수 있는 합법적인 능력까지를 지식인에게 보장하자는 것이 아닐까 생각되기도 한다. 이는 앞서 살펴본 교육이나 후술할 지방 관리에 대한 통제에서도 밝힌 것처럼 향촌지식인의 다각적인 참여나 활용을 염두에 두고 있다. 또 그들을 견제세력화하려는 그의 기본적인 욕구와도 맥락을 같이하는 것이라 한다.

이해준 교수는 그의 사상을 분석하면서 난관이 이런 점이라고 실토한다. 즉 "역사에서 객관적이라는 대전제가 새로운 의식이나 가치의 모색을 동반한 것이 아닐 때 어떤 의미에서 그것은 모험일 수 있으며 동류의 계속적인 추출이 없는 한 무의미하다. 과연 존재와 같은 지식인들이 얼마나 있었던가. 또 같은 환경에서 큰 안목으로 적극적인 개혁안을 내세운 학자들이 많았는데 왜 그는 이처럼 소극적으로 개선구상의 틀을 고수해야 했을까"라며 의문을 표시하고 있다.

단적인 예가 조운(漕運)에 따른 파선 등의 방법에 의한 수탈방지를 위해 수군절도사로 하여금 운송을 직접 관장토록 주장한다. 일국의 수군절도사가 조운까지 담당하는가 반문한다. 그리고 부세도 5호 내지 10호를 기준으로 호구당 경제력을 평가하는 문제도 전국적으로 적용하기는 쉬운 게 아니다. 이 교수는 "나아가 전환기의 지식인으로써 이 두 부류 중 과연 어떤 것이 근본적이고 능률적이었는지를 고려할 때 그의 향촌론은 분명 재음미되어야 할 것이다"고 평했다.

(2) 다산의 목민과 『흠흠신서』

다산의 개혁구상은 상당히 구체적이라고 할 수 있다. 그의 행정(刑政)사상은 오늘날의 민주주의 제도와 비교해 보았을 때 당시로는 파격적인 제안이다. 그러나 여전히 군주의 존재를 부정하지 않고 백성이 정치의 궁극적인 주체라는 사실에는 미치지 못한 아쉬움이 있다. 더구나 덕과 예를 바탕으로 한 왕정을 이상적인 정치형태로 생각하였으며 관과 민의 관계에 대해서도 관이 아버지 같은 존재이며 민이 관의 은혜를 받으며 생존한다는 식의 사상을 떨쳐 버리지 못했다.

형사정책을 다룬 『흠흠신서』도 다산의 독특한 목민자의 시각을 반영하고 있다. 그 많은 수령들이 있었지만 행형(行刑)의 문제를 개진한 사람은 연암(燕巖) 박지원(朴趾源) 정도이다. 이로 미루어 그가 민초들을 얼마나 사랑했는지 알 수 있다. 다만 행형을 목민자의 시혜적 입장에서만 다루는 것은 한계이다. 형사정책적 측면에서 재판관의 양성이나 범죄수사의 전문화, 복수의 심판제 등을 언급하지 않은 점이 그것이다. 이는 외국의 발전상을 보지 못한 결과로 보인다.

나가는 말

우리는 지금까지 존재와 다산의 문학세계와 철학 및 경세사상을 주마간산격으로 나마 일별했다. 다산은 조선 후기 실학의 대미를 수놓은 위대한 사상가로 널리 알려져 있음을 확인했다. 반대로 존재는 다산과는 상대할 수 없는 시골선비로 인식되어왔다. 더구나 그의 철학과 경세사상은 '비교가 안 될 정도로 차원이 다르다'라고 치부되지 않았을까. 이들은 서로 다른 세계에서 살았지만 그럼에도 불구하고 사상의 상당한 부분에서 공통점을 가지고 있음을 확인할 수 있었다.

존재와 다산이 살던 조선 후기(18세기)는 사회 전반적인 부패 등으로 법령이 잘 시행되지 않았다. 따라서 악랄한 관리들이 나라를 병들게 하고, 백성을 해롭게 하는 일이 헤아릴 수 없이 많았다. 나라가 망하고 백성이 모두 죽은 후에야 그칠 것이라고 탄식했다. 경국대전에서는 지위를 이용해서 악행을 저지르는 관리들의 유형과 그에 대한 사헌부의 처벌까지 규정해놓았다. 건국 초기에는 민생에 대한 우려가 깊어서 미리 법을 제정해 놓았으나, 별로 실효를 거두지 못했다.

이는 아무리 훌륭한 법이라도 법의 실질적인 집행자인 하급공무원들을 제대로 감독 통제하지 못한다면 실효성을 거둘 수 없다는 것이다. 존재와 다산은 당시의 행정이 문란하게 된 근본원인이 서리의 부패에 있다고 진단하고, 이에 대한 대책으로 존재는 「정현신보」와 「봉사」 그리고 「만언봉사」를 직접 상소했다. 다산은 강진 유배지에서 『一表二書』로 국가를 바로세울 개혁방안을 개진했다. 그들이 이런 문제의식을 가질 수 있었던 것은 보고 들은 체험이기 때문이다.

그렇다면 두 분의 문학이나 경학과 경세사상은 수준면에서 현격한 차이가 있는가. 우리는 앞에서 선행 연구결과 등을 통해서 깊이로나 양으로나 어느 정도 대강은 파악할 수 있었다. 그러나 과문하고 천학한 탓인지 모르나 존재의 이론이 다산에 비교될 수 없을 정도는 아니라고 사료된다. 물론 후손이기 때문에 팔이 안으로 굽는다고 여길 가능성은 열어두기로 하자. 그러기는 해도 질적 또는 양적인 차이를 전제하더라도 존재의 학문은 충분히 연구할 가치가 있는 것이다.

필자도 처음에는 막연하지만 존재를 다산과는 비교할 수 없다고 지레 규정했다. 이런 생각이 굳혀진 것은 학계에서 다산에게만 포커스가 맞춰져 조명하는 데서 비롯된 결과였다. 그러나 두 분의 작품을 한 자리에서 대조하면서 살펴보면 그게 아닐 수 있다. 존재의 문학세계, 우주론을 비롯한 철학, 국부민안(國富民安)을 위한 경국관 등 어느 것도 실상만큼 대접을 받지 못했다는 생각을 지울 수 없다. 이 또한 후손이기에 한쪽에 편향된 해석일 수 있음을 부인하지 않겠다.

그러나 이는 필자만의 시각은 아니다. 우선 존재문학에 대한 김석회 교수(인하대)의 평가를 다시 음미해 보자. "존재 위백규 선생은 18세기 한국문학이 드러내고 있는 스펙트럼의 최대치에 근접한 거의 유일한 작자라 해도 과언이 아니다. 필자의 연구를 비롯한 기존의 존재 문학 연구 수준은 대체로 국문시가를 중심으로 한 파편적(破片的) 인식에 머물러 있는 상태다. 한시(漢詩) 전체가 온전한 조명을 받지 못했고, 방대한 산문(散文)유산은 미답의 상태에 가깝다"고 했다.

그는 존재가 조명을 받지 못한 이유를 다음과 같이 설명했다. "이런 연유 중의 가장 큰 것은 선생이 중앙의 주류사회의 흐름에서 멀리 비켜나 있었기 때문이라 할 수 있다. 발굴·정리·가치평정에 이르는 모든 학술 문화적 작업이 언제나 중앙 중심, 중앙 우선으로 이루어져 온 탓으로 존재 선생은 아직도 '삼벽(三僻)의 不運' 속에 있다고 해도 과언이 아니다.(중략) 우리가 18세기 향촌사회·향촌문화를 제대로 이해하기 위해서는 존재 선생에게 묻지 않을 수 없다"라고 진단했다.

또 존재의 경학사상을 연구한 김형련(金亨連)의 견해를 보자. "존재에 대한 당시의 평가나 후세의 연구,[3] 백과전서적인 방대한 저술을 통해 볼 때 결코 소홀히 다룰 수 없는 인물임에도 불구하고 그동안 별로 연구 대상이 되지 못했던 것은 첫째, 그가 호남의 한쪽 끝이라 할 방촌이라는 궁벽한 지역에서 일생을 지낸 데다 거의 전 생애를 크게 알려지지 않은 선비로 학문과 저술에만 전념했던 점, 둘째, 그의 학문을 이어갈 뚜렷한 제자를 배출하지 못한 점이다. 셋째, 그의 고결한 성품 때문에 당시대의 많은 지식인들과 원만한 교류를 가지지 못한 점과, 넷째, 호남에 유배되어 실학의 학풍을 집대성시킨 다산 정약용의 명성에 가린 것 등에 연유한 것이 아닐까 간주된다." 그러나 "사회적으로 활동할 수 있는 여건이 거의 차단된 벽항인으로서 포부와 경륜대로 실천궁행하여 초지를 잃지 않았던 것으로 보아 그의 소박한 생활태도와 학문·사상적인 기풍과 한계와 동시에 고뇌하는 중간 실천자의 기능을 간과할 수 없다"라고 했다.

결국 존재의 문학과 사상이 당시나 현대에 와서도 조명 받지 못한 원인은 복합적이다. 주류사회의 중앙 중심적 조류는 그가 타계한 지 200년이 넘었어도 변하지 않고 있다. 벽항출신에다 교류기피증 등은 그 자신의 성격 탓이라 볼 수 있다. 그러나 보다 중요한 문제는 다산의 명성이라는 큰 산에 가려졌다는 사실이다. 만일 다산이 없었다거나 유배지가 강진이 아닌 다른 지역이었다고 해도 같은 현상이 일어났을까. 단정을 하기는 어렵지만 아마 사정이 전혀 달랐을지도 모른다.

주목할 점은 다산의 저서 어디에도 존재를 언급한 사실이 없다. 다산은 서영보가 존재를 천거할 때인 1795년 주문모 신부로 모함을 받고 있었다. 상소를 올리고 옥과현감으로 제수될 때 다산은 내각에 있다가 금정(金井)찰방을 거쳐 그해 12월에 좌부승지로 들어왔다. 이어 1797년 6월에 곡산(谷山)부사로 갔다가 1798년 형조참의를 제수 받고 내각으로 들어왔다. 그러자 사헌부 민명혁(閔命爀)으로부터 "사교혐의를 무릅쓰고 벼슬자리에 있다"는 탄핵으로 유배생활이 시작된다.

다산은 경상도 장기로 유배됐다가 황사영백서사건으로 1801년(辛酉) 강진으로 이배됐다. 존재가 타계한 지 2년 후이다. 그는 유배생활 3년차인 1803년 존재가

---

3) 玄相允, 「魏伯珪의 生涯와 思想」(『實學論叢』, 전남대출판부, 1975, p.447~454).

살았던 천관산을 올라 「충식송(蟲食松)」이란 시를 지었다. 또 반산정씨세고서도 1803년~1804년에 써준바 있다. 장흥군 장동(長東) 출신 정수칠이 18제자 중 한 사람이기도 하다. 1808년에는 존재가 상량문을 쓴 강진 대구의 수정사(정수사)를 방문하기도 했으며, 충무공의 종사관인 정경달의 사당에도 다녀갔다.

　이상의 사정을 종합해보면 다산은 존재와 별 다른 인연이 없다. 다산으로서는 천주학 때문에 벼슬은 물론 집안이 멸문지경에 이르는 최악의 시련기였다. 자신의 발등에 불이 떨어지면 어떤 것에도 관심을 가질 수 없는 게 인간의 속성이다. 자신과 집안 형제·자제들이 한꺼번에 국사범으로 잡혀가는 와중이라면 더욱 그렇다. 따라서 존재로 인한 유생들의 권당혁파 등에 관심을 가질 겨를이 없을 수 있다. 그러기에 천관산을 지근거리에 두고도 존재를 알지 못했을 수 있다.

　그러나 다산이 존재의 존재를 몰랐다고 보기에는 전후사정으로 보아 무리가 있다. 그가 강진으로 유배 오기 직전에 위유사가 와서 존재를 천거하고, 많은 저서가 왕명에 따라 내각으로 수송되고, 「만언봉사」를 올리고, 옥과현감을 제수 받은 일은 시골에서는 일대 사건이다. 비록 존재가 타계한 후라지만 이 사건은 수십 년간 인구에 회자됐을 것이다. 이렇게 보면 다산은 다분히 존재의 명망을 듣고 알았으면서도 모른 체 했거나 일부러 무시해야 할 나름대로의 이유가 있었을까.

　생뚱맞은 가정도 할 수 있다. 다산은 존재를 무시하고 싶었을 것이다. 노론(老論)에 속한 인물이기 때문이다. 노론은 곧 자신을 괴롭히다 못해 죽이려한 집단들이라 생리적으로 싫다. 말하자면 원수지간이다. 다른 이유는 그가 근기지방 출신으로 1788년에 대과에 합격해서 유배되기까지 16년간 왕의 총애와 20여개의 관직을 제수 받은 당대 최고의 명사라는 점이다. 그런데 대과에도 합격하지 못한 존재가 아무리 많은 저서를 남겼다 하더라도 의식적으로 무시했을 수 있다.

　그런데 또 하나의 피해망상을 떨칠 수 없는 일이 하나 더 있다. 다산은 유배지에서 엄청난 저술을 남겼다. 그 가운데 세상의 이목을 끄는 이른바 『一表二書』는 유배 말기에 지었거나 끝을 내지 못하고 귀향한 사실이다. 어쩌면 당연한 수순으로 보이나 석연찮은 의문점이 더러 없는 것이 아니다. 그가 먼저 경전을 읽고 해석한 과정을 거쳐 경세 쪽으로 접근하는 것은 자연스러운 것이다. 그러기는 하나 그의 사상을 꼼꼼히 따져보면 존재와의 시각차를 크게 느낄 수 없다.

다산이 쉽게 접할 수 있는 존재의 저서는 어떤 것일까. 모르긴 해도 「만언봉사」가 아닐까 여겨진다. 「만언봉사」는 존재가 1796년 3월 7일 정조에게 올린 상소였기 때문이다. 그러므로 다산이 마음만 먹으면 구해 볼 수 있었다. 만일 그것을 봤다면 다산은 「정현신보」와 「봉사」를 보지 않고도 존재의 경세사상을 거의 확인할 수 있었을 것이다. 이는 마치 영명주재지천의 우주관을 가졌으면서도 천주교와는 상관이 없다는 그의 자명소가 공허하게 보인 것과 같을 수 있다.

그러나 사자는 말이 없다. 아무리 의구심이 들어도 사자가 말을 해주지 않으니 그냥 두 사람은 서로 모른 관계로 있을 뿐이다. 보다 중요한 것은 다시 김석회 교수의 말을 인용하고자 한다. "우리가 18세기 향촌사회·향촌문화를 제대로 이해하기 위해서는 존재 선생에게 묻지 않을 수 없다"고 했다. 큰 산에 가려 빛을 보지 못한 존재 학문의 실상이 과연 다산의 학문에 비해 비교도 안될 만큼 수준차가 있는가 없는가는 그의 저술을 깊이 있게 연구해 본에 후의 일이다.

存齋學 관련 著述과 論文

「국역 존재집」(전주대 고전학 연구소, 2011년)

英祖초기 현실비판 가사(林熒澤, 성균관대, 2002년)

長興의 歌辭文學(金碩中・白洙寅 編著, 2004년)

구전을 통해본 위백규의 생애 재구(朴鐘翼, 충청문화연구소, 2002년)

향토문화사와 존재 위백규(장흥문화원 심포지엄, 2003년)

존재 위백규의 사상과 철학(金碩中・安晃權 편저, 삼보아트, 2001년)

존재 위백규의 사회개선론적 교육사상연구(禹鍾淑, 한국교원대, 1992년)

존재 위백규의 교육개선론(曺文伊, 전남대, 1998년)

존재 위백규의 論語箚義에 대한 고찰(金聖中, 고려대, 2005년)

존재 위백규의 經學思想 연구(金亨連, 전남대, 1992년)

존재 위백규의 사상연구(李海濬, 공주대 사학과, 1976년)

존재 위백규의 사회개선론(李海濬, 한국사론 제15집, 1979년)

존재 위백규의 행정사상(安晃權, 전남대)

존재 위백규의 실학에 관한 연구(白銀準, 원광대, 1985년)

존재 위백규의 생애와 사상(河聲來, 전남대 실학논총, 1975년)

존재 위백규의 정현신보를 중심으로(宋正炫, 전남대, 용봉논총, 1972년)

존재 위백규의 문학적 연구(이향배, 충남대, 2002년)

존재 위백규의 문학적 기반(김준옥, 여수대)

존재 위백규의 學風과 交友關係(魏洪煥, 조선대)

존재 위백규의 詩歌 연구(魏洪煥, 조선대, 2001년)

존재 위백규의 현실인식과 시적 형상화(박명희, 전북대, 2004년)

존재 위백규의 시문학 연구(魏洪煥, 조선대, 2005년)

위백규 농가구장의 사회사적 성격(金碩會, 과기대, 1995년)

위백규 농가에 관한 연구(任周卓, 서울대, 1990년)

위백규의 자회가(李鍾出, 조선대, 1967년)

위백규의 時調 農歌攷(李鍾出, 조선대, 1970년)

위백규 농가의 구조와 작품세계(김용찬, 동국대)

위백규의 농가 연구(金成基, 조선대, 2000년)

위백규의 시 연구(金恩惠, 가톨릭대, 1996년)

위백규의 농민시 연구(이회수, 계명대, 2003년)

조선 후기 地名時의 전개와 위백규의 與圖詩(金碩會, 인하대, 2003년)
18세기 시가의 정서와 현실인식(최상은, 상명대)
위백규의 文房四友 譯註(金昌龍, 한성대, 1991년)
위백규의 文房의 四傳記(金昌龍, 한성대, 1991년)
간암 위세옥 遺稿集(1968년 간행)
삼벽에서 피어난 호남지성사의 꽃 「존재 위백규」(전주대, 2011년)

다산학 관련 저술과 논문

丁若鏞의 政治經濟思想研究(洪以燮, 韓國研究院, 1959)
茶山經學思想研究(李乙浩, 乙酉文化社, 1966)
茶山과 楓石의 量田論(金容燮, 韓國史研究 11, 1975; 韓國近代農業史研究 上, 一潮閣, 1984)
土地問題에 대한 丁茶山思想(김광진, 경제연구 4, 1961)
다산 정약용의 정치개혁론(김증식, 역사과학, 1962.4.)
儒學思想의 近代的 轉換-丁茶山의 新儒學을 중심으로-(成樂薰, 한국사상연구회, 1963)
茶山의 進步觀-그의 氣禮論을 중심으로-(高柄翊, 조명기화갑기념 불교사학논총, 1965)
茶山實學의 洙泗學的 構造(李乙浩, 아세아연구 8-2, 고려대 아세아문제연구소, 1965)
丁若鏞-實學의 集大成-(李家源, 인물한국사 4, 박우사, 1965)
茶山丁若鏞의 經濟思想-田制改革案을 중심으로-(鄭奭鍾, 이해남화갑기념 사학논총, 1970)
茶山 丁若鏞의 發展的 貨幣論(元裕漢, 歷史敎育 14, 1971)
茶山의 正田論考(劉元東, 柳洪烈回甲紀念論叢, 1971)
茶山丁若鏞의 科擧制改革論(李秉烋, 동양문화 13, 영남대 동양문화연구소, 1972)
丁茶山의 思想에서 西學의 影響과 意義(琴章泰, 論文集 3, 국제대 인사과학연구소, 1975)
丁茶山의 地方行政研究-특히 牧民心書를 중심으로-(李載浩, 부산대문리대학논문집 14, 1975)
丁若鏞의 民權意識研究(趙珖, 아세아연구 19-2, 고려대 아세아문제연구소, 1976)
茶山의 商業觀研究(金龍德, 역사학보 70, 역사학회, 1976)
丁茶山의 西學關係에 대한 一考察(河宇鳳, 교회사연구 1, 한국교회사연구소, 1977)
丁若鏞의 科學思想(朴星來, 茶山學報 1, 1978), 다산의 목민정신(정종구, 다산학보 2, 1979)
丁茶山의 心學觀(金吉煥, 朝鮮後期儒學思想研究, 一志社, 1980)
丁若鏞의 國民主權論(趙珖, 외대 15, 한국외국어대, 1980)
茶山學과 朱子學의 相異考(1)-大學經說을 중심-(安晋吾, 다산학보 3, 다산학연구원, 1980)
改新儒學과 茶山經學(李乙浩, 한국학 24, 중앙대 한국학연구소, 1981)
丁茶山的孟學解析-中·日·韓近世儒學史比較研究-(黃俊傑·載東原·伊藤仁齋, 韓國學報 1, 中華
   民國: 韓國研究學會, 1981)
茶山 丁若鏞의 文學과 文學觀-그 理論과 實際-(金容稷, 한국문화 3, 한국문화연구소, 1982)
茶山 丁若鏞의 身分觀(愼鏞廈, 다산사상의 종합적 연구, 1982)
茶山의 學問觀과 學風-傳統的인 儒學思想을 중심-(韓薄劢, 韓國文化 3, 문화연구소, 1982)
茶山의 향리론(金東洙, 용봉논총 13, 전남대 인문과학연구소, 1983)
茶山 丁若鏞의 史論과 對外觀(韓永愚, 金哲埈博士華甲紀念史學論叢, 知識産業社, 1983)
丁若鏞과 天主敎의 관계-Daveluy의 비망록을 중심-(崔奭祐, 다산학보 5, 연구원, 1983)

茶山學의 傳統性과 近代意識(李乙浩, 다산학보 5, 다산학연구원, 1983)

茶山 丁若鏞의 土地改革思想(愼鏞廈, 金哲埈博士華甲紀念史學論叢, 知識産業社, 1983)

茶山의 形而上學(丁淳佑, 다산학보 5, 다산학연구원, 1983)

丁若鏞의 商業的 農業觀(安秉直, 大東文化研究 18, 1984)

茶山學과 朱子學의 相異考(2)−中庸經義를 중심−(安晋吾, 다산학보 6, 다산학연구원, 1984)

丁茶山의 爲民意識에 대한 一考察(崔大雨, 다산학보 6, 다산학연구원, 1984)

丁若鏞(1762∼1836)과 正祖・純祖의 政局(鄭奭鍾, 高柄翊回甲論叢 歷史와 人間의 對應, 1984)

丁茶山의 官制改革論 研究−六曹體系를 중심−(崔英成, 民族文化 10, 민족문화추진회, 1984)

丁茶山의 職業觀−四民九職論(金泳鎬, 千寬宇還曆紀念 韓國史學論叢, 正音文化社, 1985)

茶山丁若鏞의 鑛業經營論(元裕漢, 魯山劉元東華甲論叢−한국근대사회경제사연구−, 1985)

茶山의 身分觀에 대한 再檢討(李培鎔, 이화사학연구 16, 이화사학연구소, 1985)

茶山 丁若鏞의 周禮受容과 그 性格(文喆永, 史學志 19, 단국대 사학회, 1986)

丁若鏞의 身分制 改革論(趙誠乙, 東方學志 51, 1986)

丁若鏞의 井田制論 考察−≪經世遺表 田制≫를 중심−(朴贊勝, 역사학보 110, 역사학회, 1986)

丁若鏞의 井田制論考察−經世遺表 田制를 중심으로−(朴贊勝, 歷史學報 110, 1986)

茶山의 農業改革論(成大慶, 대동문화연구 21, 1987)

茶山學論著目錄(金炳燦, 茶山逝世150周年紀念 茶山學論叢 下, 茶山學研究院, 1987

茶山 丁若鏞의 農業論−≪牧民心書≫ 勸農條를 중심으로−(李在云, 宋俊浩停年紀念論叢, 1987)

茶山丁若鏞의 國營鑛業政策・經營論−社會改革思想의 發展 및 社會改革論體系(林炳勳, 동방학지 54・55・56 합집, 연세대 국학연구원, 1987)

茶山의 天主教信奉與否−≪與猶堂全書≫ 記事 중심−(金相洪, 淵民李家源七秩頌壽論叢, 1987)

茶山의 軍政論(趙楨基, 논문집 9, 창원대학교, 1987)

尙書研究書 丁若鏞과 홍석주의 정치사상비교(金文植, 한국사론 20, 서울대국사학과, 1988)

茶山의 誠敬思想 研究(金泰泳, 호서문화연구 7, 충북대 호서문화연구소, 1988)

茶山 丁若鏞의 日本儒學研究(河宇鳳, 韓國文化 9, 서울대 한국문화연구소, 1988)

18・19세기 還政紊亂과 茶山의 改革論(韓相權, 國史館論叢 9, 국사편찬위원회, 1989)

丁若鏞의 官制改革案 研究(姜錫和, 韓國史論 21, 서울대국사학과, 1989)

茶山의 身分制改革論(金泳鎬, 韓國史學 10, 한국정신문화연구원, 1989)

茶山 丁若鏞의 地方行政改革論(李存熙, 龍巖車文燮華甲紀念 史學論叢, 1989)

茶山 土地所有觀의 研究(姜萬吉, 碧史李佑成停年紀念 民族史의 展開와 그 文化 (下), 1990)

다산의 전제개혁사상의 현대사적 의의(朴承奎, 진주문화 9, 진주교대 진주문화연구소, 1990)

茶山의 天主教信奉論의 반론−崔奭祐神父論文−(金相洪, 동양학 20, 단대 동양학연구소, 1990)

毛奇齡과 丁若鏞의 易卦解釋에 관한 比較研究(金勝東, 釜山大人文論叢 36, 1990)

다산의 진휼양곡 수급론(金敬泰, 碧史李佑成停年紀念 民族史의 展開와 그 文化(下), 1990)

茶山의 農業經營論(安秉直, 碧史李佑成停年紀念 民族史의 展開와 그 文化(下), 1990)

茶山 丁若鏞의 國政改革論(金泰永, 제4회동양학술논문집, 성균대 대동문화연구원, 1991)

丁若鏞 哲學의 科學指向과 그 限界(柳初夏, 과학과 철학 2, 통나무, 1991)

다산의 근대적 작위성의 세계관 연구서설(張勝求, 논문집 5, 한국정신문화연구원, 1991)

丁若鏞의 井田制論의 構造와 歷史的 意義(李榮薰, 제4회동양학국제학술회의논문집, 성균관대대 동문화연구원, 1991)

實學의 歷史發展認識－李瀷과 丁若鏞을 중심으로－(鄭昌烈, 제4회동양학국제학술회의논문집, 성균관대 대동문화연구원, 1991)

丁若鏞의 地方制改革案 硏究(姜錫和, 國史館論叢 34, 국사편찬위원회, 1992)

我邦疆域考에 나타난 丁若鏞의 歷史認識(趙誠乙, 규장각 15, 서울대규장각, 1992)

茶山 丁若鏞의 墓地銘에 나타난 西學思想(金玉姬, 西巖趙恒來華甲記念 한국사학논총, 1992)

丁若鏞의 理想社會論(金文植, 韓國史市民講座 10, 一潮閣, 1992)

實學의 成熟－星湖 李瀷과 茶山 丁若鏞－(琴章泰, 韓國思想大系 5, 韓國精神文化硏究院, 1992)

茶山 丁若鏞의 西學思想(李成春, 한국종교 17, 원광대 종교문제연구소, 1992)

조선 말기 실학사상의 집대성자 다산 丁若鏞(朱七星, 다산학보 13, 다산학연구원, 1992)

茶山 丁若鏞의 天命思想과 人倫(李成春, 한국종교 18, 원광대 종교문제연구소, 1993)

다산 丁若鏞의 賑荒政策 改善論(徐漢敎, 조선사연구 2, 복현조선사연구회, 1993)

茶山의 ≪大學論≫에 나타난 陽明學的 性向(沈義輔, 박물관지 2, 충청대박물관, 1993)

北韓學界에서의 丁茶山硏究(李光麟, 동아연구 28, 서강대 동아연구소, 1994)

茶山과 惠岡의 人間理解－實學的 人間觀－(琴章泰, 동양학 24, 단국대 동양학연구소, 1994)

丁若鏞의 經學과 學問體系(趙誠乙, 인문논총 5, 아주대 인문과학연구소, 1994)

牧民心書에 나타난 茶山의 西學思想(朴東玉, 성심논문집 26, 성심여대, 1994)

茶山의 論語古今註에 대한 硏究(李炎衡, 대동문화연구 29, 성균관대 대동문화연구원, 1994)

丁若鏞의 土地改革案과 東學農民軍의 土地改革案(愼鏞廈, 韓國史學論叢(下), 一潮閣, 1994)

丁若鏞의 經學思想과 經世論(金文植, 韓國學報 78, 一志社, 1995)

丁若鏞의 科學思想－그의 理氣論과 周易觀 중심－(張會翼, 韓國史市民講座 16, 一潮閣, 1995)

위정철 ───

전남 보성 출생

1964년 조선대학교 법정대학 법학과 졸업
1971년 조선일보 기자(광주 주재)
1982년 정성학원 이사장
1988년 무등일보 정치부장·논설위원
1991년 광주매일 편집부국장·논설위원
1998년 남도일보 편집국장·주필

『실록 광주사태』
『장흥 위씨 요람』
『위씨 천년세고선집』

존재 위백규와 다산 정약용의 생애와 사상연구

초판인쇄 | 2012년 8월 10일
초판발행 | 2012년 8월 10일

지 은 이 | 위정철
펴 낸 이 | 채종준
펴 낸 곳 | 한국학술정보㈜
주   소 | 경기도 파주시 문발동 파주출판문화정보산업단지 513-5
전   화 | 031) 908-3181(대표)
팩   스 | 031) 908-3189
홈페이지 | http://ebook.kstudy.com
E-mail | 출판사업부 publish@kstudy.com
등   록 | 제일산-115호(2000. 6. 19)

ISBN   978-89-268-3607-1 93910 (Paper Book)
        978-89-268-3608-8 95910 (e-Book)

내일을여는지식 ▮은 시대와 시대의 지식을 이어 갑니다.